# HISTOIRE
# DE LA RÉSISTANCE

1940-1945

Olivier WIEVIORKA

# HISTOIRE DE LA RÉSISTANCE

1940-1945

ÉDITIONS FRANCE LOISIRS

Édition du Club France Loisirs,
avec l'autorisation des Éditions Perrin.

Éditions France Loisirs,
123, boulevard de Grenelle, Paris.
www.franceloisirs.com



ISBN : 978-2-298-07735-3

*Pour Pascale et Sophie*

## Liste des sigles

| | |
|---|---|
| ACA | Assemblée consultative d'Alger |
| AEF | Afrique-Equatoriale française |
| AMGOT | *Allied Military Government of Occupied Territory* |
| AOF | Afrique-Occidentale française |
| AS | Armée secrète |
| BBC | *British Broadcasting Corporation* |
| BCRA | Bureau central de renseignement et d'action |
| BOA | Bureau des opérations aériennes |
| CAD | Comité d'action contre la déportation |
| CAS | Comité d'action socialiste |
| CC | Comité de coordination |
| CDL | Comité départemental de libération |
| CDLL | Ceux de la Libération |
| CDLR | Ceux de la Résistance |
| CFLN | Comité français de la Libération nationale |
| CFTC | Confédération française des travailleurs chrétiens |
| CGT | Confédération générale du travail |
| CGTU | Confédération générale du travail unitaire |
| CIMADE | Comité intermouvements auprès des évacués |
| CND | Confrérie Notre-Dame |
| CNF | Comité national français |
| CNI | Commissariat national à l'Intérieur |

| | |
|---|---|
| COMAC | Comité d'action militaire (Paris) |
| COMIDAC | Comité d'action en France (Alger) |
| COPA | Centre des opérations de parachutages et d'atterrissages |
| CVR | Combattant volontaire de la Résistance |
| DF | Défense de la France |
| DGSS | Direction générale des services spéciaux |
| DMN | Délégué militaire national |
| DMR | Délégué militaire régional |
| DMZ | Délégué militaire de zone |
| EMFFI | Etat-major des Forces françaises de l'Intérieur |
| FFC | Forces françaises combattantes |
| FFL | Forces françaises libres |
| FN | Front national (de lutte pour la liberté et l'indépendance de la France) |
| FTP | Francs-tireurs et partisans |
| GMR | Groupes mobiles de réserve |
| GPRF | Gouvernement provisoire de la République française |
| JC | Jeunesses communistes |
| JEC | Jeunesse étudiante chrétienne |
| JOC | Jeunesse ouvrière chrétienne |
| MbF | *Militärbefehlshaber in Frankreich* (commandant militaire en France) |
| MLN | Mouvement de Libération nationale |
| MOF | Mouvement ouvrier français |
| MOI | Main-d'œuvre immigrée |
| MOLIN | Mouvement de Libération nationale (dit aussi : MLN) |
| MRP | Mouvement républicain populaire |
| MUR | Mouvements unis de Résistance |
| NAP | Noyautage des administrations publiques |
| OCM | Organisation civile et militaire |
| OMA | Organisation métropolitaine de l'Armée |
| ORA | Organisation de résistance de l'Armée |
| OSE | Œuvre de secours aux enfants |
| OSS | *Office of Strategic Services* |
| PCF | Parti communiste français |

LISTE DES SIGLES

| | |
|---|---|
| PKWN | *Polski Komitet Wyzwolenia Narodowego.*<br>Comité polonais de Libération nationale |
| POWN | *Polska Organizacja Walki o Niepodleglosc.*<br>Organisation polonaise de lutte pour l'indépendance |
| PSF | Parti social français |
| RAF | *Royal Air Force* |
| ROP | Recrutement, organisation, propagande |
| SAS | *Special Air Service* |
| SD | *Sicherheitsdienst* |
| SFHQ | *Special Force Headquarters* |
| SFIO | Section française de l'Internationale ouvrière |
| SIPO-SD | *Sicherheitspolizei und Sicherheitsdienst* |
| SNM | Service national maquis |
| SOAM | Service des opérations aériennes et maritimes |
| SOE | *Special Operations Executive* |
| SR | Service de renseignements |
| STO | Service du travail obligatoire |
| TC | Témoignage chrétien |
| UDSR | Union démocratique et socialiste de la Résistance |
| VdL | Volontaires de la Liberté |
| ZN | Zone nord |
| ZS | Zone sud |

# Ouverture

Le 20 juin 1940, un ouvrier agricole, Etienne Achavanne, sabota en solitaire les lignes téléphoniques qui reliaient la base aérienne de Boos à la Feldkommandantur de Rouen. Arrêté, l'ancien combattant de la Grande Guerre fut, le 24 juin, condamné à mort par la cour martiale de Rouen et fusillé le 6 juillet suivant. Il fut le premier martyr de la résistance intérieure.

Le 22 décembre 1940, le capitaine de corvette Honoré d'Estienne d'Orves débarqua clandestinement sur les côtes bretonnes afin d'implanter l'un des premiers réseaux de renseignements de la France libre, Nemrod. Trahi par son opérateur radio, arrêté à Nantes par les Allemands, il fut, après procès tenu devant la cour martiale de Paris, passé par les armes le 29 août 1941. Ce fut le premier agent de la France libre à tomber sous les balles de l'ennemi.

Le 27 juin 1940, un capitaine de l'armée française, Henri Frenay, s'évada après avoir été capturé dans les Vosges. Dès l'automne 1940, il jeta les bases d'une organisation clandestine destinée à soutenir la lutte dans la France captive et quitta l'armée régulière en janvier 1941. Son mouvement, Combat, deviendra l'une des plus puissantes formations clandestines.

A l'inverse, le patron des services spéciaux de l'armée, Louis Rivet, préféra rester dans le cadre du régime vichyste jusqu'en 1942. Tout en poursuivant son activité officielle, il encouragea le camouflage des armes et mena la vie dure aux agents allemands espionnant en zone libre. Dans le même temps, toutefois, ses services traquaient les gaullistes et les espions britanniques. En novembre 1942, le lieutenant-colonel Rivet quitta la métropole pour rejoindre Alger, fraîchement libérée par les Anglo-Américains. Plutôt que de se rallier au général de Gaulle, il se plaça aussitôt sous les ordres du général Giraud.

Ces actions, et tant d'autres encore, dessinent ce que l'on appelle communément la résistance française. Leur variété empêche cependant de proposer une définition globale d'un phénomène assurément placé sous le sceau de la diversité et du pluralisme. De grands historiens s'y sont pourtant risqués. Ainsi, François Bédarida définit-il la résistance comme « l'action clandestine menée, au nom de la liberté de la nation et de la dignité de la personne humaine, par des volontaires s'organisant pour lutter contre la domination (et le plus souvent l'occupation) de leur pays par un régime nazi ou fasciste ou satellite ou allié[1] ». D'autres, en revanche, contestent cette approche. « Il ne sert à rien de s'abuser sur la possibilité de dominer totalement le concept de Résistance et de parvenir à en traduire la réalité dans une synthèse probante. Le phénomène, à la fois protéiforme et unique, est d'une telle complexité et d'une telle plasticité qu'il s'adapte mal à un mode de conceptualisation envisagé comme un corset mal ajusté », avance Pierre Laborie[2].

L'infinie variété des engagements et des expériences vécues rend, il est vrai, toute généralisation abusive. Peut-on en effet placer sous la même bannière le maquisard et le diffuseur de la presse clandestine ? Le saboteur gaulliste et la moniale cachant, dans le secret de son couvent, des enfants juifs ? Faut-il assimiler l'aide ponctuelle d'un paysan acceptant d'aider à transporter les armes réceptionnées lors d'un parachutage à l'engagement constant des hommes et des femmes qui, quatre années durant, œuvrèrent dans les formations clandestines ? La résistance extérieure et la résistance intérieure, enfin, ressortissent-elles de la même logique ? L'une fut menée au grand jour par les hommes qui avaient décidé de rejoindre le général de Gaulle pour combattre sous l'étendard des Forces françaises libres, des sables du désert aux collines toscanes. L'autre conduisit la lutte en métropole, affrontant les périls de la nuit clandestine, et mena sans uniforme une guerre de l'ombre. Faut-il enfin parler de la résistance alors que la traiter comme un « bloc », pour parodier Clemenceau, conduit à éroder les différences régionales ou sociales qui la marquent, à telle enseigne que bien des historiens préfèrent désormais employer le pluriel, « des résistances », plutôt que de conserver le singulier[3] ?

Doit-on alors ici proposer une nouvelle définition ? Elle buterait sur les écueils auxquels se sont heurtés bien des prédécesseurs. Contentons-nous, plus raisonnablement, d'avancer quelques critères qui dessinent les contours de la résistance intérieure française.

Cette dernière se définit tout d'abord par son action. En effet, elle vise concrètement à combattre l'occupant allemand, voire son allié vichyste, ce qui suffit à la distinguer de l'opinion. Le fait, en d'autres termes, de refuser la fatalité de la défaite et d'affirmer son désaccord avec le régime de Philippe Pétain ne suffit pas à définir l'engagement résistant – un engagement qui s'incarne avant tout dans des pratiques, aussi diverses soient-elles.

Cela posé, l'action ne peut être dissociée du sens qui l'affecte. Un passeur acheminant des juifs en France pour de l'argent ne saurait être considéré comme un résistant, même s'il contrecarre par sa démarche l'ambition génocidaire du régime nazi. « Il n'y a Résistance que s'il y a conscience de résister, qu'elle traduise le choix d'un engagement volontaire ou qu'elle passe par la conscience spinozienne de la tâche nécessaire », constate Pierre Laborie[4].

La résistance, enfin, postule la transgression. Elle s'oppose à la légalité qu'imposèrent le Reich et son complice vichyste. A cette aune, elle postule un risque que tous acceptèrent et que beaucoup acquittèrent au prix de leur vie.

Ces critères invitent par conséquent à proposer une lecture restrictive d'un mouvement qui se déploya dans la France captive, du crépuscule de la défaite à l'aurore de la libération. Que les Français, dans leur majorité, aient rejeté le nazisme et l'occupation qui en désignait la réalité est incontestable. Que certains aient, ponctuellement, soutenu les réseaux ou les mouvements ne l'est pas moins. Jamais la résistance n'aurait pu s'enraciner dans l'hexagone si elle n'avait bénéficié de ces concours. On peut ainsi distinguer une « Résistance-organisation qui ne comprend de toute évidence qu'une toute petite minorité, et une Résistance-mouvement, phénomène social beaucoup plus vaste. Celle-ci englobe tous ceux qui ont mené des actions individuelles et tous ceux dont les actes de solidarité ont été essentiels à la Résistance organisée. La Résistance-mouvement n'est nullement en marge de la Résistance-organisation : elle conditionne son existence[5] », note l'historien François Marcot.

Distinguer ne signifie pas pour autant confondre. C'est bien de la résistance-organisation que traite cet ouvrage, non de la résistance-mouvement. Il abordera par conséquent l'action que menèrent les formations clandestines (ce qui exclut les Forces françaises libres gaullistes) tout en s'efforçant de répondre à des questions cruciales. Les liens entre la résistance intérieure et la France libre du général de Gaulle, les motivations de l'engagement individuel, la sociologie des organisations, l'impact de la répression, l'efficacité militaire de l'armée des ombres... seront au fil des pages traités pour proposer au lecteur une vision synthétique du combat clandestin. Celle-ci ne confondra cependant pas l'assistance ponctuellement apportée par la population avec les engagements plus consistants que des milliers de Français souscrivirent dans les formations clandestines.

Simple dans son principe, cette ambition se révèle complexe dans sa réalisation. Car si les recherches sur la résistance se sont, dès la Libération, multipliées, les visions synthétiques sont rares. « L'histoire de la Résistance reste à faire dans la mesure où les lacunes et les déséquilibres y apparaissent considérables, même si l'on peut de multiples fois observer, ponctuellement, que l'on sait beaucoup sur peu », constatent par exemple Jean-Marie Guillon et Pierre Laborie[6].

Cette absence de vision générale traduit au vrai les obstacles qui se dressent devant l'historien.

Quel que soit le désir des auteurs, historiciser la résistance amène à écorner la légende. Retracer les luttes parfois violentes qui opposèrent les envoyés de Londres aux hommes des mouvements brise l'image convenue d'une résistance unie qui se serait désintéressée des questions politiques et aurait dédaigneusement écarté les enjeux de pouvoir. Rappeler la tentation pétainiste qui anima certains mouvements, Combat ou Défense de la France pour ne citer qu'eux, détruit le mythe d'une résistance que l'on présente parfois d'emblée dressée contre la Révolution nationale que lança Philippe Pétain. Evoquer l'antisémitisme qui imprégnait certaines feuilles, les *Cahiers* de l'OCM par exemple, rompt avec l'allégorie de forces clandestines luttant résolument contre les démons du racisme.

Ces Bastilles mémorielles furent d'autant plus difficiles à prendre que l'histoire de la résistance fut, de longues décennies durant, écrite par des hommes qui en avaient été, de près ou de loin, des acteurs. Ils se flattaient d'ailleurs de respecter la parole des témoins sans en contester les dires. Henri Noguères refusa de patienter pour que s'ouvrent les archives, car « attendre pour entreprendre un tel travail que soient écoulées ces cinquante années, c'eût été renoncer à ce que cette Histoire fût non seulement écrite, mais encore discutée – *et contrôlée* – par ceux qui l'ont vécue[7] ». Lucien Febvre présenta pour sa part un curieux raisonnement. « Ils diront, les Historiens, ce qu'ils pourront dire, étant des hommes de l'an 2000, vivant dans le climat de l'an 2000 [...]. Raison de plus pour que nous leur procurions [...], en toute honnêteté, notre version à nous des événements que, bien sûr, ils interpréteront autrement que nous [...]. Sans que nous puissions dire qu'ils ont raison, eux, et que nous avons tort, nous. Au moins notre version des événements a-t-elle eu des preuves vivantes. Elle est contresignée par des milliers de sacrifices[8]. » Le grand historien de la Réforme protestante professait un curieux relativisme. Postulant que la vérité n'existait pas, il admettait la pluralité des interprétations, tout en accordant sa préférence à celle que des milliers de martyrs auraient contresignée de leur sang. Bref, la résistance inspirait, à juste titre, un tel respect que les historiens subirent, volontairement ou non, une forme d'autocensure qui n'aida guère à son historicisation.

Le discours de l'historien pose, par ailleurs, un second problème. Il doit en effet expliquer et non émouvoir. A la différence du romancier ou du cinéaste, il s'interdit de jouer sur le registre des sentiments. Or, la résistance décourage le regard froid. L'engagement de si nobles figures suscite respect et admiration ; la torture ou la mort qu'endurèrent héros connus ou anonymes ne peuvent laisser indifférent. L'historien doit pourtant s'abstenir d'y céder. Il verserait, sinon, dans l'hagiographie et abdiquerait le sens critique qui fonde sa discipline. Le voudrait-il, même, qu'il disposerait de bien pauvres moyens. Pour évoquer le goulag, l'œuvre de Soljenitsyne sera toujours plus forte que le livre de l'universitaire. Et qui mieux qu'Irène Némirovsky a su restaurer le sens tragique et dérisoire de l'exode ?

Ces remarques ne tranchent pas pour autant la question. Pour ne citer que ce seul exemple, réduire l'engagement résistant à une série de paramètres sociologiques, idéologiques ou générationnels le soumet à des variables sans âme, en niant le rôle que le courage, l'idéalisme, la fraternité jouèrent dans une expérience dont les acteurs aiment à souligner qu'elle échappe à toute généralisation et « reste en grande part inaccessible et intransmissible[9] ».

Faut-il alors, pour plagier Jean-Paul Sartre, aborder la résistance par son existence ou par son essence ? La première option invite à la saisir par ses œuvres, en retraçant le lent développement d'un processus que jalonnèrent rendez-vous, initiatives parfois avortées et actions ponctuelles. La seconde incite à se pencher sur le sens d'une lutte dont on pointera volontiers la dimension éthique en oubliant le contexte dans lequel elle se déploya. Il est pourtant impossible de dissocier ces deux termes. « Ce qui fait la puissance d'attraction de la Résistance, ce qui l'érige en modèle, en symbole et même en mythe, c'est que l'universalisme s'y combine avec l'historicité[10]. » Se contenter de préciser la signification profonde d'un combat risquerait donc de décontextualiser le phénomène en le coupant de son ancrage historique au profit d'une démarche privilégiant les valeurs. Outre qu'il risque de verser dans l'histoire sainte, ce parti pris, tout en aidant à comprendre la résistance, ne l'expliquerait pas. Or, c'est bien cette dernière option qui constitue le fil rouge de ce livre.

Notre ambition se situe donc à la croisée de ces exigences contradictoires. L'ouvrage entend principalement proposer une lecture globale de la résistance intérieure française en synthétisant la masse considérable des travaux qui l'ont, depuis plus d'un demi-siècle, éclairée. Il propose au lecteur de comprendre un phénomène assurément complexe, en récusant la part de la légende et les simplifications abusives, quitte à porter un regard éthiquement distancié sur une page mythique, pour ne pas dire mythifiée, de l'histoire nationale.

Sans que la plume ne tremble. Les résistants ont sans cillé bravé le nazisme. La résistance n'a rien à redouter de son historicisation.

# 1

# L'Appel

Selon quelles modalités la résistance naîtrait-elle ? L'armée des ombres pouvait émerger des profondeurs de la société française qui, choquée par la défaite et désireuse de combattre l'occupant nazi, puiserait alors en elle les ressources nécessaires pour mener la lutte. Mais elle pouvait également résulter d'une sollicitation extérieure : les volontaires répondraient alors aux consignes formulées par le général de Gaulle ou par les autorités britanniques. Dans le premier cas, la résistance aurait une origine endogène signant le sourd grondement d'un peuple refusant la fatalité du désastre ; elle serait dans le second cas exogène, fruit de l'appel lancé, le 18 juin 1940, par Charles de Gaulle.

« Par la volonté de son auteur et du fait de l'autorité grandissante qu'il acquiert, l'Appel aura été acte fondateur, et même doublement fondateur. Acte fondateur de la Résistance, tous les mouvements de résistance et tous les actes de la résistance autochtone découlant, dans la vision gaullienne, du 18 juin. Acte fondateur aussi d'un régime, même si celui-ci naîtra seulement vingt ans plus tard », note l'historien Jean-Louis Crémieux-Brilhac[1]. Les gaullistes propagèrent cette version, considérant que la résistance intérieure aurait été par surcroît incapable de se développer sans l'aide apportée par la France libre. « En réalité, lorsque [Jean Moulin] arriva en France [en janvier 1942], tout, ou presque, restait à faire, affirme ainsi le colonel Passy, patron des services secrets de la France libre. Les buts mêmes des mouvements de résistance étaient encore mal définis dans l'esprit de leurs chefs et les moyens nécessaires pour obtenir des résultats étaient pratiquement inexistants. Il fallait tout organiser, c'est-à-dire, en fait, créer de toutes pièces, à l'aide de personnalités plus ou moins hésitantes, disciplinées ou désintéressées, des troupes et des services bien encadrés et chargés de tâches ou fonctions précises. Il fallait, avec méthode, essayer de mettre de l'ordre dans une masse hétérogène où chacun, pour lutter contre l'atonie, la lâcheté ou la trahison des attentistes, des collaborateurs ou des agents de l'ennemi, pensait devoir s'occuper de tout en même temps[2]. » Prompte à magnifier la geste gaullienne, cette vision ne correspond pourtant guère à la réalité.

Charles de Gaulle entendait maintenir la France en tant que telle dans la guerre. Cette ambition l'obligeait d'abord à combattre le régime vichyste, coupable d'avoir conclu un honteux armistice – condamnation dont il ne se départira pas. Elle l'amenait par ailleurs à construire un Etat capable d'incarner la légitimité que Philippe Pétain s'arrogeait, exigence qui le poussa à rallier une partie de l'Empire pour bénéficier d'une assise territoriale qui lui faisait défaut. Le terme de « France libre » naquit au demeurant le 29 août 1940, après que l'Afrique-Equatoriale française (AEF) et le Cameroun eurent rallié Charles de Gaulle. Elle l'incitait enfin à construire une armée qui, combattant pour le compte de la France et non comme une simple légion engagée aux côtés du Royaume-Uni, attesterait que le pays participait pleinement à l'effort allié. Ces impératifs expliquent que l'Appel du 18 juin se soit prioritairement adressé à des spécialistes, officiers et soldats français, ingénieurs et ouvriers professionnels des industries d'armement qu'il conviait à rejoindre l'Angleterre. Peu, au vrai, répondirent présents. A la fin août 1940, la France libre n'avait rallié que 11 000 volontaires – coloniaux exceptés[3]. Mais malgré la faiblesse de ces effectifs, de Gaulle n'imagina ni de mobiliser la population de la France captive en forgeant les termes d'une résistance civile, ni de tracer les contours d'une lutte armée développant, par exemple, une forme de guérilla. Loin de théoriser la « petite guerre » dont Clausewitz avait suggéré l'importance, il se borna à recréer, sur l'archipel britannique, une armée traditionnelle. Ainsi, il serait pour le moins excessif de le tenir pour le créateur, voire l'inspirateur d'une résistance intérieure dont l'intérêt lui échappa, du moins dans un premier temps – à deux réserves près : d'une part, de Gaulle entendit, dès juin 1940, influencer l'opinion publique en intervenant à la radio britannique, la BBC ; d'autre part, il créa ses services secrets, dirigés par André Dewavrin, dit *Passy*, qui encouragèrent le développement de la lutte clandestine.

*L'arme radiophonique*

Le rôle de la propagande, notamment radiophonique, n'avait pas échappé aux gouvernants des démocraties comme des pays totalitaires qui, dans le premier XX^e^ siècle, s'appuyèrent de plus en plus sur ce puissant médium. Pour de Gaulle, la radio constituait le plus sûr vecteur pour populariser son action, miner la légitimité du régime vichyste et adresser des consignes à la population. Par la magie des ondes, il pouvait en effet toucher en temps réel des millions de Français, influence à laquelle la presse clandestine ne pouvait en aucun cas prétendre. Mais si le recours à la BBC s'imposait, il butait sur de redoutables problèmes.

Tous les Français, en premier lieu, ne disposaient pas de postes radiophoniques. A l'automne 1939, l'administration recensait 5 millions de postes auxquels s'ajoutaient sans doute 1,5 million de récepteurs non déclarés[4]. La France était ainsi plus modestement équipée que le Royaume-Uni (9 millions) ou l'Allemagne nazie que les services du D^r^ Goebbels avaient abondamment dotée (13,7 millions de postes en 1939)[5]. Sans être un produit de luxe, la radio était loin d'être présente dans l'ensemble des foyers, ce qui limitait d'emblée l'impact du verbe gaullien – encore que l'écoute, à l'époque, ait fréquemment été collective.

Les autorités britanniques, par ailleurs, entendaient étroitement contrôler leurs ondes pour éviter que des voix dissonantes, sinon discordantes, ne contredisent la politique décidée par Winston Churchill. Certes, le Premier ministre britannique épaulait le chef de la France libre, reconnu le 28 juin 1940 « comme chef de tous les Français libres, où qu'ils se trouvent, qui se rallient à lui pour la défense de la cause alliée[6] », avant qu'un accord conclu le 7 août ne fixe les termes juridiques de cette reconnaissance. Il n'entendait pas pour autant le laisser agir à sa guise au risque de contrarier la stratégie qu'il voulait mener à l'égard du régime vichyste par exemple. De Gaulle fut donc loin de disposer d'un libre accès à la radio anglaise : ses interventions subissaient une censure préalable et il ne bénéficiait en rien du monopole de la parole française.

Car la BBC proposait trois types d'émission. D'une part, les Britanniques diffusèrent, jusqu'à la fin des hostilités, des bulletins d'information *(French News)*. Le 24 juin, ils créèrent par ailleurs une émission quotidienne de trente minutes, *Ici la France*, confiée à Pierre Maillaud *(Pierre Bourdan)*, un journaliste de formation, avant de constituer une nouvelle équipe que Michel Saint-Denis *(Jacques Duchesne)*, un neveu de l'acteur Jacques Copeau, fut chargé de recruter. Ce dernier s'entoura de brillants compagnons, Jacques Cottance *(Jacques Borel*, s'exprimant sous le pseudonyme de *Brunius)*, Maurice Van Moppès, Yves Morvan *(Jean Marin)*, avant guerre correspondant à Londres de l'Agence Havas, ou Jean Oberlé. L'ensemble relevait de James Darsie Gillie, ancien correspondant du *Manchester Guardian* et du *Morning Post* à Varsovie, en charge de la section française de la BBC de 1941 à 1944. Débutant le 14 juillet 1940, ces émissions baptisées à partir du 6 septembre *Les Français parlent aux Français* ne prétendaient pas porter la parole de la France libre[7]. Car si Morvan, Van Moppès ou Oberlé étaient gaullistes, Maillaud et Saint-Denis ne l'étaient assurément pas.

De Gaulle ne disposait donc que d'un modeste créneau. Au lendemain de l'attaque britannique contre la flotte française à Mers el-Kébir (3 juillet 1940), Churchill lui avait proposé cinq minutes quotidiennes, ce qu'il accepta, chargeant Maurice Schumann, avant guerre journaliste de l'Agence Havas et éditorialiste dans plusieurs périodiques proches de la démocratie chrétienne, de devenir porte-parole de la France libre. Inaugurée le 18 juillet 1940, l'émission s'ouvrait par la formule « Liberté, égalité, fraternité, voici le porte-parole des Français libres ». Elle prit le titre d'*Honneur et Patrie* à la fin du mois d'août 1940. A partir du 9 décembre, ces cinq minutes furent rediffusées dans le bulletin d'information de midi et de Gaulle obtint, à cet horaire, cinq minutes supplémentaires en mars 1941. Les gaullistes, par conséquent, étaient loin de dominer les ondes. Car si le poids des émissions en français ne cessa de se renforcer, passant de trente minutes en 1939 à deux heures et demie en 1940 avant d'atteindre quatre heures en 1941, de Gaulle disposa longtemps d'un créneau restreint. Il était en outre soumis à la censure. *Honneur et Patrie* devait communiquer le texte de ses interventions huit heures avant la prise d'antenne et obtenir le visa du secrétaire permanent du *Foreign Office*, voire du ministre des Affaires étrangères, Anthony Eden, ou de Winston Churchill en personne. Les autorités anglaises ne se privèrent pas d'exercer ce droit. Alors que de Gaulle refusait de ménager Pétain, Londres, compte tenu de la popularité du vainqueur de Verdun, évita les attaques frontales, bloquant par exemple le 30 octobre 1940 un éditorial de Maurice Schumann qui évoquait « l'inconstitutionnalité » du gouvernement de Vichy[8]. Cette consigne de prudence à l'égard de l'Etat français ne fut levée que le 24 mai 1941. De même, les tensions au Levant amenèrent les autorités britanniques à interdire à de Gaulle l'antenne en septembre 1941. Dans l'ensemble, cependant, « du printemps 1941 à l'automne 1942, de Gaulle et Schumann, malgré de fréquentes récriminations (ou grâce à ces récriminations), sont, en fin de compte, libres de dire ce qu'ils veulent au micro de la BBC, moyennant – ce qui est rare – une correction de trois mots[9] ».

Les pouvoirs vichyste et allemand, troisième obstacle, limitèrent l'audience de la radio anglaise par tous les moyens. Ils s'efforcèrent tout d'abord de brouiller son écoute, en vain puisque les Anglais diffusaient sur une fréquence grandes ondes, une fréquence en ondes moyennes et sur trois à six fréquences en ondes courtes[10]. Ils usèrent également de la menace. Dès le 10 mai 1940, une ordonnance allemande menaça de prison, de travaux forcés, voire de la peine capitale, les personnes qui écoutaient des émissions radiodiffusées non allemandes ou colportaient des nouvelles radiodiffusées hostiles au Reich[11], interdiction formalisée le 10 octobre par les autorités militaires, le *Militärbefehlshaber in Frankreich* (MbF). En Alsace-Lorraine, l'écoute de stations étrangères fut punie de mort à partir de 1941. En zone libre, l'écoute publique de la radio anglaise fut bannie le 28 octobre 1940 et cette interdiction se généralisa à la sphère privée un an plus tard. Toute transgression pouvait valoir à son auteur une peine de trois mois de prison et une lourde amende, sanction portée en octobre 1941 à deux ans de détention. Ces menaces furent parfois mises à exécution. En janvier 1941, 62 arrestations furent, à Paris, motivées par l'écoute d'une radio étrangère ; et en février, 27 personnes furent interpellées sous ce chef. Les autorités, par surcroît, ne se gênaient pas pour confisquer les postes en invoquant les motifs les plus divers. Au 31 octobre 1941, 1 650 radios avaient par exemple été saisies pour la seule ville d'Evreux[12]. Vichy, enfin, répliqua à l'attrait que la BBC exerçait en diffusant à la radio nationale des programmes de divertissement censés captiver l'attention des auditeurs et les distraire, au sens propre comme au sens figuré, de la pernicieuse attraction des ondes britanniques.

Ces mesures, pourtant, ne suffirent pas à empêcher leur écoute, encore qu'il soit difficile de la quantifier. On peut peut-être estimer que 3 millions de Français écoutaient de Gaulle en 1942, de 70 à 75 % des Français prenant occasionnellement ou régulièrement la BBC au printemps 1944[13]. Quoi qu'il en soit, les autorités gémissaient. Elles relevaient, à l'instar du préfet d'Ille-et-Vilaine, « la sensibilité certaine de la population à la propagande anglaise » (décembre 1940). Les collaborationnistes se déchaînaient, accusant le « général Micro » d'être à la solde des juifs ou de la perfide Albion, ou maniant, tel Paul Allard dans les colonnes du *Matin* (30 juillet 1941), un humour pesant : « Le dingaullisme s'attrape, surtout, par les organes auditifs. Le plus souvent, il résulte d'une intoxication chronique par les ondes courtes. Certains malades ne peuvent plus se passer de leur drogue habituelle, et se relèvent, la nuit, pour boire, à Radio Londres, une coupe de messages "stupéfiants". Il s'attaque de préférence aux natures débiles : femmes nerveuses, collégiennes impubères, vieillards inadaptés aux conditions nouvelles de vie, émigrés déracinés, oisifs de la zone non occupée[14]. » Mais ces contre-feux ne suffirent pas à endiguer la fascination qu'exerçaient la BBC en général et les émissions gaullistes en particulier.

En informant les Français, la radio anglaise allumait, il est vrai, un contre-feu aux propagandes vichyste et allemande. Dès 1940, elle révéla l'expulsion de dizaines de milliers d'Alsaciens-Lorrains vers la zone libre et relata la manifestation du 11 novembre 1940 qui avait mobilisé des centaines de jeunes Français désireux de commémorer, à Paris, la victoire de la Grande Guerre. Cette information, par ailleurs, entendait dans la mesure du possible être honnête, pour des motifs qui ne répondaient pas seulement à de hautes exigences morales, comme l'expliqua après guerre le colonel Maurice Buckmaster, patron de la section française des services secrets britanniques, le *Special Operations Executive* (SOE). « Nous avions besoin d'instaurer la confiance en la BBC afin que les patriotes français acceptent sans questions ni murmures toute directive lancée sur ses ondes[15]. » Dans la nuit de l'occupation, la BBC offrait par ailleurs une source de réconfort, d'autant que les chroniques étaient souvent drôles et divertissantes. Jean Oberlé se distingua par la qualité de ses slogans corrosifs (« Radio-Paris ment, Radio-Paris ment, Radio-Paris est allemand »). Reportages, sketches et chansons se succédaient. Ils donnaient aux émissions une tournure vive et pleine de fantaisie. La BBC, enfin, adressait des consignes de lutte aux civils, suivant cependant une ligne extrêmement prudente : « Se tenir mobilisé, agir sans trop s'exposer et soutenir les Alliés[16]. »

Les services gaullistes s'engagèrent au demeurant dans cette voie avec circonspection. Ils s'abstinrent de lancer un appel à manifester le 14 juillet 1940 et seul René Cassin, légiste de la France libre et ancien combattant de la Grande Guerre, invita ses camarades à commémorer le 11 novembre 1940 devant les monuments aux morts. Un pas fut néanmoins franchi le 23 décembre 1940. De Gaulle invita alors les Français à déserter les rues le 1er janvier, de 14 à 15 heures pour la zone libre, de 15 à 16 heures pour la zone occupée. « Tout doit être fait, partout, discrètement et fermement, pour que cette protestation muette de la Patrie écrasée revête une ampleur immense. » Cet appel, réitéré à de multiples reprises entre le 24 décembre et le 1er janvier, fut sans doute entendu, encore que les rues fussent traditionnellement peu fréquentées à cette date. En janvier, la radio appela, sur l'air de « Savez-vous planter les choux » à « planquer les sous » pour éviter que les Allemands ne s'emparent des pièces de métal destinées à leur production de guerre.

Mais la première véritable bataille fut engagée à l'hiver 1941. Le 14 janvier 1941, en effet, le speaker belge de la BBC, Victor de Laveleye, demanda à ses compatriotes de multiplier des V, symboles de victoire (victoire/*Vrijheid*). Cette campagne connut un tel succès en Belgique, aux Pays-Bas, dans le Nord de la France ainsi qu'en Normandie que la section française de la BBC suggéra de multiplier ces signes pour honorer le roi Pierre de Yougoslavie qui, en 1941, avait résisté à l'ultimatum allemand. Les Britanniques formèrent le 16 mai un Comité des V pour coordonner l'action dans les territoires occupés. Le succès dépassa toutes les espérances. Les V fleurirent dans l'ensemble de l'Europe occupée. Le 28 mars 1941, à Lille, la police recensa – et effaça – 5 500 V, 300 croix de Lorraine, 14 « Vive de Gaulle »[17]. Elle en dénombra un millier à Paris le 7 avril 1941[18]. Le 20 juillet, elle en effaçait encore 4 400, ramassant en prime 5 500 V découpés dans du papier[19].

Les autorités furent loin de traiter cette campagne à la légère. Le 18 mai 1941, le numéro 2 du régime, l'amiral Darlan, diffusa une circulaire aux préfets afin qu'ils accordent la plus grande attention au phénomène. Et les autorités passèrent à l'action. A Lisieux, la municipalité fit circuler dans les rues de la ville une voiture munie de haut-parleurs pour inciter la population à faire disparaître sans retard les inscriptions, par peur de représailles allemandes[20]. Elles obligèrent parfois les habitants à nettoyer les inscriptions et imposèrent des sanctions. La ville de Moulins dut ainsi acquitter une amende de 400 000 francs ; Bourg-en-Bresse fut frappée d'une pénalité de 20 000 francs et subit en prime un couvre-feu du 12 mai au 1er juillet 1941[21]. Le ministre de la Propagande du Reich, Goebbels, tenta par ailleurs une grossière récupération, prétendant, au mépris de l'évidence, que le V symbolisait le V de Victoria : peu subtil, ce procédé n'abusa guère.

Encouragée par ces résultats inespérés, la France libre poussa l'avantage, lançant un nouvel appel pour la fête de Jeanne d'Arc. « Le 11 mai, [...] tous les Français s'uniront dans une seule pensée : la liberté de la patrie. Ce jour-là, de 15 à 16 heures, ils se trouveront tous sur les promenades de nos villes et de nos villages. Ils y passeront individuellement, ou en famille, ou par groupes d'amis ; ils ne formeront pas de cortège ; le silence absolu régnera ; mais en se regardant l'un l'autre droit dans les yeux, leur regard suffira pour exprimer leur volonté commune et leur commune espérance. » Le succès fut au rendez-vous. A Lille, de 5 000 à 10 000 personnes se groupèrent autour de la statue de Jeanne d'Arc, à la suite de quoi les autorités allemandes confisquèrent les postes de radio que possédaient ses habitants ainsi que ceux de Lambersart et de Marcq-en-Barœul[22]. Cent mille manifestants défilèrent à Bordeaux, 80 000 à Nantes, mais à Cannes comme à Lyon, les foules furent moins denses[23]. D'autres appels suivirent, le 14 juillet ou le 11 novembre 1941, inégalement entendus. Le sous-préfet de Bayeux notait toutefois le 14 juillet 1941 : « Il semble que l'arrondissement tout entier ait suivi le mot d'ordre. Le lieutenant de gendarmerie qui a fait ce jour-là une tournée dans l'arrondissement a eu nettement cette impression. Des fleurs bleu-blanc-rouge apparaissaient à de nombreuses fenêtres et les commerçants s'ingéniaient à grouper à leurs étalages leurs marchandises de façon à rappeler les couleurs de la France[24]. »

La BBC, au total, produisit des effets inégaux. En appelant les Français à manifester, elle montra les limites de l'ascendant qu'exerçaient tant les Allemands que le régime vichyste. Révélant le mécontentement qui grondait, elle le rendit ostensible, sapant du même coup la légitimité de l'Etat français et confortant en regard la stature du général de Gaulle. Dans le même temps, l'arme radiophonique ne pouvait véritablement mobiliser les Français dans la lutte contre l'occupant. Mais que pouvait-elle proposer ? Appeler à la guérilla, en 1941, aurait été totalement illusoire : les Alliés ne pouvaient ni armer les civils ni leur fixer des objectifs militaires, d'autant qu'ils craignaient de les exposer à de sanglantes représailles. Les responsables britanniques mesuraient cette aporie, se demandant s'il convenait de lier la propagande à l'action dans les pays occupés. Cette interrogation perdura jusqu'au débarquement en Normandie du 6 juin 1944. Il ne faut pas, en d'autres termes, confondre l'influence, assurément grande, de la radio anglaise, et son incidence, indéniablement restreinte. La BBC créa un terreau favorable à la résistance qu'elle dotait d'un sens et réinsérait dans une continuité historique. Elle ne pouvait en revanche à elle seule structurer la lutte clandestine.

Les services gaullistes, à leur manière, s'y employèrent.

## *Naissance des services secrets gaullistes*

Charles de Gaulle entendait, on l'a dit, maintenir la France dans la guerre. Ce but était néanmoins plus facile à définir qu'à atteindre. Les effectifs enrôlés dans les Forces françaises libres étaient insuffisants pour jouer un rôle majeur, d'autant que les Britanniques montèrent jusqu'en 1942 peu d'opérations, à l'exception de l'intervention en Crète en 1941 et de la guerre conduite en Afrique, en Tripolitaine notamment. En 1940, il était vain, par ailleurs, d'espérer mobiliser les masses pour les engager dans une lutte incertaine. Les renseignements, en revanche, constituaient un domaine prometteur. A l'époque, « il était absolument vital pour les Anglais de connaître au plus tôt les intentions des Allemands et de recueillir sur leurs préparatifs d'invasion le maximum de renseignements[25] ». Les gaullistes pouvaient ici jouer leur partie.

Dès 1940, André Dewavrin, dit *Passy*, s'employa donc à doter la France libre d'un service de renseignements (SR). Rien, pourtant, ne le prédestinait à cette fonction. Né en 1911, professeur de fortifications à Saint-Cyr, il avait participé à la campagne de Norvège. Rapatrié en Angleterre, il choisit de rallier le général de Gaulle qui lui confia, le 1er juillet 1940, la direction des 2e et 3e Bureaux, traditionnellement chargés du renseignement et des opérations. Dépourvu de toute expérience en la matière, Passy compensa sa jeunesse par son dynamisme et son indéniable charisme. « Je suis frappé par l'abondance et l'assurance de ses propos. La voix est grave, agréable. L'œil bleu est jeune. Une calvitie précoce atténue l'impression de jeunesse », confiera Paul Paillole, chef des services spéciaux de l'Etat français, après l'avoir rencontré à Londres en décembre 1942[26]. Passy se mit aussitôt au travail, ce qui l'obligea à préciser ses objectifs d'abord, à définir la coopération qu'il entendait nouer avec les Britanniques ensuite, à préciser enfin les relations qu'il souhaitait entretenir tant avec les autorités vichystes qu'avec la population française. « Le deuxième Bureau devait en réalité être, dès la première heure, un service de renseignements. Le rôle d'un deuxième Bureau est de préparer pour l'état-major une synthèse des informations à l'aide de laquelle sont prises les relations relatives aux opérations militaires », résuma-t-il après la Seconde Guerre mondiale[27].

A l'origine, de Gaulle pensait que l'Afrique du Nord basculerait dans la résistance, ce qui le conduisit à privilégier ce théâtre d'opérations. « Le 2e Bureau voulait créer un "mouvement secret d'ordre militaire" qui, "sur un signal donné par le général De Gaulle" s'emparerait des leviers de commande et entraînerait les formations militaires constituées dans la "résistance contre les puissances ennemies". L'une des premières tâches des agents du 2e Bureau serait d'informer Londres des possibilités de débarquement, de transport, de répartition et d'entretien de matériel, puis de constituer des dépôts d'armes clandestins. Les moyens engagés – une dizaine d'agents, dont quatre opérateurs radio – témoignent de l'importance que les responsables de la France libre et les Britanniques accordèrent à la réalisation de cet ambitieux programme[28]. » De fait, des agents furent envoyés en septembre au Maroc et en Algérie. Leur équipée tourna court. Vingt-quatre d'entre eux furent rapidement interpellés par le contre-espionnage français et quatre furent traduits devant le tribunal militaire. Face à ce désastre, le 2e Bureau jeta le gant.

Les services de Passy, en parallèle, se tournèrent vers la métropole, la zone occupée au premier chef. Plusieurs missions furent donc montées, tant pour recueillir des renseignements immédiatement exploitables que pour créer des « réseaux destinés à durer[29] ». Ces entreprises n'étaient pas faciles à conduire. Les agents étaient le plus souvent acheminés sur des bateaux de pêche, la *Marie-Louise* par exemple, que des marins patriotes, à l'instar d'Arsène Celton, acceptaient de placer au service de la France libre. Ne disposant alors pas de postes radio, les envoyés de Londres étaient parfois munis de pigeons voyageurs pour transmettre les informations recueillies – un procédé pour le moins aléatoire.

Premier agent de la France libre à débarquer outre-Manche en août 1940, Jacques Mansion rapporta en septembre des cartes du dispositif ennemi et laissa quelques informateurs sans que sa mission ne débouche sur des résultats plus tangibles. Dans la nuit du 3 au 4 août 1940, une vedette rapide achemina deux agents, Maurice Duclos (dit *Saint-Jacques*) et Alexandre Beresnikoff (dit *Corvisart*) près de Saint-Aubin, en Normandie, afin qu'ils collectent des renseignements sur les activités de l'ennemi, recrutent des correspondants et favorisent l'évasion de techniciens susceptibles de servir de monnaie d'échange avec les Anglais. Fin 1940, enfin, le capitaine de corvette d'Estienne d'Orves se rendit en France pour établir des contacts, relever des rapports et inspecter les organisations formées par ses prédécesseurs. Polytechnicien, ancien élève de l'Ecole navale, ce catholique fervent avait dès septembre 1940 rejoint le général de Gaulle pour continuer le combat. Brûlant d'agir, il avait débarqué en Bretagne le 22 décembre suivant pour implanter le réseau Nemrod. Nous l'avons dit, il fut aussitôt trahi par son radio, Alfred Gaessler, un officier marinier des Forces navales de la France libre, et arrêté dans la nuit du 21 au 22 janvier 1941. Condamné à mort après un procès tenu du 13 au 26 mai 1941, il fut exécuté au Mont-Valérien le 29 août 1941, obtenant le triste privilège de devenir le premier agent de la France libre fusillé par l'occupant.

Les jalons posés par Gilbert Renault (dit *Rémy*) furent en revanche plus prometteurs. Né en 1904, proche de l'Action française, ce producteur de cinéma avait le 18 juin gagné Lorient.

Embarqué sur un chalutier, il arriva le 19 au Verdon, dans l'estuaire de la Gironde, et s'embarqua aussitôt pour l'Angleterre. Revenant ensuite en France *via* l'Espagne, cet organisateur de talent recruta une série d'informateurs à Bordeaux, Bayonne, La Rochelle et La Pallice avant d'étendre sa toile en Bretagne. Le syndic des pilotes du port de Bordeaux, Jean Fleuret, révoqué à la demande des Allemands, prêta son concours, tout comme le lieutenant de vaisseau Philippon, de Brest, qui jugea que la transmission de renseignements à Londres n'était pas incompatible avec le serment prêté au maréchal Pétain. Rémy s'appuya également sur le consul de France à Madrid, Jacques Pigeonneau, qui lui permit surtout d'acheminer les premiers courriers. Il recruta en outre Louis de La Bardonnie. Propriétaire terrien en Dordogne, proche avant guerre de l'Action française, ce dernier, pour un temps, accueillit dans son château de La Roque le poste émetteur baptisé *Roméo* et plaça au service de Rémy le petit groupe qu'il avait formé dès la défaite.

Quelques pionniers, par ailleurs, prenaient directement contact avec les gaullistes. Ainsi, un industriel âgé de 40 ans, Jean Herbinger, se rendit à Lisbonne pour contacter la France libre. Rentrant en France le 5 octobre 1940, il monta un réseau, le futur Mithridate-Raspail, spécialisé dans la recherche de renseignements militaires sur l'Italie et la Sardaigne, qui disposa d'émetteurs à Saint-Raphaël, Gênes, Cagliari et Bastia.

A la fin de 1941, le 2^e^ Bureau n'avait cependant qu'imparfaitement rempli sa mission. Nombre de réseaux, tout d'abord, furent démantelés par les services répressifs. La police française arrêta ainsi Pierre Fourcaud *(Lucas)* à Marseille et les Allemands décapitèrent le réseau de Saint-Jacques qui opérait en zone occupée. Non contents de fusiller d'Estienne d'Orves, ils employèrent son radio, qui intoxiqua jusqu'en novembre 1941 les services français.

Au total, à la fin de l'été 1941, 35 courriers totalisant 910 pages avaient été transmis à Londres *via* l'Espagne, mais le gros de l'effort avait été fourni par l'organisation de Rémy, la seule qui fonctionnât véritablement. La question des transmissions, au vrai, n'avait pas été résolue. Les postes étaient rares : jusqu'en mai 1941, seul *Roméo* était actif. Et ils tombaient fréquemment en panne, problème lancinant qui ne sera qu'imparfaitement résolu au fil du temps.

*Perfide Albion*

Pour des raisons évidentes, le 2e Bureau devait coopérer avec ses homologues britanniques, qu'ils aient relevé de l'espionnage (MI 6), du contre-espionnage (MI 5) ou des services spéciaux créés par Winston Churchill pour « embraser l'Europe », le *Special Operations Executive* (SOE). *A priori*, cette coopération se plaçait sous de favorables auspices. « Nous constituions un réservoir d'hommes et, pour beaucoup, d'hommes courageux qui pouvaient, grâce au chaos engendré par la défaite, retourner dans leur propre pays afin d'y observer l'ennemi, son dispositif et ses déplacements. Les Anglais, eux, disposaient de tous les moyens matériels indispensables : argent, postes radio, faux papiers, moyens de transport, correspondants en pays neutres, etc. Tels l'aveugle et le paralytique, il nous fallut donc nous unir[30]. » La collaboration fut cependant moins amène que ce que suggère rétrospectivement le colonel Passy.

De fait, les intérêts de la France libre et du Royaume-Uni ne coïncidaient qu'imparfaitement. Les Britanniques entendaient en effet prioritairement poursuivre la guerre, ce qui pouvait conduire certains responsables à rechercher l'entente avec Vichy. De plus, de Gaulle entendait se saisir du pouvoir à la libération, alors que le SOE affichait un apolitisme bon teint.

Compte tenu de ces paramètres, les dirigeants britanniques s'efforcèrent, tout d'abord, de mener une intense action de propagande, tant pour populariser leur combat que pour miner l'autorité des occupants et intensifier la résistance des populations soumises. Outre l'arme radiophonique, ils procédèrent à de nombreux lancers de tracts ou de journaux que larguaient les appareils de la *Royal Air Force* (RAF) sur l'Europe entière. Le théâtre français fut nettement privilégié. En 1941, les Britanniques lancèrent ainsi 36,4 millions d'exemplaires de leur presse sur l'hexagone[31], tout en se montrant prudents dans leurs consignes d'action. Encourageant le renseignement et le sabotage, ils prônaient la résistance passive dans les usines, mais se gardaient bien d'appeler à des grèves dont la répression aurait lourdement frappé les civils.

Hormis ces exhortations, Londres entendait surtout monter des réseaux, dépendant du *Secret Intelligence Service* (MI 6) ou du SOE. Né en juillet 1940 et rattaché au ministère de la Guerre économique, le SOE visait deux buts. Il devait d'une part susciter et nourrir l'esprit de résistance dans l'Europe occupée – une tâche qu'assumerait assez vite sa branche dédiée à la propagande, le *Political Warfare Executive.* Il comptait d'autre part sélectionner un noyau d'hommes bien entraînés capables d'épauler le débarquement allié et d'affaiblir le potentiel ennemi. Nourri des souvenirs de la Grande Guerre, Churchill tendait en effet à sous-estimer la puissance économique nazie qu'il pensait saper en bombardant ou en sabotant ses installations industrielles[32].

Dès 1940, les services spéciaux, SOE en tête, passèrent donc à l'action, dépêchant des missions ou montant des réseaux. En novembre 1940, la mission *Shamroch* déboucha sur un succès. Cinq agents placés sous le commandement du lieutenant de vaisseau Minshall débarquèrent par sous-marin sur l'île de Groix, s'emparèrent d'un thonier et convainquirent la moitié de l'équipage de coopérer. Repérant les procédures que suivaient les sous-marins allemands pour entrer et sortir de l'estuaire, ils ramenèrent ensuite le bateau à Falmouth[33]. Plusieurs opérations postérieures bénéficieront de ces informations. De même, un petit commando fut acheminé, le 25 avril 1941, près de l'étang du Canet. Bitner *(alias Kjanowski)* devait prospecter la communauté polonaise du Nord, Rizzo monter une filière d'évasion et de communications clandestines. L'homme qui les accueillit, Albert Guérisse – un médecin militaire belge –, monta alors la filière Pat O'Leary qui exfiltrera quelque 600 hommes dont de nombreux pilotes[34]. Le SOE utilisa également la voie aérienne. Le premier agent parachuté fut sans doute Georges Bégué *(Georges Noble)*, qui sauta dans la nuit du 6 au 7 mai 1941 près de Châteauroux. Accueilli dans la maison du député socialiste Max Hymans, il recruta deux agents, Renan et Fleuret, et se mit au service de Pierre de Vomécourt qui avait été lui-même parachuté dans la nuit du 10 au 11 mai. Ce dernier avait rallié Londres dès juin 1940, mais, évincé par les services de la France libre, il avait opté pour les services secrets britanniques. Sitôt arrivé, Pierre de Vomécourt enrôla ses deux frères, Jean et Philippe, puis monta un réseau de renseignements, Autogiro, qu'il soutint en partie grâce à sa fortune personnelle.

Quelques Français, par ailleurs, recherchèrent le contact avec les services britanniques. De culture maurrassienne, Claude Lamirault s'était avant guerre engagé dans l'armée et porté volontaire pour travailler dans les services de renseignements. Embarqué pour Gibraltar dès la signature de l'armistice, il avait contacté le MI 6. Il fut parachuté le 11 janvier 1941 avec un poste émetteur et 50 000 francs. Recrutant auprès de ses proches, sa femme d'abord, puis sa belle-famille, il travailla rapidement avec l'embryon d'un réseau créé à Bordeaux, dès octobre 1940, par les services secrets britanniques. Ce réseau disposait, entre autres, d'un PC au couvent de la Sainte-Agonie, situé rue de la Santé à Paris. Dans le calme relatif de ce saint lieu, la mère supérieure Henriette Frede et neuf religieuses assuraient la transmission du courrier pour Londres, camouflant dans le grenier de la sacristie des émetteurs récepteurs qui assuraient les liaisons avec la capitale anglaise. Le groupe se spécialisa assez vite dans le renseignement militaire, aéronautique notamment, question qui taraudait la Grande-Bretagne pour des raisons évidentes. Le réseau ne tarda pas à essaimer sur la Bretagne, la Normandie et Châteauroux. En octobre 1941, Lamirault fut enlevé par pick-up (en d'autres termes, un avion vint le chercher), portant les rapports de juillet, août, septembre et octobre qui n'avaient pu être transmis. Parachuté une nouvelle fois, le 8 décembre 1941, il rapporta quatre postes émetteurs et de l'argent, donnant alors une grande extension à son organisation, Jade-Fitzroy[35].

Quoi qu'il en soit, les services britanniques, à la fin de 1941, n'enregistraient que des succès limités. Fin 1941, la section F avait envoyé deux douzaines d'agents en France, dont quatre disposaient d'un poste émetteur-récepteur. Or, en décembre, le tiers avait été arrêté sous les motifs les plus variés. Parachuté le 9 juillet 1941, un radio destiné à Pierre de Vomécourt, Xavier, fut reconnu près d'Avranches par un policier qui l'arrêta aussitôt afin qu'il achève de purger une peine pour viol écourtée du fait de l'arrivée des Allemands. Larguée près de Bergerac dans la nuit du 10 au 11 octobre, la mission *Corsican,* accueillie par le député socialiste Pierre Bloch, fut rapidement interpellée, entraînant en cascade une série d'arrestations dont Georges Bégué fut notamment victime. Or, les gains étaient loin de justifier ces lourdes pertes. La section F revendiqua le déraillement de deux ou trois trains ; ses hommes parvinrent également à détruire quelques ateliers de réparation ferroviaire au Mans et à réduire la production d'une usine SOMUA de la région parisienne. Inspecteur à la SNCF, Pierre de Vomécourt réussit aussi à égarer des convois destinés à l'Allemagne en les guidant vers de mauvaises directions. C'était tout, et c'était peu.

Certes, la malchance explique en partie ce bilan pour le moins modeste. De même, les stratèges du SOE ne firent pas toujours preuve d'un discernement exemplaire. Le premier parachutage, dans la nuit du 12 au 13 juin 1941, près de Limoges, comprenait ainsi deux containers chargés d'armes, de plastic... et de mines ventouses dont l'intérêt surprend dans une région à la vocation maritime peu affirmée. Mais les services secrets en général et le SOE en particulier pâtirent surtout d'un manque de moyens.

Non que les hommes ne fussent pas à la hauteur. Jusqu'en juin 1943, l'entraînement débutait par une session militaire et physique de deux à quatre semaines qui se déroulait, par exemple, à Inchmery, près de Southampton. Succédait une formation paramilitaire dispensée sur trois à cinq semaines près d'Arisaig, non loin d'Inverness en Ecosse. Les novices apprenaient à tuer, à lire une carte, à effectuer de longues marches et à utiliser du plastic. Un braconnier expliquait comment trouver sa pitance auprès de dame Nature. Suivait un stage de parachutisme dispensé sur l'aéroport de Ringway, à Manchester. Chaque stagiaire effectuait quatre ou cinq sauts, dont un de nuit. Un stage, près de Beaulieu, parachevait ce *training*. Les instructeurs révélaient aux apprentis les techniques de la clandestinité – codage et décryptage inclus –, tandis qu'un ancien cambrioleur enseignait les secrets de son art, forcer coffres et serrures. Les agents se dirigeaient alors vers des écoles opérationnelles de transit où ils attendaient leur mission, parfois de longues semaines durant[36].

Les moyens, en revanche, faisaient cruellement défaut. De fait, certains chefs militaires rechignaient à consentir aux efforts nécessaires pour des motifs où se mêlaient réticences morales et considérations stratégiques. « Je pense que le parachutage d'hommes portant des vêtements civils et se destinant à tuer des membres des forces ennemies ne constitue pas une opération avec laquelle la Royal Air Force puisse être associée, expliquait ainsi le chef d'état-major de la RAF, Charles Portal, à Gladwyn Jebb, sous-secrétaire d'Etat en charge du SOE. Vous conviendrez qu'il y a une grande différence, en termes éthiques, entre l'époque honorable où un espion tombait du ciel et ce schéma, entièrement nouveau, qui vise à parachuter un individu que l'on ne peut que qualifier d'assassin[37]. » Le même Portal expliquait à H.N. Sporborg, adjoint de Gubbins, chef du SOE, que son travail constituait un pari « qui peut nous procurer un dividende valable ou rien. C'est la question que chacun se pose. Mon offensive de bombardement n'est pas un pari. Son dividende est certain ; c'est un investissement doré sur tranche. Je ne puis divertir des avions d'une certitude pour un pari qui peut être un filon, ou se révéler totalement illusoire[38] ». Le manque d'avions pénaliserait, la guerre durant, l'action des services spéciaux. Le bilan somme toute décevant du SOE en France conduisit alors les Britanniques à relancer la coopération avec la France libre.

*Coopérer*

L'*Intelligence Service* avait, dans une certaine mesure, ouvert la voie – pour le meilleur comme pour le pire. Dirigé par Stewart Menzies et son adjoint Claude Dansey, le MI 6 avait placé deux fers au feu. Confiée au commander Wilfreed Dunderdale, une première section travaillait sur la France ; mais loin de coopérer avec la France libre, elle ne rechignait pas à travailler avec les services de renseignements vichystes. Une seconde entité coiffée par le commandant Kenneth Cohen fut en revanche créée pour coopérer avec Passy, sans pourtant véritablement parvenir à formaliser un accord : l'IS promettait d'aider le 2e Bureau à envoyer des agents en France, Passy acceptait en retour de communiquer les renseignements que ses réseaux collecteraient[39]. Mais les relations se tendirent rapidement. Au vrai, les gaullistes nourrissaient trois griefs. Déplorant l'insuffisance des moyens attribués à la lutte clandestine, reprochant aux Britanniques d'écarter les Forces françaises libres d'Afrique du Nord, ils soupçonnaient également, non sans raison, leurs alliés d'attirer vers leurs services les volontaires français qui se présentaient en Angleterre.

Les relations furent tout aussi complexes avec le SOE, dont de hauts responsables cultivaient un antigaullisme virulent. Jusqu'à l'automne 1941, le SOE se divisait en deux branches. Le SO1 se chargea de la propagande vers les pays occupés avant d'acquérir, en août 1941, une pleine autonomie – il prit alors le nom de *Political Warfare Executive* (PWE). Le SO2 (baptisé SOE) avait en revanche une finalité militaire qui aurait dû faciliter la coopération avec les services du colonel Passy. Tel ne fut pourtant pas le cas. Propagande exceptée, les services du SOE, en premier lieu, privilégiaient la Pologne et non la France. L'*Intelligence Service*, par ailleurs, rechignait à partager ses moyens et refusait toute action subversive qui, échappant à son contrôle, menacerait son activité de renseignement. Le théâtre français, enfin, dépendait de la section F dont Maurice Buckmaster prit la tête en novembre 1941. Elle n'entendait pas privilégier la collaboration avec le 2e Bureau.

Malgré ces obstacles, Passy joua le jeu. Le SOE accepta d'abord d'assurer un entraînement de parachutage et de sabotage à 14 hommes. Non sans arrière-pensées. En octobre 1940, le directeur exécutif du SOE, Frank Nelson, précisait à ses subordonnés que « l'idéal serait de laisser la Gestapo et l'état-major de De Gaulle penser que nous coopérons à 100 % avec ce dernier – alors qu'en réalité, même si je souhaite que vous entreteniez les relations quotidiennes les plus amicales avec les gens de De Gaulle, je voudrais en même temps que vous ne leur révéliez rien de nos plans les plus secrets et les plus confidentiels ». Et d'ajouter : « Cette coopération doit toutefois – pour le dire de façon assez brutale – fonctionner à sens unique ; c'est-à-dire que je voudrais que notre section F connaisse exactement tout ce que font les hommes de De Gaulle, mais je ne veux pas que le mouvement de De Gaulle connaisse quoi que ce soit de ce que fait le SO2[40]. »

Ces réserves n'empêchèrent cependant pas de monter des missions. En mars 1941, un commando fut acheminé sur Vannes afin d'attaquer le bus qui acheminait les équipages du *Kamfgeschwader* 100. Décollant de la base de Meucon, cette formation repérait de nuit les objectifs britanniques et larguait des bombes incendiaires dont les lueurs guidaient alors les bombardiers qui suivaient. Le 15 mars, cinq Français revêtus d'uniformes (pour satisfaire à la demande de Portal) sautèrent ; mais constatant que les équipages se déplaçaient en voiture, et non plus en autocar, la mission *Savanna* s'égailla pour recueillir quelques renseignements. Dans la nuit du 11 au 12 mai 1941, une petite équipe composée de trois Français, Forman, Varnier et Cabard, sauta afin de détruire le transformateur de Pessac qui alimentait notamment en courant électrique la voie ferrée allant vers Bordeaux. Reportée, l'opération se déroula dans la nuit du 7 au 8 juin. Six transformateurs sur huit, détruits, ne furent réparés qu'au début de 1942, ce qui obligea les Allemands à remettre en service des trains à vapeur ; de même, le travail dans la base sous-marine de Bordeaux s'interrompit plusieurs semaines. En manière de rétorsion, la commune de Pessac dut acquitter une amende d'un million de francs. Les saboteurs, auxquels s'était adjoint Joël Le Tac, un jeune étudiant en droit qui avait dès 1940 rallié la France libre, repartirent ensuite pour l'Espagne[41].

Ces résultats encourageants incitaient à resserrer la coopération entre gaullistes et Britanniques, mission qui incomba en partie à la section RF du SOE fraîchement créée. Placée sous la direction d'Eric Piquet-Wicks, supervisée puis dirigée par J.R.H. Hutchison puis L.D. Dismore, elle devait rationaliser les actions subversives. Gaullistes et Britanniques prépareraient en commun des projets, validés par les deux parties, qui s'appuieraient sur des groupes préexistants incapables d'agir, faute de matériel. Ces noyaux métropolitains seraient assistés par deux hommes (dont un opérateur radio) détachés pour deux mois, Passy fournissant le personnel. Plusieurs missions furent ainsi dépêchées, en zone occupée avant tout. Définie le 13 juin 1941, la mission *Torture* visait à assister le groupe formé par M. Frémont, un agriculteur de Caen. Mais l'un des deux hommes parachutés le 5 juillet, Cartigny, fut arrêté. Dénoncé, il fut exécuté en avril 1942. L'autre, nommé Labit, parvint à rejoindre la zone sud.

Au total, cette coopération reposa « sur des bases inégales : non seulement les responsables du SOE disposaient d'un droit de veto sur les missions proposées par le [service de renseignements français], mais ils assumaient seuls, hors de tout contrôle gaulliste, la coordination des activités paramilitaires entreprises en France, les unes par la section F, les autres par la section RF. Tout à leur désir d'obtenir les moyens d'agir, les responsables de la France libre n'avaient eu d'autre choix que d'accepter de telles conditions, qui devaient toutefois leur devenir rapidement insupportables[42] ».

### *Et les Français ?*

Développant une action militaire avant tout, les envoyés de Londres ne tardèrent cependant pas à découvrir que de petits groupes de résistance, non contents de se former, voulaient agir. En France, beaucoup d'hommes et de femmes considéraient en effet l'action civile comme un pis-aller se substituant à une action armée alors jugée impraticable. Le journal clandestin *France Liberté* affirmait par exemple que « 90 % des Français sont prêts à marcher ; qu'on les groupe, qu'on les arme. Ils ne demandent plus qu'à servir, obéir ; mais que les ordres soient conséquents, qu'ils puissent avoir une utilité quelconque afin que le sacrifice que nous sommes décidés à faire ne soit pas inutile[43] ». De même, des auditeurs désireux d'agir pressaient la BBC. « Oui, dites-nous ce que l'on peut faire. Sur les murs, c'est fait. Les tracts, c'est fait. Mais ce n'est pas assez, nous devons anéantir les traîtres[44]. » Envoyé en métropole, André Weil-Curiel, un jeune avocat, notait : « Tous ces hommes qui venaient me voir ou que je rencontrais étaient anxieux de faire quelque chose, mais en même temps semblaient dépaysés dans le monde naissant de la guerre clandestine. Ils ne savaient pas au juste quoi faire et avaient un désir touchant de ne contrecarrer en rien les desseins de Londres[45]. » Conseiller du Travail auprès du général de Gaulle, Henry Hauck suggéra alors que la France libre s'appuie sur les socialistes et les syndicalistes. Il recruta l'ancien secrétaire de la CFTC de Savoie, rescapé de Norvège, Léon Morandat *(Yvon)*. Ce dernier devrait, lors d'une mission, nouer les contacts nécessaires en métropole auprès des jeunesses catholiques, des démocrates populaires et des syndicalistes, que ces derniers appartinssent à la centrale chrétienne de la CFTC ou à la plus rouge CGT.

Mais la culture droitière, voire antirépublicaine, de certains membres du 2e Bureau condamna l'entreprise. Rémy refusait par exemple de démarcher les anciens leaders syndicalistes qu'il assimilait à des « larves politiciennes tarées, combinardes, louvoyant sans cesse entre les eaux grasses de leurs prébendes, de leurs pourboires et de leurs commissions[46] ». Du coup, Yvon Morandat ne fut parachuté qu'en novembre 1941.

Les hommes du colonel Passy se montrèrent en revanche plus intéressés par les possibilités qu'offraient, du moins le croyaient-ils, des hommes du régime de Vichy. Certains, à l'instar de Pierre Fourcaud, un officier de la Grande Guerre, espéraient tisser des liens avec les services de renseignements de l'Etat français ou avec des mouvements de résistance qui ne rejetaient pas l'idéologie pétainiste. Loin d'échapper à ce tropisme, Passy regrettait l'intransigeance gaullienne. « Quel rôle de soudure avec les bons Français de France nous pourrions jouer[47] ! », déplorait-il. Le 20 juin 1941, il accueillit d'ailleurs sur l'aérodrome de Bristol le colonel Groussard, ancien patron de l'Ecole de Saint-Cyr, qui s'efforçait, en investissant l'appareil de l'Etat vichyste, d'encourager la résistance en métropole. Ce dernier proposait d'établir une liaison avec la France libre *via* Alfred Heurteaux, patron d'un petit réseau gravitant dans l'orbite d'un mouvement de résistance plutôt droitier, l'Organisation civile et militaire (OCM). Ainsi, « jamais le [service de renseignements] ne romprait complètement avec l'idée de mettre à profit les bonnes volontés qui pourraient se manifester au sein du gouvernement vichyste. Néanmoins, au cours de l'été, le renforcement de la répression et son extension à des personnalités antiallemandes proches jusque-là du pouvoir le convainquirent qu'il devait à toute force éviter de se découvrir face à des hommes dont la loyauté demeurerait toujours incertaine[48] ».

Mais cet étrange compagnonnage éveillait la crainte de l'adjoint de Passy, André Manuel. « Dans les milieux officiels, au Deuxième Bureau, dans la police même, nos agents rencontrent beaucoup de bienveillance. Ils profitent de ce climat pour mener leur action presque au grand jour. Ils sont connus de la police de Vichy, repérés par la Gestapo. Ils se connaissent tous entre eux et forment une équipe avec tous les avantages et les inconvénients de l'équipe : avantages de solidarité, d'enthousiasme, inconvénients de connaissance réciproque de toutes leurs activités et de tous leurs contacts. Leur solidarité les perd au moment où le gouvernement de Vichy s'avançant dans la collaboration met sa police au service de la Gestapo. Ce moment est arrivé, leurs imprudences les ont signalés et peu à peu, l'un après l'autre, ils sont neutralisés[49]. » Du coup, Passy recommanda bientôt la plus grande prudence à l'égard des services spéciaux de l'Etat français.

La France libre, au total, peina à concevoir les termes du combat qui n'en était qu'à ses balbutiements. Elle suggérait, tout d'abord, aux volontaires de la rejoindre pour lutter sous l'uniforme au grand jour. Mais cette option était loin de toujours séduire. Les perspectives guerrières restaient si incertaines que même les volontaires, en Angleterre, se morfondaient, l'arme au pied. « Pour la première fois de ma vie, je m'approche par moments du désespoir. Après la rupture de l'été 1940, je ne comprends plus mon engagement dans cette armée, tant mon activité est devenue dérisoire. J'ai tout quitté pour venger la patrie, et, après un an d'espérance et de dur labeur, je me retrouve à former de jeunes recrues. L'exil et l'inaction composent un cocktail détonant. Je ressens la seconde comme une injustice », note par exemple Daniel Cordier, engagé de la première heure dans les Forces françaises libres, qui deviendra le secrétaire de Jean Moulin[50]. Beaucoup, en outre, n'envisageaient de s'engager qu'en France métropolitaine, refusant ce qui se parait des couleurs de l'exil. Rejoindre Londres après la débâcle, enfin, représentait une odyssée rarement couronnée de succès. Dans le Var, 138 personnes qui tentèrent l'aventure au premier semestre 1941 furent arrêtées pour ce motif par la police[51]. A cette aune, l'engagement au sein des FFL ne pouvait concerner en 1940 qu'une poignée de volontaires.

La France libre, par ailleurs, pouvait difficilement mobiliser la population en l'inscrivant dans le cadre de ses réseaux. Certes, elle privilégia le recrutement d'amateurs, ce qui pouvait élargir son assise en amalgamant l'ensemble des volontaires désireux de lutter contre l'occupant. Mais ce choix ne traduisait pas une option idéologique. De Gaulle souhaitait surtout que la Marine reste à l'écart des services secrets. Son chef, l'amiral Muselier, dynamique et énergique, républicain convaincu, pâtissait en effet d'une réputation sulfureuse d'opiomane. Il manifestait surtout un solide appétit de pouvoir que de Gaulle entendait contrecarrer en refusant que la Royale se mêle de renseignements. Cela posé, l'engagement dans un réseau ne concernait par essence qu'une minorité de Français. Futur numéro 2 du mouvement Combat, Claude Bourdet le précisait dans une définition passée à la postérité : « Un *réseau,* c'est un organisme créé en vue d'un travail militaire précis, essentiellement le renseignement, accessoirement le sabotage, fréquemment aussi l'évasion de prisonniers de guerre et surtout de pilotes tombés chez l'ennemi : ce qu'on a appelé les "filières"[52]. » Loin de se livrer à un quelconque prosélytisme, ces structures ne recrutaient donc que les spécialistes dont elles avaient besoin, que ces « spécialistes » fussent la garde-barrière capable de recenser les mouvements de troupes ennemies ou l'employé civil de la Kommandantur susceptible de recopier un plan. Elles ne pouvaient par conséquent en aucun cas engendrer un mouvement de masse, d'autant que le 2e Bureau pâtissait d'un manque cruel de moyens. Entre l'été 1941 et l'été 1942, ses effectifs passèrent au total de 23 à 77 personnes, les officiers de 10 à 19[53]. La modestie de ses forces lui interdisait, au départ tout du moins, d'engager les masses dans l'action clandestine – à supposer que tel ait été son objectif. Ce constat vaut également pour les services secrets britanniques.

La radio, enfin, pouvait devenir l'instrument de la mobilisation, surtout si la France libre, en parallèle, menait une action politique. Avant même que Jean Moulin n'arrive à Londres, en octobre 1941, de Gaulle y songeait. Il créa, au sein du Comité national français (CNF), un commissariat à l'Intérieur et soumit, le 8 octobre 1941, un plan à Hugh Dalton, ministre de la Guerre économique et à ce titre chef du SOE. « L'action proprement militaire (renseignement d'ordre militaire, coups de main, préparation d'une organisation militaire sur place) est actuellement en bonne voie par les services spéciaux de la France libre en liaison avec les services spéciaux britanniques. Mais il y a lieu, maintenant, d'entreprendre l'action politique, qui est et doit être distincte de l'action militaire et comporter des hommes et des moyens différents[54]. » Or, la France libre n'avait pas, sur ce point, les idées totalement claires. Car si de Gaulle entendait maintenir la France dans la guerre, il se préoccupait peu de construire son combat comme une croisade idéologique menée contre la réaction vichyste ou le totalitarisme hitlérien. Hostile tant à la IIIe République qu'aux partis politiques, il refusait par surcroît de s'engager clairement, professant un apolitisme qui, intentionnellement ou non, favorisait le rassemblement qu'il appelait de ses vœux. Il fallut ainsi attendre le 11 novembre 1941 pour qu'il se réclame explicitement de la devise républicaine « Liberté, Egalité, Fraternité », décision tardive qui, à gauche, avait nourri quelques inquiétudes. De même, la haine que certains membres du 2e Bureau vouaient à la gauche française interdisait que l'on se rapprochât des partis et des syndicats progressistes, au point que Morandat dut, on l'a vu, attendre novembre 1941 pour être parachuté en métropole. Enfin, et peut-être surtout, les responsables de la BBC, qu'ils fussent ou non gaullistes, craignaient d'impliquer prématurément la population civile dans des actions qui risquaient de se solder par de sanglantes représailles sans assurer de réels gains militaires.

L'ensemble de ces raisons conduit donc à admettre que la France libre, tout en incarnant une alternative politique, ne put offrir à la masse des Français un chemin vers l'engagement entre 1940 et 1941. La résistance fut donc, dans ses origines, un processus endogène émanant de la France captive. La société civile dut alors trouver en son sein les ressources nécessaires pour mener le combat. Car ni les partis ni les syndicats – pas plus que l'armée ou les Eglises – ne conduisirent en avant-garde la lutte contre l'occupant nazi ou le régime vichyste.

# 2

## Partis et syndicats : une avant-garde de la résistance ?

La défaite de 1940 et la poursuite de la lutte que conduisait, seule pour un temps, la Grande-Bretagne appelaient une réponse militaire que s'efforcèrent d'apporter dès la débâcle la France libre et les réseaux dont les modestes structures s'ébauchaient. Mais la déroute pouvait également susciter une réplique politique – au sens large du terme – visant à récuser la politique raciste, liberticide et antirépublicaine que le III^e Reich comme Vichy cherchaient à imposer. Nombre de Français, en d'autres termes, pouvaient refuser de vivre sous la botte en affirmant contre vents et marées leurs valeurs. De ce point de vue, deux forces – les partis politiques et les syndicats – étaient potentiellement en mesure d'agir. Or, leur réponse, jusqu'en 1941, voire 1942, demeura pour le moins timide, principalement en raison de l'hypothèque vichyste.

Car l'Etat français brouillait les pistes – et les brouilla longtemps. Aux yeux des Français, le régime bénéficiait, il est vrai, d'une forte légitimité. Il pouvait invoquer tant le quasi-plébiscite émis par les parlementaires le 10 juillet 1940 que le pedigree patriotique de son chef, le vainqueur de Verdun. Entrer en résistance revenait donc à violer la légalité, risque que n'encouraient pas les citoyens néerlandais, belges ou norvégiens dont les gouvernements s'étaient exilés à Londres. Vichy, en outre, émettait en apparence des signaux sinon contradictoires, du moins ambivalents. Sur le plan diplomatique, Philippe Pétain et Pierre Laval avaient opté d'emblée pour une politique de collaboration avec l'Allemagne nazie, option solennellement confirmée après les entrevues de Montoire

(22-24 octobre 1940). « C'est dans l'honneur et pour maintenir l'unité française, une unité de dix siècles, dans le cadre d'une activité constructive du nouvel ordre européen, que j'entre aujourd'hui dans la voie de la collaboration », avait déclaré le vainqueur de Verdun le 30 octobre 1940[1]. Une partie des Français, pourtant, rejetait l'évidence. Ils estimaient que Vichy menait un double jeu, soutenait Londres en sous-main et approuvait discrètement l'action du général de Gaulle.

Quelques éléments purent conforter leur sentiment. Le renvoi de Pierre Laval, le 13 décembre 1940, fut ainsi interprété comme un acte de résistance dirigé contre l'Allemagne ; la présence du général Weygand, délégué général en Afrique française, et ce jusqu'en novembre 1941, fut également considérée comme un gage de fermeté, l'ancien généralissime affirmant qu'il se bornait à se conformer aux conventions d'armistice (tout en appliquant sans trouble la législation vichyste dans l'Empire). Bref, de bonnes âmes pouvaient estimer, en sur-interprétant des indices bien ténus, que Philippe Pétain, tout en protégeant les Français des rigueurs de l'occupation, préparait la Revanche. Cette illusion totale ne se dissipera qu'en novembre 1942 : en accueillant les Anglo-Américains débarquant en Afrique du Nord au son du canon, les vichystes confirmèrent qu'ils appliquaient une neutralité pour le moins dissymétrique puisqu'elle favorisait les desseins allemands ; l'invasion de la zone libre par le Reich, le 11 novembre 1942, réduisit par ailleurs à néant la souveraineté française que Vichy se flattait de défendre. Mais en 1940-1941, les chimères du double jeu restaient de mise et la confusion régnait dans bien des esprits.

Sur le plan intérieur, l'Etat français entendait exclure de la société les éléments qui prétendument la minaient – juifs, francs-maçons, métèques et communistes. Il menait en parallèle une politique antirépublicaine, embastillant les grands leaders du régime déchu, déplaçant ou révoquant les fonctionnaires loyalistes – à commencer par le préfet Jean Moulin. Promettant de restaurer l'autorité de l'Etat, de rétablir les communautés naturelles que constituaient la famille, le métier et les provinces, il prônait un ordre corporatiste dont la Charte du travail, promulguée en octobre 1941, dessinait les contours. Ces mesures autoritaires et réactionnaires révulsèrent les hommes et les femmes qui identifiaient la France au pays des droits de l'homme. Elles offrirent, par conséquent, une puissante base pour s'opposer. Dans le même temps, toutefois, elles satisfaisaient une frange de la population et des élites qui de longue date militaient pour un *aggiornamento*. Exaspérant une partie de la société, les dysfonctionnements de la IIIe République avaient conduit une fraction du personnel politique à exiger une réforme de l'Etat qui, d'ajournement en ajournement, s'était égarée dans les sables du désert jusqu'en 1940. La crise économique des années 1930, par ailleurs, avait accru la xénophobie et l'antisémitisme : certains partis et quelques ligues réclamèrent alors l'instauration de quotas professionnels et l'expulsion des étrangers indésirables. Beaucoup s'inquiétaient également de la dépopulation et militaient pour que la famille fût célébrée et protégée. Le Front populaire, enfin, en révélant l'intensité de la lutte des classes, avait nourri un violent anticommunisme tout en incitant quelques esprits aspirant à la concorde à frayer une troisième voie entre l'enclume capitaliste et le marteau socialiste. Bref, le programme intérieur de Philippe Pétain répondait à une demande politique et sociale, ce qui explique en partie le plébiscite obtenu le 10 juillet 1940. Certes, le vote qu'émirent, dans la salle du Grand Casino, députés et sénateurs pour confier au Maréchal les pleins pouvoirs et le soin de réviser les lois constitutionnelles résulta dans une large mesure de la panique. Abasourdis par la défaite, les parlementaires s'en remirent à un homme providentiel dont le passé semblait offrir – souvenir de Verdun oblige – toute garantie patriotique. On aurait cependant tort de se borner à cette fausse évidence. Car le vote du 10 juillet 1940 fut aussi, et peut-être surtout, un vote d'adhésion. S'agitant en coulisses pour le compte du Maréchal, Pierre Laval n'avait guère dissimulé ses intentions profondes. « La démocratie parlementaire a perdu la guerre ; elle doit disparaître pour céder la place à un régime autoritaire, hiérarchisé, national et social », avait-il affirmé le 6 juillet 1940[2]. Répondant à une question de Pierre Masse, sénateur de l'Hérault, il avait précisé quelques jours plus tard : « Si vous entendez par liberté individuelle le droit pour tous les métèques et les étrangers… (vifs applaudissements), je préciserai par exemple que nul ne pourra être député s'il n'est français depuis plusieurs générations. C'est notre manière à nous […] de faire de la politique raciale[3]. » Loin d'être abusés par les étoiles du Maréchal et l'éloquence dévoyée de Pierre Laval, nombre d'élus souscrivaient bien à tout ou partie du programme intérieur de

Vichy, à droite, mais également à gauche, ce qui explique le large assentiment consenti le 10 juillet 1940. Le projet de révision constitutionnelle fut en effet approuvé par 570 parlementaires, 80 votant contre, 20 choisissant l'abstention, 27, enfin, s'embarquant sur le paquebot *Massilia* pour poursuivre la lutte en Afrique du Nord.

Au total, la présence du régime vichyste, loin d'éclaircir la donne, l'obscurcit. En suggérant aux crédules qu'il soutenait en sous-main les Alliés, voire le général de Gaulle, il dissuada des résistants potentiels de passer à l'action en les incitant à ne pas contrarier, par des initiatives malheureuses, la politique secrète de Philippe Pétain. Pourquoi le nier ? Cette croyance offrait aussi un commode alibi à l'attentisme. En se présentant comme l'artisan d'un ordre nouveau, Pétain contraignait par ailleurs les partisans d'un redressement national réactionnaire à un choix cornélien. Fallait-il préférer le renouveau à la lutte contre l'occupant ? Ou convenait-il au contraire de privilégier le combat contre les Allemands par rapport à la Révolution nationale ? Pour nombre de Français, ce choix n'allait pas de soi. L'on sait que le personnaliste Emmanuel Mounier opta un temps pour la première option, tandis que le fondateur de Combat, Henri Frenay, ne transigea jamais sur la hiérarchie des priorités, malgré l'empathie qu'il éprouvait tant pour le Maréchal que pour bien des aspects de son programme intérieur. Né de la défaite sans avoir été imposé par l'occupant, Vichy représente donc bien un cas exceptionnel dans l'Europe occupée, ce qui explique en retour la singularité d'une résistance qui dut tout à la fois gérer la lutte contre l'occupant et se positionner vis-à-vis d'un régime autoritaire jouissant, au début tout du moins, d'une aura dont le Norvégien Quisling, pour ne citer que ce seul exemple, ne put jamais se parer. C'est dire que les partis politiques français affrontèrent une situation pour le moins complexe.

Pouvaient-ils – et devaient-ils – devenir l'âme de la résistance ? Rien *a priori* ne les prédestinait à tenir ce rôle. Du point de vue fonctionnel, ils avaient pour vocation d'organiser le débat politique et de concourir à la compétition électorale, non de participer à une lutte subversive. Du point de vue culturel, ils étaient particulièrement mal armés pour répondre aux exigences de la résistance, à l'exception, nous y reviendrons, des communistes. L'armée des ombres préférait la nuit clandestine à la lumière des tréteaux. Elle requérait l'anonymat et non la personnalisation qu'induisait la bataille idéologique. Elle postulait le mépris des règles, voire leur transgression ; or, en règle générale, le militant les observait, tandis que le parlementaire les forgeait. Ajoutons que le régime vichyste plaça assez vite les chefs, grands ou petits, sous surveillance policière, ce qui brida leur liberté d'action.

Les partis, pourtant, disposaient de sérieux atouts. Leurs dirigeants auraient pu sinon appeler au combat, du moins contester les orientations du régime pétainiste. Souvent connus, parfois respectés, ils bénéficiaient de l'onction du suffrage universel qui leur conférait une légitimité dont bien des dirigeants vichystes étaient dépourvus. Ils disposaient par ailleurs de militants dévoués et désintéressés, capables de convertir dans la résistance leurs savoir-faire politiques. Bien entendu, toutes les formations ne disposaient pas d'un tel vivier ; mais à gauche, le Parti communiste français (PCF) et la Section française de l'Internationale ouvrière (SFIO), comme à droite le Parti social français (PSF) voire l'Action française, auraient pu, pour des raisons diverses, brandir l'étendard de la révolte dès 1940. Pourtant, ce ne fut pas le cas.

### *Les louvoiements du Parti communiste français*

Jusqu'en août 1939, le Parti communiste français défendit une position patriotique et belliciste, prônant une politique de fermeté à l'encontre de l'Allemagne nazie. Cette radicalité coïncidait avec la ligne antifasciste adoptée en 1934 qui, populaire dans les milieux progressistes, servait également les intérêts bien compris d'une Union soviétique désormais consciente de la menace hitlérienne. C'est dire que la signature du pacte germano-soviétique, le 23 août 1939, provoqua la stupeur. Outre que les dirigeants français n'avaient pas été mis dans la confidence, le revirement opportuniste de Staline plaça le PCF en porte-à-faux, tant vis-à-vis d'une base patriote révulsée par le nazisme qu'à l'égard des autres formations politiques qui, en règle générale, approuvaient le combat contre le IIIe Reich. Les autorités françaises réagirent avec fermeté. Non seulement elles interdirent le 26 septembre 1939 le Parti ainsi que les organisations rattachées à l'Internationale communiste, le Komintern, mais elles pourchassèrent les militants les plus en vue avant de procéder, le 20 janvier 1940, à la déchéance des députés communistes. Au premier trimestre 1940, le gouvernement avait au total révoqué 2 718 élus, arrêté 3 400 militants et prononcé 1 500 condamnations[4].

En considérant que la guerre ne faisait que dresser les uns contre les autres les impérialismes rivaux de Paris, de Londres et de Berlin – conflit dont le prolétariat français n'avait que faire, sinon s'y opposer –, la direction stalinienne sema le trouble au sein du Parti. Des milliers de militants et d'élus le quittèrent, le vidant de sa substance, et 26 députés – dont Marcel Gitton et Jean-Marie Clamamus – refusèrent de suivre le nouveau cours. Seuls subsistèrent quelques noyaux, en région parisienne et dans le Nord-Pas-de-Calais. Mais l'appareil résista. Sur les 55 membres que comptait le Comité central, 51 demeurèrent fidèles. Les députés Jacques Duclos et Arthur Ramette s'enfuirent en Belgique le 2 octobre 1939, tandis que le secrétaire général, Maurice Thorez, mobilisé, désertait au soir du 3 octobre 1939, gagnant Bruxelles, puis Moscou[5].

La défaite de juin 1940 conforta l'analyse que Staline portait sur le conflit, toujours considéré comme une guerre impérialiste. Mais les dirigeants du PCF, convaincus que la situation servait leurs intérêts, s'efforcèrent d'instrumentaliser les bonnes relations qui unissaient Berlin à Moscou. Entre le 18 juin et le 22 août 1940, des émissaires diligentés par Jacques Duclos, numéro 2 du Parti, négocièrent donc avec Otto Abetz, ambassadeur du Reich à Paris, la reparution officielle de *L'Humanité*. De même, les militants furent encouragés à agir à visage découvert pour reprendre possession des mairies et des locaux syndicaux. Cette approche légaliste s'articulait « sur un modèle théorique cohérent et classique : la guerre impérialiste est riche de potentialités révolutionnaires en posant, par le vide qu'elle provoque, la question du pouvoir et donc celle, cruciale, d'un parti susceptible de porter l'espérance révolutionnaire[6] ». Cette démarche suicidaire permit à la police française de multiplier les arrestations. Entre octobre 1940 et avril 1941, le préfet du Var signa ainsi 112 arrêtés d'internement dans son département[7].

L'Appel dit du 10 juillet 1940 résume et illustre cette ambivalence. Sans doute rédigé aux alentours du 15 juillet et distribué à la fin du même mois, il dénonçait la faillite de la bourgeoisie, proposait la formation d'un gouvernement du peuple et réclamait la paix, tout en précisant que « la France encore toute sanglante veut vivre libre et indépendante [...]. Jamais un grand peuple comme le nôtre ne sera un peuple d'esclaves ». Appelant à constituer autour du PCF un « Front de la liberté, de l'indépendance et de la renaissance de la France[8] », il ne constituait donc en rien un appel à la résistance, contrairement à ce qu'affirmèrent par la suite les dirigeants communistes.

Car le PCF restait tributaire, dans son analyse, du précédent bolchevique de 1917. Suivant l'exemple de Lénine, il cherchait à nouer un compromis avec l'impérialisme vainqueur et préconisait, *via* *L'Humanité* clandestine, de fraterniser avec les travailleurs allemands placés sous l'uniforme. Evitant d'attaquer de front l'occupant tout en parsemant çà et là ses interventions d'accents patriotiques, il pourfendait sans relâche le régime pétainiste. « Le peuple tout entier, ouvriers et paysans, travailleurs manuels et travailleurs intellectuels, jeunes et vieux, est soumis à la double oppression de la réaction et de l'occupation étrangère. Et c'est contre les forces de la réaction que le peuple doit d'abord porter ses coups ; c'est contre les Pétain, Laval et Cie, les principaux responsables de la défaite, les agents du capital et les serviteurs zélés des autorités étrangères, que la colère du peuple doit se déchaîner dans toute sa force et toute sa violence », expliquait par exemple son secrétaire général, Maurice Thorez, en septembre 1940[9]. Le PCF, enfin, ne manifestait aucune sympathie à l'égard du mouvement gaulliste. « Si l'occupation de la France par l'Allemagne suffit à fournir la preuve que le "nouvel ordre européen" de M. Hitler signifierait pour la France un scandaleux asservissement, il n'est pas moins certain que le mouvement des de Gaulle et de Larminat, foncièrement réactionnaire et antidémocratique, ne vise à rien d'autre, lui aussi, qu'à priver notre pays de toute liberté en cas d'une victoire anglaise », écrivent par exemple Maurice Thorez et Jacques Duclos en mars 1941[10].

Interprétant les nouvelles donnes de l'an 1940 à l'aune de la lutte des classes, le PCF privilégia donc jusqu'au printemps 1941 le combat contre le régime vichyste par rapport à la guerre contre l'occupant. « Ce qui met la nation en danger, par la guerre, la défaite et l'occupation, c'est le "régime capitaliste, générateur de misère et de guerre", dont Vichy, "gouvernement des ploutocrates et des profiteurs de guerre", est le principal garant[11]. »

Tout en appliquant cette ligne, le Parti s'employa à reconstituer un appareil disloqué par la mobilisation, la défaite et la répression, en s'appuyant sur une direction clandestine renouvelée confiée à deux hommes de confiance : le numéro 2 du Parti, Jacques Duclos, et le syndicaliste Benoît Frachon, auxquels s'adjoindrait ultérieurement le député Charles Tillon, futur chef des Francs-Tireurs et Partisans. Agents de liaison et postes émetteurs, soigneusement contrôlés par Duclos, assurent alors les liaisons avec Eugen Fried, représentant de l'Internationale à Bruxelles, et Georgi Dimitrov, patron du Komintern à Moscou. Le PCF, par ailleurs, place le combat sur le terrain syndical. Il développe des Comités populaires, chargés de porter une parole revendicative en exigeant par exemple des hausses de salaires, ce qui permet à la fois de mettre en difficulté le régime vichyste et de combiner le travail légal et illégal des militants tout en les mobilisant. « L'organisation de l'action pour les revendications immédiates des grandes masses rassemble ces masses autour de nous, les dresse contre la bourgeoisie. La lutte revendicative n'est pas un frein à la lutte politique, *elle lui est indispensable.* Plus encore dans la situation présente que dans les périodes plus calmes [...]. Aucun communiste, aucune organisation du Parti ne peut se désintéresser de la lutte revendicative et, par conséquent, du travail dans les syndicats », note Benoît Frachon au début de 1941[12].

Cette stratégie fut parfois couronnée de succès. Le 5 février 1941, le Comité populaire des établissements aéronautiques Gnome-et-Rhône de Gennevilliers obtint ainsi une prime de transport de 2 francs par jour, le paiement des quatre-vingts heures de repliement au tarif de juin 1940, une prime de 700 francs pour les jeunes reçus au CAP, l'ouverture d'une école d'apprentissage, la réouverture du réfectoire et son chauffage, l'ouverture d'une coopérative de ravitaillement avec contrôle ouvrier, enfin du savon pour les mains[13]. Dans cette lignée, le PCF encouragea les manifestations de ménagères à partir de l'hiver 1940-1941. Une quarantaine se déroulent jusqu'en mai 1941, toutes en zone occupée[14]. Cette forme d'opposition « permet de mobiliser des milieux qui exercent une influence certaine sur l'opinion quand même ils sont faiblement politisés et qu'il serait impopulaire et malaisé de réprimer, eu égard à leur sexe et à la nature de leurs revendications. Elle permet dans le même temps de maintenir dans l'ombre les militants ouvriers appelés par les communistes à d'autres tâches supposant la clandestinité[15] ». Des communistes, enfin, n'hésitèrent pas à protester ouvertement contre le régime vichyste. Le 5 novembre 1940, ils célébrèrent à leur façon la venue du Maréchal à Toulouse en répandant des numéros de *L'Humanité* et de *L'Avant-Garde* grâce à « un ingénieux système monté avec un piège à rats[16] ».

Il est au total difficile de considérer que le parti communiste ait, dès 1940, basculé dans une résistance résolue à l'occupant, quoi qu'il ait prétendu après la guerre. Sa stratégie s'est avant tout adaptée aux méandres de la diplomatie soviétique dont elle ne s'est guère démarquée. La ligne suivie entre août 1939 et juin 1941 deviendra au demeurant une tunique de Nessus pour les dirigeants communistes. Ses adversaires politiques manquèrent rarement l'occasion, aux lendemains de la Libération, de rappeler au « Parti des 75 000 fusillés », comme il se baptisa non sans outrance, le pacte germano-soviétique et la demande de reparution de *L'Humanité*. Ils n'oublièrent pas que cinq députés, François Billoux en tête, avaient demandé, dans une lettre adressée au maréchal Pétain le 19 décembre 1940, le droit de déposer à charge contre Léon Blum et Edouard Daladier devant la cour de Riom, ce tribunal qui devait juger les prétendus responsables de la défaite.

Cela posé, cette ligne était loin de susciter l'unanimité. Fidèle aux prédicats antifascistes de l'avant-guerre, une partie de la base rechignait, d'autant qu'elle partageait une solide germanophobie héritée du souvenir de la Grande Guerre. Ainsi, des étudiants communistes participèrent à la manifestation du 11 novembre 1940 qui se déroula sur les Champs-Elysées afin d'honorer la mémoire des vainqueurs de 1918. Mais le PCF ou ses organisations satellites furent loin de jouer un rôle déterminant dans son organisation. Si une cinquantaine d'étudiants communistes s'étaient rassemblés le 8 novembre pour protester contre l'arrestation de Paul Langevin, professeur au Collège de France et proche des communistes, l'idée de manifester place de l'Etoile apparut bien avant cet épisode[17]. La plupart des quelque 3 000 participants – estimation basse – qui se regroupèrent à l'Etoile ou sur les Champs-Elysées ne répondirent à aucun mot d'ordre. Les rapports policiers comme les témoignages des acteurs insistent au contraire sur le caractère spontané de cette démonstration[18] qui se solda par l'arrestation d'une bonne centaine de lycéens et étudiants. Au demeurant, les formations communistes, loin de revendiquer ce haut fait, s'en démarquèrent. En décembre 1940, un long tract signé des régions parisiennes du PCF et des Jeunesses communistes (JC) salua l'audace des étudiants tout en les incitant à ne pas s'égarer. « Assurer l'indépendance de la France, c'est permettre à ce pays d'être libéré de la sujétion de l'impérialisme britannique [...]. *Ce n'est pas par la guerre que la France redeviendra libre et indépendante,* C'EST PAR LA RÉVOLUTION SOCIALISTE[19]. »

L'appareil a donc imparfaitement traduit les attentes d'une base dont une frange entendait dès 1940 témoigner son opposition tant à l'occupation qu'au nazisme. De même, une partie des cadres n'adhérait pas à la ligne suivie. Les antifascistes viscéraux – intellectuels, juifs, anciens de la guerre d'Espagne – utilisèrent alors *Les Cahiers du Bolchevisme* pour dénoncer le nazisme, terme alors inusité dans les colonnes de la presse clandestine rouge. On sait enfin que des responsables de premier ou de second plan lancèrent, dès 1940, des appels à la lutte. Tel fut notamment le cas d'Auguste Havez en juillet à Nantes ou de Charles Tillon qui, dans la nuit du 17 au 18 juin à Bordeaux, affirma dans un tract que « le peuple français ne veut pas de l'esclavage, de la misère ou du fascisme, pas plus qu'il n'a voulu de la guerre des capitalistes. Il est le nombre. Uni, il sera la force ». Le texte, par ailleurs, appelait à constituer un gouvernement « luttant contre LE FASCISME HITLÉRIEN et les 200 familles, s'entendant avec l'URSS pour une paix équitable, luttant pour l'indépendance nationale et prenant des mesures contre les organisations fascistes[20] ».

Faut-il pour autant affirmer que deux lignes coexistaient au sein du Parti ? Ce serait aller un peu vite en besogne. Certes, le tract rédigé par Tillon faisait de l'Allemagne nazie, et non de l'Etat français, le principal adversaire. Pour le reste, il ne se démarquait guère de la vulgate : il exigeait la formation d'un gouvernement populaire, suggérait de s'entendre avec l'URSS – alors alliée du Reich – pour obtenir la paix, et ne soufflait mot de la Grande-Bretagne. Le futur patron des Francs-Tireurs et Partisans, par ailleurs, était jugé suffisamment fidèle pour siéger à la direction clandestine du PCF, signe qu'il n'était perçu ni comme un danger ni comme un déviant. Rédigée le 19 octobre 1952, son autocritique confirme *a posteriori* que l'homme restait un « militant discipliné, un stalinien de pure obédience, qui satisfait pleinement sa hiérarchie[21] ». « Je crois avoir prouvé par mon attitude et tous mes actes que j'avais compris et approuvé dès le premier moment, et sans une hésitation ni réserve, la signature du pacte germano-soviétique, attitude sur laquelle il a été possible de juger les communistes en 1939. Comment pourrais-je remettre en cause ma propre attitude au cours des événements de la guerre ? », déclare-t-il alors[22].

On sait, de même, que Georges Guingouin lança un appel à la lutte dès août 1940. Révoqué de ses fonctions en septembre suivant, l'instituteur de Saint-Gilles-les-Forêts rompit même ses fiançailles pour assumer seul la responsabilité de ses actes, prenant le maquis dès avril 1941 et jouant par la suite un rôle éminent dans l'organisation de la résistance limousine[23]. Guingouin semble s'être démarqué à deux titres de la stratégie prônée par la direction communiste. Estimant que « la libération de la France ne pourrait se faire que par l'union de toutes les forces qui "résistent" à l'autorité de Vichy[24] », il s'abstint de critiquer, dans *Le Travailleur limousin*, de Gaulle et l'Angleterre. De même, il désapprouva le retour à la légalité que recommandaient les hiérarques du Parti. Mais l'homme conserva longtemps la confiance de ses supérieurs. La rupture provint d'une sanction infligée en 1942 que le responsable interrégional aux cadres jugea rétrospectivement « imméritée, jamais expliquée. [...] Car mon opinion à présent établie [1944] me permet d'assurer qu'il n'est pas un ennemi du Parti (car lui aussi a entre autres franchi honorablement le cap difficile du pacte germano-soviétique), mais un enfant terrible du Parti, qu'il est absolument d'accord sur les principes fondamentaux de la ligne politique générale du Parti[25] ». Il est en revanche acquis qu'Auguste Havez, à l'été 1940, condamna les consignes de la direction, ce dont s'alarma le responsable des cadres, Maurice Tréand. Il le flanqua aussitôt de deux adjoints pour mieux le contrôler. Quoi qu'il en soit, « les tracts à tonalité nettement antihitlérienne sont le fruit d'initiatives individuelles et, sauf exception, temporaires : une fois le contact rétabli avec Paris, la ligne centrale sera reprise[26] ».

En résumé, il serait abusif d'affirmer que deux lignes ont clivé l'appareil. Suivant une tradition éprouvée, la direction a fidèlement suivi les consignes du Komintern. Coupés de leur hiérarchie et sevrés d'informations, certains cadres, livrés à eux-mêmes, ont pu en revanche interpréter la *doxa* sans toujours trouver un juste positionnement, ce qui explique les distorsions que l'on observe çà et là. En revanche, nombre de militants, mal à l'aise face à une position qui reniait les combats antifascistes de l'entre-deux-guerres, n'ont pas hésité à participer à des démonstrations antiallemandes. Faut-il le préciser ? Loin de répondre à une injonction de la direction, ils agissaient alors en électrons libres.

La situation, pourtant, ne tarda pas à évoluer en raison de la dégradation des relations germano-soviétiques. Le 27 septembre 1940, l'Allemagne, l'Italie et le Japon conclurent le pacte tripartite, rejoints en novembre par la Roumanie, qui, dans la foulée, adhéra au pacte anti-Komintern. Jaloux de son influence dans les Balkans, Staline ne pouvait accepter que le Reich étende son emprise dans une région jugée vitale pour les intérêts soviétiques. Le voyage à Berlin qu'accomplit Viatcheslav Molotov, ministre des Affaires étrangères, en novembre 1940 confirma aux Allemands cette intransigeance. Mais le Reich n'en tint aucun compte[27]. La Bulgarie se rallia au pacte tripartite le 1er mars 1941 et la Wehrmacht envahit la Yougoslavie puis la Grèce en avril 1941, avivant les craintes de l'URSS.

Au début de 1941, la presse communiste, jusqu'alors d'une discrétion de violette, assortit ses attaques contre Vichy de piques contre l'Allemagne nazie, se contentant toutefois d'émettre « des vœux pieux plus que des décisions de lutte concrètes[28] ». Franchissant un pas supplémentaire, le Komintern enjoignit le 26 avril 1941 au PCF de former un « Front national large de lutte pour l'indépendance », précisant que « la tâche actuelle essentielle est la lutte pour la libération nationale. La lutte pour la paix est subordonnée à la lutte pour l'indépendance nationale. Une paix sans libération nationale signifierait l'asservissement du peuple en France. Au moment actuel, cette lutte doit viser surtout à ne pas permettre que le peuple, le territoire et les ressources de la France soient utilisés dans la guerre entre l'Allemagne et l'Angleterre[29] ». Mi-mai, la direction clandestine reprit cet appel, invitant à créer un Front national de l'indépendance de la France (FN). Inflexion fondamentale : « En mai 1941, le problème national est, cette fois, entièrement rapporté à la guerre, impérialiste certes, mais dont le seul côté exploré est celui de l'Allemagne nazie[30]. » Le PCF, en d'autres termes, s'affirme désormais prêt à lutter contre l'occupant… à condition toutefois de jouer les premiers rôles !

Pour mener sa mission libératrice, le FN devait en effet « être constitué avec comme force fondamentale la classe ouvrière de France, avec le Parti communiste à sa tête », déclarait-il, ce qui excluait de reconnaître l'autorité du général de Gaulle. « Certains Français qui souffrent de voir notre pays opprimé par l'envahisseur placent à tort leurs espérances dans le mouvement de De Gaulle. A ces compatriotes, nous disons que ce n'est pas derrière un tel mouvement d'inspiration REACTIONNAIRE ET COLONIALISTE, à l'image de l'impérialisme britannique, que peut se réaliser l'unité de la nation française pour la libération nationale. » Ces attaques se poursuivront jusqu'en juin 1941[31].

Inflexion n'est pourtant pas rupture et le parti communiste continua de privilégier, jusqu'au déclenchement de l'opération Barbarossa du 22 juin 1941, la lutte syndicale sur le combat armé. Il s'efforça de fêter dignement le 1er mai 1941, faisant par exemple suspendre, dans le Nord, des kyrielles de drapeaux rouges aux fils électriques du bassin minier et distribuant au grand jour des tracts par milliers. Surtout, il encouragea les mouvements revendicatifs dont la grève des mineurs nordistes constitue tout à la fois l'acmé et le symbole.

Le 27 mai 1941, une grève, préparée notamment par Auguste Lecœur, secrétaire régional du PCF dans le Pas-de-Calais passé par les Brigades internationales, démarre de la fosse 7 de Dourges – dite du Dahomey. Centrée sur des doléances matérielles (amélioration du ravitaillement, fourniture de savon, arrêt des brimades), elle s'étend rapidement aux autres secteurs, amenant les forces allemandes à quadriller le bassin minier et à multiplier les arrestations. En vain dans un premier temps, puisque le 3 juin au matin, 80 % des mineurs, soit près de 100 000 gueules noires, débrayent. Les femmes participent activement à la lutte, fournissant notamment les piquets de grève. Face à ce mouvement de masse, l'occupant intensifie la répression, arrêtant les mineurs au hasard afin de répandre la terreur, fermant les lieux de distraction et bloquant le versement des salaires. Confrontés à ces sanctions, les mineurs, à partir du 7 juin, amorcent une reprise, totale le 10 juin. Dans son ensemble, le combat aura duré dix jours, bénéficiant du soutien apporté par les éléments gaullistes et socialistes « dont les communistes ont su exciter la fibre patriotique[32] ». Mais la grève entraîne surtout « une réaction d'électrolyse. Elle associe en effet dans un combat unique lutte de classe et aspiration nationale, deux sentiments qui jusqu'alors se côtoyaient, voire se neutralisaient ». Surtout, en démontrant la collusion des compagnies minières et de l'occupant, le mouvement « donne à l'espérance patriotique retrempée un contenu révolutionnaire : libération nationale et libération sociale se confondent en une seule et même cause[33] ». Cette espérance ne doit pas dissimuler la lourdeur du tribut acquitté : 450 personnes sont arrêtées, 244 seront par la suite déportées. Ajoutons que les victimes des bagnes nazis ou leurs ayants cause devront attendre 1962 pour se voir reconnaître le titre de déporté-résistant. Jusqu'à cette date, le ministère des Anciens Combattants considéra que les gueules noires avaient mené un combat exclusivement corporatiste[34]...

Ainsi, le parti communiste, loin de basculer immédiatement dans la résistance contre l'occupant, accorde la priorité à la lutte contre Vichy, assortie d'un recentrage sur l'action syndicale. S'il ménage au départ l'occupant, pacte germano-soviétique oblige, il multiplie ses attaques au début de 1941 avant d'appeler en mai à constituer un Front national. Mais il ne se jette dans la lutte armée qu'à partir du 22 juin 1941, date à laquelle Hitler lance ses Panzers à l'assaut de la Russie.

### *Les désarrois du socialisme français*

De même, le parti socialiste SFIO (Section française de l'Internationale ouvrière) aborda la tourmente en ordre dispersé. De profondes divisions l'avaient, il est vrai, miné durant l'entre-deux-guerres. Groupés derrière Paul Faure, les pacifistes soutenaient une politique d'*appeasement* avec l'Allemagne nazie, que récusaient les partisans de la fermeté serrés derrière Léon Blum. Les rapports avec le parti communiste, par ailleurs, jetaient le trouble. Les uns, attachés à la formule du Front populaire, défendaient l'alliance avec le PCF que les autres excluaient. Blum lui-même ne faisait pas l'unanimité. Car si certains dirigeants lui manifestaient un attachement proche de la dévotion, d'autres le détestaient, blâmant son style de vie bourgeois et assortissant parfois leurs critiques de commentaires antisémites.

Le vote du 10 juillet 1940 révéla au grand jour l'ampleur de ces failles. Car si 36 parlementaires socialistes refusèrent les pleins pouvoirs au maréchal Pétain, 90 les lui accordèrent. Non contents de porter au pouvoir un homme qui se situait aux antipodes de leurs convictions, quelques élus acceptèrent par surcroît de rester dans leur mairie, parfois par pur opportunisme, parfois à la demande de leurs camarades. Député-maire de Carmaux, la ville de Jean Jaurès, Louis Fieu revint en janvier 1942 sur sa démission : le syndicat des mineurs lui demanda de conserver son écharpe pour ne pas laisser « échapper une victoire ouvrière remportée contre la Légion[35] ». Franchissant un pas supplémentaire, des hiérarques socialistes participèrent aux institutions créées par le régime vichyste. Neuf socialistes acceptèrent ainsi leur nomination au Conseil national, le parlement croupion inventé en 1941 par Pierre-Etienne Flandin, alors même que certains, le maire de Commentry Isidore Thivrier par exemple, avaient voté « non » le 10 juillet. Quelques responsables, enfin, allèrent jusqu'à rallier la collaboration, à l'instar de Charles Spinasse, député socialiste de la Corrèze et ministre de l'Economie sous le Front populaire, qui espérait « jeter les bases d'un ordre nouveau où l'idéal des socialistes français, qui reste toujours vivant en nous, animera une société vraiment libre parce qu'elle sera fondée sur la solidarité des intérêts[36] ». Quelques périodiques animaient cette presse socialiste de la collaboration, qu'il s'agisse de *L'Effort*, du *Mot d'ordre* ou du *Rouge et le Bleu*, du même Spinasse.

Cette dérive, pourtant, n'est que l'arbre qui dissimule la forêt. Car une féroce répression s'abattit en règle générale sur les membres de la SFIO. Souvent révoqués de leur mairie, tels Léon Betoulle à Limoges, des élus socialistes furent placés en résidence surveillée (à l'image de Louis Noguères), d'autres embastillés sans autre forme de procès (c'est le cas de Léon Blum ou de Vincent Auriol), voire assassinés (comme l'ancien ministre Marx Dormoy et le député socialiste de l'Ariège, François Camel). La profonde hétérogénéité des itinéraires suivis par les socialistes français n'en reflète pas moins le désarroi doctrinal et moral qui accabla la vieille maison. Minée par les divisions héritées de l'avant-guerre, la SFIO, faute de repères sûrs, peinait autant à adopter une position idéologique claire qu'à fixer une doctrine d'action. « A tenter d'appliquer à la situation créée par l'occupation de la France les schémas classiques d'interprétation – matérialisme historique ou pacifisme –, les militants s'exposent à l'incompréhension d'un phénomène qui sollicite moins l'analyse que la volonté, le savoir que le vouloir[37]. » Enfin, et peut-être surtout, le parti socialiste s'était acclimaté à la République, acceptant les règles du jeu électoral et bénéficiant d'un réseau de notables. Cette culture démocratique le préparait bien mal à obéir aux lois de la clandestinité. « Parce que la démocratie parlementaire ne conditionne pas totalement l'existence du parti, celui-ci peut résister à une mutation du cadre institutionnel, mais parce que cette autonomie n'est que partielle, sa capacité d'adaptation est nécessairement limitée[38]. » C'est dire que la résistance, au total, représenta un tournant particulièrement difficile à négocier, encore qu'il faille ici distinguer l'individuel du collectif.

Le socialisme français opéra dès les débuts de l'occupation un double choix : il décida de reconstituer un parti clandestin, mais refusa de créer une formation propre de résistance. En zone occupée, quelques-uns de ses responsables avaient, à l'initiative d'Amédée Dunois, collaborateur au *Populaire*, et du député de l'Aisne Elie Bloncourt – pourtant aveugle de guerre –, réuni certains militants en juillet 1940. En décembre suivant, l'arrivée d'Henri Ribière, ancien collaborateur de Marx Dormoy, permit de développer ce qui resta longtemps au stade embryonnaire : sur les dix régions initialement prévues, trois seulement entretenaient des rapports avec la direction à la fin de 1942.

Au sud, la (re)création du parti socialiste clandestin emprunta la forme du Comité d'action socialiste (CAS), fondé le 30 mars 1941 grâce aux patients efforts de Daniel Mayer. Journaliste au *Populaire*, ce dernier s'était avant guerre distingué en combattant les néo-socialistes et en s'opposant aux accords de Munich, tout en vouant une admiration quasi religieuse à Léon Blum. Epaulé par son épouse, Cletta, il parvint, lors d'une assemblée convoquée à Toulouse le 21 juin 1941, à structurer la formation clandestine dont il devint secrétaire général, tout en désignant les responsables régionaux pour la zone libre. S'il se dressait contre l'occupant et le régime pétainiste, Daniel Mayer entendait d'abord et avant tout ressusciter une formation politique discréditée par les errements de l'avant-guerre, traumatisée par la défaite et combattue par l'Etat français. Il ne chercha pas, au départ, à élargir le recrutement, préférant sélectionner des cadres loyaux[39]. Témoignant de cette ambition, une réunion tenue à Lyon en mai 1941 décida d'exclure les parlementaires ayant approuvé les pleins pouvoirs. « Le CAS – tel qu'il se présente à vous – n'est pas le parti d'hier. Certains de ses militants l'ont trahi... Il a rompu délibérément et définitivement avec ceux de ses membres dont le courage moral ou physique était inférieur à l'instinct de conservation immédiate. Il a rompu délibérément et définitivement avec ceux de ses élus qui n'ont pas su manifester leur attachement à la République en s'élevant contre les tentatives de césarisme et qui ont préféré pactiser avec la force provisoirement triomphante plutôt que de poursuivre la lutte », rappellera son organe clandestin, *Le Populaire,* en juin 1942[40].

Pourtant, cette reconstruction n'allait pas de soi. Une partie de l'opinion publique, tout d'abord, se montrait réfractaire aux partis en général et à la SFIO en particulier. Bien souvent, le Front populaire était jugé responsable d'une défaite que la législation sur les 40 heures et les congés payés auraient rendue d'autant plus inéluctable qu'une partie de ses soutiens professaient un solide pacifisme. De surcroît, la reconstitution d'une formation politique n'apparaissait pas d'une folle urgence. Beaucoup, suivant Rémy, jugeaient l'initiative déplacée, à l'heure où seule devait primer la lutte contre l'Allemagne nazie. « On est déjà en train, dans ce salon, de reconstruire la France à la mode socialiste. N'étant pas expert, je me tais en me demandant *in petto* ce que je suis venu faire dans cette assemblée qui me rappelle assez bien un comité électoral où il m'était arrivé de m'égarer avant guerre pour en déguerpir aussitôt », note-t-il en janvier 1942[41]. Les consignes du Comité d'action socialiste, de fait, pouvaient sembler surréalistes : « Réfléchis dès à présent à ce que tu demanderas à notre future Constituante, celle que nous élirons tous et toutes dès que nous pourrons le faire, ce que, pour notre part, nous comptons lui proposer », suggérait l'un de ses tracts en mai 1941[42]. Cette préoccupation pouvait apparaître pour le moins prématurée. Enfin, certaines fédérations, fidèles à Paul Faure, refusèrent de coopérer avec le parti clandestin et ce jusqu'à la fin de la guerre.

Le parti socialiste clandestin, surtout, ne chercha pas à créer sa propre organisation résistante. « Nous avons décidé de ne pas diviser la résistance en créant des organisations militaires, explique rétrospectivement Daniel Mayer. Le fondement idéologique de cette attitude a été confirmée par Léon Blum dans une lettre adressée en 1943 au général de Gaulle où il explique que les socialistes se sont volontairement abstenus de créer des structures militaires propres. Vu de maintenant, je peux regretter qu'ainsi, nous n'ayons pas été mis au même niveau que ceux qui, disposant d'une organisation armée, bénéficiaient des distributions d'armes. Sur le plan de la fierté ou de l'orgueil de parti, je peux également regretter que nous n'ayons pas été placés au même niveau que les organisations disposant de structures militaires. Et pourtant, conclut-il, sur le plan de l'efficacité, je ne regrette pas d'avoir refusé de diviser la résistance armée[43]. » La SFIO paiera ce refus d'un prix élevé. « Le courant socialiste qui irrigue l'ensemble de la Résistance est moins crédité du bénéfice de la Résistance que des attributs négatifs de la passivité (sinon de la collaboration), de l'attentisme, de l'opportunisme, comme s'il n'avait été mû que par le seul souci des places à prendre à la Libération », résume l'historien Jean-Marie Guillon[44].

Quelques lueurs, pourtant, égayent ce tableau plutôt sombre. Des élus, tout d'abord, s'efforcèrent de regrouper les troupes. En juillet 1940, Jean Texcier, militant et journaliste socialiste, rédigea trente-trois *Conseils à l'occupé.*

> 2. Ils sont vainqueurs. Sois correct avec eux. Mais ne va pas, pour te faire bien voir, au-devant de leurs désirs. Pas de précipitation. Ils ne t'en sauraient, au surplus, aucun gré. [...]
>
> 7. S'ils croient habile de verser le défaitisme au cœur des citadins en offrant des concerts sur nos places publiques, tu n'es pas obligé d'y assister. Reste chez toi, ou va à la campagne écouter les oiseaux.
>
> 8. Depuis que tu es « occupé », ils paradent en ton déshonneur. Resteras-tu à les contempler ? Intéresse-toi plutôt aux étalages. C'est bien plus émouvant, car, au train où ils emplissent leurs camions, tu ne trouveras bientôt plus rien à acheter. [...]
>
> 14. La lecture des journaux de chez nous n'a jamais été conseillée à ceux qui voulaient apprendre à s'exprimer correctement en français. Aujourd'hui, c'est mieux encore, les quotidiens de Paris ne sont même plus pensés en français[45].

Sitôt revenu de l'exode, le maire de Roubaix, Jean-Baptiste Lebas, tint pour sa part dès septembre 1940 des réunions quasi publiques qui rassemblèrent jusqu'à 300 personnes. Le mois suivant, il fabriqua un journal clandestin, *L'Homme libre*, dont la diffusion s'étendit rapidement sur Lille et Douai. Des socialistes, surtout, agirent hors du cadre de leur parti. Nombre de militants s'engagèrent très vite dans une résistance politique ou militaire. Le syndicaliste Christian Pineau fonda, nous y reviendrons, le mouvement Libération-nord. Le député Max Hymans, jusqu'à son arrestation le 4 octobre 1941, aida les agents du SOE à tisser leur toile. Pierre Bloch réceptionna l'un des premiers parachutages largués sur la France, le 10 octobre 1941. Et Pierre Brossolette participa au réseau naissant du Musée de l'Homme. Des socialistes se sont donc lancés dès 1940 dans une résistance active ; mais leur éparpillement n'a pas permis à la SFIO d'en capitaliser le bénéfice politique, pendant comme après la guerre. En revanche, le socle idéologique du socialisme français – laïcité, humanisme, justice sociale, démocratie – offrit un point de ralliement aux opposants au régime vichyste sitôt dissipées les ambiguïtés de l'an 40.

### *Un syndicalisme français divisé*

Traditionnellement divisé entre une aile chrétienne (la Confédération française des travailleurs chrétiens, CFTC) et une mouvance laïque (la Confédération générale du travail, CGT), le syndicalisme français avait durement encaissé les chocs de l'entre-deux-guerres. Au sein de cette dernière, une lutte violente avait notamment opposé les réformistes, menés par Léon Jouhaux, à la minorité communiste, conduite par Benoît Frachon, qui, en 1922, avait décidé de voler de ses propres ailes en créant la CGT unitaire (CGTU). Le Front populaire avait cependant masqué ces différends, les frères ennemis optant pour une réunification décidée au congrès de Toulouse en 1936. Le pacte germano-soviétique brisa net ce rapprochement. Le 18 septembre 1939, le Bureau confédéral exclut les militants qui refusaient de condamner l'accord Molotov-Ribbentrop, ce qui suscita une haine inextinguible entre les deux camps. Le déclenchement de la guerre, la défaite puis la politique de l'Etat français exacerbèrent ces tensions. Le gouvernement de Vichy prétendait en effet mener une politique sociale corporatiste rejetant dos à dos la funeste lutte des classes et l'égoïsme glacé du capitalisme. Dans cet esprit, l'Etat français promulgua en octobre 1941 la Charte du travail, censée remodeler les relations sociales en favorisant la collaboration des salariés et du patronat. Quelques syndicalistes, et non des moindres, crurent à ces chimères. Anticommunisme, pacifisme et volonté de dépasser le marxisme se conjuguèrent alors pour inciter certains à soutenir l'œuvre du Maréchal. C'est ainsi que René Belin, jadis protégé de Léon Jouhaux et secrétaire général adjoint de la CGT, accepta de diriger le ministère du Travail, charge qu'il assuma du 14 juillet 1940 au 18 avril 1942.

Cette stratégie, pourtant, était loin de faire l'unanimité. L'idéologie vichyste, tout d'abord, ne pouvait que révulser des syndicalistes attachés aux idéaux humanistes et républicains. Mais sa politique sociale se révélait tout aussi inquiétante dans la mesure où elle revenait sur d'importantes conquêtes syndicales. Interdisant la grève, Vichy procédait à la dissolution des confédérations patronales et ouvrières le 9 novembre 1940 ; la Charte du travail instaura un syndicalisme unique et obligatoire, deux points qui heurtaient des syndicalistes attachés au pluralisme et à la liberté.

Ces menaces incitèrent des représentants qualifiés du monde des salariés à élever une protestation solennelle. Le 15 novembre 1940, douze syndicalistes publièrent un manifeste qui, par-delà quelques concessions de forme au pouvoir pétainiste, rappelait sans ambiguïté des principes essentiels. Le syndicalisme « doit affirmer le respect de la personne humaine, en dehors de toute considération de race, de religion ou d'opinion. Il doit être libre, tant dans l'exercice de son activité collective que dans l'exercice de la liberté individuelle de chacun de ses membres [...]. Le syndicalisme français ne peut admettre en particulier l'antisémitisme, les persécutions religieuses, les délits d'opinion, les privilèges de l'argent [...]. La liberté syndicale doit comporter le droit [...] d'adhérer à une organisation syndicale de [son] choix ou de n'adhérer à aucune organisation », proclamait notamment le texte[46].

En réaffirmant les principes cardinaux du syndicalisme, le manifeste constituait, par ce rappel même, un acte d'opposition au régime vichyste. Signé par neuf représentants non communistes de la CGT[47] et trois de la CFTC[48], il symbolisait également l'entente entre deux mouvances qui, hier opposées, souscrivaient aux compromis nécessaires. Les représentants de la CGT admettaient le pluralisme syndical auquel la CFTC se montrait particulièrement attachée, les hommes du syndicalisme chrétien acceptant en retour le terme d'anticapitaliste, « inhabituel chez eux[49] ». Le texte fut envoyé aux secrétaires des fédérations et des unions départementales ainsi qu'à quelques personnalités[50]. Dans la foulée fut créé un Comité d'études économiques et syndicales comprenant des représentants de la CGT et de la CFTC, pour discuter des textes puis les diffuser.

Un partage des tâches sembla donc s'esquisser. Dans son expression organisée, le syndicalisme opposant n'entendait pas combattre l'occupant allemand, mission qui à ses yeux incombait aux mouvements de résistance. Il privilégia donc la lutte contre l'Etat français, ce qui correspondait à la stratégie que Léon Jouhaux avait arrêtée à Sète le 26 août 1940. Le secrétaire général de la CGT affirmait alors que l'opposition au régime vichyste devait se cantonner au terrain strictement syndical, ce qui n'empêchait pas de pratiquer l'entrisme dans les organismes officiels. Cette approche permettrait à la fois de défendre les positions du syndicalisme et d'abriter sous une façade légale des activités clandestines[51]. Quelques contacts furent noués, par ailleurs, avec les socialistes, tandis que de nombreux cégétistes militaient en parallèle dans les rangs de la SFIO clandestine.

Les formations chrétiennes partageaient cette optique. Le 8 juillet 1940, Jules Zirnheld, président de la CFTC, demanda au maréchal Pétain que la future constitution reconnaisse « la liberté syndicale à tous les degrés » et conserve « toute la législation sociale qui a fait l'honneur de la Troisième République[52] ». Dans le même temps, Gaston Tessier, secrétaire général du même syndicat, forma un « comité de liaison des organisations chrétiennes » associant syndicalistes des deux zones. En consonance avec les amis de Christian Pineau, les deux hommes cosignèrent le Manifeste. Certes, la CFTC ne s'opposa pas officiellement à la Charte du travail, préférant laisser aux adhérents et aux groupements professionnels leur libre choix[53]. Le syndicat chrétien récusait en effet la lutte des classes et le corporatisme ne l'avait pas laissé indifférent. A la base, nombre de militants soutenaient les positions de l'épiscopat et se défiaient d'une résistance qu'ils identifiaient au bolchevisme honni. Mais dans le même temps, la Charte restait inacceptable. Le caractère unique et obligatoire des organismes que le régime vichyste entendait créer contredisait deux principes cardinaux. En menaçant l'existence même de la CFTC, Vichy poussait certains cadres à « agir en faveur de la réhabilitation de l'institution syndicale, quitte à opter pour la voie "illégale"[54]». La base fut ainsi partagée, et même déchirée, « entre les positions de la hiérarchie catholique et l'opposition à une "légalité" qui viole l'un des principaux acquis sociaux et républicains, le droit d'exercice syndical[55] ».

Ainsi, une frange du syndicalisme français se dressa d'emblée contre Vichy dont l'idéologie et la politique sociale la heurtaient. Mais son combat se cantonna à d'étroites limites. Aucun contact ne fut pris avec les communistes auxquels ces hommes vouaient une solide inimitié réactivée par le pacte germano-soviétique ; les dirigeants, par ailleurs, privilégièrent les réflexions théoriques sur les consignes pratiques. Ils n'appelèrent pas, par exemple, à la grève – moyen que choisirent parfois, on l'a vu, les anciens unitaires. Et la lutte contre l'Allemagne nazie fut loin de constituer une priorité. Ajoutons que la ligne prônée par Léon Jouhaux ne fut pas dénuée de toute ambiguïté : si le leader de la CGT condamna d'emblée la Charte du travail, son appel à peupler les organismes vichystes leur conférait une légitimité qu'une opposition résolue leur aurait aliénée. Les syndicats furent donc loin de constituer le fer de lance de la résistance organisée. Certains leaders ne s'engagèrent pas moins dans les mouvements ou les réseaux – quand ils ne les créèrent pas, à l'exemple du fondateur de Libération-nord, Christian Pineau.

### *A droite, toute ?*

On aurait pu imaginer que la droite nationale aurait porté haut le flambeau de la résistance. Tout la prédestinait à tenir un rôle conforme à son histoire et à ses ambitions. Manifestant un patriotisme ombrageux, souvent germanophobe, elle avait en 1914 rejoint les rangs de l'Union sacrée et n'éprouvait en général aucun penchant pour le nazisme, bien qu'elle considérât avec sympathie le fascisme italien ou les expériences autoritaires du docteur Salazar et du général Franco. L'Action française avait par ailleurs soutenu la déclaration de guerre, considérant que le conflit serait rude, mais que l'on pouvait espérer qu'il réglerait « le problème allemand, une fois pour toutes[56] ». Cependant, le programme vichyste constitua une tentation trop forte pour que cette mouvance renonçât à soutenir un régime qui réalisait en partie son programme. Le 9 février 1941, Charles Maurras salua dans *Le Petit Marseillais* la « divine surprise » que constituait à ses yeux « la façon dont le maréchal Pétain avait revêtu la fonction suprême[57] ». Tout au long des années sombres, il multiplia les appels à réprimer les résistants et à poursuivre la politique antisémite du régime vichyste. Dans le même temps, il déniait aux Allemands « le droit de se mêler de la guerre franco-française[58] », sans que cette position ne s'apparente à une attitude résistante. Rejetant tant la collaboration que la résistance, les dirigeants de l'Action française restèrent de bout en bout fidèles au Maréchal[59], refusant de trancher entre la peste gaulliste et le choléra nazi. Influencés par le nationalisme germanophobe du maître, quelques maurrassiens entrèrent cependant en résistance, qu'il s'agisse de Pierre Bénouville, futur dirigeant de Combat, de Daniel Cordier, appelé à devenir le secrétaire de Jean Moulin, ou de Gilbert Renault, dit *Rémy*, fondateur du réseau Confrérie Notre-Dame. Mais ces électrons libres ne traduisaient en rien les idées de leur mentor, figé dans ses haines recuites, dont la pensée stérile inspira assurément plus Vichy que l'armée des ombres.

Le cas de François de La Rocque se présente sous de tout autres auspices. L'idéologie des Croix-de-Feu puis du Parti social français (PSF) était si proche des prédicats vichystes que l'Etat français lui emprunta directement sa devise « Travail, Famille, Patrie ». De même, le lieutenant-colonel considérait d'un œil favorable le Maréchal et son entreprise de rénovation nationale dont il pouvait à bien des égards être tenu pour l'un des inspirateurs. Dans le même temps, plus d'un élément séparait l'officier colonial du vainqueur de Verdun. Le premier réprouvait l'orientation cléricale que le second imprimait à son régime et fut loin d'approuver les subventions versées aux établissements de l'enseignement catholique. Par ailleurs, il ne partageait pas l'antisémitisme de l'Etat français. Ajoutons enfin que les cercles dirigeants vichystes, se défiant d'un homme dont la totale obéissance n'était pas assurée, l'écartèrent des allées du pouvoir.

Mais la méfiance était réciproque : La Rocque conserva ses distances tout en se plaignant d'être peu écouté par les hiérarques pétainistes. Nommé au Conseil national, il en démissionna le 28 juillet 1941 et se montra pour le moins réticent à l'égard de la Légion des combattants, organisme censé rassembler les anciens combattants des deux guerres, dont il craignait qu'elle ne siphonne les effectifs de son ancien parti. Il défendait, au fond, la formule d'un soutien sans participation : « Le PSF serait une formation en marge du gouvernement, sans en partager les responsabilités, mais contribuant à "la construction de l'avenir"[60]. » Privilégiant le social plutôt que l'action politique, il espérait que le programme pétainiste serait appliqué dans une France débarrassée d'un occupant pour lequel il n'éprouvait aucune inclination, ce qui relevait assurément du vœu pieux. Surtout, le péril communiste le hantait. Craignant la subversion révolutionnaire, il reconstitua discrètement des équipes volantes de propagande qui, au jour de la libération, seraient à même de contrer les factieux moscoutaires. « Ma grande préoccupation consistait à concourir le plus possible à ce que régnât l'ordre patriotique au moment où pourrait se produire la libération du territoire », déclara-t-il en mai 1945[61].

Incontestablement patriote, pétainiste sans excès, rétif à la collaboration…, ces éléments ne permettent pas de considérer François de La Rocque comme un résistant, jusqu'en 1942 tout du moins. Car l'homme fut loin de placer la lutte contre Vichy et le combat contre l'Allemagne nazie au faîte de ses priorités. Hanté par le péril intérieur, tenté par le programme politique vichyste, il se méprit sur la hiérarchie des urgences, accordant le primat à des considérations politiques intérieures et refusant de considérer la lutte contre le Reich comme une ardente obligation. Certes, des membres du PSF s'illustrèrent dans la résistance ou rejoignirent le général de Gaulle, à l'instar de Charles Vallin. Mais ils ne traduisaient en rien la ligne de leur mouvement.

Au total, partis et syndicats, jusqu'à l'été 1941, ne furent ni les inspirateurs ni les animateurs de la résistance à venir. Doit-on même les considérer comme résistants ? Tout dépend, bien entendu, de l'acception du terme. Si l'on considère que la résistance se définit d'abord par la participation au combat contre l'occupant nazi, force est de reconnaître que les partis, pas plus que les syndicats, ne s'inscrivirent initialement dans ce cadre. Privilégiant les problématiques hexagonales, ils préférèrent préserver ou reconstruire leurs appareils et se positionner par rapport à Vichy plutôt que de lutter contre les forces allemandes. Si l'on considère en revanche que la lutte contre l'Etat français contribue à définir l'appartenance à l'armée des ombres, *a fortiori* quand elle comporte des risques et débouche sur la répression, on peut alors considérer qu'ils furent, pour une part notable d'entre eux, partie prenante de ce combat.

Quoi qu'il en soit, ni les partis ni les syndicats ne furent aux avant-postes de la lutte clandestine. Pourtant, leurs idéologies auraient dû offrir de sûrs repères pour l'action ; de même, leurs cadres et leurs militants, souvent éprouvés, auraient pu constituer un vivier pour les formations clandestines. Tel ne fut pas le cas. Souvent sclérosée, la doctrine ne permettait pas d'identifier clairement des enjeux qui échappaient aux catégorisations simplistes. Vichy, par ailleurs, compliqua la donne. A l'enjeu patriotique – la lutte contre l'Allemagne – se superposait désormais une problématique politique : fallait-il appuyer Pétain dans son entreprise de rénovation nationale ou, plus cyniquement, investir l'appareil d'Etat, au risque de légitimer par une stratégie de la présence un pouvoir indigne ? Cette question fractura les formations, brouilla les clivages et obligea cadres et militants, privés de consignes claires, à obéir à leur conscience plutôt qu'à des mots d'ordre. En 1914, partis et syndicats avaient conclu une trêve en se ralliant à l'Union sacrée. Ce mécanisme ne se reproduisit pas durant les années sombres.

La résistance, en son aurore, ne jaillit donc pas du monde politique, mais émergea des profondeurs de la société civile. Elle se bâtit sans lui – si ce n'est contre lui.

# 3

## La naissance des mouvements

Que faire ? La question que Lénine posait et se posait en 1902 hanta les premiers résistants, qui, faute de précédents historiques, durent littéralement inventer les termes de leur combat. La débâcle et ses principales conséquences – l'occupation de la zone nord et la naissance de l'Etat français – appelaient de toute évidence une réponse militaire que les pionniers n'imaginaient cependant pas formuler. Comment, faute d'armes et d'expérience, prétendre menacer une Wehrmacht qui, en quelque six semaines, avait pulvérisé la première armée du monde ? Certes, quelques individus passaient dès l'été 1940 à l'action, tel Etienne Achavanne – nous l'avons vu. D'autres s'employèrent dès la débâcle à ramasser les armes abandonnées par les troupes françaises, chemin suivi par exemple dans la région de Soissons par un petit groupe animé par un capitaine de gendarmerie, Henri Descamps. Certains, enfin, multiplièrent les actes symboliques d'opposition. Le 23 juin 1940, le colonel Léonce Vieljeux, maire de La Rochelle, refusa ainsi d'amener les couleurs. Mais ces actes ne pouvaient prétendre inverser le cours de la guerre. « Dans leur écrasante majorité, note l'historien Julien Blanc, ces comportements de rupture initiaux n'ont d'autres objectifs que de faire sentir à l'occupant combien il est en territoire hostile[1]. » S'ils témoignaient du refus de la défaite et révélaient qu'une poignée de Français ne s'avouaient pas vaincus, ils restaient ponctuels et ne s'intégraient pas dans une stratégie d'ensemble susceptible de menacer l'hégémonie du Reich. Pour peser, ils devaient s'intégrer dans une démarche collective qui seule pourrait leur conférer une efficacité.

Les mouvements étaient-ils en mesure de relever le défi et de mener une stratégie guerrière ? Beaucoup de pionniers en doutaient. « Nous n'avions vraiment aucun moyen de faire autre chose qu'un travail intellectuel et moral contre les Allemands, en faisant de la propagande », note rétrospectivement Christian Pineau[2]. Mais ce constat d'impuissance se doublait bien souvent d'une réflexion morale. Face à l'entreprise d'asservissement que poursuivaient l'occupant nazi et son complice vichyste, la société française devait maintenir ses valeurs contre vents et marées. Il s'agissait conjointement de préserver la population d'une contagion idéologique redoutée et de colorer la guerre d'un sens dont le premier conflit mondial avait été privé. « Au fond, nous avons toujours cru que notre rôle était de combattre sur le front intérieur : front de résistance spirituelle à l'hitlérisme – pour ne pas rendre la victoire militaire inutile ou tragiquement illégitime », releva l'historien et résistant chrétien Henri-Irénée Marrou aux lendemains de la Libération[3]. Beaucoup de mouvements optèrent donc pour une stratégie civile qui résultait autant de l'impossibilité de prendre les armes que d'un choix positif pleinement assumé. Cette « résistance civile fut celle de la survie, visant à sauver ce qui pouvait l'être, sans attendre nécessairement le renversement du rapport des forces militaires [...]. Le but de la résistance civile ne fut pas tant de vaincre l'occupant – elle n'en avait pas les moyens – que d'exister à côté de lui, en dépit de lui, sans attendre l'heure de l'éventuelle délivrance[4] », note l'historien Jacques Sémelin. Un partage des tâches s'esquissa donc. La France libre et les réseaux ramasseraient le tronçon du glaive et poursuivraient la guerre contre le III^e^ Reich. S'ils n'excluaient pas cette perspective, les mouvements s'assignaient aussi, parfois surtout, la mission de préserver l'identité d'une France menacée dans ses valeurs tout en protégeant la population des rigueurs de l'occupation. Cette répartition ne s'opéra pas sans hésitations. Car les « pionniers, au moment même où ils se lançaient dans l'action clandestine, n'étaient pas imperméables au doute. Celui-ci ne porta jamais sur les justifications politiques et morales de la lutte. C'est plutôt autour de ses modalités pratiques et de ses conséquences prévisibles que l'incertitude se fraya un chemin[5] ».

Plusieurs modes d'action canalisèrent la stratégie civile pour laquelle optèrent d'emblée quelques mouvements clandestins. Certains entendirent d'abord sensibiliser les civils au péril nazi, rôle principalement dévolu à la presse. Les journaux développèrent donc une contre-propagande qui s'employa à réfuter les thèses propagées par le vainqueur et ses relais français. Sur un registre plus positif, ils défendirent la voie qu'ils ouvraient, visant tant à convaincre l'opinion publique qu'à la mobiliser. En fabriquant des faux papiers, ils cherchèrent par ailleurs à aider les proscrits – juifs, résistants et communistes avant tout – que traquaient les services répressifs.

Cette action polymorphe brassait et embrassait plusieurs échelles temporelles. Animés en règle générale par des hommes neufs, les mouvements jetaient un regard sans aménité sur un passé qu'ils prétendaient tout à la fois liquider et dépasser. Sur le court terme, ils s'appliquaient à gérer au mieux les conséquences de la défaite, en conjurant la nazification des esprits et en préparant la libération de la France asservie. Mais leur horizon d'attente ne se bornait pas au départ d'un occupant honni. Choqués par les dysfonctionnements de la IIIe République qui avaient conduit, selon eux, à l'effondrement de 1940, ils entendaient rebâtir le pays sur des bases nouvelles. Souvent, enfin, ces pionniers voyaient loin. Ils mesuraient les risques historiques que des positions contestables faisaient courir à leurs institutions. Aux yeux de certains chrétiens-démocrates, par exemple, le soutien que la hiérarchie catholique apportait au régime pétainiste risquait d'aboutir aux lendemains de la guerre à un tel discrédit de l'Eglise que sa parole serait, et pour longtemps, inaudible. « Il était heureux que nombre de catholiques s'engagent dans la Résistance pour que l'on ne puisse pas, après la guerre, reprocher à l'Eglise d'avoir versé dans la Révolution nationale. [Mais] il s'agissait d'un motif secondaire. Ce n'était pas pour cette raison que nous résistions », précisera Pierre-Henri Teitgen[6], fondateur dès 1940 avec François de Menthon du mouvement Liberté en zone sud. « Quant aux chrétiens de gauche, eux aussi "croyants", donc non réalistes, ils tenaient d'autant plus à la République que le sauvetage du christianisme de sa compromission avec la droite était une entreprise encore toute récente, que l'attitude servile de la haute hiérarchie [à de rares exceptions près] risquait maintenant de rendre définitivement vaine », ajoute Claude Bourdet[7]. Ainsi, logiques de court et de long terme, ambitions universalistes et préoccupations partisanes se combinèrent pour favoriser la création de mouvements qui d'emblée ne visaient pas seulement à défaire militairement l'Allemagne. Une nette disproportion opposait cependant la hauteur, voire la clarté des buts poursuivis, à la modestie des moyens déployés. Car la genèse fut, pour reprendre la formule consacrée, le temps des bricolages héroïques.

### *Naissance de la presse clandestine*

Certains mouvements de résistance privilégièrent souvent, et pour de longs mois, le développement d'une presse clandestine. Par-delà les objectifs de propagande et de contre-propagande assignés à ce média, le journal présentait en effet l'intérêt d'être une entreprise relativement aisée à mener, toutes choses égales par ailleurs. Certes, le manque d'encre et de papier et la surveillance étroite qu'exerçaient les polices vichyste ou allemande à l'encontre des imprimeurs compliquaient la tâche. Pour ne citer que ce seul exemple, le 26 novembre 1940, l'Etat français interdit de vendre sans autorisation de la police des appareils à dupliquer ainsi que le papier susceptible d'être utilisé pour fabriquer des tracts ronéotypés. Mais ces obstacles étaient loin d'être insurmontables. A condition qu'il disposât de quelques complicités chez des commerçants amis et d'un niveau d'instruction décent, chacun pouvait prendre la plume pour livrer son analyse ou exprimer ses sentiments. De même, l'impression par Ronéo posait peu de problèmes techniques et ne réclamait que quelques feuilles de papier à machine. Les deux premiers numéros du journal *Valmy*, créé par Raymond Burgard, professeur d'allemand au lycée Buffon, furent par exemple tirés sur une imprimerie pour enfant. En janvier 1941, le premier tirage réclama un mois de travail pour une cinquantaine d'exemplaires[8]. La distribution à une échelle artisanale, enfin, comportait au départ des risques minimes, qu'elle s'accomplît au hasard ou auprès de proches dont on était sûr. On comprend, dès lors, que plusieurs formations en devenir aient opté pour ce type d'action.

En zone nord, tel fut le cas de Christian Pineau. Né en 1904, employé avant guerre à la Banque de France puis à la Banque de

Paris et des Pays-Bas, l'homme s'était parallèlement engagé dans le mouvement syndical, ce qui l'avait conduit à devenir secrétaire adjoint de la Fédération des employés de banque, proche des réformistes de René Belin – le très anticommuniste numéro 2 de la CGT –, avec lequel il rompit dès 1940, Belin ayant accepté de devenir ministre du Travail du maréchal Pétain. Pineau, on l'a vu, avait joué un rôle éminent dans la rédaction du *Manifeste du syndicalisme* et la constitution du Comité d'études économiques et syndicales. S'appuyant sur cette structure, il lança dès décembre 1940 un journal clandestin, *Libération*, dont il assuma seul la rédaction des 61 premiers numéros, et ce, jusqu'à son départ pour Londres en février 1942. Le premier opus, tapé sur une machine à écrire portative le 1er décembre 1940, ne fut tiré qu'à sept exemplaires et envoyé par voie postale à des amis disposant de Ronéo, dans l'espoir que ces derniers auraient la bonne idée de le recopier.

La naissance de l'organisation Défense de la France répondit peu ou prou aux mêmes logiques[9]. A la rentrée de 1940, Philippe Viannay, alors âgé de 23 ans et étudiant en philosophie à la Sorbonne, décida d'agir et s'ouvrit de son intention à Marcel Lebon, patron de la Compagnie de gaz et d'électricité du même nom. L'homme ne manquait pas d'atouts. « Un mètre quatre-vingt-huit, un tour de poitrine en bon accord avec la taille, des bras puissants, un air de protection fraternelle sur toute sa personne. Là-dessus, une voix assez peu timbrée, mais chaude, une voix qui se faisait presque tout de suite intime, qui vous palpait de l'intérieur, à cause de la conviction qu'elle portait. Et puis, je vous raconte tout cela très mal », précise Jacques Lusseyran, un étudiant qui rejoignit Défense de la France en janvier 1943. « Ce ne fut pas un homme que je vis entrer, mais une force. Que celui-là fût un chef, on n'avait pas besoin de vous le faire savoir. Il pouvait se conduire comme bon lui plaisait, se vautrer successivement dans tous les fauteuils de la pièce, relever ses pantalons et se gratter les jambes, devenir inintelligible à cause d'une pipe crachotante qui faisait obstacle à ses discours, fourrager dans ses cheveux, poser des questions indiscrètes et se contredire (dans les dix minutes de la rencontre, il avait fait chacune de ces choses au moins plusieurs fois), on n'y prenait déjà plus garde. Il vous avait jeté en entrant sur les épaules un manteau d'autorité. Vous vous rouliez dans ses plis avec un bonheur que vous ne pouviez pas maîtriser[10]. »

Se référant au précédent de *La Libre Belgique*, publiée sous la botte pendant la Première Guerre mondiale, Marcel Lebon suggéra à Philippe Viannay de créer une feuille clandestine et lui promit son concours financier. Un khâgneux, Robert Salmon, et une étudiante en géographie, Hélène Mordkovitch, soutinrent immédiatement le projet et recrutèrent des volontaires auprès de leurs amis ou dans leur milieu professionnel – étudiant avant tout. A la fin de 1941, le mouvement comptait environ 70 membres prêts à fabriquer et à diffuser *Défense de la France (DF)*. Le journal fut au départ tiré sur une Rotaprint acquise au nom de la société Lebon au printemps 1941. Cette machine, baptisée *Simone*, fut installée dans un local loué pour l'occasion, puis chez des particuliers, avant de trouver asile entre août 1941 et mai 1942 dans les caves de la Sorbonne, dont Hélène Mordkovitch possédait les clés. Deux originalités distinguent Défense de la France de ses homologues. Grâce à Marcel Lebon, l'organisation bénéficia d'emblée de moyens financiers substantiels ; elle refusa par ailleurs de s'adresser à des imprimeurs professionnels, préférant jouer la carte de l'autonomie. Car si quelques militants se formèrent auprès des hommes de l'art, la majorité apprit le métier sur le tas, non sans succès. Le premier numéro sortit début août 1941, suivi entre le 15 août 1941 et le 11 novembre 1942 par 21 éditions. Le tirage restait toutefois modeste : 3 000 exemplaires pour le premier numéro, 5 000 pour les suivants, 10 000 pour le premier semestre de 1942. Mais l'entreprise, malgré ces chiffres, se situait encore à un niveau artisanal. Les douze premiers numéros, dont la matrice était réalisée à partir d'une machine à écrire, étaient difficiles à lire et ne comptaient que de deux à quatre pages. Le papier jaunâtre était d'une qualité médiocre.

Les pionniers de la zone sud empruntèrent également le chemin de la presse clandestine. De petits groupes, révulsés par l'armistice, avaient pris l'habitude de se réunir à Lyon autour d'Antoine Avinin (militant du parti catholique de la Jeune République), de Noël Clavier (représentant en volets métalliques), d'Elie Péju et de Jean-Jacques Soudeille (communistes en rupture de ban). Ces courants fusionnèrent en novembre 1940 et donnèrent naissance à une petite équipe. Se baptisant France-Liberté, elle entendait « lutter contre la propagande vichyste » et « rétablir la République[11] ».

Rejointe en février 1941 par Auguste Pinton, un radical membre du conseil municipal de la cité rhodanienne, cette formation embryonnaire rédigea des papillons, puis des tracts dactylographiés qui circulaient de main en main.

Un ingénieur commercial d'origine juive et alsacienne alors âgé de 30 ans, Jean-Pierre Levy, s'était fixé à la fin de 1940 dans la capitale des Gaules. En contact avec ce petit noyau, il lui proposa d'étendre la propagande au-delà du département du Rhône. Il suggéra surtout de passer du tract au journal et s'imposa progressivement comme chef – non sans difficultés. « Pondéré, conciliant », l'homme « s'était hissé à ce poste sans en avoir forcément toute l'autorité ni toutes les compétences », affirme Jacques Baumel, un dirigeant de Combat[12]. « Certains se méfiaient, acceptant mal une direction unique pourtant indispensable », ajoute l'historienne Dominique Veillon[13]. Pourtant, en décembre 1941, le premier numéro de *Franc-Tireur* sortit, tiré à 5 000 exemplaires sur une Ronéo que le mouvement s'était procurée. Les paquets étaient transportés dans des dépôts ; des cyclistes à remorque venaient les chercher, des responsables distribuant ensuite les exemplaires dans les quartiers, de la main à la main ou en les jetant dans des boîtes aux lettres.

La genèse de Libération-sud fut en revanche plus complexe[14]. En novembre 1940, un ancien élève de l'Ecole navale devenu journaliste, Emmanuel d'Astier de La Vigerie, se rendit à Clermont-Ferrand. Alors âgé de 40 ans, l'homme, très séducteur, était « sinueux, élégant, un peu chimérique, un peu inquiétant, une sorte d'aristocrate fin de race, version 1789. Celui que le colonel Passy avait traité d'"anarchiste en escarpins" était avant tout un aventurier, un ancien officier de marine du genre corsaire qui s'était reconverti dans le journalisme de gauche, où il avait traîné son allure extraordinaire de *condottiere* opiomane, son grand corps maigre et son nez de rapace, son charme indéniable et sa non moins indéniable démagogie politique[15] ». Dans la capitale auvergnate, il rencontra Lucie Samuel, une agrégée d'histoire, son époux Raymond Samuel, dit *Aubrac*, un ingénieur, ainsi que Jean Cavaillès, maître de conférences en philosophie que Lucie Samuel avait connu au lycée d'Amiens en 1938. Ce petit noyau, qui se baptisait la Dernière Colonne, entendait réagir contre l'Allemagne nazie et contre l'Etat français, mais hésitait sur les actions à mener. D'Astier penchait pour l'utilisation de la violence à l'encontre des collaborateurs, alors que le couple Aubrac préférait plutôt agir sur le plan politique. Si le petit groupe sabota en gare de Perpignan une cargaison de sucre en partance pour l'Allemagne, ainsi peut-être que quelques locomotives destinées aux Italiens à Cannes en novembre 1941, ces deux essais se révélèrent peu concluants. Il se tourna alors vers la propagande. Aux inscriptions tracées à la craie succéda bientôt l'impression rudimentaire de tracts qu'assumait Henri Rochon, secrétaire de rédaction au quotidien *La Montagne*. Dans la nuit du 27 au 28 février 1941, la Dernière Colonne décida de frapper un grand coup en apposant dans six villes de la zone sud 10 000 papillons de quatre types différents. Mais la police interpella un colleur, François Franck, et remonta la filière. Arrêtant entre autres la nièce de D'Astier, Bertrande, et menaçant son oncle Emmanuel, elle obligea les initiateurs de la formation clandestine à interrompre l'expérience en mars 1941. Ces derniers rebondirent : ils décidèrent de lancer un journal qui s'appuierait sur une organisation plus structurée. Entre mai et juin 1941, Henri Rochon, Jean Cavaillès, Emmanuel d'Astier et le couple Aubrac s'attelèrent à la tâche. Le philosophe proposa le titre – *Libération* –, aussitôt adopté. Et le premier numéro, composé par les typographes de *La Montagne* et imprimé sur du papier fourni par des ouvriers syndiqués, sortit en juillet 1941, tiré à 10 000 exemplaires[16].

Une partie du monde chrétien, enfin, s'alarma des positions adoptées par l'Eglise de France, redoutant que le nazisme, perçu comme un paganisme, n'infectât la société française. Certains choisirent d'agir au grand jour. Un homme de lettres profondément marqué par le catholicisme social, Stanislas Fumet, et un syndicaliste chrétien, Louis Terrenoire, obtinrent ainsi l'autorisation d'éditer *Temps nouveau*, dont la publication courut du 20 décembre 1940 à août 1941. De même, Emmanuel Mounier, le célèbre philosophe personnaliste, ressortit sa revue, *Esprit*, non sans susciter quelques alarmes. « Le seul fait de paraître vous engage dans la compromission », prévinrent – en vain – deux de ses amis[17]. Le 20 août 1941, l'amiral Darlan se chargea de régler ce dilemme en interdisant le titre.

Le père Chaillet suivit en revanche un tout autre chemin. Né en 1900, ordonné prêtre en 1931, spécialiste de théologie allemande, il s'était avant guerre rendu en Autriche. Ses voyages comme sa formation théologique l'avaient donc solidement armé pour affronter les problèmes que posait de manière de plus en plus pressante le nazisme[18]. Tout en créant à Lyon un comité d'entraide pour les émigrés d'Allemagne et d'Europe centrale, il décida, au vu de ce qu'il observait, de créer un organe clandestin pour exprimer un point de vue chrétien sur la guerre en cours. « Je me souviens de la déception des quelques réunions que j'ai pu organiser dans les milieux lyonnais, même bien disposés, comme ceux d'*Esprit.* Je demandais en vain à nos amis de mettre fin à une politique de présence dans les rouages de la Révolution nationale. Les illusions de la présence n'étaient pas près de céder aux exigences impérieuses de refus et de mise en acte de ce refus. La détestation de l'hitlérisme parvenait mal à contrebalancer la confiance bourgeoise et chrétienne dans le mythe du Maréchal », rapportera-t-il après la guerre[19].

En juin 1941, deux clercs, le père Varillon et Jean Daniélou, avaient demandé à Gaston Fessard, un jésuite, de rédiger un tract alertant la jeunesse sur les dangers du nazisme. Il confia sa copie à Chaillet, qui, devant la profondeur d'une analyse qui s'étendait sur quelque cinquante pages, s'en empara aussitôt pour nourrir le périodique clandestin qu'il appelait de ses vœux. Sollicitant le concours du délégué à la propagande de *Temps nouveau,* Louis Cruvillier, et d'Henri Frenay, prêt à financer et à imprimer le nouvel organe clandestin, le père Chaillet put éditer le premier *Cahier de Témoignage chrétien* fin septembre ou début octobre 1941. Il substitua au dernier moment le terme de « chrétien » à celui de « catholique », afin d'affirmer le « témoignage conjoint des catholiques et des protestants, unis fraternellement dans la même foi au Christ, pour opposer au mensonge et à la violence les exigences de la Parole de Dieu, qui est Vérité, Justice et Liberté[20] ». Tiré sur les presses de Joseph Martinet à quelque 5 000 exemplaires, le journal, titrant « France, prends garde de perdre ton âme », campa sur une ligne résolument antivichyste et antinazie. « L'adhésion à l'"ordre nouveau", c'est en réalité la reconnaissance de la valeur des principes spirituels de la "conception du monde" national-socialiste, d'après laquelle l'Europe devra s'organiser demain sous la domination de l'Allemagne », expliquait Gaston Fessard. « Collaborer au gouvernement du Maréchal = collaborer à l'ordre nouveau = collaborer au triomphe des principes nazis [...]. Catholiques et chrétiens de France doivent donc s'attendre à être calomniés, salis, emprisonnés et même à subir un sort pire à proportion de leur courage et de leur fidélité au Christ », concluait-il, avant de récuser le sacro-saint principe du respect dû au pouvoir légal. « Comme si l'obéissance la plus sacrée n'avait pas toujours une limite, celle du péché[21] ! » Grâce à cette tribune, le monde chrétien pourrait quatre années durant opposer au nazisme comme au pétainisme la force de son verbe.

La presse devint donc – ces exemples le suggèrent – la matrice de mouvements amenés à prospérer. De fait, ce média obligeait ses promoteurs à préciser leur pensée, à définir leur stratégie ainsi qu'à adresser un discours clair à une opinion publique qu'il s'agissait de convaincre pour, à terme, la mobiliser. En démontrant aux Français que la résignation morose à laquelle Philippe Pétain les conviait ne constituait pas le seul chemin, il restaurait une complexité politique évanouie et permettait de choisir et non plus de subir. « Publier des nouvelles importantes que Vichy ignorait, ou refusait de porter à la connaissance du public, était une activité d'une importance cruciale pour ôter à ceux qui avaient accepté l'occupation et la division de la France l'apparence de la raison et du bon sens dont ils se targuaient. Si on voulait faire apparaître l'opposition au régime comme une attitude normale, rationnelle et réaliste, il fallait d'abord faire apparaître le *statu quo* de 1940 comme contraire à la nature, irrationnel et réversible, relève l'historien britannique Rod Kedward. Les feuilles d'information étaient donc un des moyens principaux qui leur permettaient de donner une base logique à leur acte[22]. » Le journal, par ailleurs, favorisait le recrutement. Facilitant les contacts, « il était l'instrument témoin par lequel on pouvait mesurer les sentiments de celui dont on espérait faire un sympathisant ; il était aussi le premier moyen de l'action, pour beaucoup de militants la seule probabilité d'action pratique pour de longs mois[23] ». En offrant la preuve matérielle qu'une organisation existait, il ne pouvait qu'impressionner l'impétrant, d'autant que la diffusion d'une presse interdite n'était pas exempte de risques. De fait, les périls qui entourent « les manifestations d'une pensée dissidente leur confèrent un prestige et une crédibilité allant bien au-delà des démonstrations ordinaires. En ce sens, la liberté de dire sous la menace précède et authentifie, par là même, ce qu'elle s'autorise à dire[24] ». Les mouvements usèrent d'ailleurs parfois de ruses pour conforter ce sentiment. *Franc-Tireur* s'abstint ainsi de numéroter ses premiers journaux. « Nous aurons l'air de quoi si nous ne publions que le numéro 1 ? », avait lancé Jean-Pierre Levy à Antoine Avinin. Le mouvement, par conséquent, ne procéda au numérotage qu'à partir de sa huitième édition[25].

Mais le journal, surtout, créait une dynamique. Il obligeait à prévoir une logistique pour le rédiger, l'imprimer puis le diffuser et ouvrait en conséquence l'éventail des possibles. En dotant ses militants de fausses identités, le mouvement pouvait songer, dans une seconde étape, à en offrir le bénéfice à d'autres catégories – juifs ou réfractaires au STO par exemple. De même, en créant des groupes francs chargés de garder dépôts ou imprimeries, il pouvait leur assigner d'autres missions, comme le sabotage. « Ainsi était mise en route une logique qui nous portait, nous emportait plutôt, et nous obligeait à répondre aux multiples interrogations que suscitait son propre développement. Le journal n'était plus une fin en soi, mais un support », note rétrospectivement Philippe Viannay[26]. Enfin, l'imprimé renforçait la cohésion et l'identité d'organisations qui, clandestinité oblige, contraignaient ses membres à l'isolement : « Entre tous ceux qui le recevaient se créait la solidarité de la complicité. Alors qu'il était impossible, comme en temps de paix, de distribuer des cartes d'adhérents ou de provoquer des réunions publiques, ils étaient entre nos militants le lien, le signe concret toujours renouvelé de leur appartenance à notre mouvement dont le nom était facilement oublié car il s'effaçait derrière celui du journal », ajoute Henri Frenay, le fondateur de Combat[27].

Les développements inattendus de la presse clandestine ne doivent pas occulter les doutes qui assaillaient les pionniers. « Fallait-il prendre des risques pour distribuer cette littérature minable ? Certains se le demandaient », assène Claude Bourdet, second du même mouvement[28]. D'autres, en désaccord avec cette forme d'action, démissionnèrent de formations qui s'adonnaient, pensaient-ils, à une forme d'action puérile. Un militant de France Liberté, André Gayet, quitta ainsi le mouvement parce qu'il estimait que « ce n'est pas avec du papier que l'on gagnera la guerre[29] », avis que n'était pas loin de partager le chef des services secrets de la France libre, le colonel Passy. De plus, toutes les feuilles clandestines ne connurent pas le glorieux destin de *Libération* ou de *Franc-Tireur.* Trois petits groupes lancèrent ainsi *La Bretagne enchaînée,* diffusée en 1941 et au début de 1942, mais après huit numéros, l'aventure tourna court. De même, et toujours en Bretagne, *En Captivité*, feuille gaulliste et anglophile, n'eut qu'un destin éphémère, du 24 novembre 1940 à la mi-1941[30]. La répression, surtout, brisa net certaines initiatives. En octobre 1940, un éditeur de musique patriote d'origine alsacienne, Raymond Deiss, publia *Pantagruel*, dont il rédigea l'intégralité des seize numéros. Imprimé sur les presses de sa maison d'édition, il atteignit un tirage de 10 000 exemplaires[31]. Mais l'arrestation de son fondateur, interné en Allemagne puis décapité à Cologne le 23 août 1943, entraîna la disparition de cet organe clandestin en octobre 1941. Enfin, si quelques bonnes volontés rassemblées autour d'un ingénieur, Robert Reyl, fabriquèrent à Sèvres un modeste journal, *Liberté*, son initiateur ne tarda pas à se tourner vers une activité de réseau, condamnant *de facto* son imprimé au silence[32]. La presse clandestine, en d'autres termes, ne garantissait pas le succès à ses initiateurs. En outre, elle ne constituait pas la seule voie ouverte aux mouvements, ce qui explique que certains optèrent pour d'autres modes d'action.

*Ouvrir l'éventail des possibles : la zone nord*

Sans rejeter la propagande, d'autres formations refusèrent en effet de la considérer comme la matrice exclusive de leur action.

Ainsi, un cercle actif se constitua dès 1940 au musée de l'Homme autour de la bibliothécaire, Yvonne Oddon, et de deux chercheurs d'origine russe, Boris Vildé et Anatole Lewitsky. Ce petit groupe entra en contact avec des cellules désireuses de faire quelque chose, qu'il s'agisse des Français libres, animés notamment par Jean Cassou, Agnès Humbert et Claude Aveline, de Vérité française, que chapeautait le colonel Maurice Dutheil de La Rochère, ou d'une association d'entraide pour les combattants coloniaux, qui couvrait les agissements clandestins de Paul Hauet, militaire en retraite, et de Germaine Tillion, une jeune ethnologue. Ces groupuscules, à l'automne 1940, coordonnèrent leur action. Les uns s'efforcèrent de faciliter l'évasion de prisonniers de guerre, des soldats coloniaux internés en métropole avant tout. Simulant diverses pathologies, les prisonniers étaient alors hospitalisés à l'hôpital militaire du Val-de-Grâce. Le docteur Lucien Grumbach, affecté au laboratoire de bactériologie, y falsifiait le résultat des examens : « Les crachats contiennent des bacilles tuberculeux, les selles des parasites ou des germes redoutables comme l'amibe et le bacille dysentériques, les analyses pratiquées concluent à l'existence de syphilis et de paludisme[33]. » D'autres transmirent des renseignements aux Alliés *via* des diplomates américains ou néerlandais en poste à Vichy. Le groupe du Musée de l'Homme lança également un journal clandestin, *Résistance*, dont cinq numéros sortirent entre le 15 décembre 1940 et la fin du mois de mars 1941. Les exemplaires étaient surtout adressés par courrier grâce à un fichier de quatre cents noms qu'Agnès Humbert dissimulait sous le tapis de son immeuble, entre deux étages[34]. Infiltré par deux agents doubles, Albert Gaveau, puis Jacques Desoubrie, le mouvement fut quasiment démantelé fin 1941, mais quelques pionniers échappèrent aux griffes des Allemands, à l'instar de Pierre Brossolette ou de Paul Hauet. Un procès tenu en février 1942 prononcera dix condamnations à mort, dont sept (Vildé, Lewitsky, Nordmann...) seront exécutées ; Yvonne Oddon, Agnès Humbert et Germaine Tillion subiront le calvaire de la déportation[35].

De même, un petit noyau se forma, dès l'automne 1940, autour de Maxime Blocq-Mascart, avant guerre vice-président de la Confédération des travailleurs intellectuels, une association créée en 1920 qui entendait défendre le droit des auteurs en les distinguant tant des ouvriers que du patronat. Ce dernier recruta dans ce vivier André Sainte-Lagüe et Aimé Jeanjean, attaché à la questure de la Chambre, qui, jadis, avait appartenu au cabinet du général de Gaulle. En parallèle se structurait un autre groupe à partir de la Confédération nationale des classes moyennes dans laquelle Jacques Arthuys, directeur de la société des Tours Cazeneuve, avait milité avant guerre. Aidé par sa secrétaire, Vera Obolensky, l'industriel, dès novembre 1940, précisa les missions de son organisation. Il entendait simultanément créer des filières pour aider des proscrits à passer en zone libre, publier des lettres aux Français pour éveiller l'opinion publique, monter un service de renseignements et recruter dans les milieux militaires, ambition à laquelle la rencontre avec le colonel Alfred Touny, lors d'une réunion des anciens de Saumur, conféra une certaine épaisseur. En décembre 1940, les deux groupes fusionnèrent et donnèrent naissance à l'Organisation civile et militaire (OCM) dont Jacques Arthuys prit la tête, et ce, jusqu'à son arrestation, le 21 décembre 1941. Les deux formations, au vrai, se complétaient. « Le groupe de Blocq-Mascart était un groupe de cadre n'ayant pas d'effectifs. Le groupe Arthuys devait fournir les moyens d'en constituer[36]. » Calqué sur le modèle militaire, le mouvement comprenait alors un 1^er^ Bureau en charge de l'organisation générale, ainsi qu'un 3^e^ Bureau qui coiffait les opérations, tous deux dirigés par Jean Mayer. Le colonel Touny gérait pour sa part le 2^e^ Bureau, dédié au renseignement, Blocq-Mascart se réservant les Affaires civiles. L'OCM ne tarda pas à agréger d'autres groupuscules, qu'il s'agisse du cercle formé au sein du ministère des Travaux publics où gravitaient André Boulloche et le couple que formaient Georges et Raymonde Ricroch, ou du cénacle qui, avec Claude Bellanger, avait animé en 1940 le Centre d'entraide aux étudiants mobilisés et prisonniers. De même, il noua des liens avec le réseau Hector que dirigeait Alfred Heurteaux.

Dès le printemps 1941, les orientations stratégiques divisèrent cependant les fondateurs. En effet, le colonel Touny entendait se consacrer exclusivement au combat contre l'occupant, alors que Blocq-Mascart préconisait d'envisager les lendemains politiques de la libération. Ce conflit ne fut qu'imparfaitement résolu. Certes, l'Organisation civile et militaire se focalisa assez vite sur la recherche de renseignements, transmis aux services vichystes et ce, jusqu'au retour de Pierre Laval en avril 1942. Il se livra au camouflage d'armes et monta des filières d'évasion. Mais si le mouvement décida assez vite de ne pas publier de journal clandestin, il succomba à la tentation de rédiger des textes théoriques (« Lutte pour la libération » en janvier 1941, « Forces en présence » en février 1941, « Tableau de la Résistance » en janvier 1942), par la suite rassemblés dans des *Cahiers* dont le premier numéro sortit en juin 1942[37].

De même, Maurice Ripoche, un industriel de 45 ans, tenta dès l'été 1940 de rallier quelques bonnes volontés pour lutter contre l'occupant. Ancien pilote de chasse de la Grande Guerre, il recruta dans les cercles militaires, l'aviation au premier chef, approche que partageait Roger Coquoin, chef du laboratoire de l'Hôtel-Dieu, qui contacta les anciens du régiment dans lequel il avait combattu en 1940. « Son idée, à ce moment, était de former une sorte d'armée de réserve qui, se procurant des armes en récupérant tout ce qu'il était possible de récupérer [...], serait en mesure de reprendre part à la lutte le jour où la chance tournerait pour l'armée ennemie[38]. » A l'automne 1940, un manifeste, *Français, nous serons ceux de la libération,* précisa les orientations et les ambitions du mouvement éponyme. Les informations recueillies par Ceux de la Libération (CDLL) transitaient alors par les services de renseignements du régime de Vichy, et notamment le Service de renseignements de l'armée de l'Air, le SR Air, alors en liaison avec l'*Intelligence Service.*

*En zone sud*

Les deux principaux mouvements de zone sud, Libération-sud et Franc-Tireur, s'étaient, on l'a vu, constitués autour d'un journal clandestin. La formation que lança le capitaine Henri Frenay à la fin de l'année 1940 répondit en revanche à une tout autre ambition.

Né en 1903, Henri Frenay avait embrassé la carrière des armes. Après Saint-Cyr, il avait servi en Syrie, en Rhénanie puis dans les Alpes et était entré à l'Ecole supérieure de guerre en 1935. Catholique et politiquement conservateur, il avait rencontré en 1935 Berty Albrecht, engagée dans le combat féministe et antifasciste, qui l'ouvrit à la réalité du nazisme. En 1937-1938, il se porta volontaire pour étudier au Centre d'études germaniques de Strasbourg afin de parfaire sa connaissance de l'Allemagne hitlérienne. Combattant pendant la campagne de France dans le réduit des Vosges, contraint à la reddition en juin, il s'était évadé, avait marché durant deux semaines harassantes vers le sud pour gagner Lyon, puis Sainte-Maxime où sa mère résidait. Affecté au bureau de garnison de Marseille, bien décidé à agir, il multiplia les contacts au hasard des rencontres. C'était « un homme blond de petite taille, vigoureux, aux yeux bleus derrière de grosses lunettes d'écaille, au menton carré presque en galoche et au nez très fort dans un visage vif, ouvert et volontaire. On était immédiatement frappé par sa force de conviction (sans parler de l'énergie de sa poignée de main) et par la précision d'une éloquence à laquelle on ne résistait pas longtemps. Il possédait au plus haut point le talent de convaincre, d'entraîner ses interlocuteurs beaucoup plus loin que ceux-ci ne l'avaient peut-être voulu au départ », se souvient Jacques Baumel[39]. Frenay démarcha un lieutenant d'infanterie coloniale, Maurice Chevance, « un homme simple, solide, tenace, un parfait officier de l'armée d'Afrique en somme[40] », et renoua avec un médecin réserviste, Marcel Recordier. Surtout, il conçut un schéma d'organisation dont il retira rétrospectivement « une certaine fierté[41] ».

Dans son esprit, chaque résistant devait dans un premier temps entrer au Recrutement, Organisation, Propagande (ROP) puis, dans un second temps, choisir : rester dans cette structure d'accueil à vocation générale, opter pour le Service de renseignements (SR) ou rejoindre le Choc, une formation paramilitaire. Son mouvement associa donc d'emblée une triple dimension : la propagande, le renseignement et l'action armée, que cette dernière s'inscrive dans le court terme des attentats ou dans la perspective plus lointaine de la libération. Ce schéma ne doit cependant pas abuser. « La propagande a bel et bien été l'épine dorsale de toute l'activité de Frenay en vue de tisser sa toile jusqu'à l'été de 1941 au moins[42] », quelles qu'aient été ses anticipations théoriques.

Nommé à la mi-décembre au 2e Bureau à Vichy, Frenay exploita les informations qu'il recueillait pour nourrir, aidé par Berty Albrecht, un *Bulletin d'information et de propagande* qui circulait clandestinement ; mais l'ambiance qui régnait tant dans la ville d'eaux que dans l'institution militaire le conduisit à quitter l'armée au début de 1941. Il se consacra alors à plein temps à son mouvement baptisé Mouvement de Libération nationale (MLN ou MOLIN).

Grâce à ses contacts avec l'armée d'armistice, il poursuivit son activité de renseignement et, en s'appuyant sur un camarade de l'Ecole de guerre, Robert Guédon, songea à développer son organisation en zone nord. Par son ancien condisciple, il rencontra Pierre de Froment, en lien avec Jacques-Yves Mulliez. Depuis le début de 1941, ce fils de filateurs, par ailleurs officier de réserve, diffusait sur les deux départements nordistes une feuille clandestine, *Les Petites Ailes du Nord et du Pas-de-Calais,* au tirage modeste – 500 exemplaires environ[43]. Les deux hommes s'accordèrent pour étendre le rayonnement de cet organe clandestin rebaptisé *Les Petites Ailes de France* en fabriquant deux éditions, l'une pour la zone libre prise en charge par Frenay, l'autre pour la zone nord placée sous la responsabilité de Guédon. Un imprimeur, Joseph Martinet, accepta de tirer l'édition sudiste, qu'une descente de police amena à renommer *Vérités* en août 1941. « Nous avons déjà changé de locaux, il faut changer nos pseudos, le papier du journal et pourquoi pas son titre[44] ? » Dix-sept numéros se succéderont jusqu'en novembre 1941, avant que le titre de *Combat* ne s'impose.

Ainsi se structura au fil des semaines le Mouvement de Libération nationale que rejoignirent des recrues de choix. Un journaliste libéral, Varian Fry, avait été chargé par un groupe d'Américains patronné par Eleanor Roosevelt de favoriser l'émigration vers le Nouveau Monde des personnalités menacées par le nazisme. Arrivé à Marseille, Fry avait été épaulé par une petite équipe où figuraient notamment Stéphane Hessel et Jean Gemähling. Dès octobre 1940, cet ingénieur d'origine alsacienne monta une filière de renseignements qui travailla pour l'organisation de Frenay. Son incarcération, entre novembre 1941 et mars 1942, suspendit toutefois son activité[45]. En janvier 1941, Claude Bourdet, ingénieur de formation, accepta de superviser les Alpes-Maritimes ; il s'imposa assez vite comme l'adjoint de Frenay pour les questions politiques. Bourdet avait, il est vrai, des qualités exceptionnelles. « Je ne crois pas manquer à la réserve en évoquant ce qu'il me dit un jour, après la guerre, sur sa conception de l'existence, raconte Philippe Viannay qui le rencontra à la fin de 1943. C'était celle du chevalier : vivre sa vie sans contraintes, prendre les choses agréables qui passent à portée, n'accepter que peu d'obligations, mais constamment justifier sa liberté par le courage au service des faibles et des grandes causes du moment [...]. L'homme était assez grand et frêle, avec une démarche assurée un peu oscillante vers l'arrière, une tête extrêmement fine, au profil d'oiseau, coiffée d'un chapeau noir, le corps enveloppé d'un grand manteau gris. Le visage, moins marqué qu'aujourd'hui d'un pli amer, avait parfois des expressions espiègles. La voix était légèrement voilée[46]. »

En juin 1941, Jean-Guy Bernard et André Bollier, deux polytechniciens, rejoignirent le mouvement ; grâce à Emmanuel Mounier et Stanislas Fumet, le R.P. Chaillet accepta, sous le pseudonyme de *Testis,* de tenir la rubrique religieuse du journal. Et La Laurencie, un général réactionnaire, mais favorable à la résistance, soutint financièrement l'entreprise en lui versant en juin 1941 la somme de 100 000 francs[47].

Révoltés par le nazisme, deux universitaires chrétiens-démocrates, Pierre-Henri Teitgen et François de Menthon, avaient par ailleurs décidé de lancer un journal clandestin. Aidés par quelques amis proches de leur sensibilité – Marcel Prélot, René Capitant, Alfred

Coste-Floret –, ils parvinrent à tirer sur une Ronéo le premier numéro de *Liberté*, dont dix éditions parurent entre le 25 novembre 1940 et le 1er octobre 1941. Grâce à l'aide d'imprimeurs marseillais, le périodique atteignit le tirage imposant de 45 000 exemplaires. Le mouvement s'étoffa au fil du temps en s'adjoignant le concours de fortes personnalités, souvent marquées par le christianisme social. Un représentant de commerce, Edmond Michelet, s'occupa ainsi de Brive ; un propriétaire terrien, Charles d'Aragon, du Tarn ; le juriste André Hauriou et le docteur Victor Parent se chargèrent de Toulouse ; le germaniste Edmond Vermeil, le juriste René Courtin et l'historien Marc Bloch coiffèrent la région de Montpellier. Un jeune étudiant, Jacques Renouvin, monta également des corps francs qui intervinrent contre des officines de la collaboration[48].

Après de multiples rencontres, Henri Frenay et François de Menthon décidèrent au début novembre 1941 de fusionner leurs organisations. Liberté et le Mouvement de Libération nationale donnèrent alors naissance au Mouvement de Libération française, qu'un comité directeur de six membres, réparti à parité entre les deux mouvances, pilota. L'organisation se calqua sur les circonscriptions que Frenay avait imaginées quelques semaines auparavant. R3 (Montpellier), R4 (Toulouse), R5 (Limoges), R6 (Clermont-Ferrand) revinrent aux amis de Menthon, R1 (Lyon) et R2 (Marseille) restèrent dans le giron des ex-MLN. *Liberté* et *Vérités*, enfin, disparurent, remplacées par un nouveau titre, *Combat*, qui portait pour sous-titre *Organe du Mouvement de la Libération française*. Jacqueline Bernard et René Ferrière *(Cerf)* assurèrent alors la direction de la rédaction, André Bollier se chargeant de l'impression du journal dont le titre, *in fine*, désignerait le mouvement tout entier. « J'éprouve une joie profonde. Par l'exemple, nous montrons le chemin de l'unité ; derrière nous, d'autres l'emprunteront », conclut Henri Frenay, heureux de célébrer, non sans emphase, cette fusion[49].

Franc-Tireur, Libération-sud, Combat, Témoignage chrétien au sud ; Ceux de la Libération, Défense de la France, Libération-nord, Organisation civile et militaire, Front national, au nord... La cartographie des grands mouvements de résistance est donc fixée à la mi-1941, voire dès la fin de 1940. Elle porte largement la marque de la division entre les deux zones. Du fait de la présence allemande, les formations clandestines de la zone occupée se préoccupent en général plus précocement de s'inscrire dans une logique guerrière afin de lutter militairement contre l'occupant. Cette perspective est en revanche moins présente en zone libre où l'hypothèque vichyste, pesant plus lourdement, pousse les mouvements à mener une action plus politique qui privilégie la propagande, au départ tout du moins. De même, les risques encourus sont moins élevés au sud qu'au nord, ce qui contribue sans doute à créer un climat moins dramatique dans la France de Vichy que dans la zone occupée où les Allemands fusillent sans états d'âme leurs ennemis. La résistance peut ainsi se développer plus facilement en zone libre, bien que la police pétainiste n'ait pas hésité à expédier ses opposants dans ses geôles. Si ces différences s'éroderont au fil du temps, elles ne disparaîtront jamais totalement.

Quoi qu'il en soit, et à de très rares exceptions près – Ceux de la Résistance notamment –, aucune formation nouvelle ne s'imposera sur la scène clandestine après 1941. De fait, les mouvements avaient émergé en bénéficiant initialement d'un faible coût d'entrée. Une Ronéo, quelques milliers de francs, beaucoup de courage et de bonne volonté suffisaient pour les porter sur les fonts baptismaux. Or, ces formations se structurèrent assez rapidement. Elles étendirent leurs ramifications et bénéficièrent soit par complicité, soit par achat, d'infrastructures non négligeables. Pour s'imposer, les nouveaux entrants auraient dû aligner d'emblée des moyens matériels et humains considérables, ce qui n'allait pas de soi dans le contexte de pénurie régissant les années sombres. Qu'ils l'aient ou non souhaité, les grands mouvements se trouvèrent donc en situation de monopole pour l'action politique clandestine, d'autant que les partis, hormis le Parti communiste français, restaient relativement atones et que le général de Gaulle ne disposait pas, du moins au départ, de bons relais en métropole.

Les pionniers, par ailleurs, agirent en suivant des prémisses distinctes, puisque les uns privilégièrent la diffusion d'une presse clandestine, tandis que les autres optaient pour une action militaire. Ces principes, pourtant, ne créèrent pas de chemin de dépendance, pour reprendre un concept cher aux sociologues. Les mouvements surent s'émanciper des cadres posés par leurs initiateurs pour accéder à une forme de polyvalence. L'Organisation civile et militaire, on l'a dit, associa d'emblée le militaire au civil ; mais Défense de la France, centrée sur un périodique, se lança assez vite dans la fabrication de faux papiers, la création de corps francs puis la formation de maquis. Longtemps polarisé sur son journal, Libération-nord suivit un chemin parallèle. En phase avec la société, dont ils étaient l'émanation tout autant que les guides, les mouvements firent donc preuve d'une belle plasticité. Ils évoluèrent au gré d'une conjoncture que scandaient la marche du conflit ou les mutations politiques, sans s'enfermer dans des schémas rigides. Cette capacité d'adaptation explique que leurs organisations aient tenu, sinon prospéré, dans le contexte pourtant rude de la guerre et de l'occupation.

La tendance au monopole fut par ailleurs accrue par l'attraction qu'exercèrent ces organisations sur des formations plus modestes. Car suivant un processus appelé à s'enraciner, des mouvements, grands ou petits s'agrégèrent : les exemples de l'OCM, de Combat, mais également de la nébuleuse du Musée de l'Homme le confirment. Ainsi, les grands mouvements exercèrent une force centripète qui renforça cumulativement leur puissance. A l'inverse, les formations jouant cavalier seul – il en fut – se vouèrent à la marginalité.

Couvrant l'ensemble du spectre idéologique, de l'extrême gauche – que pouvait incarner Libération-sud – à la droite – que représentait par exemple l'Organisation civile et militaire –, les mouvements pouvaient donc prétendre représenter le pays réel en offrant à une opinion publique bâillonnée les moyens de s'exprimer. Tous, pourtant, ne défendaient pas les mêmes valeurs. Le pavillon de la résistance voila donc de puissantes divisions que contrebalançaient de réels consensus.

### *Accords parfaits ?*

Tous, en premier lieu, estimaient que la guerre, loin d'être achevée, devait se poursuivre. Ce constat ne s'appuyait cependant pas sur un raisonnement géopolitique comparable à la vision planétaire du conflit que Charles de Gaulle avait développée dès l'Appel du 18 juin ; elle se situait plutôt sur un registre mystique. « Nous nous racontions, bien sûr, que la victoire des Alliés était probable, et nous arrivions même à le croire ; mais cela ressemblait à la foi d'un croyant, qui repose sur une évidence intérieure, mais qui, de l'extérieur, apparaît comme de l'autosuggestion », avoue Claude Bourdet[50]. « J'étais convaincu que le Créateur ne pouvait pas abandonner la France. J'avais foi dans la Providence, mais je pensais qu'il fallait tout de même l'aider. Il nous fallait donc combattre », précise pour sa part Paul Dungler, un industriel alsacien créateur du mouvement la 7e Colonne[51]. La création des mouvements, en d'autres termes, ne résulta pas d'un calcul stratégique – l'idée de contribuer à l'inéluctable défaite du Reich –, mais se fonda sur une approche morale où le patriotisme jouait un rôle essentiel. L'idée que la France disparaisse de la carte des grandes nations était en effet insoutenable. « L'humiliation de la défaite s'affirme de moins en moins supportable, elle atteint l'individu dans une fierté, peut-être jusque-là insoupçonnée. Mais au-delà de l'individu, un passé collectif, une histoire se défont, la communauté nationale apparaît privée d'avenir. Alors ressurgit le vieux patriotisme qui s'efface timidement sous l'ironie des temps faciles, mais redevient une valeur alors que la Patrie agonise », explique Alban Vistel, membre du mouvement Libération-sud[52].

Ce patriotisme ressuscité se nourrit d'une germanophobie traditionnelle. « Un seul ennemi, le Boche, et avec lui tous ceux qui l'aident et qui l'appellent », clama le général Cochet qui exhortait le 6 septembre 1940 à préparer la Revanche[53]. Pour appuyer leurs dires, les journaux clandestins resservirent des clichés éculés, affirmant ici que « les Allemands sont une race menteuse, fourbe, avide de pillage[54] », clamant là que « l'Allemand est moutonnier, tête et patte d'un troupeau[55] ». Cette haine que doublait ou redoublait parfois la détestation du nazisme conduisait à dénoncer la collaboration et ses hommes, qui, en bradant l'intérêt national, risquaient de « façonner une France traître à son histoire, traître à la révolution, traître à son destin, empruntant à l'ennemi qui l'a terrassée, ses doctrines et ses consignes[56] ».

Sur un tout autre plan, la dénonciation de l'Allemagne et de ses complices s'accompagnait d'une critique sévère de la IIIe République et de ses élites, rendues responsables de la défaite. « Personne ne contestait que le jeu des partis, devenu fin en soi, n'offrait plus qu'une caricature du parlementarisme, que le monde politique de naguère avait fini par se mouvoir dans l'irréalité. L'amère expérience dictait une leçon qui ne devrait pas être oubliée », avança

Alban Vistel – position que partagèrent peu ou prou l'ensemble des mouvements[57]. Tout en restant fidèles aux idéaux démocratiques, les formations clandestines versaient alors fréquemment dans un antiparlementarisme que confortait leur hostilité à l'encontre des partis. Ce constat sévère les légitima à penser l'après-guerre. Estimant que les hommes comme les institutions avaient failli à leur devoir, les mouvements réfléchirent à l'avenir pour se présenter comme la relève d'élites que la défaite puis leur attitude durant les années sombres avaient disqualifiées. « Ce qu'on peut assurer maintenant, c'est que pour faire face à une situation extrêmement grave, il faudra des hommes qui ne sont pas ceux en place actuellement et qui, à quelques exceptions près, sont les mêmes qui nous ont conduits à la catastrophe. Trop attachés aux formules du passé, ils ne peuvent même pas concevoir les devoirs qui leur incombent ni les méthodes qu'il faudra adopter », affirme Henri Frenay en mai 1941[58]. « Nous voulons fonder après la guerre un régime nouveau, synthèse entre l'autorité et la liberté, une véritable démocratie débarrassée des bavardages des partis et de la tutelle des trusts et des congrégations financières. Nous ne voulons ni de dictature militaire, ni de dictature religieuse, ni de dictature prolétarienne, ni de dictature capitaliste », explique *Franc-Tireur* dès son premier numéro, en décembre 1941[59]. Une grande ambition politique se situa donc au cœur des mouvements, et ce, fort précocement, quoi qu'aient pu prétendre après guerre bien des dirigeants prompts à affirmer – au mépris de l'évidence – qu'« ils ne faisaient pas de politique[60] ».

Concluons, enfin, en soulignant que les premières formations restèrent plutôt discrètes à l'égard du général de Gaulle et de la France libre. Elles manifestaient au mieux de l'indifférence, au pire de l'hostilité. A l'été 1941, Henri Frenay résumait ainsi sa position :

> 1° Considéré dans son ensemble, nous estimons que le mouvement de De Gaulle est une erreur. Nous sommes convaincus qu'on défend mieux son pays en y restant qu'en le quittant.
>
> 2° Nous condamnons la politique souvent injuste qui attaque notre gouvernement et surtout le Maréchal.
>
> [...] Le Mouvement de Libération nationale n'a aucun lien avec le gaullisme et ne reçoit de Londres aucun ordre, aucun subside. Il n'en recevra jamais.

> [...] Il reconnaît que dans les premiers temps de son action, le gaullisme mène une action parallèle à la sienne contre l'ennemi commun. Il sait aussi qu'après la victoire les objectifs pourront être différents[61].

*Libération*-nord n'évoqua le Rebelle[62] qu'en février 1941, mais ce fut pour aussitôt préciser qu'à la libération, « les Français choisiront les chefs qui s'imposeront alors[63] ». Et *Défense de la France* attendit le 25 janvier 1942 pour mentionner Charles de Gaulle. Souvenir de l'affaire Dreyfus oblige, les formations de gauche se défiaient d'un militaire inconnu qui taisait ses orientations politiques et préférait au triptyque républicain la devise militaire *Honneur et Patrie*. Luttant sur le sol national, les mouvements, en outre, méprisaient les hommes qui avaient quitté la métropole, estimant à l'instar de Danton que l'on n'emporte pas la patrie à la semelle de ses souliers. De Gaulle fut volontiers assimilé à un émigré, métaphore injurieuse depuis l'épisode contre-révolutionnaire de Coblence. Nombre d'écrits insistèrent donc *a contrario* sur leur enracinement. Lancé en novembre 1940 par Alban Vistel avant qu'il ne rejoigne Libération-sud, le mouvement La Reconquête précisa par exemple que « ce tract ne vient pas du ciel, mais du sol de France. Il est l'expression d'âmes françaises[64] ». Ajoutons enfin que la liaison avec Londres ne s'imposait pas, du moins en 1940-1941, d'autant que les épisodes de Dunkerque et de Mers el-Kébir avaient laissé quelques traces. En outre, de Gaulle ne chercha pas à financer les mouvements qui, souvent centrés sur la propagande, n'éprouvaient aucun besoin de coordonner avec les Alliés une action militaire embryonnaire. De ce point de vue, l'a- ou l'antigaullisme cimenta bien un consensus passif.

### *Dissonances*

Unis sur le patriotisme, l'antiparlementarisme parfois, et un antinazisme mâtiné de germanophobie toujours, les mouvements se divisèrent en revanche sur des options idéologiques et stratégiques essentielles.

Ainsi, une partie seulement rejeta d'emblée l'antisémitisme. Citant Goethe, *Pantagruel* soulignait que « les haines des races sont des vices de la populace[65] ». Le *Manifeste du syndicalisme français* rappela, nous l'avons dit, qu'« en aucun cas, sous aucun prétexte et sous aucune forme, le syndicalisme français ne peut admettre entre les personnes de distinctions fondées sur la race, la religion, la naissance, les opinions ou l'argent[66] ». D'autres adoptèrent une position moins tranchée. Si *Libération*-sud dénonça le statut des juifs en août 1941, il se montra par la suite discret sur ce chapitre jusqu'en février 1942[67], mais dénonça la banque Worms, dirigée par « des israélites à 100 % et qui échappent naturellement aux lois antisémites[68] ». Quelques mouvements se montrèrent même ouvertement antisémites. Dans son manifeste d'octobre 1940, Maurice Ripoche appela à « compléter l'œuvre de libération en débarrassant la Nation des politiciens bavards et incapables (bons ou mauvais), des juifs sans patrie[69] ». *Les Petites Ailes de France*, en février 1941, affirmèrent qu'« en juin se sont repliés en Angleterre les [Forces françaises libres] d'une part, qui, elles, ne font pas de politique, et une clique de juifs et intellectuels communistes et francs-maçons d'autre part. Ceux-ci ne sont évidemment pas engagés avec les FFL, mais trafiquent avec les insulaires [...]. Toute la racaille d'Herriot et sa clique peuvent donc mettre en parallèle Jeanne d'Arc ou Robespierre ou crier, pour les juifs, communistes ou francs-maçons, hip hip hip hourra !!!, sans que le speaker des FFL qui attend son tour derrière le micro puisse y dire quoi que ce soit[70] ». L'Organisation civile et militaire considéra qu'« il y a peut-être une question juive à envisager[71] ». *Défense de la France*, enfin, adopta une position contournée. « Les Français n'admettront jamais les lois d'exception contre certains citoyens, écrivit Philippe Viannay. Que le problème des étrangers soit un terrible problème, que la France doive se défendre contre l'invasion d'Israël ou tout autre invasion, nous n'en doutons pas. La cinquième colonne en est la preuve. Il faut que le titre de citoyen français soit un honneur auquel peu d'étrangers puissent prétendre. Ils ne doivent être intégrés qu'après avoir fait leurs preuves. Mais qu'on ne remonte pas au déluge pour déterminer qui est français[72] ! »

Ainsi, « dans l'esprit de certains responsables des mouvements subsiste clairement l'idée, exploitée par Vichy, que la présence des juifs pose un vrai problème à la nation. Nous entrons là dans une zone obscure où l'on devine, mal dissimulés derrière le médiocre paravent d'un discours équivoque, des relents incontestables d'antisémitisme ordinaire », conclut l'historien Pierre Laborie[73]. Cette position surprend d'autant plus que des juifs siégeaient souvent à la tête de ces mouvements, qu'il s'agisse de Libération-sud ou de Défense de la France. Dans sa banalité même, elle se borne à confirmer que la résistance, émanation de la société, reflétait parfois ses préjugés. Cette conception ne resta pas sans incidences concrètes. Elle conduisit l'armée des ombres à se désintéresser de la persécution antisémite qui ne constitua jamais une priorité dans l'échelle de ses urgences.

Vichy dessina une seconde démarcation entre les mouvements, pour des raisons qui relevaient tant de la connivence idéologique que de la stratégie. Quelques mouvements identifièrent d'emblée l'Etat français à un ennemi dont ils n'attendaient rien. *Libération*-nord, *Franc-Tireur, Résistance* et *Libération*-sud se gardèrent cependant de tirer à boulets rouges sur Philippe Pétain pour éviter de s'aliéner une opinion publique jugée favorable au vainqueur de Verdun. « Etre circonspects pendant un temps en parlant de cette vieille ganache de maréchal. Nous savons tous ce que vaut ce Franco au petit pied ; toutefois, beaucoup de gens n'ont pas encore ouvert les yeux. L'avenir se chargera de les éclairer. Mais nous risquons de faire tort à notre cause en les instruisant trop brutalement », résuma Agnès Humbert, du groupe du Musée de l'Homme, lorsqu'elle ébaucha avec ses compagnons la ligne que devait suivre le journal *Résistance*[74].

Les autres formations adoptèrent une position plus circonspecte. Le Maréchal, tout d'abord, inspirait le respect en raison de son glorieux passé, ce qui le dotait, outre son aura, d'une forme d'infaillibilité. « Il n'a au cœur que l'intérêt de la France. Seul ce qui est vraiment français est capable de l'émouvoir. Il sait discerner avec un instinct très sûr ce qui, au cours des événements, est bon ou mauvais pour le pays. Une grande partie de son activité consiste à observer », affirme par exemple Philippe Viannay[75]. Mais par-delà cette équation personnelle, les réformes entreprises par le régime vichyste séduisaient une partie des mouvements. « A l'œuvre du maréchal Pétain, nous sommes passionnément attachés, écrit ainsi Henri Frenay dans un manifeste publié en novembre 1940. Nous souscrivons à l'ensemble des grandes réformes qui ont été entreprises. Nous sommes animés du désir qu'elles soient durables et que d'autres réformes viennent parachever cette œuvre. C'est dans ce but que nous faisons partie du Mouvement de Libération nationale[76]. » Bien d'autres formations partageaient cette approche, qu'il s'agisse de Ceux de la Libération, voire de l'Organisation civile et militaire. Quelques mouvements, enfin, croyaient ou feignaient de croire que Vichy jouait double jeu, collaborant en apparence avec le Reich, mais appuyant en sous-main la France libre et/ou le Royaume-Uni.

Cette position désarçonne aujourd'hui, à l'heure où la thèse de la connivence entre Londres et Vichy n'est plus soutenue que par une poignée de nostalgiques de la Francisque. Mais en 1989, la publication du *Manifeste* d'Henri Frenay suscita un profond émoi, nombre d'anciens de Combat allant jusqu'à remettre en cause la véracité du document et l'honnêteté de son découvreur, Daniel Cordier. Pourquoi le dissimuler ? Cette querelle semble désormais bien vaine. Henri Frenay, tout d'abord, n'avait jamais caché ses penchants vichystes, évidents pour qui lit ses Mémoires. Surtout, et quel que soit le jugement que l'on porte sur ces positions, les mouvements ne se méprirent jamais sur la hiérarchie des urgences. Luttant contre l'occupant, ils affirmèrent avec constance que le redressement intérieur ne pourrait s'opérer sous la botte. Frenay lui-même insistait sur ce point : « La Révolution nationale nécessaire ne se fera pas tant que l'Allemagne sera à même de dicter sa volonté. Dans l'ordre chronologique, cette Révolution nationale viendra après la Libération nationale, laquelle vise à bouter le Boche hors de France[77]. » Cette position n'eut donc pour ainsi dire aucune conséquence pratique en zone nord, où l'influence du régime vichyste était quasi nulle. On peut regretter que certains mouvements n'aient pas été plus clairvoyants à l'égard de l'Etat français ; force est de constater que leurs connivences idéologiques ne les détournèrent jamais de leur mission première : résister. Là réside sans doute l'opposition qui sépare ces résistants vichystes des vichysto-résistants.

### *Les vichysto-résistants*

Vénérant le vainqueur de Verdun, beaucoup de Français, on le sait, adhéraient à certaines de ses options politiques et le créditaient de sentiments résistants. Une frange de l'armée et une partie de l'appareil d'Etat vichyste partageaient cette vision, soutenant la

Révolution nationale, mais condamnant énergiquement la collaboration, parfois interprétée comme une ruse permettant de préparer la Revanche. A la différence des résistants vichystes, qui, tout en défendant tout ou partie de l'œuvre intérieure du Maréchal, construisaient leur action hors de l'Etat français, voire contre lui, les vichysto-résistants entendaient exploiter les ressources qu'il offrait. Ainsi, « les vichysto-résistants sont d'authentiques résistants et d'authentiques vichystes, cette double identité fondant leur singularité[78] ».

Les uns tentèrent ainsi de fournir au Royaume-Uni, puis aux Etats-Unis, des renseignements, tout en menant la vie dure aux espions que l'Allemagne ou l'Italie infiltraient en zone libre ou dans les colonies. Ainsi des services secrets. Ces derniers dépendaient avant la guerre de deux bureaux d'état-major. Le 2$^{e}$ Bureau synthétisait les informations recueillies par les services de renseignements, tandis que le 5$^{e}$ Bureau menait des recherches plus actives. Les conventions d'armistice obligèrent à repenser ce dispositif. Les sections Allemagne et Méditerranée passèrent dans la clandestinité, abritées derrière la façade légale d'une société, Technica, dont s'occupait le lieutenant-colonel Baril ; les organismes dépendant du 5$^{e}$ Bureau furent confiées au colonel Rivet qui chapeauta les services de renseignements (SR) désormais considérés comme officieux, qu'il s'agisse du SR Terre du colonel Perruche ou du SR Air du colonel Ronin[79].

Ces services de renseignements poursuivirent leurs activités d'espionnage, y compris quand elles visaient l'Allemagne. S'organisant autour d'un poste directeur baptisé La Centrale, le SR Air du colonel Ronin disposait de huit antennes régionales (Vichy, Limoges, Lyon, Marseille, Perpignan, Casablanca, Tunis...) qui se focalisèrent surtout sur le trafic aérien et maritime de l'Axe. Des agents furent par exemple placés dans les bases allemandes, une secrétaire alsacienne travaillant même au Bourget. Le groupement des contrôles radioélectriques, qui dépendait du ministère des Postes et Télécommunications, parvint par ailleurs à installer des postes d'écoute répartis sur la ligne de démarcation, dont le SR Air décryptait et traitait les informations. Les hommes du colonel Ronin s'informèrent enfin sur l'ordre de bataille allemand à l'ouest et l'industrie aéronautique. *Via* le capitaine Lacat et le lieutenant Rauscher implantés à Tunis, une liaison fut établie avec Malte, ce qui permit de transmettre aux Anglais les renseignements recueillis sur le trafic méditerranéen. D'autres contacts facilitèrent ces liaisons, et ce, au plus haut niveau puisque Winterbotham (chef de la section Air de l'*Intelligence Service*) et Ronin ne cessèrent de communiquer de 1940 à 1942. Londres alla même jusqu'à fournir des postes radio à ses homologues français[80].

Un service de contre-espionnage fut par ailleurs créé le 8 septembre 1940. Placé sous l'autorité du colonel Rivet qu'assistait le colonel Paillole, il assumait une triple mission : protéger l'armée d'armistice contre les agents de l'Axe, couvrir les organisations clandestines du service de renseignements, exploiter les renseignements. Deux branches coexistaient : l'une, clandestine, opérait sous le couvert officiel des postes de travaux ruraux et s'occupait prioritairement du renseignement[81] ; l'autre, agissant à visage découvert, entendait, *via* les Bureaux des menées antinationales (BMA) du lieutenant-colonel d'Alès, chasser les ennemis de la France. Ces Bureaux arrêtèrent collaborationnistes et agents du service d'espionnage de l'armée allemande, l'Abwehr. Entre janvier 1941 et juin 1942, 194 individus suspectés d'espionnage au profit du Reich furent ainsi interpellés et déférés devant les tribunaux, et 30 agents de l'Abwehr furent même condamnés à mort[82]. Dans le même temps toutefois, les BMA traquaient avec une belle énergie agents alliés, partisans de la croix de Lorraine et tenants du drapeau rouge : 173 gaullistes et 443 communistes furent sanctionnés, une dizaine d'entre eux furent même envoyés au poteau d'exécution[83]. Au total, la position des services secrets pouvait ainsi se résumer : « La France est seule. Elle a de nombreux ennemis parmi lesquels la "perfide Albion" qui l'a trahie. Mais l'ennemi numéro 1 est l'Allemagne, et la libération du pays reste la priorité. Compte tenu de cela, on peut profiter des contacts avec les Anglais pour obtenir des renseignements sur les Allemands, même si la confiance à l'égard des Anglais reste très limitée ; il ne s'agit nullement d'opérer la main dans la main avec eux, mais plutôt de tirer le maximum de profits des contacts en livrant aux Anglais le minimum de renseignements nécessaires au maintien de ce lien », conclut l'historien britannique Simon Kitson[84].

Outre la collecte de renseignements, une partie des milieux militaires entendaient par ailleurs préparer la revanche en camouflant du matériel et en dressant des plans pour mobiliser, le moment venu, les conscrits. Le 6 septembre 1941, le général Bergeret, secrétaire d'Etat à l'Aviation, forma ainsi une commission présidée par le général Rozoy qui devait dégager une nouvelle doctrine d'emploi des forces aériennes au vu de la défaite subie par les ailes françaises. Mais ses travaux ne furent guère concluants. De fait, le rapport se bornait à reprendre les antiennes vichystes, déplorant le pacifisme et la déliquescence morale de l'avant-guerre, tout en incriminant la mauvaise qualité du matériel. Dans la même veine, le 3e Bureau, en charge des opérations, se reconstitua discrètement (8 septembre 1940) et élabora un plan de repli sur l'Afrique du Nord, mais les résultats de ces cogitations demeurèrent pour le moins modestes[85]. Sur un registre plus concret, le général Colson, ministre de la Guerre en juillet 1940, le général Picquendar, chef d'état-major, et le général Frère, commandant la région militaire de Lyon, ordonnèrent de camoufler des armes. Chef du 1er Bureau de l'état-major des armées, le colonel Zeller chargea donc l'un de ses subordonnés, le commandant Mollard, chef de la section Matériel, de « regrouper et entretenir armement et matériels dans des dépôts camouflés en zone libre, bien souvent chez des particuliers[86] ». En 1941, le Camouflage du matériel (CDM) aurait au total stocké 65 000 armes individuelles, 400 canons ainsi que des munitions et du matériel de transmission. La phase de collecte achevée au printemps 1941, Mollard et ses hommes (peut-être 3 000 civils et militaires au total) se préoccupèrent alors d'entretenir le matériel, les véhicules étant dissimulés dans des sociétés de transport, les sociétés XV[87].

Quelques responsables, enfin, s'efforcèrent de préparer une mobilisation qui, le jour venu, épaulerait un débarquement allié. Alors chef d'état-major du général Requin, commandant le 2e groupe de divisions, le colonel Revers se mit à étudier « en dressant la liste des réservistes favorables, la possibilité de dédoubler nos quatre petites divisions, cela grâce au matériel camouflé, de façon qu'au lieu d'avoir quatre petites divisions nous en ayons huit, non moins petites c'est entendu, mais huit tout de même[88] ». Plus ambitieux, le général Verneau, sous-chef puis chef d'état-major, réfléchit à la manière de lever 150 000 hommes. Placé à la tête d'un service national de la Statistique au ministère des Finances, le contrôleur général René Carmille inventa alors un ingénieux système de cartes perforées qui permettait d'identifier les réservistes entraînés et les affectés spéciaux dans les industries de guerre, tout en recensant les anciens des Chantiers de la jeunesse. « La plupart du temps cependant, les "mobilisés" potentiels sont de simples noms sur des fiches et rien ne garantit qu'ils rejoignent le mouvement le moment venu[89]. » Surtout, à l'occasion du recensement de 1941 dit « des activités professionnelles », Carmille inséra la question : « Etes-vous de race juive ? » Car ce statisticien de renom, tout en poursuivant son activité résistante, avait proposé ses services au commissariat général aux Questions juives (CGQJ) afin de « découvrir ceux d'entre eux qui n'auront pas fait leur déclaration, d'organiser un contrôle de l'état des biens et de leurs transferts éventuels et en définitive d'être éclairé exactement sur le problème juif[90] ».

Certains, enfin, s'efforcèrent d'infiltrer l'appareil d'Etat du régime vichyste dans la plus pure tradition conspiratrice de l'extrême droite française.

Ancien directeur de Saint-Cyr, Georges Groussard forma, à la demande du ministre de l'Intérieur, Marcel Peyrouton, un Centre d'informations et d'études destiné à centraliser les renseignements en matière de menées antinationales. Présenté par son auteur comme une officine résistante, ce Centre d'informations et d'études (CIE) mêlait futurs combattants de l'ombre (Stanislas Mangin...) et partisans d'une collaboration extrême (Joseph Darnand, Joseph Lécussan...)[91], ce qui jette un doute sur la pureté de ses intentions. Dans les faits, il procéda « à plus d'un millier de dénonciations – souvent accompagnées de propositions de sanctions et d'internement – de communistes, de gaullistes, de membres des anciens partis républicains, de francs-maçons, de juifs et d'agents de l'Intelligence Service[92] », ce qui démontre clairement ses options politiques. Il disposait surtout d'un bras armé, les Groupes de protection (GP), qui s'illustrèrent en procédant à l'arrestation de Pierre Laval le 13 décembre 1940. Les Allemands exigèrent aussitôt la dissolution de cette milice au parfum sulfureux, ce qui conduisit Groussard à négocier avec Londres en juin 1941. Les officiers des GP pouvaient, affirma-t-il, encadrer la résistance en métropole et fournir des renseignements à Londres. Ces projets, toutefois, restèrent lettre morte, d'autant que l'amiral Darlan embastilla Groussard dès le 15 juillet 1941.

Le général La Laurencie s'assigna pour sa part une double mission : rester fidèle au maréchal Pétain tout en incarnant une alternative politique au gouvernement de Vichy. Partisan d'une stricte application de l'armistice, il refusait la perspective d'une *pax germanica,* comme il l'écrivit à l'amiral Darlan, le 2 mai 1941. « Je souhaite, en effet, la victoire de l'Angleterre et, qui plus est, je crois à cette victoire. [...] La victoire de l'Allemagne, en effet, c'est, quoi qu'on en dise, la certitude de la servitude pour de longues générations. Car, malgré les perspectives prometteuses d'une "collaboration" qui n'a d'ailleurs jamais été nettement définie, je n'ai aucune confiance dans la générosité de nos vainqueurs[93]. » Contactant des parlementaires en rupture de ban, tel Henry Lémery, il s'efforça de se faire adouber par les mouvements de résistance, espérant tant les fédérer que monnayer leur légitimité. En novembre 1941, le général monta une première réunion à laquelle assistèrent, outre Frenay, deux Américains, le colonel Legge, attaché militaire à Berne, et Allen Dulles, représentant des services secrets. En décembre 1941, un nouveau rendez-vous associa Frenay et d'Astier de La Vigerie, qui oscillaient entre le désir de faire du fougueux général « l'étendard » des mouvements et la crainte d'aliéner leur autorité[94]. Les pourparlers tournèrent court. Interrogé sur le sort qu'il entendait réserver à de Gaulle après la guerre, La Laurencie répondit : « Nous l'amnistierons[95]. » Venant d'un officier général qui avait siégé au tribunal militaire en charge de juger Charles de Gaulle et l'avait condamné à mort, la proposition ne manquait pas de saveur. Combat attendit néanmoins deux mois pour inviter ses militants à rompre tout contact avec le général et Frenay le revit par la suite. L'heure de La Laurencie, pourtant, était passée. Le rapprochement qu'il consentit à opérer avec le gaullisme intervint trop tardivement pour ne pas être suspect aux yeux des émissaires de la France libre. Il s'était en outre montré trop gourmand en prétendant devenir le chef des mouvements « alors que ceux-ci ne lui offraient, au mieux, que d'être un porte-drapeau[96] ».

Gabriel Cochet, enfin, partageait peu ou prou ces orientations. Dès le 17 juin 1940, ce général avait incité ses hommes à ne pas considérer la défaite comme définitive, les poussant à dissimuler des armes. Multipliant les conférences à visage découvert, il diffusa par la suite des textes signés de son nom qui appelaient à la résistance, mais exaltaient Philippe Pétain. Le pouvoir pétainiste toléra un temps son activité, car elle permettait de maintenir le moral d'une armée ébranlée. Mais elle devint « intolérable dès lors qu'il se met à dénoncer la politique de collaboration militaire mise en œuvre dans le sillage des protocoles de Paris[97] ». Cochet fut donc arrêté le 21 juin 1941, puis libéré. De nouveau interpellé le 6 septembre 1942, il réussit à s'évader le 26 novembre, quitta la France *via* les Pyrénées en janvier 1943 et rejoignit, mais en mars seulement, le général de Gaulle. « La résistance que proposait le général – qu'il était même l'un des premiers à proposer – ne se constituait donc pas contre Vichy, mais, en dehors ou à côté, par la force des circonstances. Cochet n'avait nullement le sentiment de s'éloigner de la ligne gouvernementale, et encore moins de rompre. C'est Vichy qui allait se charger de le ranger parmi les dissidents[98]. »

Que Philippe Pétain ou des hauts fonctionnaires aient toléré, voire couvert ce type d'agissement constitue une réalité avérée. Pour monter un réseau, Georges Loustaunau-Lacau reçut par exemple 100 000 francs et Frenay bénéficia, on l'a vu, des informations fournies par des militaires loyalistes. Mais les vichysto-résistants n'incarnaient en rien une politique alternative soutenue en sous-main par l'Etat français. En effet, le pouvoir n'entendait pas renoncer à la collaboration avec l'Allemagne nazie. « On ne fut, au mieux, qu'approuvé en privé. Si bien que ce foisonnement, y compris à un niveau élevé, ne doit pas donner l'illusion d'une organisation décidée par le gouvernement, délibérément en violation de la convention d'armistice[99]. » Pour son malheur, la mouvance vichysto-résistante ne sut ou ne voulut comprendre le lien indissoluble unissant l'œuvre intérieure de l'Etat français à sa diplomatie : seule l'alliance avec le Reich pourrait pérenniser le régime pétainiste, qui, pour se maintenir, devait coûte que coûte satisfaire le vainqueur. Le capitaine Frenay perçut en revanche clairement cette réalité. Se plaçant en congé d'armistice le 24 janvier 1941, il énonçait lucidement les termes du débat : « Le pouvoir n'est pas maître de ses décisions, puisqu'il est placé sous le contrôle allemand, et il ne gouverne qu'une moitié de la France, c'est-à-dire la zone libre. Dans l'ombre du maréchal âgé, des clans se disputent le pouvoir. On les connaît : le clan antiallemand, celui de l'attentisme ou plutôt de l'opportunisme, et celui de la collaboration. Il ne fait pas de doute que les instruments du pouvoir sont entre les mains de l'occupant. C'est donc le parti de la collaboration qui l'emportera[100]. » Mais il faudra attendre 1942 pour que les yeux se dessillent. L'invasion de la zone libre, le 11 novembre, conduira alors les uns à rompre, les autres à suivre le Maréchal, sans que les efforts entrepris ne débouchent sur une résistance significative. « Tant d'énergie dépensée pour "remettre l'Armée française dans la guerre" et si peu pour créer, à Vichy, les conditions politiques permettant cette reprise des combats », soupire l'historien Henri Noguères[101].

Pis, la croyance dans le double jeu handicapa gravement l'armée des ombres en la privant deux années durant du concours qu'auraient pu prêter certains professionnels de la guerre. Car plutôt que de se préparer à reprendre le combat, les subtiles stratégies de l'armée d'armistice aboutirent avant tout « à maintenir dans l'obéissance à Pétain des centaines d'officiers farouchement anti-allemands qui auraient pu se laisser tenter par les appels du général de Gaulle. En effet, si Pétain joue double jeu, l'infériorité de la France libre saute aux yeux. Le héros du 18 juin n'est plus qu'un fauteur de troubles, un diviseur, qui n'a pas compris quelle était la vraie voie de la résistance. En arborant le blason de la revanche, l'armée de Vichy fait perdre à sa rivale d'outre-Manche toute raison d'exister et lui enlève une grande partie de son pouvoir attractif », souligne l'historienne Claude d'Abzac[102].

Vichy fut donc un frein à l'engagement résistant tout en divisant gravement les mouvements. Certains tentèrent d'agir en exploitant l'appareil d'Etat ; tout en manifestant des sentiments maréchalistes, voire pétainistes, d'autres agirent en dehors de lui. Quelques formations, enfin, l'ignorèrent. Libération-sud, pour ne citer que ce seul exemple, ne chercha jamais à se lier à l'Etat français, privilégiant une stratégie radicalement différente. D'Astier de La Vigerie préféra en l'occurrence s'appuyer sur les milieux de gauche pour étendre son influence. Contactant le socialiste Daniel Mayer au printemps 1941, il obtint que le parti socialiste SFIO lui versât ses troupes. De même, il rencontra à la fin de l'été le syndicaliste Léon Jouhaux, pour « faire de Libération un grand mouvement de gauche où entreront et travailleront en commun socialistes, communistes, CGT et syndicats de la CFTC ». Si le secrétaire général de la CGT refusa de travailler avec les communistes, il accepta en revanche, lors d'une seconde entrevue, le principe d'une entente organique entre la formation résistante et les militants de sa centrale hostiles à la Révolution nationale. Du coup, Julien Forgues représentera le syndicat à la direction de Libération-sud. Au total, cet accord

« donnait à ce petit groupe presque familial des possibilités considérables[103] ». Le journal offrira l'une de ses quatre pages au syndicat, tandis que des cadres de valeur – Marius Vivier-Merle à Lyon, Robert Lacoste à Thonon...– se mettront au service du mouvement, rejoints par des dirigeants de la SFIO – Augustin Laurent, Just Evrard, André Philip ou Pierre Viénot pour ne citer qu'eux[104].

Par-delà leur fragilité, les mouvements de résistance constituent donc à la fin de 1941 une réalité, même si cette dernière reste embryonnaire. Handicapés par l'hypothèque vichyste, dépourvus de moyens matériels, gravement divisés sur certaines options idéologiques, ils n'en constituent pas moins une base potentielle pour développer une action qui gagnera progressivement en force et en crédibilité. Ils parviendront en effet à incarner une alternative au renoncement vichyste, à s'imposer comme partenaires de la France libre, à influencer par leur verbe les Français, à défaut de les mobiliser contre l'occupant et le régime pétainiste. Se bâtissant hors des grandes institutions françaises – armée, Eglises, partis ou syndicats – qui auraient pu les structurer, ils révèlent surtout la vitalité d'une société qui sut littéralement inventer les termes et les formes d'un combat, sans pouvoir s'appuyer sur des précédents historiques. Certes, il convient de ne pas forcer le trait. En 1941, la résistance demeure ultra-minoritaire dans le pays et des formations frappées par la répression disparaissent. Les mouvements n'en prospéreront pas moins, grâce aux hommes et aux femmes qu'ils parviendront à agréger.

# 4

# S'engager

La vaste question de l'engagement dans la résistance représente naturellement un enjeu cardinal, mais sa complexité et sa sensibilité politique sont telles que les historiens ne se sont guère empressés de l'éclaircir. Durant de longues années en effet, les mémoires gaulliste et communiste prétendirent, au mépris de l'évidence, que les Français dans leur masse s'étaient investis dans l'armée des ombres et avaient combattu l'occupant allemand. Que les Français aient dans les tréfonds de leur conscience cru ou non à cette légende[1] reste invérifiable. Quoi qu'il en fût, le climat n'incitait guère les disciples de Clio à contester une évidence qui tenait lieu de vérité établie. Dans la société des Trente Glorieuses, par ailleurs, l'engagement dans les partis politiques, les syndicats ou le monde associatif constituait une réalité si vivante que l'on pouvait considérer par analogie que cette vitalité citoyenne avait marqué de son sceau la France des années sombres. Autant de raisons, en bref, qui ne militaient guère pour que les chercheurs enquêtent sur un terrain aussi miné que peu fécond.

Sur un tout autre plan, les historiens répugnaient et répugnent encore à proposer de l'engagement une explication rationnelle. Les motifs qui poussent une personne à rejoindre une organisation clandestine restent à leurs yeux marqués par des déterminants individuels. Toute rationalisation revient donc à trahir le sens, donc l'essence d'un combat mené pour des motifs irréductibles à toute généralisation. A leurs yeux, les variables sociologiques ou les préférences idéologiques mobilisées pour comprendre les sacrifices des quarante-huitards, des communards ou des insurgés algériens ne s'appliquent pas aux résistants français dont l'héroïsme, nimbé de mystère, résiste à tout schéma interprétatif. La résistance « est par excellence un entrelacs d'engagements et de cheminements singuliers qui ne trouvent leur sens véritable que dans la dimension collective de l'action et le partage solidaire d'une expérience commune. Une expérience sans pareille pour ceux qui l'ont vécue et qui, pour reprendre un propos mille fois entendu, restera en grande part inaccessible et intransmissible », résume l'historien Pierre Laborie[2].

Réfléchir sur l'engagement oblige en outre à définir la résistance – une démarche à hauts risques. Ainsi, François Bédarida l'assimilait entre autres à une « action clandestine[3] », mais il est assurément facile d'infirmer le propos. La grève des mineurs de mai-juin 1941 comme les manifestations de ménagères de 1942, pour ne citer que ces seuls contre-exemples, furent assurément des actes résistants ; ils n'avaient rien de clandestin et s'accomplirent à visage découvert. « En fin de compte, il y a mieux à envisager que de s'épuiser à courir derrière le mirage d'une définition rigide de la Résistance, sans grand intérêt et en partie hors d'atteinte », conclut Pierre Laborie[4].

Ce constat ne résout pourtant pas le problème dans la mesure où, quels que soient les critères ou les définitions retenus, deux grandes thèses s'affrontent. Pour les uns, la résistance, loin d'avoir été un phénomène minoritaire, a au contraire concerné la société tout entière. « Réduire la majorité de la population à une masse résignée, voire complice et s'accommodant tant bien que mal de l'Occupation, conduit à occulter un fait majeur : la Résistance fut un processus social, elle n'a pu exister, vivre et se développer que dans la dynamique des liens tissés dans et avec la société française », affirment ainsi les membres du conseil scientifique ayant présidé aux destinées du *Dictionnaire de la Résistance*[5]. « Les sermons de l'ecclésiastique qui rappelle à ses ouailles la condamnation du néopaganisme nazi les allusions de tel professeur devant sa classe ne sont-ils pas des actes de résistance, même si leurs auteurs ne participent à aucune action organisée ? Que dire enfin de ceux qui ont éprouvé de la sympathie pour l'action des adversaires de l'occupant, sans jamais passer à l'acte, faute d'occasion, de capacité ou de courage ? La Résistance est à la fois esprit et action, mais il arrive que l'un n'entraîne pas l'autre », souligne l'historien Bernard Comte[6]. « Il ne faut pas cacher que le dénombrement des résistants repose souvent sur une instrumentalisation dont les fins peuvent être diverses : mettre en question la représentativité de la Résistance en insistant sur le petit nombre ; placer sur un piédestal une élite dont on a fait soi-même partie ; plus souvent encore stigmatiser l'attitude globale de la population française », ajoute François Marcot[7]. Et de préciser : « Dire que la résistance n'a été qu'un phénomène minoritaire est un truisme qui peut alimenter une vision très cynique des comportements et de la passivité humaine. Mais ce genre de jugement, implicite ou non, ne fait guère avancer la réflexion et laisse de côté une autre question, infiniment plus difficile à résoudre : dans la société française du XX^e^ siècle, la Résistance n'est-elle pas un moment privilégié de l'engagement des citoyens dans les affaires de la nation[8] ? »

Soit. Mais le raisonnement peut tout aussi bien être inversé : affirmer la large implication des Français dans l'armée des ombres et exalter « l'attitude globale de la population française », souligner l'incidence « d'un mouvement social, d'une ampleur peu commune dans la France contemporaine » constituent également une instrumentalisation qui lave les Français du péché d'attentisme[9] – une tentation dont ni les gaullistes ni les communistes ne se sont émancipés. Cette vision est par surcroît contestable sur le plan historique comme sur le plan moral, puisqu'elle nivelle les mérites en hissant d'humbles actes d'opposition à la hauteur d'exploits héroïques. Elle rappelle le trait cruel de Jean Anouilh qui, dans une pièce intitulée *L'Orchestre*, proposait en 1962 le dialogue suivant :

> MME HORTENSE : Moi, le patriotisme, j'ai ça dans la peau ! Pendant la guerre, en plein chômage, j'ai refusé une saison à Vichy. Et j'en connais qui n'ont pas eu ces scrupules : qui ont même joué pour l'occupant !
>
> SUZANNE DELICIAS : Vos insinuations me laissent de marbre. Il est exact que j'ai joué dans une brasserie parisienne en 40, mais c'était un orchestre de résistants. Quand il y avait des officiers allemands dans la salle, nous nous donnions le mot pour jouer faux. Et il fallait un certain courage ! Nous étions à la merci d'une dénonciation, car ces gens-là étaient tous musiciens[10].

Sur un registre moins profane, Raul Hilberg, le grand historien de la Shoah, s'élève également contre une conception trop généreuse de la résistance juive. Car « si l'héroïsme devient un attribut obligatoirement conféré à tous les membres de la communauté juive d'Europe, l'œuvre accomplie par la poignée de ceux qui passèrent à l'action s'en trouvera minimisée[11] ».

On comprend, dès lors, que beaucoup aient préféré souligner la dimension minoritaire de l'armée des ombres, volontiers assimilée à « une petite équipe », pour reprendre les termes de Claude Bourdet, numéro 2 du mouvement Combat[12]. « Nous avons vécu de la complicité de la France. Pas de toute la France ? Non. De celle qui a suffi », proclame André Malraux en 1975[13], qui précise qu'au 6 juin 1944, Charles de Gaulle « commandait moins de volontaires que Vichy ne commandait de gendarmes[14] ». « Quant au témoin vieillissant que je suis, lorsqu'il fait l'inventaire de ses plus lointains souvenirs de Résistance, ce qu'il trouve tout d'abord, c'est une impression de solitude. Je revois ce qu'était à l'époque la France méridionale, la France de Vichy. Etre opposant alors, c'était se vouer à l'isolement. C'était rompre avec le plus grand nombre. C'est au moins ce que je ressentais et ce que je n'aurais sans doute pas éprouvé si j'avais vécu contestataire au sein d'un peuple en révolte », rappelle Charles d'Aragon[15]. Et le membre de Combat de conclure : « Un temps vient toujours où les destins passent du domaine de l'histoire à celui de la gérontologie. Ce domaine, c'est celui des anciens résistants. Généralement, ils vieillissent mal. La Résistance, en revanche, vieillit bien. Elle se remet des oripeaux dont on l'avait affublée au nom de je ne sais quelle dévolution réparatrice. De moins en moins, elle apparaît comme le fait d'un peuple unanime dans sa révolte. De plus en plus, des livres sérieux la font connaître pour ce qu'elle était, c'est-à-dire un mouvement minoritaire dont la périlleuse et multiforme existence s'est longtemps développée au milieu de l'incompréhension et de l'hostilité du plus grand nombre. Le redire, ce n'est pas, bien au contraire, contester le mérite de tous ceux qui, survivants ou tués, ont pris part à ses combats et à ses travaux[16]. »

L'opposition entre ces deux thèses traduit assurément des tropismes idéologiques divergents : les uns, refusant de désespérer Billancourt, célèbrent le sourd grondement d'un peuple combattant un occupant détesté, tandis que les autres déplorent la passivité d'une société prompte à « s'accommoder[17] » de la présence allemande. Elle peut aussi amener à distinguer, nous l'avons vu, une

« Résistance-organisation » et une « Résistance-mouvement » englobant « tous ceux qui ont mené des actions individuelles et tous ceux dont les actes de solidarité ont été essentiels à la Résistance organisée », comme le suggère François Marcot[18].

Dans les réseaux ou les mouvements, voire les partis et les syndicats clandestins, l'engagement se caractérise par sa durée, son intensité et sa répétition, ce qui permet de considérer les hommes et les femmes qui y entrèrent comme des membres. Ce terme ne saurait en revanche qualifier les participants à la résistance-mouvement dont l'engagement restait ponctuel, occasionnel et limité, ce qui ne signifie pas pour autant que l'historien doive le négliger. « Toute une histoire serait à écrire de cette résistance en dehors de la Résistance. Elle en constitue la base, les racines dans les profondeurs de la population, et ce serait l'amoindrir que de dire qu'elle n'en est que l'appendice, car elle en démultiplie les effets quand elle ne conditionne pas tout simplement sa survie. Cette résistance individuelle et sporadique baigne dans un climat de complicité à la Résistance organisée. Elle lui fournit le renseignement qui prévient l'arrestation, l'aide matérielle (hébergement, nourriture, liaisons...) qui facilite la lutte, l'appui moral qui consacre la valeur de l'engagement des militants organisés et justifie les sacrifices consentis[19]. » On ne saurait néanmoins placer sur le même plan la participation à la résistance-mouvement et l'engagement dans la résistance-organisation, qui seul sera abordé ici.

### *Identifier l'ennemi*

Entrer en résistance, pour reprendre la formule consacrée, postulait un faisceau de conditions. Par leur lutte, les résistants entendaient défendre des valeurs humanistes, républicaines ou patriotiques. « La Résistance est donc d'abord une lutte patriotique pour la libération de la patrie. [Elle] est aussi une lutte pour la liberté et la dignité de l'homme, contre le totalitarisme », résume l'historien Henri Michel[20]. La résistance représenta donc au premier chef un combat idéologique sans être pour autant partisan. De fait, il n'était pas nécessaire d'avoir milité dans un parti pour adhérer à quelques principes essentiels – bien au contraire, peut-être. « A tenter d'appliquer à la situation créée par l'occupation de la France les schémas classiques d'interprétation – matérialisme historique ou pacifisme –, les militants s'exposent à l'incompréhension d'un phénomène qui sollicite moins l'analyse que la volonté, le savoir que le vouloir [...]. Phénomène spontané, irraisonné, déraisonnable même, la Résistance ferme ses portes aux militants qui affrontent l'événement à l'abri de leurs certitudes doctrinales », relève le politiste Marc Sadoun en évoquant la SFIO[21]. De fait, bien des pionniers ne s'étaient pas politiquement engagés avant guerre, comme le suggèrent les exemples du patron de Franc-Tireur, Jean-Pierre Levy, ou du fondateur de Combat, Henri Frenay. Mais du patriotisme à l'antifascisme, la révolte pouvait puiser à des sources variées, ce qui explique la diversité politique – implicite ou revendiquée – des formations clandestines. La défense de ces principes supposait toutefois d'identifier l'ennemi qui en menaçait l'intégrité. Or, et aussi paradoxal que cela puisse paraître, cette reconnaissance n'allait pas de soi.

Certes, de très nombreux Français communiaient dans la détestation de l'Allemagne. Le conflit franco-prussien de 1870, puis la Première Guerre mondiale avaient stimulé une profonde germanophobie que diffusaient, dans les cercles familiaux notamment, bien des anciens. « Je me suis jeté dans la Résistance parce que chez nous, on me racontait déjà des histoires de la guerre de 1870-1871. Les Prussiens avaient pris mon grand-père et mon arrière-grand-père pour les emmener comme otages du côté de Belfort. Et puis ils se sont sauvés du côté d'Auxelles parce que les francs-tireurs, les FFI de l'époque, ont attaqué la colonne. Ils ont alors vécu quelques jours avec ces francs-tireurs en maquis, et puis après, ils sont revenus chez eux », raconte Maurice Jeanmougin, un résistant franc-comtois[22]. De même, les Alsaciens « de l'intérieur » qui avaient opté pour la France en 1870 ne portaient pas l'Allemagne dans leur cœur. « Ma mère, rappelle Jean-Marie Delabre, un membre de Défense de la France, avait vécu en Lorraine occupée dans son enfance et cela l'avait beaucoup marquée. Elle avait une haine du Prussien. Elle me racontait toujours qu'à Thionville, lorsqu'un officier passait sur le trottoir, les Lorrains devaient céder le passage. Nous avons donc été élevés dans une tradition antiallemande[23]. » Les Nordistes conservaient un souvenir éprouvant de la brutale occupation qu'ils avaient subie entre 1914 et

1918. Beaucoup d'anciens combattants de la Grande Guerre, enfin, partageaient une profonde germanophobie.

A cette traditionnelle haine du Boche s'ajoutait désormais le refus du nazisme. Alertés par *L'Aube* comme par *Temps présent,* les démocrates-chrétiens ne nourrissaient aucune illusion sur le péril hitlérien qu'ils assimilaient à un néopaganisme – un message que relayaient leurs organisations de jeunesse, comme la Jeunesse étudiante catholique (JEC)[24]. Les milliers d'Allemands, dont les quelque 30 000 juifs, qui avaient fui le Reich entre 1933 et 1939 pour se réfugier au pays de Descartes informèrent également les Français sur le totalitarisme brun, *a fortiori* quand des hôtes, telle Berty Albrecht, proche amie d'Henri Frenay, les accueillaient. Voyageant outre-Rhin, d'autres constatèrent *de visu* le visage de l'ordre nouveau. Pendant les années 1930, le philosophe Jean Cavaillès se rendit ainsi fréquemment en Allemagne pour mener ses recherches. Ces voyages « ainsi que la lecture des journaux allemands, notamment ceux du parti national-socialiste, lui permettent de se tenir informé de l'évolution politique de ce pays et, par exemple, d'avoir connaissance de l'existence des camps de concentration dès août 1936[25] ». Il fut loin d'être le seul, comme le confirment les exemples de Pascal Copeau, futur dirigeant de Libération-sud, correspondant à Berlin pour *Le Petit Journal* d'avril 1933 à novembre 1936, ou du père Chaillet, fondateur de Témoignage chrétien. Spécialiste de la théologie allemande, le jésuite se rendit à plusieurs reprises en Autriche avant comme après l'Anschluss. Il comprit aussitôt « les formes et les méthodes des persécutions[26] ». Enfin, la Luftwaffe, durant la guerre civile espagnole, en Pologne en 1939, puis sur le front ouest en 1940, avait fait preuve d'une rare violence, qu'illustrèrent les bombardements de Guernica, de Varsovie puis de Rotterdam. Sa brutalité augurait mal de la clémence des vainqueurs. Ne parvenant pas à franchir la frontière espagnole, le philosophe allemand Walter Benjamin se suicida le 26 septembre 1940 à Port-Bou, constatant par sa mort la défaite de la pensée et préférant disparaître plutôt que de tomber entre les mains de ses compatriotes dont il craignait, non sans raison, le pire. Beaucoup de résistants, en somme, partageaient le constat de Claude Bourdet : « La démence ignare du racisme nazi et le désastre subi par la société et la culture allemandes furent pour moi déterminants ; quand je revins en France, j'étais un antifasciste convaincu », rappelle-t-il[27].

Tous les Français, cependant, ne partageaient pas ces craintes. Beaucoup se méprenaient sur la réalité du nazisme et se félicitèrent, dans un premier temps, de la « correction » du vainqueur. D'autres, ébranlés par le pacte germano-soviétique et la défaite de 1940, doutaient. Pourtant communiste orthodoxe, le député Renaud Jean, embastillé à la Santé, s'interrogeait. « Le système politique et économique du nazisme est-il, comme nous l'avons répété pendant des années, une nouvelle forme (mieux adaptée aux conditions nouvelles) du capitalisme, ou bien un système révolutionnaire s'apparentant, en dépit des formules, au bolchevisme[28] ? » Une grosse dizaine de parlementaires communistes basculèrent d'ailleurs dans un national-communisme de collaboration[29] que l'opportunisme politique n'explique qu'en partie : la volonté de se ranger dans le camp du vainqueur importait sans doute autant que la nécessité de procéder à un *aggiornamento* doctrinal dont le pacte Molotov-Ribbentrop et la défaite de 1940 signalaient l'urgence. De même, l'opération Barbarossa poussa certains nationalistes à embrasser dès juin 1941 la cause du Reich pour défaire le bolchevisme, plutôt que de combattre le nazisme aux côtés des Rouges.

Sur un tout autre plan, l'accession aux plus hautes responsabilités du vainqueur de Verdun dissuada, pour un temps tout au moins, des patriotes sincères de s'engager dans la résistance, *a fortiori* quand ils partageaient ses options politiques et préféraient miser sur le redressement intérieur plutôt que combattre l'occupant. Pour ne citer que ce seul exemple, le capitaine Pierre Dunoyer de Segonzac dirigea l'Ecole d'Uriage destinée à former les cadres de l'Etat français, mais, après sa dissolution le 1er janvier 1943, rejoignit la résistance. « Il était tentant, en effet, pour des esprits chez qui l'analphabétisme politique et un certain mysticisme étaient étroitement associés, de se replier sur la "France sacrée", et d'imaginer, à l'ombre du Maréchal, une sorte de fraternité sociale, tournant le dos à la fois à la Révolution française et au capitalisme, à l'image d'un Moyen Age mythique revu et idéalisé », relève Claude Bourdet au sujet de celui qui se baptisa « le vieux chef[30] ». En somme, Vichy égara bien des esprits en obscurcissant la hiérarchie des priorités. Sans lui, « le recrutement de la Résistance aurait été immédiatement plus large et plus facile[31] ».

Tous les Français ne reconnurent donc pas, dans l'Allemagne et surtout dans Vichy, un adversaire à abattre. C'est dire que les apprentissages assurément pluriels de l'avant-guerre jouèrent un rôle essentiel en préparant les individus à identifier leur ennemi. Par sa presse, son Parti démocrate populaire (PDP), ses organisations de jeunesse, la sensibilité démocrate-chrétienne, on l'a dit, offrit de sûrs repères à ses membres en les alertant très tôt contre le péril nazi. En outre, elle éprouvait peu de sympathie pour le maréchal Pétain et tenait « d'autant plus à la République que le sauvetage du christianisme de sa compromission avec la droite était une entreprise encore toute récente, que l'attitude servile de la haute hiérarchie [...] risquait maintenant de rendre définitivement vaine[32] ». La longue liste des démocrates-chrétiens qui très tôt s'engagèrent dans la France libre ou la France captive – Bidault, Coste-Floret, Menthon, Teitgen, Schumann... – confirme ce constat. De même, la SFIO et le PCF s'opposèrent assez vite à l'Etat français dont les orientations se situaient aux antipodes de leurs valeurs. Des hommes de gauche, il est vrai, soutinrent le vainqueur de Verdun, à l'instar des socialistes Paul Faure et Charles Spinasse ou du syndicaliste René Belin. D'autres basculèrent dans la collaboration, à l'image des ci-devant communistes Marcel Gitton ou Jean-Marie Clamamus. Mais ils représentèrent plutôt l'exception que la règle. Le nationalisme de droite, enfin, se méfiait de longue date de l'Allemagne, ce qui aurait dû amener ses partisans à refuser de pactiser avec le vainqueur. Certains franchirent aussitôt le pas. Ainsi, le nationaliste Henri de Kerillis, qui n'avait cessé de tonner contre la renaissance du militarisme prussien, partit dès 1940 rejoindre le général de Gaulle. Il fut cependant une exception. La première résistance s'édifia donc bien souvent sur des pratiques militantes forgées durant l'entre-deux-guerres. « C'est en effet sur cette expérience que les pionniers se sont appuyés pour d'abord réagir au séisme de juin 1940 [...] puis pour commencer à chercher comment ils pouvaient exprimer et diffuser leur refus[33]. »

Le pacifisme, l'anticommunisme comme le désir, *via* Vichy, de remédier aux dysfonctionnements de la III^e^ République pour rebâtir la France pouvaient cependant conduire à s'aligner sur les positions vichystes, voire collaborationnistes, plutôt que de s'engager dans la résistance. En somme, plus que les valeurs éthiques, morales ou politiques importe leur hiérarchie. C'est dire à quel point toute classification sommaire est arbitraire. Comprendre la résistance dans sa diversité oblige à partir des êtres plus que des idéologies, d'autant qu'un même fonds doctrinal put conduire à des engagements antagonistes, en fonction de l'ordre des priorités politiques et morales que les individus s'assignaient. Membres de la très réactionnaire Fédération républicaine, Henri Becquart, député du Nord, et Philippe Henriot, représentant de la Gironde, partageaient assurément un patriotisme ardent, un anticommunisme virulent, une foi passionnée ; le programme politique de Vichy, en outre, répondait à leurs vœux. Pourtant, le député de Lille, qui, en 1936, avait ignominieusement accusé Roger Salengro d'avoir déserté pendant la Grande Guerre, rompit dès 1940 avec le maréchal Pétain. « Dans les circonstances actuelles, la politique extérieure commande tout, et les plus excellentes mesures prises par un gouvernement dont la politique extérieure heurte le sentiment national sont fatalement emportées dans la même explosion, le jour où le pays recouvre son indépendance. La politique d'aplatissement vis-à-vis de l'Allemagne voue donc à l'échec vos efforts de rénovation intérieure », écrivit-il au maréchal Pétain le 1er octobre 1940[34]. Le parlementaire récidiva et lui adressa après Montoire un télégramme explicite. « Ne déshonorez pas France. Victoire britannique probable. Ne signez rien qui l'entrave. Résistez. Tout peut encore être sauvé. Respects[35]. » A l'inverse, le parlementaire bordelais s'enfonça dans la collaboration, adhérant à la Milice et devenant à l'antenne de Radio-Paris un tribun redouté. Le premier, il est vrai, plaçait l'indépendance nationale et la lutte contre l'Allemagne au faîte de ses priorités ; le second en revanche considéra que la croisade antibolchevique devait prévaloir. Le même constat s'applique à la droite catholique. Pierre Dunoyer de Segonzac et Henri Frenay provenaient des mêmes horizons politiques. Mais le vieux chef se lança, on l'a vu, dans l'aventure d'Uriage, alors que Frenay, tout en protestant de son estime pour le Maréchal, fonda dès 1940 un mouvement de résistance.

Cela posé, beaucoup de Français, tout en partageant un même dégoût pour l'Allemagne et/ou le nazisme, refusèrent de participer à la lutte. Mécanismes de l'action et logiques de l'opinion ne coïncident qu'imparfaitement : un individu peut rejeter une politique sans pour autant chercher à s'y opposer concrètement. Pour basculer, il fallait donc s'accorder sur les termes de l'engagement, ce qui n'allait pas de soi.

*Quelle efficacité pour quel combat ?*

Entrer en résistance amenait à engager sa vie, péril dont les résistants se montraient pleinement conscients. Il fallait donc que l'action entreprise mérite les risques encourus, que les acteurs, en d'autres termes, la jugent significative. Ce critère, pourtant, restait subjectif. Pour les uns, la diffusion d'une presse clandestine représentait un geste puéril dans la mesure où une guerre se gagne au bout du fusil. Ainsi, les militaires optèrent rarement pour cette stratégie et préférèrent s'investir dans le renseignement, le sabotage ou la formation de l'Armée secrète. Créée aux lendemains de l'invasion de la zone libre, l'Organisation de résistance de l'armée (ORA) jugea par exemple inutile de publier un journal. D'autres, en revanche, croyaient dans le pouvoir du verbe. Fidèles au message de la Bible, les chrétiens mesuraient l'importance des mots et jugeaient que la bataille pouvait aussi se gagner sur les terres de l'esprit. « Comme à l'aube de toutes les genèses, le premier et le seul recours est le Verbe. Il faut sortir de sa déréliction solitaire pour aller vers les autres. Il n'est pas possible que d'autres n'attendent pas les mots qui créeront un autre univers », rappelle Alban Vistel, membre de Libération-sud[36]. Les catholiques jouèrent donc un rôle éminent dans les médias, qu'il s'agît des ondes (Maurice Schumann) ou de la presse clandestine (Alfred Coste-Floret, Pierre-Henri Teitgen, François de Menthon, Philippe Viannay...).

Certains résistants, par ailleurs, n'imaginaient pas inverser la fortune des armes par leur combat. Cette préoccupation leur était même étrangère. Se situant dans une logique du témoignage, ils voulaient avant tout montrer aux yeux du monde que des esprits libres refusaient les fatalités de l'ordre nouveau, ce qu'expliqua le jésuite Yves de Montcheuil à l'aube de la libération. « Il ne faut pas mesurer la valeur de leurs actes à leur simple efficacité matérielle. Ils auront sauvé l'honneur de la France en montrant qu'elle n'est pas avec ceux qui veulent la mettre au service de l'injustice, en témoignant qu'elle n'a pas attendu passivement la délivrance, mais qu'elle a lutté pour reconquérir sa liberté[37]. » Beaucoup, au demeurant, n'imaginaient pas assister vivants à la libération de la France et acceptaient, non sans emphase, de sacrifier leur vie sur l'autel du témoignage. « Je me suis fabriqué beaucoup de morts, raconte ainsi Paul Michel-Villaz, un membre de Défense de la France. Superbes. Je m'étais d'ailleurs préparé à toutes les éventualités. J'étais tout à fait sûr de ne pas flancher au dernier moment. Je ne voulais surtout ni pleurer ni supplier. On ne m'aurait pas conduit comme un bestiau au poteau d'exécution. Mon dernier moment, je l'avais préparé très fort. J'étais sûr de faire une belle mort[38]. » D'autres, en revanche, vivaient dans une certaine inconscience, à l'exemple de Claude Lanzmann. « J'ai mené beaucoup d'actions objectivement dangereuses pendant la lutte clandestine urbaine, mais je me reproche de ne pas les avoir accomplies en pleine conscience, car elles ne s'accompagnaient pas de l'acceptation du prix ultime à payer en cas d'arrestation : la mort. Aurais-je agi si j'en avais pris avant l'action l'entière mesure ? Et même si on soutient que l'inconscience est aussi une forme de courage, agir sans être intérieurement prêt au sacrifice suprême relève finalement de l'amateurisme, voilà ce que je ne cesse pas de me dire encore aujourd'hui. La question du courage et de la lâcheté, on l'aura compris sans doute, est le fil rouge de ce livre, le fil rouge de ma vie », confie-t-il[39].

Tous les résistants, en d'autres termes, ne cherchaient pas nécessairement à frapper la machine de guerre nazie et n'escomptaient pas inverser par leur action le cours de la guerre. « Se lancer dans cette aventure où les motifs d'espérer n'étaient guère solides, c'était déjà un choix difficile. Encore fallait-il avoir le sentiment que l'on pouvait effectivement réaliser une œuvre quelconque, faire quelque chose d'utile et d'efficace. Or, au début, rien n'apparaissait moins sûr. Ce que nous appelions "mouvements" ou "organisations", c'étaient quelques noyaux isolés dans la grande marée de la résignation. Nous n'avions pas d'argent, pas d'armes ; nos "journaux" clandestins étaient de misérables bulletins, deux feuilles de papier format commercial, ne contenant à peu près rien d'autre que ce que l'on pouvait entendre à la BBC ; encore étaient-ils au début imprimés en si peu d'exemplaires qu'on en entendait parler plus souvent qu'on ne les lisait[40]. »

D'autres, en revanche, récusaient cette approche, à l'exemple d'André Malraux. L'auteur des *Conquérants* rejoignit tardivement l'armée des ombres, ce qui constitue à certains égards un mystère. Le chef de l'escadrille España ne manquait en effet ni de panache ni de courage physique – il l'avait montré pendant la guerre d'Espagne. De même, l'écrivain s'était enrôlé dans l'armée française en 1939, alors qu'il s'était fait ajourner en 1922 et avait été réformé en 1929[41]. Epris de gloire, il s'abstint par ailleurs de publier sous la botte quatre années durant. Enfin, proche, avant guerre, du parti communiste, il ne manifesta aucune indulgence à l'égard de Vichy. Ces éléments auraient dû le conduire à s'engager précocement, d'autant que ses deux demi-frères combattaient au sein des services spéciaux britanniques ; il n'en fit rien. A ses yeux, seule la guerre comptait. Mais la victoire franquiste et la débâcle de 1940 l'avaient désabusé. « Il avait combattu en Espagne pour gagner. Il avait perdu. Il s'était battu en France et il avait perdu. L'action ne lui paraissait pas pour autant avilie ; mais il en était las, déconcerté, plus lourd d'interrogations que de certitudes », commente Jean Lacouture[42]. Lassé d'embrasser des causes perdues, Malraux, surtout, ne croyait ni aux vertus de la propagande ni à l'efficacité du terrorisme dont l'auteur de *La Condition humaine*, dans ses romans, avait décrit le caractère pernicieux : il pouvait déboucher sur une orgie de violence qui, pour Tchen, devint « une fascination[43] ». « Dans le meurtre, avait ajouté l'écrivain dans *L'Espoir*, le plus difficile n'est pas de tuer, c'est de ne pas déchoir[44]. » Plutôt que de participer à un combat à ses yeux stérile, voire dangereux, mieux valait dès lors attendre que la France s'inscrive de nouveau dans une configuration guerrière. L'action prendrait alors tout son sens. Malraux éconduisit donc tous les émissaires qui lui proposaient de s'enrôler, à commencer par Claude Bourdet : « Pour commencer, l'écrivain renifla, d'un de ces reniflements puissants et inattendus qui sont devenus célèbres par la suite, mais qui, sur le moment, m'impressionna encore davantage. Puis il dit : "Avez-vous de l'argent ?" C'était à peu près comme de demander à un chrétien quand il a vu Jésus-Christ pour la dernière fois. Je balbutiai je ne sais quelle excuse ou explication pitoyable. Nouveau reniflement, nouvelle question : "Avez-vous des armes ?" Nouveaux balbutiements, mêlés de quelques espoirs en forme de prévisions plus ou moins optimistes, et d'ailleurs incertaines quant au lieu, la date et la nature. "Bon, fit Malraux, revenez me voir quand vous aurez de l'argent et des armes[45]." » En mars 1944, l'écrivain rallia enfin les Forces française de l'Intérieur dans le Sud-Ouest, montrant qu'à la veille du débarquement, il privilégiait l'option militaire plutôt que la stratégie civile.

Subjectif et tributaire des sensibilités, le sentiment d'efficacité varia avec le temps. L'action armée paraissait vaine en 1940 ; elle s'imposa comme une urgence à partir de 1944, surtout après le débarquement de Normandie. Les « résistants de septembre » qui s'enrôlèrent après juin 1944 ont suscité bien des railleries ; on peut pourtant admettre que des engagements qui paraissaient suicidaires au début de l'occupation se parèrent à la libération des clartés de l'évidence, d'autant que ces engagements, soulignons-le, n'étaient pas sans risques. L'été 1944 fut en effet la période la plus sanglante de la répression ; 42 % des condamnations à mort – dont 94 % visaient les résistants – furent prononcées en 1944 et le mois de juin fut assurément le plus lourd[46] ; de plus, 21 600 hommes et femmes non juifs partirent vers les camps entre le 6 juin et la fin novembre 1944 – soit plus d'un tiers du total des déportés non raciaux ; plus d'un sur deux appartenaient à la résistance et avaient été sanctionnés sous ce chef[47]. Quel que soit le regard porté sur des hommes considérés comme des ouvriers de la onzième heure, force est de constater qu'ils acquittèrent un lourd tribut au dieu Mars.

*Une logique des intérêts ?*

Le destin heureux que connurent après guerre quelques personnalités de la « haute société résistante » (la formule est de Georges Altman, rédacteur en chef de *Franc-Tireur*)[48] a volontiers accrédité l'idée que la résistance fut un placement rentable. La fortune politique de Maurice Bourgès-Maunoury, de Jacques Chaban-Delmas ou de François Mitterrand, pour ne citer que quelques vies illustres, suggère que l'armée des ombres a garanti la lumière à plusieurs de ses membres. A cette aune, l'engagement résistant s'interpréterait comme une démarche opportuniste qui aurait permis à ses chefs d'entrer dans la carrière dès la Libération. Charles d'Aragon porta sur ces manœuvres bien réelles un regard amusé : « En 1942, les allées et venues du futur pouvoir se dessinaient avec précision. Le commun des Français ne s'en doutait pas, mais pour les plus notoires des résistants, l'avenir était baigné de clarté. Leurs regards embrassaient à la fois la ligne bleue des Vosges et les cimes des palais nationaux. Un pied dans la voie des douleurs et des périls, un autre dans celle des prochains triomphes, c'est toujours ainsi que, du fond de mon obscurité, j'ai vu progresser mes chefs et mes amis[49]. »

Sur un tout autre plan, l'entrée en résistance a parfois été présentée comme un moyen d'échapper aux griffes de la répression. Les réfractaires au Service du travail obligatoire auraient trouvé dans les montagnes françaises un sûr refuge, tandis que les juifs auraient également eu tout intérêt à se placer sous la protection de la résistance pour fuir leurs bourreaux. Qu'il soit motivé par l'opportunisme ou commandé par un impératif de survie, l'engagement résistant répondrait donc ici à une défense bien comprise des intérêts personnels, une vision que les faits, pourtant, démentent.

Les formations clandestines, tout d'abord, n'avaient aucunement les moyens matériels d'accueillir les proscrits. Elles furent d'ailleurs débordées à l'hiver 1943, quand des milliers de réfractaires se ruèrent dans les Alpes en espérant y trouver protection et assistance. De fait, les trois quarts des jeunes qui fuirent le Service du travail obligatoire préférèrent se cacher dans des fermes, chez des proches, voire à leur domicile, plutôt que d'affronter les périls de la clandestinité[50]. Car la participation à la résistance présentait un réel danger, alors qu'un réfractaire au STO risquait tout au plus, s'il était arrêté, d'être aussitôt expédié outre-Rhin. « Presque systématiquement, partout, les réfractaires retrouvés sont donc simplement envoyés en Allemagne sans sanction ni discrimination particulière. Le temps de prison ou d'internement excède rarement quatre semaines, précise l'historien Raphaël Spina[51]. Il faut donc l'admettre : seule une minorité de réfractaires est réellement et activement recherchée. Et seule une minorité subit les foudres d'une répression vichyste qui n'inclut au demeurant que des risques assez limités[52]. » Capturé, un maquisard encourait en revanche la déportation, sinon le poteau d'exécution.

De même, il était plus sûr, pour un juif, de se cacher plutôt que de se livrer à une activité combattante qui le désignait à l'attention des services répressifs. Sur les 991 juifs du bassin houiller lensois étudiés par Nicolas Mariot et Claire Zalc, 487 furent arrêtés et 467 déportés vers l'Est[53]. Mais beaucoup partirent, surtout en deux vagues, fin 1940-début 1941, puis à l'été 1942. La zone libre offrait un asile relativement plus sûr que la zone occupée : les trois quarts des juifs ayant franchi la ligne de démarcation survécurent, alors que 62 % des juifs restés en zone occupée furent arrêtés et déportés[54]. Franchir la frontière offrit également « un gage certain de survie » dont bénéficièrent 54 juifs lensois[55] qui réussirent à se réfugier en Suisse. Peu d'entre eux optèrent en revanche pour un engagement résistant qui, semble-t-il, succéda à l'entrée dans la clandestinité plus qu'il ne la précéda. Ainsi, Sylvain Auslender parvint à se cacher et se fit engager au Bureau central de construction entre février 1943 et février 1944, avant de rejoindre les rangs de la résistance locale. De même, Kalman Wittenberg quitta Lens dès mai 1940, puis devint chef militaire de la résistance tarnaise[56]. Mais ces exemples restent exceptionnels : à la différence de l'exil ou de la clandestinité, l'engagement résistant fut rarement vécu comme une stratégie de survie.

L'illustre destinée de quelques résistants, enfin, ne doit pas occulter que l'engagement conduisit à la mort bien des hommes auxquels souriait un avenir radieux. Jacques Bingen, Marc Bloch, Pierre Brossolette, Jean Cavaillès, Jean Moulin... auraient après guerre prolongé des carrières qui s'annonçaient prometteuses s'ils n'avaient décidé de s'engager au péril de leur vie. Il était plus rentable, en d'autres termes, de rester à son poste, quitte à donner, sur la fin, quelques gages à l'armée des ombres, plutôt que de courir une aventure incertaine. Tel fut le choix de l'historien Lucien Febvre. Ce dernier poursuivit son enseignement au Collège de France et maintint la revue *Les Annales* dont il évinça de fait son cofondateur, Marc Bloch[57]. Responsable de Franc-Tireur dans la région lyonnaise (R1), Bloch, arrêté et torturé, fut fusillé le 16 juin 1944. La conduite de Lucien Febvre fut au demeurant jugée si choquante que des normaliens le conspuèrent durant ses cours en Sorbonne à la Libération[58].

Secrétaire général de la préfecture de la Gironde, Maurice Papon, après avoir contribué à la déportation des juifs bordelais, entama pour sa part une belle carrière qui le conduisit à la préfecture de police de Paris, puis sous les lambris de plusieurs ministères. Jean Moulin, en revanche, connut la fin tragique que l'on sait.

L'occupation ouvrait, il est vrai, un vaste espace aux ambitions. « Il existait un intérêt social à ne pas protester publiquement, à se taire face à la situation faite aux proscrits ; intérêt que partageaient tous ceux qui, dans l'espace social, à quelque niveau que ce soit, ont profité de la disparition physique ou symbolique de leurs concurrents directs pour parvenir à une position sociale conforme à leurs aspirations », résume Fabienne Federini[59]. L'exemple de Jean-Paul Sartre confirme ce constat. Certes, l'auteur des *Mots* fonda un éphémère mouvement de résistance, Socialisme et liberté, mais le supprima assez vite : « Le risque couru lui parut en disproportion avec l'efficacité[60]. » En revanche, la révocation en 1941 de son collègue juif Henri Dreyfus-Le Foyer lui ouvrit l'accès à la khâgne du lycée Condorcet, signe de l'écart « entre le rigorisme moral qu'il appliquait aux autres et son attitude pratique dans la vie[61] ».

Ces constats invitent donc à inverser vigoureusement la perspective. Loin d'escompter un gain en s'engageant, les résistants menacèrent leur situation professionnelle, sociale et affective. Beaucoup interrompirent leurs études, quittèrent leur emploi et bousculèrent leur vie de famille. Comme beaucoup de militants, ils négligeaient « le présent pour mieux assurer l'avenir » et exprimaient l'identité collective en taisant leurs « caractéristiques personnelles[62] ». Alors que le régime de Vichy incarnait la trahison et que les Français, en proie aux pénuries, se repliaient sur la sphère privée, les résistants replaçaient l'intérêt collectif au cœur de la cité. Cette logique les amenait à privilégier le moyen sur le court terme et les obligeait à délaisser leurs intérêts personnels au profit de l'intérêt général. La volonté de protéger des intérêts spécifiques redoublait cependant parfois la volonté de combattre l'occupant ou le régime vichyste. Les démocrates-chrétiens mesuraient les périls que l'Eglise de France courait en soutenant l'Etat français. Par leur lutte, ils espéraient préserver les chances du catholicisme au sortir de la guerre en démontrant par l'exemple que tous les croyants ne s'étaient pas abîmés dans l'aventure pétainiste. De même, bien des membres de l'Organisation civile et militaire avaient, comme Jacques Arthuys, milité avant guerre dans des organisations prétendant représenter les classes moyennes. Ils rêvaient d'une troisième voie qui aurait répudié les ravages du collectivisme et les excès du libéralisme, chimère que la bipolarisation induite par le Front populaire avait brisée. Ils espéraient donc à la libération faire entendre leur voix et renvoyer dos à dos la gauche communiste et la droite conservatrice[63]. La publication précoce des *Cahiers* de l'OCM témoigna de cette ambition. L'engagement dans la résistance coupla donc parfois la défense d'intérêts politiques au primat de l'intérêt général. Mais la poursuite de gains individuels au demeurant fort hypothétiques ne joua, sous bénéfice d'inventaire, qu'à la marge et en tout cas tardivement.

De même, les spéculations géopolitiques motivèrent rarement l'engagement. Si de Gaulle fondait sa démarche sur une analyse visionnaire – celle que la guerre deviendrait nécessairement mondiale –, les résistants procédèrent rarement à un examen raisonné de la situation pour deviner le camp qui l'emporterait[64]. « Dans un temps où il n'y a plus d'horizon, le leurre d'une réussite ou d'une récompense, fût-elle d'outre-monde, ne peut être qu'une futilité à laquelle on ne saurait s'attarder. L'action pour le rachat portait en soi sa propre fin, dans une ascèse puisant aux racines mêmes de la personne. Salut de son peuple, de sa communauté nationale ? Sans doute y a-t-on songé, mais comme à un vague possible. En vérité, l'homme fut face à lui-même, dans une solitude absolue et sans autre espace devant soi que celui qu'il saurait conquérir. Si l'effleura l'idée de salut, elle n'apporta nul confort, car ce salut ne pouvait être rien d'autre que l'affirmation de sa propre dignité », confie Alban Vistel[65]. Les pronostics stratégiques, jusqu'en 1942 tout du moins, ne jouèrent donc aucun rôle. « Toute promesse semblait vaine, et la plus savante analyse des données de la géopolitique n'eût conduit qu'à un absentéisme confortable[66]. » Le plus souvent, les résistants s'engagèrent non parce qu'ils estimaient que le Reich était voué à la défaite, mais parce qu'un démon intérieur les poussait à agir. Ils se situaient sur le registre de l'émotion plus que sur celui de la raison. L'imprévisibilité et la brutalité de la défaite avaient provoqué un choc ; la présence d'un occupant que les populations côtoyaient au quotidien et qui investissait les lieux les plus banals – lycées, hôpitaux, restaurants, cinémas... – le redoubla. S'égrenant au fil des années sombres, des événements graves ou mineurs pouvaient pousser à l'action, sans nécessairement passer par le tamis de la raison. « Devant la statue de Montaigne, et donc à une certaine distance du boulevard Saint-Michel, j'ai entendu des gens qui chantaient *la Marseillaise* et qui étaient embarqués par les Allemands, précédés par la Feldgendarmerie. Peut-être allaient-ils être fusillés dans l'instant ou dans les heures qui ont suivi ? C'est en les entendant que ma détermination a quasiment été prise. Je ne pouvais plus rester dans ce sentiment de ne rien faire par rapport à ça. Ça, c'est un trait émotionnel, caractériel ou psychologique, comme vous voudrez, qui m'est toujours resté et que je comprends mieux aujourd'hui. La détermination personnelle est liée à quelque chose de très individuel qui est que je n'arrive pas à être spectateur d'un événement social dès qu'il suscite un mouvement émotionnel en moi », précise Paul Béquart, un membre de Défense de la France[67].

L'entrée en résistance puisa donc à deux sources différentes, mais complémentaires. A la volonté de défendre des principes que menaçaient les nouvelles donnes de l'an 1940 s'ajouta le désir de réagir contre une situation perçue comme intolérable. L'engagement s'articula ainsi sur le double registre de la conscience et de l'émotion, deux conditions nécessaires qui n'étaient pas pour autant suffisantes : le combat que les résistants s'apprêtaient à mener devait en effet correspondre à leurs savoir-faire tout en tenant compte de leurs principes.

### *Les modalités de l'action*

Dans la contestation, « les gens tendent à agir dans le cadre limité de ce qu'ils connaissent, à innover sur la base des formes existantes et à ignorer toute une partie des possibilités qui leur sont en principe ouvertes », souligne le socio-historien Charles Tilly[68]. Ainsi, chaque personne dispose d'un « répertoire de contestation » qui définit « l'ensemble des moyens de revendication dont il dispose[69] ». Pour agir, les militants devaient donc mobiliser un ensemble de savoir-faire qui ne requéraient pas toujours des compétences aiguisées. N'importe quel individu pouvait par exemple distribuer des journaux clandestins ou préciser à un honorable correspondant la nature des convois ferroviaires allemands qui défilaient sous ses fenêtres. Se métamorphoser en saboteur ou en opérateur radio exigeait en revanche un apprentissage inaccessible au plus grand nombre.

L'entrée en résistance plaçait donc les individus dans une situation d'inégalité. Les compétences professionnelles comme les apprentissages militants de l'avant-guerre offraient à certains des ressources étendues. Un responsable communiste engagé depuis les années 1920 maîtrisait les techniques du tractage, savait organiser une grève ou une manifestation et disposait d'une formation militaire s'il avait, comme Henri Rol-Tanguy, combattu dans les Brigades internationales pendant la guerre d'Espagne. Un typographe n'ignorait rien des mystères de l'impression ou de la mise en page. En revanche, un jeune étudiant de la Sorbonne avait bien peu à offrir, hormis sa capacité à écrire ou à penser. L'inégalité des savoir-faire joua donc de façon ambivalente, puisqu'elle entrava ou stimula l'engagement. Les uns, brûlant d'agir, s'interrogeaient sur le rôle qu'ils pourraient jouer dans une formation clandestine. Forts de leurs talents, d'autres purent en revanche instantanément placer leurs compétences au service de l'armée des ombres.

Ces inégalités initiales s'érodèrent cependant au fil du temps. Beaucoup de tâches, on l'a dit, postulaient des savoir-faire limités. Les services secrets gaullistes en général et le colonel Rémy en particulier s'appuyèrent d'ailleurs sur des profanes pour monter leurs réseaux, bien qu'ils se fussent heurtés au scepticisme des Britanniques qui préféraient recourir à des espions confirmés. Rémy recruta ainsi un marchand de vins, Lavédrine, qui devait pour raisons professionnelles se rendre fréquemment à Saint-Nazaire où les Allemands aménageaient une base sous-marine. « Il n'a d'autre plan de Saint-Nazaire qu'un petit croquis, détaché du calendrier des Postes [...]. Nous convenons que sous prétexte de visiter sa clientèle, il se rendra régulièrement à Saint-Nazaire et je lui fais savoir quels sont les renseignements qui nous intéressent[70]. » Mouvements et réseaux organisèrent parfois l'apprentissage de leurs membres. L'imprimeur Jacques Grou-Radenez forma ainsi Charlotte Nadel et plusieurs autres membres de Défense de la France à la composition et à la typographie. Des pratiques professionnelles furent à l'occasion reconverties pour les conditions inédites de l'occupation. Jean Pelletier *(Jim)* recruta ainsi un architecte, René Bourdon, qu'il chargea de mettre au point puis de tirer les plans que recueillait le réseau de la Confrérie Notre-Dame[71].

De même, des traditions anciennes furent réactivées et adaptées aux donnes de la guerre ou de l'occupation. En Provence, les résistants ruraux s'identifièrent au modèle du « bandit social[72] ». Le charivari médiéval connut pour sa part un nouveau printemps. En mai 1941, une vingtaine de jeunes âgés de 14 à 18 ans entonnèrent *l'Internationale* dans le village de La Cadière, dans le Var, puis tirèrent la sonnette du curé[73]. Les protestants cévenols se rattachaient quant à eux à une tradition fort ancienne qui les faisait « devoir à chaque Eglise de protéger les persécutés et de les aider » et les incitait à s'occuper de ceux qui étaient dans le besoin pour les accueillir et les protéger[74]. *La Complainte des maquis cévenols* reconnut d'ailleurs explicitement cette filiation.

Les fiers enfants des Cévennes,
Réfractaires et maquisards,
Montrent qu'ils ont dans les veines
Le sang pur des Camisards[75].

Habitués à franchir clandestinement les frontières suisse ou espagnole, des contrebandiers se métamorphosèrent en passeurs. Le réseau SOE Vic recourut ainsi à leurs services, *via* le général républicain espagnol *Martin*[76]. Et des braconniers accoutumés à défier l'autorité de l'Etat aidèrent à traverser la ligne de démarcation par les sentiers qu'ils arpentaient de longue date. Dans le Jura, plusieurs agirent « par cet atavique instinct qui commande si souvent au rural séquane d'aller à l'encontre de l'ordre imposé par autrui et qui le prédispose à la chasse ou au braconnage, à la contrebande ou à la marginalisation », relève l'historien François Marcot[77].

Dans l'ensemble cependant, l'action butait sur de rudes obstacles. A l'exception des militaires spécialisés dans l'espionnage, les fondateurs des mouvements ou des réseaux durent littéralement inventer les formes de leur engagement, ce qui supposait une imagination d'autant plus fertile qu'ils ne pouvaient s'appuyer ni sur des précédents historiques ni sur des structures disposant de traditions de lutte : ni l'armée ni les partis ou les syndicats n'appelèrent initialement au combat.

Au vu de leurs lacunes, les premiers résistants considérèrent donc souvent que leur incompétence leur interdisait de briguer un rôle utile dans l'armée des ombres. Du coup, beaucoup auraient, et de loin, préféré gagner l'Angleterre pour combattre sous l'uniforme.

La guerre régulière entrait, il est vrai, dans des cadres intellectuels familiers ; elle constituait le moyen le plus évident de défaire le Reich et de laver la défaite de 1940 ; elle n'exigeait, enfin, aucune aptitude particulière, sinon celle de servir en soldat. Plusieurs pionniers tentèrent donc de rejoindre Charles de Gaulle. Henri Gorce-Franklin, futur dirigeant du réseau Gallia, chercha en vain à passer en Espagne à l'été 1940 ; en janvier 1941, Pierre Bénouville, avant de rentrer à Combat, se rendit en Afrique du Nord en espérant se battre aux côtés des Britanniques ; Antoine Avinin multiplia les tentatives pour franchir la Méditerranée avant de se joindre au mouvement Franc-Tireur. L'engagement dans les formations de la résistance intérieure fut donc bien souvent vécu comme un engagement par défaut. Tous les pionniers ne partageaient pas le choix de mener la lutte en métropole et se réjouirent, quand ils le purent, de mener enfin une guerre au grand jour. « Partir contre l'ennemi, les armes à la main et au grand jour, c'était pour un combattant de l'Armée secrète une joie qui confinait à l'ivresse », avoue Pierre Bénouville, qui, après la clandestinité de Combat, rejoignit le théâtre d'opérations italien[78]. Quelques pionniers en revanche assumaient clairement le choix de rester en métropole. « Si je quitte la France, on dira que j'ai déserté. Je crois qu'après la guerre le peuple français sera reconnaissant à ceux qui ont partagé ses dangers et ses misères », déclara le syndicaliste Léon Jouhaux à Christian Pineau qui le pressait de rejoindre Londres[79]. Au total, les modestes savoir-faire dont les résistants estimaient disposer pour mener leur combat furent plutôt des freins que des atouts.

Les modalités de la lutte devaient en outre sinon s'accorder, du moins ne pas contredire les valeurs que les résistants défendaient. Or, plusieurs formes d'action se révélaient problématiques, à commencer par l'exécution de soldats isolés. Préconisée par la mouvance communiste à partir du mois d'août 1941, cette méthode choqua profondément une frange du monde catholique fidèle au « Tu ne tueras point » biblique. Lorsqu'en mars 1944, Philippe Viannay publia dans *Défense de la France* un éditorial intitulé « Le devoir de tuer[80] », quelques militants, troublés, sollicitèrent les conseils du père de Montcheuil. Le jésuite leur expliqua alors que tuer dans les conditions de la guerre représentait non un crime, mais le moyen de lutter contre l'injustice[81].

Sur un registre moins tragique, certaines pratiques bouleversaient des résistants dont la culture se situait aux antipodes des exigences de la lutte clandestine. Des hommes et des femmes élevés dans le culte de la vérité, de l'honnêteté, de la discrétion devaient désormais mentir, voler et espionner – une métamorphose qui n'avait rien d'évident. Ils devaient également apprendre à transgresser les lois qu'en bons citoyens, ils respectaient avant guerre sans ciller. Parfois, les règles de la clandestinité posaient quelques problèmes et certains s'y pliaient difficilement. « Le général Delestraint, qui avait pris pour adjoint le général des Mazes [Desmazes], était arrivé, un jour, avec ce dernier à un rendez-vous qui devait se tenir dans un appartement. Sur le palier d'abord, puis devant la porte de la pièce où on les attendait, ils s'étaient fait mille politesses : "Passez donc, mon général...", "Après vous, mon général..." Après quoi le général Delestraint, entrant dans la pièce, s'était présenté : "Je suis monsieur Vidal[82]." »

Les membres et leurs organisations entretinrent donc des relations dialectiques. En règle générale, les individus ne choisissaient pas leur formation. « Le nouveau venu se trouvait nécessairement conduit à participer aux activités d'un réseau ou d'un mouvement qu'il n'avait pas vraiment choisi », relève Henri Noguères[83]. « Combien de Français, durant ces années noires, ont vainement attendu l'occasion d'entrer en relation avec tel ou tel de nos réseaux !, ajoute le colonel Rémy. Il valait mieux ne pas imiter ce vieil officier de marine en retraite à Toulon, père d'un de nos officiers des Forces navales françaises libres, qui cherchait désespérément un "contact". Trouvant de temps à autre, glissée furtivement dans sa boîte aux lettres, une publication clandestine, l'idée lui vint de dresser la liste de ses amis et connaissances. Partant de la lettre "A", il leur envoya sous enveloppe fermée et timbrée la feuille séditieuse, épinglant à celle-ci sa carte de visite. Son manège dura plusieurs semaines sans qu'il reçût aucune réponse et – chose plus surprenante – sans qu'on vînt l'arrêter. Il avait épuisé plus de la moitié des lettres de l'alphabet quand un camarade vint frapper à sa porte, et l'entraîna jusqu'à la chambre la plus reculée de sa maison, où il s'exclama : "Tu es devenu marteau, non ? – Pourquoi me dis-tu ça ? – Tu n'es pas fou d'envoyer des trucs comme ça avec ta carte de visite ? Tu crois que c'est ainsi qu'on travaille ? – Qu'on travaille où ? – Mais dans nos réseaux, bougre d'imbécile ! – *Eurêka* ! s'écria le vieil officier devant son ami abasourdi... *Eurêka* ! J'ai mon contact[84] !" »

Mais l'inverse était tout aussi vrai et les organisations devaient se montrer extrêmement prudentes dans leur recrutement. L'infiltration des formations clandestines constitua en effet le moyen privilégié dont usèrent les forces de l'ordre pour briser la résistance. Dans la région lyonnaise, le mouvement Combat s'efforça, sans doute au second semestre 1942, de fixer quelques règles.

> Il n'y a pas de diplôme de courage, de franchise, d'enthousiasme, de simplicité, de discipline, d'ouverture d'esprit ou d'abnégation. Les certificats ou les titres ne constituent pas un diplôme d'intelligence. Ce sont pourtant toutes ces qualités qui font un homme digne de ce nom, qui distinguent le révolutionnaire véritable du manifestant bavard.
>
> Ne jugez pas non plus un homme d'après les louanges de ses amis. On vous dira : « Un tel est un type épatant. » C'est possible. *Voyez-le.* Tenez compte de son regard, de sa poignée de main, de sa présentation, de sa façon de parler plus encore que de ses hauts faits, qu'il peut avoir accomplis dans le domaine civil ou militaire.
>
> Enfin, mettez-le quelque temps à l'épreuve. Confiez-lui des missions d'abord modestes, puis d'importance graduée. Vérifiez soigneusement sa discrétion et l'exactitude de ses rapports[85].

Demeurer dans une organisation postulait un consensus minimal sur la stratégie suivie. Car en cas de dissensus, le militant pouvait soit exprimer son désaccord, soit démissionner[86], ces deux étapes intervenant le plus souvent successivement. André Brunschwig *(Bordier)* désapprouva ainsi le soutien que Libération-sud apportait aux grèves déclenchées dans la région lyonnaise à la fin de 1942 et rejoignit Libération-nord. De même, Jean Cavaillès préféra abandonner le mouvement de Lucie Aubrac pour mener une action plus militaire dans le cadre du réseau Phalanx Zo. Refusant de se cantonner à la diffusion d'un journal, ligne que prônait Pierre Cochery, Jacques Lusseyran quitta Les Volontaires de la Liberté pour rallier Défense de la France. Quoiqu'il soit difficile de proposer des évaluations chiffrées, des dizaines de résistants changèrent d'organisations, jugeant qu'elles ne correspondaient pas, ou plus, à leurs attentes. La libération de l'Afrique du Nord en novembre 1942, la présence du général Giraud puis l'arrivée, en mai 1943, du général de Gaulle en Algérie renforcèrent l'attraction qu'exerçaient de longue date la France libre et la guerre régulière. Il semblait à juste titre moins difficile de franchir les Pyrénées pour rejoindre, *via* l'Espagne, l'armée française renaissante ou les Forces françaises libres que de traverser la Manche. Quelque 23 000 volontaires réussirent ce périple[87]. Certains, sans doute, avaient déjà combattu dans l'armée des ombres sans qu'il soit possible, faute de statistiques, de proposer un bilan. On sait du moins que les militaires d'active représentèrent 18 % des hommes passés, *via* l'Espagne, en Afrique du Nord en 1943 et en 1944, signe de l'attraction qu'exerça un temps le général Giraud[88]. Par ailleurs, 5 % de ses membres quittèrent Défense de la France entre 1941 et 1944, parce qu'ils avaient perdu le contact ou craignaient pour leur sécurité, mais aussi pour s'enrôler dans les Forces françaises libres – choix pour lequel optèrent 24 individus (sur un total de quelque 3 000 membres)[89].

Sur un tout autre plan, des résistants travaillaient simultanément pour plusieurs organisations, associant par exemple un mouvement à un réseau. Sous peine d'assister à l'érosion de leurs effectifs, les formations clandestines durent tenir compte de leurs attentes. La formation de groupes francs comme la constitution de maquis en 1944 constituèrent l'une des réponses que les mouvements apportèrent afin de combler une soif d'action que la stratégie civile ne permettait plus d'étancher. Car le goût de l'aventure pesait aussi, et parfois lourdement, dans les engagements souscrits.

### *Au quotidien*

A la différence des poilus de la Grande Guerre, dont la tranchée résume – peut-être à tort – l'expérience, les résistants vécurent les épreuves du conflit sur un mode contrasté. Au vrai, peu d'éléments rapprochaient le maquisard des Glières de l'agent de la Confrérie Notre-Dame, le militant de Libération-nord d'un responsable des opérations aériennes.

Cette diversité s'explique en partie par le rapport que les résistants entretenaient au risque. Les uns entrèrent dans l'armée des ombres sans éprouver de goût particulier pour la transgression et les périls que la vie clandestine postulait. D'autres en revanche embrassèrent avec enthousiasme une vie aventureuse. Hantés par les récits héroïques de la Grande Guerre, frappés par les exploits des aviateurs de l'entre-deux-guerres, émerveillés par les sagas des grands colonisateurs, beaucoup rêvaient à leur manière de reprendre le flambeau. « Vers 8-9 ans, raconte Marlyse Guthmann, une résistante de Défense de la France, j'ai lu *Marushka*, un livre qui racontait la vie héroïque d'une petite fille en Russie. Et moi, je m'identifiais toujours à cette petite fille. Avec mon frère, on disait : "Jamais on n'aura l'occasion d'être héroïque[90]." »

« Si je veux être franc, je dois avouer que je suis et reste un aventurier-né. Ma passion subite pour la philosophie n'est que de l'aventurisme spirituel, nota le 18 septembre 1941 Boris Vildé, l'un des animateurs du groupe du Musée de l'Homme, dans le journal qu'il tenait en prison. Ce démon de curiosité est précisément la marque de l'aventurisme. Amour de l'imprévisible. Au temps où je jouais aux échecs, il m'est arrivé souvent de faire un coup inconsidéré : non par incapacité ou paresse mentale, mais tout simplement pour voir quel effet cela produirait et comment j'en sortirais (d'habitude d'ailleurs je m'en tirais fort bien et j'aimais surtout à gagner des parties désespérées).

« De même dans la vie : je me pousse exprès dans des situations graves ou désespérées pour voir comment je m'en tirerai, ou bien comment la vie s'y prendra pour résoudre une situation compliquée. C'est merveilleux d'être arrivé à un point d'où seul un miracle peut vous sauver (surtout qu'on n'est pas toujours sûr que le miracle survienne)[91]. »

La diversité des caractères et des personnalités explique ici que la résistance ait été vécue par les uns sous le signe de l'ascèse, par les autres sur un registre plus profane. En janvier 1943, chargé de ramener Fernand Grenier à Londres afin de sceller le ralliement du Parti communiste français à la France combattante, Rémy, ainsi qu'il le raconte, se munit d'une immense azalée.

– Pardon ?, rétorqua le député communiste.

– Une azalée. Vous savez, une grande plante dans un pot, avec des fleurs blanches ou roses.

Il ouvre des yeux ronds.

– C'est pour la femme du patron, lui dis-je en confidence.

– Qui ?

– Madame de Gaulle !

> Grenier me dévisage, l'air inquiet, me prenant visiblement pour un fou et se demandant sans doute à part soi comment va se dérouler notre aventure. Pour un peu, il descendrait sur le quai, mais le train est parti[92].

Autant le préciser, le député communiste goûta modérément l'aventure.

> Rémy m'informe que le colis qui m'intrigue, c'est une azalée. Une grande plante à fleurs blanches dans un pot, destinée à la « femme du patron », et il précise : Mme de Gaulle.
>
> Je lui rétorque : « Mais, vous n'appliquez pas pour vous-même le conseil que vous m'avez donné : pas de bagages. Dans ma serviette, j'ai une chemise, un rasoir, une serviette, c'est tout… Vous voulez apporter des fleurs de France à Mme de Gaulle : un bouquet de violettes ou de mimosa mis dans la poche de votre manteau aurait la même signification… »
>
> […] Nous aussi, résistants communistes, avions commis des imprudences et notre apprentissage de la clandestinité a été payé très cher. Mais des fantaisies comme celle de Rémy, encore en janvier 1943, alors même que notre arrivée à Londres était si importante pour l'union de la Résistance, dépassait [*sic*] mon entendement[93].

Transgressif par nature, l'engagement présupposait-il des personnalités affirmées, voire atypiques ? Claude Bourdet le pense. « Tous ces hommes étaient, d'une manière ou d'une autre, des non-conformistes, des personnages de maniement difficile, parfois des "mauvais coucheurs", parfois des "farfelus" ; aucun ne correspondait à l'image habituelle du bon citoyen respectueux du qu'en-dira-t-on et de l'ordre établi », résume-il[94]. Mais la sociologie de la résistance dément, nous le verrons, ce prédicat.

Qu'elle ait été conçue comme une aventure ou comme un devoir, la vie ne perdait pas ses droits. Malgré le poids de ses responsabilités, Jean Moulin mena durant les années sombres une vie sentimentale compliquée[95]. De même, Philippe Viannay et Hélène Mordkovitch se marièrent en pleine guerre et de leur amour naquit, le 14 juillet 1943, un enfant, Pierre. Enfin, c'est enceinte que Lucie Aubrac, après avoir fait évader son mari Raymond, rejoignit l'Angleterre où elle donna naissance à sa fille Catherine le 12 février 1944.

Par-delà les tempéraments, les conditions matérielles informaient le rapport que les clandestins entretenaient à la clandestinité. Une poignée de militants, œuvrant dans les réseaux ou appartenant aux sommets de la hiérarchie, pouvaient parfois mener grand train. Au mépris des consignes de sécurité, ils fréquentaient alors les restaurants de marché noir et nouaient de multiples intrigues amoureuses. La petite équipe du SOE qui, au printemps 1941, fit sauter des transformateurs dans la région bordelaise repartit vers l'Espagne après avoir dépensé 250 000 francs en deux mois et laissé « derrière eux un sillage de verres (sinon de cœurs) brisés[96] ». De même, le colonel Rémy, muni de fonds importants, fréquenta les meilleures tables, vivant les années sombres avec panache. En 1942, pour constater la réussite d'un attentat – qui devait échouer – contre les troupes allemandes paradant sur les Champs-Elysées, il retient une table chez Ledoyen[97]. Il dîne le 15 mai 1942 chez Prunier – un restaurant où il avait ses habitudes[98]. Et après avoir appris une série de coups durs, dont la probable trahison de son radio *Capri*, il alla se réconforter le mardi 9 juin 1942 au Schubert, boulevard du Montparnasse, avec son agent *Champion* accompagné de son épouse. « La cuisine du Schubert est excellente. La servante, qui est d'allure fort distinguée et nous dit être de Kharkov, débouche une bouteille de vin hongrois. Je prie les pianistes de nous jouer de la musique espagnole que j'aime tant. Ils épuisent les airs les plus connus d'Albeniz, de Granados, de Falla[99]. » « Rémy peut dépenser en un seul repas ce que nous avions pour vivre pendant un mois », commente sans aménité Fernand Grenier[100].

Pour la majorité en revanche, le quotidien, éprouvant, n'avait rien d'un grand jeu.

Car la vie de tous les jours était le plus souvent sans attraits. Les résistants passaient de longues heures dans des trains bondés, à courir d'un rendez-vous à l'autre. Ils couvraient à bicyclette des distances incroyables. « Oh ! le monde du vélo n'aura pas retenu nos noms ni nos performances. Et pourtant, combien sommes-nous à détenir dans nos jambes un nombre impressionnant de kilomètres que je me refuse à chiffrer ! Pour le ravitaillement de camarades détenus à Saint-Sulpice, nous roulions dans le Lauragais à la recherche de denrées. Porter du linge propre et des nouvelles à nos camarades planqués aux quatre coins du département, assurer les liaisons, porter des plis, pédaler sans trêve le long des routes sillonnées par les troupes allemandes et leur Feldgendarmerie, tel fut notre lot obscur et sans gloire », raconte Rose Fernandez, une résistante de l'Aude[101].

Le clandestin vivait dans des appartements modestes et mal chauffés, louant ici une chambre de bonne ou un meublé, là un lit chez l'habitant. Il changeait fréquemment de domicile pour échapper au zèle des services répressifs. « En l'espace de quelques mois, nous avons connu à Vierzon, rue des Varennes, un petit logement ouvrier, sombre et glacial, à Sonnac une grange dans laquelle, sitôt la lumière éteinte, de gros rats venaient jusque sur la courtepointe du lit, à Capdenac-Gare et à Fondamente plusieurs chambres d'hôtel louées pour le PC régional [...], à Montpellier, non loin du Peyrou, la belle demeure bourgeoise qui m'était prêtée par "mon directeur" (c'est-à-dire par Montagnac, directeur général de l'Office des céréales) », rappelle Henri Noguères, membre des MUR[102]. « Pour des raisons de sécurité ou de commodité, ajoute Francis-Louis Closon, un envoyé de Londres, j'allais de gîte en gîte. J'ai habité un pied-à-terre parisien, au rez-de-chaussée, sur la cour d'un immeuble cossu, boulevard Haussmann. J'y ai vécu sans chauffage un hiver froid, terrible, sans autre ressource pour me réchauffer, le matin au saut du lit, que de me plonger dans la baignoire, m'étriller à la brosse dure sous l'eau froide qui insensibilise. J'en sortais rouge, chaud et couvert de tricots, transformé en marmite norvégienne, je conservais une tolérable tiédeur[103]. » Malgré ses pouvoirs et ses fonds abondants, Jean Moulin vivait fort modestement et subventionnait chichement ses collaborateurs. Quand son secrétaire Daniel Cordier lui avoua, penaud, le 22 novembre 1942, qu'il venait de se faire voler un second vélo, Moulin lui annonça, glacial : « Eh bien, vous irez à pied[104] ! »

De même, la résistance plaçait ses membres sous tension. Il fallait d'abord se dépouiller de son ancienne identité. Les résistants adoptèrent le plus souvent des pseudonymes qu'ils choisissaient avec soin. Les uns optaient pour des noms passe-partout, à l'image du communiste Georges Marrane *(Léon)*. D'autres veillaient à doter leur nouvelle identité d'un sens qui se référait à leur fonction (*Vélin* pour l'imprimeur André Bollier), à l'histoire (*Kléber* pour Jean-Jacques Chapou, *Fouché* pour Francis-Louis Closon) ou à la géographie (*Vercors* pour Jean Bruller). Certains pseudonymes valaient programme (*Indomitus* pour Philippe Viannay) et quelques résistants ne dédaignèrent pas l'ironie. Maurice Kriegel voulut ainsi se baptiser Warlimont, par analogie au général de la Wehrmacht, mais la graphie défectueuse le conduisit à passer dans l'histoire sous le nom de *Valrimont*. Les services secrets gaullistes baptisèrent leurs agents à la chaîne en puisant dans les stations de métro pour les premiers *(Saint-Jacques, Passy, Corvisart...)* ou la géométrie pour les délégués militaires régionaux envoyés à partir de septembre 1943 en métropole *(Hypothénuse, Droite, Polygone, Circonférence...)*. Les uns renoncèrent difficilement à leur identité ; d'autres s'en réjouissaient. « La norme, la règle, c'était de ne plus porter son nom, de n'avoir plus de position sociale, de n'en plus chercher, reconnaît Jean Cassou, membre du groupe du Musée de l'Homme. Les autres ayant réglé leurs rapports avec mes apparences, je pouvais m'épanouir, et ceci en la compagnie d'hommes qui, eux aussi, n'étaient plus qu'eux-mêmes, ne portant plus avec eux-mêmes, comme tout bagage, que la seule conviction qui les avait fait mettre là[105]. »

Il fallait ensuite adopter une stricte discipline, constamment veiller à ne pas être suivi, ne jamais faire une confiance aveugle à son entourage. « Par une gymnastique systématique de l'esprit, j'organisais le vide dans ma mémoire, je ne savais rien que l'indispensable, l'organisation technique de la sécurité que j'entretenais avec application devenait un réflexe. Le retour au gîte requérait toujours beaucoup de soins : quand je revenais chez moi en métro, je m'arrangeais, dans le wagon, pour être tout proche d'une sortie. Au dernier moment, celui où les portes se ferment, je glissais à la hâte, comme l'étourdi qui a failli passer sa station. Seul sur le quai, je pouvais m'assurer que je n'étais pas filé. Je laissais passer deux trains et repartais l'esprit libre », raconte Francis-Louis Closon[106]. « En juin 1943, confie Henri Guillermain, un officier d'opération, je passai quatre nuits entières entre les atterrissages, les parachutages, les inventaires, les transports d'armes, etc., ne me couchant que 16 fois [dans le mois]. Avec des pastilles spéciales parachutées, j'arrivais à tenir quatre jours et trois nuits sans dormir, mais après 48 heures, un sournois mal de tête ne me quittait pas, malgré les cachets d'aspirine[107]. » « A Lyon, capitale non seulement de la Résistance, mais aussi capitale de la Gestapo et de la Milice, la sortie de la gare de Perrache entre une double haie de miliciens représentait chaque fois une épreuve pour les nerfs. Et cette épreuve se répétait souvent », se souvient Henri Noguères[108].

Même l'intrépide Rémy craquait parfois. « Depuis plus de huit jours, je ne suis pas rentré chez moi sans la conviction que j'allais être arrêté durant la nuit. Un ressort s'est brisé en moi. Je suis guidé par une sorte de fatalité. J'ai bien pensé à quitter mon appartement, mais je n'ai pas eu le courage de le faire. Il me semble que ce serait manquer à la confiance que je dois à mes amis arrêtés. Et puis je me suis fait à ce cadre où [ma femme] Edith, a vécu quelques jours. Et puis je suis fatigué.

« Si je dois être pris, tant pis. Peut-être même tant mieux. Cette angoisse perpétuelle, ces coups de freins que j'entends pendant le cours de la nuit, et qui me font sauter à mon balcon – pas pour m'échapper, j'ai reconnu les lieux et je n'ai aucune chance – mais simplement pour voir, voir cette voiture qui entrera pas trop vite dans le square, qui s'arrêtera en bas de ma porte, ces hommes qui en sortiront, qui monteront tout à l'heure chez moi… », rumine-t-il en juin 1942[109].

Le résistant évoluait également dans une atmosphère schizoïde. « La plupart du temps, je vivais en clandestin complet, ne voyant de mes anciennes connaissances qu'un petit nombre d'amis sûrs. Mais, de temps en temps, je m'octroyais une soirée de retour à la normale, je reprenais ma propre identité, j'allais dîner chez mon père, ou, parfois, quand ma femme était à Paris, j'allais au théâtre avec elle. Cependant, la plupart du temps, je circulais avec un pistolet caché dans la manche de ma veste : l'expérience montrait que des camarades avaient dû leur salut au fait d'avoir su tirer les premiers », rappelle Claude Bourdet[110]. Le quotidien, enfin, était rarement exaltant et les tâches répétitives étaient plutôt rébarbatives. « Très tôt, j'ai eu l'impression que la Résistance faisait de moi une sorte de petit fonctionnaire et de permanent, quelque chose qui tenait le milieu entre un sous-préfet médiocrement promu et un vice-consul dans un pays déshérité », note Charles d'Aragon[111]. « Au fond, ma propre vie, jusqu'à mon arrestation, a été celle d'une sorte de fonctionnaire, de bureaucrate rédigeant des circulaires et participant à des comités ; rien ne les distinguant d'un bureaucrate ordinaire, sinon la précarité de son installation, une certaine façon de jeter un coup d'œil à droite et à gauche en quittant un lieu pour un autre, et la présence, souvent, d'un pistolet automatique sous son bras gauche », confirme Claude Bourdet[112].

Si les fonds de Londres permirent à une poignée de *condottiere* de vivre à grands frais leur épopée, la très grande majorité des résistants connut le froid, la faim, la peur, le dénuement... et l'ennui. L'engagement ne saurait donc s'expliquer par le seul désir de mener une existence exaltante rompant avec la monotonie des jours. Les conditions éprouvantes de la clandestinité auraient dû au contraire dissuader les volontaires d'embrasser une destinée qui promettait plus d'épines que de roses. Pourtant, ce ne fut pas le cas. Car la résistance offrait aux volontaires un accomplissement personnel. « Jamais nous n'avons été plus libres que sous l'occupation », écrivit Jean-Paul Sartre au sortir de la guerre. Bien des clandestins auraient pu reprendre à leur compte cette formule en apparence paradoxale, sinon que par leur lutte, les résistants vivaient en harmonie avec leurs principes.

« Je désire, sur le plan moral, que ma mère, ma sœur, mes neveux, ma nièce – celle-ci le sait déjà et en sera témoin – ainsi que mes amis les plus chers, hommes et femmes, sachent bien combien j'ai été prodigieusement heureux durant ces huit derniers mois.

« Il n'y a pas un homme sur mille qui, pendant huit jours de sa vie, ait connu le bonheur inouï, le sentiment de plénitude que j'ai éprouvé en permanence depuis huit mois.

« Aucune souffrance ne pourra jamais retirer l'acquis de la joie de vivre que je viens d'éprouver si longtemps », écrivit Jacques Bingen, un envoyé de Londres, avant de disparaître[113].

Mais la résistance permit aussi à des hommes broyés par l'histoire d'en reprendre le contrôle et d'affirmer le triomphe de leur indépendance sur la fatalité des faits. « Tous mes romans exhalent l'horreur de l'Histoire, de cette force hostile, inhumaine qui, non invitée, envahit de l'extérieur nos vies et les démolit », confie Milan Kundera[114]. L'engagement résistant inversa cette perspective en offrant aux rebelles la possibilité d'intervenir sur la course du temps et de restaurer le primat de la volonté sur l'impérialisme du destin. Sur un mode plus mineur, il accorda également à la minorité de femmes qui entrèrent dans ses rangs le droit d'intervenir dans un espace civique dont elles étaient exclues, la République ne leur ayant pas accordé le droit de vote. Il fut tout autant une affirmation générationnelle, que les cadets aient souhaité se montrer à la hauteur des vainqueurs de la Grande Guerre, ou qu'ils aient voulu établir, face à la démission de leurs aînés, qu'ils prenaient le relais d'une génération défaillante.

Saisi sous l'angle individuel, l'engagement résulte donc d'une combinatoire complexe. La volonté de lutter pour préserver des valeurs jugées essentielles joua un rôle capital, à condition d'admettre que, plus que les principes, primait leur hiérarchie – les priorités que les individus s'assignaient. Cela posé, ni l'idéologie ni l'éthique n'expliquent à elles seules le passage à l'acte. Le patriotisme « revient sans cesse à titre d'explication dans toute l'histoire de la Résistance, relève l'historien britannique Rod Kedward. Nombre de ceux qui l'utilisent oublient que le patriotisme a servi de justification à de nombreuses prises de position, y compris au soutien au Maréchal [...]. Il y a dans cette approche "essentialiste" l'affirmation implicite que les événements de mai-juin 1940, la défaite et l'armistice avaient présenté, ou auraient dû présenter, la même charge affective pour tous les Français, et qu'il était possible pour les individus, de passé et d'horizons totalement différents, de réagir patriotiquement de façon identique[115]. » En résumé, d'autres facteurs que l'amour de la patrie conditionnèrent l'engagement. Il fallait identifier l'ennemi, démarche qui, on l'a dit, n'allait pas nécessairement de soi. Le résistant devait également penser que son action revêtait une certaine efficacité – une notion qui échappait à toute objectivation. Le volontaire devait aussi accepter les modalités de lutte que proposait son organisation, quitte, au fil du temps, à opérer les ajustements nécessaires en obligeant le mouvement ou le réseau à évoluer, en souscrivant d'autres engagements clandestins, voire en quittant sa formation pour, par exemple, rejoindre la France libre. Le don de soi, enfin, répondait à des aspirations personnelles que l'espérance de gains matériels ne saurait résumer. Par son combat, le volontaire satisfaisait parfois son goût pour l'aventure, mais, plus généralement, il accordait son existence à ses principes en répondant au dictamen de sa conscience.

Ces motivations individuelles restent irréductibles à tout schéma unificateur, phénomène que confirme la diversité des itinéraires.

Faut-il pour autant renoncer à toute montée en généralité ? En aucun cas. La résistance ne fut pas le fidèle reflet de la société française. Les forces politiques, les grandes sensibilités, les classes sociales... lui apportèrent une contribution inégale qui se lit, nous le verrons, dans l'hétérogénéité sociologique de sa composition. Une sociologie qui évolua en fonction de la marche de la guerre.

# 5

# Nouvelles donnes

Le 22 juin 1941, Adolf Hitler lança ses Panzers à l'assaut de l'Union soviétique. Cette décision provoqua un séisme sur le plan militaire. Ouvrant un nouveau front à l'est, le Reich, après avoir enregistré des succès spectaculaires, dut en effet stopper en hiver son avance aux portes de la capitale soviétique, Moscou, et échoua à s'emparer du berceau de la révolution d'Octobre, Leningrad. Reprenant l'offensive au printemps de 1942, la Wehrmacht subit le 2 février 1943 la désastreuse capitulation de Stalingrad avant de s'incliner face aux blindés de l'Armée rouge, en juillet de la même année, dans le saillant de Koursk. La campagne de Russie avait sonné le glas des ambitions napoléoniennes ; elle ruina le dessein hégémonique de l'Allemagne hitlérienne, encore que de longs mois dussent s'écouler pour que les troupes de Staline parcourussent les milliers de kilomètres séparant les quais de la Moskova des rives de la Spree.

Mais les lignes bougeaient également à l'ouest. Le 7 décembre 1941, le Japon bombarda par surprise la base américaine aéronavale de Pearl Harbor, sur l'île d'Hawaï, précipitant les Etats-Unis d'Amérique dans le conflit. Fidèle à l'engagement souscrit auprès de Winston Churchill, Franklin Roosevelt maintint l'option *Germany First,* privilégiant le théâtre d'opérations européen sur son pendant asiatique. Avec l'entrée en guerre de la première puissance économique du monde, l'équilibre des forces était substantiellement modifié, ce que releva le jour même Charles de Gaulle. « Maintenant, la guerre est définitivement gagnée ! Et l'avenir nous prépare deux phases : la première sera le sauvetage de l'Allemagne par les

Alliés ; quant à la seconde, je crains que ce ne soit une grande guerre entre les Russes et les Américains… et cette guerre-là, les Américains risquent bien de la perdre s'ils ne savent pas prendre à temps les mesures nécessaires[1] », déclara le chef de la France libre au patron de ses services secrets, le colonel Passy.

Ces deux coups de théâtre infléchirent le cours de la guerre, en rendant subitement possible, voire probable, la défaite jusqu'alors tenue pour inconcevable de l'Allemagne nazie. Ils bouleversèrent par conséquent le cadre dans lequel la résistance s'inscrivait. Jusqu'en 1941, les clandestins pouvaient difficilement espérer peser militairement dans le conflit, hormis en aidant, dans la mesure de leurs faibles moyens, une Grande-Bretagne aux abois. A l'exception des réseaux et de certains mouvements, ils s'inscrivaient surtout dans une logique de témoignage, n'imaginant pas ébranler la suprématie militaire du Reich. L'intervention du géant américain et celle du titan soviétique modifiaient radicalement les perspectives. Désormais, la résistance pouvait escompter jouer un rôle militaire actif, ne serait-ce qu'en allégeant la pression que supportaient, à l'est, les troupes de l'Armée rouge.

Ces mutations invalidaient également les postulats du régime vichyste, subitement placé dans une position délicate. Philippe Pétain avait, on le sait, tablé sur une victoire allemande ; cette certitude, au fil du temps, s'éroda. Il avait également juré aux Français de les protéger des rigueurs de l'occupation ; le poids du fardeau nazi ne cessa de s'alourdir. En lançant sa Révolution nationale, il avait promis une ère nouvelle ; il se préoccupa principalement de semer la discorde en persécutant ses ennemis, réels ou supposés. Les juifs furent ainsi soumis à deux statuts d'exclusion, en octobre 1940 puis en juin 1941. Les communistes, traqués, furent internés dans des camps ou des prisons. Les républicains, souvent déchus de leurs mandats de maires, furent bien souvent embastillés ; et les prétendus responsables de la défaite furent déférés devant le tribunal de Riom en février 1942.

Ces mesures, pourtant, ne suscitaient guère l'adhésion d'une population devenue si rétive que le chef de l'Etat, le 12 août 1941, dénonça « le vent mauvais » qui se levait. Tout en précisant qu'« un long délai sera nécessaire pour vaincre la résistance de tous ces adversaires de l'ordre nouveau », le vainqueur de Verdun annonçait qu'il entendait « dès à présent, briser leurs entreprises, en décimant les chefs ». Loin de lui valoir un regain de popularité, ce durcissement mina le crédit du régime et dévoila, sous un jour toujours plus cru, sa réalité autoritaire, antisémite et collaboratrice. Il amena donc une large part de la société et de la résistance, enclines jusque-là à placer leur confiance en Pétain, à s'en désolidariser et à tourner le regard vers la France libre qui gagnait en crédit. Certes, beaucoup tablaient encore sur le double jeu prétendument mené par le héros de la Grande Guerre et se défiaient de l'homme du 18 Juin. Au demeurant, de Gaulle maintenait une certaine ambiguïté et tut pendant de longs mois les orientations politiques qu'il entendait proposer au pays. Son orientation patriotique et morale, cependant, ne souffrait aucune équivoque. Elle lui attira des sympathies croissantes.

Quoi qu'il en soit, la nouvelle marche du conflit comme le durcissement du pouvoir vichyste produisirent une décantation, en simplifiant les choix qui s'offraient à une société encore sonnée par la défaite et parfois prompte à souscrire aux promesses de l'Etat français. Cette clarification s'opéra à des rythmes inégaux selon les milieux, les groupes et les forces politiques. Mais le Parti communiste français fut particulièrement prompt à prendre la mesure du bouleversement que provoqua l'opération Barbarossa.

### *L'*aggiornamento *communiste*

Jusqu'au printemps 1941, le Parti communiste français, prisonnier du pacte germano-soviétique, avait préféré réserver ses flèches au régime de Vichy plutôt que d'attaquer, par la plume ou par le glaive, l'Allemagne nazie. Il avait en revanche encouragé les mouvements revendicatifs tout en incitant ses cadres et ses militants à agir au grand jour, au départ tout du moins. Cette stratégie, pourtant, ne tarda pas à évoluer. Dès la mi-avril 1941, la presse rouge durcit le ton à l'égard du Reich, appelant à se dresser contre l'occupant. Désormais, « poser le combat patriotique comme justifié du point de vue du peuple ne suffit pas, le combat patriotique lui-même est fondateur des luttes populaires[2] ».

Cette mutation répondait en partie aux vœux du Komintern. Le 26 avril 1941, un télégramme de l'Internationale communiste signé de son chef, Georgi Dimitrov, et de deux dirigeants français,

Jacques Duclos et André Marty, invita à réaliser l'unité nationale en « excluant tous traîtres et capitulards » et à former un large Front national de lutte pour l'indépendance. Le 15 mai suivant, la direction clandestine du Parti reprit ce mot d'ordre. « Luttant pour création de ce large front de libération nationale, parti est prêt à soutenir tout gouvernement français, toute organisation et tous hommes dans le pays dont les efforts tendent à une véritable lutte contre envahisseurs et traîtres[3]. » Mais Jacques Duclos assortissait ce tournant d'une réserve : « Ce n'est pas derrière un tel mouvement d'inspiration réactionnaire et colonialiste à l'image de l'impérialisme britannique que peut se réaliser l'unité de la Nation française pour la libération nationale », précisait-il. Il exigeait en conséquence « la nationalisation sans indemnité des banques, compagnies d'assurance, mines, chemins de fer et grandes sociétés capitalistes », revendications qui ne figuraient pas dans le télégramme expédié par le Komintern.

Au printemps 1941, le Parti adoptait donc une position moins équivoque, puisque le combat pour la libération nationale primait désormais sur les luttes revendicatives et que, sortant de son isolement, il appelait à l'union nationale. L'invasion de l'Union soviétique, le 22 juin 1941, accéléra naturellement cette évolution qu'encouragea le Komintern. Le 31 du même mois, Dimitrov ordonna à la direction communiste de désorganiser « par tous les moyens possibles production des armes. Formez petits détachements pour destruction des usines de guerre, des dépôts de naphte, des ponts, chemins de fer, routes, communications télégraphiques et téléphoniques. Empêchez par tous les moyens transport des troupes et des armes[4] ». Le 9 août, un nouveau message adressé à Jacques Duclos affirmait que « situation permet et exige actions toujours plus énergiques et création mouvement national de masse offensif contre envahisseurs... Cela accélère création en France conditions pour victorieuse guerre nationale de libération, indispensable par conséquent commencer préparation pratique masses pour telle proche perspective. Cela exige examiner pratiquement questions armes, armement, organisation groupes armés et actions armées[5] ».

En infléchissant sa ligne, le PCF répondait donc aux vœux de l'URSS. Dans les semaines qui précédèrent l'agression allemande, Moscou entendit vraisemblablement faire pression sur Berlin qui refusait de reconnaître les intérêts soviétiques dans les Balkans. Avec le désastre des premiers mois de l'opération Barbarossa, le Komintern espéra par la suite affaiblir le potentiel militaire allemand en perturbant ses arrières, fût-ce en usant de moyens dérisoires. Mais cette stratégie nationale ne contredisait pas les aspirations des communistes français. Le trouble suscité par le pacte et la stratégie suivie entre août 1939 et mai 1941 avait largement perturbé la base, qui avait, on le sait, massivement pris le large. En revenant à une ligne antifasciste et patriotique, le Parti comblait donc les attentes de bien des militants. Le revirement opéré au printemps de 1941 ne permettait cependant ni d'apurer les comptes par magie ni de régler soudainement les trois problèmes que devait affronter la galaxie communiste : restructurer son organisation, repenser ses modes d'intervention et enraciner l'union qu'elle appelait de ses vœux.

### *Une organisation nouvelle*

Bien qu'il fût entré en clandestinité depuis son interdiction en septembre 1939, le PCF dut adapter ses structures aux nouvelles conditions de la lutte souterraine.

Sur le plan militaire, il pesait peu. Certes, son Organisation spéciale (OS), chargée notamment de la police et du service d'ordre, avait sous l'impulsion de Charles Tillon développé une branche militaire, le TP (« travail particulier » ou « travail partisan »). De même, les Jeunesses communistes avaient sécrété, à l'été 1941, un bras armé – les Bataillons de la jeunesse. La Main-d'Œuvre immigrée (MOI), enfin, disposait d'une formation armée, l'OS-MOI, également créée à l'été 1941. Mais la prolifération de ces organigrammes ne doit pas abuser. Le Parti manquait cruellement d'hommes et de moyens. Entre août 1941 et mars 1942, les Bataillons de la jeunesse n'alignèrent dans leur bastion, le département de la Seine, que 36 hommes en effectifs cumulés, avant de sombrer définitivement[6]. Et les troupes de l'OS-MOI ne comptèrent jamais plus de quelques dizaines de partisans.

Au début de 1942, ces trois organisations, jusqu'alors autonomes, s'unifièrent au sein des Francs-Tireurs et Partisans français (FTPF), naissance que mentionna *L'Humanité*, pour la première fois, en février de la même année. Un comité militaire national le coiffait ; il associait le commandant en chef Charles Tillon, Eugène Hénaff puis René Camphin qui se chargeaient des effectifs, Albert Ouzoulias qui était responsable des opérations et Georges Beyer de l'armement et du renseignement[7]. Mais la rigueur apparente de cet organigramme ne doit pas masquer la misère du Parti : la lutte armée qu'il prétendait conduire reposa, et pour de longs mois, sur les épaules d'une poignée de volontaires. En Ille-et-Vilaine, l'Organisation spéciale aurait ainsi compté 58 membres actifs en juin 1941 ; si 45 FTPF furent recrutés entre juillet 1941 et décembre 1942, 49 furent dans le même temps arrêtés ; au total, 54 militants seulement restaient actifs en décembre 1942[8].

Sur le plan civil, le PCF, fidèle à sa tradition, multiplia les organisations satellites, ce qui lui permettait de toucher et de structurer des milieux divers tout en évitant de colorer l'engagement des volontaires d'un rouge trop écarlate. Le physicien Jacques Solomon développa ainsi *L'Université libre*, publication qui s'adressait aux intellectuels. Mais le Front national, créé en mai 1941, constitua, et de loin, le mouvement promis au plus bel avenir. Ouvert à tous, il incarnait en théorie l'unité nationale que prônait désormais le PCF. Un manifeste destiné aux deux zones fut diffusé en juillet 1941 et un comité pour la zone sud, lancé en novembre 1941, bénéficia du patronage des journalistes Yves Farge et Georges Bidault, qui n'appartenaient pourtant pas au Parti[9]. Dans la même veine, le FN essaima et multiplia les structures professionnelles. Le germaniste Daniel Decourdemanche *(Jacques Decour)* se chargea par exemple des écrivains et le poète René Blech des artistes.

Cette stratégie de rassemblement donna cependant des résultats limités, jusqu'à la fin de 1942 tout du moins. Car si le PCF vantait les mérites de l'unité, il refusait d'aliéner son indépendance. Le Parti entendait ainsi conserver le contrôle du FN et se borna à préconiser l'union à la base. Circonstance aggravante, cette démarche unitaire heurtait certains militants. Certes, *Les Cahiers du Bolchevisme* appelaient à l'été à surmonter les réticences. « Si tel membre du Parti prétend répugner à certaines alliances, il ne sera pas malaisé de voir que cette répugnance ne sert, en réalité, qu'à cacher une passivité indigne de militants à notre Parti, à l'heure où tout nous commande la lutte », précisait la revue théorique[10]. Mais une partie du monde communiste acceptait mal ce revirement.

« Il a fallu deux jours pour me convaincre qu'il fallait travailler avec les gaullistes. Moi, je ne voulais pas. Ce n'est pas parce que j'étais sectaire, mais j'avais une dent contre eux », rappelle Martha Desrumeaux, principale responsable communiste dans le département du Nord[11]. De même, les mouvements de résistance, en zone nord notamment, se défiaient de ce soudain irénisme. Si Joseph Beaufils *(Joseph)*, émissaire du parti communiste, rencontra Philippe Viannay en octobre 1941, aucune coopération ne se noua entre le Front national et Défense de la France. Les syndicalistes confédérés se méfiaient également des unitaires : Léon Jouhaux, lors de sa rencontre avec Emmanuel d'Astier à la fin de 1941, exigea même, pour que ses amis s'engagent à Libération-sud, que le mouvement ne coopère pas avec les communistes[12]. La France libre, enfin, se montra prudente, bien que François Faure, adjoint de Rémy à la tête de la Confrérie Notre-Dame, ait discuté avec un important cadre du Parti, Jean Jérôme, en mars 1942, et que Jean Moulin, *via* Georges Marrane, l'ancien maire d'Ivry, ait renoué le contact avec le PCF entre juin et la mi-juillet de 1942, mission reprise à partir du 24 juillet par un autre émissaire des services de renseignements gaullistes, Pierre Brossolette.

Si Charles de Gaulle prônait le plus large rassemblement possible, il entendait tout autant le conduire à sa main. Le 24 septembre 1941, il créa à Londres le Conseil national français (CNF), forme embryonnaire de gouvernement provisoire qui affirmait représenter la vraie France. Cette initiative ne pouvait que brider la prétention du FN à incarner l'unité nationale en proposant une alternative politiquement moins marquée. *L'Humanité* du 2 octobre 1941 tira rapidement les conclusions qui s'imposaient. « Ce qu'il faut, c'est l'union et l'action du peuple français aux côtés des autres peuples asservis, aux côtés des Anglais, aux côtés des troupes de De Gaulle et aux côtés des héroïques soldats de l'Armée rouge », affirma-t-elle le 2 octobre 1941[13]. Cela posé, un abîme séparait la reconnaissance somme toute formelle et symbolique du général de Gaulle de la volonté de coopérer avec les formations de Londres ou de la résistance intérieure. Ce fossé, on le sait, tardera à se résorber, d'autant que les forces clandestines étaient loin de partager les options de lutte que défendaient le Parti et ses organisations satellites.

*Actions*

Le parti communiste, on l'a vu, avait principalement fondé son action sur la propagande ainsi que sur des mouvements revendicatifs – grèves, mais surtout manifestations. L'invasion de l'Union soviétique amplifia cette dynamique. Si les conflits du travail, après la sévère répression de la grève des mineurs, s'étiolèrent, les manifestations reprirent, le patriotisme colorant désormais la tonalité de classe. Treize cortèges célébrèrent ainsi le 14 juillet 1941 (dont douze pour la seule zone occupée)[14] et les mouvements de ménagères reprirent à l'hiver 1941-1942 – ils touchèrent 24 départements. Le 31 mai 1942, une jeune institutrice communiste, Madeleine Marzin, ameuta ainsi les femmes « agglutinées en grand nombre rue de Buci devant un entrepôt de marchandises destinées à l'Allemagne. Elle les incite à se servir en boîtes de conserve, de sucre, et, joignant le geste à la parole, commence à les leur distribuer. La police charge. Les trois jeunes FTP préposés à sa protection ripostent. Un échange de coups de feu s'ensuit. Madeleine Marzin et ses trois gardes du corps sont arrêtés et déférés devant la cour spéciale instaurée par Vichy[15] ». Le 1er août de la même année, Lise Ricol, épouse d'Artur London, ameute les passants de la rue Daguerre. « Les tracts, les papillons, lancés à la volée, retombent en pluie sur la foule pour disparaître aussitôt dans les poches et les sacs. Une vibrante *Marseillaise* retentit », et la « mégère de la rue Daguerre » profite du désordre pour s'éclipser, non sans s'être débarrassée des deux agents de police qui tentaient de l'interpeller[16].

Mobilisant les femmes et les enfants, empruntant au répertoire des émeutes de subsistance, ces manifestations se conclurent cependant plutôt sur des échecs. Ainsi, les préfets avertirent les maires que les communes les plus calmes seraient privilégiées sur les cités les plus remuantes[17], afin d'offrir une prime aux citoyens les plus dociles. En affirmant publiquement l'existence d'un mécontentement, cette forme protestataire présentait cependant l'avantage de « l'exprimer au grand jour sans dégarnir d'autres fronts[18] ».

Car le parti communiste élargissait son répertoire d'actions. Il s'attaquait à l'occupant ou aux collaborateurs en montant des attentats frappant directement les individus. Le 21 août 1941, un jeune communiste, Pierre Georges *(Fabien)*, assassina ainsi un aspirant de la Kriegsmarine pris au hasard, Alfons Moser, à la station de métro Barbès-Rochechouart. Le 20 octobre suivant, un commando envoyé à Nantes, composé notamment de Gilbert Brustlein et de Spartaco Guisco, exécuta le chef de la Feldkommandantur de Loire-Inférieure, le lieutenant-colonel Karl Hotz. Le lendemain, Pierre Rebières abattit à Bordeaux le conseiller juridique de l'Administration militaire, Hans Gottfried Reimers. Le PCF s'en prenait également aux collaborateurs. Le 21 novembre, un commando notamment composé de Fabien attaqua la librairie Rive Gauche, vitrine intellectuelle de la collaboration ; et le 10 janvier 1942, deux militants, Tondelier et Tardif, firent sauter le siège parisien du Rassemblement national populaire, la formation collaborationniste que dirigeait Marcel Déat. Mais le PCF n'oublia pas les « renégats » passés à l'ennemi. Publiant onze listes noires comprenant au total 1 058 noms[19], il créa une formation composée d'une trentaine de membres, le bataillon Valmy, spécialement chargée de « liquider les traîtres ». Le 4 septembre 1941, cette formation tuait Marcel Gitton, qui, après avoir rompu avec le Parti en novembre 1940, avait rejoint le camp de la collaboration. Le 28 avril 1942, elle monta un attentat contre Jean-Marie Clamamus dont le sénateur-maire de Bobigny réchappa.

Qu'attendait, au juste, la direction du Parti de ce type d'action ? Sans être un stratège militaire consommé, Jacques Duclos pressentait sans doute que les attentats n'infléchiraient pas le cours de la guerre. Telle était d'ailleurs l'estimation des militaires allemands. « Dans aucun de ces cas, notait Otto von Stülpnagel, commandant militaire pour la France, il n'est prouvé que d'autres milieux de la population ont participé à ces attentats. Bien plus, on peut affirmer qu'il s'agit, en ce qui concerne ces groupes de terroristes, d'un milieu limité de criminels communistes – particulièrement des jeunes gens – prêts à tout[20]. » En revanche, ces attentats soulageaient, fût-ce à une très modeste échelle, la pression qui pesait sur une Armée rouge aux abois. Mais les chefs communistes visaient surtout un objectif de politique intérieure. En amenant les Allemands à se livrer à une sanglante répression, ils espéraient gagner le soutien de l'opinion publique en dévoilant le véritable visage d'un occupant jusque-là loué pour sa correction[21]. En enclenchant un cycle attentats/représailles, ils espéraient accroître leur recrutement, ce que le communiste Georges Beaufils reconnaissait sans fard. « Eh bien ! vous trouvez que c'est "payant" de faire fusiller cinq ou dix des vôtres contre la prise d'un revolver ou d'un mousqueton ? », protestait le colonel Rémy. « Oui, car à l'annonce que cinq ou dix des nôtres ont été fusillés, nous enregistrons cinquante ou cent adhésions nouvelles dans les FTP », rétorquait Beaufils[22]. L'ambassadeur de l'Union soviétique à Londres, Alexandre Bogomolov, tint le même discours à Christian Pineau. « Cela secoue l'apathie des hésitants. Le peuple ne pardonne pas les exécutions d'innocents[23]. »

De fait, et malgré la modération que préconisait Otto von Stülpnagel, les Allemands, sur ordre exprès de Hitler, ordonnèrent de fusiller des dizaines d'otages, suscitant une vive émotion dans le pays. De même, en dressant personnellement la liste des malheureux conduits à la guillotine ou au poteau d'exécution, l'amiral Darlan et son ministre de l'Intérieur, Pierre Pucheu, se déconsidérèrent, confirmant avec éclat les compromissions collaboratrices du régime vichyste. Il est en revanche tout aussi possible que l'opinion publique, tout en flétrissant les bourreaux, ait estimé que les civils innocents acquittaient un prix trop lourd et ait rendu les communistes responsables de ce bain de sang. D'ailleurs, la presse clandestine du Parti se garda bien, dans un premier temps, de revendiquer ces hauts faits : le journal régional communiste nordiste les attribua même à des règlements de comptes entre Allemands[24].

De Gaulle, pour sa part, adopta une position tranchée, qu'il exprima le 23 octobre à la BBC, après les attentats de Nantes et de Bordeaux. « Si les Allemands ne voulaient pas recevoir la mort de nos mains, ils n'avaient qu'à rester chez eux et ne pas nous faire la guerre », reconnut-il, avant d'ajouter : « Mais il y a une tactique à la guerre. La guerre des Français doit être conduite par ceux qui en ont la charge, c'est-à-dire par moi-même et par le Comité national [...]. Or, actuellement, la consigne que je donne pour le territoire occupé, c'est de ne pas y tuer ouvertement d'Allemands. Cela, pour une seule, mais très bonne raison, c'est qu'il est, en ce moment, trop facile à l'ennemi de riposter par le massacre de nos combattants momentanément désarmés[25]. » Les mouvements non communistes, dans leur masse, partagèrent cette approche. « Que la guerre tue des innocents, ce n'est que trop vrai. Mais que, de ma propre décision, je signe en quelque sorte leur arrêt de mort pour le seul bénéfice de donner à la population un surcroît d'ardeur combative, et cela sans dommage notable pour l'ennemi... Je n'y consentirai jamais », relève Henri Frenay dans ses Mémoires[26]. Les attentats individuels restèrent donc l'apanage de la mouvance communiste.

Non sans susciter, parfois, le trouble dans ses rangs. Car cette stratégie, pourtant utilisée aux heures sombres du tsarisme par le jeune Staline notamment, n'appartenait pas à l'arsenal traditionnel du marxisme-léninisme, qui préférait miser sur les masses plutôt que sur des actes individuels. De même, il était douloureux pour certains communistes de tuer, ce que confie rétrospectivement Albert Ouzoulias, chef des Bataillons de la jeunesse, puis dirigeant des FTP. « Les camarades se refusaient à exécuter un soldat allemand qui pouvait être un camarade de Hambourg, un ouvrier de Berlin. Un officier pouvait être un professeur antihitlérien. Tout au plus acceptait-on de tuer un officier de la Gestapo. Mais nos camarades ne comprenaient pas encore que le meilleur moyen de défendre notre pays en guerre, c'était justement de tuer le maximum d'officiers allemands. C'était hâter la fin de la guerre et la fin d'un malheur qui atteignait un grand nombre de peuples, y compris le peuple allemand. L'internationalisme était, en ce moment, de tuer le plus grand nombre de nazis possibles [*sic*][27]. »

Ajoutons, enfin, que la méthode suivie suscite rétrospectivement quelques interrogations. Le PCF sembla tout d'abord plus enclin à s'attaquer aux Français qu'à porter le fer contre les Allemands. Le bataillon Valmy, en quelques mois, tua 11 nationaux et en blessa 44, mais ne s'en prit à l'occupant qu'à l'été 1942[28]. Le bilan de cette lutte armée, ensuite, fut pour le moins modeste. Entre le 22 juin 1941 et le 31 décembre 1942, 25 Allemands seulement périrent dans le département de la Seine[29]. Loin, enfin, de servir la cause de l'unité, ces actions créèrent un climat délétère au sein de la résistance intérieure. « Le parti communiste se posait comme le champion de la lutte à outrance. Les actions menées par ses militants, les sacrifices consentis, son discours en faveur de l'action immédiate soulignaient les carences, les tergiversations supposées des autres composantes de la Résistance », relèvent Jean-Marc Berlière et Franck Liaigre[30]. La direction communiste, il est vrai, raisonnait en termes politiques, non en termes militaires. Les sacrifices que consentaient ses militants lui permirent, outre de confirmer la barbarie de l'occupant, d'attirer de nouvelles recrues et de mettre les mouvements, stigmatisés pour leur attentisme, dans l'embarras. Charles Tillon confirme *a posteriori* cette lecture. « L'ordre de De Gaulle correspondait à un certain état d'esprit d'attentisme et le renforçait durement. Mais l'expérience permet d'affirmer que la Résistance intérieure eut raison de ne jamais se conformer à la hautaine consigne, sans quoi il eût fallu durant trois ans reporter aux calendes du débarquement l'organisation de la guérilla[31]. » Les attentats accrurent donc les tensions tant au sein de la résistance intérieure qu'entre les deux rives de la Manche. Car la France libre comme les mouvements campaient sur de tout autres positions.

*Ajustements gaullistes*

La France libre, on le sait, avait initialement focalisé son attention sur les services secrets que dirigeait le colonel Passy. Maintenue, cette orientation subit néanmoins un net infléchissement dès 1941.

Créé en 1940, le 2e Bureau, dirigé par André Dewavrin, s'étoffa dans les mois qui suivirent. Aux trois sections – Renseignement, Action et Chiffre – s'ajouta fin 1941 un service de contre-espionnage confié à Roger Warin *(Wybot)* amenant à rebaptiser le service Bureau central de renseignement et d'action militaire (BCRAM) au début de 1942. Patron du renseignement, André Manuel devint en juillet 1942 le chef d'un Bloc-Opération (BO) assumant la coordination entre les sections, puis fut nommé le 19 septembre 1942 adjoint officiel du colonel Passy. Cette réorganisation des structures se doubla d'une croissance des effectifs qui passèrent, entre l'été 1941 et l'été 1942, de 23 à 77 personnes et de 10 à 19 officiers[32]. Au nombre des recrues figuraient des hommes de qualité, qu'il s'agisse de Fred Scamaroni, un jeune fonctionnaire rallié dès 1940, ou de Stéphane Hessel, un normalien d'origine allemande qui arriva à Londres en 1941 après avoir épaulé Varian Fry. Cette progression, pourtant, restait nettement insuffisante et, de 1940 à 1944, la faiblesse des effectifs demeura un problème récurrent. Faute d'hommes et de moyens, la section R ne put envoyer sur le terrain que cinq agents par mois avant février 1943. Au total, à peine plus de 400 hommes furent dépêchés en métropole avant le débarquement en Normandie du 6 juin 1944[33] – un chiffre bien mince.

Les volontaires, au vrai, ne se bousculaient pas. Malgré les romans d'espionnage popularisés par l'écrivain Pierre Nord, la guerre sans uniforme pâtissait d'une réputation sulfureuse. En outre, les combattants de l'ombre n'étaient pas protégés par les conventions de Genève. En octobre 1942, Hitler ordonna même que les membres des équipes de sabotage, qu'ils fussent ou non armés, en civil ou en uniforme, fussent remis aux redoutables services de sécurité de la SS, le *Sicherheitsdienst* (SD), et exécutés, disposition qui s'appliqua même aux agents des commandos britanniques du *Special Air Service* (SAS)[34]. Cette mesure ne pouvait que refroidir les enthousiasmes, d'autant que les formes d'un combat solitaire et anonyme n'attiraient guère. « Vous n'aurez pas le réconfort moral, que vous apporte l'armée régulière, d'être entouré à toute heure par vos camarades de combat. Vous vivrez seul, prendrez seul vos repas, etc. Vous entrez en solitude. Pas de dimanche, de samedi, pas de permission. Vous êtes au front vingt-quatre heures sur vingt-quatre, parce que la police et la Gestapo vous traqueront jour et nuit. Vous pouvez être arrêté jour et nuit [...]. Aussitôt arrêté, vous serez interrogé et torturé afin d'obtenir les renseignements que vous possédez », déclara le colonel Passy à Daniel Cordier, futur secrétaire de Jean Moulin, qui se proposait de rejoindre ses services[35].

En revanche, certaines recrues qui, depuis de longs mois, se morfondaient en Angleterre se portèrent volontaires, faute de pouvoir affronter les Allemands sur les champs de bataille. « Avec mes camarades, expliqua le même Cordier à son futur chef, nous avons attendu l'invasion de l'Angleterre afin d'en découdre avec les Allemands. Nos officiers nous ont promis que nous partirions nous battre dès que nous serions prêts techniquement. Nous avons fait ce qu'on nous a demandé, entraînement puis peloton. Un an après mon engagement, je suis toujours ici. Pour cette raison, je suis volontaire pour m'engager au BCRA[36]. » La fougue, pourtant, ne suffisait pas. Au cours du premier semestre 1942, plus de deux volontaires sur cinq furent jugés inaptes à l'action clandestine et rendus à leur arme. La sélection manquait de professionnalisme : il fallut attendre la fin de 1942 pour que les Britanniques instituent des tests suffisamment fiables pour sélectionner les recrues idoines, en réduisant leur marge d'erreur de 10 à 1 %. A l'inverse, les unités régulières, également confrontées à des problèmes d'effectifs, rechignaient à se priver de leurs spécialistes. Elles rejetèrent les trois quarts des demandes formulées par le BCRA, qui fut loin de bénéficier du soutien du chef de la France libre. « L'intérêt manifesté par de Gaulle pour l'action clandestine ne fut jamais à la mesure de ce qu'attendaient les responsables du BCRA. Ceux-ci ne comprenaient pas qu'il se refuse à leur accorder effectivement une priorité absolue dans le recrutement », relève l'historien Sébastien Albertelli[37].

Malgré ces faiblesses, le BCRA développa son action, avec un succès inégal. Le réseau du colonel Rémy constituait sa pièce maîtresse. Il adopta, en janvier 1942, le nom de Confrérie Notre-Dame (CND). « La France a été placée par ses rois sous la protection de Notre-Dame et ne s'en est pas mal trouvée. Pourquoi, sur un plan plus modeste, n'en ferais-je pas autant ? Par ailleurs, les liens qui nous unissent ne font-ils pas que nous formons une véritable confrérie ? », déclara son chef[38]. Quoi qu'il en soit, la CND fournit des renseignements inappréciables qui aidèrent à deviner que le cuirassé *Bismarck*, fleuron de la Kriegsmarine, dont l'Amirauté britannique avait perdu la trace, rejoignait Brest, ce qui permit à la *Royal Navy* de le couler le 27 mai 1941. De même, un ouvrier de la SNCASO, René Dugrand, refusa de faire grève le 11 novembre 1941, malgré la pression de ses camarades. Il profita de cet arrêt de travail pour prélever un échantillon d'un métal spécialement fabriqué pour la Luftwaffe, qu'il logea dans une fente pratiquée dans le talon de sa chaussure. Ultérieurement affecté aux plans et dessins, il livrera des documents aéronautiques intéressant les Britanniques[39]. Le 24 janvier 1942, la Confrérie Notre-Dame offrit également aux Britanniques les informations nécessaires pour qu'un commando détruise la station radar de Bruneval sur les côtes de la Manche (27-28 février 1942) et ramène, pour examen, les pièces prélevées sur le site. A son retour en Angleterre fin février 1942, Rémy rapportait en prime les plans des bases sous-marines de Brest, de Bordeaux et de Saint-Nazaire.

Plus généralement, les services du colonel Passy avaient reçu 700 télégrammes en 1941 ; ils en traitèrent 920 en 1942 et les pages reçues par courrier passèrent entre les deux dates de 1 145 à 2 360[40]. En revanche, les missions de sabotage, pourtant autorisées par de Gaulle en janvier 1942, connurent un succès moins éclatant. Le BCRA ne put revendiquer qu'une action d'envergure, l'opération Pilchard. Le 10 mai 1942, un commando composé de trois hommes, Bodhaine, Clastère et Gaudin, détruisit les pylônes et la grande antenne de Radio-Paris à Allouis, dans le Cher, ce qui eut pour effet de suspendre douze jours durant le brouillage des radios étrangères ainsi que la diffusion du poste collaborateur.

La modestie de ses moyens bornait cependant les ambitions du BCRA. Pour développer son action, le colonel Passy devait coopérer avec les services britanniques tout en s'appuyant sur les forces qui, en métropole, se lançaient dans la lutte clandestine. Il explora donc simultanément ces deux voies.

### *SOE, section F*

La coopération que nouèrent le BCRA et les services secrets britanniques ne donna jamais pleinement satisfaction.

Tout en soutenant la France libre, Winston Churchill fut, à maintes reprises, irrité par Charles de Gaulle dont la hauteur et la raideur le heurtaient. « L'intransigeance la plus résolue était certes la seule attitude que lui permît son sourcilleux sens de l'honneur, mais elle n'était pas de nature à faciliter le travail », relève l'historien britannique M.R.D. Foot[41]. On ne saurait pour autant réduire les tensions opposant ces personnalités à la confrontation de deux tempéraments éruptifs. Bien qu'étant alliés et fermement décidés à abattre le III^e^ Reich, les deux dirigeants entendaient en effet défendre leurs intérêts nationaux respectifs, ce qui les conduisit à s'affronter, en Afrique comme au Moyen-Orient[42]. Ainsi, tout en se montrant moins coulant que le président américain qui avait dépêché un proche, l'amiral Leahy, comme ambassadeur à Vichy, le Premier ministre britannique se garda bien de rompre tous les ponts avec l'Etat français. Il accepta d'atténuer le blocus maritime qui coupait la métropole de son empire et de recevoir des émissaires dépêchés par le vieux maréchal, ce qui ne pouvait qu'indisposer de Gaulle. Dans la même veine, Churchill opta toujours pour le grand large, préférant conforter la « relation particulière » qui l'unissait à Roosevelt plutôt que de la miner en soutenant les exigences de la France libre, d'autant que de Gaulle ne fut pas un partenaire commode. « De toutes les croix que j'ai à supporter, la croix de Lorraine est la plus lourde », déclara le Premier ministre britannique. Enfin, et peut-être surtout, les Forces françaises libres furent loin de tenir leurs promesses. En septembre 1940, l'équipée sur Dakar avait tourné court ; et les volontaires n'affluèrent guère entre juin 1940 et novembre 1942. En 1941-1942, l'armée de Vichy attirait pratiquement quatre fois plus de jeunes Français que les Forces françaises libres ; la Légion des volontaires français contre le bolchevisme, créée à l'été 1941 pour combattre sur le front de l'Est, séduisit en douze mois un peu plus de 8 000 jeunes Français, soit presque le double des FFL sur la même période[43]. « Pour la Grande-Bretagne qui, jusqu'à la fin de 1942, se bat dos au mur dans une lutte à mort contre l'Allemagne nazie, les soutiens se comptent d'abord au nombre des divisions engagées, résume l'historien Jean-François Muracciole. Comment prétendre incarner la légitimité française quand on n'est pas capable de rallier [les colonies de l'Afrique-Occidentale française] et d'attirer à soi plus de 200 Français par mois, alors que plusieurs millions de soldats s'entre-tuent sur le front de l'Est[44] ? » Même les ailes françaises ne brillaient guère. En septembre 1941, les Forces aériennes françaises libres alignaient 186 pilotes, mais la Tchécoslovaquie en avait versé 546 à la RAF et les Polonais plus de 1 800[45] ! Compte tenu de ces paramètres, les Britanniques marchandèrent leur soutien aux services secrets de la France libre, préférant d'abord compter sur leurs propres forces.

Le SOE, on l'a vu, comportait deux sections, dont l'une, la section F, agissait en totale indépendance du BCRA. Mais ces formations connurent de sérieux déboires, en zone nord comme en zone sud. Fondateur du réseau Autogiro, Pierre de Vomécourt, envoyé à Londres puis parachuté le 1er avril 1942, fut interpellé le 25 par la Gestapo. Il réussit néanmoins à convaincre ses juges de le traiter en prisonnier de guerre et, avec ses camarades, fut interné dans la forteresse de Colditz dont il revint. De même, une équipe composée de Denis Rake *(Justin)*, Edouard Wilkinson et Richard Heslop se forma à l'été 1942. Mais le 15 août, Rake et Wilkinson furent arrêtés à Limoges lors d'un contrôle de routine. Deux détails stupides les perdirent. Alors qu'ils prétendaient avoir fait connaissance le jour même, les deux hommes détenaient « chacun un bon paquet de billets de cent francs neufs et non épinglés, dont les nombres se suivaient ; et leurs cartes d'identité, soi-disant émises dans deux villes différentes, étaient de la même écriture[46] ». Ils seront finalement relâchés par le directeur de leur prison dont le cœur penchait pour les Alliés. Un quatrième agent, Benjamin Cowburn, avait été parachuté dans la nuit du 1er au 2 juin ; mais livré à sa solitude, il ne put que demander à quelques amis d'introduire des abrasifs dans les machines d'une usine de moteurs d'avion et superviser un attentat contre plusieurs lignes électriques rayonnant à partir d'Eguzon, dans l'Indre, avant de se résoudre à rentrer en Angleterre[47]. Quelques jalons prometteurs furent en revanche posés dans la région bordelaise où un Mauricien, Claude de Baissac, parachuté le 30 juillet près de Nîmes, jeta les bases du réseau Scientist.

En zone libre, le SOE parvint à organiser l'évasion des agents qui avaient été arrêtés l'automne précédent à Marseille. Regroupés dans le camp de Mauzac, une dizaine d'hommes – dont Pierre Bloch, Georges Bégué et Michael Trotobas – réussirent la belle à l'aube du 16 juillet et purent reprendre du service[48]. Trotobas fut de nouveau parachuté le 18 novembre 1942 et s'établit à Lille pour créer le réseau de sabotage Farmer. De même, un agent, Victor Hazan, arrivé en France dans la nuit du 1er au 2 mai, s'employa à former quelques hommes au maniement des armes et des explosifs britanniques – notamment le plastic, assez peu répandu à l'époque. Il forma à l'automne-hiver 1942-1943 plus de 90 instructeurs capables d'enseigner les usages élémentaires de la mitraillette, du pistolet et des explosifs[49]. Ce bilan le suggère : hormis quelques bourgeons qui ne demandaient qu'à s'épanouir, la section F du SOE présentait un bilan mitigé que n'améliora guère la désastreuse affaire Carte.

En 1940, André Girard, un peintre, tout à la fois décorateur de théâtre, caricaturiste et publicitaire replié à Antibes, avait monté un réseau, Carte[50]. Père, à la ville, de l'actrice Danièle Delorme, l'homme, dédaignant la propagande inutile et trop politisée à son goût, s'était concentré sur l'action militaire. Dès la défaite, il avait recruté à Antibes des bonnes volontés afin de former une organisation militaire. Maurice Diamant-Berger *(alias André Gillois)*, Joseph Kessel et son neveu, Maurice Druon, Jean Nohain ou Claude Dauphin avaient soutenu l'entreprise. Girard avait également démarché des officiers de l'armée d'armistice dont il connaissait bien l'état d'esprit puisqu'il avait accompli son service militaire à Saint-Cyr durant l'entre-deux-guerres. Les milieux militaires, en retour, se montrèrent séduits par un homme qui affichait un vigoureux apolitisme, défendait Pétain tout en flétrissant Laval, condamnait Montoire, mais professait un solide anticommunisme. Quelques contacts furent également noués dans la police, où le commissaire Dubois, patron de la Sécurité du Territoire à Nice, et le commissaire Achille Peretti, en charge de la Sûreté niçoise, offrirent leur concours. En 1942, Carte comptait sans doute une centaine d'agents, attirés par un programme très simple : renseignement et préparation du jour J.

Après l'arrestation de Georges Bégué, le contact avec le SOE fut assuré par le lieutenant Basin *(Olive)*. Girard se montra alors d'une habileté consommée. Loin de quémander des fonds aux services britanniques, il les déclina, déclarant avec hauteur : « Nul ne peut assurer, ni vous ni nous, des fonds suffisants pour payer les frais de tous nos hommes[51]. » Basin, impressionné, s'empressa de rédiger des rapports favorables sur ce puissant réseau. Un nouvel envoyé du SOE, Peter Churchill (sans lien aucun avec le Premier ministre), débarqua dans la nuit du 9 au 10 janvier 1942, porteur de 700 000 francs en partie destinés à cette formation prometteuse. Son rapport se révéla si élogieux qu'à la suite de sa seconde mission, du 1er au 20 avril 1942, deux opérateurs radio furent placés au service du réseau, privilège inouï compte tenu de la rareté des « pianistes ». Londres restait malgré tout sur ses gardes et exigea l'envoi d'un officier pour information. Le second de Girard, Henri Frager, fut alors dépêché dans la capitale britannique. Faisant miroiter une énorme organisation prête à épauler les Alliés lors du débarquement, il réclama également cinq minutes à la BBC pour contrer ou nuancer la propagande gaulliste – exigence que les Anglais, que de Gaulle excédait, accueillirent avec gourmandise. Fin juillet, Henri Frager revint en France, flanqué de Nicholas Bodington. Bluffé par Carte, qui réclamait 50 000 mitraillettes Sten et 50 émetteurs récepteurs, l'homme du SOE ne tarit pas d'éloges. « L'organisation Carte doit être considérée comme civile et militaire à la fois. [Elle] a été constituée avec le plus grand soin par des spécialistes et dans des conditions de secret extrême. Carte n'a rien de commun avec un groupe d'amateurs », écrivit-il à ses supérieurs[52]. Les services secrets britanniques notèrent ultérieurement : « Carte est soit une couverture de l'armée d'armistice créée pour son organisation secrète, soit une initiative privée poursuivant le même but[53]. »

Ces comptes rendus expliquent le charme vénéneux que l'organisation exerçait auprès des Britanniques. Car grâce à ce réseau, le Royaume-Uni pourrait disposer d'une armée clés en main. « Ce qui indéniablement incita Londres à prendre Carte tellement au sérieux, c'est qu'il en émanait le doux parfum de l'armée régulière », relève l'historien Michael Foot[54]. Londres, surtout, pourrait placer de Gaulle sur le banc de touche en permettant « de contrebalancer, depuis la France, l'influence de la Résistance gaulliste d'où le Général puise une grande part de sa légitimité », confirme l'historien Thomas Rabino[55].

Dans ces conditions, le SOE ne pouvait qu'accentuer son soutien. En août 1942, l'organisation avait reçu 2 tonnes d'armes ; en 1943, elle en réceptionna 106 tonnes[56], auxquelles s'ajoutèrent, toujours à partir d'août 1942, des fonds substantiels. Un million de francs furent mensuellement versés à la Baring Brothers qui créditait les comptes de Lombard Odier Darier Hentsch et Cie, cette banque genevoise reversant *in fine* les fonds à des établissements français. *Last but not least*, le SOE envoya des instructeurs. Le 2 octobre 1942, la felouque *Seadog* débarqua le major Goldsmith *(Valentin, Jean Delannoy)*, qui initia ses recrues à l'art des explosifs avant de circuler dans les régions.

L'organisation dès lors prospéra, multipliant ses antennes sur la Côte d'Azur, la Provence et l'Isère, et recrutant des personnalités de poids, Pierre Bénouville (dit Guillain de Bénouville) notamment. « C'était un homme de petite taille, d'aspect curieusement juvénile – il "faisait" bien plus jeune que ses vingt-six ans d'alors –, malgré un tout début de calvitie, avec une touche de dandysme que démentaient des yeux qui vous fixaient sans ciller, des yeux extrêmement perçants. Il ressemblait à ce qu'il était, un "hussard" avant la lettre, un jeune intellectuel de droite, auteur d'un *Baudelaire* et de monographies sur Pascal ou Stendhal, doublé d'un soldat qui avait continué de se battre malgré la signature de l'armistice et serait fait prisonnier avec les soixante survivants d'un Corps-franc de huit cent quarante hommes, qui s'évaderait par deux fois », raconte Jacques Baumel qui le rencontra à l'époque[57]. L'entrée de Pierre Bénouville, ancien membre de l'Action française, pétainiste de choc passé en Afrique du Nord pour aider les Alliés, arrêté puis acquitté[58], confirme l'attraction que le réseau exerçait sur une mouvance d'extrême droite vichyste mais germanophobe, patriote mais hostile à de Gaulle. Fin août 1942, Carte comptait sans doute 3 000 agents, dont 300 rémunérés. Surtout, elle disposa d'une station radiophonique, Radio-Patrie, au statut pour le moins ambigu.

Afin de ne pas engager le gouvernement de Sa Majesté et de contourner les accords unissant le Royaume-Uni à la France libre, le poste, censé émettre depuis la métropole occupée, ne dépendait pas de la BBC. Il profita de cette indépendance relative pour diffuser, à partir du 4 octobre 1942, une propagande patriotique que mettaient en onde André Gillois et Claude Dauphin. Non contente d'ignorer le général de Gaulle, elle sema la confusion en prétendant adresser des consignes aux mouvements de la résistance. « Radio-Patrie veut s'agréger une partie de la popularité grandissante du général de Gaulle, utilisable ensuite à des fins que ce dernier ne saurait approuver », note Thomas Rabino[59]. Carte devint ainsi le pivot de la stratégie anti-gaulliste du SOE. Le soutien matériel promis par les Britanniques devait leur assurer le contrôle « d'un pôle résistant doté d'enjeux militaires, mais également politiques. A ce titre, l'absence de rapports avec de Gaulle constitue un préalable indispensable[60] ». Doté de moyens considérables, Carte pouvait, par surcroît, ponctionner les effectifs des mouvements en promettant aux militants armes et argent. De fait, des hommes, à Cannes, abandonnèrent Combat pour le rejoindre.

Un abîme opposait donc la faiblesse du réseau au bluff de son chef. Les conclusions finirent toutefois par être tirées. S'inquiétant de ne rien voir venir, Londres exigea qu'André Girard rendît des comptes. Après avoir tergiversé, ce dernier s'envola pour l'Angleterre le 21 février 1943. Ses interlocuteurs découvrirent alors l'étendue du désastre. Début avril, les Britanniques lui annoncèrent qu'ils ne voulaient plus travailler avec lui et lui interdirent de revenir en métropole ; son adjoint, Henri Frager, reprit ce qui pouvait l'être ; Anglais et Français, enfin, gérèrent en commun le poste Radio-Patrie à partir du 21 janvier 1943. Le SOE avait donc été aveuglé par son antigaullisme, comme le confirme cette affaire. Cette donnée explique que les services secrets du colonel Passy aient éprouvé les plus grandes difficultés à coopérer avec la section RF du SOE.

### *SOE, section RF*

Pour mener leur action en France métropolitaine, les Britanniques, faute d'agents, devaient tabler sur des concours français. De ce point de vue, la coopération avec le BCRA ouvrait des perspectives bienvenues qui amenèrent à créer, au sein des deux organismes, une section de liaison en mai-juin 1941. En théorie, des officiers français et britanniques élaboraient conjointement des plans, soumis au SOE et validés par le chef d'état-major du général de Gaulle, le général Petit. Leur réalisation incomberait à des groupes locaux préexistants qui seraient techniquement assistés par deux hommes, dont un opérateur radio, détachés pour deux mois. Mais ces principes butèrent sur l'inégalité du rapport de forces. « Non seulement les responsables du SOE disposaient d'un droit de veto sur les missions proposées par le Service de renseignements, mais ils assumaient seuls, hors de tout contrôle gaulliste, la coordination des activités paramilitaires entreprises en France, les unes par la section F, les autres par la section RF. Tout à leur désir d'obtenir les moyens d'agir, les responsables de la France libre n'avaient eu d'autres choix que d'accepter de telles conditions, qui devaient toutefois leur devenir rapidement insupportables », constate Sébastien Albertelli[61]. De même, de Gaulle réclama, en juin 1942, que la France libre et le BCRA soient associés aux plans alliés, à l'heure où les projets de débarquement en Europe se dessinaient. Le chef d'état-major britannique, Alan Brooke, répliqua sèchement que la coordination de l'action subversive en Europe dépendait du seul SOE, ce qui revenait à priver les services secrets gaullistes de tout accès au haut commandement allié[62].

Bref, la coordination franco-britannique de l'action clandestine piétinait, ce qui n'empêcha pas le BCRA de porter un regard plus attentif aux formations clandestines qui se développaient en France métropolitaine.

### *La France libre et les mouvements*

Dès 1941, les services secrets gaullistes se préoccupèrent d'établir une liaison avec les mouvements de résistance qui leur paraissaient les plus consistants. Deux émissaires envoyés en France avaient tâté le terrain. Joël Le Tac avait ainsi exploré les possibilités qui existaient en zone sud et Jean Forman s'était intéressé au mouvement Liberté. Au vu de leur expérience, les deux agents de la France libre suggéraient un partage des rôles. Les opérations seraient conçues à Londres, à charge pour les mouvements de les exécuter sur place. Placée au service de l'action, la propagande conforterait les masses dans leur sympathie pour les Alliés, mais éviterait de les engager dans des opérations aussi prématurées que risquées. Les officiers de liaison ou des opérateurs radio, enfin, soutiendraient les formations clandestines.

Les deux hommes furent derechef envoyés en France pour tester la viabilité de ce schéma. Accompagné de René Périou, un opérateur radio, Forman fut parachuté le 13 octobre 1941. Le 14, Joël Le Tac et son radio, Alain de Kergolay, furent déposés sur la côte bretonne[63]. Sur ces entrefaites, Jean Moulin, le 20 octobre 1941, arriva en Angleterre.

Issu d'une famille républicaine, chef de cabinet du ministre de l'Air, Pierre Cot, sous le Front populaire, Jean Moulin avait entamé à partir de 1937 une brillante carrière préfectorale. En charge de l'Eure-et-Loir en 1940, il avait refusé de « signer un protocole accusant les troupes sénégalaises d'atrocités à l'égard de la population civile (viols et meurtres de femmes et d'enfants) » dont les Allemands les accusaient faussement, pour se venger de la résistance qu'elles leur avaient opposée lors de la prise de Chartres[64]. Moulin avait alors tenté de se suicider dans la cellule où il avait été jeté. Révoqué de ses fonctions par le régime vichyste le 2 novembre 1940, il décida de gagner Londres non sans avoir, au préalable, dressé l'inventaire des forces de la résistance, au nord comme au sud du pays. Le 9 septembre 1941, il quittait la France. Après avoir gagné Marseille, Barcelone, puis Lisbonne, il s'envola par hydravion pour Bournemouth, qu'il toucha le 20 octobre. Le 24, il rencontrait le colonel Passy. Reçu le lendemain par de Gaulle, il lui présenta les grandes lignes d'un « rapport sur l'activité, les projets et les besoins des groupements constitués en France en vue de la libération nationale » qu'il avait rédigé durant son séjour prolongé sur les rives du Tage. Si l'on ignore le détail de ces entretiens, « on connaît au moins le résultat : l'entente immédiate entre ces deux hommes que tout séparait, hormis leur foi patriotique et le service de l'Etat », commente Daniel Cordier[65]. Moulin put notamment informer de Gaulle d'une réalité : la croissance que les mouvements de résistance avaient entamée dans la France entière.

### *Les mouvements de zone nord*

Structurant leur organisation, ces derniers avaient étendu leurs ramifications, en débordant de leur berceau régional ou leur noyau matriciel. Tout en développant leur presse, ils élargissaient leur répertoire d'action et clarifiaient leurs positions politiques.

En zone occupée, Libération-nord se conforma à ce processus[66]. Officiellement créé en novembre 1941, le mouvement se dota d'un Comité directeur en décembre, dont il convient de ne pas exagérer les pouvoirs. « A la tête comme à la base du Mouvement, il n'existe pas de véritable hiérarchie, chaque composante menant l'action qu'elle juge prioritaire. Sans contours précis, la direction de Libération-nord reste soumise aux fluctuations engendrées par l'évolution des rapports de force au sein de son Comité directeur et fonctionne de manière réellement démocratique[67] », relève Alya Aglan, qui conclut : « Avec trop ou pas assez de chefs, Libération-nord ne se présente pas, à cette époque, comme un mouvement réellement structuré, mais plutôt comme l'expression d'une conjonction d'intérêts, dont la diversité fait à la fois sa richesse et sa principale faiblesse[68]. » Quoi qu'il en soit, le mouvement s'enracina, s'ancrant surtout en région parisienne ainsi que dans les régions périphériques ou frontalières, le Nord notamment, où le souvenir de la première occupation allemande était resté vivace. Exploitant les filières de recrutement des syndicats CGT et CFTC, de la SFIO et de la franc-maçonnerie, il fut largement placé sous la domination du parti de Léon Blum après qu'un haut fonctionnaire socialiste, Henri Ribière, eut succédé à Christian Pineau au printemps 1942. Si le journal jouait un rôle important, il conserva, jusqu'en 1943, des dimensions modestes. Son tirage restait confidentiel (350 exemplaires au printemps 1942, 1 000 à la fin de cette même année) et sa rédaction fut longtemps l'œuvre du seul Christian Pineau, avant que Jean Texcier, épaulé par Jean Cavaillès, ne prenne le relais et ouvre les colonnes à d'autres contributeurs. Chemin faisant, le mouvement clarifiait sa ligne. Dès le printemps 1941, il prenait ouvertement position contre Philippe Pétain qu'il avait jusqu'alors évité d'attaquer frontalement. Il soutenait de Gaulle tout en s'abstenant d'afficher un gaullisme inconditionnel. Ce consensus masquait cependant un désaccord de fond qui opposait Christian Pineau à Jean Cavaillès. Refusant de cantonner le mouvement au renseignement et à la sphère politique ou syndicale, le philosophe, nommé à la Sorbonne en août 1941 et aussitôt intégré au Comité directeur, voulait lancer l'organisation dans le sabotage et l'organisation de groupes paramilitaires[69]. Il fut partiellement entendu puisqu'un officier, le colonel

Zarapoff, accepta de prendre en charge l'organisation militaire du mouvement. En revanche, le journal n'évoqua que tardivement la lutte armée comme mode de résistance, ne la préconisant qu'au début de 1943.

A l'unisson, Défense de la France (DF) poursuivit son développement, en misant prioritairement sur son journal et en professionnalisant ses équipes. A l'imprimerie installée dans les sous-sols de la Sorbonne jusqu'en septembre 1942 s'ajouta, en février 1942, un atelier de composition camouflé dans une chambre de bonne située au 41, rue du Montparnasse. Le développement de ces infrastructures favorisa la croissance du journal : 21 numéros parurent entre le 15 août 1941 et le 11 novembre 1942, soit une périodicité quasi bimensuelle. Et le tirage ne cessa de s'élever, passant de 3 000 exemplaires à l'été 1941 à 10 000 au mitan de 1942[70].

Rédigé par une dizaine de plumes, le journal entendait contrer les propagandes vichyste et allemande en embrassant le parti de la Grande-Bretagne et en pointant les revers militaires et économiques du Reich. Il dénonçait également le pillage allemand ainsi que l'annexion de fait de l'Alsace et de la Moselle. Surtout, il s'efforça de rallier la population en évoquant la barbarie nazie, bien que le rejet de l'hitlérisme s'appuyât surtout sur une germanophobie traditionnelle qui présentait l'arrivée au pouvoir de Hitler comme l'aboutissement logique de l'histoire allemande.

En revanche, le mouvement suivit une ligne moins claire à l'égard de l'Etat français. Tout en rejetant la collaboration, il créditait Philippe Pétain de sentiments résistants, estimant que « le Maréchal ne fait que continuer ce qu'il a toujours fait : résister, sauvegarder les intérêts français[71] ». De même, il partageait certaines de ses options de politique intérieure, tout en refusant que le programme vichyste soit appliqué sous la botte. « Tout ce que le gouvernement peut construire actuellement est mort-né. Tout ce qu'il apporte sera dit plus tard amené dans "LES FOURGONS DE L'ETRANGER". Et ainsi, de bonnes choses seront répudiées tandis que de mauvaises ressusciteront[72]. »

Certes, plusieurs membres du mouvement contestaient cette ligne, à l'instar du numéro 2, Robert Salmon. Ils ne furent cependant pas suivis par Philippe Viannay qui maintint contre vents et marées son orientation jusqu'en novembre 1942. De fait, Viannay peinait à s'émanciper d'une culture familiale marquée par l'antisémitisme, le conservatisme et le catholicisme. « Je ne puis qu'admirer ceux qui, du premier coup d'œil, ont choisi, en sentiment et raison, la route la plus directe ; surtout quand ils n'avaient pas au départ la culture qui les y prédisposait », reconnaîtra-t-il ultérieurement[73]. Ses aînés, Marcel Lebon en tête, croyaient en outre au double jeu du Maréchal et l'influencèrent en ce sens. Le cercle dirigeant, surtout, refusa de se diviser sur un problème jugé secondaire, dans la mesure où le positionnement à l'égard de l'Etat français ne régissait en rien les conditions de son action. Il fallut par conséquent attendre novembre 1942 pour que la position adoptée à l'égard de Vichy évoluât.

Cette ambiguïté n'empêcha pas le mouvement de poursuivre méthodiquement son expansion. Il chargea Suzanne Guyotat, une amie de la famille Viannay, bibliothécaire à Lyon, d'implanter Défense de la France en zone sud. Grâce à une jeune étudiante, Hélène Roederer, et à un réfugié belge, Francis Cleirins, le mouvement put diffuser sa presse dans la région lyonnaise, la Loire, la Drôme et l'Ardèche. Il essaima également dans le Nord, le Loiret, la Normandie et le Poitou. Défense de la France assura ainsi sa croissance en envoyant des émissaires en province, en profitant de contacts noués ici et là, et en incorporant de petites équipes locales. Ses effectifs, pourtant, demeuraient modestes (230 militants au 1er octobre 1942) et la région parisienne se taillait la part du lion (75 % des recrues opéraient alors en Ile-de-France)[74].

La faiblesse des recrutements s'explique notamment par l'étroitesse des modes d'action proposés. De fait, Défense de la France, hormis la diffusion de sa presse clandestine, peinait à adresser des consignes claires à la population, ce qui borna d'emblée sa capacité à la mobiliser. Cette impuissance résultait pour une part d'une option idéologique qui préconisait la lutte spirituelle comme première forme de combat. « RESISTER, C'EST AVANT TOUT DEMONTRER A L'ENVAHISSEUR QU'IL SE HEURTE A UNE CIVILISATION SUPERIEURE QU'IL NE POURRA PAS ABSORBER », exposait Robert Salmon *(Robert Tenaille)* dans les colonnes de *Défense de la France*[75]. Le mouvement se cantonna donc, pendant de longs mois, à une exhortation morale qui incitait les Français à conserver leur dignité. « Il faudrait que l'Allemand puisse dire à son retour : "La France s'est refusée à moi, elle s'est détournée à mon contact. Même les prostituées m'ont fui avec dégoût et les boudoirs des courtisanes m'ont été fermés[76]." » Dans cette lignée, il appelait chaque individu à procéder à un examen de conscience, forme laïcisée d'expiation dont surgirait la lumière. « Il faut que chaque individu soit à lui seul un centre de résistance, un point d'appui, un rocher capable de soutenir isolément la tempête [...]. Jeune homme de France, c'est d'abord à cette œuvre intérieure que je te convie. Quand, au prix de luttes ardentes [...] tu seras devenu le capitaine de ton âme, alors, tu seras libre et tu seras prêt à servir [...]. Et quand vous serez nombreux ainsi [...], alors, semblable à un édifice dont toutes les pierres se tiendraient volontairement réunies, la France sera rebâtie de façon indestructible[77]. » Le mouvement, en d'autres termes, ne parvint pas à élaborer les modalités concrètes d'un engagement qui se bornait *in fine* à engager les volontaires à propager la bonne parole et à convier les Français à adopter une attitude civique. Mais ces mots d'ordre restaient un peu courts pour stimuler les enthousiasmes. Nombre d'organisations butaient sur cette aporie : l'incapacité d'impulser d'autres pratiques de contestation que la diffusion d'une propagande.

Créée en 1941 par un gardien de la paix socialiste révoqué par la mairie de Lille, Jules Noutour, et l'ancien maire démocrate-chrétien de Bailleul, Natalis Dumez, *La Voix du Nord* confirme ce schéma. Le journal, dont le premier numéro sortit le 1<sup>er</sup> avril 1941, voulait répondre aux menées séparatistes encouragées par l'occupant qui risquaient de détacher la Flandre de l'orbite française pour l'intégrer au Reich. La publication d'une feuille clandestine s'inscrivait également dans le sillage des grands ancêtres qui, pendant la Première Guerre mondiale, avaient été imprimés clandestinement. Distribuée dans les deux départements nordistes, *La Voix du Nord* connut des tirages croissants qui se montaient, en septembre 1942, à environ 2 500 exemplaires[78]. Le mouvement, certes handicapé par l'arrestation de Natalis Dumez le 7 septembre 1942, se cantonna de longs mois durant à la diffusion avant d'aborder, en 1943, d'autres rives, comme on le verra par la suite.

D'autres formations de zone nord, en revanche, continuèrent à placer la lutte sur le terrain militaire. Telle fut la ligne suivie par Ceux de la Libération (CDLL). N'éditant pas de journal avant mai 1943, ce mouvement privilégia l'action militaire, grâce aux liens qui l'unissaient au SR Air de Vichy d'une part et à l'activité déployée par Georges Savourey, le chef de son service de renseignements, de l'autre. De plus, le mouvement se dota à partir de 1942 d'une filière d'évasion destinée à exfiltrer les aviateurs alliés[79]. Dans la même veine, il organisa à partir de la Champagne des groupes francs, censés agir immédiatement, ainsi que des troupes de réserve supposées intervenir au moment du débarquement. Mais le mouvement subit une série de coups durs. En octobre 1941, son chef, Maurice Ripoche, échappa de justesse à l'arrestation et se réfugia en zone libre, ce qui le priva d'un patron énergique. En mars 1942, Georges Savourey tomba à son tour, prélude à une hécatombe qui devait au total frapper la quasi-totalité des dirigeants du mouvement.

L'Organisation civile et militaire (OCM), pour sa part, tenta d'agir et sur le plan politique, et sur le plan guerrier, non sans s'être structurée au préalable. Ainsi, Maxime Blocq-Mascart dirigeait le bureau civil. Jacques-Henri Simon *(Sermoy)*, avocat au Conseil d'Etat, se chargea des relations extérieures à l'été 1942 et Jacques Rebeyrol, un avocat, supervisa action politique et propagande. Le mouvement s'engagea alors dans la collecte de renseignements, mission confiée à son 2e Bureau, puis, à partir du printemps 1943, à son émanation, le réseau Centurie. En janvier 1941, un ingénieur des Ponts et Chaussées, André Boulloche, était entré dans l'OCM et avait coopté son supérieur hiérarchique, Pierre Pène. Boulloche préféra toutefois s'engager dans les Forces françaises libres et quitta la France en novembre 1942, laissant Pène organiser l'Aisne et les Ardennes. Fort des contacts qu'il détenait dans son administration d'origine, Pène constitua des groupes à même de transmettre des renseignements, sur les bunkers allemands édifiés à Margival par exemple. De même, plusieurs groupes constitués spontanément dans le Sud-Ouest se rattachèrent au mouvement en 1942, sous la houlette d'André Grandclément. Ce dernier organisa la collecte de renseignements sur les bases aériennes et les ports de Bordeaux et de La Pallice et monta des filières d'évasion *via* l'Espagne pour exfiltrer résistants et militaires alliés[80].

En revanche, l'Organisation civile et militaire refusa de créer un journal, estimant que cette activité menaçait la sécurité de ses membres. Elle entendait néanmoins peser sur le futur politique de la France, ce qui l'amena à clarifier sa position à l'égard de Philippe Pétain. Certaines de ses positions avaient témoigné d'une réelle proximité avec l'idéologie vichyste. Dans son premier *Cahier*, le mouvement relevait ainsi que « l'antisémitisme [...] sous sa forme atténuée, reste presque universel, même dans les pays les plus libéraux. Cela doit faire présumer qu'il n'a pas une base purement imaginaire ». « Les Juifs, dans le commerce et la finance, ou dans les professions libérales, excitent l'envie », ajoutait-il. Ce qui l'incitait à préconiser deux mesures : « Eparpiller les juifs pour faciliter l'assimilation et arrêter l'immigration[81]. » En juin 1942, le mouvement rompit cependant avec Philippe Pétain, soulignant que « la couverture qu'il donne à tout ce que l'opinion réprouve a détruit son prestige moral. Ses sévérités à l'égard de la Résistance ont détruit son prestige de chef. Ses erreurs d'appréciation sur la faiblesse anglaise et la force allemande ont détruit sa réputation de clairvoyance. Son incapacité à promulguer une constitution et des lois de structure bien faites a sapé son autorité politique. Son choix des hommes a anéanti les espoirs de rénovation[82] ». Sur un tout autre plan, une commission prépara un projet de Constitution qui prévoyait notamment l'élection du président de la République au suffrage universel et la création de Chambres régionales dont les députés seraient élus pour moitié par les grandes catégories professionnelles. Un Sénat contrôlerait les actes du gouvernement, mais le président aurait la possibilité de le dissoudre. Une Cour suprême, enfin, procéderait au contrôle de la constitutionnalité des lois[83]. Ainsi, l'OCM menait de pair actions militaires et politiques. Sa vitalité la plaça sans doute au premier rang des mouvements de zone nord. Faut-il pour autant la créditer de 80 000 adhérents au printemps 1942, comme l'avança Maxime Blocq-Mascart à la Libération[84] ? Au vu des travaux portant sur d'autres organisations clandestines, cette estimation semble excessive, sans que des statistiques soient aujourd'hui susceptibles de la corriger.

*Les mouvements de zone sud*

Au sud, la croissance de Libération fut servie par les liens que le mouvement avait noués avec les formations de gauche. Au printemps 1941, Daniel Mayer accepta d'adhérer et de verser les troupes socialistes à l'organisation d'Emmanuel d'Astier, sans pour autant lui reconnaître un quelconque monopole sur les membres du Comité d'action socialiste. De même, le syndicaliste Léon

Jouhaux, malgré ses réticences initiales, se rallia à une entente organique que deux principes régissaient : « Obédience au symbole gaulliste ; non-collaboration avec les communistes[85]. »

Cette double alliance facilita l'entrée de cadres expérimentés, qu'ils vinssent de la CGT ou de la SFIO. A la fin de 1941, la constitution d'un comité directeur officialisa la représentation de la CGT, de la CFTC, du CAS, ainsi que d'Yvon Morandat. Mais ce comité directeur, rarement réuni, joua un rôle de plus en plus limité à partir de l'automne 1942. De fait, les responsables politiques et syndicaux voulaient désormais que leurs organisations apparaissent ès qualités dans la lutte clandestine ; suivant son propre chemin, Libération-sud tendait par ailleurs à se démarquer de ses anciens partenaires, ce qui limita l'automaticité des adhésions provenant des organisations de gauche. Des recrues de poids n'en rejoignirent pas moins le mouvement. A l'été 1942, un journaliste, Pascal Copeau *(Salard, Corton)*, qui avait en vain tenté de rejoindre les Forces françaises libres, renoua, après son internement dans le camp espagnol de Miranda, puis sa condamnation à un mois de prison, avec Emmanuel d'Astier, qu'il avait connu avant guerre au magazine *Vu et lu*. Le fils du fondateur du théâtre du Vieux-Colombier fut immédiatement intégré au cercle dirigeant. « Plus qu'un organisateur, Copeau était un politicien-né, avec tout ce que cela comporte de conviction, mais aussi de savoir-faire, de goût de l'intrigue, d'aptitude à placer ses pions et à reconnaître très vite les rapports de forces[86] », précise Jacques Baumel. Copeau devint rapidement le numéro 2 du mouvement.

Secrétaire national des Etudiants communistes en 1937, Pierre Hervé *(Arnaud, Chardon)* avait pour sa part d'abord milité dans les rangs communistes, puis aidé à organiser l'Université libre en région parisienne. Arrêté le 11 juin 1941, acquitté, mais maintenu au Dépôt comme interné administratif, il avait réussi à s'évader du Palais de Justice dans la nuit du 8 juillet 1941. Brûlé en zone occupée, il gagna la zone libre avec son épouse, Annie, et retrouva Lucie Aubrac, qu'il avait naguère côtoyée aux Jeunesses communistes. Entré à Libération, il en devint responsable pour la région de Lyon (R1)[87]. Maurice Kriegel *(Fouquet, Valrimont)* ainsi qu'Alfred Malleret *(Baudoin, Bourdel, Joinville)*, tous deux communistes, s'incorporèrent également au mouvement, que Serge Asher *(Ravanel)*, un jeune polytechnicien, rallia au début de septembre 1942. Pendant et après la guerre, cette présence sembla suspecte, beaucoup assimilant l'entrée de ces communistes qui dissimulaient leurs attaches rouges à de l'entrisme – nous y reviendrons.

Se structurant au sommet, le mouvement s'enracina également à sa base. Ainsi, il se développa sur la façade méditerranéenne, en Savoie, en Rhône-Alpes, dans le Languedoc et dans le Limousin et incorpora parfois, suivant une formule éprouvée, de petits groupes. Dans le Midi toulousain, une équipe baptisée Liberté, Egalité, Fraternité s'incorpora ainsi à la formation d'Emmanuel d'Astier, l'un de ses fondateurs, le colonel Georges Bonneau, prenant alors la tête de la région du Midi (R6). Libération-sud rayonnait ainsi sur l'ensemble de la zone non occupée.

Par ailleurs, le mouvement afficha d'emblée une ligne originale. Il affirma précocement un antivichysme prononcé, invitant ses lecteurs à « choisir entre la lutte et l'inertie dans le sillage du maître qui ne sera jamais pour nous qu'un traître[88] ». Bien que le journal n'ait pas mentionné le nom du général de Gaulle dans les quatre premiers numéros de 1941, il fut le premier à se réclamer symboliquement du Rebelle, saluant notamment sa clairvoyance de chef militaire. « Pour nous, tout en réservant notre liberté pour l'avenir, nous constatons qu'à l'heure présente, il n'y a qu'un seul mouvement, celui de la France libre, qu'un seul chef, le général de Gaulle, symbole de l'unité et de la volonté françaises », affirma-t-il le 15 février 1942[89]. Quelle que fût sa sincérité, ce ralliement lui permettait de se démarquer de son rival Combat, dont l'ardeur gaulliste fut à la fois plus tardive et plus tiède. Le journal développa cette ligne qu'il contribua, non sans succès, à propager auprès de la population. Car si quatre numéros parurent entre juillet et décembre 1941, quatorze furent imprimés entre janvier et septembre 1942. Grâce au concours d'Edouard Ehnni, secrétaire général du Livre CGT de Lyon, qui répartit l'impression auprès de ses confrères, les tirages augmentèrent, passant de 20 000 en septembre 1942 à une fourchette oscillant entre 60 000 et 100 000 exemplaires entre décembre 1942 et juillet 1943[90].

Mais le mouvement ne tarda pas à déborder la stricte sphère de la propagande. Il monta un service de faux papiers que Pierre Kahn-Farelle, un industriel de 36 ans, se chargea de développer. En 1942, ce service occupait une douzaine de permanents. L'action politique, par ailleurs, coiffait tout ce qui ne relevait ni du militaire ni de la propagande. Dirigée par Jacques Brunschwig, puis par Pascal Copeau, elle développa surtout l'action ouvrière, invitant les 15 000 à 18 000 militants qui, disait-elle, appartenaient à ses cellules professionnelles à pratiquer le sabotage insaisissable, « réalisable par n'importe qui et dont le résultat est fonction de l'imagination, de la logique et de l'assurance de celui qui le pratique[91] ». Enfin, un secteur paramilitaire fut confié à l'ingénieur Raymond Aubrac, qui s'employa à former des groupes francs, à recueillir des renseignements et à recenser des terrains de parachutage ou d'atterrissage.

Cette stratégie ne fut pas sans susciter débats et tensions. Les grèves qui se déclenchèrent à Oullins puis dans la région lyonnaise à l'automne de 1942 provoquèrent un premier clivage opposant les partisans d'un soutien aux mouvements sociaux (Pascal Copeau, Lucie et Raymond Aubrac) aux tenants d'une ligne plus prudente (Robert Lacoste, Jacques Brunschwig). Le conflit se solda par le départ de Brunschwig, qui, par surcroît, supportait mal l'ascension de Copeau et préféra rejoindre Libération-nord. Un second désaccord porta sur l'action militaire et dressa l'officier de liaison dépêché par le BCRA, Paul Schmidt, contre les dirigeants du mouvement. Ce dernier déplorait que « la vieille haine d'avant-guerre contre tout ce qui est militaire subsiste. Les événements obligent à y penser, mais on sent que c'est fait à contrecœur, que c'est à contrecœur qu'enfin la décision d'organiser cette branche a été prise[92] ». Bref, l'action militaire ne passionnait guère les patrons de Libération-sud. Considérant qu'elle n'était qu'un « moyen d'action du politique », ils estimaient qu'elle devait lui être subordonnée[93]. Laurent Douzou juge habile cette approche. « Les opérations secrètes contre l'occupant risquaient d'être considérées comme une affaire de spécialistes qui, quel que fût par ailleurs son caractère peu orthodoxe, restait militaire de par sa nature. Mais travailler à l'établissement d'une société nouvelle était une œuvre dont personne ne pouvait être exclu par manque de savoir-faire ou d'expérience. C'était une activité qui, bien que mal définie dans les circonstances présentes, avait un caractère familier et intéressait toute la nation[94]. » Certes, Libération-sud, comme bien des formations, était bien mal armée pour conduire la lutte sur le plan militaire ; la faiblesse de ses moyens comme de ses savoir-faire ne l'incitait guère à emprunter ce chemin. Mais la formation privilégiait sans doute la libération plutôt que la victoire. En se rapprochant du Comité d'action socialiste et du syndicat CGT, d'Astier et ses amis prenaient de toute évidence position pour l'après-guerre où ils espéraient bien jouer un rôle actif. Aussi utile qu'il fût pour abattre l'Allemagne nazie, le combat guerrier, dans cette optique, n'apportait rien à la construction d'un rapport de forces qui, la libération venue, devait annoncer des lendemains qui chantent. On comprend, dès lors, que cet aspect soit resté secondaire pour ses dirigeants.

Le développement de Franc-Tireur emprunta des chemins pour partie similaires. De fait, Jean-Pierre Levy entendait étendre son mouvement à l'ensemble de la zone sud, en dépassant son berceau lyonnais. Comme ses homologues de zone nord ou de zone sud, il s'appuya d'abord sur des hommes de bonne volonté. Il entra par exemple en contact à Saint-Etienne avec Jean Nocher, un journaliste de *La Tribune républicaine*. Ce dernier avait formé un petit groupe, l'Espoir, qui s'amalgama en 1942 dans la formation lyonnaise dont Nocher devint chef départemental pour la Loire. La volonté de puiser dans des viviers politiques ou sociaux conforta cette extension géographique. A Auguste Pinton revint le soin d'attirer les radicaux ; Antoine Avinin démarcha plutôt les milieux Jeune République ; Pierre Eudes – secrétaire général de la chambre de commerce de Strasbourg repliée à Lyon – s'occupa des Alsaciens-Lorrains réfugiés dans la région rhodanienne. Cette extension, pourtant, présentait de réelles limites : Rhône-Alpes resta de bout en bout la zone de force du mouvement.

Comme pour Défense de la France et bien d'autres organisations, le journal favorisa la croissance des formations clandestines en raison de la forme plus sans doute qu'en raison du fond. « Plus encore que le contenu, la régularité dans la parution en impose », relève l'historienne Dominique Veillon[95]. Le mouvement consacra en conséquence à la propagande des moyens d'autant plus importants que la pénurie compliquait la tâche. Certes, des papetiers cédèrent parfois tout ou partie de leur stock, à l'instar de Darblay à Bellegarde ; la RAF largua parfois des containers chargés de papier, lors du parachutage du 26 août 1942 du Puy-Saint-Romain par exemple[96]. Mais il fallut aussi recourir au marché noir. De même, le mouvement s'appuya sur des imprimeurs amis qui se chargèrent du tirage – rôle qu'assuma un temps Louis Agnel à Miribel –, puisque le mouvement refusait de monter des structures propres.

Quoi qu'il en soit, le tirage augmenta substantiellement. Il passa de 6 000 exemplaires en décembre 1941 à 15 000 au premier trimestre de 1942 et atteignit les 30 000 en novembre 1942[97]. Trente-sept numéros parurent entre décembre 1941 et le 25 août 1944, soit un rythme « mensuel dans la mesure du possible et par la grâce de la police du Maréchal », rappelait la manchette.

Cela dit, le journal constituait-il un instrument idoine de mobilisation ? En informant ses lecteurs sur les réalités de la guerre, du vichysme et du nazisme, il contribuait indiscutablement à éclairer l'opinion publique. De ce point de vue, la présence de journalistes professionnels offrait une garantie de qualité. Rédacteur au *Progrès de Lyon*, Georges Altman rejoignit ainsi *Franc-Tireur* en mars 1942 et le fit profiter des renseignements qu'il recueillait grâce à ses accointances professionnelles. Mais la part accordée aux nouvelles *stricto sensu* tendit à décroître, mobilisant 29,1 % du volume en 1943 contre 56,6 % en 1942. Comme ses confrères, *Franc-Tireur* rivalisait difficilement avec la BBC ; il abandonna donc progressivement le terrain de l'information au profit des idées. Ainsi, les projets d'avenir accrurent leur importance (2 % en 1942, 24,5 % en 1944)[98], signe que le mouvement tenait à présenter le futur politique dont il rêvait. On ne s'étonnera pas, enfin, que *Franc-Tireur* ait précocement adopté une ligne dont la clarté contrastait avec les ambivalences de *Combat* ou de *Défense de la France.* Dès janvier 1942, le journal affichait haut et clair son rejet du chef de l'Etat français. « Si Laval et les autres ont pu à leur aise se vautrer dans la trahison, c'est parce que le maréchal Pétain agissant comme chloroforme de la résistance française couvrait de son nom et de ses étoiles tous leurs actes même les pires », affirma-t-il[99]. En mars 1942, il embrassa le parti de l'homme du 18 Juin. « Dans la mesure où le général de Gaulle a pris, publiquement, l'engagement de rendre la liberté au pays et de lui permettre de choisir son destin, lui seul paraît qualifié pour assurer la pérennité de l'Etat[100]. »

Ni la propagande ni la netteté des positions ne suffisaient pourtant à entraîner la population. Et à l'instar de bien des formations clandestines, Franc-Tireur se borna à des exhortations platoniques. « Fonctionnaires, ouvriers, industriels, paysans, de toutes vos forces organisez la Résistance passive. Prenez le contre-pied de toutes les décisions de Vichy, rendez impossible l'exercice du pouvoir, partout et tous les jours », recommandait-il en avril 1942[101]. A partir de l'automne 1942, le mouvement appela les bonnes volontés à se grouper, sans leur offrir de grands espoirs. « Les armes arriveront à temps, le temps où nous en aurons besoin[102]. » Quelques consignes étaient parfois formulées. « Employés de la SNCF, trompez-vous au moment du départ des wagons. Vous surtout, ouvriers, sabotez le travail dans vos usines, oubliez de graisser les pièces. Tous, essayez de voler du matériel de guerre », suggéra le journal en septembre de la même année[103]. Mais si elles insufflaient un état d'esprit, ces exhortations étaient de toute évidence insuffisantes pour entraîner les civils dans la lutte.

Le mouvement n'en élargit pas moins progressivement son répertoire d'action, sans qu'il eût d'emblée théorisé ses pratiques, à l'instar de Combat. « A la différence d'un Henri Frenay qui a pensé son action, c'est davantage la nécessité, ce sont les circonstances qui poussent Jean-Pierre Levy et le Comité directeur à s'adapter[104]. » Nécessité et circonstances se révélèrent cependant fécondes. Ainsi, le mouvement se dota à partir de 1942 de services spécialisés. La propagande fut confiée à Georges Altman et Elie Péju et Jean-Pierre Levy prit directement en charge le renseignement. Outre la collecte d'informations économiques ou militaires qu'assuraient ponctuellement les sympathisants, le service put tabler sur le concours d'Adolphe Moulon qui, grâce à deux équipes de postiers, interceptait les lettres adressées à la Légion puis à la Milice ou aux bureaux du Service du travail obligatoire. Le mouvement, surtout, monta des groupes francs confiés à Benjamin Roux. Par l'entremise d'un agent du SOE, *Alain*, il obtint un parachutage le 28 mai 1942 qui lui fournit armes et munitions. Cette manne, toutefois, se tarit rapidement : entre 1940 et décembre 1942, la *Royal Air Force* ne procéda qu'à sept ou huit opérations dont le butin dut être réparti entre les trois grands mouvements de zone sud. La modestie de ces moyens n'empêcha pas Franc-Tireur de passer à l'action. Dans la nuit du 2 au 3 novembre 1942, onze explosions simultanées frappèrent kiosques et boutiques collaborationnistes à Clermont-Ferrand, Lyon, Limoges, Périgueux, Roanne et Vichy. De même, le 24 décembre, une petite équipe fit sauter l'usine France-Rayonne, à Roanne, qui fabriquait du fulmicoton pour le compte de l'occupant. Ajoutons, pour parfaire ce tour d'horizon, qu'une filière d'exfiltration vers l'Espagne fut créée au départ de Périgueux en 1942. Elle assura le passage de 120 personnes, juifs ou militaires, avant d'être démantelée en mars 1943[105]. Franc-Tireur parvint donc à élargir son spectre d'intervention, même si ses résultats ne doivent pas être surestimés, en termes de renseignement et de sabotage notamment, *a fortiori* si on les compare au mouvement Combat.

## *L'heure de Combat*

Dès la fin de l'été 1940, Frenay avait jeté les bases de sa future organisation, démarche qui attestait de ses talents de visionnaire autant que d'une obsession pour l'organisation que ses camarades se plairaient à railler. Le mouvement se structura alors autour de trois grands pôles. Les services généraux géraient les faux papiers, le service social, les finances, les liaisons ainsi que le logement. Les Affaires politiques coiffaient le pôle recrutement-organisation-propagande ainsi que le renseignement. Les Affaires militaires, enfin, pilotaient les groupes francs, l'Armée secrète (AS), Résistance-Fer, et veillèrent à partir de 1943 sur les maquis. Au fil du temps, Combat avait donc élargi ses pratiques. A la mi-février 1942, répondant à une suggestion avancée par Berty Albrecht, il créa un service social destiné à aider les familles dont un membre avait été arrêté pour son activité clandestine. En 1942, André Plaisantin proposa avec Marcel Peck, chef régional de la région lyonnaise, de regrouper les cellules du mouvement dans les administrations et professions au sein d'une structure unique, le Noyautage des administrations publiques (NAP). A l'été 1942, Claude Bourdet reprit l'idée et l'étendit à l'ensemble de la région et des administrations. Les complicités entretenues dans la fonction publique permettraient d'obtenir des renseignements utiles tout en sélectionnant les futurs administrateurs de la libération. Revers de la médaille : « Nous allions ainsi fournir des alibis à un certain nombre d'amateurs de double jeu[106]. » A l'été 1941, Henri Frenay imagina par ailleurs de structurer son mouvement en se calquant sur la carte régionale conçue par le régime vichyste. R1 rassemblait les dix départements de la région lyonnaise, R2 les sept départements gravitant autour de Marseille, R3 les six départements autour de Montpellier, R4 les neuf départements de la région toulousaine, R5 les neuf départements de l'aire limousine, R6, enfin, les cinq départements rayonnant autour de Clermont-Ferrand[107].

# LES RÉGIONS MILITAIRES DE LA RÉSISTANCE

Cette extension répondait à la capacité inventive de Frenay. Mais elle traduisait également la volonté de construire un mouvement national, s'étendant tant en zone sud qu'en zone nord. Cette dernière mission fut confiée, en janvier 1941, à Robert Guédon, camarade de Frenay à l'Ecole de guerre. Guédon s'appuya notamment sur Jeanne Sivadon, directrice de l'Ecole des surintendantes d'usines qui formait les assistantes sociales, et sur Pierre de Froment, qui avait constitué de petits groupes, à Vierzon et Amiens notamment.

Les résultats furent cependant décevants. Certes, un accord avait été, on l'a dit, conclu avec Jacques-Yves Mulliez pour diffuser *Les Petites Ailes de France.* Mais la filiale nordiste entra en crise à la fin de 1941. Ebranlé par la disparition de son épouse, Robert Guédon, traqué par la police, prit du champ. « On le voit peu, et comme c'est lui qui tient en main toutes les ficelles, les groupes reçoivent peu de directives. Ils ont l'impression, exagérée sans doute, mais déprimante, de tourner à vide, donc de prendre de grands risques pour rien[108]. » Frenay décida alors de se rendre à Paris pour reprendre en main la situation. Début janvier, il créa un comité directeur pour la zone nord, que pilotaient André Noël et Elisabeth Dussauze. Mais en février 1942, une vingtaine d'arrestations causées par la trahison d'un agent double, Henri Devillers[109], démantela l'organisation qui ne put jamais renaître de ses cendres. A l'été 1942, l'un des rescapés, Jacques Lecompte-Boinet, un fonctionnaire, gendre du général Mangin, contacta Frenay puis son second, Bourdet. Mais ces trois rencontres le convainquirent *in fine* « de rompre tout lien d'inféodation avec Combat[110] ». Epaulé par un jeune avocat, Pierre Arrighi, Lecompte-Boinet monta alors un réseau de renseignements, Manipule, confié à Robert Reyl et Jean Roquigny. Renouant les fils avec les anciens groupes de Guédon et Froment, il forma par ailleurs un mouvement qui, au début de 1943, se baptisa Ceux de la Résistance (CDLR), sans entretenir de lien organique avec la structure qui lui avait donné naissance. Le Mouvement de Libération nationale avait été la seule organisation à tenter de s'implanter dans les deux zones ; l'aventure avait très vite tourné court. « Quand je me reporte par la pensée à ce dernier trimestre 1941, ce qui me vient en premier lieu à l'esprit, ce sont les efforts que nous avons déployés en vue d'un regroupement dans les deux zones des forces de la Résistance naissante », nota, non sans tristesse, Frenay[111].

Au sud, en revanche, le bilan se révélait moins décevant. Le mouvement de Libération nationale (MOLIN) bénéficia, il est vrai, de deux atouts : des recrues de qualité d'une part, et une dynamique unitaire de l'autre. Dès décembre 1940, Berty Albrecht lui prêtait un concours efficace. En 1941, Claude Bourdet *(Aubin, Lorrain)*, nous l'avons vu, implantait le mouvement dans les Alpes-Maritimes avant de devenir le second de Frenay. Tout en développant une entreprise de transport destinée aux officiers coloniaux, Maurice Chevance *(Bertin, Barioz, Thuillier, Vilars)*, responsable pour la Provence, contribua à la fois au développement du mouvement et à son financement grâce à son affaire dont l'exceptionnelle réussite le surprit. Par l'entremise de Berty Albrecht, deux polytechniciens rejoignirent la petite équipe en 1941. André Bollier *(Vélin, Carton)* se chargea de l'impression du journal ; son condisciple Jean-Guy Bernard, après être parti pour Toulouse développer la structure, en devint le secrétaire général.

Sans tenter une sociologie qui, pour Combat, reste largement à faire, trois constats s'imposent. Le mouvement recruta largement dans les rangs de l'armée, que les militaires fussent ou non en rupture de ban – ce qui, compte tenu de l'origine d'Henri Frenay, ne saurait surprendre. Les femmes, par ailleurs, jouèrent un rôle important ; mais les professions qu'elles avaient embrassées avant guerre – surintendantes d'usine notamment – les préparaient à l'engagement : ces filières choisies avaient, avant 1939, préparé la voie de l'émancipation de ces femmes tout en montrant leur prédisposition à l'altruisme. Plusieurs membres du MOLIN, enfin, avaient milité durant l'entre-deux-guerres dans des partis campant aux marges de la III<sup>e</sup> République, qu'il s'agisse de la Jeune République, ancêtre de la démocratie chrétienne, ou du Frontisme, la formation de gauche fondée par le radical Gaston Bergery, ce qui peut expliquer – nous y reviendrons – le succès que le mouvement rencontra en diffusant une idéologie renvoyant dos à dos la barbarie communiste et l'égoïsme glacé du capitalisme. En définitive, le mouvement put s'appuyer sur des cadres de grande valeur dont beaucoup payèrent leur engagement de leur vie.

Le Mouvement de Libération française se renforça, en outre, en entamant une démarche unitaire qui répondait aux aspirations de Frenay. Certes, tous les chefs clandestins ne partageaient pas cette mystique. Ancien dirigeant de l'Action française en Alsace, Paul Dungler, depuis longtemps prévenu contre le danger nazi, avait fondé, dans sa petite patrie, un réseau, la 7$^{e}$ Colonne d'Alsace. Il refusa tout net de le fusionner avec le MOLIN. « Son groupe n'est qu'alsacien, même pas lorrain. A ce titre, il a des problèmes spécifiques qui seraient noyés dans un vaste mouvement », expliqua-t-il à Henri Frenay[112]. De même, le fondateur de Combat se heurta aux réticences du patron de Libération-sud, qu'il rencontra pour la première fois, semble-t-il, en août 1941 par l'entremise de Louis Terrenoire. Tout en admettant la « nécessité de coordonner les efforts de "Libération", de "Liberté" et du MLN, au mot fusion, il se récrie. Il ne peut en être question puisque le contenu politique de nos organisations n'est pas le même. En revanche, il souhaite comme moi avoir rapidement le contact avec de Gaulle[113] ». Tout, au vrai, opposait les deux hommes. « Forcez les traits de Frenay, vous avez Murat ; forcez les traits de [d'Astier], vous avez Fouché. Frenay agissait en attaquant le réel, en groupant des individus, en faisant appel au sentiment et à la foi ; d'Astier en bâtissant des formules, en rapprochant des états-majors, en ouvrant à ceux qu'il voulait tenter des perspectives scintillantes d'intrigues et de pouvoir. L'un suscitait le dévouement, l'autre la complicité ; tandis que le premier, passionné de projets et de plans, conservait de sa carrière militaire le goût des graphiques d'organisation et des hiérarchies pyramidales, le second, dilettante passé de la marine à un journalisme épisodique, préférait les comités où son génie de la manœuvre pouvait s'épanouir », précise Jacques Soustelle[114].

La méfiance entre d'Astier et Frenay ne se dissipera jamais. Le sous-titre de *Libération,* « Organe du directoire des forces de libération françaises », choqua le patron de Combat dans la mesure où il sous-entendait que le périodique représentait l'ensemble des forces clandestines[115]. Le fait que son rival ait pu, en mai 1942, partir pour l'Angleterre en se présentant comme le délégué de tous les mouvements de la zone libre l'indigna. A l'inverse, la coloration maréchaliste et plutôt droitière du premier Frenay ne pouvait qu'indisposer d'Astier de La Vigerie qui s'était résolument ancré à gauche. La question de la fusion, pourtant, ne cessera de rebondir, ne trouvant au fil du temps que des résolutions provisoires.

Frenay fut en revanche plus chanceux avec la mouvance démocrate-chrétienne qui, dès 1940, avait fondé Liberté. La fusion des deux organisations déboucha sur la création du Mouvement de Libération française, appellation assez vite abandonnée au profit du titre de leur journal commun, *Combat.* Signe de sa croissance, le journal s'appuyait, un an après sa création, sur quatorze imprimeries situées en zone sud[116] et son tirage atteignait en mai 1942 les 40 000 exemplaires.

Combat devint donc une organisation relativement puissante, grâce aux capacités visionnaires de son fondateur. En décembre 1942, 102 permanents travaillaient dans ses services, absorbant un budget en perpétuelle expansion. Si le mouvement se contentait de 20 000 à 30 000 francs à la fin de 1941, il dévorait, en 1942, 200 000 francs par mois. Assurément flatteur, ce bilan ne doit cependant pas masquer les crises qu'affronta le mouvement jusqu'en 1942.

Frenay, on l'a dit, ne rejetait ni le maréchal Pétain ni les réformes qu'il prétendait imposer au pays. Comme beaucoup d'hommes de droite, il professait par ailleurs un vigoureux apolitisme. Or, le développement de la résistance en zone sud obligeait à prendre position contre Vichy, dilemme qui épargnait les formations nordistes directement confrontées à l'occupant allemand. « Une des faiblesses de l'action de Frenay à cette époque, relève son biographe Robert Belot, c'est que son idéal peine à trouver une formulation politique susceptible de constituer une alternative crédible et traductible dans la réalité. C'est là où son mépris et son inappétence de la chose politique deviennent un handicap pour l'accomplissement de l'homme d'action qu'il veut être[117]. » Outre qu'elles handicapaient le développement du mouvement, en l'empêchant de formuler une ligne claire facilitant les ralliements, les ambiguïtés de Frenay émoussaient son sens politique. Elles finirent par le piéger.

A la suite des arrestations provoquées par la trahison de l'agent double Devillers, les autorités vichystes demandèrent, *via* Berty Albrecht, à rencontrer Frenay. Réuni le 27 janvier 1942, le comité directeur du mouvement en accepta le principe et Frenay, le 28 janvier, entama des discussions avec le directeur adjoint à la Sûreté nationale, Henri Rollin, suivies, le lendemain, de pourparlers avec le ministre de l'Intérieur, Pierre Pucheu. Les deux interlocuteurs convinrent de se revoir, entrevue qui se déroula le 6 février 1942. Enfin, une ultime conversation entre le résistant et le ministre intervint le 25 février. Ces curieuses négociations invitent à s'interroger sur les buts que poursuivaient les deux parties. Frenay entendait manifestement gagner du temps et, grâce à la trêve octroyée par les autorités vichystes, espérait reconstituer une organisation ébranlée par les arrestations de l'hiver. De fait, l'Etat français s'abstint de poursuivre les membres du mouvement, ordonna de placer en liberté provisoire les résistants interpellés, et interrompit les procédures qui les visaient[118]. « Matériellement, relève Claude Bourdet, l'opération fut pour nous un plein succès. Pendant près de deux mois, jusqu'à fin février [...] l'activité de la police contre nous se ralentit, ce qui nous permit de reconstituer l'appareil, nommer de nouveaux responsables, changer les bureaux, les boîtes aux lettres, les pseudonymes, etc. [...] Malheureusement, sur le plan moral, les résultats contrebalancèrent les résultats positifs. Des informations venues des services de Pucheu filtrèrent dans les autres mouvements ; probablement autant pour fabriquer à Pucheu une image favorable dans le pays que pour semer le trouble parmi nous[119]. » De fait, le ministre visait sans doute à diviser ses adversaires[120]... et atteignit son but. « Ces conversations, qui apparurent à beaucoup comme des ouvertures d'armistice ou des offres de paix, frappèrent d'un coup terrible l'unité de la Résistance, relève le colonel Passy. Les pourparlers engagés depuis plusieurs semaines entre "Libération" et "Combat" pour la fusion éventuelle des mouvements cessèrent immédiatement. Une tension violente, encore exacerbée par les propos venimeux des concurrents ou des ennemis de Frenay, s'établit entre les deux mouvements... ce qui ne profita qu'à l'ennemi et à ses valets[121]. » Ces pourparlers moralement malheureux furent exploités par *Libération*, qui, le 1er puis le 20 mars 1942, les critiqua à mots couverts. « Il y a parmi les Français qui combattent l'Allemand des hommes sincères, courageux, mais qui ont cru pouvoir négocier avec le gouvernement, pensant jouer au plus fort. Ils seront dupés par Vichy, abandonnés de leurs troupes[122]. » Et Frenay dut entamer une tournée en zone sud pour expliquer à une base ébranlée les tenants et aboutissants de ce triste épisode. Quoi qu'il en soit, cette affaire démontrait que Frenay, au début de 1942, n'identifiait toujours pas Vichy à un ennemi. Sa rupture n'intervint qu'avec le retour de Pierre Laval en avril 1942. Frenay rompit alors ostensiblement avec le Maréchal. « Vous aviez le choix : vous soumettre ou partir. Vous auriez dû partir et laisser à d'autres le soin de livrer notre pays. Vous préférez rester, non plus dans une demi-liberté, mais dans un complet esclavage pour patronner la trahison. Tout est clair maintenant, le mythe Pétain a vécu. Vos étoiles s'éteignent », écrit-il dans un article que *Combat* publia en mai 1942[123].

Cette rupture ne débouchait pas pour autant sur un clair ralliement au gaullisme pour deux raisons majeures. D'une part, la démarche de l'homme du 18 Juin ne séduisait guère Frenay, persuadé – comme beaucoup de résistants – que la lutte devait se mener en métropole. L'hostilité que le chef de la France libre manifestait à l'égard du chef de l'Etat français, par ailleurs, l'irrita longtemps. « De Gaulle est parti pour continuer à se battre. A-t-il raison ? L'histoire le dira. Je ne lui donne pas tort, bien au contraire, mais de grâce, qu'il reste et laissons-le sur ce plan. En tant que combattant, il est de son droit de critiquer certains actes du gouvernement qui peuvent gêner son action. Mais en tant que Français, je suis sûr qu'il ne veut pas de la division de la France[124]. » Plus profondément, les deux chefs divergeaient sur bien des points et leur caractère bien trempé ne pouvait que les amener à s'affronter. « En fait, [il] ne s'est pas senti d'emblée "gaulliste". C'était un républicain un peu autodidacte, et encore sensible à l'influence de son milieu militaire et familial », commente Claude Bourdet – manifestant ici un sens aigu de la litote[125]. Cette réticence fut loin de disparaître. Elle explique en partie les contentieux qui ne cesseront d'opposer Henri Frenay à Charles de Gaulle.

A la veille du débarquement anglo-américain en Afrique du Nord, la résistance intérieure s'était donc renforcée. Sa naissance et son développement, pourtant, devaient bien peu à la France libre, quoi qu'aient pu écrire, après guerre, les tenants de la *doxa* gaullienne. Tout suggère au contraire que les mouvements surent croître, en exploitant la colère que suscitaient tant l'occupation, au nord, que le régime vichyste, au sud. Jusqu'en 1941, Londres ne leur offrit ni moyens ni armature morale, d'autant que certaines formations clandestines refusaient de rompre avec le Maréchal et récusaient la possibilité de combattre hors du sol métropolitain.

Les formations clandestines surent par ailleurs élargir leur répertoire d'actions, en fabriquant des faux papiers, en montant des groupes francs ou en se lançant dans l'action immédiate. Beaucoup, pourtant, ne surent dépasser l'aporie de la protestation morale, se cantonnant à exhorter les Français à adopter une attitude civique. Les chefs, il est vrai, peinaient à inventer les termes d'une pratique résistante, faute de pouvoir assigner aux militants des objectifs praticables et concrets. Il était sans doute illusoire d'appeler en 1942 à l'insurrection nationale, voire au sabotage généralisé, compte tenu de la puissance de l'occupant et du manque de moyens. De plus, une partie des paramètres échappaient à l'armée des ombres. Si elle pouvait constituer une armée secrète destinée à épauler les forces alliées lors d'un futur débarquement, la décision d'intervenir sur le continent européen restait du seul ressort des dirigeants anglo-américains. Ajoutons, enfin, que les militants de base disposaient de savoir-faire limités qui bornèrent, au départ tout du moins, le type d'action qu'ils pouvaient mener. Certes, la marche vers la polyvalence qu'entreprenaient les mouvements élargissait le spectre potentiel de leurs interventions ; mais ce processus, lent et irrégulier, ne concernait qu'une poignée de volontaires enrôlés dans les groupes francs et autres formations armées. On mesure à cette aune la révolution qu'enclencha la création du Service du travail obligatoire : la résistance put soudain assigner à ses membres des buts concrets et accessibles tout en disposant subitement d'une masse de volontaires.

Notons, par ailleurs, que la résistance intérieure, avant même l'irruption de Jean Moulin, marchait vers l'unité, en empruntant, il est vrai, des chemins fort divers. Ainsi, les mouvements absorbèrent des groupes qui souhaitaient s'adosser à des structures plus puissantes. A l'instar de Liberté et du Mouvement de Libération nationale, des formations, jugeant que l'union fait la force, entreprirent de fusionner ou de se fédérer. Malgré leur défiance réciproque, enfin, les grandes organisations, au sud notamment, envisageaient de coordonner, voire d'unir leur action. Loin d'être enclenché par Jean Moulin, le processus unificateur préexista donc à sa venue. En revanche, son entrée sur la scène résistante eut le double mérite de l'accélérer et de répondre plus clairement à la question des liens qui devaient unir les deux résistances – intérieure et extérieure.

Dans cette configuration, l'implication des partis politiques eut pour effet de compliquer la donne. En effet, la renaissance du parti socialiste comme l'implication du parti communiste dans la lutte clandestine privèrent les mouvements du monopole politique qu'ils prétendaient s'arroger. Ces derniers furent dès lors tiraillés entre deux objectifs contradictoires : s'allier avec des partenaires puissants et limiter leurs ambitions. Quels que fussent leurs états d'âme, les mouvements devraient désormais négocier avec ces partis que beaucoup honnissaient. Ce paramètre, pourtant, pesait peu face à l'hypothèque gaulliste. Les formations clandestines devaient désormais compter avec la France libre, alors qu'elles la considéraient à la fois comme une rivale et comme une alliée.

# 6

## Synergies et ralliements

Jusqu'à la fin de 1941, la France libre ignora les possibilités qu'offraient les mouvements. De Gaulle, il est vrai, manifestait « jusqu'alors peu d'intérêt pour la résistance active et même pour l'action politique en France. La collecte des renseignements militaires primait, ainsi que la propagande radiophonique[1] ». L'homme du 18 Juin, par surcroît, conservait un silence prudent sur son programme politique, tant par idéologie – la méfiance que lui inspiraient les partis – que par tactique – la volonté de rassembler une majorité de Français.

La situation, pourtant, ne tarda pas à évoluer. De fait, certaines personnalités gaullistes suggérèrent de s'appuyer sur les milieux syndicaux et socialistes, option que prônait, par exemple, Henri Hauck. Conseiller au Travail de Charles de Gaulle, cet ancien membre de la CGT et de la SFIO plaida pour que Léon Morandat *(Yvon, Léo, Arnolphe)*, membre de la CFTC qui, ayant combattu à Narvik, se trouvait en Grande-Bretagne, fût recruté par la direction politique pour partir en mission en France. Son départ fut cependant retardé, on l'a vu, en raison de l'opposition de Passy et de plusieurs de ses agents, Rémy au premier chef. La formation du Comité national français, le 24 septembre 1941, modifia cependant la donne, en suscitant la création d'un Comité national à l'Intérieur (CNI) confié à André Diethelm. Inspecteur des Finances, envoyé par Vichy au Portugal, l'ancien directeur de cabinet de Georges Mandel profita de sa mission à Lisbonne pour rejoindre de Gaulle en août 1941. Ce dernier lui confia le mois suivant la direction du commissariat à l'Intérieur. Un partage des tâches sembla alors s'esquisser. Placé sous la direction de l'état-major particulier du général de Gaulle, le Service de renseignements mènerait les opérations militaires ; le commissariat à l'Intérieur superviserait l'action politique en organisant directement avec le SOE ses propres missions. De Gaulle entérina personnellement ce schéma. Le 8 octobre 1941, il soumit un plan à Hugh Dalton, ministre de la Guerre économique dont dépendait le SOE. « Il y a lieu, maintenant, d'entreprendre l'action politique, qui est et doit être distincte de l'action militaire et comporter des hommes et des moyens différents[2]. » Dans la foulée, Morandat fut parachuté dans la nuit du 6 au 7 novembre 1941 afin de contacter les milieux catholiques et syndicaux et de former, en zone sud, des réseaux de propagande.

Le commissariat à l'Intérieur, pourtant, déçut les espoirs que sa naissance avait suscités. Il ne parvint à monter que trois missions. De Gaulle, il est vrai, croyait, non sans naïveté, que le SOE appuierait ses efforts. Or, le gouvernement britannique ne tenait guère à soutenir l'action politique du Rebelle, d'autant que les services spéciaux britanniques le tenaient pour un apprenti dictateur. André Diethelm, par surcroît, manquait d'énergie et d'initiative. Faute d'officiers de liaison, enfin, les relations entre le CNI et le BCRA se dégradèrent. Les deux services se livrèrent une lutte sans merci pour recruter les meilleurs éléments (dont Jean Moulin) et ne cherchèrent guère à coordonner leurs efforts, au risque d'entreprendre en métropole « une action parallèle, non coordonnée, auprès des mêmes personnes ou organisations[3] ».

### *Moulin entre en scène*

Ces rivalités ouvraient un espace à Jean Moulin à qui de Gaulle confia, dès son arrivée en octobre 1941, de grandes responsabilités. On ne saurait pour autant attribuer à l'ancien préfet un rôle décisif dans la nouvelle approche suivie par la France libre. Car si son entrée en scène constitua bien un événement majeur pour les hommes du colonel Passy, « c'est que Moulin, loin de bouleverser les projets sur lesquels le service travaillait depuis des mois, les soutint avec autorité. En octobre 1941, au grand dam de Passy, de Gaulle manifestait peu d'enthousiasme pour l'action militaire clandestine. Auréolé de son autorité d'ancien préfet, Moulin put le convaincre du bien-fondé des projets » que montaient les services de renseignements gaullistes[4]. Il fut, semble-t-il, d'autant plus convaincant que les grands mouvements de zone sud avaient entrepris de coordonner leur action, ce qui représentait, aux yeux du chef de la France libre, un atout… et un risque potentiel. Car « de Gaulle craignait que n'émerge en France une force militaire échappant à son contrôle et susceptible de s'ériger en force autonome ou de prendre ses ordres directement auprès des Alliés[5] ». Pour conjurer cette menace, Passy suggéra, sous prétexte de séparer le politique du militaire, de « transformer les mouvements en "centres de recrutement et de tri au profit d'un commandement dont ils étaient en fait dépossédés"[6] » et d'opérer une décentralisation des mouvements. « Ces projets témoignaient à la fois de la crainte qu'inspiraient déjà les mouvements, du peu de cas que l'on entendait faire des efforts qu'ils avaient déjà consentis pour se structurer et, en définitive, de l'ignorance profonde de leur nature. Ils auguraient mal des relations qui allaient s'établir entre les deux rives de la Résistance », relève Sébastien Albertelli[7].

Moulin fut donc parachuté dans la nuit du 1er au 2 janvier 1942, chargé d'une mission complexe. Il devait en effet pousser les trois grandes formations sudistes à intensifier « l'action actuelle de propagande[8] » et à inscrire dans la réalité la division aux échelons les plus élevés entre le politique et le militaire[9]. Si la fusion des groupes paramilitaires des formations clandestines n'était pas envisagée, la centralisation et la coordination reviendraient à Londres. Moulin, enfin, devait réaliser au sud l'unité d'action des formations résistantes, ce qui revenait à leur faire admettre l'autorité du général de Gaulle. Deux hommes, Raymond Fassin et Hervé Monjaret, l'accompagnaient. Placés auprès de Liberté, ils étaient censés assurer la liaison entre Londres et ce mouvement, mais ils découvrirent à leur arrivée qu'il avait fusionné pour donner naissance à Combat. A partir de juin 1942, Paul Schmidt et Michel Brault *(Jérôme)* assumeraient ce rôle pour le compte de Libération-sud, Monjaret passant à l'été au service de Franc-Tireur.

Pour imposer ses vues, Moulin disposait de trois leviers. Il pouvait, tout d'abord, financer des mouvements qui ne vivaient jusqu'alors que de la générosité de leurs sympathisants. Doté au départ d'un budget de 3 millions de francs, il versa, dès janvier 1942, 250 000 francs à Frenay[10], somme assurément importante, mais qui ne pouvait se comparer au financement assuré aux réseaux qui bénéficiaient mensuellement d'une manne de 3 millions. Les renseignements que ces derniers livraient à la France libre justifiaient, aux yeux du général de Gaulle et de ses subordonnés, ce traitement préférentiel. Ainsi, Pierre Fourcaud leur offrit, en juillet 1941, 1 725 000 francs[11]. Moulin garantissait par ailleurs une liaison directe avec Londres – encore qu'il ne faille pas surestimer cet atout. Son émetteur fut endommagé lors de son parachutage et ne serait récupéré qu'en février, de sorte que le contact radio ne deviendrait régulier qu'en avril. De même, le recours au courrier se révélait aléatoire. Daté du 1er mars, le premier rapport de Moulin, transmis par la légation britannique de Berne, n'arriva à Londres que le 7 avril. Les deux rapports suivants, rédigés fin mars et envoyés par la Suisse, ne touchèrent l'Angleterre qu'en mai ; encore un problème de code en retarda-t-il le déchiffrement jusqu'au début juin[12]. Une dizaine de radios furent bien dépêchés d'Angleterre, mais ils furent pour beaucoup arrêtés dès leur arrivée. L'envoyé du général de Gaulle bénéficiait, troisième atout, d'un immense prestige auquel Frenay ne resta pas insensible. « Dans cette petite cuisine où nous parlons, nous sommes d'un coup transportés dans un autre monde. Nous buvons littéralement ses paroles. Il est à peine croyable que cet homme ait été là-bas il y a quelques jours seulement, alors que cette voix de l'Angleterre que nous captons nous paraît à la fois si proche et si lointaine[13]. »

Moulin s'employa en priorité à obtenir que les trois mouvements sudistes fassent allégeance au général de Gaulle. Dès janvier 1942, Libération saluait « le grand chef français » et Franc-Tireur admettait qu'il était « seul qualifié pour assurer avec le Gouvernement la provisoire pérennité de l'Etat[14] ». Combat, en revanche, attendit mars pour affirmer son attachement.

L'envoyé du général de Gaulle créa par ailleurs des services communs. Lancé en avril 1942, le Bureau d'information et de presse (BIP), confié au démocrate-chrétien Georges Bidault, visait « à alimenter la presse de la France libre en informations émanant des mouvements clandestins de métropole et réciproquement[15] ». Fondé en juillet 1942, le Comité général d'études (CGE) comprenait initialement quatre membres – le député Paul Bastid, le haut fonctionnaire Alexandre Parodi, le syndicaliste Robert Lacoste et le professeur de droit François de Menthon. Il devait préparer les mesures à prendre à la Libération. Enfin, le Service des opérations aériennes et maritimes (SOAM), fondé en novembre 1942, repérait les terrains de parachutage ou d'atterrissage et assurait le départ ou l'arrivée des agents, par air comme par mer.

Ces initiatives servaient la cause de l'efficacité, en mutualisant des services que les mouvements assuraient auparavant en ordre dispersé. Mais elles aboutissaient également à renforcer le poids de Moulin et de la Délégation de la France libre en métropole, en leur assurant un contrôle, partiel ou total, sur l'information, les liaisons et le devenir politique de la résistance. En quelques semaines, l'envoyé du général de Gaulle avait donc bien progressé : il avait formé des services communs et obtenu le ralliement symbolique des mouvements sudistes à la France libre. Mais son action restait tributaire des évolutions qui se déroulaient, dans le même temps, en zone nord.

*Le voyage de Christian Pineau*

Jusqu'en 1941, Charles de Gaulle, on le sait, avait observé un prudent silence sur ses intentions politiques. Ce mutisme inquiétait une frange de la résistance intérieure qui, tout en considérant d'un œil favorable la France libre, s'interrogeait sur la vitalité de son ancrage démocratique.

Militant socialiste de haut vol, Pierre Brossolette[16] avait, à l'hiver 1941, rejoint la nébuleuse du Musée de l'Homme. Après la dislocation de ce groupe, il avait rejoint le réseau de Rémy, la Confrérie Notre-Dame, dont il patronnait la section presse et propagande. Disposant ainsi d'une liaison avec Londres, il soutint, en janvier 1942, la proposition de Christian Pineau *(Garnier)* qui avait suggéré de se rendre en Angleterre pour rencontrer de Gaulle. Avant son voyage, le chef de Libération-nord consulta, au nord comme au sud, les principaux responsables de la résistance, également soucieux de comprendre les desseins de l'homme du 18 Juin. Tous demandèrent qu'un manifeste précise ses buts de guerre.

Reçu en mars 1942 par de Gaulle, Pineau fut tout à la fois impressionné et déçu. « C'est certainement l'une des plus grandes émotions de ma vie. J'étais un peu intimidé, car je ne m'attendais pas du tout à ça. J'étais un bon petit syndicaliste qui connaissait son sujet. J'étais un bon économiste, mais je n'avais rien pour jouer les héros. Or, le général de Gaulle, avec un grand geste, m'a dit : "Maintenant, parlez-moi de la France[17]." » En revanche, « aucune question sur la Résistance ; aucune question personnelle. Me demander si j'avais fait bon voyage eût été banal, mais ce voyage-là n'était pas comme les autres, tout au moins pour moi ; il méritait peut-être une allusion[18] ». De Gaulle, surtout, posa ses conditions : « Moi, je veux bien vous confier une lettre pour vos amis, mais ne me demandez pas d'approuver ce que j'ai condamné maintes fois, une République sans autorité, un régime de partis[19]. » La première version du *Manifeste* fut donc loin de correspondre aux attentes de Pineau. Une phrase, en particulier, le choqua : « Un régime moral, social, politique, économique, a abdiqué dans la défaite. Un autre est né et se nourrit de la capitulation. Le peuple français les condamne tous les deux. » Le chef de Libération-nord en fut offusqué : « Mettre sur le même plan la IIIe République et Vichy constitue une injustice ; celle-ci sera ressentie cruellement par les hommes que le régime actuel persécute parce qu'ils ont refusé de se rallier à l'ordre nouveau », commenta-t-il rétrospectivement[20]. De Gaulle refusa pourtant toute modification… jusqu'au départ de Pineau. A l'aérodrome, un motard lui apporta en effet une nouvelle mouture qui condamnait plus fortement Vichy, atténuait les critiques portées contre la IIIe République et promettait un nouvel ordre national et international.

Dès son retour en métropole, en avril, Pineau remit le *Manifeste* à Moulin, afin que les mouvements de zone libre le diffusent. Ils s'exécutèrent, non sans assortir cette publication de quelques réserves. Tout en réaffirmant son soutien au général de Gaulle, *Franc-Tireur* précisa par exemple : « Nous serions contre lui si, cette libération obtenue, il envisageait, contrairement à ce qu'il a toujours affirmé, une dictature que nous ne saurions tolérer mieux d'un général que nous ne l'avons acceptée d'un maréchal[21]. » La réaction des partis politiques fut plus fraîche : pouvaient-ils admettre que l'on plaçât sur le même plan le régime vichyste et la IIIe République – quelles que fussent les tares du régime défunt ?

A la mi-1942, Londres avait donc réussi à étoffer les services de sa Délégation et obtenu que l'autorité du général de Gaulle fût reconnue, sans être pleinement admise par les mouvements ou les partis. En revanche, la cause de l'unification piétinait. Certes, Emmanuel d'Astier de La Vigerie avait réussi, *via* le SOE, à s'embarquer dans un sous-marin pour gagner Londres en mai 1942, mais ses discussions avec le colonel Passy et le général de Gaulle n'avaient guère hâté l'unification des mouvements sudistes. De même, la séparation du politique et du militaire qu'exigeait la France libre laissait perplexes les dirigeants de la résistance intérieure. Nous pouvions sans difficulté, rappelle Frenay, « désigner des responsables au niveau national, régional et départemental, mais plus on se rapprochait du militant de base, plus il devenait difficile, et finalement impossible, de réaliser cette séparation qui nous avait été demandée[22] ». Malgré ces réticences, Moulin parvint à convaincre d'Astier et Levy d'accepter le principe d'une armée secrète (AS) unique, principe auquel ils souscrivirent à condition que Frenay soit écarté de son commandement. En octobre 1942, la direction de l'AS échut au général en retraite Charles Delestraint *(Vidal)*. Nombre de questions, cependant, demeuraient en suspens. Pour les régler, Moulin suggéra que les chefs entreprennent un voyage à Londres. Le 26 septembre 1942, Emmanuel d'Astier et Henri Frenay arrivèrent ainsi dans la capitale britannique au terme d'un long périple entrecoupé d'une escale à Gibraltar.

### *Pourparlers au sommet*

Trois points figuraient au menu des négociations conduites dans les différents services de la France libre : l'unification des trois mouvements sudistes, la formation de l'Armée secrète, la reconnaissance de l'autorité du général de Gaulle. Emmanuel d'Astier refusant la fusion, un compromis se dégagea. Reprenant une suggestion émise par le socialiste André Philip en juillet 1942, il fut décidé qu'un Comité de coordination assurerait la synchronisation de l'action en répartissant les tâches entre les trois grandes formations de zone libre. Cette instance préparerait « les cadres du pays libéré jusqu'au niveau régional et départemental ». Sur le plan politique, il présenterait « les suggestions au Comité national », mais appliquerait – « après avoir été préalablement consulté » – les directives qu'il recevrait. Cette solution ne résolvait qu'imparfaitement les problèmes. A la base, elle laissait « le champ libre au recrutement de chaque mouvement, à leur rivalité à tous les niveaux, donc aux conflits[23] ». De même, « l'imbrication du politique et du militaire dans le fonctionnement du Comité transformait un désaccord sur le plan politique en un refus d'obéissance sur le plan militaire[24] ».

Des pourparlers, en revanche, ratifièrent le principe de l'Armée secrète dont Delestraint reçut officiellement le commandement. Tous les mouvements verseraient leurs effectifs paramilitaires à cette formation qui construirait son action sur deux plans. A court terme, elle éviterait « d'engager dans des opérations de caractère désespéré, des effectifs et des cadres d'élite qui risqueraient d'être anéantis prématurément » : l'objectif principal restait bien de « paralyser la manœuvre allemande par une action générale déclenchée au moment opportun après le débarquement allié[25] ». En attendant le jour J, rien ne l'empêchait, en revanche, d'utiliser les cellules professionnelles et les groupes francs dans des engagements ponctuels – sabotages ou attentats par exemple.

En acceptant le principe et du Comité de coordination et de l'Armée secrète, d'Astier, Frenay et Levy admettaient *de jure* l'autorité du chef de la France libre. Mais cette reconnaissance n'était en rien inconditionnelle, comme Frenay *(Charvet)* le rappela au général de Gaulle lors du dîner qui, le 16 novembre 1942, les réunit avant le retour en métropole du patron de Combat :

> – Mon général, l'action que nous menons en France a deux aspects indissociables, mais de nature différente. D'une part, dans l'armée secrète et les groupes francs, nous sommes des soldats et, à ce titre, intégrés dans un dispositif d'ensemble. Nos tâches lors du débarquement seront fixées par l'état-major interallié et par vous-même et, cela va sans dire, nous obéirons.
>
> « Par ailleurs, nous sommes des citoyens libres de leurs pensées et de leurs actes. Cette liberté de jugement, nous ne pouvons l'aliéner, ce qui signifie qu'à vos ordres, dans ce domaine, nous obéirons ou nous n'obéirons pas.
>
> – Eh bien, Charvet, la France choisira entre vous et moi, conclut de Gaulle[26].

Malgré les réticences et les arrière-pensées qui animaient chacun des protagonistes, les mouvements de zone libre avaient reconnu le primat de la France libre tout en marchant vers l'unité d'action. Au nord, le bilan se révélait en revanche plus contrasté.

*La zone nord : une logique du ralliement*

En mars 1942, un membre de la Confrérie Notre-Dame, François Faure *(Paco)*, s'était entretenu avec un représentant du Comité central du Parti communiste français. Embarqué dans le même Lysander que Christian Pineau, il apporta à Londres le ralliement de principe des Francs-Tireurs et Partisans communistes à la France libre, que de Gaulle accepta, à condition de bien séparer la Confrérie Notre-Dame de l'organisation communiste. Dès son retour, Faure transmit les instructions de Londres, que Rémy répercuta auprès de Georges Beaufils. Les communistes formeraient un réseau de renseignements, baptisé Fana, qui fournirait, *via* la Confrérie, les informations au BCRA. La France libre avait donc noué un contact avec le Parti communiste français ; mais les relations passaient par le colonel Rémy, qui, de fait, jouait un rôle politique pour lequel il n'était pas mandaté.

Membre de la Confrérie Notre-Dame, Pierre Brossolette, par ailleurs, entendait non seulement influencer la politique que la France libre menait à l'égard de la France captive intérieure, mais aussi favoriser, sous la houlette de Londres, la coordination de la résistance intérieure. Doté, selon les mots de Jacques Soustelle, d'« un talent vigoureux et d'une dialectique pénétrante[27] », il espérait susciter l'adhésion au gaullisme du plus grand nombre, estimant que « le général de Gaulle symbolise la France qui n'a pas désespéré, qui n'a pas voulu s'incliner[28] ». « Gaulliste sans idolâtrie, car le sens critique chez lui dépassait nettement la moyenne », il était convaincu « que seul le Général pouvait faire l'union du peuple français pour la résistance d'abord, pour la rénovation ensuite[29] ». Dès décembre 1941, il envoya à Londres plusieurs rapports destinés à « informer les émissions en français de la BBC[30] ». Dans la nuit du 27 au 28 avril 1942, il s'envola pour l'Angleterre et se plaça au service du BCRA. Il suggéra alors de confier la direction de l'action clandestine « soit à un comité où plusieurs hommes ou plusieurs services pourraient mettre en commun leurs renseignements et leurs points de vue, soit à un homme plus fraîchement arrivé de France et possédant à la fois beaucoup de dynamisme, d'autorité et d'expérience politique[31] » – il songeait alors au socialiste André Philip.

Bien que Brossolette, socialiste, et Passy, plutôt conservateur, vinssent d'univers diamétralement opposés, l'entente entre les deux hommes fut immédiate. Le chef des services secrets gaullistes accepta donc que son nouvel ami reparte en France, à charge de rallier à la France libre des personnalités représentatives. « Outre la reconnaissance des Alliés, on espérait ainsi emporter l'adhésion au "gaullisme" de la majorité silencieuse des Français occupés », précise l'historien Guillaume Piketty[32]. De fait, Brossolette obtint sans difficulté l'adhésion de deux socialistes qui gagnèrent Londres *via* Lisbonne en juillet 1942. Sitôt arrivés en Angleterre, Louis Vallon, un polytechnicien passé par la Radiodiffusion française, fut nommé chef de la section politique du BCRA fraîchement créée ; le député André Philip devint pour sa part commissaire à l'Intérieur.

Cette double arrivée scellait le ralliement officieux du parti socialiste SFIO à la France libre. Certes, à Londres, des socialistes contestaient Charles de Gaulle. Rassemblés dans le cercle Jean-Jaurès que dominaient Louis Lévy, un journaliste du *Populaire,* et Georges Gombault, ancien rédacteur en chef de *La Lumière,* ils le tenaient pour fasciste, puisque « aucune personnalité française munie d'un mandat ou représentative de formations politiques » ne le soutenait[33]. Léon Blum, toutefois, ne l'entendait pas de cette oreille et le fit savoir haut et clair. Le « gouvernement intérimaire ne pourra se constituer qu'autour d'un seul homme, autour d'un seul nom, celui du général de Gaulle. Il a, le premier, suscité en France la volonté de résistance et il continue à la personnifier. [...]. Je n'ignore pas qu'il existe à l'encontre du général de Gaulle des appréhensions et même des méfiances – bruits répandus sur ses anciennes liaisons politiques et sur une partie de son entourage actuel, répugnances de principe à l'égard de tout pouvoir à apparence personnelle et à aspect militaire. Mais je ne partage pas cet ordre de préoccupations », écrivit-il en 1942 à ses amis londoniens en les exhortant à soutenir l'homme du 18 Juin[34]. En mai 1942, il dépêcha le député socialiste Félix Gouin comme représentant de la SFIO auprès de la France libre, parachevant un mouvement que Pierre Brossolette avait contribué à amorcer.

Le ralliement de la SFIO à la France libre était loin d'être négligeable. Sous la houlette de Daniel Mayer, le parti socialiste s'était en effet recomposé, reconstituant partiellement ses forces. En décembre 1941, un rapport portant sur 31 départements de zone sud estimait ses effectifs à 11 239 membres, soit 15 % des adhérents que comptait en 1938 la SFIO dans ces mêmes fédérations[35]. En extrapolant ces données, on peut estimer, d'après un rapport clandestin interne au parti, qu'il comptait alors environ 28 000 membres, chiffre dérisoire si on le compare aux 280 000 adhérents de l'avant-guerre, non négligeable, en revanche, si on le rapporte aux modestes bataillons qu'alignaient les autres forces clandestines et quand on se souvient que la SFIO avait été interdite. La Section française de l'Internationale ouvrière, par ailleurs, disposait d'un capital politique élevé. La voix de Léon Blum portait. Elle était écoutée tant aux Etats-Unis qu'au Royaume-Uni, où le Labour Party et les Trade-Unions respectaient l'homme du Front populaire.

Le prestige des socialistes, enfin, fut singulièrement rehaussé par le procès de Riom. Le régime vichyste avait en effet imaginé de traduire les prétendus responsables de la défaite de 1940 devant une juridiction d'exception afin de les confondre. Ouvert le 19 février 1942, le procès incriminait Edouard Daladier, Léon Blum et le général Maurice Gamelin, ainsi que de plus modestes poissons comme le ministre Guy La Chambre et le contrôleur des armées Robert Jacomet. Si Gamelin, La Chambre et Jacomet optèrent pour le silence ou une défense timorée, Blum et Daladier se battirent pied à pied, revendiquant sans honte l'œuvre du Front populaire et pointant, outre les incohérences de l'accusation, l'implication du maréchal Pétain dans l'impréparation militaire du pays. Cette tournure irrita profondément Adolf Hitler, furieux de constater que les débats portaient non sur les responsabilités du déclenchement de la guerre, mais sur les causes de la défaite. Largement couvert par la presse clandestine et les grands médias étrangers, le procès tourna à la confusion des accusateurs : le 14 avril 1942, Berlin obligea Vichy à suspendre cette mascarade.

Renaissant de ses cendres, disposant d'un fort capital politique, restauré dans son prestige, le parti socialiste constituait donc un atout de poids dans le jeu gaulliste, d'autant que Léon Blum fut de bout en bout un partenaire loyal pour la France libre. En novembre 1942, il adressa à Londres une note pour Franklin

Roosevelt et Winston Churchill réclamant que de Gaulle s'empare, à la Libération, des rênes du pays. « Dans une France assommée et hébétée par un désastre incompréhensible, étouffée par une double oppression, c'est lui qui a ranimé peu à peu, jour à jour, l'honneur national, l'amour de la liberté, la conscience patriotique et la conscience civique. C'est autour de sa personne et de son nom que se sont progressivement agrégés les éléments de toute origine et de toute nature qui forment aujourd'hui un bloc consistant. Sans lui, rien n'eût été possible. Il a rallumé et entretenu la flamme, insufflé l'esprit. Seul donc, il peut incarner, dans ses sentiments communs, dans sa volonté commune, la France délivrée ; seul, il possède l'ascendant nécessaire pour parer aux tâches urgentes des premiers moments [...]. On sert la France démocratique en aidant le général de Gaulle à prendre dès à présent l'attitude d'un chef », concluait-il[36].

Pierre Brossolette fut en revanche moins heureux pour rallier à la France libre des éléments droitiers alors même que le devenir du Parti social français (PSF) du colonel de La Rocque mobilisait toute son attention. Cette formation avait, avant guerre, joui d'une forte influence ; mais, comme on l'a précisé, elle avait adopté à l'égard du régime vichyste une attitude ambiguë. Fallait-il dès lors l'ignorer ou « chercher à l'absorber dans le mouvement national[37] » ? Pierre Brossolette penchait de toute évidence pour la seconde option. Il s'efforça de la concrétiser dès son retour en France, en orchestrant le ralliement de Charles Vallin.

Dirigeant éminent du PSF durant les années 1930, le député de la Seine, après une courageuse campagne en 1940, avait accepté de hautes responsabilités de l'Etat français. Il avait notamment siégé au Conseil de Justice politique, juridiction d'exception chargée d'apprécier les responsabilités des dirigeants de la III^e République. Membre du Directoire de la Légion française des combattants, une structure qui rassemblait les vétérans des deux guerres, il avait également été appelé au Conseil national. Assurément patriote, l'homme constata progressivement que le régime vichyste se fourvoyait dans la collaboration et songea à rompre avec lui. Il avait cependant donné de nombreux gages à l'Etat français, ce qui compliquait la donne : de Gaulle devait-il accepter le retour au bercail des brebis égarées ? En se montrant libéral, le chef de la France libre élargirait l'éventail de ses partisans, prouverait sa volonté de rassemblement et délégitimerait Vichy en le privant d'une part de ses soutiens. Mais en accueillant des hommes compromis, il leur offrait la possibilité de se dédouaner à bon compte, en oubliant, peut-être trop rapidement, les compromissions passées.

Dans la nuit du 5 au 6 septembre 1942, Pierre Brossolette et Charles Vallin s'embarquèrent à Narbonne-Plage sur une felouque qui les transborda à bord d'un bâtiment qui gagna Gibraltar. Un avion les conduisit ensuite à Bristol avant qu'ils ne gagnent Londres. Le vice-président du PSF reçut initialement un accueil enthousiaste, d'autant qu'appelant à « choisir entre l'esprit de Vichy et l'esprit de Verdun[38] », il invita directement à rallier Charles de Gaulle, sans chercher à disculper le maréchal Pétain. Cette atmosphère irénique, pourtant, ne tarda pas à se dissiper. Les milieux de gauche, groupe Jean-Jaurès en tête, dénoncèrent la venue d'un fasciste qui confortait l'image qu'ils se forgeaient du général de Gaulle[39]. Paradoxalement, « la levée de boucliers suscitée par l'arrivée de Vallin devait au moins autant à l'antigaullisme de ces hommes de gauche qu'à leur hostilité à Vichy[40] ». Le tollé fut tel que de Gaulle expédia prestement le leader PSF en Afrique noire pour une tournée de conférences, ce qui calma aussitôt le jeu. Fondée sur des bases moralement discutables, l'opération avait donc échoué ; elle privait cependant de Gaulle d'un réel bénéfice politique, d'autant que la défection de Vallin avait semé le trouble à Vichy comme au sein des milieux PSF. Le colonel de La Rocque avait cependant informé ses adhérents de sa « condamnation formelle et sans réserve[41] ».

A l'automne 1942, les liens entre la France libre et la France captive s'étaient donc resserrés. Au sud, les trois principaux mouvements avaient accepté de coordonner leurs actions en se plaçant sous la tutelle gaulliste, processus que Moulin avait largement contribué à initier. Au nord, l'unification restait dans les limbes, mais les contacts noués par l'entremise de Brossolette avaient amorcé le ralliement du parti socialiste que l'envoi de Gouin, en mai 1942, officialisa. Campant jusqu'alors sur deux rives, résistances intérieure et extérieure tendaient donc à se rapprocher. Pourtant, les événements de novembre 1942 aboutirent à fragiliser cette évolution tout en l'accélérant, paradoxe qu'il convient désormais d'éclairer.

*Les ambivalences de l'automne 1942*

Le 8 novembre 1942, un corps expéditionnaire allié placé sous le commandement du général américain Dwight Eisenhower débarqua au Maroc et en Algérie. Alors qu'elles espéraient être accueillies en libératrices, les troupes américaines furent reçues au son du canon par les forces vichystes, perdant dans les combats 526 hommes. Elles parvinrent néanmoins à s'assurer rapidement le contrôle des deux territoires, grandement aidées, soulignons-le, par un petit groupe de conjurés qui s'étaient emparés, dans la nuit du 7 au 8 novembre, des points névralgiques de la Ville blanche. Le contrôle de l'Afrique du Nord offrait aux Alliés une plate-forme idéale pour menacer l'Italie et le Sud de la France. Pensant que Vichy ne résisterait pas à une offensive anglo-américaine sur les côtes méridionales de la France, Hitler, pour parer ce péril, envahit la zone libre le 11 novembre 1942, violant sans vergogne les conventions d'armistice. Philippe Pétain, pourtant, refusa de réagir. La flotte française, plutôt que de rallier les Alliés, se saborda le 27 novembre ; et les forces terrestres restèrent l'arme au pied, à une exception près. Le général Jean de Lattre de Tassigny ordonna de riposter : il fut arrêté et condamné par le tribunal d'Etat de Lyon le 9 janvier 1943 à dix années de prison. Il refusa pourtant de s'évader : « Non, non, je ne m'évaderai pas, je fais confiance à la justice du Maréchal », clama-t-il alors[42].

Ce double coup de théâtre rebattait soudainement les cartes en obligeant d'abord à désigner l'autorité qui exercerait désormais le pouvoir dans l'Empire libéré. Sur ce point, les Américains naviguèrent à vue. Profitant de la présence inopinée à Alger de François Darlan, déchu de ses fonctions gouvernementales lors du retour au pouvoir de Laval (avril 1942), mais alors nommé commandant en chef des forces militaires de Vichy, ils l'adoubèrent comme haut-commissaire pour la France en Afrique. L'amiral avait-il sincèrement viré de bord et accepté de soutenir les Alliés en excipant de l'« accord intime » du maréchal Pétain ? Cette thèse a été avancée par les tenants du prétendu double jeu qui affirment, au mépris de l'évidence, que Vichy, loin de collaborer, appuyait en sous-main Londres et Washington. Elle ne résiste pourtant pas à l'examen. De fait, Darlan avait sommé les troupes loyalistes de riposter au débarquement allié ; il attendit le 10 novembre pour suspendre les hostilités ; ce n'est que le 11 novembre qu'il ordonna à l'amiral de Laborde, en charge de la flotte de Toulon, d'appareiller avec ses bâtiments ; encore lui prescrivait-il de se diriger vers l'Afrique-Occidentale française – libre de troupes anglo-américaines – et non sur le Maghreb. Ajoutons, pour faire bon compte, que l'amiral se garda bien d'abroger la législation antisémite, anticommuniste et liberticide de l'Etat français.

Qu'un personnage aussi compromis devienne, grâce aux Etats-Unis, proconsul dans l'Empire suscita l'indignation des opinions publiques française et étrangère. Le *Darlan deal,* puisqu'il fut ainsi baptisé, provoqua de sérieux remous, bien qu'il eût facilité le ralliement de l'Empire – l'Afrique-Occidentale française avant tout – aux Alliés. Un groupe de jeunes gens se chargea alors de lever l'hypothèque. Tiré au sort entre ses compagnons, Fernand Bonnier de La Chapelle, un jeune royaliste, exécuta l'amiral le 24 décembre 1942. Avait-il agi sur ordre du général de Gaulle, le petit cercle de résistants étant massivement composé de gaullistes ? Cherchait-il à servir la cause du comte de Paris, le prétendant au trône ? Toutes ces hypothèses ont circulé, sans être pour autant validées. Quoi qu'il en soit, Bonnier de La Chapelle, rapidement jugé et condamné à mort, emporta le secret dans sa tombe. Sonnait alors l'heure du général Giraud[43].

Général d'armée, Henri Giraud, fait prisonnier en mai 1940, avait été transféré dans la forteresse de Königstein, près de Dresde. Le 17 avril 1942, il avait réussi à s'évader à la force du poignet, en descendant à la corde les 240 mètres de la falaise abrupte sur laquelle était juché l'ancien fort médiéval transformé en prison. Installé en zone libre, Giraud fut alors contacté par des agents américains qui recherchaient un chef prestigieux pour rallier l'armée d'Afrique. Acheminé jusqu'à Gibraltar, le général gagna Alger le 9 novembre et accepta de Darlan le commandement des forces armées. Après l'exécution de l'amiral, les membres du Conseil impérial le choisirent comme haut-commissaire. Les Américains ne pouvaient que se réjouir de cette désignation : elle barrait la route à de Gaulle et leur offrait un homme qui exécuterait docilement leurs ordres. De fait, Giraud se bornait à demander le réarmement des unités françaises et refusait de « faire de la politique ».

Pourtant, cette nomination compliqua la donne. Certes, elle pouvait renforcer l'unité nationale et l'unification de la résistance en attirant les patriotes qui, tout en soutenant la politique intérieure du Maréchal, récusaient la collaboration. A cette aune, elle élargissait sur le flanc droit le camp du refus et le militarisait en lui apportant le renfort escompté des forces vichystes. Une partie des milieux militaires, il est vrai, pouvait désormais succomber à l'attraction d'un général qui, proclamant son apolitisme, ne cherchait qu'à reconstruire l'armée française et ne visait qu'« un seul but : la victoire », pour reprendre le titre de ses *Mémoires*. Mais l'irruption de ce héros sur la scène politique brouillait également les cartes. Elle risquait de marginaliser de Gaulle, d'autant que l'évadé de Königstein, fort du soutien américain, refusait de négocier avec l'homme du 18 Juin. Cette perspective se révélait d'autant plus inquiétante que Giraud partageait bien des options politiques pétainistes. Ainsi, il maintint les lois de l'Etat français, dont certaines dispositions furent même aggravées. Par exemple, les soldats et officiers juifs ne furent pas autorisés à servir dans les unités combattantes de l'armée d'Afrique. De même, les détenus politiques, à commencer par les parlementaires communistes embastillés dans la prison de Maison-Carrée, furent maintenus dans leur geôle. Ce programme ne pouvait que provoquer la répulsion d'une large partie de la résistance intérieure. Il suscita également ses alarmes. Car en se situant « entre le vichysme et le gaullisme[44] », Giraud risquait de séduire une partie de la société française attirée par la troisième voie qu'il frayait, voie qui, de toute évidence, menaçait les valeurs démocratiques et républicaines. « A ceux qui avaient cru construire, ou du moins abriter la revanche sous l'égide du chef de l'Etat, [il] offrait une solution de rechange qui n'exigeait ni rupture ni apostasie[45]. » La menace s'avérait donc pour le moins sérieuse.

### *Le trouble des militaires*

Elle était d'autant plus grande que l'invasion de la zone libre avait provoqué des réactions somme toute timorées de la part de l'armée. Les Allemands, tout d'abord, avaient envahi la zone libre sans que les forces loyalistes, on l'a vu, opposent une quelconque résistance. « Nous avions à peu près 50 000 à 60 000 hommes avec un très médiocre armement et pas de chars – ou si peu. Nous avions prévu [...] de nous retirer, et au besoin de nous battre.

Mais nous savions très bien que cela ne pouvait ni durer ni être efficace. En somme, nous ne pouvions pas empêcher l'envahissement. Une résistance de ce genre, contre la poussée allemande, ne pouvait se concevoir que si nous avions la certitude d'un appui extérieur à terme proche. Or, nous n'avions pas cette certitude », rapporte le général Revers, dont le cœur penchait pour les Alliés[46]. Mais les choix de Philippe Pétain privaient surtout « ses partisans de l'occasion dont certains avaient tant rêvé : pouvoir se battre contre les Allemands en plein accord avec le Maréchal[47] ». Ils provoquaient une crise dramatique au sein de l'armée d'armistice. Prestement dissoute, elle perdit « l'illusion de reconstruire, avec le soutien qu'elle supposait tacite du Maréchal, une armée rendue exsangue par les clauses de l'armistice ». Elle perdit « surtout toute raison d'être[48] ».

Par ailleurs, certains officiers avaient constitué des dépôts d'armes clandestins, dans l'espoir que les matériels dissimulés serviraient à l'heure de la revanche. Cette espérance fut cruellement déçue : le gouvernement de Vichy ordonna de les livrer et fut, à de rares exceptions près, obéi. « C'est à ce moment que naquit la grande peur dans toute la zone sud, précise le colonel Mollard, alors chef du Camouflage du matériel (CDM). Ce fut à qui se débarrasserait le plus vite des armes et du matériel. [...] Ceux-là mêmes qui n'osaient pas déclarer leurs dépôts criaient dans les cafés : "Moi, j'ai un dépôt que je ne déclarerai pas", pour que son voisin le dise et le décharge de toute responsabilité[49]. » Ces officiers refusèrent souvent de donner les armes aux résistants qui les réclamaient, quand ils ne les livrèrent pas à l'ennemi.

En charge des affaires militaires de Libération-sud, Raymond Aubrac se rendit ainsi, dès l'invasion de la zone sud, auprès du général Revers. Ce dernier le « reçut en robe de chambre et [lui] apprit qu'il était tenu à l'obéissance envers l'amiral Darlan dont il était l'adjoint[50] ». Nullement découragé, Aubrac força alors à Grenoble la porte d'un colonel dont les hommes chargeaient des caisses de matériel sur des camions italiens. « Il m'écouta avec surprise, puis colère. Invoquant le devoir d'obéissance aux ordres reçus, il me dit que je pouvais m'estimer heureux de pouvoir repartir libre. Je filai sans demander mon reste, libre, mais sans armes[51]. » Le colonel Mollard justifia rétrospectivement cet échec : « On reproche au CDM d'avoir immergé les armes, de s'en être laissé dépouiller, mais en novembre et décembre quelle organisation était susceptible d'absorber la totalité du matériel clandestin mis ouvertement à jour pour le 8 novembre et les jours suivants pour équiper les formations prévues par la mobilisation secrète ? Qui nous a offert de nous aider à camoufler de nouveau tout ce matériel ? Personne. On nous demandait des pistolets, une ou deux armes par-ci, par-là, mais pas l'ensemble, car aucune organisation n'existait encore en zone sud possédant des troupes », précise-t-il[52]. Quelques opérations cependant réussirent. A Toulouse, le colonel Noetinger remit à Libération du matériel dissimulé ; le lieutenant-colonel Delaye, commandant du parc d'artillerie de Grenoble, donna quelques armes à Alain Le Ray, premier chef militaire des maquis du Vercors. Quinze tonnes d'armement furent également livrées aux maquis du Cantal, vingt tonnes à ceux de la Montagne noire[53].

Au total, la complexité des situations interdit toute version manichéenne des faits. « Dans l'agglomération de Lyon, l'Armée secrète (AS) se montre apparemment quelque peu négligente, opérant un tri sommaire parmi les armes, laissant sur place des caisses éventrées. A Valence et à Grenoble, l'opération n'a pas eu lieu. Les torts sont partagés, puisque dans le premier cas, l'AS ne s'est pas déplacée et, dans le second, le colonel commandant le parc d'armée n'a pas voulu remettre le contenu des cachettes et l'a fait verser au parc occupé par les Italiens[54]. » Dans l'ensemble, estime Paul Paillole, patron du contre-espionnage, « la Wehrmacht et l'Abwehr en zone libre saisiront un tiers des dépôts d'armes. Un autre tiers sera détruit. Un autre tiers sera récupéré de diverses façons par les organisations de résistance et l'Organisation de résistance de l'armée (ORA)[55] ». Quoi qu'il en soit, « la méfiance et l'indécision privèrent la résistance d'armement. Mais ce sont les décisions prises par le gouvernement de Vichy et sa détermination à les appliquer qui provoquèrent la remise à l'ennemi des armes soigneusement constituées pour la revanche et qui furent utilisées contre les Alliés[56] ».

Cet échec relatif confirme que les militaires, même hostiles à l'occupant, ne parvenaient ni à s'émanciper des schémas de la guerre classique ni à rompre totalement les ponts avec la légalité vichyste. Dans leur esprit, les armes devaient équiper des unités en uniforme dûment appelées par un pouvoir légitime – de préférence le maréchal Pétain ; elles ne devaient en aucun cas servir à des formations se livrant à des sabotages ou à une action de guérilla. En outre, les professionnels de la guerre n'éprouvaient que mépris pour des mouvements supposés politisés et, circonstance aggravante, composés d'amateurs. Ils refusaient donc de les armer, *a fortiori* quand ils les suspectaient d'être animés par des sentiments révolutionnaires. La culture de l'obéissance de la Grande Muette, enfin, ne la prédisposait guère à embrasser la cause de la dissidence, d'autant qu'elle partageait à bien des égards les principes réactionnaires de l'Etat français. Les mauvaises langues ajouteront que les événements de novembre 1942 lui offraient un commode alibi pour justifier son attentisme. Il était assurément plus facile de prétendre préparer la revanche en alléguant la volonté secrète du Maréchal que de basculer dans la lutte clandestine, au risque de briser sa carrière. « Inquiets quant à leur avenir, les officiers s'accrochaient au serment qu'ils avaient prêté au chef de l'Etat et à la mystique de la discipline avec une intransigeance farouche témoignant toutefois moins de leur conviction que de leur désarroi[57]. »

Certains, pourtant, choisirent les chemins escarpés de la transgression. Ils auraient alors pu rallier de Gaulle en s'engageant dans l'Armée secrète, une Armée secrète qui manquait cruellement de cadres militaires compétents. Rares, pourtant, furent les officiers qui franchirent le pas. Car l'attraction que le gaullisme exerçait se dissipa rapidement. « En effet, elle reposait sur deux promesses essentielles : les liaisons avec Londres et les Alliés d'une part, et la structuration d'une organisation préexistante – l'Armée secrète – d'autre part. Les premières se sont avérées des culs-de-sac, tandis que les contacts avec l'AS ont révélé aux militaires une organisation bien moins avancée que ce qu'ils s'imaginaient[58]. » Réponse du berger à la bergère, les mouvements se défiaient de la Grande Muette. Outre qu'elle avait peu brillé durant la campagne de 1940, elle ne s'était guère engagée avant novembre 1942. Elle semblait par surcroît nourrir de coupables attirances pour le maréchal Pétain[59]. Les responsables de l'Armée secrète ne s'opposaient pas nécessairement à la venue de quelques officiers. Mais ces derniers devraient accepter les conditions de la résistance et s'intégrer à ses structures[60]. Les militaires préférèrent alors se battre sous leurs couleurs plutôt que de condescendre à rallier les formations de la France combattante ou de la résistance intérieure.

Avant de partir pour Gibraltar, le général Giraud avait confié le commandement des forces métropolitaines au général Frère. Ce dernier s'était distingué en 1940, puisqu'il avait présidé, le 2 août, le tribunal militaire permanent qui avait condamné par contumace à la peine capitale « le colonel d'infanterie breveté d'état-major en retraite de Gaulle Charles[61] ». Il fut placé à la tête de l'Organisation métropolitaine de l'armée (OMA), bientôt baptisée Organisation de résistance de l'armée (ORA), qu'il entreprit de développer. Cette structure clandestine visait à fédérer l'ensemble des militaires décidés à agir. L'ORA, cela posé, ne se définissait pas « comme la résistance de l'armée, mais comme l'armée en résistance[62] ». Epaulée par le colonel Zeller, le lieutenant-colonel Pfister et le général Verneau, soumise au commandement nominal du général Giraud, elle affichait son apolitisme et s'opposait « à l'action immédiate, se préparant pour le jour J[63] ». De ce point de vue, les événements de novembre 1942 ne modifièrent en rien le *modus operandi* que ces militaires se proposaient d'adopter.

Les chefs des services secrets vichystes, en revanche, prirent plus rapidement la mesure du bouleversement induit par les derniers faits. Au vrai, ils avaient mené, depuis 1940, une politique ambivalente. Ils avaient, d'une part, contré les agents allemands et les collaborationnistes et aidé leurs homologues britanniques en leur transmettant des informations, servant ainsi l'effort de guerre du Royaume-Uni. Mais ils avaient de l'autre durement traqué gaullistes et communistes, et pourchassé les agents de Sa Gracieuse Majesté opérant en métropole dont ils blâmaient l'amateurisme.

La balance restait cependant déséquilibrée. Si l'on ne trouve « aucune référence à des gestes de sympathie de la part des services spéciaux envers des agents allemands arrêtés, en revanche, les agents alliés ou gaullistes arrêtés bénéficient assez souvent d'une certaine bienveillance et parfois d'une aide[64] ». Quelles que fussent leurs préférences idéologiques, les patrons des services secrets accordaient donc la priorité à la lutte contre l'Allemagne. Ils réagirent donc promptement. Alertés par leurs confrères de l'*Intelligence Service* de l'imminence du débarquement, le colonel Rivet, patron du SR Guerre, et le colonel Ronin, son homologue pour l'Air, s'envolèrent pour Alger respectivement le 5 et le 6 novembre. Oublié par ses collègues, le colonel Paillole, en charge du contre-espionnage, franchit par ses propres moyens la frontière espagnole dans la nuit du

28 au 29 novembre 1942, caché dans le tender d'une locomotive, où une « gourde de rhum » lui permit de résister aux assauts du froid[65]. Il se rendit d'abord à Londres, où il rencontra le 27 décembre le colonel Passy, puis atterrit à l'aéroport d'Alger le 2 janvier.

Grâce à ces ralliements, le général Giraud put, le 30 janvier 1943, fusionner les trois branches Air, Terre et Marine dans une Direction des services spéciaux (DSS) dont il confia les clés à Georges Ronin. Les chefs des services spéciaux opéraient un choix sans ambiguïté : combattre l'Allemagne sous la bannière du général Giraud – ce qui leur évitait de rallier de Gaulle pour lequel ils éprouvaient, à dire vrai, peu de sympathie.

Pour la cause alliée, la soudaine entrée en scène du général Giraud présentait au total trois aspects positifs. Elle avait facilité le ralliement de l'Empire ; elle avait délégitimé le régime de Vichy, privé d'une part de ses soutiens conservateurs ; elle faisait enfin basculer dans la dissidence une partie de l'armée, qu'il s'agisse des troupes cantonnées en Afrique, des services secrets ou des forces demeurées en métropole. Les Américains pouvaient en outre se réjouir d'avoir suscité une sérieuse alternative à la France combattante – nom adopté, depuis le 14 juillet 1942, par la France libre. La médaille avait cependant son revers. Les opinions publiques américaine et britannique ne comprenaient guère le soutien apporté à un général aussi borné que réactionnaire. Et le pouvoir giraudiste, au lieu de souder les Français, développa les germes de division, y compris au sein de la résistance. Car les forces clandestines, loin de soutenir aveuglément Charles de Gaulle, adoptèrent parfois une position contournée pour des raisons où se mêlaient convictions idéologiques et préoccupations stratégiques.

*La résistance intérieure face au giraudisme*

Tout en dénonçant la collaboration, une partie des mouvements, on s'en souvient, n'avaient pas rejeté en bloc le régime vichyste et se défiaient du général de Gaulle. Le giraudisme leur permit de rompre les amarres avec l'Etat français, tout en conservant leurs distances à l'égard de la France libre. En janvier 1943, Défense de la France suggéra à de Gaulle de « rallier ses troupes sous le commandement de son ancien[66] ». Par la suite, sept mouvements – dont Défense de la France, Franc-Tireur, Libération-sud et Combat – demandèrent que les deux généraux unissent leurs efforts « comme se sont unis les combattants de l'intérieur. A de Gaulle le gouvernement qu'il représente déjà aux yeux de la France et de l'étranger – à Giraud la conduite des opérations militaires[67] ». Cette position respectait, en apparence, les canons de la raison : elle s'inscrivait dans une logique de l'union sacrée et intégrait la réalité d'un rapport de forces qui, début 1943, servait l'évadé de Königstein – vigoureusement soutenu par les Anglo-Américains – aux dépens de l'homme du 18 Juin. Mais deux failles la minaient : elle omettait la réalité de la politique menée dans l'Empire par Giraud et ne témoignait guère d'un gaullisme passionné. Signe de la défiance que l'homme du 18 Juin lui inspirait, le Parti communiste français s'efforça dans un premier temps de conserver la balance égale entre les deux généraux.

Si Jean Moulin, lors de son séjour parisien (2-19 juillet 1942), avait rencontré des responsables communistes, cette liaison n'avait débouché sur aucun résultat. En revanche, le colonel Rémy, de retour à Paris, s'employa à renouer les liens qu'il avait établis avec les représentants communistes. Mandaté pour aider les Francs-Tireurs et Partisans à créer leur réseau de renseignements, Fana, que les services secrets gaullistes acceptaient d'épauler, il entama des négociations politiques, outrepassant délibérément les instructions qui lui avaient été données. Fin novembre, il rencontra Fernand Grenier, député de Saint-Denis, et, malgré l'opposition réitérée du colonel Passy, entreprit de le ramener à Londres, « pénétré de la certitude d'accomplir un acte historique[68] ». Le 11 janvier 1943, les deux hommes débarquaient en Angleterre, arrivée promise à un profond retentissement. « Dans la période d'isolement terrible que traversait la France combattante, le voyage d'une personnalité telle que Grenier et l'adhésion officielle du parti communiste renforçaient considérablement le prestige national et international du général de Gaulle, même s'il présentait l'inconvénient d'accentuer la méfiance des Alliés anglo-saxons et les craintes que l'on nourrissait en Afrique du Nord[69]. » De Gaulle, au demeurant, ne se méprit pas sur l'importance de l'événement. Dans une lettre adressée le 10 février 1943 au Comité central, il salua « l'adhésion du parti communiste au Comité national qu'il m'a apportée en votre nom, la mise à ma disposition, en tant que commandant en chef des Forces françaises combattantes, des vaillantes formations des Francs-Tireurs que vous avez constituées et animées[70] ». A l'heure où Giraud semblait triompher, le ralliement du PCF offrait à de Gaulle un atout maître. Mais il élevait, dans le même temps, de nouveaux obstacles.

La sincérité de l'adhésion du Parti communiste français à la France combattante, tout d'abord, demeurait énigmatique. Quelques jours après l'entrevue Grenier-Rémy, Georges Beaufils, haut responsable des FTP, remit au patron de la Confrérie Notre-Dame un « procès-verbal d'une entrevue qui a eu lieu entre un représentant des Forces françaises combattantes et un délégué du comité central du Parti communiste français » à la tonalité inquiétante. Tout en manifestant son accord de principe sur la libération nationale, la lutte contre l'occupant et contre Vichy, il plaçait sur le même plan le Parti communiste français (PCF) et les Forces françaises combattantes (FFC). « L'insurrection nationale sera préparée en collaboration étroite entre le PCF et les FFC selon les accords qu'il appartiendra au général de Gaulle et au délégué du PCF de prendre, dès que les circonstances leur permettront de se rencontrer[71]. » Le parti communiste, en d'autres termes, se présentait comme l'égal de la France combattante. Il entendait de toute évidence « provoquer une bipolarisation de la Résistance, les communistes contrôlant la Résistance intérieure et laissant à de Gaulle la direction de la Résistance extérieure[72] ». En se présentant comme le seul partenaire réel de la France libre, il essayait de monopoliser la représentation de la résistance métropolitaine. De fait, le texte ne faisait aucune allusion aux autres formations clandestines, y compris les forces plus ou moins contrôlées par de Gaulle et son délégué Jean Moulin[73]. Cette ambition conduisit le Parti à tenir la balance égale entre les deux généraux ; leur division favorisait par ricochet sa propre influence. Sans rompre avec l'homme du 18 Juin, salué dans *L'Humanité* du 21 janvier 1943, il maintint donc ses liens avec l'évadé de Königstein, d'autant que ce dernier libéra le 5 février 1943 les 27 parlementaires communistes qui croupissaient dans la prison de Maison-Carrée. Et pour mieux afficher sa neutralité dans la querelle des deux rivaux, le PCF délégua auprès de Giraud le député Henri Pourtalet. « Puisque deux généraux voulaient travailler à la libération de la France, il était naturel que notre Parti, qui avait déjà envoyé un délégué auprès du général siégeant à Londres, en envoyât un autre auprès du général siégeant à Alger », explique Jacques Duclos[74]. Le PCF n'en restait pas moins confronté à un poignant dilemme : fallait-il soutenir de Gaulle, au risque d'être noyé dans une coalition nationale, ou freiner ses ambitions, pour s'assurer une meilleure position[75] ? A l'hiver 1943, cette alternative était loin d'être tranchée.

Le ralliement ès qualités du Parti communiste français confortait la réintroduction des partis politiques dans le jeu, une tendance amorcée par la SFIO. Ces partis, autant le préciser, avaient mauvaise presse, tant en métropole qu'à Londres. Dans un article retentissant publié par le journal gaulliste *La Marseillaise* du 27 septembre 1942, Pierre Brossolette avait dressé leur acte de décès. « Hier en France, c'était selon les affinités que les Français se groupaient dans les partis politiques et selon leurs répugnances qu'ils s'opposaient de parti à parti. Aujourd'hui, c'est sur un autre plan que jouent les sympathies et les haines, les amitiés et les mépris », écrivait-il[76]. Dès lors, pourtant, que la SFIO et le PCF en tant que tels affichaient leur présence aux côtés du général de Gaulle, il devenait difficile, pour ne pas dire impossible, de dénier ce privilège aux autres formations, qu'elles fussent radicales ou conservatrices. « Qu'on le veuille ou non, une dialectique de la légitimité démocratique était en route[77] », relève Daniel Cordier. De Gaulle devrait donc sans tarder répondre aux interrogations que suscitait le ralliement des frères ennemis socialistes et communistes.

La France combattante abordait donc l'année 1943 dans une situation paradoxale. Elle avait réussi, principalement grâce à Jean Moulin et à Pierre Brossolette, à établir le contact avec une partie des mouvements et des partis de la France captive et obtenu sinon leur soumission, du moins leur ralliement. Le jeu allié, toutefois, menaçait gravement sa position, en soutenant – au mépris des valeurs démocratiques – le général Giraud. La partie se jouerait de toute évidence sur la scène internationale ; mais l'influence grandissante de la résistance métropolitaine conférait aux mouvements comme aux partis politiques un rôle essentiel. A supposer que le combat mené, sur l'une et l'autre rive de la Manche, fût le même.

# 7

## Deux résistances pour un même combat ? De la mobilisation des Français au choc du STO

Résistance intérieure et résistance extérieure combattaient-elles à l'unisson ? Le rapprochement qui s'esquissa entre les deux rives de la Manche à partir de 1942 le suggère ; les conflits qui opposèrent les deux mouvances le démentent. La France libre, on l'a dit, se préoccupait avant tout de maintenir la France dans la guerre et de gagner, au vu des sacrifices endurés au champ d'honneur, la bataille de la légitimité pour s'imposer aux yeux de Londres, de Moscou ou de Washington. Tout en rêvant de bouter l'occupant hors de France, les mouvements se préoccupaient aussi, pour ne pas dire surtout, d'influencer les populations, de les protéger des rigueurs de l'occupation et de les immuniser contre l'entreprise idéologique de l'Etat français et du IIIe Reich. Par-delà leurs différences, ces objectifs créaient des zones de convergence – à commencer par la volonté de convertir les Français aux vertus de l'antinazisme ou de l'antipétainisme, prélude à leur mobilisation dans l'armée des ombres.

### *Convaincre pour mobiliser ?*

La France libre comme les mouvements entendaient influencer l'opinion publique. Ils espéraient ainsi pointer l'impopularité de l'occupant allemand et délégitimer le régime vichyste dont le chef, Philippe Pétain, jouissait encore, en 1942, d'une forte popularité. Si les résistants de l'intérieur souhaitaient par ce biais briser l'isolement dont ils pâtissaient, de Gaulle cherchait pour sa part à mesurer l'influence de la BBC ainsi que sa capacité à imposer des mots d'ordre aux civils. Loin de se réduire à des enjeux idéologiques, la bataille revêtait donc des aspects concrets. Souligner les méfaits de la collaboration permettait de rappeler les responsabilités de l'Etat français, donc de gagner au sein de l'administration le concours de fonctionnaires patriotes que révulsait la politique annoncée à Montoire. Répondre en descendant dans la rue aux appels lancés de Londres prouvait à Roosevelt que de Gaulle, présenté comme un apprenti dictateur, jouissait de la confiance des masses. A la différence de l'espionnage ou du sabotage, manifester sa désapprobation, enfin, n'exigeait aucun savoir-faire spécifique et les risques encourus, sans être inexistants, demeuraient limités.

Les mouvements développèrent donc leur presse clandestine, tandis que la France libre multipliait les émissions radiophoniques destinées à la France captive. Les deux forces, surtout, s'efforcèrent de faire descendre les Français dans la rue. Jusqu'en 1942, les manifestations répondaient tantôt à des initiatives spontanées, tantôt à des mots d'ordre lancés de Londres ; mais les cortèges du 1er mai et du 14 juillet 1942 résultèrent d'une consigne lancée par les mouvements qu'amplifièrent les services de propagande de la France libre. Ce fut en effet le Mouvement ouvrier français (MOF) – structure regroupant les syndicalistes de la CGT et de la CFTC hostiles au régime de Vichy – qui proposa de commémorer la fête du Travail, suggestion que reprit le Comité national français. L'appel diffusé par les grands organes de la presse clandestine de zone sud – *Libération, Franc-Tireur, Combat, L'Humanité* – fut ainsi relayé, à partir du 25 avril 1942, par la BBC. « Français, le 1er mai 1942, comme le 11 mai 1941, vous vous regarderez l'un l'autre, droit dans les yeux, sur les places publiques de nos villes et de nos villages. Et ce regard suffira – sous le signe du Travail comme sous le signe de Jeanne d'Arc – pour exprimer notre volonté commune et notre fraternelle espérance », lança le porte-parole de la France libre, Maurice Schumann, le 28 avril 1942[1]. Surtout, de Gaulle prit personnellement la parole, demandant que tous les Français passent « silencieusement et individuellement devant les statues de la République et devant les mairies de nos villes et de nos villages. Tous seront unis dans la volonté de faire que de cette guerre sortent, pour la patrie, la libération, la grandeur, la sécurité et pour chaque travailleur français, les conditions d'une vie libre, digne, assurée, à laquelle il a droit comme homme et qu'il a, comme Français, si noblement méritée[2] ».

Les Français répondirent présents, malgré les craintes qu'éprouvaient certains dirigeants. « Si nous échouons, l'échec sera durement ressenti par nos militants et claironné comme une victoire par Vichy », rappelle ainsi Henri Frenay[3]. « Si c'était un fiasco, ajoute Yvon Morandat, nous allions prouver aux yeux du monde entier que les Français ne suivaient pas de Gaulle et la Résistance[4]. » Ces inquiétudes se révélèrent infondées. Dans la capitale des Gaules, « dès 18 h 20, la place Carnot autour de la statue de la République est noire de monde. Et par toutes les rues, la foule arrive. C'est d'abord une masse compacte et silencieuse qui lentement se rassemble, "se retrouve"... Des jeunes gens grimpent sur les bords du large bassin qui entoure la statue. Soudain, des bravos crépitent : un vieil ouvrier en cotte bleue dépose le premier bouquet aux pieds de la statue, les bottes de muguet pleuvent. Et d'un coup, une *Marseillaise* puissante, formidable, éclate, stupéfiant les agents, d'ailleurs débonnaires, qui sont noyés dans cette foule. Ah ! comme on la chante, cette *Marseillaise* de la liberté, avec quelle joie on lance ces cris qu'on n'avait plus entendus depuis deux ans[5] ! ». Les agents de la France libre estimèrent que 50 000 personnes avaient manifesté à Lyon, 30 000 à Marseille, 10 000 à Montpellier, 20 000 à Paris, 3 000 à Bordeaux[6]... bien que l'appel n'eût explicitement visé que la zone sud afin de limiter les risques de la répression allemande. Ne forçons cependant pas le trait : si 23 manifestations se déroulèrent dans 18 départements français[7], plusieurs autres furent totalement épargnés, à l'instar de l'Isère.

Ce succès encouragea à réitérer l'expérience le 14 juillet 1942. Les mouvements coordonnèrent derechef leur action avec les services gaullistes pour célébrer triomphalement la fête nationale. Aux appels lancés dans les tracts ou la presse clandestine s'ajoutèrent alors les mots d'ordre que les ondes de la BBC diffusèrent de quatre à huit fois par jour jusqu'à la date fatidique. « Français de la zone non occupée, pavoisez vos maisons le 14 juillet ; qui oserait vous le reprocher, le jour de la fête nationale ? Français de la zone non occupée, promenez-vous l'après-midi dans les grandes artères de vos villes en arborant les trois couleurs. Français de la zone non occupée, le soir du 14 juillet, à 18 h 30, rassemblez-vous en grand nombre et chantez *la Marseillaise*. Manifester le 14 juillet, c'est un devoir national. Que le peuple français se dresse de toute sa taille en cet anniversaire de sa première victoire[8] », s'écria Maurice Schumann tout en énumérant, pour 11 grandes villes, les lieux où les rassemblements devaient s'opérer. Les autorités allemandes ou vichystes tentèrent, par d'impressionnants dispositifs policiers, de les empêcher. En vain. Des dizaines de milliers de personnes se rassemblèrent dans 66 cortèges (dont 44 pour la seule zone sud), assurant à cette journée un plein éclat.

La France libre comme les mouvements étaient donc parvenus à coopérer pour inviter les Français à étaler leurs sentiments patriotiques. Cette mobilisation s'enracinait dans un terreau favorable. De fait, la très grande majorité de la population rejetait la collaboration et se montrait viscéralement opposée à l'Allemagne. Dès 1941, « c'est manifestement contre l'occupant, et les représentations négatives qu'il cristallise, que le sentiment national est en train de se reconstituer[9] », relève l'historien Pierre Laborie. A partir de 1942, « le détachement et l'opposition à la politique de Vichy, le refus de la collaboration, l'hostilité viscérale à l'égard des Allemands » animent l'opinion publique[10]. Ces sentiments créaient un cadre propice pour manifester sa haine de l'occupant et de l'occupation, sans qu'il faille surestimer l'incidence de ce paramètre. Car la vénération dont bénéficiait encore le maréchal Pétain pouvait inciter à l'abstention, d'autant que manifester comportait des risques, réels en zone libre, grands en zone occupée, considérables en Haut et Bas-Rhin et en Moselle – trois départements que le Reich avait annexés. De 50 à 60 arrestations soldèrent la démonstration organisée le 18 mars 1942 à Lyon pour protester contre le concert donné par la Philharmonie de Berlin[11]. A Marseille, des collaborationnistes du Parti populaire français ouvrirent le feu sur le cortège qui passait, le 14 juillet, rue Pavillon, tuant deux femmes[12]. A Hochfelden, dans le Bas-Rhin, la foule avait, le même jour, déposé une gerbe devant le monument aux morts ; les Allemands répliquèrent en instaurant la loi martiale et en déportant 160 jeunes gens.

Le patriotisme n'en cimentait pas moins un consensus qui unissait l'ensemble des opposants, communistes inclus, alors que le Parti communiste français avait été un moment tenté de faire cavalier seul. Les manifestations s'inscrivaient dans un temps républicain syncrétique qui, au souvenir de la Révolution française et de la République – 14 juillet oblige –, mêlait l'espérance sociale du 1er mai, non encore férié à l'époque. Par-delà l'œcuménisme qu'il affichait, de Gaulle, enfin, dominait le dispositif. La BBC le dotait d'un puissant instrument de mobilisation avec lequel la presse clandestine ne pouvait rivaliser. L'homme du 18 Juin, surtout, s'adressait « à chacun des Français selon les formes convenues régissant les rapports d'un chef d'Etat aux citoyens », invitant « à des manifestations qui se veulent une forme de restauration de l'Etat légitime[13] ».

Ces démonstrations avaient-elles une efficacité ? Les mesures adoptées par les Allemands ou la police vichyste incitent à le penser sans que l'on puisse, pour autant, la jauger. En revanche, affirmer son opposition à l'Allemagne ou à l'Etat français ne signifiait pas nécessairement que l'on fût prêt à s'engager dans la résistance. Un abîme, en d'autres termes, séparait l'opinion de l'action ; l'instauration du Service du travail obligatoire (STO) contribua – partiellement – à le combler.

### *Les enjeux du STO*

Dès 1941, l'Allemagne nazie fut confrontée à une pénurie de main-d'œuvre en raison des contingents imposants qu'elle mobilisait dans ses forces armées – 18,2 millions d'Allemands servirent au total sous ses drapeaux[14] –, tant pour assurer son contrôle sur les territoires de plus en plus vastes qu'elle occupait en Europe que pour emporter la décision dans la guerre meurtrière qui l'opposait à l'Union soviétique. Les demandes croissantes de la Wehrmacht incitèrent Berlin à faire feu de tout bois. Pour remplacer les hommes envoyés au front, le régime nazi recourut aux esclaves enfermés dans les camps de concentration ainsi qu'aux prisonniers de guerre internés dans les stalags. Il s'efforça également de ponctionner la main-d'œuvre civile des pays occupés.

En France, les autorités allemandes procédèrent avec prudence et s'appuyèrent, dans un premier temps, sur le volontariat. En juillet 1942, plus de 76 000 Français travaillaient outre-Rhin, un chiffre non négligeable qui se révélait cependant insuffisant pour répondre à leurs attentes[15]. De retour au pouvoir en avril 1942, Pierre Laval préconisa, dans son discours du 22 juin suivant, d'instaurer une relève : moyennant l'engagement de trois ouvriers qualifiés, un prisonnier de guerre rentrerait au pays dans le cadre d'un congé de captivité. Ce troc déçut cependant les espérances de Berlin comme de Vichy. Seuls 40 000 ouvriers (dont 13 000 spécialistes) s'engagèrent[16]. Sous la pression allemande, le régime vichyste dut donc se résoudre à utiliser la manière forte. Le 4 septembre 1942, il promulgua une loi « sur l'utilisation et l'orientation de la main-d'œuvre » qui obligeait l'ensemble des jeunes hommes âgés de 21 à 35 ans à accomplir les travaux que le gouvernement jugerait nécessaires dans « l'intérêt supérieur de la nation ». Sans explicitement inclure le départ en Allemagne, le texte ne l'excluait pas. De fait, quelque 300 000 personnes – soit près de la moitié du total des requis au titre du STO – franchirent le Rhin en vertu de cette obligation[17].

Une grave menace planait donc, dès septembre 1942, sur les forces vives du pays. Elle visait au premier chef la classe ouvrière dont l'apport était crucial pour les usines du Reich. Mais cet enjeu économique se doublait d'un enjeu politique. La croissance du Parti communiste français comme le déferlement des grèves spontanées, au début du Front populaire, avaient conféré au prolétariat une place centrale dans la société française. Des classes laborieuses pouvait jaillir l'étincelle révolutionnaire, ce qui incitait à leur porter un intérêt vigilant, que l'on redoutât ou non la perspective d'un nouvel Octobre. Depuis la révolution industrielle, le sort des ouvriers avait par ailleurs polarisé l'attention, suscitant un ouvriérisme que partageaient, chacune à sa manière, les organisations de gauche comme une fraction des élites patronales, cléricales ou intellectuelles, soucieuses d'améliorer le sort des plus démunis. Mais les craintes se portaient également sur la jeunesse, qui, avant la guerre, avait accédé à une forme d'autonomie canalisée par l'essor de mouvements laïques (les formations scoutes non confessionnelles) ou catholiques (les Jeunesses chrétiennes agricoles, étudiantes et ouvrières)[18]. En visant deux catégories éminemment sensibles – les jeunes et les ouvriers –, qui rassemblaient, par surcroît, des millions d'individus, le Service du travail obligatoire devenait d'emblée un enjeu brûlant.

Il l'était, au premier chef, pour les ouvriers eux-mêmes dont la condition ne cessa de se dégrader durant les années sombres[19]. Victime d'un chômage vite résorbé au second semestre de 1940, le monde de l'usine affronta surtout de rudes privations matérielles. Il peinait à se ravitailler en raison des pénuries qui frappaient principalement les villes et d'une inflation que les salaires ne parvenaient pas à rattraper. Dans l'Isère, 75 % des budgets étaient ainsi consacrés à la nourriture[20]. Dès 1942, les mineurs du Gard avaient perdu un tiers de leur pouvoir d'achat rapporté à leur salaire horaire[21]. Dans la région de Montbéliard, des employés des usines Peugeot, tenaillés par la faim, allèrent jusqu'à menacer les cultivateurs quand ils n'obtenaient pas ce qu'ils réclamaient[22] ! Les conditions de travail, par ailleurs, se détérioraient, en raison notamment de la pression qu'exerçait un occupant avide. Chez Peugeot, la durée hebdomadaire de travail atteignait vingt-huit heures et demie en septembre 1940 ; elle dépassa les cinquante-deux heures en décembre 1942[23]. De même, les quelque 3 000 ouvriers des ateliers SNCF d'Oullins, dans le Rhône, travaillaient soixante heures par semaine en avril 1943[24]. La sécurité, en parallèle, se dégradait. Dans les mines du Nord-Pas-de-Calais, la mortalité en sous-sol s'accrut de 60 % pendant la guerre. Alors que les Houillères avaient recensé 161 morts pour la période 1935-1938, elles en comptabilisèrent 266 pour les années 1941-1944[25]. Ces conditions de vie drastiques suscitaient un sourd mécontentement que le STO amplifia. La quasi-totalité du monde ouvrier excluait la perspective de s'y soumettre, ce qui ne signifie pas qu'il ait, pour ce faire, basculé dans la résistance.

Les Français se sont en effet forgé une image lyrique de la classe ouvrière pendant la Seconde Guerre mondiale, image entretenue par le Parti communiste français qui reprit à l'envi la célèbre formule que l'écrivain François Mauriac avait écrite dans la nuit clandestine : « Seule la classe ouvrière *dans sa masse* est restée fidèle à la patrie profanée[26]. » Les faits, pourtant, démentent en partie ce prédicat optimiste. Car la loi « sur la réquisition et l'orientation de la main-d'œuvre », bientôt suivie, le 16 février 1943, par la convocation au Service du travail obligatoire des jeunes nés entre 1920 et 1922 (soit trois classes d'âge), ne provoqua pas instantanément la révolte – 450 000 Français prirent le chemin du Reich entre octobre 1942 et mars 1943[27]. Plénipotentiaire général pour l'emploi de la main-d'œuvre, Fritz Sauckel, surnommé « le négrier de l'Europe », eut tout lieu de se montrer satisfait. La première action qu'il coiffa (1er juin-31 décembre 1942) remplit à 95,9 %

ses objectifs, la deuxième (1er janvier-1er mars 1943) à 100,1 %, la troisième enfin (1er avril-31 décembre 1943) à 76,98 %. Au total, les trois premières actions furent honorées à hauteur de 91,58 %[28]. Ce n'est qu'à partir de l'été 1943 que se produisit un « véritable effondrement des départs, en dépit de tous les moyens mis en œuvre par les Allemands et le régime de Vichy[29] ». La dernière action (1er janvier-23 juin 1944) enregistra en effet 95,05 % de défaillants. Mais ce constat ne signifie pas pour autant que tous les réfractaires au STO basculèrent dans la résistance.

Certes, l'idée de partir en Allemagne était si impopulaire que des actes d'opposition largement spontanés tentèrent de l'entraver, et ce, dès l'automne 1942. Trois moyens d'action furent alors mobilisés. Des grèves, tout d'abord, éclatèrent. Le 15 octobre 1942, les usines Maréchal de Saint-Priest débrayèrent pour s'opposer au départ de quelque 400 salariés[30]. De même, au moins seize grèves anti-Relève se déclenchèrent en zone sud – à Limoges, Tulle, Tarbes ou Béziers... – entre le 21 octobre et le 5 novembre de la même année[31]. Dans les dépôts SNCF d'Oullins, l'affichage d'une liste de 37 requis, le 12 octobre 1942, provoqua l'embrasement. La quasi-totalité des ouvriers cessèrent le travail et le mouvement s'étendit à toute la région, mobilisant 12 000 grévistes. Le 21 octobre, les listes furent retirées et la plupart des 343 personnes qui avaient été arrêtées relâchées[32]. De même, quand la commission franco-allemande se présenta aux usines Peugeot pour enrôler 1 590 requis, 4 690 ouvriers s'égaillèrent et la grève éclata, obligeant les Allemands et la direction de l'entreprise à annoncer la « suspension temporaire » de la réquisition[33].

Les manifestations offrirent un second mode d'opposition. Dans le bassin houiller du Gard, elles se multiplièrent les 24 et 25 novembre 1942 pour refuser les départs[34]. Un convoi devait par ailleurs quitter Montluçon, une petite ville de l'Allier, le 6 janvier 1943. Prévenue, la résistance, communistes en tête, appela à protester. Vers 12 h 30, alors que le train entrait en gare, la foule – sans doute 2 000 personnes – se massa aux abords de la station, puis envahit la cour, la salle des guichets et les quais. Police et gendarmerie ne bougèrent pas. La locomotive fut alors décrochée et la plupart des requis sortirent des voitures, tandis que les groupes mobiles de réserve et les forces allemandes intervenaient. Le train finit par s'ébranler à 14 h 45, emportant 37 hommes qui ne s'étaient pas échappés. Dans la nuit toutefois, beaucoup de réfractaires furent repris et, le 8 janvier, une centaine d'hommes partirent dans un nouveau convoi, 26 fortes têtes étant par ailleurs internées dans le camp de Saint-Paul-d'Eyjaux[35]. Le 9 mars 1943, enfin, Jean Chapus, le chef de gare de Romans, dans la Drôme, prévint le capitaine Vincent-Beaume, responsable local des MUR, qu'un train emporterait le lendemain 300 requis. Le soir même, les ouvriers s'assemblèrent à la sortie des usines, puis la manifestation gagna la place d'Armes à 18 h 30. De 600 à 700 manifestants chantèrent *la Marseillaise*, puis *l'Internationale*. Le lendemain, Romans fut plongée dans la grève générale. A midi, 2 000 à 3 000 personnes envahirent la cour de la gare et des femmes se couchèrent sur la voie. Les groupes mobiles de réserve, une fois encore, rétablirent l'ordre brutalement et le convoi redémarra avec cinq heures de retard. Phénomène relativement rare, la société locale ne s'était pas cantonnée à la protestation, mais était passée à l'action, entraînée par la résistance[36].

Certains fonctionnaires, enfin, s'employèrent, légalement ou illégalement, à saboter le STO. En septembre 1942, un inspecteur divisionnaire du Travail, Jean Isméolari, installa de son propre chef quatre commissions d'appel qui connurent leur pleine expansion à partir de mars 1943. Se penchant sur les cas médicaux, sociaux, économiques ou spéciaux, elles exemptèrent en toute légalité quelque 30 000 requis. Sa démarche était originale, puisque Isméolari ne chercha jamais à multiplier les réfractaires. Son action évitait aux refusants les affres de la clandestinité à durée indéfinie et épargnait à la résistance un lourd fardeau en hommes à entretenir et à armer[37].

Ces oppositions ne doivent cependant pas être surévaluées. Car le monde ouvrier montra dans l'ensemble une combativité limitée. En Isère, « à part la faim, rien ne semble en effet pouvoir secouer ce que l'on serait tenté de qualifier d'apathie ouvrière[38] ». Les impératifs de survie ainsi que le refus de se sacrifier en vain expliquent sans doute cette atonie. Dans des usines placées sous haute surveillance, les risques encourus par les salariés, en outre, étaient grands. Constatant que la productivité, en Alsace, était inférieure aux niveaux atteints dans le reste du Reich, les autorités allemandes promulguèrent par exemple une ordonnance le 12 juin 1942 qui renforçait le contrôle sur les lieux de travail. Le salarié ne pouvait refuser une tâche exigée par son employeur ; l'absence sans excuse valable constituait désormais un délit ; aucun contrat de travail ne pouvait être rompu sans l'autorisation de l'Office du travail[39]. Le Reich n'hésita pas, au demeurant, à user de la manière forte pour imposer ses vues. La mauvaise réputation des ateliers ferroviaires de Bisheim amena par exemple la Gestapo à arrêter 190 communistes, ou prétendus tels, en mai 1942, ce qui réduisit instantanément le nombre d'incidents[40]. Certes, les conditions étaient particulièrement rudes en Alsace-Moselle, territoires annexés par le Reich ; mais les Allemands ne plaisantaient pas avec la discipline à l'usine. On comprend, dans ces conditions, que les grèves, exceptionnelles, soient restées bien courtes, « suffisamment longues pour être visibles, suffisamment brèves pour éviter les représailles, trop limitées pour faire reculer les recruteurs[41] ».

Par ailleurs, les ouvriers, tout en refusant d'aller en Allemagne, ne rechignaient pas à travailler pour elle. Œuvrer pour l'occupant, « même aussi directement que dans le cadre de la Todt, est admis dans la mesure où [cela] apparaît vite inévitable pour échapper à ce qui est considéré pour longtemps comme la déportation[42] », estime l'historien Jean-Marie Guillon. Prêts, dans une certaine mesure, à se mobiliser pour éviter l'exil, les ouvriers n'étaient pas pour autant résolus à s'engager dans les rangs de la résistance, ni même à saboter subrepticement la production. Au 30 juin 1944, la valeur totale des commandes passées dans l'hexagone s'élevait à environ 10 milliards de Reichsmarks, tandis que les livraisons atteignaient 6,2 milliards. Ce taux d'exécution montre que l'industrie française a travaillé « non seulement dans une large mesure pour le compte allemand, mais aussi que la majeure partie des commandes allemandes, nonobstant les nombreux obstacles, a été effectivement exécutée et livrée avant la fin de l'Occupation – ce qui laisse l'historien rêveur face aux innombrables récits d'un sabotage indirect au moyen d'un freinage délibéré, colporté après coup par les entreprises intéressées[43] ».

Les Français assujettis au Service du travail obligatoire suivirent donc d'autres chemins que la résistance pour échapper à l'exil. Beaucoup, tout d'abord, se firent exempter légalement. Ils s'inscrivirent à l'université ou s'engagèrent dans les métiers protégés – mines, police, armée... Au total, 418 000 personnes bénéficièrent d'un chef d'exemption, soit plus de la moitié des recensés[44]. D'autres acceptèrent de travailler pour le Reich, mais en France, solution qu'entérinèrent les accords conclus en septembre 1943 entre le ministre allemand de l'Armement, Albert Speer, et le ministre français de la Production industrielle, Jean Bichelonne. A la veille du débarquement, plus de 14 000 entreprises protégées *(Sperr-Betrieben)* employaient près de 1 million de salariés[45]. Ces « refusants », pour reprendre le terme forgé par Raphaël Spina, restaient sur leur sol sans subir les affres de l'illégalité. Le réfractariat au sens strict ne concerna donc qu'une minorité des hommes recensés – de 200 000 à 350 000 personnes, sans doute[46]. Sur cette minorité, un quart, peut-être, rejoignit la résistance, les trois quarts préférant se réfugier dans des fermes ou se cacher à leur domicile ou chez des proches[47].

### *Les réponses de la résistance intérieure*

La réquisition de la main-d'œuvre représentait un défi pour la résistance. Elle lui offrait d'abord la possibilité de contester Vichy sur une base patriotique en soulignant les méfaits d'une collaboration qui conduisait le pouvoir, cas unique dans l'Europe occupée, à livrer ses propres ressortissants au Moloch nazi. Elle résolvait ensuite la lancinante question des effectifs en provoquant un afflux de réfractaires soucieux d'échapper au travail forcé. Enfin, elle permettait à des milliers d'hommes et de femmes ordinaires de s'impliquer dans la lutte sur une base patriotique, en mobilisant un savoir-faire élémentaire : un secrétaire de mairie pouvait sans grand problème fabriquer des faux papiers, un fermier héberger un proscrit, un médecin fournir des certificats de complaisance. L'Etat français mesura ces périls. Il « n'embrassa jamais le STO avec la confiance illusoire qui avait marqué la Relève. On comprit tout de suite sa vraie nature d'obligation imposée aux vaincus par les vainqueurs et, dans cette perspective, la défaillance pouvait être interprétée dans les mairies et les préfectures ainsi que dans la gendarmerie comme un acte patriotique », note l'historien britannique Rod Kedward[48]. Minoritaire jusqu'à la fin de 1942, l'armée des ombres pouvait donc espérer devenir un phénomène de masse.

Dans le même temps, la conversion des réfractaires en résistants, comme on l'a vu, n'allait pas de soi. L'armée des ombres devrait en effet gérer ce flot soudain. Sans même parler de les armer, comment nourrir, vêtir et héberger des milliers de volontaires ? Les mouvements risquaient par surcroît de se discréditer s'ils ne parvenaient pas à faire face. Ils devaient en outre inventer une doctrine d'action. Ils pouvaient se contenter de cacher les réfractaires, mais également opter pour un choix plus radical, en les armant et en les métamorphosant en combattants. Au total, le Service du travail obligatoire offrait une chance inespérée à une résistance qui peinait à recruter et à inventer des modes d'action s'émancipant de la simple exhortation civique. Dès lors, « les responsables de la Résistance de zone sud s'enflammèrent devant ce mouvement de désobéissance civile, un phénomène peu courant en France, et dont on pouvait espérer qu'il modifierait le potentiel humain et militaire de la Résistance si, accueillant ces insoumis, elle les intégrait dans des unités combattantes[49] ».

Les mouvements s'engouffrèrent donc dans la brèche. Très vite, ils appelèrent dans leur presse comme dans leurs tracts à refuser l'esclavage promis par les maîtres du Reich. Dès le 16 octobre 1942, un tract distribué dans les usines de la région lyonnaise prescrivit :

> Pas un homme en Allemagne ! [...]
> Vous ne partirez pas !
> Vous ne travaillerez pas pour l'ennemi. Vous n'abandonnerez pas vos enfants, votre métier, votre maison, votre pays. Vous n'accepterez pas le destin misérable que vous préparent les complices des Boches[50].

De même, *Franc-Tireur* demanda que « tout le peuple de France soit complice de la lutte contre la déportation[51] ». « Faites obstacle par tous les moyens à la relève qui devient une déportation en masse et menace l'existence même du pays », ordonnait pour sa part *Défense de la France* en février 1943[52]. Une « déclaration commune des groupements français de résistance » promettait en outre de :

> 1° Soutenir les ouvriers dans leurs actions de résistance actuelles sous quelque forme qu'elles se présentent (grèves, démonstrations, etc.). [...]

2° Appeler les fonctionnaires et les patrons à aider les ouvriers dans leur résistance à la déportation en sabotant les mesures administratives, en procurant des tickets d'alimentation aux ouvriers qui refusent de partir et en les aidant par tous les moyens en leur pouvoir.

3° Demander aux paysans d'accueillir chez eux des ouvriers qui ne veulent pas partir en Allemagne, de leur assurer un gîte, de leur donner du travail, et de leur permettre d'assurer leur subsistance.

4° Engager les ouvriers qui ont pu échapper à la Relève à rejoindre les rangs des formations patriotiques de combat pour lutter contre l'envahisseur et se préparer à soutenir demain l'action des troupes de débarquement lors de la constitution du second front en Europe.

5° Engager les ouvriers déjà emmenés de force, ou sur le point de l'être, à se considérer comme une cinquième colonne introduite dans la forteresse allemande, et à lutter par le sabotage et la propagande dans les usines, en attendant de pouvoir passer à la révolte quand le mot d'ordre en sera donné[53].

Ces appels furent en partie entendus. La résistance se mobilisa pour épauler les réfractaires, en leur fournissant, par exemple, des faux papiers ou en s'engageant parfois dans des actions plus spectaculaires. Dans la nuit du 12 au 13 mars 1943, les hommes de Georges Guingouin firent ainsi sauter le viaduc ferroviaire situé près de Bussy-Varache, dans le Limousin, pour empêcher le départ d'un train de requis[54]. Surtout, dès la fin décembre 1942, quelques hommes, afin de fuir le STO, « prirent le maquis », formule lancée par un dirigeant de Combat, Michel Brault. Se réfugiant dans la montagne, bien souvent en Haute-Savoie, ils se dissimulaient dans les montagnes et essayaient de survivre – à défaut de combattre. Ce flot ténu ne tarda pas à grossir à partir de janvier 1943, plaçant la résistance intérieure devant de lourdes responsabilités. Car ces maquis, créés spontanément, se mettaient bien souvent aux ordres des responsables régionaux de l'armée des ombres dont ils escomptaient armes, ravitaillement et munitions – autant de richesses dont les mouvements étaient cruellement dépourvus.

Malgré leur dénuement, les chefs de la résistance sudiste comprirent instantanément que des perspectives inédites s'ouvraient. Faute de répondre, sur le plan matériel, aux attentes des réfractaires, ils s'employèrent à définir une doctrine d'action. En janvier 1943, Henri Frenay élabora ainsi un schéma qui prévoyait « la création d'un certain nombre de réduits dans les Alpes, le Jura, le Massif central et les Pyrénées qui, par des parachutages, seraient approvisionnés en armes, équipement, alimentation. A leur tour, ces bases, dans une zone déterminée, ravitailleraient des maquis de faible effectif, au maximum une trentaine d'hommes, qui constitueraient une unité de combat particulièrement mobile. Leur rôle serait limité, avant le débarquement allié, à des opérations de va-et-vient soudaines et rapides, en refusant par principe la bataille rangée. La condition pour créer ces réduits était, bien entendu, que nous recevions l'assurance formelle qu'ils seraient régulièrement ravitaillés », concluait le patron de Combat[55].

En avril 1943, il approfondit sa réflexion et rédigea les directives du Comité directeur des Mouvements unis de Résistance. Cette instruction distinguait désormais « deux catégories de réfractaires, ceux qui veulent se cacher, qui seront aidés, et ceux qui veulent se battre, qui seront intégrés dans des petits groupes mobiles et bénéficiant de l'aide de la population[56] ». Dans la foulée, il créa un Service national maquis (SNM), confié à Michel Brault que seconda Georges Rebattet *(Cheval)* ainsi qu'une école des cadres dirigée par Robert Soulage *(Sarrazac)*, qui, fonctionnant à partir de l'été, forma plusieurs centaines de stagiaires.

Henri Frenay assignait donc aux maquis une double mission. Ils devaient aider la masse des réfractaires à se cacher, et dégager une élite prête à s'engager dans la guérilla. Dans son esprit, le maquis servait à la fois de refuge et de base d'action, laquelle, avant le débarquement, harcèlerait l'ennemi. Son projet associait donc des dimensions civile et militaire. Il excluait en revanche de créer des maquis mobilisateurs où des milliers d'hommes, rassemblés dans un bastion chèrement défendu, mèneraient des attaques avant de lancer l'offensive finale contre les forces ennemies, une fois les troupes alliées débarquées. « Fluidité, rapidité, mobilité étaient selon moi les trois principes de base à observer[57]. » Ce schéma postulait cependant une condition : Londres devait soutenir les rebelles en leur fournissant la logistique nécessaire, exigence que ni les gaullistes ni les Britanniques n'étaient prêts à satisfaire – à supposer qu'ils en aient eu les moyens.

Jean Moulin, pour sa part, raisonnait différemment. Après les incidents d'Oullins, il se proposa d'unifier la lutte contre le STO en la confiant au Mouvement ouvrier français (MOF), une structure que les syndicats avaient créée au printemps 1942. Les mouvements de résistance avaient protesté, craignant de se voir exclus de ce combat stratégique. Le délégué du général de Gaulle avait alors fondé un Comité de résistance ouvrière, confié à Yves Farge, dont les Bureaux de résistance ouvrière (BRO), implantés dans les régions, devaient saboter la « déportation » des ouvriers, pour reprendre les termes de l'époque. Des représentants du Mouvement ouvrier français, du Parti communiste français et des trois mouvements de la zone libre étaient censés les animer. Cette tentative fut pourtant sans lendemain. De fait, le Mouvement ouvrier français n'était qu'une coquille vide et n'avait en rien les moyens d'assumer la lutte contre le STO. Combat puis Libération-sud s'emparèrent alors de la question en créant une Action ouvrière chargée, entre autres, de saboter la réquisition des travailleurs[58].

Quoi qu'il en soit, l'afflux de réfractaires dans les Alpes bouleversait la donne et obligeait à proposer des solutions plus substantielles. Dès le début du mois de mars 1943, les chefs de la résistance intérieure envoyèrent télégramme sur télégramme afin d'alerter la France combattante sur la gravité de la situation. « Français déportés considèrent abandonnés par Alliés [...]. Sommes arrêtées moyens financiers ridicules [...]. Sans moyens action organisation déportation réfractaire passera mains communistes votre autorité opinion française complète sera rapidement sapée si ne manifestez pas par notre intermédiaire dans lutte libération commencée demandons gouvernement anglais comprendre [...] Si nos appels inutiles ordonnerons action désespérée à outrance », câbla par exemple le Comité directeur des MUR au général de Gaulle le 3 mars[59].

Ces appels, pourtant, tournèrent court. Les services gaullistes temporisèrent faute d'un appui concret de la part des Britanniques, au vrai échaudés par des expériences malheureuses. Une première tentative de parachutage avait échoué, l'agent de liaison porteur des coordonnées du terrain où les containers devaient être réceptionnés ayant été arrêté. De plus, un parachutage opéré par des Halifax près d'Annemasse se solda par un désastre : trois avions sur six furent abattus alors que la *Royal Air Force* ne disposait que d'une quinzaine d'appareils pour assurer ces missions[60]. Ces ratés ne pouvaient « que conforter l'état-major allié dans sa méfiance à l'égard de l'improvisation et du désordre de la Résistance[61] ».

Les autorités britanniques auraient sans doute soutenu les maquis s'ils s'étaient intégrés dans le cadre de la grande offensive projetée pour abattre l'Allemagne nazie. Or, les stratèges n'envisageaient pas de monter un débarquement en France en 1943, ce qui les conduisit à refuser leur concours. « L'opinion considérée du gouvernement britannique est que l'entretien d'une armée de 40 000 à 50 000 hommes, pour une durée que l'on ne peut évaluer, est impossible, car cet appui permanent entraînerait le retrait des opérations d'un très grand nombre [d'avions][62]. » Le développement des maquis, par surcroît, compliquait la tâche des Anglo-Américains. Car une insécurité généralisée pouvait amener les Allemands à augmenter le nombre de leurs divisions à l'ouest, grevant d'autant les chances d'un débarquement en France[63]. « Les appels à la révolte ouverte, à la constitution de "bastions armés", ne pouvaient donc être interprétés par nos Alliés que comme une folie d'une légèreté inconcevable, ou comme une intolérable pression pour les forcer à effectuer des opérations sans s'occuper de leurs plans d'état-major », conclut le colonel Passy[64].

Menant la guerre à l'échelle de l'Europe tout entière, n'envisageant pas de se lancer à l'assaut des plages françaises avant 1944, s'opposant à ce que la résistance intérieure déclenche une guérilla jugée prématurée, les Britanniques refusèrent logiquement de soutenir militairement les maquis. Ces derniers ne durent compter que sur le seul appui de la France combattante.

### *Les réponses de la France combattante*

De retour en France, Jean Moulin ne put cependant offrir aux mouvements l'aide financière espérée. En mars, il reconduisit en effet à l'identique les budgets alloués en janvier et en février sans tenir compte de la nouvelle donne que créait le STO. Le conflit ouvert entre de Gaulle et Giraud avait accru les tensions entre la France libre et le gouvernement britannique, ce qui conduisait le délégué à se montrer prudent. Craignant que Londres ne coupât les vivres au Comité national français, Moulin préférait ménager ses réserves. Informé de la situation, il se ravisa cependant le

11 mars, prescrivant à son secrétaire, Daniel Cordier, de « fournir tous crédits » pour la lutte contre le travail forcé en puisant dans ses réserves. Une partie des fonds, toutefois, fut versée à des organismes syndicaux qui se battaient pour éviter le départ en Allemagne des requis, mais ne cherchaient pas à les métamorphoser en résistants[65].

Les obstacles techniques comme la volonté de préserver le trésor de guerre de la France libre ne suffisent cependant pas à expliquer la position de Jean Moulin qui, au départ tout du moins, se montra très réservé à l'égard des maquis. Faute du soutien britannique, l'aventure courait à sa perte, estimait-il sans doute. Peut-être craignait-il également que Frenay, grâce à l'afflux des réfractaires, formât une Armée secrète parallèle dont il s'assurerait le contrôle *via* le Service national maquis, qui ne dépendait pas de l'AS comme il le rappela dans un rapport envoyé à son ministre, André Philip, le 4 juin 1943 :

> Je crois devoir appeler votre attention sur le fait que les dirigeants des mouvements, voyant l'AS leur échapper dans une certaine mesure, essaient de reconstituer une autre AS avec les maquis. Il n'y a à mon avis aucune contre-indication à cela, à condition :
>
> 1° que certains maquis qui présentent un intérêt géographique ou stratégique pour l'action du jour J soient sous le contrôle de l'AS ;
>
> 2° que la réception ou la répartition des armes reste obligatoirement et intégralement assurée par l'AS. Il importe en effet d'éviter le retour de certains incidents très regrettables, dus au fait que des maquis s'étant appropriés des armes à l'insu de l'AS, s'en sont servis d'une façon inconsidérée, provoquant des représailles très graves et découvrant prématurément l'organisation[66].

Le patron de Combat n'était donc pas aveuglé par une paranoïa galopante quand il jugeait que le délégué de la France combattante le soupçonnait de reconstituer par la bande une Armée secrète concurrente. Le même estimait en outre que Londres, en s'attaquant à ses finances, cherchait à « affaiblir notre mouvement[67] ». L'argument est peut-être excessif compte tenu des sommes débloquées par Daniel Cordier à partir du 11 mars 1943 ; il n'est pas sans fondements. De janvier à mai 1943, Moulin ne versa que 7 millions de francs à l'Armée secrète, une somme à comparer aux 4 millions que perçut un simple service technique comme le Service des opérations aériennes et maritimes (SOAM) « ou aux sommes coquettes » que recevaient les réseaux[68].

Quoi qu'il en soit, ni Moulin ni la France libre ne manifestèrent à l'égard du maquis un enthousiasme débordant. « S'il y a un domaine dans lequel l'incompréhension des services du général de Gaulle, tant à Londres qu'en France, a été caractéristique, ce fut celui des maquis », confirme Claude Bourdet[69].

Cette circonspection ne fit qu'exacerber les tensions qui opposaient les deux rives de la Manche. « Le fait que Londres se fût montré incapable de faire face à une situation jugée exemplaire fut alors porté – mais par les Mouvements de Résistance, bien entendu – au débit de la France libre et, partant, de Moulin : à quoi bon conserver ce délégué, de surcroît donneur de leçons, s'il ne remplissait plus la fonction pour laquelle il avait été naguère accepté, à savoir fournir des moyens ? », résume son biographe, Jean-Pierre Azéma[70]. La résistance conçut donc sa riposte, sans, dans un premier temps, bénéficier de l'appui des services gaullistes.

*Le développement des maquis*

Dès la fin de l'année 1942, donc, se formèrent les premiers maquis. Dans le Vercors, Simon Samuel, un médecin d'origine roumaine, et Louis Brun, un tourneur sur bois, tous deux liés au parti socialiste et membres de Franc-Tireur, reconnurent le 18 décembre la ferme d'Ambel où s'installa le 6 janvier 1943 un premier contingent de réfractaires. Plusieurs camps, par la suite, essaimèrent sur le plateau, qui se métamorphosa en refuge dont les militants socialistes assurèrent l'encadrement et l'intendance[71]. En Haute-Lozère, un premier groupe de réfractaires se dissimula à Bonnecombe, dans l'Aubrac, en mars 1943 ; il ne comptait que cinq travailleurs immigrés du camp de travailleurs étrangers de Chanac « constamment inquiétés pour des raisons politiques, plusieurs d'entre eux ayant combattu dans les Brigades internationales[72] ». C'est à Pâques 1943, enfin, que Daniel Trellu, le dirigeant Front national-FTP du Finistère, décida de créer un petit maquis à Châteauneuf-du-Faou, dans la Montagne noire. Mais en octobre de la même année, la formation ne rassemblait que huit hommes. Les communistes, au vrai, soutenaient du bout des lèvres les maquis qu'ils suspectaient « de servir de fourriers à l'attentisme et de vider les villes de leurs éléments actifs pour les immobiliser inutilement dans les montagnes[73] ».

Ces exemples disparates confirment que le maquis fut initialement un phénomène spontané, qui, par surcroît, ne concerna qu'une minorité d'insoumis. Seuls 5 % des réfractaires rejoignirent les maquis dans le Doubs, 10 % dans l'Isère, 17,4 % dans l'Ariège, 19 % dans le Tarn, 20 % dans le Jura, 20,3 % dans les Alpes-Maritimes[74]. Dans l'ensemble, de 15 à 20 % des réfractaires prirent le chemin de la montagne, soit un total de 30 000 à 40 000 personnes[75].

L'accueil de ces jeunes n'en posait pas moins de redoutables problèmes d'intendance. Un maquis de 60 réfractaires réclamait quotidiennement 40 kilos de vivres[76]... Les organisateurs locaux peinaient à fournir le ravitaillement nécessaire que les mouvements, pour leur part, étaient bien en peine d'assurer. Les hommes vivaient donc à la dure dans des abris de fortune et mangeaient rarement à leur faim. Installés à l'été de 1943 dans la forêt de Châteauneuf, dans le Limousin, les partisans menés par Georges Guingouin n'échappaient pas à cette loi d'airain, malgré l'excellente organisation conçue par le « Tito limousin ». « Pour dormir, des branches de bouleau qui, les premiers jours, occasionnent des meurtrissures, mais la sape prévue comme dortoir a dû être abandonnée parce que trop humide ; on y range maintenant les ustensiles de cuisine. Une ancienne bâche de batteuse servira de toit. Quelques planches et quelques rondins constituent la table et les bancs du réfectoire en plein air [...]. Pommes de terre et eau claire, c'était leur régime, plus que spartiate, au début. Hélas ! ils furent bientôt tous atteints de dysenterie. C'est que la source où ils puisaient leur breuvage, sortant de l'humus, dans un vallon encaissé où jamais le soleil ne pénètre, était polluée », rappelle-t-il[77]. Dans le Jura, « la première cabane du groupe *Francis* aménagée dans les bois de Fontainbrux est recouverte d'une grande bâche "récupérée" sur un car à Bellevèvres ; tout en longueur (comme un car !), ses cloisons sont faites de branches de noisetier qui enserrent une couche de fougères destinées à isoler du froid. On dort sur des rames de noisetier recouvertes de paille ; au milieu, une tranchée ; de part et d'autre, la terre récupérée forme des gradins sur lesquels on dort, on mange, on vit, car ils permettent d'éviter les inondations et de se protéger du froid. Tables et bancs sont en bois[78] ».

Ces maquis, on l'a dit, visaient plus à cacher les réfractaires qu'à les transformer en combattants. Dans le Jura, « peu nombreux sont les maquis qui ont survécu à l'hiver et leurs ambitions se limitent à un objectif unique : durer. Par lassitude ou par prudence, les maquisards qui le peuvent sont redescendus chez eux ou chez leurs amis, dans des maisons plus hospitalières que les bois enneigés ou les fermes abandonnées[79] ». De rares exemples démentent ce constat. Dans la vallée de la Dordogne, des insoumis formèrent en mars ou en avril 1943 le camp armé du Chambon, à l'initiative de membres de l'Armée secrète[80]. Surtout, Pierre Dalloz conçut, en décembre 1942, un plan pour « l'utilisation militaire du Vercors ».

Architecte et inspecteur des sites, Pierre Dalloz eut, en 1941, l'intuition que le Vercors offrait de grandes possibilités stratégiques. En décembre 1942, il échafauda un plan qui comprenait deux étapes. Dans un premier temps, le plateau deviendrait une base protégée par un dispositif que défendraient des corps francs. Les Alliés pourraient alors, dans un deuxième temps, acheminer des troupes dans ce bastion et créer sur les arrières de l'ennemi « une puissante forteresse d'où pourraient être lancés, dans d'excellentes conditions, des raids vers des régions industrielles et des voies de communication fort importantes[81] ». Ce plan fut porté en janvier 1943 à Yves Farge, qui le transmit à Jean Moulin. Le délégué du général de Gaulle l'accepta et versa une enveloppe de 25 000 francs. Surtout, le général Delestraint, patron de l'Armée secrète, convaincu par le projet désormais baptisé « plan Montagnards », le soumit au général de Gaulle et au BCRA, qui opinèrent. Le 25 février, la BBC diffusa le message : « Les montagnards doivent continuer à gravir les cimes. » Une petite équipe comprenant notamment Alain Le Ray, officier des chasseurs alpins et gendre de François Mauriac, monta alors sur le plateau[82], et un « comité de combat » se forma, entre début mars et début avril 1943.

Les autorités gaullistes s'empressèrent donc d'entériner un plan dont la viabilité paraissait pour le moins incertaine. La faiblesse des effectifs concernés, le caractère militaire affirmé de l'opération ainsi que la synergie qu'elle promettait avec la stratégie alliée expliquent sans doute cette diligence, d'autant que Dalloz accepta d'emblée la tutelle de Londres et ignora l'autorité des mouvements. Moulin consacra donc des moyens considérables au maquis du Vercors qui reçut en quatre mois 4 609 750 francs, alors que l'ensemble de l'Armée secrète ne percevait dans la même période que 6 166 000 francs – « de quoi alimenter la rumeur du maquis "haut de gamme" et les récriminations de certains, à Combat en particulier[83] ». Cet investissement, pourtant, donna au départ des fruits amers. Emporté par la répression, le premier comité disparut au printemps 1943, mais un second comité comprenant entre autres Alain Le Ray, Eugène Chavant et Jean Prévost lui succéda fin juin.

Au total, la constitution des premiers maquis se concluait au printemps 1943 sur un bilan mitigé. Nés du refus du travail forcé, ils avaient offert une alternative aux centaines de milliers de jeunes que le STO menaçait. Grâce à ce soudain afflux, la résistance intérieure élargit son recrutement et ouvrit à des milliers de Français des perspectives d'action concrètes et accessibles. Se plaçant à la tête de ce dispositif, les mouvements s'efforcèrent de canaliser le processus et d'éprouver leur capacité à protéger les civils tout en les mobilisant. Dans le même temps enfin, la résistance, plutôt urbaine, tendait à se ruraliser – campagnes et montagnes devenaient le refuge naturel des réfractaires – et à se nationaliser, puisque le mouvement touchait de larges pans de la France méridionale, servie, il est vrai, par sa géographie, la présence de massifs montagneux notamment.

Des ombres, pourtant, ternissaient ce tableau. Sans être marginal, le phénomène restait minoritaire, puisque la majorité des insoumis préférait compter sur ses propres forces pour fuir le STO plutôt que de rejoindre les maquis. De fait, les mouvements n'avaient aucunement les moyens de leur politique, d'autant que Londres renâclait à soutenir une insubordination qui ne correspondait en rien à sa doctrine. Tout en se développant dans des conditions difficiles, les maquis devaient vivre sur le pays, ce qui posait d'emblée la question de leur rapport à la population : les Français, à commencer par les paysans, accepteraient-ils de les ravitailler et de les soutenir, alors qu'ils risquaient de les dépouiller et d'attirer les foudres de la répression ? La stratégie, enfin, était loin d'être arrêtée. Quel serait leur rôle militaire ? Devaient-ils se cantonner à une fonction de refuge ou jouer un rôle plus actif, en synergie avec les plans alliés ? Au printemps de 1943, ces questions étaient loin d'être tranchées. Un point, en revanche, était acquis : le STO provoqua un choc dans l'opinion publique que les mouvements se hâtèrent d'exploiter. Faut-il le souligner ? Cet empressement tranchait sur l'indifférence dont la résistance organisée fit preuve à l'égard de la persécution antisémite.

# 8

# Face à la persécution antisémite

Pendant la Seconde Guerre mondiale, la résistance ne fut guère hantée par le sauvetage des juifs – indifférence qui a nourri, hier comme aujourd'hui, le soupçon. Faut-il considérer ce silence comme la rançon accordée au primat de la lutte, politique ou armée, menée contre l'occupant ? Ou y lire le signe de la proximité idéologique qu'une part des forces clandestines entretenait avec le régime vichyste ? Quoi qu'il en soit, les juifs de France ne purent que rarement compter sur l'armée des ombres pour échapper à la mort, alors même que les Allemands et l'Etat français avaient déclenché dès 1940 une persécution raciale qui visait une communauté estimée, en 1939, à 330 000 personnes.

## *Les persécutions raciales*

De fait, les occupants ordonnèrent le 27 septembre 1940 le recensement des juifs qui résidaient en zone occupée, mesure que l'Etat français étendit le 2 juin 1941 à la zone libre et à l'Empire. Le régime vichyste, par ailleurs, s'employa à les exclure de la communauté nationale. Dès le 22 juillet 1940, une commission révisa les naturalisations intervenues depuis 1927. Sur un total de 195 000 personnes, 15 000 durent reprendre leur nationalité d'origine, dont environ 6 000 juifs. De plus, un premier statut dressa, le 3 octobre 1940, une longue liste d'emplois interdits, qu'un second statut, le 2 juin 1941, précisa et amplifia. La loi bannissait les juifs de la fonction publique et des médias ; elle soumettait à de maigres quotas l'exercice des professions libérales comme l'accès aux études supérieures[1]. Par ailleurs, les autorités françaises et allemandes dépossédèrent les juifs de leurs biens, afin d'éliminer l'influence supposée qu'ils exerçaient dans l'économie nationale. Leurs entreprises furent alors confiées, au sud comme au nord, à des administrateurs provisoires qui en assumaient la gestion, processus dit d'aryanisation que codifia la loi du 22 juillet 1941. A ces logiques d'exclusion et de spoliation s'ajoutèrent enfin des mesures d'internement puis de déportation. Dès le 4 octobre 1940, une loi autorisa les préfets à interner « les ressortissants étrangers de race juive [...] dans des camps spéciaux ». En novembre 1940, quelque 26 000 étrangers réfugiés en zone sud croupissaient derrière les barbelés, chiffre qui s'éleva à 35 200 en décembre de la même année, avant de redescendre par la suite[2]. Au nord, une première vague d'arrestations frappa le 14 mai 1941 plus de 3 500 juifs, polonais pour la plupart, conduits vers les camps de Pithiviers et de Beaune-la-Rolande dans le Loiret. Deux rafles suivirent en août et en décembre 1941. Ajoutons que les juifs d'origine étrangère pouvaient également tomber sous le coup de la loi du 27 septembre 1940 si, étant « en surnombre dans l'économie nationale », ils se trouvaient « dans l'impossibilité de regagner leur pays d'origine ». Astreints au travail forcé et soumis à de rudes conditions disciplinaires, ils étaient alors versés dans des groupes de travailleurs étrangers (GTE) où se côtoyaient républicains espagnols, réfugiés politiques allemands ou juifs polonais, avant que le régime vichyste ne décide, courant 1941, de former des « groupes juifs homogènes », également et curieusement baptisés « groupes palestiniens ».

Le régime nazi, cela posé, ne cherchait pas seulement à persécuter les juifs d'Europe en les excluant des communautés nationales, en les privant de tout moyen d'existence et en les soumettant à des traitements humiliants et barbares. Il planifia également à partir de 1942 leur destruction systématique, une entreprise d'extermination à cette date déjà bien avancée à l'est. Le premier convoi à destination d'Auschwitz quitta la France le 27 mars 1942 ; 73 autres suivirent[3]. Ils acheminèrent près de 76 000 juifs dans les centres de mise à mort dont ne revinrent qu'une poignée de rescapés – 2 600[4]. Cet anéantissement fut planifié, prémédité et organisé par le III<sup>e</sup> Reich. Mais il bénéficia du concours zélé de l'Etat français qui plaça son administration au service de l'occupant.

Certes, Vichy refusa que le port de l'étoile jaune, ordonné pour la zone occupée le 29 mai 1942, soit imposé en zone libre ou dans l'Empire. De même, il distingua les juifs français, qu'il refusait en théorie de livrer aux nazis, des apatrides et des étrangers qu'il leur livra sans vergogne. En revanche, il entreprit de ficher, de recenser, d'exclure et de spolier les juifs de France. Ses forces de police ou de gendarmerie procédèrent aux rafles et gardèrent les camps d'internement. Circonstance aggravante, Pierre Laval suggéra début juillet 1942, « dans une intention d'humanité [*sic*], que les enfants, y compris ceux de moins de 16 ans, soient autorisés à accompagner leurs parents » dans les camps nazis, exigence que le Reich n'avait pourtant pas formulée[5]. Le régime de Vichy porte ainsi une lourde responsabilité dans l'assassinat de quelque 80 000 juifs[6]. L'arrestation des juifs par les services français permit d'obtenir un nombre de déportés que n'auraient pu atteindre seules les autorités d'occupation. Leurs effectifs étaient insuffisants pour remplir cette mission, relève Serge Klarsfeld[7].

De fait, Vichy visait deux objectifs. Décidé à collaborer avec Berlin, il entendait dans le même temps maintenir sa souveraineté, ce qui l'amena à considérer les juifs comme une monnaie d'échange dans les tractations qu'il conduisait avec le Reich. Mais il poursuivait en parallèle sa propre politique antisémite. Loin de répondre à une injonction allemande, comme beaucoup de juifs le crurent sur le coup, les premières mesures, à commencer par le statut, furent adoptées en pleine autonomie : la volonté de régler la prétendue « question juive » constituait en effet un pilier de la révolution nationale que le régime pétainiste appelait de ses vœux.

Au vrai, l'antisémitisme qui prospéra durant les années sombres plongeait ses racines dans un terreau propice. Durant les années 1930, la crise économique et politique que subissait la France avait réactivé les préjugés racistes et xénophobes pour une part hérités du XIX^e siècle. Dans cette conjoncture maussade, les uns accusaient les juifs de dominer certaines professions et d'exercer une concurrence déloyale ; les autres attribuaient à ces hérauts de l'anti-France la responsabilité de la décadence parlementaire, quand ils ne les soupçonnaient pas de fomenter des troubles révolutionnaires commandités par Moscou – accusations qui redoublèrent lors de l'accession au pouvoir de Léon Blum en 1936. Quelques voix suggérèrent qu'ils poussaient à la guerre contre Hitler pour défendre leurs coreligionnaires persécutés. Beaucoup estimaient enfin que les juifs étaient par nature inassimilables en raison de leur appartenance à un peuple apatride, tropisme que l'endogamie confortait. « Dans la synthèse des codes culturels structurels des années 1930, l'identification entre juif et étranger avait pris racine : les Juifs n'étaient pas – ne pouvaient être – des Français comme les autres ; l'esprit de distinction s'était imposé[8]. »

Une frange de la résistance intérieure comme certains hommes de la France libre souscrivaient à ces stéréotypes que partageait une fraction de la population française. Ainsi le juriste Pierre Tissier refusa que Georges Boris, conseiller de Léon Blum, puisse librement accéder au général de Gaulle en 1940 ; dans un livre publié en 1942, il suggéra que « les juifs qui n'ont acquis que récemment la nationalité française et qui ne sont pas assimilés [soient] soumis aux mêmes mesures restrictives que les autres Français récemment naturalisés inassimilés[9] ». En septembre 1941, le résistant Henri Frenay prétendait pour sa part que se posait « un problème juif » qui se déployait sur deux plans distincts :

> Le problème de l'immigration récente des Juifs étrangers. Le problème du capitalisme juif, de la finance juive, qui avait pris dans l'économie nationale une place intolérable.
>
> A) Ce problème devra être résolu dans le cadre général d'un statut dont les naturalisations devront être révisées.
>
> B) Le deuxième problème devra également être considéré dans le cadre général des oligarchies financières dont la puissance était devenue telle qu'elles parvenaient à faire obstacle à la volonté de l'Etat. A ce titre, le capitalisme juif était particulièrement dangereux parce que particulièrement puissant.
>
> Ainsi, la solution à donner au problème juif sera une solution française qui pourra et devra tenir compte des services civils ou militaires que certains ont rendus à notre pays, leur pays[10].

### *Des réactions timides*

La résistance organisée ne s'engagea donc pas, à de très rares exceptions près, dans la bataille contre l'antisémitisme. Outre que certains de ses hommes, on l'a dit, n'échappaient pas aux préjugés racistes, elle se montrait prudente pour des raisons stratégiques. Parce qu'elle soupçonnait, non sans raison, l'opinion de sacrifier pour partie aux démons antisémites, elle évita de prendre les Français à rebrousse-poil pour ne pas, pensait-elle, se les aliéner. Dans ses numéros du 21 et du 28 août 1941, *L'Humanité* dénonça ainsi l'exécution de Szmul Thyszelman et d'Henri Gautherot ; mais deux semaines plus tard, Szmul s'était métamorphosé en Simon[11]. En s'engageant sur ce terrain, la résistance intérieure comme la France libre craignaient également de valider la propagande nazie qui stigmatisait une guerre juive. La BBC, qui surveillait de près les émissions gaullistes, redoutait en outre de s'aliéner le monde arabo-islamique en accordant trop d'importance à la persécution antisémite. De nombreux résistants, enfin, ne percevaient ni la singularité ni la gravité de la menace. Fidèles à la conception égalitaire de la République, ils refusaient d'établir une distinction, et *a fortiori* une hiérarchie entre les victimes, à l'heure où la France entière subissait le joug de l'occupant. *La France continue* s'éleva ainsi contre l'antisémitisme, tout en soulignant qu'elle éprouvait « le même respect pour tous les martyrs de l'oppression allemande, quels qu'ils soient. [Elle] est fermement résolu à les venger tous également lorsque la prochaine débâcle allemande permettra de régler – et avec quelle ampleur – tous les comptes[12] ». Rares furent, par conséquent, les voix qui protestèrent.

Plusieurs croyances ou idéologies, pourtant, pouvaient inviter à mener ce combat. Le marxisme avait ainsi toujours considéré que « l'antisémitisme était une invention des réactionnaires pour empêcher les travailleurs de s'unir contre leurs ennemis de classe, les capitalistes[13] ». La presse communiste condamna donc les mesures d'exclusion, qu'il s'agisse de la spoliation des commerçants, de la révocation des enseignants juifs ou du *numerus clausus* qui s'appliquait aux universités. De même, elle flétrit l'exposition « Le Juif et la France » ouverte à Paris au Palais Berlitz entre septembre 1941 et janvier 1942 afin d'illustrer la prétendue invasion juive dans la vie nationale. Le Parti soutint également la publication du périodique yiddish *Undzer Vort* (89 numéros parurent au total sous l'occupation) qui combattait la politique antijuive et rappelait la nécessaire solidarité entre les juifs et la société française. L'idéologie ne perdait cependant pas ses droits. Les journaux évoquaient ainsi la lutte des classes qui clivait la communauté, et attaquaient les notables juifs. Ils exprimaient également un soutien inconditionnel à l'Union soviétique[14]. « Une lecture attentive de la presse de la MOI, tant en yiddish qu'en français, montre [...] que la lutte des juifs est toujours inscrite dans celle des communistes et que l'analyse faite de l'antisémitisme est calquée sur celle que donnent les communistes[15]. »

Le christianisme offrait pour sa part une armature théologique plus ambivalente. En assimilant les juifs au peuple déicide, une longue tradition avait nourri l'hostilité à l'égard des fils d'Israël que l'Eglise se proposait de convertir. Sur un plan plus séculier, les hiérarques catholiques soutenaient dans leur majorité Philippe Pétain qui, espéraient-ils, redonnerait à Dieu sa place dans la cité et apurerait les contentieux qui avaient opposé, sous la III^e^ République, le trône à l'autel. Mais le monde catholique pouvait à l'inverse convoquer les origines juives de Jésus et invoquer l'amour du prochain pour condamner, avec la plus grande fermeté, la persécution qui s'abattait sur le peuple du Livre. Bien des croyants, par surcroît, assimilaient – non sans raison – le nazisme à un paganisme, ce qui ne pouvait que les inciter à rejeter en même temps l'idéologie hitlérienne et la collaboration prônée par le Maréchal.

De fait, plusieurs voix chrétiennes s'élevèrent pour rejeter la persécution antisémite. Le théologien jésuite Gaston Fessard protesta par exemple contre la diffusion du *Juif Süss*, « ce film si antichrétien et si peu français », en mai 1941[16]. Mais il revint avant tout à *Témoignage chrétien* d'incarner le refus. En novembre 1941, Pierre Chaillet, entouré de Gaston Fessard, Henri de Lubac et Yves de Montcheuil – trois théologiens de la Compagnie de Jésus –, décida de fonder un périodique exprimant un point de vue chrétien sur la guerre. Le pasteur protestant Roland de Pury et des intellectuels chrétiens tels Robert d'Harcourt, Joseph Hours ou André Mandouze participèrent à ce mouvement qui, outre une dizaine de copieux *Cahiers*, édita un *Courrier français du Témoignage chrétien*, moins volumineux, mais au tirage plus consistant (le numéro 12, consacré au crime d'Oradour-sur-Glane, atteindra en 1944 les 200 000 exemplaires).

Refusant de s'engager sur le terrain politique, *Témoignage chrétien* voulait faire entendre la voix des chrétiens « sur leur plan à eux, qui est celui du règne de Dieu et de sa Justice. Nul opportunisme, nulle crainte charnelle ne peuvent les dispenser de ce témoignage qu'ils doivent opposer à la caricature de la Justice, à la caricature de la vérité, à la caricature, hélas ! de l'honneur », précisait le père Fessard[17]. Cette mission imposait de révéler la nature profonde du nazisme qui, « radicalement opposé au christianisme [...] partout où il domine [...] déchaîne une persécution, aux dehors moins violents, mais plus dangereuse et plus totale encore que le communisme[18] ». Elle amenait à condamner la collaboration, « esclavage que le vainqueur exerce sur le vaincu, dosant sa contrainte, sa "générosité" et ses punitions suivant que l'esclave rend plus ou moins et accepte de plus ou moins bon cœur sa situation de fait ; et l'adhésion à l'"ordre nouveau", c'est en réalité la reconnaissance de la valeur des principes spirituels de la "conception du monde" nationale-socialiste d'après laquelle l'Europe devra s'organiser demain sous la domination de l'Allemagne[19] ». Elle conduisait enfin à dénoncer la persécution antisémite, à laquelle le mouvement consacra ses VI^e^ et VII^e^ *Cahiers*, en avril-mai 1942. « Chrétiens, nous avons le devoir urgent de témoigner devant tous nos frères, suivant les principes imprescriptibles de notre foi, que l'antisémitisme est incompatible avec le christianisme. En témoignant contre l'antisémitisme pour la vérité et la justice, nous témoignons pour le Christ. De ce témoignage, aucune autorité temporelle ne peut nous dispenser, aucune autorité spirituelle ne peut nous faire grief[20]. » Dans cette croisade spirituelle, Témoignage chrétien mesurait sa solitude face aux silences de la hiérarchie catholique ; mais il évaluait sa mission à l'aune de l'histoire. « Au jour de la défaite hitlérienne, qui sera sans doute, pour nos antisémites joyeux d'aujourd'hui, en même temps qu'une amère déception, un jour de deuil "national", quand les peuples libérés de la servitude feront le bilan de ces années de misère et de gloire, notre témoignage sera compté à l'actif de la tradition française qui n'aura pas démérité de ses conquêtes spirituelles passées ni douté de son avenir[21]. »

La tradition républicaine, patriotique, humaniste et démocratique, enfin, offrait des repères pour s'opposer à l'antisémitisme d'Etat. La résistance, en ses débuts, en fit un usage modéré, préférant, plutôt que de viser le cœur du problème, l'attaquer par sa périphérie. Elle se borna pour l'essentiel à stigmatiser la haine d'une propagande contraire à la tradition nationale en évitant, on l'a dit, de diviser l'opinion publique. Elle dénonça également les premières rafles et les désastreuses conditions d'internement dans les camps. En février 1942, *Libération*-sud s'insurge, par exemple :

> Il faut que les Français le répètent, le crient. On veut ramener leur patrie à la plus immonde barbarie. On traque, on arrête, on affame, on tue, entre autres, des milliers de malheureux qui ont commis le crime de naître juifs. La situation des israélites dans la zone occupée est un véritable enfer. Les camps de Drancy et de Compiègne sont pleins de prisonniers juifs, pris comme otages. On vient d'arrêter à Paris plusieurs centaines d'israélites anciens combattants, mutilés et décorés. On a massacré à Paris, à la mitrailleuse, quatre-vingt-quinze otages israélites.
>
> Est-il admissible d'entendre certains pseudo-Français dire : « Après tout, ce ne sont que des communistes ou des juifs[22] » ?

Ces protestations, pourtant, restèrent rares, jusqu'à la mi-1942 tout du moins. Du coup, en optant pour la prudence, « les mouvements de Résistance renonçaient à exercer un rôle de direction idéologique ou spirituelle sur la question de l'antisémitisme, préférant se plier aux tendances qu'ils soupçonnaient d'être fortement ancrées dans l'opinion », note l'historienne Renée Poznanski[23]. La lutte, sur ce terrain, fut d'abord conduite par une frange du monde chrétien et une partie de la galaxie communiste. En zone nord, la revue communiste *L'Université libre*, qu'avaient fondée en 1940 Jacques Decour, Georges Politzer et Jacques Solomon, fut, de longs mois durant, la seule publication en France occupée à mener une propagande antiraciste et à s'opposer ouvertement à toute discrimination, y compris à l'égard des juifs étrangers[24]. Au sud, *Témoignage chrétien* fut l'unique organe à accorder à cet enjeu une place éminente.

### *De l'assistance au sauvetage*

Si des plumes engageaient la bataille sur le terrain de l'éthique, des hommes combattirent sur le sol plus concret des actes. Les organisations juives, tout d'abord, s'employèrent dès l'été 1940 à structurer l'assistance. Rassemblant les formations bundistes, socialistes, sionistes, ainsi que l'Œuvre de secours aux enfants (OSE), un comité, dit « de la rue Amelot », ouvrit ainsi quatre cantines, un dispensaire et un vestiaire destinés à secourir une population que l'exclusion et la spoliation avaient soudainement appauvrie. Tout en conservant une façade légale, le Comité juif assista également les individus qui passaient en zone libre, cacha des enfants dans des familles d'accueil et offrit des secours matériels aux proscrits[25]. Des organisations s'efforcèrent, par ailleurs, d'adoucir les conditions de captivité qui régnaient dans les camps de zone sud. Associant organisations juives et chrétiennes et placé sous la présidence d'un Américain, Donald Lowry, le Comité de Nîmes se chargea de coordonner l'aide apportée aux internés. Le Comité d'aide aux réfugiés (CAR), une organisation juive, assista également les réfugiés de zone sud. De même, le Comité inter-mouvements auprès des évacués (Cimade), fondé en 1939 par des mouvements protestants afin de soutenir les réfugiés alsaciens-lorrains, se pencha sur le sort des captifs. Tout en installant des missions dans la plupart des camps, il cherchait à les exfiltrer, puis essaya d'organiser leur passage clandestin en Suisse. L'OSE, enfin, s'occupa des enfants, qu'ils fussent internés dans les camps ou eussent été séparés de leurs parents. A la fin de 1941, elle gérait 17 maisons (dont 3 en zone nord) et avait veillé, dans l'année, sur le sort de 6 700 enfants. La menace se précisant, elle les confia progressivement à des familles d'accueil plutôt que de les garder dans les homes qu'elle gérait[26].

L'intensification de la persécution antisémite amena à comprendre qu'un péril mortel menaçait les juifs de France. L'impératif de sauvetage, qui visait à cacher les personnes menacées, prima alors sur les logiques de l'assistance ou de la solidarité – qui ne visait qu'à soulager la détresse des proscrits. Certaines organisations cherchèrent à préserver les juifs du péril qui les guettait soit en encourageant leur départ, soit en les cachant. La domination allemande sur le continent comme l'entrée en guerre des Etats-Unis rendirent toutefois l'émigration hautement aléatoire : l'Espagne ou la Suisse étaient les seules destinations possibles ; 6 449 personnes parvinrent néanmoins à prendre le chemin de l'exil entre 1940 et 1942[27]. Le gros de la communauté juive, en revanche, échappa à la mort en se cachant, grâce à l'aide apportée par des milliers de Français. Encore fallait-il qu'ils se sentissent soutenus, alors même que « l'idée que les immigrés, non exclusivement mais surtout les juifs, posaient un problème grave à l'Etat était communément admise[28] ».

De ce point de vue, l'obligation du port de l'étoile jaune, en mai 1942, puis les rafles de l'été 1942, à commencer par la terrible rafle du Vél'd'Hiv des 16 et 17 juillet 1942, provoquèrent un choc dans l'opinion publique.

« Bien que la population française soit dans son ensemble et d'une manière générale assez antisémite, elle ne juge pas moins sévèrement ces mesures qu'elle qualifie d'inhumaines.

« Les raisons de cette désapprobation reposent en grande partie sur les bruits qui circulent actuellement d'après lesquels les familles seraient disloquées et les enfants âgés de moins de 10 ans confiés à l'Assistance publique.

« C'est cette séparation des enfants de leurs parents qui touche le plus les masses françaises et provoque des réactions qui se traduisent par des critiques sévères à l'égard du gouvernement et des Autorités occupantes », avouait la préfecture de police dans un rapport du 17 juillet 1942[29].

De fait, « les scènes bouleversantes qui se déroulèrent en zone occupée puis en zone sud émurent la population ; les terribles épreuves imposées à des tout-petits, victimes d'un acharnement incompréhensible, avaient effacé – ou relégué dans l'ombre – bien des préjugés », souligne Renée Poznanski[30].

Cette émotion fut exprimée, relayée et amplifiée par quatre prélats de la zone sud qui s'élevèrent avec vigueur contre la persécution antisémite. Malgré son état physique, l'archevêque de Toulouse, Mgr Saliège, « dont la maladie écrasait un corps déjà trapu de nature, le serrait impotent dans un fauteuil, paralysé jusqu'à la bouche[31] », adressa ainsi une lettre pastorale qui fut lue dans les églises le 23 août 1942.

> Que des enfants, des femmes, des hommes, des pères et des mères soient traités comme un vil troupeau, que les membres d'une famille soient séparés les uns des autres et embarqués pour une destination inconnue, il était réservé à notre temps de voir ce triste spectacle.
>
> [...] Les juifs sont des hommes, les juives sont des femmes. Tout n'est pas permis contre eux, contre ces hommes, contre ces femmes, contre ces pères et ces mères de famille. Ils font partie du genre

humain ; ils sont nos frères comme tant d'autres. Un chrétien ne peut l'oublier[32].

L'évêque de Montauban, Mgr Théas, l'archevêque de Lyon, le cardinal Gerlier, l'évêque de Marseille, Mgr Delay, firent également lire des lettres de la même veine dans leur diocèse, suscitant un émoi considérable. Car « c'était la première fois, depuis 1940, qu'une personnalité publique critiquait ouvertement le gouvernement[33] ». L'Etat français essaya, en vain, de réduire les prélats au silence en demandant par exemple aux préfets d'exercer des pressions pour les dissuader d'intervenir. De fait, il évaluait lucidement le danger : ces prises de position légitimaient l'aide que les civils pouvaient apporter aux juifs en leur offrant une caution théologique et morale ; elles dressaient donc de nouveaux obstacles sur la voie de la collaboration et du maintien de l'ordre.

Quoi qu'il en soit, les réactions devinrent plus vives à partir de 1942. Elles répondaient parfois dans l'urgence à une situation jugée inadmissible. Le général Saint-Vincent, commandant militaire de la région de Lyon, refusa par exemple de fournir des soldats pour maintenir l'ordre pendant l'embarquement de 650 juifs de la ville. Il fut immédiatement placé à la retraite d'office[34]. Surtout, le sauvetage des juifs tendit, au fil du temps, à s'organiser de façon plus structurée. Si les Eclaireurs israélites de France (EIF) s'étaient maintenus dans la légalité, trois permanents – Henri Wahl, Ninon Weil-Hait et Denise Lévy – aidèrent les juifs à échapper à leurs bourreaux, mouvement qui s'amplifia après que le commissaire aux Questions juives, Darquier de Pellepoix, eut procédé, le 5 janvier, à la dissolution des EIF[35]. De même, le pasteur André Trocmé, fondateur du collège cévenol du Chambon-sur-Lignon, hébergea dans son établissement et dans des familles d'accueil des centaines de juifs, sans doute 2 500, aidé par la Cimade, les pasteurs des paroisses voisines et certains maires qui fournirent des faux papiers[36]. A Lyon, l'Amitié chrétienne, une structure associant catholiques et protestants, passa également à l'action. Placée sous le patronage du pasteur Boegner et du cardinal Gerlier, animée, entre autres, par le père Chaillet, l'abbé Glasberg et Jean-Marie Soutou, elle se dépensa sans compter pour soustraire les enfants à la déportation et en cacha notamment 108 après la grande rafle de Vénissieux d'août 1942[37]. Des communautés religieuses jouèrent aussi un rôle crucial. Dès la fin de 1942, l'institution de Notre-Dame-de-Massip, à Capdenac (Lot), accueillit 6 enfants de la région toulousaine, auxquels s'ajoutèrent 40 venus de Mende, Clermont-Ferrand, Brive, Albi et Rodez en octobre 1943, puis 15 autres en 1944. Répondant à la sollicitation du secrétariat des œuvres catholiques de l'archevêché de Toulouse, sœur Denise Bergon et Marguerite Roques sauvèrent au total 83 personnes abritées dans ce couvent[38]. Enfin, l'OSE déploya une grande énergie pour sauver les enfants que Georges Loinger, à la tête du réseau Bourgogne, fit par exemple passer en Suisse entre septembre 1943 et juillet 1944[39].

Cela posé, la majorité des juifs furent secourus par des gens ordinaires que révoltait le sort réservé à ces hommes, à ces femmes et à ces enfants. Pour la France, le mémorial israélien de Yad Vashem a distingué environ 2 000 Justes des nations[40], mais ce titre n'honore qu'une minorité des milliers d'anonymes qui aidèrent les proscrits à se dissimuler ou à franchir la frontière franco-suisse. Ne forçons cependant pas le trait en assimilant les juifs à des mineurs incapables de prendre leur destin en main. Beaucoup se sauvèrent eux-mêmes, en mobilisant leurs relations familiales, professionnelles ou amicales pour se mettre à l'abri, en zone libre souvent, dans la zone d'occupation italienne à partir de novembre 1942, voire en Suisse. Plusieurs juifs lensois payèrent par exemple des passeurs pour s'enfuir au pays de Calvin sans que des organisations ne les épaulent. Nombre de juifs, par ailleurs, luttèrent dans les mouvements, les réseaux ou les formations de la France libre, bien qu'ils n'aient jamais tenté d'infléchir « la politique de leurs mouvements dans le sens d'une action visant à sauver les juifs[41] ». Au total, la mobilisation des juifs et d'une partie de la société française empêcha les architectes de la Solution finale de parvenir à leurs fins, comme le suggère le rythme des déportations. Si le Reich, aidé par le pouvoir vichyste, avait réussi à déporter 41 951 juifs dans les huit derniers mois de 1942, le chiffre chuta à 17 000 en 1943, puis à 16 000 en 1944[42] ; 11 600 enfants juifs subirent l'enfer de la déportation ; mais 72 400 échappèrent à la mort[43].

Pourtant, les Français avaient obéi au mouvement de leur cœur ou de leur raison plus qu'ils n'avaient déféré aux consignes de Londres ou de la résistance intérieure. Certes, quelques feuilles appelèrent, à partir de 1942, à opter pour la clandestinité. « Ne pas attendre les bandits nazis à la maison. Prendre toute mesure de camouflage. En premier lieu, mettre les enfants à l'abri avec l'aide de la population française solidaire. Assurer sa propre sécurité, se joindre à une organisation patriotique de combat, afin de frapper l'ennemi sanguinaire. Au cas où l'on est pris par les brutes nazies, résister par tous les moyens, barricader les portes, appeler au secours, se battre contre la police, qu'y a-t-il à perdre ? On peut, par contre, avoir la vie sauvée. *Il faut chercher par tous les moyens et partout à s'enfuir* », recommandait *Undzer Vort* en mars 1943[44].

Mais ni la BBC ni la presse clandestine ne placèrent la lutte contre la déportation raciale au faîte de leurs priorités, bien que le Comité national français eût pris officiellement position le 7 août 1942. « Il dénonce devant l'opinion des pays libres l'atteinte inouïe portée ainsi à la souveraineté et à l'honneur de la France par un gouvernement aux ordres de l'étranger. Il constate qu'en se rendant coupable, sur l'ordre de l'Allemagne, d'une violation si monstrueuse du droit d'asile, du droit des gens et de toute tradition morale et juridique française, le gouvernement de Vichy a détruit de ses propres mains la fiction de son autonomie et réduit à néant sa prétention de représenter la France aux yeux des nations qui ont encore le souci des valeurs de notre civilisation[45]. » L'identité des victimes n'était cependant pas clairement rappelée et le Comité national français instrumentalisa l'enjeu raciste pour miner la légitimité de l'Etat français. De même, quand un juif était assassiné, la BBC évoquait aussitôt le sort identique infligé à un chrétien. « Cet entêtement à désigner les victimes en oblitérant ce qui les avait précisément transformées en victimes interdit dans de nombreux cas de singulariser le sort des Juifs de France[46]. » Surtout, la déportation en vint progressivement à désigner la transplantation des travailleurs requis. A partir de 1943, le sort des juifs disparut progressivement des médias, communistes inclus, et l'intérêt se polarisa sur le Service du travail obligatoire. La lutte contre la persécution antisémite avait mobilisé les organisations juives ou chrétiennes ; mais les mouvements de la résistance intérieure comme les structures de la France libre restèrent largement à l'écart du processus.

L'antisémitisme était loin, au vrai, d'avoir totalement disparu, malgré la tourmente qui emportait la communauté juive de France. Dans un rapport de février 1943 destiné au général de Gaulle,

Henri Frenay recommandait d'éviter que « *le Général soit l'homme qui ramène les juifs.* Bien que notre devoir soit de supprimer toute distinction "raciale", il faut, dans la pratique, tenir compte de l'attitude de la population, qui a effectivement changé depuis deux ans[47] ». En septembre 1943, le commissaire à la Justice, le démocrate-chrétien François de Menthon, rappela au juriste de la France combattante, René Cassin, qu'il se montrait favorable au maintien de la commission de révision des naturalisations instituée par Vichy. « Les naturalisations, trop nombreuses dans les années qui ont précédé la guerre, d'éléments israélites douteux ont donné prétexte à un antisémitisme qui peut poser au jour du retour un certain problème. » Désavoué par une décision du comité juridique, il s'efforça dans une ordonnance d'application d'empêcher les réintégrations automatiques et proposa même de valider les dénaturalisations prononcées par l'Etat français, quitte à autoriser le dépôt de recours[48]. Décidément, les préjugés avaient la vie dure.

Dès lors, force est de constater que la résistance se tut alors même que se perpétrait un génocide d'une ampleur inédite dont les signes, pourtant, se multipliaient, réduisant d'autant le champ de l'ignorance. Ce silence, conclut Renée Poznanski, « a contribué à banaliser l'exclusion des juifs et, sans se risquer à subodorer l'effet sur l'opinion qu'aurait pu avoir un leadership décomplexé de la Résistance se prononçant d'emblée contre toute mesure de persécution des juifs, on peut, *a contrario,* constater l'impact extraordinaire qu'a eu la poignée de lettres pastorales lues en chaire à l'été 1942 – sur les juifs qu'elle a réconfortés, sur l'opinion publique dont elle a légitimé donc consolidé l'indignation, pavant ainsi la voie aux entreprises de sauvetage[49] ». La voix de ces prélats avait porté fort ; mais elle resta bien isolée. Les gloires montantes ou consacrées de l'intelligentsia optèrent pour le mutisme, d'André Gide à Paul Claudel en passant par Jean-Paul Sartre. Et les caciques de la République ne brillèrent en la matière ni par leur courage ni par leur lucidité. Ce fut donc d'une Eglise, pourtant discréditée par son compagnonnage vichyste, que provinrent les seuls cris audibles appelant à lutter contre la persécution.

## 9

# 1943 : les développements de la résistance intérieure

Les relations unissant la résistance intérieure à la France libre furent, d'un bout à l'autre de la guerre, placées sous le signe de l'ambivalence et de la complexité. Les deux forces combattaient pour un même but – hâter la victoire des Alliés et la libération de la France –, ce qui imposait, l'union faisant la force, la coordination de leurs efforts. Mais des arrière-pensées moins avouables les animaient. Si Charles de Gaulle souhaitait contrôler les mouvements, tant pour accroître l'efficacité de l'armée des ombres que pour consolider son pouvoir, une large part de la résistance intérieure rejetait cette tutelle, exigeant d'être traitée par l'homme du 18 Juin en égale, non en subordonnée. Ce hiatus explique les convergences comme les heurts qui opposèrent les deux rives de la Manche. Le tropisme unitaire fut suffisamment puissant pour que les forces clandestines se rassemblent, à l'ombre de la croix de Lorraine, dans le Conseil national de la Résistance que Jean Moulin présida pour la première (et dernière fois) à Paris le 27 mai 1943 ; mais les mouvements, jaloux de leur indépendance, secouèrent le joug à de multiples reprises, ce qui exacerba les tensions qui les opposaient aux services londoniens. La résistance intérieure avait, il est vrai, singulièrement gagné en puissance. Consciente de sa force, elle refusait désormais d'être considérée comme un partenaire secondaire, d'autant que le vent tournait. Après la victoire soviétique de Stalingrad, l'invasion de la Sicile puis de l'Italie et la chute de Mussolini, tout suggérait qu'un débarquement interviendrait en France dans un plus ou moins proche avenir. Dans la libération du pays, la résistance aurait de toute évidence un rôle à jouer, ce qui lui conféra désormais une nouvelle importance.

*Montée en puissance*

Nés spontanément de la défaite ou de l'occupation, les mouvements s'étaient développés sans s'appuyer sur des structures existantes et avaient inventé leurs modes d'intervention. Au fil du temps, ils parvinrent néanmoins à se vertébrer ; à l'improvisation des temps héroïques succédèrent des organisations plus élaborées.

En règle générale, un comité directeur (CD) – dénomination commune à tous les mouvements – veillait désormais à leurs destinées. Il pouvait regrouper, toujours autour d'une forte personnalité, les représentants des principaux partenaires politiques – CGT, CFTC ou CAS pour Libération-sud par exemple[1]. Cette logique inspira également Libération-nord dont l'organe de direction comprenait, au début de 1942, Henri Ribière, Christian Pineau, Jean Texcier et Louis Vallon pour les socialistes, Gaston Tessier pour les syndicalistes chrétiens de la CFTC, Pierre Neumeyer et Louis Saillant pour les syndicalistes communistes ou socialistes de la CGT[2]. La croissance des organisations comme leur expansion géographique incitèrent par ailleurs à élargir les cercles dirigeants pour améliorer la coordination et l'efficacité du combat. Patron de la région Rhône-Alpes, Pierre Gacon rejoignit ainsi le Comité directeur de Franc-Tireur en 1943. En charge du développement de Défense de la France en zone sud, Suzon Guyotat fut dans la même veine cooptée à son cercle dirigeant. D'autres mouvements, à l'inverse, privilégièrent des modes de fonctionnement plus lâches. Patron de Ceux de la Résistance, Jacques Lecompte-Boinet refusa une « organisation trop hiérarchisée qui lui paraissait dangereuse en zone nord. Il voulait une organisation souple, fragmentée, de très petits groupes – de six à huit adhérents – dont les chefs seraient reliés à un chef régional, lui-même en rapport avec le chef national[3] ».

Au sud, la création des Mouvements unis de Résistance (MUR), en janvier 1943, surimposa cependant à ce premier échelon décisionnel une nouvelle structure de commandement. Présidé par Jean Moulin, le Comité directeur associa, dans une première phase,

Henri Frenay, commissaire aux Affaires militaires (Armée secrète, groupes francs, maquis), Emmanuel d'Astier de La Vigerie, commissaire aux Affaires politiques, ainsi qu'un représentant de Franc-Tireur (Jean-Pierre Levy ou Eugène *Claudius*-Petit), commissaire aux Renseignements et aux moyens matériels chargé en outre des relations avec les mouvements de prisonniers[4]. Si chaque formation conservait sa presse et les services qui lui étaient associés (imprimeries, ateliers de composition, diffusion...), les autres organismes fusionnèrent, ce qui aboutit à déposséder les « comités directeurs de leur pouvoir de décision au niveau des MUR[5] ».

Sur un tout autre plan, la multiplication des services obligeait à modifier les organigrammes. Ceux de la Résistance créèrent ainsi un service de liaisons et de faux papiers vers mars-avril 1943, ainsi qu'un service d'Action ouvrière afin d'aider les réfractaires et d'organiser les sabotages. Défense de la France, pour sa part, était jusqu'à la fin de 1942 informellement pilotée par un petit groupe de pionniers dominé par Philippe Viannay. La création de branches nouvelles – faux papiers, diffusion, corps francs... – conduisit à remanier son état-major. Charlotte Nadel pour la composition, Jacques Lusseyran et Jacques Oudin pour la diffusion, Bernard Lebon pour les faux papiers... furent alors invités à rejoindre un premier cercle dont on ne saurait exagérer le formalisme. « On discutait de tout sans ordre du jour. On discutait des événements, de De Gaulle, de Pétain. On blaguait », rapporte Robert Salmon, membre du trio dirigeant. « A ma grande détresse, raconte Jean-Daniel Jurgensen, troisième homme de la troïka, les Comités se passaient la nuit. A partir de minuit, une heure, moi, j'avais de plus en plus tendance à donner raison à Philippe [Viannay] pour que l'on puisse dormir. C'était une espèce d'atmosphère très folklorique, très cordiale. On criait un peu, on discutait, on réglait des tas de détails[6]. »

Cette ambiance conviviale ne doit cependant pas voiler la réalité, voire la violence des oppositions. Certes, en règle générale, les chefs tenaient fermement la barre. « Rien ne fut plus hiérarchisé que la Résistance. Aucune société ne fut plus stratifiée que cette société à moitié souterraine », rappelle ainsi Charles d'Aragon, responsable départemental de Combat pour le Tarn[7]. Le processus de décision, d'essence démocratique, « se coule dans un cadre qui est bien à coloration monarchique, si l'on entend par là le gouvernement d'un seul aidé et entouré de conseillers », relève pour sa part l'historien Laurent Douzou[8]. La prééminence du chef était d'autant plus grande que la clandestinité incitait à ne pas multiplier les réunions. Les comités directeurs ne jouaient donc, le plus souvent, qu'un rôle limité. A partir de l'automne 1942, celui de Libération-sud fut par exemple progressivement écarté des décisions : les représentants du monde politique et syndical souhaitèrent reprendre leur indépendance et le mouvement suivit une pente qui lui était propre.

Mais le pouvoir des chefs était parfois contesté. Jean-Jacques Soudeille accusa par exemple Jean-Pierre Levy, qui avait rencontré le général La Laurencie au printemps 1942, de placer Franc-Tireur devant le fait accompli et lui reprocha des tendances dictatoriales. Il démissionna alors du Comité directeur. De même, Jean Cavaillès, partisan d'une action militaire que récusaient les cadres syndicalistes de Libération-nord, quitta la direction du mouvement en juillet 1943, préférant conserver, *via* le réseau Cohors, la haute main sur le renseignement et l'action immédiate[9]. Enfin, on l'a déjà mentionné, le trouble provoqué par ses entretiens avec Pierre Pucheu obligea Henri Frenay à entreprendre une tournée dans les six régions de zone sud pour rassurer des cadres régionaux ébranlés par ce qu'ils assimilaient à une compromission inacceptable. Loin d'être absolu, le pouvoir dont jouissaient les dirigeants était donc limité par le consensus que la stratégie suivie devait inspirer. A défaut, l'opposition conduisait à des heurts, parfois à des départs sur fond de mésententes ou de rivalités personnelles.

Les conflits furent particulièrement aigus au sein des cercles dirigeants des Mouvements unis de Résistance (MUR). Aux enjeux de pouvoir se mêlaient des divergences essentielles. Patron du mouvement le plus puissant, Frenay admit difficilement de sacrifier sa prééminence sur l'autel de l'unité. La nomination des chefs de service et des responsables régionaux ou départementaux provoqua donc des heurts qui l'opposèrent surtout à Jean Moulin ou à Emmanuel d'Astier. On ne saurait, pourtant, réduire ces antagonismes à un choc d'ego, tant les désaccords stratégiques pesaient lourd. Moulin plaidait ainsi pour la séparation du politique et du militaire et exigeait de contrôler l'Armée secrète ; parfois épaulé par d'Astier, Frenay refusait que le commandement de l'AS échappe à la résistance intérieure, récusait la dissociation du civil et du militaire et demandait que les décisions soient prises en métropole, au plus près du terrain, et non à Londres, trop éloignée du théâtre des opérations. « Ce débat, souvent orageux et pénible, sera repris pendant plusieurs séances au comité directeur[10] » sans pour autant être réglé par un compromis satisfaisant pour l'ensemble des parties.

Affaiblis par les départs ou par les arrestations, les cercles dirigeants furent souvent remaniés durant les quatre longues années d'Occupation. Si 92 personnes composent au total le « Centre » de Libération-sud durant les années sombres, sur les 7 membres initiaux de 1940, aucun ne demeure en fonction en 1943. Sur cette petite centaine de cadres, 56 quittent le premier cercle avant la Libération, en raison des arrestations (41) ou pour d'autres motifs (15)[11] – une proportion impressionnante. Car aux désaccords ou aux dissentiments personnels s'ajoutaient les ravages de la répression. En mars 1943, le patron de Ceux de la Libération, Maurice Ripoche, fut arrêté ; son remplaçant, Roger Coquoin, fut gravement blessé par balle lors de son interpellation en décembre 1943. Appelé à lui succéder, Gilbert Védy *(Jacques Médéric)*, sitôt débarqué, fut intercepté le 21 mars 1944 par la police française et se suicida en avalant sa pilule de cyanure[12]. Dernier chef de CDLL, enfin, le colonel Ginas fut à son tour arrêté en 1944, épilogue de cette longue série noire. « Il est difficile de trouver mieux comme hécatombe de chefs », conclut l'historien Henri Michel[13]. Défense de la France, à l'inverse, parvint à maintenir la quasi-totalité de son équipe dirigeante entre 1941 et 1944. En la matière, il relève de l'exception plutôt que de la règle.

Quoi qu'il en soit, les mouvements, à la mi-1943, avaient réussi à se structurer. Dotés d'une organisation capable et solide, ils s'étendaient également géographiquement.

Au sud, les trois principaux mouvements, entre 1940 et 1942, s'émancipèrent de leurs bastions originels pour conquérir d'autres espaces, dynamique qu'amplifia la création des Mouvements unis de Résistance. Désormais, en effet, départements et régions étaient soumis à un directoire de trois membres où siégeaient les représentants de Combat, de Franc-Tireur et de Libération-sud. Si Combat obtint le commandement de 5 régions sur 6, la région lyonnaise (R1) échut à Libération, qui nomma d'abord Alfred Malleret-*Joinville*, auquel succéda en janvier 1944 Auguste Vistel *(Alban)*. La dynamique lancée par la fondation des MUR fut sans doute fructueuse, quoique inégale. Dans le Massif central (R6), la stabilité du noyau dirigeant soudé autour du chef régional de Combat, le médecin Henry Ingrand, servit l'activisme des Mouvements unis ainsi que leur recrutement ; en Provence-Côte d'Azur (R2), en revanche, les arrestations opérées entre mars et mai 1943 par les services allemands et italiens décapitèrent le commandement à peine investi des MUR, ce qui nuisit à leur implantation.

Au nord, la croissance spatiale resta jusqu'à l'orée de 1944 subordonnée à l'initiative des seuls mouvements qu'aucune structure fédérative ne coiffait. Pour étendre son emprise, Défense de la France envoya des émissaires en province, en Bretagne comme en Franche-Comté. Entre 1942 et 1944, DF parvint ainsi à regrouper quelque 800 membres en Bretagne[14] et environ 500 dans la région Est – des chiffres non négligeables[15]. L'Organisation civile et militaire (OCM) décida pour sa part de nommer un responsable dans chaque département, puis dans chaque région. Marc O'Neill veilla ainsi aux destinées de la région parisienne, Roland Farjon du Nord-Pas-de-Calais, tandis que Rollot et André Grandclément enracinaient le mouvement dans la région de Bordeaux. En avril 1943, la formation de Maxime Blocq-Mascart revendiquait près de 5 000 hommes pour la région parisienne[16] et 2 200 pour celle de Reims[17], chiffres qui, tout en signant une réelle croissance, mériteraient sans doute d'être affinés. Ceux de la Résistance, enfin, se développèrent en Normandie, en Champagne ainsi qu'en Franche-Comté. Ils bénéficièrent en Lorraine du rattachement, fin 1943, du petit mouvement Défense de la Patrie que négocia l'un de ses animateurs, Jean Braun *(Durthal, Aumont)*[18].

Ainsi, les grandes formations clandestines, loin de suivre une optique malthusienne, optaient délibérément pour l'expansion. Elles exerçaient même une réelle attraction sur les mouvements plus modestes, qui, faute de moyens ou de dynamisme, végétaient.

Plusieurs organisations demandèrent à être incorporées dans des mouvements plus puissants. Ebranlée par une série d'arrestations et dépourvue de moyens, la Voix du Nord fut, en décembre 1942, rattachée pour l'organisation à Libération-sud, pour le renseignement à Libération-nord, avant d'être *in fine* coiffée par le seul mouvement nordiste ; elle conserva cependant son autonomie, tant pour le journal que pour le Nord, son département d'origine[19]. De même, de petits groupes s'incorporèrent à Défense de la France, en Bretagne comme dans le Poitou, processus qui suscita parfois d'âpres débats, comme le confirme la scission qui se produisit au sein des Volontaires de la Liberté (VdL).

En mai 1941, quelques étudiants, surtout des khâgneux des lycées Henri-IV et Louis-le-Grand, avaient formé une petite organisation qui entendait exclusivement se vouer à la propagande, estimant, selon les termes de l'un de ses animateurs, Pierre Cochery, qu'il ne fallait pas se lancer dans une forme d'activisme « au-delà de nos capacités, sans que cela n'implique de notre part un quelconque mépris d'intellectuels aux mains blanches pour les autres. Chacun son métier[20] ». Fidèles à cette ligne, les Volontaires éditèrent, de mai 1941 à août 1944, une centaine de bulletins tirés à quelques milliers d'exemplaires. Or, certains militants, brûlant d'en découdre, contestaient cette approche. En janvier 1943, quelque 40 membres décidèrent de scissionner et négocièrent leur rattachement à Défense de la France, le reste suivant la ligne originelle aux côtés de Jean-Louis Bruch et de Pierre Cochery.

S'ils exerçaient une réelle attraction, les grands mouvements, à l'inverse, pâtissaient parfois de forces centrifuges. En mars 1942, Georges Dunoir et ses amis quittèrent Franc-Tireur : ils avaient exigé un droit de regard sur le contenu du journal et demandé un durcissement anticlérical de son ton, ce que Jean-Pierre Levy avait refusé. Du coup, les dissidents partirent fonder un périodique, *Le Coq enchaîné*[21], qui, entre avril 1942 et la Libération, publia 11 bulletins de 4 pages[22].

La résistance intérieure misait donc sur une expansion spatiale que ses phalanges les plus valeureuses parvenaient à conduire. Elle ne put en revanche jamais réellement abolir les effets de la ligne de démarcation. Henri Frenay avait, on l'a vu, rêvé de s'implanter en zone nord ; ses efforts tournèrent court, mais ce n'est qu'en « mars 1943 que la rupture sera tout à fait claire et définitive, connue et acceptée[23] ». De même, les deux Libération tentèrent de coopérer en misant sur la proximité de leurs cercles dirigeants et les convergences idéologiques qui les rapprochaient. Début août 1942, elles établirent une liaison hebdomadaire et leurs contacts, jusqu'alors confidentiels, furent rendus publics le 10 décembre 1942. Mais les synergies restèrent limitées et Libération-sud, dans cette entreprise, ne fut pas plus heureuse que son rival

Combat. Au total, le processus d'expansion ne se métamorphosa jamais en processus de nationalisation, bien que l'extension des services de la résistance intérieure eût conforté l'emprise géographique des mouvements.

Car les mouvements, dans le même temps, structuraient et développaient leurs services.

*De la monovalence à la polyvalence*

Nés, pour beaucoup, autour d'un journal clandestin, ils renforcèrent d'abord sa fabrication et sa diffusion. A partir du début 1942, Léon Morandat *(Yvon)* prit en charge l'impression et la diffusion de *Libération*-sud avant d'en passer les rênes à Jules Meurillon. Ce dernier s'appuya sur un réseau d'imprimeries qui acceptaient en 1943 de consacrer cinq ou six jours de travail continu pour répondre à une demande croissante. En septembre 1943, le mouvement déboursa même 116 000 francs pour acquérir en propre une imprimerie à Auch. L'impression, par ailleurs, se professionnalisait : le journal était désormais composé sur des clichés de zinc que fabriquait Francisque Vacher, photograveur au *Progrès de Lyon*[24]. De même, Franc-Tireur confia en mars 1942 les destinées de son journal à Georges Altman, journaliste au *Progrès de Lyon*, qui, épaulé par Elie Péju, veilla à son contenu, à sa fabrication et à sa diffusion. Combat, pour sa part, poursuivait son développement grâce à André Bollier *(Vélin)*, qui se chargea de l'impression. Ce dernier recourut d'abord au service d'imprimeurs professionnels qui tiraient un « même numéro, composé à Lyon, puis expédié sous forme de zincs réalisés par photogravure », ce qui les rendaient aisément transportables. Soucieux de son autonomie, il acquit en novembre 1942 une première presse, suivie, en avril 1943, d'une presse à pédale Minerve qui fut installée rue Viala, à Lyon[25]. La fondation des MUR ne bouleversa guère ce schéma : chaque formation conserva le contrôle sur son journal et les services qui lui étaient associés.

Au nord, Défense de la France avait opté pour l'autarcie et persévéra dans cette voie. En avril 1943, le mouvement se dota d'une Teisch, une puissante machine, abritée d'abord dans un garage situé rue de Sèvres à Paris, puis installée à partir de juillet 1943 aux établissements Larbodière que dirigeait le couple Rousseau, parents de deux adhérentes, Denise et Marie-Solange. Hormis les heures de tirage, la machine, placée dans le local des expéditions, était recouverte d'une énorme caisse que manœuvrait un système de poulies. Grâce à Jacques Grou-Radenez, un imprimeur, et à Alain Radiguer, gérant de la fonderie Caslon, DF acquit en octobre 1943 une Crafftmann, installée dans un lavoir désaffecté que tenait rue Guéménée, à Paris, Mme Cumin, une vieille dame de 84 ans. Au printemps 1944, Défense de la France acheta *la Grosse Margot*, une presse qui pesait plus de 6 tonnes. Elle fut cachée dans une maison louée pour l'occasion rue Jean-Dolent, dans le XIV^e^ arrondissement. Par ailleurs, le mouvement prit soin, pour des motifs de sécurité, de dissocier ses imprimeries de ses ateliers de clichage et de composition, ce qui lui permit de préserver son potentiel quasiment intact jusqu'à la Libération[26].

Afin de protéger ses membres des foudres de la répression, les mouvements avaient par ailleurs songé à les munir de faux papiers. Au départ, ils se contentèrent d'exploiter les complicités dont ils disposaient dans les administrations ou dans les mairies. Dans la Drôme, une officine ravitailla par exemple Franc-Tireur dont l'équipe locale était largement composée d'employés municipaux[27]. Mais la croissance des effectifs, la multiplication des arrestations tout comme les menaces qui très vite pesèrent sur les juifs et les requis du STO amenèrent à changer de braquet. Au sud, Libération avait créé un service *ad hoc* qui, à partir de 1942, se développa sous la houlette de Pierre Kahn-Farelle, un industriel parisien de 36 ans, et mobilisa une douzaine de permanents. Avec la création des MUR, il se métamorphosa en Service national de l'identité et des faux papiers et servit à l'ensemble des mouvements fédérés[28]. Au nord, Défense de la France avait confié en février 1942 au couple que formaient Monique Rollin et Michel Bernstein le soin de développer un atelier de faux. Les débuts furent pour le moins laborieux, bien que Michel Bernstein, un libraire parisien spécialisé dans l'histoire économique et sociale, eût été familier des questions d'impression. Les lettres étaient dessinées à l'encre à polycopier dans un cercle, puis reportées sur une pâte, la gélatine. Mais ce procédé ne permettait de produire que 50 documents par semaine. De plus, l'amplification de la répression obligeait à fournir, outre la carte d'identité, d'autres documents – certificats de travail ou de démobilisation, *ausweis* et permis de conduire...

Ces impératifs amenèrent à recourir au système de la photogravure. Ce procédé consiste à photographier, en les agrandissant, les modèles que l'on souhaite reproduire. A partir de cette matrice, le photograveur établit le cliché sur une plaque de zinc en mettant les dessins ou les agrandissements au format requis. La gravure s'effectue ensuite à l'eau-forte, c'est-à-dire à l'acide nitrique. Les clichés étaient alors transmis à l'imprimerie pour les papiers, à l'atelier des faux pour les tampons. On fabriquait les cachets en prenant une empreinte en caoutchouc sur le cliché.

Simple dans son principe, cette technique se révélait complexe dans son application. Il fallait en effet trouver un photograveur, disposer de différents modèles de tampons, obtenir des feuilles de caoutchouc en quantité suffisante... Ces obstacles furent progressivement levés. Un photograveur, Emile Courmont, accepta d'épauler le mouvement. Un autre photograveur, Marcel Guichardot, établit les dessins. Georges Boisseau, adjoint au maire de Clichy-sur-Seine, écrivit sous des prétextes futiles à de nombreuses communes qui, dans leurs réponses, apposaient toujours leur timbre. Alain Radiguer, de la fonderie Caslon, fournit caoutchouc, caractères et presse à vulcaniser. Les formulaires comme les timbres nécessaires à l'établissement des cartes d'identité, enfin, s'achetaient librement dans les débits de tabac. Défense de la France put ainsi répondre à l'accentuation de la demande. En juillet 1943, Philippe Viannay réclamait au couple Bernstein 125 tampons par semaine ; en août, il en exigeait 200. Au total, l'atelier des faux produisit, sur l'ensemble des années noires, quelque 12 000 unités, ce qui permit de satisfaire en quantité comme en qualité des exigences croissantes. Le mouvement fournissait cartes grises et permis de conduire, attestations d'employeurs et cartes d'étudiant, certificats de recensement et de démobilisation. Michel Bernstein imitait les cachets de mairie comme les aigles allemandes, le visa de la préfecture de police comme les timbres des Feldkommandantur. Il alla même jusqu'à fabriquer un faux timbre Philippe Pétain pour expédier gratuitement les journaux !

Les faussaires devaient procéder avec méthode. « Il convenait que le domicile fût vérifiable et nécessairement distinct du lieu qui nous servait de bureau, où une fouille de la police pouvait découvrir des documents accablants. L'identité elle-même, au sens strict du mot, ne présentait d'intérêt réel que pour autant que le nom et le lieu de naissance correspondaient à ceux d'un registre d'état civil tenu dans les mairies. Le procédé d'assigner les naissances hors de France, en pays d'outre-mer ou dans des mairies détruites par la guerre, déjà trop pratiqué par la Résistance, provoquait des doutes chez les policiers informés », précise un envoyé de Londres, Francis-Louis Closon[29]. Monique Rollin et Michel Bernstein triomphèrent de ces obstacles, mais durent s'astreindre à une discipline de fer. De février 1942 à juin 1944, Michel Berstein ne sortit qu'une dizaine de fois de son appartement et limita les liaisons au strict nécessaire. Seule la secrétaire générale de Défense de la France, Génia Gemähling, ravitaillait le couple, Monique Rollin se chargeant de livrer les tampons et d'assumer les relations avec les fournisseurs[30].

De même, les mouvements développèrent leurs services de renseignements (SR) afin d'assurer leur sécurité et d'offrir aux Alliés des informations portant à la fois sur le dispositif militaire allemand et sur la situation intérieure de la France. A partir de mai 1942, Franc-Tireur créa un SR que dirigea en personne Jean-Pierre Levy. A Combat, Jean Gemähling avait assumé cette fonction. A la suite de son arrestation, il avait dû, entre novembre 1941 et mars 1942, suspendre son activité. Il la reprit à sa libération, épaulé par l'écrivain Benjamin Crémieux. Lors de la fondation des MUR, il assuma, pour les trois mouvements fédérés, la direction du Service de renseignements qu'il structura en trois branches : le SR-Mil collectait la documentation militaire relative aux Allemands ; le SR-Pol rassemblait les informations d'ordre politique ; le SR-Sec[urité], enfin, formait « une sorte de réseau de contre-espionnage » destiné à protéger les formations clandestines des rigueurs de la répression, en les prévenant, par exemple, d'éventuelles arrestations[31].

Les mouvements nordistes, pour leur part, assignèrent en règle générale un rôle majeur au renseignement. A l'OCM, le lieutenant-colonel Touny, puis Marcel Berthelot *(Lavoisier)*, un agrégé d'allemand qui, ancien attaché à l'ambassade de France à Berlin, avait *de visu* constaté les méfaits du nazisme, centralisaient les informations qu'ils transmettaient aux Alliés. Jusqu'en mars 1942, Georges Savourey dirigea les SR de Ceux de la Libération avec d'autant plus d'efficacité qu'il travaillait en bonne intelligence avec le SR

Air de l'Etat français. Le renseignement joua en revanche un rôle plus marginal à Libération-nord et à Défense de la France, qui, au départ tout du moins, privilégièrent une stratégie civile. « En effet, la résistance militaire exige une hiérarchie, une discipline, une discrétion incompatibles avec la notion même de mouvement de masse. Elle ne peut employer que des hommes susceptibles de se déplacer, de combattre, de courir des risques relativement élevés. Et elle ne peut en employer qu'un petit nombre. La résistance politique au contraire n'exige pas de hiérarchie en dehors d'un encadrement très large. Elle laisse à chacun une grande part d'initiative individuelle [...]. La résistance militaire et la résistance politique doivent donc être organisées séparément, ce qui ne signifie pas sans liaison entre elles [...]. Si nous laissons donc aux Forces françaises combattantes le soin d'organiser la résistance militaire telle que définie ci-dessus, il nous reste à organiser la résistance politique », expliquait Christian Pineau, le fondateur de Libération-nord, en 1942[32].

Les mouvements s'efforcèrent par ailleurs de monter des corps francs afin de s'attaquer à l'occupant ou aux collaborateurs. Dirigés, pour Franc-Tireur, par Benjamin Roux, ils comptaient, semble-t-il, 500 hommes au printemps 1943[33]. Raymond Aubrac commanda également, pour le compte de Libération-sud, le secteur paramilitaire, ce que fit, pour Combat, Jacques Renouvin. Renouvin avait, il est vrai, quelques titres à assumer cette fonction. Militant de l'Action française, cet ancien Camelot du roi avait publiquement giflé Pierre-Etienne Flandin qui avait, au lendemain de la conférence de Munich, adressé un télégramme de félicitations aux quatre signataires, dont Adolf Hitler. Participant au mouvement Liberté dans la région de Montpellier, il organisa des actions de choc, lacérant des affiches et détruisant des kiosques à journaux avant de mettre ses talents au service de Frenay[34]. Les mouvements nordistes ne furent pas en reste. Dès son retour de Londres, au début de 1943, Jean Cavaillès créa ainsi, pour le compte de Libération-nord, une section d'Action immédiate. « A voir son visage tranquille, ses lèvres souriantes, son maintien d'intellectuel habitué à la méditation, qui eût dit que cet homme d'apparence frêle et pensive réclamait l'honneur des plus dangereuses missions, se chargeait des sabotages et des coups de main, sillonnait les routes sur sa bicyclette en zone occupée ? », rappelle Jacques Soustelle, qui le revit à Londres après l'avoir fréquenté à la rue d'Ulm[35].

Quelques formations cherchèrent également à mobiliser les éléments ouvriers pour les entraîner dans la lutte puis saboter la Relève. En juillet 1942, Combat confia à Marcel Degliame (*Fouché, Dormoy*), ancien membre de la CGTU et du PCF, le soin de développer l'Action ouvrière. En raison des attaches nouées avec la CGT et la SFIO, Libération-sud fut particulièrement en pointe en la matière. Le service de l'Action politique, dirigé par Jacques Brunschwig puis par Pascal Copeau, s'implanta dans les entreprises : il revendiquait, pour ses cellules professionnelles, de 15 000 à 18 000 membres début octobre 1942[36]. Les deux services fusionnèrent, dans la foulée de la fondation des MUR en 1943.

Ajoutons *in fine* que tous les mouvements se dotèrent d'un service social, en partie financé par l'argent reçu de la France libre. Il devait assister les familles frappées par l'arrestation d'un proche. Agnès Bidault assuma cette responsabilité pour Combat et Génia Gemähling pour Défense de la France.

A la mi-1943, les mouvements pouvaient fièrement mesurer le chemin parcouru en moins de trois années. Parvenant à se structurer, ils avaient réussi à s'étendre géographiquement, même si la ligne de démarcation, imprimant sa marque, séparait encore la zone nord de la zone dite libre. Leur champ d'action s'était, par ailleurs, étendu, ce que reflète la multiplication de leurs branches. En décembre 1942, Combat employait ainsi 102 permanents, rémunérés en partie grâce à l'argent versé par Jean Moulin, qui se répartissaient dans 14 services spécialisés[37]. De même, Franc-Tireur appointa, pour la durée de la guerre, une cinquantaine de militants[38]. La dynamique interne des mouvements comme leur volonté de s'adapter au contexte les amenaient par ailleurs à élargir le spectre de leur action, ce que confirme l'exemple des faux papiers. Ayant, à l'origine, vocation à protéger les militants, les ateliers ne tardèrent pas à produire, sur une plus vaste échelle, des documents destinés à aider les proscrits – juifs, dissidents ou réfractaires au STO – à fuir leurs bourreaux. Initialement construits autour d'un ou deux objectifs – informer l'opinion publique, par exemple –, les mouvements embrassaient donc progressivement l'intégralité d'un spectre qui courait de la résistance civile à la lutte armée. D'abord cantonné à la diffusion d'un journal, Défense de la France créa ainsi un atelier de faux papiers avant d'accepter des pratiques plus guerrières. A l'inverse, Ceux de la Libération, bien que réticents à l'idée de « faire de la politique », se résolurent non seulement à publier une feuille clandestine à partir de mai 1943, mais aussi à participer au processus politique que de Gaulle enclencha dès 1943 afin de préparer la libération.

Certes, les réticences subsistaient. Ceux de la Résistance refusèrent de créer un journal et se bornèrent à diffuser un *Bulletin*, réservé aux seuls adhérents, qui parut du printemps 1943 à la Libération. De même, les Editions de Minuit se cantonnèrent à la publication de textes clandestins. Créées en 1942 à l'initiative de Pierre de Lescure, un écrivain passé, avant guerre, des cercles catholiques et nationalistes aux milieux de gauche, et de Jean Bruller (*Vercors*), un illustrateur rompu aux techniques du livre, elles entendaient grouper « le plus grand nombre possible d'écrivains français à réputation mondiale pour affirmer la résistance de l'esprit français à l'emprise nazie », rappelle Jacques Debû-Bridel, membre du Conseil national de la Résistance et du Comité national des écrivains[39]. L'entreprise, surtout, visait à concilier les exigences contradictoires qui écartelaient les hommes de lettres : résister, mais sans trahir ni les espérances de l'avant-guerre ni les règles de l'art.

En février 1942, la publication du premier opus, *Le Silence de la mer*, dû à Vercors, répondit pleinement à ces attentes. De fait, son message correspondait aux horizons d'attente de la république des lettres. « L'attitude non violente qu'il prône respecte leur imprégnation pacifiste, héritage des années 1930 ; publication clandestine, *Le Silence de la mer* n'en illustre pas moins une attitude oppositionnelle et s'apparente indiscutablement à la "littérature de guerre"[40]. » En décrivant un père et une fille qui, contraints d'héberger à leur domicile un officier allemand cultivé, se réfugient dans le mutisme, Vercors dépassait une double aporie. Il « invente un mode d'écriture au moment même où tout le monde s'accorde à constater la déroute des lettres, la presse collaborationniste n'hésitant pas à attribuer à la littérature "une part de responsabilité dans notre désastre". Dans ce contexte d'occupation militaire, d'orchestration de l'impasse des lettres françaises, *Le Silence de la mer* apporte un double espoir : la possibilité d'un art soucieux de l'homme et respectueux de l'esthétique. Il propose, en fait, un modèle, sinon parfait, du moins acceptable d'un point de vue littéraire, de "littérature engagée" », relève l'historienne Anne Simonin[41]. « Parce qu'il marque l'avènement d'une maison d'édition clandestine, *Le Silence de la mer* ne consacre pas seulement une attitude, il n'offre pas seulement un modèle de littérature engagée, il est aussi une incitation à l'action, à l'engagement de l'écrivain[42]. »

Au total, 51 écrivains, dont beaucoup brillaient au firmament des lettres – Louis Aragon, François Mauriac, Julien Benda... – coopérèrent avec Minuit qui sortit une vingtaine de volumes soigneusement édités. Malgré son écho – il fut publié avec succès en Angleterre –, *Le Silence de la mer* affronta l'ire des communistes. Parce qu'il proposait une stratégie antagonique à celle que définissait le Parti – la lutte armée –, il fut considéré comme « une œuvre de propagande » et fut à ce titre attaqué, d'autant plus violemment que la France combattante ne tarissait pas d'éloges sur ce texte[43].

Sans forcer le trait, la polyvalence gagna donc dans l'ensemble du terrain, et bien des formations clandestines qui souhaitaient hâter la libération cherchèrent à offrir des modes différenciés d'engagement. Parvinrent-elles pour autant à leurs fins ?

### *Une magistrature d'influence*

Qu'ils les aient ou non consciemment formulés, les mouvements, nous l'avons dit, visaient trois buts : informer l'opinion publique pour à terme la mobiliser, protéger les civils des rigueurs de l'Occupation, favoriser militairement la victoire des Alliés. A la mi-1943, ces objectifs furent en partie atteints – à commencer par le premier.

Les mouvements influençaient l'opinion publique grâce au développement spectaculaire de leur presse. La professionnalisation de l'impression comme la structuration de la diffusion permirent en effet d'atteindre des tirages d'autant plus impressionnants que la pénurie en encre et en papier comme la répression ne leur facilitaient pas la tâche. Le tirage de *Franc-Tireur* bondit ainsi de 6 000 exemplaires en décembre 1941 à 50 000 en janvier 1943 avant d'atteindre les 100 000 en septembre de la même année[44]. De même, *Libération*-sud passa de 20 000 exemplaires par numéro jusqu'en septembre 1942 à une moyenne oscillant entre 60 000 et

100 000 exemplaires entre décembre 1942 et juillet 1943 pour se situer, entre juillet 1943 et mars 1944, dans une fourchette comprise entre 120 000 et 150 000 exemplaires[45]. Dès 1942, *Combat* tirait pour sa part à 300 000 exemplaires[46]. Cette croissance concernait également la zone nord. Si *Libération*-nord se cantonna à un étiage relativement modeste (50 000 exemplaires en 1942), *Défense de la France* connut une singulière fortune, dépassant les 100 000 copies en 1943 et atteignant, pour son numéro du 15 janvier 1944, les 450 000 exemplaires – record inégalé dans les annales de l'Occupation[47].

Ces chiffres, pourtant, ne permettent pas de jauger du réel impact de la presse clandestine sur l'opinion publique. La voix de la BBC portait sans doute plus fort, d'autant que des millions de Français l'écoutaient religieusement. Elle portait aussi plus loin, dans la mesure où, touchant instantanément l'ensemble de la population, elle unifiait ses sentiments. Elle portait enfin plus haut, puisque les ondes pouvaient immédiatement annoncer des nouvelles que la presse clandestine, prisonnière de tirages au mieux bimensuels, diffusait plus lentement. Les responsables des mouvements constatèrent rapidement qu'ils ne pouvaient rivaliser, sur le plan informatif, avec la BBC ou les ondes helvètes. Ils optèrent donc pour la complémentarité plutôt que pour la concurrence[48]. La part dévolue aux informations tendit ainsi à décroître : les nouvelles militaires n'occupèrent que 10 % de la surface éditoriale de *Défense de la France* entre août 1941 et octobre 1942[49] et finirent par disparaître de ses colonnes dès le 12e numéro. A l'inverse, la presse de l'ombre offrit une information que les ondes ne pouvaient ou ne voulaient pas diffuser. Elle put par exemple présenter des photographies du général de Gaulle, dont les Français connaissaient la voix, mais ignoraient les traits. En novembre-décembre 1942, de Gaulle fut interdit d'antenne[50] pour éviter que ses commentaires perturbent le jeu anglo-américain en Afrique du Nord. En mai 1943, la BBC refusa de passer le communiqué de Jacques Soustelle annonçant la création du Conseil national de la Résistance, qui précisait que la résistance intérieure refusait la subordination de l'homme du 18 Juin à l'évadé de Königstein[51]. La presse clandestine s'empressa de relayer ces nouvelles. Elle prit clairement parti pour de Gaulle et tut les réserves que le personnage inspirait à certains de ses rédacteurs. De même, elle exposa à des Français peu au fait de l'imbroglio algérois ses tenants et aboutissants. Cette complémentarité fut au demeurant assumée par les deux parties. Les journaux mentionnaient régulièrement les longueurs d'onde des différents postes[52], les émissions françaises offraient à l'inverse un large écho aux voix provenant de la France captive[53].

Plutôt, donc, que de miser sur l'information, les journaux clandestins assumèrent leur statut de presse d'opinion. Leur progressive clarification idéologique servit ce dessein. Alors que certains avaient, par tactique ou par connivence idéologique, évité d'attaquer frontalement le régime vichyste et le vainqueur de Verdun, dès 1941 pour les uns, à partir de 1942 pour les autres, ils ne ménagèrent plus leurs critiques. Evoquant sans fard l'âge canonique du Maréchal, ils démythifiaient son rôle durant la Grande Guerre et rappelaient son défaitisme. « En 1916, il a voulu évacuer Verdun qui fut seulement conservé par la volonté de Joffre ; il a voulu abandonner les Anglais et ordonner le repli de nos troupes au printemps de 1918 ; le 27 mars, il demandait l'ouverture de pourparlers de paix », rappela par exemple *La France continue*[54]. « Pétain n'a pas cessé de trahir. Ce n'est pas un gâteux sénile, c'est un traître conscient », conclut *Franc-Tireur*[55]. A l'inverse, les journaux résistants se ralliaient à de Gaulle et écartaient son rival Giraud. « Les résistants ne comprennent pas que pour les Français, de Gaulle ne soit pas un chef incontesté », trancha l'Organisation civile et militaire en septembre 1943[56]. Cette clarification politique conforta sans doute l'audience dont jouissaient les journaux clandestins. La résistance, désormais, incarnait une alternative politique d'autant plus claire que son message résonnait avec les attentes d'une opinion publique hostile à la collaboration et aux orientations idéologiques de Vichy, même si les Français, tout en accordant une confiance croissante au général de Gaulle, conservaient parfois leur estime pour la personne du maréchal Pétain.

Cette presse fut d'autant plus entendue qu'elle évita le plus souvent de travestir les faits. Certes, elle n'échappa pas à certaines exagérations. En août 1942, *Combat* prétendait rassembler dans son « armée civile » des « dizaines de mille de Français et de Françaises[57] ». *Franc-Tireur* compara Lyon et Paris à « ces villages balkaniques en état d'émeutes permanentes, de complots perpétuels, où la police débordée enquête, rafle, perquisitionne, arrête sans jamais mettre fin à cette mobilisation souterraine, à ce complot qui ne cessera plus[58] », affirmation qui, à la date du 6 mai 1944, témoignait d'un solide optimisme. Dans l'ensemble pourtant, les organes des mouvements se montrèrent prudents et évitèrent tant de verser dans le triomphalisme que de diffuser de fausses nouvelles, faisant pour une part de nécessité vertu.

Leur crédibilité, il est vrai, était en jeu. La presse de l'ombre ne pouvait se démarquer trop ostensiblement de la BBC, qui, dès 1940, avait refusé, pour être suivie, de verser dans une propagande outrancière. Les résistants, par ailleurs, rejetaient le bourrage de crâne de la Grande Guerre dont ils conservaient un souvenir épouvanté. La volonté de dire le vrai autant que possible renvoyait enfin à deux cultures auxquelles la résistance intérieure, dans sa masse, adhérait. Le modèle républicain, tout d'abord, avait insisté sur l'éducation du citoyen et dénoncé dans sa morale l'hypocrisie et le mensonge. La République voulait convaincre et non endoctriner – principe auquel souscrivirent une partie des mouvements. Le christianisme, par ailleurs, assimilait la victoire du Christ au triomphe de la Vérité – héritage que certaines formations clandestines entendaient reprendre. Dire le vrai constituait donc une obligation d'autant plus ardente que l'Etat français comme le régime nazi mentaient sans vergogne. Un discours véridique pouvait par surcroît se révéler rentable. « Si le mensonge tiré à des millions d'exemplaires garde un certain pouvoir, il suffit du moins que la vérité soit dite pour que le mensonge recule », nota *Combat* en mars 1944[59]. Au total, impératifs stratégiques et cultures politiques se conjuguèrent pour rejeter les outrances de la propagande, sans que les mouvements aient pour autant redouté de ne pas être crus. La résistance intérieure savait qu'elle serait comprise dans la mesure où ses membres, par milliers, prenaient des risques considérables : leur courage et leurs sacrifices validaient sa parole. « Je ne crois que les histoires dont les témoins se feraient égorger. » Placée en exergue de *Défense de la France*, la formule de Blaise Pascal valait ici engagement.

S'écartant d'une démarche purement informative et assumant son statut de presse d'opinion, la presse clandestine exposa également ses projets d'après guerre. En débattant du futur de la France, elle ressuscitait un débat démocratique qu'étouffaient le Reich et son allié vichyste tout en popularisant des thèmes qui, des nationalisations à la Sécurité sociale, allaient structurer le débat public du second XX^e^ siècle.

Ces éléments suggèrent que la presse clandestine fut incontestablement écoutée. Fut-elle pour autant entendue ? S'il est difficile, pour ne pas dire impossible, de répondre à cette interrogation, risquons néanmoins quelques hypothèses.

La presse clandestine, tout d'abord, contribua à délégitimer l'Etat français en fournissant à ses lecteurs des arguments formalisant en termes idéologiques le rejet que la collaboration et la politique vichyste provoquaient au sein de la population. En popularisant la figure du général de Gaulle et en exposant les grandes réformes que le pays devrait entreprendre à la libération, elle présentait par ailleurs une alternative politique crédible et rassurante qui garantissait que le pays, débarrassé d'un régime et d'un occupant honnis, ne verserait ni dans l'anarchie ni dans le chaos. En diffusant des consignes d'action appelant notamment à refuser le Service du travail obligatoire ou à rejoindre le maquis, les journaux résistants, par ailleurs, assignaient aux individus des objectifs concrets susceptibles de les mobiliser. Parce que ses diffuseurs, enfin, étaient directement au contact des Français, la presse de l'ombre offrait aux bonnes volontés un contact direct avec les mouvements qui facilitait l'enrôlement. Elle ouvrait ainsi des perspectives concrètes et accessibles d'engagement à des milliers d'individus qui n'avaient d'autres compétences que leur dévouement.

Cette capacité mobilisatrice ne doit cependant pas être surestimée. Certes, le recrutement pour le STO représenta à terme un échec pour l'occupant ; mais il est difficile d'attribuer à la presse de l'ombre le mérite exclusif de cette faillite, puisque la BBC appela aussi à refuser le travail forcé auquel des milliers de jeunes Français voulaient de toute façon se dérober. De même, les manifestations du 14 juillet 1942 connurent le succès grâce aux appels lancés par les ondes gaullistes plus qu'en raison de la mobilisation somme toute limitée des journaux résistants[60]. Dans l'ensemble, donc, les organes clandestins jouèrent un rôle important pour recruter des volontaires, délégitimer l'Etat français et souder un consensus autour de la résistance et du général de Gaulle ; mais ils furent loin d'être les seuls artisans de cette réussite à laquelle les partis politiques contribuèrent dans la mesure de leurs moyens.

*Renouveau socialiste ?*

Discrédités par la défaite et le sabordage de la IIIe République, les partis politiques étaient jusqu'en 1941 demeurés atones.

Sous la houlette de Daniel Mayer, le parti socialiste SFIO s'était pourtant progressivement reformé, reconstituant son organisation et redorant son blason grâce à l'énergique défense conduite par Léon Blum lors du procès de Riom. En décembre 1942, le Parti comptait déjà environ 28 000 membres pour rassembler en 1944 peut-être 50 000 adhérents[61]. Refusant, à la différence du rival communiste, de créer un mouvement qui lui fût inféodé, le Comité d'action socialiste se préoccupait avant tout d'agir sur le plan politique. A court terme, il souhaitait se démarquer des quelques socialistes tentés par la collaboration ou le soutien au régime vichyste et procédait à une vigoureuse épuration. A moyen terme, il entendait, grâce à des structures restaurées et à un programme renouvelé, peser dans la France libérée. Ainsi, le parti « opérait une division artificielle de l'action [et] privilégiait les modes d'intervention s'apparentant le mieux à son activité traditionnelle », mais il se refusait « à saboter ou à harceler l'ennemi[62] ».

Dans cette optique, le Comité d'action socialiste s'attacha à préciser sa doctrine. Il plaidait pour une intervention de la puissance publique dans l'économie, tout en hésitant tant sur ses modalités (nationalisation ou étatisation ?) que sur son ampleur (fallait-il ou non inclure le secteur bancaire ?). Par ailleurs, il exigeait une réforme du cadre constitutionnel et recommandait un monocamérisme de fait, une réduction des pouvoirs du président de la République ainsi qu'un système de représentation proportionnelle. Sur le plan diplomatique enfin, il suggérait de revenir à une Société des Nations que l'instauration d'un véritable pouvoir de décision permettrait d'amender[63]. Ces thèmes, certes, n'étaient pas neufs : le parti socialiste clandestin se contenta de réactualiser des mesures qu'il prônait durant l'entre-deux-guerres sans procéder à un *aggiornamento* doctrinal. A la différence des années 1920 toutefois, il quittait les hauteurs de l'Aventin : il acceptait de reprendre des thématiques jadis défendues par les néosocialistes et surtout de se considérer comme un parti de gouvernement[64].

Pour diffuser ses idées, le Comité d'action socialiste s'appuya, malgré des débuts laborieux, sur sa presse clandestine. Au nord, *Socialisme et Liberté*, une modeste feuille publiée en décembre 1941, porta initialement seule ses couleurs. Mais le parti socialiste parvint à ressusciter *Le Populaire* : son premier numéro, en zone sud, sortit le 15 mai 1942 et *Socialisme et Liberté* devint bientôt son édition nordiste. Quelques titres (*Le Populaire du Centre, L'Espoir de Provence*...) complétaient à l'échelle régionale ce dispositif national. Forte des quelque 150 000 exemplaires qu'elle diffusait en 1944 (dont 95 000 pour le seul *Populaire*), la presse assurait au parti une audience croissante[65]. Elle participait ainsi à la délégitimation du régime vichyste et confortait le débat démocratique souterrain en garantissant aux thématiques socialistes une visibilité que bornaient toutefois les conditions éprouvantes de la clandestinité. Quelques nuages, pourtant, assombrissaient l'avenir et empêchaient la SFIO d'aborder sereinement la libération.

La SFIO clandestine entretenait tout d'abord des rapports compliqués avec les mouvements de résistance. Tout en saluant la part qu'ils prenaient dans la lutte, elle leur déniait le droit de jouer un rôle politique après la guerre, mission qui revenait, disait-elle, aux partis. Léon Blum l'écrivit avec la plus extrême fermeté au général de Gaulle en mars 1943. « Rendez-vous compte, bien clairement, je vous en conjure, que les organisations de résistance qui sont sorties du sol français à votre voix ne pourront à aucun degré se substituer à eux. Lorsque la France aura recouvré sa souveraineté et retrouvé une stabilité, le rôle utile de ces organisations sera épuisé [...]. Je ne verrais, pour ma part, que des dangers à ce que les organisations de résistance, une fois accomplie la tâche pour laquelle elles ont été créées, se survécussent sous leur forme actuelle. Syndicats d'intérêts égoïstes et surannés, comme les associations d'anciens combattants de l'autre guerre, ou bien milices paramilitaires redoutables à toute république, elles n'auraient guère à choisir d'autre destin[66]... »

Les mouvements, suivant un raisonnement inverse, portaient un regard sévère sur les partis. Ils « sont discrédités parce que tous, sans exception, après avoir jalousement maintenu leur unité sur des problèmes subalternes, se sont divisés sur la seule question vraiment vitale : résistance ou abdication française. Empêchons-les de revenir à leurs vomissements », tranchaient les *Cahiers politiques* en août 1943[67]. Les mouvements ambitionnaient donc de supplanter des formations discréditées par leur impéritie et rêvaient de recomposer le champ politique à la libération. La guerre, constataient-ils, avait permis de séparer le bon grain de l'ivraie. Alors que les partis brillaient par leur absence dans l'armée des ombres, les mouvements, jaillis du néant, avaient dégagé une élite que son courage désignait pour saisir les rênes du pouvoir le jour venu, disaient-ils.

De surcroît, les résistants bâtissaient une nouvelle réalité politique. Ils se montraient à même de réaliser l'union nationale parce qu'ils intégraient en leur sein, affirmaient-ils, des individus provenant de tous les horizons, sublimant les stériles divisions du passé. Libérer-Fédérer appelait ainsi de ses vœux « un mouvement nouveau, jeune et populaire, né de l'épreuve et de l'espoir [...] qui rassemblerait la grande masse de tous ceux restés jusqu'ici en dehors de tout mouvement, ouvriers et paysans, manuels et intellectuels, anciens militants et sans partis, catholiques et libres-penseurs[68] ». Si certains mouvements avaient au départ refusé de faire de la politique, les dynamiques enclenchées par la France libre, enfin, condamnaient leur politique d'abstention. La France libre sondait les formations clandestines sur les hommes et les réformes à mener à la libération ; ce faisant, elle les sommait de choisir. Car si elles s'abstenaient, elles favoriseraient le retour des anciens partis – une perspective à leurs yeux épouvantable. Les mouvements n'avaient donc pour seule option que d'entrer dans l'arène.

Cet éveil politique amena certains mouvements à entrer en conflit avec la SFIO. Car Combat, Franc-Tireur, Libération-sud... et le parti socialiste se disputaient le même vivier, n'imaginant pas chasser sur les terres que le parti communiste, pensaient-ils, tenait bien en main. Circonstance aggravante, ils défendaient peu ou prou les mêmes orientations politiques – pour le dire vite, un socialisme démocratique. Rivaux autant que partenaires, ils tendaient donc à se dénier réciproquement le droit à l'existence[69], ce qui ne pouvait qu'accroître les tensions qui régnaient au sein de la résistance intérieure.

Le parti socialiste, sur un tout autre plan, entretint des relations compliquées avec la France libre et le général de Gaulle. Certes, Léon Blum avait tranché dès 1942 et appelé à soutenir sans réticence l'homme du 18 Juin. Il avait délégué Félix Gouin auprès du Général afin de l'assurer de son appui et de faciliter la liaison entre la galaxie socialiste et le camp gaulliste. A charge pour le député des Bouches-du-Rhône de fléchir à Londres l'intransigeance du cercle Jean-Jaurès. Car si le ralliement *du* socialisme au gaullisme de guerre fut inconditionnel, le ralliement *des* socialistes ne le fut pas, du moins jusqu'en 1943.

### *Les évolutions du Parti communiste français*

Le Parti communiste français s'affermit également au premier semestre 1943. Sous l'impulsion d'Auguste Lecœur, avant guerre secrétaire régional pour le Nord-Pas-de-Calais, l'organisation se structura. Les règles de sécurité, codifiées, devinrent drastiques. Lecœur interdit les rendez-vous dans les lieux publics et renforça le cloisonnement, n'hésitant pas à faire filer les dirigeants pour dénoncer leurs imprudences. « Désormais, le militant doit acquérir la certitude qu'il n'est ni suivi ni surveillé. De plus en plus, les rendez-vous se feront dans la campagne, obligeant les militants à de longs parcours à pied ou à vélo dans les environs de Paris. En outre, le cloisonnement est renforcé : plus de chevauchements d'attributions, plus de militants chargés de secteurs multiples[70]. » Du coup, après la chute, début 1943, du responsable des cadres Brossard, qui vivait sous sa propre identité et chez qui les policiers français saisirent une malle contenant la biographie de plusieurs centaines de responsables[71], l'appareil resta globalement préservé jusqu'à la libération.

Fort d'une puissance en partie recouvrée, le PCF entretenait, à l'égard des autres formations résistantes, des relations complexes à dominante hostile. Il avait, dès 1942, tissé des liens avec la France libre, mais évité, comme on l'a dit, de trancher dans la guerre des képis, en maintenant égale la balance entre de Gaulle et Giraud. De même, il tint la dragée haute au Comité d'action socialiste. Dénonçant son attentisme, il refusa la stratégie de Front populaire que lui proposait son rival, préférant soutenir « une conception nationale » qui le conduisait à « élargir la lutte à toutes les couches de la population opposées à la collaboration et au gouvernement de Vichy[72] ». En laissant la SFIO à la lisière, il espérait s'arroger le monopole de la représentation populaire et de gauche au sein de l'alliance avec la résistance dite bourgeoise.

Cette stratégie assignait au Front national un rôle clé. Moins marqué que le parti communiste, il prétendait associer l'ensemble des tendances politiques françaises. Formé au nord en février 1943, au sud en mars de la même année, ses comités directeurs rassemblaient des personnalités provenant des horizons les plus variés : Georges Bidault (Combat), Yves Farge (Franc-Tireur), Louis Martin-Chauffier (Libération-sud), Michel Zunino (SFIO dissident), Justin Godart (parti radical)... siégeaient ainsi au Comité de zone sud. « Je m'efforçais de trouver des hommes de valeur incontestable, d'une qualité pour ainsi dire nationale, de toutes opinions, pour refléter réellement l'unanimité nationale afin de pouvoir exprimer leur volonté commune dans des directives à tout le Front national et, au-delà, à tous les Français », expliqua son patron, Pierre Villon[73].

Fort de cette diversité incarnée, le Front national ambitionna de diriger l'action clandestine en France métropolitaine. En janvier 1943, Fernand Grenier suggéra qu'un « comité national de la France combattante (délégation en France) », émanation du FN, coordonne les formations résistantes de la France captive[74], idée que reprit un manifeste d'avril 1943. « Le Front national collabore avec tous les mouvements de résistance dans chacune des zones, en même temps qu'avec le comité national de Londres sous l'autorité du général de Gaulle et avec les forces du général Giraud. Le Front national souhaite, quelle que soit l'appellation qu'ils adoptent, l'union de tous les mouvements de résistance, en un seul et grand faisceau de forces nationales libératrices sous une direction unique[75]. » Le PCF misait ainsi sur une division du travail : à Giraud ou de Gaulle reviendrait la direction des opérations extérieures, au Front national le commandement de l'action en métropole. Joignant le geste à la parole, *L'Humanité* lança le 5 février 1943 le slogan « S'unir, s'armer, se battre » et appela à constituer « partout des comités de Front national englobant tous les patriotes ». Tout en affichant son ouverture, le FN n'était pourtant qu'un appendice du Parti. Ainsi, dans le Var, « il n'existe que là où le PCF existe et seulement parce que certains de ses militants se sont consacrés à sa création[76] ».

Le PCF, par ailleurs, intensifia son action syndicale avec d'autant plus d'ardeur que la lutte armée qu'il prônait, parfois impopulaire, le coupait de la population. Elle avait par surcroît décimé ses cadres, même si l'action revendicative avait permis de dégager de nouvelles élites. La lutte contre le STO, enfin, avait été plutôt l'apanage des mouvements, en pointe dans la constitution des maquis, ce qui écornait le monopole sur la classe ouvrière auquel prétendait le Parti[77]. Ces facteurs l'incitèrent donc à agir. D'une part, il milita pour que la CGT, divisée à la suite du pacte germano-soviétique de 1939, se réunifie. Les négociations s'ouvrirent en janvier 1943, mais piétinèrent, en raison des nouvelles donnes induites par le contexte. Nombre de responsables se terraient, d'autres avaient été internés, d'autres enfin misaient sur une action légale, ce qui compliqua le processus. Le 17 avril 1943, toutefois, les accords du Perreux scellèrent la réunification des deux branches de la Confédération générale du travail, mais il fallut attendre août 1943 pour que fonctionne un Bureau clandestin[78].

Le PCF et ses organisations satellites encouragèrent par ailleurs les actions revendicatives. Ils exigèrent des hausses salariales ainsi qu'un meilleur ravitaillement et encouragèrent les mouvements destinés à saboter le STO, lançant par exemple une grève chez Vermorel à Villefranche-sur-Saône le 18 mars 1943. Ainsi, « les communistes se nourrissent du mécontentement, mais savent donner forme à son expression, lui offrir des perspectives, se faire les porte-parole des ouvriers, ce que ni les syndicalistes officiels ni les socialistes ne peuvent ou ne savent faire[79] », souligne Jean-Marie Guillon. « Par l'action de masse, les communistes replacent et réactivent la lutte sociale dans le cadre de la lutte nationale[80]. »

Le Parti enfin s'efforça de populariser ses mots d'ordre en développant une puissante presse clandestine. *L'Humanité* sortit ainsi 383 numéros jusqu'à la libération de la capitale. Elle déclinait parfois des variantes régionales de sa version parisienne et tira sans doute autour de 200 000 exemplaires[81]. De même, les FTP de zone nord se dotèrent d'un organe, *France d'abord,* dont 62 numéros furent publiés entre janvier 1942 et 1944[82]. Des périodiques plus spécialisés complétaient cette offre. *La Pensée libre,* une revue de 96 pages lancée par Jacques Decour, Georges Politzer et Jacques Solomon en février 1941 et destinée aux intellectuels, disparut avec ses fondateurs, mais *Les Lettres françaises* lui succédèrent en septembre 1942[83]. Organe de la CGT, *La Vie ouvrière* se maintint dans la nuit clandestine et ses deux éditions – une par zone – totalisèrent, entre août 1940 et 1944, 230 numéros[84]. Le Parti s'efforça également de créer une presse régionale. Le Front national publia par exemple en Bretagne *Le Pays Gallo*, que les Imprimeries réunies tiraient à Fougères comme à Rennes[85]. En parvenant à exprimer ses idées au cœur de l'Occupation, le PCF et ses formations associées contribuaient eux aussi à nourrir le débat politique, quitte à le polariser, ce qui attisait la méfiance de certaines formations, Combat au premier chef.

Tous les mouvements de la résistance intérieure ne partageaient pas l'anticommunisme viscéral et souvent passionnel de Frenay. De plus, certains communistes avaient conquis de solides positions au sein de Libération-sud, ce qui nourrit, pendant comme après la guerre, le soupçon. Ces militants avaient-ils coupé le cordon qui les liait à leur ancien parti ou pratiquaient-ils l'entrisme ? Les principaux intéressés, Pierre Hervé par exemple, ont toujours affirmé être restés autonomes par rapport au Parti. « *Valrimont* [Maurice Kriegel] et *Joinville* [Alfred Malleret] menant leur action pour se faire bien voir du Parti voulurent nous "organiser", nous enrégimenter et nous mettre directement sous la direction du Parti. Beaucoup de réticences se manifestèrent chez les Aubrac et chez moi. *Joinville* se faisait l'intermédiaire du Parti, il y eut donc un conflit interne, une lutte sourde. Nous n'étions pas inscrits au Parti. Nous considérions que sa position dans la Résistance était bonne, mais à l'intérieur du mouvement nous considérions qu'il fallait nous permettre d'agir efficacement et librement. Ce qui fait qu'il y eut quelques réunions avec *Valrimont, Joinville,* Aubrac et moi. A la suite de cela, les intrigues de *Valrimont* et de *Joinville* aboutirent à mon éloignement. Je partis donc pour Toulouse », déclara ainsi Pierre Hervé dans les années 1970[86].

Ce tableau, pourtant, ne correspond guère à la réalité, et des documents exploités par l'historien Daniel Virieux démontrent que plusieurs responsables communistes de Libération-sud restèrent en contact avec le Parti durant les années sombres. Une note de Georges Marrane, créateur du Front national en zone sud, précise ainsi que « c'est 1 [Raymond Aubrac] qui a fait entrer 2 [Pierre Hervé] à Libération et l'a fait désigner responsable à C [Toulouse]. A C, nous avions déjà des amis dont 2 [Maurice Rousselier], 3 [Jean-Pierre Vernant], 4 [Victor Leduc][87] ». Un autre rapport rappelle que Lucie Aubrac avait demandé, en novembre ou en décembre 1940, « le contact avec le Parti. En accord avec 21 [Victor

Michaut] et les cadres, elle renonce à son voyage [aux Etats-Unis où elle avait la possibilité de se rendre] et je l'utilise avec son mari dans l'appareil de propagande [...]. Durant ces 18 mois d'absence, elle m'apprend qu'avec son mari, ils étaient devenus, en accord avec le Parti, responsables de Libération. Ainsi, elle pouvait me mettre en contact avec le Parti[88] ». « Maintenant que nous avons 2 chefs de régions unifiées et l'adjoint du responsable aux affaires politiques qui sont T [communistes], que si vous pouvez nous fournir les hommes, nous en aurons un ou deux autres, nous pouvons influencer la ligne politique prise par la Résistance. Allons-nous nous en désintéresser ? [...] Je pense que ce ne serait pas profiter des possibilités qui s'offrent à nous », précise toujours Pierre Hervé en mai 1943[89]. « Au sujet de notre ami membre du CD des MUR, les documents qu'il nous transmet sont intéressants et je voudrais savoir si, en les modifiant un peu, il serait possible sans le brûler d'utiliser certaines informations, écrit enfin Jacques Duclos à Pierre Villon. Pour ce qui est du contrôle de ce gars [Pierre Hervé], [...] je pense que tu peux le contrôler toi-même et il devra te considérer comme son responsable du Parti avec qui il doit travailler et à qui il doit rendre des comptes », conclut-il[90].

En dépit de leurs dénégations durant comme après la guerre, certains responsables soupçonnés de philo-communisme entretinrent donc des rapports avec le PCF sous l'occupation, éléments dont certains historiens minorent l'incidence. « Des responsables au passé communiste furent "cadrés" par le PCF auquel ils transmirent des rapports, au moins à partir du printemps 1943, [mais] la teneur des quelques textes qui s'échappent au compte-gouttes des archives tenues par le PCF suggère que leurs liens avec l'appareil communiste n'étaient pas de toute première proximité. En l'état actuel des sources, la thèse du noyautage communiste reflète donc moins la réalité des choses que la force des luttes idéologiques dont l'histoire de la Résistance a été le terrain dès la période clandestine et depuis la Libération », avance Laurent Douzou[91].

Cette double appartenance n'en reste pas moins problématique. Sur le plan moral, auquel les résistants attachaient la plus haute importance, cette dissimulation leurrait des hommes et des femmes qui accordaient à leurs compagnons d'armes une pleine et entière confiance. Du point de vue politique, elle pouvait susciter des conflits de loyauté. Car si les mouvements et le parti communiste visaient des buts divergents, les philo-communistes risquaient d'accorder leur préférence au PCF et de miner en sous-main les positions que leur mouvement défendait. Bien entendu, les liens entre la direction communiste et les camarades engagés dans les formations résistantes étaient ténus, en raison notamment des contraintes que dictait la clandestinité. Mais ces hommes, pour la plupart militants éprouvés, n'avaient nul besoin d'instructions précises pour « travailler dans la direction du Parti », pour parodier la formule que l'historien britannique Ian Kershaw a appliquée au Führer. Ces manœuvres, quoi qu'il en soit, accrurent les tensions qui opposaient les mouvements à la mouvance rouge.

De fait, bien des hommes, au sein de la résistance intérieure, cultivaient avant guerre un profond anticommunisme, qu'avaient attisé le pacte germano-soviétique et la ligne suivie par le PCF entre 1939 et 1941. Leur hostilité provenait tout d'abord d'un rejet idéologique : récusant le marxisme-léninisme et le matérialisme dialectique, ils condamnaient également le totalitarisme stalinien. L'alignement sur les positions défendues par Moscou, par ailleurs, nourrissait le soupçon. « Nous n'oublions pas l'attitude passée des communistes français, ou plutôt leurs attitudes, car ils en changèrent aussi souvent que le nécessitèrent les tournants de la politique tortueuse de Staline », rappela *Franc-Tireur* en février 1942[92]. La stratégie choisie, enfin, suscitait de profonds désaccords. Outre que les mouvements condamnaient les attentats menés contre les forces d'occupation, ils refusaient de se voir placés sous la tutelle d'un Front national qui, en zone sud notamment, alignait en 1942, voire en 1943, des bataillons pour le moins modestes.

Pourtant, des sentiments plus amènes atténuèrent progressivement cette animosité. Les exploits de l'Armée rouge suscitaient l'admiration. Le dynamisme comme le sens du sacrifice des combattants communistes amenèrent la presse clandestine à les saluer. « Vos martyrs, camarades communistes, sont les nôtres, ils sont ceux de toute la France », écrivit par exemple *Libération*-sud en juillet 1943[93]. Certaines formations, par ailleurs, plaidaient, au nom du réalisme, pour une coopération avec le PCF afin de renforcer l'efficacité de la lutte clandestine. Quelques-uns espéraient enfin que les communistes, intégrés dans une union nationale, serviraient la cause du progrès social sans chercher à imposer leur dogme par le fer. Au total, « les mouvements sentent profondément la nécessité de coopérer avec le parti communiste dans la Résistance ; sans lui manquerait à la lutte commune une partie des forces populaires ; indépendante de lui, la lutte résistante souffrira d'un manque de coordination. Mais ils éprouvent à l'égard du parti communiste des sentiments contradictoires, de supériorité par antériorité, et aussi d'admiration mêlée de crainte [...]. Ils admirent le courage, l'organisation, le savoir-faire des communistes ; ils redoutent leurs visées politiques à la Libération », résume l'historien Henri Michel[94].

Au total, le développement des mouvements comme la renaissance des partis socialiste et communiste restaura une vie politique démocratique souterraine débattant, au risque de la confrontation, des contours de l'après-guerre. Cette dynamique permit aussi d'influencer l'opinion publique, en lui montrant qu'une relève politique se préparait dans la nuit clandestine. Ce processus n'allait cependant pas sans heurts. Au sommet, il créait des tensions entre partis et mouvements qui envisageaient l'après-guerre sous des modalités divergentes et se vivaient souvent en rivaux, voire en adversaires, plutôt qu'en partenaires. Il posait également la question cruciale de l'articulation entre Londres et les formations métropolitaines, un enjeu déterminant que compliquait la perplexité toujours ressentie par le camp gaulliste au sujet des capacités opérationnelles de la résistance intérieure.

### *Quelle capacité opérationnelle ?*

Plus que jamais, les mouvements entendaient aussi agir sur le plan militaire. Outre leurs corps francs, ils disposaient de membres dévoués dans des régions entières, ce qui leur permit d'organiser leur action autour de trois priorités : le renseignement, le sabotage et l'exfiltration de combattant alliés – les aviateurs tombés en France par exemple.

Les mouvements développèrent, à des rythmes différents, une activité de renseignement. Pierre Arrighi, pour Ceux de la Résistance, collecta ainsi assez tôt des informations sur la présence allemande en région parisienne. En mars 1943, René Duchez, un peintre en bâtiment qui travaillait pour l'OCM, déroba dans les locaux de la Kommandantur qu'il repeignait le plan des fortifications projetées dans le Calvados[95]. Patron d'un corps franc de Défense de la France en Bretagne, Pierre Bernard *(Le Kid, Robin)* distribuait à ses hommes des cartes topographiques pour que ceux-ci y portent les installations ennemies qu'ils repéraient. Des militants de Franc-Tireur transmirent les plans des terrains d'aviation et des ponts mobiles que les Allemands avaient installés dans la région de Valence. Et dans le Var, comme dans d'autres départements, un service des FTP, formé au second semestre de 1942, communiqua des renseignements militaires aux Alliés.

Les formations clandestines se lancèrent également dans le sabotage, privilégiant surtout les objectifs économiques (usines et arsenaux) ainsi que les voies ferrées. En juillet 1943, l'un des dirigeants de CDLR, Pierre Arrighi, s'efforça, avec une petite équipe, de paralyser les usines Amiot de Colombes qui fabriquaient des Junkers pour la Luftwaffe. « Mais les saboteurs étaient novices et les explosifs, maladroitement amorcés, ne fonctionnèrent pas tous. L'incendie qui éclata fut assez rapidement maîtrisé[96]. » En Bourgogne, le chef régional de l'OCM, Courvoisier, organisa à l'été 1943 un sabotage ferroviaire qui provoqua 26 morts et une soixantaine de blessés dans les rangs allemands[97]. Dans la nuit du 9 au 10 juillet, les FTP déboulonnèrent des rails à Noyal-Vilaine, en Ille-et-Vilaine ; un train de permissionnaires dérailla, puis fut percuté par un autre convoi, ce qui alourdit le bilan : 8 morts, 30 blessés graves et plusieurs blessés légers. Au total, les rapports de gendarmerie recensèrent dans le département rennais 5 sabotages de voies ferrées entre le 7 et le 22 août 1943[98].

Mais le trafic ferroviaire fut loin de constituer un objectif unique. Ainsi, les équipes lyonnaises de Franc-Tireur détruisirent le 17 février 1943 deux voitures goniométriques de la Gestapo qui repéraient les postes émetteurs-récepteurs de la résistance. Le même mois, Roger Crivelli parvint à faire sauter 23 camions du génie chargés sur des wagons stationnés en gare de Roanne, malgré la garde de sentinelles allemandes. Ce jeune ouvrier cimentier de 23 ans avait de la suite dans les idées. Travaillant aux établissements France-Rayonne, il s'était distingué le 11 novembre 1942 en faisant flotter un immense drapeau tricolore en haut de la cheminée de son usine[99]. Les hommes de Georges Guingouin passaient également à l'action. Le 8 mai 1943, ils sabotèrent l'usine Wattelez, du Palais-sur-Vienne, spécialisée dans la régénération du caoutchouc[100].

Les mouvements, sur un tout autre plan, recoururent aux attentats. Les communistes s'attaquèrent ainsi aux troupes d'occupation. Le 5 août 1942, les FTP-MOI grenadèrent un groupe de soldats de la Luftwaffe qui s'entraînaient au stade Jean-Bouin, ce qui provoqua 8 morts[101]. Le 8 août 1942, un attentat cibla l'hôtel Bedford qui abritait plusieurs services des autorités d'occupation : 5 Allemands furent blessés[102]. En Bretagne, les FTP passèrent également à l'offensive au second trimestre de 1942 et au début de 1943, en multipliant les attentats à l'explosif visant les locaux allemands à Quimper et à Brest, puis à Saint-Brieuc et à Guingamp[103]. Et les 4 unités de la FTP-MOI de Paris menèrent, fin 1943, 36 actions dont 15 furent réalisées par la seule unité juive[104]. Mais toutes ces tentatives n'étaient pas couronnées de succès : le 28 mai 1943, le commissariat régional aux Questions juives de Rennes réussit à désamorcer une bombe envoyée par colis ; et c'est en vain qu'une équipe des FTP tenta, le 4 septembre 1943, d'abattre le commissaire divisionnaire des Renseignements généraux à Vieux-Vy-sur-Couësnon (Ille-et-Vilaine) avant d'être aussitôt arrêtée[105].

La résistance, ainsi, multipliait les actions, sans qu'il faille pour autant grossir le trait : dans bien des régions et dans bien des mouvements, la lutte armée restait un phénomène qui, sans être marginal, demeurait minoritaire. Elle n'en croissait pas moins. A partir de 1943, note Jean-Marie Guillon, la lutte armée « s'impose comme la forme prédominante de l'action à mener ou à préparer, même si, de fait, elle n'est pas, jusqu'aux approches de la libération, l'activité primordiale de la majorité des résistants[106] ». La résistance emprunta donc une tournure plus martiale, ce que confirme l'exemple varois. Alors que l'armée des ombres avait mené 14 actions par mois avant le 11 novembre 1942, elle en commettait désormais 47 les années suivantes, 54 % des actes de résistance intervenant entre le 11 novembre 1942 et le 6 juin 1944. Et si la propagande représentait 74 % de l'activité subversive avant l'invasion de la zone libre, elle décrut pour passer à 38 %, alors que l'action directe bondissait de 2,8 % à 42,8 % entre les deux périodes[107]. Au total, 230 attentats et sabotages se produisirent dans le département provençal jusqu'au 6 juin 1944. Les objectifs économiques au sens large (mines, arsenaux...) se taillaient la part du lion (31 %), suivis par les voies ferrées (30 %) et les attentats contre les lieux que fréquentait l'occupant (23,5 %)[108].

Les attaques visant les personnes restaient toutefois l'exception plutôt que la règle. Dans le département de la Seine, 25 Allemands, on l'a dit, furent tués entre le 22 juin 1941 et le 31 décembre 1942[109]. Mais « en dépit de ces attentats, des illusions et légendes diffusées après guerre, en dépit de ce que l'on a pu écrire et lire sur le sujet, Paris restait un havre de paix pour des soldats allemands qui, trop heureux d'échapper au front de l'Est, y séjournaient en toute quiétude[110] ». De même, si les armées d'occupation, dans le Var, furent plus fréquemment visées que les collabos (65 % des attentats contre les personnes), les attentats ne provoquèrent qu'une douzaine de victimes, le camp de la collaboration enregistrant 9 morts ou blessés[111]. Car les résistants privilégiaient parfois les cibles françaises plutôt que les objectifs allemands. Sur les 138 attentats recensés par le préfet de Haute-Saône en octobre-novembre 1943, 12 seulement visaient l'armée allemande. Et sur 8 assassinats commis durant ces deux mêmes mois, 3 seulement furent motivés par le patriotisme. A Vanne (Haute-Saône), deux résistants exécutèrent ainsi un couple d'agriculteurs retraités « pour des raisons étrangères à la Résistance[112] ». Les statistiques ne doivent donc pas abuser : l'ivraie se mêlait parfois au bon grain.

Quoi qu'il en soit, le passage à une forme de lutte armée butait sur de sérieux obstacles. Dans la France captive, le manque d'armes ou d'explosifs bridait les mouvements, et la difficulté des liaisons avec Londres les empêchait de transmettre dans de bonnes conditions les renseignements recueillis sur le terrain. Sur l'autre rive de la Manche, la France libre, tout en saluant ces initiatives, pouvait déplorer leur développement anarchique et réclamer qu'elles s'intègrent dans une stratégie militaire globale. Gageons que les services du général de Gaulle escomptaient, en rationalisant cette action, en recueillir les fruits afin de conforter la légitimité du Rebelle aux yeux de Londres ou de Washington.

Tout militait, en d'autres termes, pour que sonne l'heure de la coordination.

Le BCRA entreprit de la réaliser.

# 10

# Les longs chemins de l'unité

A l'orée de 1943, la France combattante entreprit d'unifier la résistance intérieure. La perspective d'un débarquement l'incitait à placer ses troupes en ordre de bataille afin de l'insérer dans le dispositif stratégique allié et d'obtenir les armes nécessaires à l'accomplissement des missions qui leur seraient confiées ; la nécessité de briser les prétentions politiques du général Giraud l'obligeait d'un même élan à mobiliser dans la France captive les soutiens permettant au général de Gaulle de conforter sa légitimité aux yeux des Alliés. Ce double impératif poussa de Gaulle à déléguer des émissaires en métropole, afin de hâter une union désormais primordiale, missions qu'assurèrent en partie les services secrets du colonel Passy en s'attachant d'abord à réorganiser l'action des réseaux.

*Professionnaliser les réseaux*

Depuis les premiers pas de 1940, le BCRA avait accumulé une réelle expérience. Désormais, ses réseaux fournissaient aux Alliés de belles moissons de renseignements : le BCRA avait reçu 920 télégrammes en 1942 ; il en réceptionna environ 3 000 l'année suivante. Et le courrier connut une progression identique, passant, durant la même période, de 42 à 167[1].

Tout en développant ses propres réseaux, le Bureau chercha surtout à rationaliser et à professionnaliser l'action des mouvements de la résistance intérieure. Deux obstacles se dressaient. D'une part, le caractère aléatoire des liaisons avec l'Angleterre les empêchait de communiquer les renseignements collectés et de recevoir armes, argent et matériel. D'autre part, parce que leurs champs d'activité s'étendaient du civil au militaire, les formations clandestines, mal cloisonnées, se montraient vulnérables à la répression, menaçant la position de la France combattante dont le crédit reposait largement sur la capacité à fournir aux Alliés des renseignements pour la conduite de la guerre.

Le Bureau central de renseignement et d'action s'efforça donc d'améliorer les transmissions entre la France libre et la France captive. Pour la zone sud, il imagina d'envoyer 16 opérateurs dotés de 3 postes dont l'un serait spécifiquement dédié aux mouvements ; mais cette idée, faute de personnel, demeura lettre morte. Combat, Franc-Tireur et Libération-sud continuèrent donc à s'appuyer sur les hommes que Londres avait dépêchés auprès d'eux pour assumer les liaisons, avant que la création du Comité de coordination rende cette présence inutile. En novembre 1942, Fassin, Schmidt et Monjaret créèrent alors le Service des opérations aériennes et maritimes (SOAM), qui était notamment chargé de rechercher et d'homologuer les zones de débarquement par lesquelles transitaient les agents acheminés sur la France ou exfiltrés en Angleterre. Une vedette, ou un bateau de pêche, voire un sous-marin, était alors envoyé(e) de nuit au large de Langrune (Côtes-du-Nord), de Douarnenez (Finistère), ou de Plouha (Côtes-du-Nord)... Les hommes gagnaient par canot l'embarcation qui mouillait à 140 ou 800 mètres au large du rivage et repartait aussitôt.

Le SOAM recensa également les terrains d'atterrissage et de parachutage. En règle générale, ses agents ou des résistants locaux prospectaient leur région pour trouver le lieu idoine. Le site devait être éloigné des villes et des grandes voies de circulation, suffisamment découvert et facile à repérer pour les pilotes de la *Royal Air Force*. Localisé sur une carte Michelin, le terrain était ensuite transmis à Londres qui décidait ou non de l'homologuer. En cas de réponse positive, il recevait un nom de code. Un message diffusé sur les ondes de la BBC annonçait ensuite aux résistants qu'une opération interviendrait la nuit suivante. Emise du sol en morse par un signal lumineux, une lettre-code indiquait alors aux pilotes que l'équipe de réception était prête à réceptionner les agents ou les containers[2]. Plusieurs dizaines de terrains furent ainsi homologués, mais tous ne furent pas utilisés. En janvier 1943, le Service des opérations aériennes et maritimes se métamorphosa en Centre d'opérations de parachutages et d'atterrissages (COPA) qui resta placé sous l'autorité de Jean Moulin[3].

Le Nord, en revanche, restait une terre de mission, bien que le colonel Rémy eût assumé, dans un style très personnel, les contacts entre la France libre et la zone occupée. Revenu en France en octobre 1942, Rémy avait en effet été chargé de mettre sur pied un état-major pour la zone occupée (EMZO). Il avait alors recommandé de s'appuyer sur l'Organisation civile et militaire et suggéré de nommer l'un de ses chefs, le colonel Touny, à la tête de cette structure. Aux yeux du BCRA comme du général de Gaulle, cette proposition était inacceptable. Elle aboutissait en effet à assurer à un mouvement, l'OCM en l'occurrence, une position hégémonique qui contrariait la politique de rassemblement que Londres privilégiait[4]. Elle menaçait également la fusion des formations paramilitaires dont rêvait le camp gaulliste : les mouvements auraient à coup sûr refusé de placer leurs troupes sous le commandement d'une formation concurrente. Bref, « l'OCM ne réclamait rien de moins que le monopole de la représentation gaulliste en France », une exigence d'autant plus excessive que Touny affichait des sentiments giraudistes[5].

En outre, Rémy avait, circonstance aggravante, continué de négocier avec le Parti communiste français, au mépris des instructions reçues et sans en avertir sa hiérarchie. Impressionné par « le cran, l'idéal et l'esprit de sacrifice de ses troupes[6] », ce néophyte en politique avait rencontré Fernand Grenier le 28 novembre 1942 et réussit, le 11 janvier 1943, à le ramener à Londres. Si l'adhésion officielle du parti communiste renforçait considérablement le prestige du général de Gaulle[7], le rapprochement entre la France combattante et le Parti communiste français reposait sur des bases fragiles, d'autant plus qu'elles avantageaient le PCF sans le lier pour autant au camp gaulliste.

*Mission Brumaire-Arquebuse*

Ces initiatives brouillonnes amenèrent le BCRA à reprendre la main. Il dépêcha donc deux émissaires de poids en métropole au début de 1943. Pierre Brossolette *(Brumaire)* devait ainsi :

> 1° Procéder en ZO [zone occupée] à la séparation la plus stricte possible entre tout ce qui concerne le renseignement d'une part et l'action civile et militaire d'autre part.
> 2° Procéder à l'inventaire de toutes les forces qui [...] peuvent jouer un rôle dans le soulèvement national en vue de la Libération [...].
> 3° Rechercher [...] les cadres d'une administration provisoire de la ZO au jour de la Libération[8].

Trois objectifs étaient par ailleurs assignés au colonel Passy *(Arquebuse)* :

> a) il décidera des mesures à prendre en ce qui concerne la rationalisation du fonctionnement des différents réseaux de renseignement ;
> b) il entrera en contact avec tous les groupements de Résistance de Z.O. afin de réaliser la coordination de l'action militaire en Z.O. et la coordination de cette même action militaire entre les deux zones ;
> c) il étudiera les conditions dans lesquelles il pourrait être procédé à la constitution d'un Comité directeur central chargé de mettre au point toutes les questions civiles[9].

La mission Brumaire-Arquebuse couplait donc à une dimension militaire – dissocier au sein des mouvements le renseignement des activités civiles et militaires – une dimension politique – choisir les futurs administrateurs de la France libérée et former un Comité directeur central en charge des questions civiles. A Passy revinrent les « conversations relatives aux questions d'action militaire ou de renseignement » ; à Brossolette échut « la direction de tous les entretiens se rapportant à l'action politique[10] ».

Ces objectifs portaient des germes de conflits. En 1942, Jean Moulin avait en effet posé quelques jalons en zone nord, grâce notamment à une relation d'avant guerre, Henri Manhès, qu'il y avait délégué. Or, de Gaulle n'avait pas défini les périmètres qui devaient revenir à Moulin d'une part, à Pierre Brossolette de l'autre, alors qu'une sourde concurrence opposait les deux hommes. Considérant la zone nord comme sa « chasse gardée[11] », Brossolette ne pouvait considérer que d'un mauvais œil l'intrusion de Moulin sur ses terres. Il serait cependant « erroné de croire que l'un comme l'autre aient été motivés par le dessein trivial d'occuper des places : dans l'aventure qu'était encore la Résistance, il n'y avait alors que des risques à prendre et leur destin à tous deux en donna une sinistre preuve[12] ». Des divergences plus fondamentales redoublaient donc cette rivalité personnelle : constatant la renaissance des partis politiques dans la France captive, Jean Moulin réfléchissait aux moyens de les associer à la France combattante ; Pierre Brossolette se montrait en revanche hostile à leur égard.

Tout, donc, poussait Brossolette à agir promptement avant que Moulin ne porte le regard sur la zone nord. Il milita pour que Passy fût dépêché en métropole afin de s'assurer d'un soutien de poids ; et il partit sans attendre que Moulin revienne en Angleterre, signe qu'il préférait conserver les mains libres plutôt que de discuter, en présence du général de Gaulle et avec son rival, de la ligne à appliquer. *Brumaire* fut donc déposé par Lysander dans la nuit du 26 au 27 janvier 1943 ; *Arquebuse* fut parachuté dans la nuit du 26 au 27 février suivant. « J'allai faire mes adieux au général de Gaulle qui, après m'avoir donné ses ultimes consignes, me dit en me serrant la main : "Tâchez de ne pas vous faire prendre ! – J'essaierai, mon général", répondis-je ; et je partis muni de ce réconfortant viatique[13]. »

Conformément aux ordres reçus, les deux hommes entreprirent tout d'abord de séparer aussi strictement que possible les réseaux de renseignements des organisations d'action, de créer de nouveaux réseaux de renseignements et d'établir leurs transmissions sur une base « rationnelle et solide[14] ». Après de longues et âpres négociations, Passy et Brossolette parvinrent à leurs fins. Les mouvements nordistes acceptèrent de créer des structures autonomes qui se voueraient exclusivement à la collecte des informations. Des grands mouvements naquirent ainsi des réseaux – Centurie pour l'Organisation civile et militaire, Manipule pour Ceux de la Résistance, Turma pour Ceux de la Libération.

Cette réorganisation correspondait à une philosophie arrêtée de longue date. En 1942, Christian Pineau avait, pendant son voyage à Londres, répondu positivement aux sollicitations du BCRA et créé deux réseaux à partir de Libération-nord : Phalanx, en zone sud, s'était alors spécialisé dans le renseignement économique et politique, tandis que Phalanx ZO (zone occupée), confié à Jean Cavaillès et à Jean Gosset, privilégiait l'économique et le militaire – présence allemande oblige. Bientôt rebaptisée Cohors, cette structure s'émancipa totalement de son pendant sudiste en février-mars 1943[15]. De même, en 1942, les FTP avaient transformé leur Service de renseignements, le service B, en un réseau qui, rebaptisé Fana, resserra ses liens avec le BCRA au printemps 1943[16]. Les services du colonel Passy s'étaient également penchés sur la zone libre. Lors de la mission Pallas (23 novembre 1942-27 janvier 1943), André Manuel, le second de Passy, avait recensé les possibilités existant au sud et poussé les mouvements à former des réseaux exclusivement voués à la collecte de renseignements. Patron de la mission Gallia, Henri Gorce *(Franklin)* avait cherché, à cette fin, à pousser les Mouvements unis de Résistance à mieux structurer leurs services de renseignements. Déposé en France par un avion Hudson dans la nuit du 14 au 15 février 1943, Gorce avait toutefois été fraîchement accueilli. Il avait suggéré que les Mouvements unis se spécialisent dans le renseignement militaire, qu'ils lui transmettent les informations recueillies et qu'ils incorporent leurs agents dans les Forces françaises combattantes. Henri Frenay et Jean Gemähling, lors de la réunion tenue en avril ou en mai 1943, s'étaient montrés réticents. Outre qu'ils craignaient la mainmise du BCRA, ils redoutaient, en dévoilant l'identité de leurs hommes, que leur sécurité ne soit compromise en raison de fuites toujours possibles. Gemähling avait en outre précisé que la spécialisation des résistants risquait d'appauvrir leur collecte, puisque ces derniers glanaient des renseignements politiques aussi bien que militaires[17]. Du coup, le service de renseignements des MUR conserva au départ son autonomie. Il finit cependant par se rattacher au réseau Gallia, que Gorce avait monté en parallèle, et ses hommes furent enregistrés au BCRA. Au total, Brossolette et Passy, durant leur mission, ne firent que généraliser en zone nord un schéma global dont l'application avait été amorcée dès 1942.

Passy s'employa par ailleurs à résoudre l'épineuse question des transmissions. « Dès mon arrivée en France, raconte-t-il, je réalisai que les possibilités de création de nouveaux réseaux de renseignements étaient pratiquement illimitées, mais que l'obstacle principal qui s'opposerait à leur saine exploitation serait le problème des transmissions. Nous n'avions à Londres qu'un très petit nombre d'opérateurs de radio capables d'organiser et diriger un réseau de transmission et un nombre également faible d'agents, munis des brevets britanniques nécessaires et susceptibles de créer et d'exploiter convenablement un réseau opérationnel. En outre, demander à des réseaux de renseignements en formation d'assumer eux-mêmes la lourde tâche de leurs liaisons et transmissions était risquer de longs tâtonnements, des échecs multiples et de sérieux accidents[18]. »

Le chef du BCRA contourna cette difficulté en créant deux centrales qui transmettraient à Londres les informations recueillies par les réseaux. Coligny, sous la houlette d'un membre de la Confrérie Notre-Dame, Jean Tillier, de son épouse Monique et d'Olivier Courtaud, travaillerait ainsi pour la CND, Centurie, Cohors et Fana. Dirigée par deux proches du colonel Passy, Guy Duboÿs *(Chevalier)* et Jean Guyot *(Gallois)*, la centrale Prométhée agirait pour le compte de Manipule, Turma, Legio, Velites, Luth et Curie[19]. Ces centrales étaient dotées de moyens relativement considérables. Prométhée disposait par exemple d'un appareil récepteur, de 6 postes émetteurs et de 4 centres d'émission et percevait, semble-t-il, 200 000 francs mensuels. Outre qu'elles assuraient leurs liaisons radio, ces centrales versaient également leur budget aux réseaux qui leur étaient rattachés[20]. Tout en conservant ses missions, Prométhée changea de nom pour égarer les services répressifs, se baptisant alors Parsifal, puis Phidias, avant de devenir Praxitèle.

Ces mesures permirent d'accroître l'efficacité des réseaux, malgré la répression qui les visait. Manipule et les sous-réseaux qui lui étaient rattachés transmirent par exemple des renseignements sur la base aérienne de Villacoublay que les Allemands avaient réquisitionnée ainsi que sur certaines usines de la région parisienne (Caudron, Farman, Berliet...). Un ancien appelé de la Marine, Paul Lemarchand *(Jacqueline)*, se réengagea dans la Royale en juillet 1943 afin de surveiller les mouvements de la base navale de Brest. Il communiqua aux Alliés les numéros des sous-marins ainsi que les modifications techniques qui leur étaient apportées[21]. Au total, le schéma conçu par le colonel Passy prouva son efficacité, même si la centralisation qu'il opérait le rendait vulnérable aux assauts de la répression.

Les deux hommes abordèrent en parallèle la coordination de l'action militaire en zone nord, ce qui correspondait à la lettre comme à l'esprit de leur mission. Le colonel Rémy, on s'en souvient, avait cherché – mais en vain – à former un état-major de la zone occupée (EMZO). La mission Brumaire-Arquebuse reprit ce dossier qui représentait un enjeu essentiel. De fait, la France combattante devait connaître les effectifs que les mouvements pourraient affecter à la libération du pays afin d'ajuster sa stratégie et ses consignes d'action. Il lui fallait également « fournir aux gouvernements alliés des données précises et solidement étayées si nous voulions leur faire prendre en considération le potentiel de la Résistance[22] ». Cette exigence explique d'ailleurs que le SOE ait détaché le *flight-lieutenant* Forest Yeo-Thomas auprès du colonel Passy afin qu'il rende compte à ses mandants des réalités de la résistance française. Enfin, *Brumaire* et *Arquebuse* espéraient aboutir à la collaboration ainsi qu'à la fusion des éléments paramilitaires des formations résistantes tout en mesurant lucidement qu'« à l'heure actuelle, étant donné la disparité des divers groupements, cette fusion n'[est] pas encore immédiatement réalisable[23] ».

Elle ne fut d'ailleurs pas réalisée. Passy et Brossolette durent, tout d'abord, dissiper les rêves que les promesses inconsidérées de Rémy avaient suscités au sein de l'Organisation civile et militaire. Ils expliquèrent donc à ses dirigeants qu'il n'était pas question de leur accorder le privilège de créer l'Etat-major de la zone occupée. « Il était exclu pour le Général qu'un mouvement encadrât les forces paramilitaires des autres mouvements[24]. » Les chefs de l'Organisation civile et militaire eurent l'intelligence de « ne pas se fâcher[25] ». Par ailleurs, les deux émissaires parvinrent à réunir dans un comité de coordination militaire officieux les responsables des formations paramilitaires des mouvements et à obtenir leur accord sur un certain nombre de principes – freiner l'action immédiate notamment[26]. Le dossier qui reviendrait *in fine* à Jean Moulin et au général Delestraint avait donc progressé, mais les résultats, sur le plan militaire, demeuraient modestes. Un enjeu plus brûlant avait, il est vrai, retenu l'attention des émissaires de Londres.

*Le Conseil national de la Résistance*

La sourde lutte qui opposait les mouvements aux partis et l'activisme déployé par le Parti communiste français avaient alarmé la mouvance socialiste qui craignait, faute de disposer en propre d'un mouvement de résistance, d'être mise sur la touche. En mai et juin 1942, deux projets rédigés par André Boyer, Gaston Defferre et Boris Fourcaud, trois résistants socialistes, avaient suggéré de former un Comité politique consultatif où siégeraient des représentants des partis, des syndicats ouvriers et des mouvements de résistance, dans l'espoir affiché de hâter l'unification des forces résistantes et l'intention inavouée de priver les mouvements du monopole représentatif qu'ils prétendaient s'arroger. Jugeant que la situation n'était pas mûre, Jean Moulin avait décliné cette offre le 22 juin 1942, se bornant, comme on l'a dit, à former un Comité général d'études chargé d'éclairer le général de Gaulle sur les réformes à accomplir à la libération[27].

Deux événements relancèrent les projets socialistes que de Gaulle, défiant à l'égard des partis, avait initialement refusé d'approuver. En novembre 1942, le débarquement anglo-américain en Afrique du Nord avait tout d'abord semé la confusion, puisque Washington soutint l'amiral Darlan, puis, après son exécution, le général Giraud. De fait, Roosevelt avait longtemps misé sur Philippe Pétain, espérant – bien en vain – que Vichy finirait par basculer dans le camp allié. Cette illusion dissipée, l'hôte de la Maison-Blanche ne soutint pas pour autant de Gaulle, qu'il assimilait à un apprenti dictateur. Pour gagner la bataille de la légitimité, de Gaulle devait donc prouver, aux yeux du monde, qu'il rassemblait les forces vives du pays, à commencer par l'ensemble des grandes tendances politiques françaises. Le ralliement des partis en général lui offrirait une caution démocratique, l'adhésion des formations de gauche lui permettant en outre de corriger son image conservatrice. A défaut, les anciens partis risquaient de s'organiser hors la France combattante, ce qui minerait son crédit et ruinerait sa capacité à s'imposer pendant comme après la guerre. Ce péril n'était pas imaginaire. En novembre 1942, *Le Populaire* clandestin proposa de créer un « Comité exécutif de la Résistance française » qui, rassemblant mouvements, syndicats ouvriers et partis, s'accorderait sur un programme d'action et conseillerait, à la libération, le Connétable[28]. En décembre, Daniel Mayer, fort du soutien de Léon Blum, repartit à l'assaut, ulcéré par la constitution au sud du Comité de coordination « qui donnait aux mouvements toute latitude d'action au détriment des partis », indigné également qu'un tract s'élevant contre le STO et diffusé dans la région lyonnaise portât la signature du PCF, mais non celle du Comité d'action socialiste[29]. Le 4 janvier 1943, il proposa que se forme un Comité exécutif de la Résistance, proposition que ratifia Christian Pineau, syndicaliste et patron de Libération-nord.

L'arrivée à Londres de Fernand Grenier, par ailleurs, redoubla les alarmes. Elle ouvrait une boîte de Pandore : « Il devenait difficile de négliger le point de vue des formations non communistes, notamment des socialistes, qui comprirent immédiatement que le PCF, en position de force, chercherait à les court-circuiter[30]. » Si le pouvoir gaulliste refusait de créer une instance *ad hoc*, menaça le Comité d'action socialiste, les amis de Léon Blum prendraient « toutes les dispositions nécessaires » pour créer une structure « qui grouperait tous les éléments politiques, gaullistes, de la Résistance ». De plus, ils menacèrent d'ordonner aux militants « de se réfugier dans une action purement de résistance socialiste[31] ». Il était « dangereux, et même inapplicable, que la résistance politique soit centralisée par un comité de coordination comportant seulement les chefs de grands mouvements de la [zone libre] », conclut Christian Pineau dans son rapport politique du 15 janvier[32].

Moulin ne négligea pas ces alertes. Suivant les conseils d'André Manuel, qui était alors à ses côtés en zone sud, il recommanda le 14 décembre 1942 de créer un Conseil politique de la Résistance groupant partis, mouvements et syndicats. « Les mouvements de résistance, aussi forts soient-ils, ne sont pas toute la Résistance. Il y a des forces morales, des forces syndicales, des forces politiques qui se sont maintenues en dehors des mouvements, mais qui doivent jouer et joueront un rôle dans la mise en place des nouvelles institutions », affirmait-il, précisant toutefois que la conduite des opérations resterait aux mains du Comité de coordination[33]. Ainsi, la crainte de voir se former, sous la houlette socialiste, un comité échappant à son autorité comme la nécessité de battre Giraud en prouvant que la France entière reconnaissait son autorité amenèrent de Gaulle, convaincu tant par Moulin que par Pineau, à accepter la formation d'un Conseil de la Résistance (le terme « national » fut écarté par Moulin pour éviter la confusion avec le Comité national français).

Rédigées par Jacques Bingen, les « nouvelles instructions » du 21 février 1943 destinées à Moulin en tracèrent les contours. Le Conseil assurerait « la représentation des groupements de résistance, des formations politiques résistantes et des syndicats ouvriers résistants » et formerait « l'embryon d'une représentation nationale réduite, conseil politique du général de Gaulle à son arrivée en France[34] ». Une commission permanente de 5 membres, « choisis exclusivement parmi les mouvements, [...] deviendrait le directoire de la Résistance capable de la conduire sur le plan national[35] ».

Pourtant, ce schéma suscita de vives oppositions. Au nord comme au sud, les mouvements de résistance renâclaient. Toujours défiants à l'égard des partis, désireux de recomposer le champ politique à la libération, ils craignaient de se voir déposséder du rôle dirigeant qu'ils assumaient dans la lutte clandestine. « Les mouvements qui ont mis sur pied la résistance et qui ont en charge l'exécutif ne sauraient admettre que, pour apaiser la soif de considération et de pouvoirs futurs des anciens cadres des partis, on crée un Super-exécutif, où les militants de la Résistance seraient en minorité et grâce auquel les formations partisanes reprendraient les leviers de commande », alerta Emmanuel d'Astier de La Vigerie dans un mémorandum d'avril 1943[36]. Pierre Brossolette partageait en partie ces inquiétudes. S'il s'était rallié en janvier 1943 à l'idée d'intégrer les partis politiques dans un comité politique[37], il se ravisa par la suite, excluant d'insérer dans un conseil tant leurs délégués que les représentants des grandes sensibilités nationales[38].

A cette question essentielle s'ajoutaient des interrogations qui, pour être moins centrales, n'en restaient pas moins importantes. Les impératifs de l'unité nationale commandaient-ils d'associer l'ensemble des partis, ou ne fallait-il retenir que les formations engagées dans la lutte clandestine ? Jean Moulin se montrait partisan de la première option, mais en excluait le PSF du colonel de La Rocque. Certains de ses dirigeants avaient, il est vrai, adopté une position ambivalente, soutenant souvent Pétain tout en rejetant la collaboration. Par surcroît, l'opération Vallin, supervisée par Pierre Brossolette, avait été un fiasco, ce qui ne militait guère en faveur de l'ouverture du conseil aux représentants de cette droite nationaliste. La place qui devait revenir aux communistes suscitait également d'âpres débats. Si nul ne contestait au Parti communiste français le droit de siéger au Conseil de la Résistance, Jean Moulin refusait que le Front national, son appendice, y participât, ce qui aurait doublé les voix des camarades de Maurice Thorez. Le choix des mouvements qui seraient sélectionnés, enfin, n'avait rien d'évident, au nord notamment.

Le processus conçu à Londres suscitait donc d'emblée bien des réserves, y compris dans les rangs de la France combattante, ce qui explique que Moulin ait reçu des pouvoirs élargis afin de le mettre en œuvre. Alors que son périmètre se limitait initialement à la zone sud, il devint, le 10 février, le seul représentant du général de Gaulle et du Comité national français en France occupée, ce qui lui accordait la prééminence sur Pierre Brossolette et le colonel Passy. Certes, les trois hommes devaient conjointement conduire les négociations. Mais le primat revenait de toute évidence à Moulin. Un télégramme adressé à *Brumaire* et *Arquebuse* le 12 mars enfonça le clou : « Rex [Jean Moulin] a pleins pouvoirs pour toute décision concernant la zone occupée aussi bien que non occupée en liaison avec Londres[39]. »

Or, Passy et Brossolette ignorèrent autant les « nouvelles instructions » que les pouvoirs élargis confiés à Moulin – il avait rang de ministre –, bien que ces deux données eussent été portées à leur connaissance. Brusquant le destin, ils décidèrent, avant que Moulin ne revienne de Londres, de le mettre devant le fait accompli. La manœuvre pouvait sembler périlleuse, mais Brossolette courut sa chance. « Il avait observé que de Gaulle, lorsqu'on lui forçait la main, se résignait en silence afin de ne pas attirer l'attention sur l'échec de son autorité. Quant à la réaction de Moulin, elle resterait probablement limitée, elle aussi, car les décisions prises au nom du Général en présence des résistants ne pouvaient être remises en cause, sous peine de ruiner le crédit de la France combattante. Enfin, quoi qu'il arrivât, Brossolette savait qu'il serait couvert par la présence de son chef à ses côtés[40]. »

Passy et Brossolette se hâtèrent donc de créer un Comité de coordination zone nord, dont la première réunion se tint le 26 mars 1943. Certes, cette décision ne contredisait pas expressément les instructions du 21 février. « Elle n'empêchait en rien, à terme, la suite des événements l'a prouvé, celle d'une direction unique et nationale de la Résistance placée sous l'autorité de Rex [Jean Moulin], c'est-à-dire du général de Gaulle », observe l'historien Guillaume Piketty[41]. Mais cette création précipitée ne correspondait pas au mandat de *Brumaire.* « Nulle part dans l'ordre de mission de Brossolette, de Passy ou de quiconque, il n'y a trace d'instructions rédigées *avant* le départ de Brossolette le 27 janvier et prescrivant la création d'un Comité de coordination Zone Nord », observe Daniel Cordier[42].

Ce schéma présentait, il est vrai, bien des effets pervers. Il pérennisait la division de la France en deux zones, alors que Moulin prônait l'unification. Il plaçait le délégué du général de Gaulle devant le fait accompli, ce qui nuisait à la cohérence et à la cohésion de l'action des émissaires de Londres. Il intégrait le Front national au Comité de zone nord, alors qu'il en avait été exclu en zone sud, ce qui favorisait la surreprésentation des éléments communistes. Il compliquait, enfin, la création de la Commission permanente à venir et empêchait de ce fait l'émergence d'une « direction unique et nationale de la Résistance, contrôlée directement par le général de Gaulle[43] ». Rencontrant les deux hommes du BCRA au bois de Boulogne le 31 mars 1943, Moulin ne put qu'avaliser ce diktat pour éviter que la France combattante étale ses divisions devant les représentants de la résistance intérieure. Du coup, il participa à la réunion officielle du 3 avril qui porta officiellement le Comité de coordination de zone nord sur les fonts baptismaux. Mais il accepta d'autant plus mal la situation que *Brumaire* et *Arquebuse* avaient, toujours sans l'attendre, engagé des négociations pour la composition du futur Conseil national de la Résistance.

Lors de la première session du Comité de coordination de zone nord, les deux hommes du BCRA s'étaient appuyés sur les mouvements pour obtenir que fussent représentés, en lieu et place des partis, les « nuances fondamentales de l'esprit français » (communisme, socialisme, libre-pensée, catholicisme, nationalisme) et que le principe d'une Commission permanente fût rejeté[44]. A l'heure où de Gaulle sollicitait l'appui des partis en tant que tels, cette formule minimaliste ne pouvait répondre à ses vœux. Le BCRA rappela donc par télégramme que le système des familles spirituelles était impraticable. Et le commissaire à l'Intérieur, André Philip, conforta par une note la position de Moulin :

> 1° Il est indispensable, au point de vue international, que nous puissions nous présenter avec l'appui des groupements politiques qui, pour les Anglais et les Américains, apparaissent comme la seule expression de l'opinion française.
>
> 2° Du moment que les communistes agissent en tant que parti, il est impossible d'empêcher les autres d'en faire autant, dans la mesure où ils ont réussi à mettre sur pied une véritable organisation résistante[45].

On mesure mieux, dès lors, la colère qui, le 31 mars, s'empara de Moulin quand Brossolette, au mépris des ordres reçus, l'avisa de la « préférence de la majorité pour la représentation des "tendances" fondamentales de la pensée française[46] ». La confrontation entre les deux hommes, violente, accentua la défiance qu'ils se portaient.

L'insubordination de *Brumaire* et d'*Arquebuse* n'empêcha cependant pas la constitution du Conseil national de la Résistance de progresser. Fin tacticien, Moulin suggéra, lors de la réunion du 3 avril, d'appeler des délégués à représenter non les partis, mais « des secteurs d'opinion ». Ce qui lui permit « sinon d'enlever l'adhésion des chefs de mouvements, du moins d'obtenir qu'ils ne s'opposassent pas à la constitution du Conseil national de la Résistance et qu'ils y apportassent leur collaboration[47] ». Après d'âpres négociations, Jean Moulin parvint ensuite à surmonter réticences et obstacles pour composer le Conseil. Réuni avec d'infinies précautions le 27 mai 1943 dans l'appartement de René Corbin, un ancien collaborateur de Pierre Cot, qui résidait rue du Four à Paris, ce Conseil rassemblait *in fine* 8 mouvements de résistance : Ceux de la Libération (Roger Coquoin), Ceux de la Résistance (Jacques Lecompte-Boinet), le Front national (Pierre Villon), Libération-nord (Charles Laurent), l'OCM (Jacques-Henri Simon), Combat (Claude Bourdet), Franc-Tireur (Eugène Petit), Libération-sud (Pascal Copeau). Les grandes tendances politiques étaient représentées par les délégués du Parti communiste français (André Mercier), de la SFIO (André Le Trocquer), des radicaux-socialistes (Marc Rucart), des démocrates populaires (Georges Bidault), de l'Alliance démocratique (Joseph Laniel) et de la Fédération républicaine (Jacques Debû-Bridel). Les syndicats ouvriers, enfin, siégeaient *via* Louis

Saillant pour la CGT et Gaston Tessier pour la CFTC. La séance, au dire de Jean Moulin, fut particulièrement émouvante, se déroulant « dans une atmosphère d'union patriotique et de dignité que je me dois de souligner[48] ».

*Les limites d'un succès*

Que Jean Moulin ait, triomphant des obstacles dressés, obtenu un résultat exceptionnel relève de l'évidence : il était à la fois parvenu à unir la résistance intérieure et à lui faire accepter la tutelle du général de Gaulle. Ainsi, la motion présentée le 27 mai 1943 par le démocrate-chrétien Georges Bidault réclama que le gouvernement provisoire à venir « soit confié au général de Gaulle qui fut l'âme de la Résistance aux jours les plus sombres et qui n'a cessé depuis le 18 juin 1940 de préparer en pleine lucidité et en pleine indépendance la renaissance de la Patrie détruite, comme des libertés républicaines déchirées[49] ». Elle fut votée à l'unanimité bien que les communistes, fidèles à leurs jeux de bascule, aient tenté d'en appeler à la réconciliation Giraud-de Gaulle. L'intervention de Pierre Villon, représentant du Front national, suscita cependant un tel tollé qu'il se rangea finalement à l'avis de ses pairs.

La résistance marcherait donc d'un seul pas, situation qui contraste avec les déchirements que connurent bien d'autres pays. En Grèce, l'armée des ombres se divisa entre les communistes et les nationalistes au point qu'une guerre civile, larvée durant les années sombres, éclata dès 1946 ; en Yougoslavie, la lutte violente qui dressa Tito contre Mihailović se conclut par la victoire totale des éléments communistes ; en Italie enfin, le roi Victor-Emmanuel III et son Premier ministre, le maréchal Badoglio, furent incapables de réaliser l'unité nationale après la déposition de Mussolini du 25 juillet 1943 et l'armistice conclu avec les Alliés le 3 septembre suivant. De ce point de vue, la France constitue bien un cas exceptionnel : l'œuvre réalisée par « l'unificateur », pour reprendre la formule de l'historien Henri Michel, endigua les tendances centripètes de la résistance française, l'obligea à rechercher les formes minimales d'un consensus et permit de la présenter comme un tout d'autant plus homogène qu'un homme, Charles de Gaulle, l'incarnait. Soudée derrière la figure tutélaire de l'homme du 18 Juin, la résistance apparaissait comme une relève d'autant plus crédible qu'elle évitait les pièges de la monochromie. Elle rassemblait l'intégralité de l'arc politique, mais n'exigeait pas pour autant que ces familles, assurément diverses, tussent leurs différences.

La création du Conseil de la Résistance offrit naturellement au général de Gaulle un atout de poids dans la querelle qui l'opposait à Giraud. Chaperonné par Jean Monnet, opportunément dépêché par les Américains comme conseiller politique, Giraud avait tempéré ses ardeurs pétainistes. Il prononça même, le 14 mars 1943, ce qu'il qualifia, non sans ingénuité, de « premier discours démocratique de sa vie ». L'âge, toutefois, n'avait pas dépouillé le vieil homme et sa conversion aux idéaux démocratiques manquait de conviction, comme le confirme l'analyse qu'il formulait à l'intention de son représentant en Espagne en avril 1944. « Le général de G... est le dictateur de demain, avec un [Etat-major] de communistes, de socialistes et de juifs. Il sera constamment obligé de donner des gages à gauche, en attendant qu'il soit dévoré par ses partisans. Le général G[iraud] n'a pas voulu se solidariser avec un pareil personnel. Il est convaincu que la France ne veut ni d'un dictateur, ni du front populaire. Il est très sincèrement républicain, mais avec une république de gens propres et sans juiverie[50]. » L'accord entre les deux généraux risquait d'échouer, d'autant plus que les Américains, épaulés par les Britanniques, persistaient à soutenir Giraud.

Le 23 février 1943, de Gaulle avait pourtant adressé à son rival un mémorandum qui proposait, outre la constitution d'un « pouvoir central provisoire », la formation d'un « pouvoir consultatif de la résistance française. Ce conseil pourrait être formé, par exemple, par des mandataires délégués par les organisations de résistance dans la métropole et les éléments combattants[51] ». Le 16 mars, Giraud avait en retour invité de Gaulle à le rencontrer. Mais les négociations piétinaient. Apprenant par la BBC que le Général devait se rendre à Alger, Moulin lui envoya donc le 8 mai un texte de synthèse visant à l'informer. Il affirmait notamment qu'aux yeux des membres du futur Conseil de la Résistance, « subordination de Gaulle à Giraud comme chef militaire ne sera jamais admise par peuple de France qui demande installation rapide gouvernement provisoire Alger sous présidence de Gaulle avec Giraud comme chef militaire[52] ».

Cette annonce était pour le moins prématurée, puisque à la date du 8 mai, le Conseil ne s'était pas réuni : il tiendrait sa séance plénière le 27. Jacques Soustelle prit cependant sur lui de le transmettre au service de presse de la France combattante, qui s'empressa de publier un communiqué le 14 mai 1943. Cette entorse à la vérité provoqua la colère de certains gaullistes qui craignaient que les négociations avec le camp giraudiste ne capotent. Moulin lui-même dénonça le procédé : « Cet incident, survenant au moment où je demandais aux membres du Conseil de la Résistance de tenir leur réunion constitutive, n'a pas été sans me gêner sérieusement[53]. » Alger, pourtant, valait bien une messe et de Gaulle put, fût-ce par un artifice, démontrer à des Alliés rétifs que la France entière était rassemblée derrière lui. « La voix de cette France écrasée, mais grondante et assurée, couvrait, soudain, le chuchotement des intrigues et les palabres des combinaisons. J'en fus, à l'instant même, plus fort, tandis que Washington et Londres mesuraient, sans plaisir, mais non sans lucidité, la portée de l'événement[54]. » Dès le 17 mai, Giraud demanda à de Gaulle de se rendre dans la Ville blanche pour former avec lui le pouvoir central français. La constitution du Conseil national de la Résistance, même annoncée prématurément, avait offert au Connétable le coup de pouce nécessaire pour qu'il gravît les premières marches du pouvoir.

### *Les ombres du tableau*

La question du commandement de l'Armée secrète, en revanche, était loin d'être réglée. Si le général Delestraint *(Vidal)*, nommé chef de l'Armée secrète en novembre 1942, avait vu ses pouvoirs étendus à la zone nord en février 1943, les mouvements sudistes, Frenay en tête, ne cessaient pourtant de contester son autorité. « Ils estimaient avoir été trompés et ce qu'ils considéraient comme une manœuvre les révoltait parce que, dans les instructions qui créaient l'Armée secrète de la zone sud en novembre 1942, il avait été prévu que le Comité de coordination servirait de relais avec de Gaulle. Intervenant au moment de la dramatique naissance des maquis, [sa] promotion [...] mit le feu aux poudres[55]. » De fait, la transformation du Comité de coordination zone sud en Comité directeur des MUR avait changé la donne, puisque la structure initialement chargée de conduire l'action clandestine s'était métamorphosée en instance de direction des trois mouvements de zone libre. Du coup, le général de Gaulle, *via* Delestraint, s'assurait du commandement direct de l'Armée secrète, dépossession que Frenay ne pouvait accepter. En outre, la création du Conseil national de la Résistance et la promotion de Delestraint faisaient brutalement basculer le centre de gravité de l'armée des ombres de Lyon sur Paris. Ce transfert accordait « soudain une importance politique primordiale aux mouvements de zone occupée et reléguait l'Armée secrète de zone libre au rôle d'auxiliaire. Car Frenay, non seulement n'avait aucune autorité sur les forces paramilitaires de la zone nord, mais était considéré avec la plus extrême méfiance dans cette zone[56] ». On comprend, dès lors, que certains chefs de la résistance intérieure n'aient cessé de contester l'organigramme gaullien. Considérant que la séparation du civil et du militaire constituait une absurdité – les militants pouvant se livrer à une propagande politique tout en recueillant des renseignements militaires –, ils dénonçaient également la conception autoritaire de l'obéissance que défendait Moulin. « La discipline chez nous est faite de confiance et d'amitié. Il n'existe pas de subordination au sens militaire du terme. On ne saurait, et nous en avons fait maintes fois l'expérience, imposer un chef à un échelon de notre hiérarchie. Ce qui est possible dans un régiment ou une préfecture ne l'est pas ici », écrivit par exemple Frenay à Moulin[57]. « En ce qui concerne la discipline, il ne peut pas être conçu un organisme, même révolutionnaire, dans lequel tout le monde a son mot à dire et à tous les échelons », rétorqua Moulin, qui se remémorait les déchirements fratricides de la guerre d'Espagne[58].

L'obéissance requise révulsait également les communistes. Lors de la réunion du 12 avril 1943, Jean Moulin était intervenu « pour dire que, puisqu'ils versaient leurs groupes d'action à l'Armée secrète, ceux-ci devenaient des unités militaires qui n'avaient plus qu'à obéir. Les représentants des Francs-Tireurs et Partisans, surpris de cette conception rigide et offusqués par certains termes employés (il avait notamment échappé à Rex de leur dire qu'il fallait "claquer les talons"), décidèrent qu'ils devaient, dans ces conditions, en référer à leur comité directeur, mais que celui-ci n'accepterait jamais d'abandonner l'action immédiate[59] ».

Moulin ordonna, du coup, de ne plus verser de fonds aux FTP à partir d'avril, mais cette mesure de rétorsion ne répondait pas à deux questions de fond. Fallait-il, tout d'abord, accepter l'action immédiate ? Les émissaires de la France combattante tranchèrent, en demandant que les groupes communistes exécutent prioritairement les missions que Londres leur confierait ; ils conserveraient pour le reste toute latitude d'action. Mais ce compromis boiteux ne répondait pas à une seconde interrogation : les communistes se comporteraient-ils en alliés fidèles ? La réponse était d'autant moins évidente que les manœuvres de Pierre Brossolette avaient eu pour résultat de leur attribuer deux sièges au Conseil national de la Résistance, l'un au titre du Parti, l'autre au titre du Front national, ce qui renforçait leur poids.

L'inclusion des partis politiques au sein du Conseil de la Résistance constituait également un problème. Ce schéma favorisait l'unification de l'armée des ombres et la renaissance d'une vie démocratique, d'autant que de Gaulle s'était engagé à convoquer à Alger une Assemblée consultative. Il aboutissait cependant à priver les mouvements du monopole politique et à remettre en selle des formations discréditées tant par la défaite que par leur inégale participation à la lutte clandestine. « Les communistes et les socialistes auraient occupé une place prépondérante après la Libération. [...] Quant aux partis de droite et aux modérés, ils ne furent pas tirés de leur déconfiture par leur participation au CNR [...]. Ce fut la texture même des mouvements qui les empêcha de jouer un rôle politique pour lequel (contrairement à ce que suggérait l'ambition de leurs chefs) ils n'étaient pas faits. Le CNR fut le révélateur symbolique de cet échec dont il ne fut pas la cause. L'avenir le prouva[60] », observe Daniel Cordier. Cette analyse n'est pas sans fondements. Mais elle omet d'intégrer une donnée de taille : le général de Gaulle fut, à la Libération, la première victime des partis dont il avait favorisé la renaissance ! Si de Gaulle, soutenant de son prestige les formations résistantes, s'était appuyé sur elles pour offrir un exutoire politique au gaullisme de guerre, la situation eût peut-être été bien différente. Sur le court terme, l'appui des partis était fondamental pour gagner la bataille de la légitimité ;

à moyen terme, elle desservit l'homme du 18 Juin, victime en 1946 de formations qu'il avait remises en selle, mais dont son épopée incarnait le discrédit.

Enfin, le CNR écarta de sa composition des formations qui n'avaient pas démérité, au grand dam de Moulin. « Des groupements très importants ont été laissés en dehors du Comité de coordination et revendiquent aujourd'hui avec une très grande insistance leur place au sein dudit Comité. C'est le cas de Résistance [...]. C'est celui du Cercle [...]. C'est le cas de Défense de la France dont le journal est, semble-t-il, le plus important de zone nord [...]. Tous ces mouvements se plaignent d'avoir été écartés et sollicitent fermement une révision de la coordination », proteste-t-il en mai 1943[61]. De fait, Pierre Brossolette et le colonel Passy avaient retenu trois critères simples pour adouber un mouvement : il devait se composer d'un journal, d'un réseau de renseignements et d'un groupe paramilitaire. Eu égard aux règles posées, la marginalisation de Résistance et de Défense de la France n'était en rien choquante. Mais l'application de ces paramètres avait été sélective : ni Ceux de la Résistance ni Ceux de la Libération, par exemple, ne disposaient de journaux. Cela dit, cette partialité n'avait rien de politique. Elle démontrait que, pour Passy comme pour Brossolette, le militaire primait sur le civil, ce qui laissait peu de chance aux formations qui, comme Défense de la France, privilégiaient le second axe par rapport au premier. Ce principe eut toutefois une conséquence inattendue. Pour faire bonne figure aux yeux de Londres, les mouvements civils se dotèrent de formations paramilitaires et les formations guerrières se lancèrent, à l'image de Ceux de la Libération, dans la propagande, ce qui renforça la polyvalence des formations clandestines.

Tout en laissant en suspens bien des questions épineuses, la constitution du Conseil de la Résistance renforçait tant l'unification de la résistance que sa sujétion à la France combattante. Cette évolution positive suscitait pourtant l'opposition d'une minorité. L'irrédentisme de certains mouvements comme la position ambiguë du parti communiste minaient le processus, dessinant des failles que le second semestre 1943 ne ferait qu'élargir.

# 11

# Une succession sans héritage. Caluire et ses suites

La formation du Conseil de la Résistance, le 27 mai 1943, marqua, on l'a vu, une étape capitale. En moins d'un mois cependant, le dispositif conçu par Jean Moulin s'effondra, victime des coups portés par la répression allemande et de la stratégie que déployèrent par contrecoup ses rivaux, qu'ils appartinssent aux mouvements ou au BCRA.

## *Caluire*

La réunion tenue le 27 mai 1943 rue du Four avait signé l'apogée de Jean Moulin ; le guet-apens de Caluire, le 21 juin 1943, sonna son glas.

Ce jour-là, en effet, les hommes des services de sécurité nazis, le *Sicherheitsdienst* (SD), conduits par le patron de leur antenne lyonnaise, Klaus Barbie, procédèrent à l'arrestation du délégué du général de Gaulle dans la maison du docteur Dugoujon sise à Caluire, dans la banlieue lyonnaise. Cette affaire a, depuis de longues années, suscité débats et controverses que le rôle éminent tenu par Moulin dans l'organigramme gaullien ne suffit pas à expliquer. De fait, bien des zones d'ombre subsistent et si les historiens s'accordent dans leur ensemble sur un scénario plausible, les preuves manquent pour fixer de façon irrécusable les responsabilités de chacun dans un engrenage qui s'était amorcé au printemps 1943.

Le 7 mai 1943, la Milice avait en effet arrêté un militant du mouvement France d'abord qui, sans être brutalisé, avait donné six « boîtes aux lettres ». Situées dans les lieux les plus divers, ces dernières servaient de poste clandestine aux résistants qui y déposaient des documents – papiers, rapports ou circulaires… – que d'autres relevaient, parfois plusieurs fois par jour. Ces boîtes aux lettres pouvaient être de véritables boîtes aux lettres ; mais parfois, des commerçants acceptaient de réceptionner ou de livrer les plis que des résistants leur remettaient. Tel fut par exemple le cas de la librairie Le Vœu de Louis XIII, située rue Bonaparte à Paris, qui assurait ce service pour le mouvement Défense de la France. Quoi qu'il en soit, le général Delestraint *(Vidal)*, chef de l'Armée secrète, fixa le 27 mai 1943 rendez-vous à René Hardy au métro La Muette pour le 9 juin. Le billet annonçant cette rencontre fut déposé au 14, rue Bouteille, à Lyon, dans une boîte que surveillaient les Allemands[1]. Lorsque le général arriva à pied à la station de métro, les Allemands l'interpellèrent et le menèrent aussitôt au siège de la Gestapo de l'avenue Foch à Paris. La prise était belle : l'AS se voyait privée de son chef.

Ignorant tout du drame qui se nouait, René Hardy *(Didot)* partit de son côté de Lyon pour la capitale le 7 juin 1943. L'homme jouant dans le traquenard de Caluire un rôle essentiel, il n'est pas inutile de rappeler son itinéraire. Ancien cadre de la SNCF, Hardy avait tenté, en mai 1941, de quitter la France pour rejoindre de Gaulle. Arrêté, il avait été condamné à quinze mois de prison et avait rencontré, lors de sa détention, Pierre Bénouville, futur membre de Combat. En décembre 1942, Jean-Guy Bernard l'avait présenté à Henri Frenay, qui, séduit par ses talents d'organisateur, lui avait confié la responsabilité de Résistance-Fer. Début mai, Delestraint le coopta à son état-major et le chargea de préparer un plan de sabotage du réseau ferré, le futur plan Vert, qui devait paralyser par une série d'attentats les mouvements de troupes ennemies lors du débarquement allié. Hardy montait donc à Paris pour mettre son carnet d'adresses, et notamment les contacts dont il disposait à la SNCF, à la disposition de Delestraint et préparer avec Jean-Guy Bernard l'extension du Noyautage des administrations publiques (NAP) à la zone occupée[2]. Il réglerait en outre avec le même Bernard le planning de quelques actions à mener.

Le 7 juin, Hardy prit le Lyon-Paris de 21 h 50. Or, deux hommes occupaient le compartiment voisin : Robert Moog, un agent de l'Abwehr détaché auprès du *Sicherheitsdienst*, et Jean Multon *(Lunel)*. Ils devaient procéder à l'arrestation de Delestraint. Secrétaire de Maurice Chevance-Bertin, responsable des MUR pour les Bouches-du-Rhône, Multon avait été arrêté à Marseille le 27 avril 1943. Retourné, il s'était alors placé au service des Allemands et avait provoqué plus d'une centaine d'arrestations dans les rangs de la résistance. A l'étonnement qu'il lut sur le visage de Multon – réaction qui n'échappa pas à Moog –, Hardy comprit qu'il avait été reconnu. Mais plutôt que d'interrompre son périple, il préféra le poursuivre, non sans avoir confié à un autre résistant rencontré par hasard sur le quai de la gare, Lazare Rachline, le soin de prévenir Pierre Bénouville que Multon l'avait vu. Comme on pouvait le craindre, les Allemands arrêtèrent Hardy en gare de Chalon-sur-Saône vers 1 heure du matin ; à son arrivée dans la capitale, Rachline fit prévenir Bénouville.

Le 10 juin, René Hardy, incarcéré dans la prison de Chalon-sur-Saône, fut pris en charge par Klaus Barbie qui avait trouvé dans ses affaires une lettre adressée à sa fiancée, Lydie Bastien. Le chef du SD lyonnais le convainquit alors de travailler pour ses services. Il disposait, *via* Lydie Bastien, d'un redoutable moyen de pression, puisque Hardy était follement épris de cette femme que le secrétaire de Jean Moulin, Daniel Cordier, décrit comme une « beauté frémissante ». Les Allemands, précisera Hardy, « me font savoir que je parais beaucoup aimer ma fiancée, aussi, s'ils apprenaient que j'appartenais à la Résistance comme ils l'avaient cru tout d'abord, ou bien si j'en disparaissais, ils arrêteraient la famille Bastien et ma fiancée comme otages[3] ». Le gestapiste mesurait-il l'importance de sa prise et avait-il reconnu, en Hardy, *Didot*, un éminent responsable de l'armée des ombres ? La question reste posée, puisque Hardy a toujours affirmé que Barbie l'avait relâché sans savoir qu'il était le chef du service des sabotages[4]. Quoi qu'il en soit, le résistant fut libéré, non sans avoir promis à Barbie qu'il le servirait. S'agissait-il d'un marché de dupes ? Peut-être. « On ne peut pas totalement exclure que, après avoir accepté de "travailler pour Barbie", Hardy, dont la modestie n'était pas la qualité première, ait cru être assez fort pour se jouer de celui qui n'était alors qu'un petit lieutenant. Pour gagner du temps, il lui aurait bien livré le brouillon du "plan

Vert", mais sans pour autant "donner" la réunion de Caluire, jusqu'à laquelle il aurait été, malgré lui et à son insu, filé. » Mais il ne s'agit, précise Jean-Pierre Azéma, que d'une « explication minimaliste[5] » dans la mesure où un document allemand de l'époque, le rapport Flora, le cite explicitement comme « un agent double[6] ».

Recouvrant la liberté, Hardy renoua le contact avec ses camarades, et notamment Pierre Bénouville. Ce dernier savait-il que Hardy avait été arrêté, fût-ce brièvement, par les Allemands ? Hardy l'affirma et Bénouville finit par le reconnaître[7]. Ce point, en apparence mineur, n'est aucunement secondaire et joua dans les jours qui suivirent un rôle déterminant. Car Moulin, ébranlé par l'arrestation de Delestraint, en avait immédiatement pesé les conséquences. « J'ai tenu secrète l'arrestation de Vidal [Delestraint]. Il n'y a pas une minute à perdre. Tout peut encore être réparé, écrivit-il dans une lettre manuscrite adressée au général de Gaulle le 15 juin. Mais il faut que personne à Londres et à Alger ne soit au courant, et surtout pas les chefs des mouvements[8]. » Or, les responsables de Combat, rapidement informés du drame, mesurèrent les possibilités qui s'ouvraient. Delestraint écarté, ils pourraient reprendre le contrôle de l'Armée secrète dont ils estimaient avoir été injustement dépossédés. Jean Moulin flaira la menace. Pour y parer, il conçut de remplacer Delestraint en nommant deux responsables de l'Armée secrète à titre intérimaire : Aubrac coifferait la zone nord ; au colonel Schwarzfeld , responsable du mouvement lyonnais France d'abord, reviendrait la zone sud. Une réunion des responsables paramilitaires des Mouvements unis de Résistance (MUR) devait valider ce schéma. Elle fut fixée au 21 juin, au cabinet du docteur Dugoujon, à Caluire.

Cette rencontre revêtait donc une importance capitale, puisqu'elle procéderait au remplacement du général Delestraint. Elle risquait également de dégénérer, dans la mesure où les dirigeants de Combat entendaient, au risque de l'affrontement, faire valoir leurs droits. Moulin la prépara donc avec soin, multipliant les rencontres afin de rallier à ses vues certains chefs de mouvements (Copeau et Aubrac pour Libération-sud, Claudius-Petit pour Franc-Tireur...). Les dirigeants de Combat ne restèrent pas non plus inactifs, cherchant, en faisant nombre, à contrer le représentant du général de Gaulle et ses alliés.

Le chef d'état-major de Delestraint, Henri Aubry, décida alors de convoquer René Hardy à la réunion de Caluire. Lieutenant de la coloniale, Aubry, après avoir été recruté à Combat, avait été placé par Frenay auprès de Delestraint pour que Combat disposât d'un homme sûr dans l'organigramme de l'Armée secrète. En amenant Hardy à Caluire, Aubry commettait cependant une triple faute. La plus élémentaire prudence commandait tout d'abord de placer Hardy en quarantaine, que ce dernier ait été ou non suspecté d'avoir été retourné par les Allemands : n'avait-il pas disparu pendant plus d'une semaine ? Les règles de sécurité, par ailleurs, interdisaient formellement « d'amener une tierce personne, quelle qu'elle soit, à un rendez-vous pris avec un autre[9] ». Jean Moulin, enfin, ne fut pas avisé de la venue de Hardy, alors qu'il s'en défiait « depuis qu'il avait appris sa réapparition dans Lyon après des jours d'absence[10] ». A cette aune, Aubry agit *a minima* avec une légèreté d'autant plus grande qu'il récidivait : alors qu'il savait que la boîte aux lettres où le message fixant rendez-vous au général Delestraint au métro La Muette était brûlée, il avait omis de l'en aviser, provoquant ainsi indirectement son arrestation.

Aubry agit vraisemblablement sur ordre de Bénouville, qui vouait à Moulin une solide inimitié que ce dernier lui rendait bien. Jugeant sans doute qu'Aubry ne ferait pas le poids, il suggéra sans doute de s'appuyer sur Hardy, « un teigneux qui avait de la repartie[11] ». Ce dernier fut donc imposé à la réunion de Caluire par deux responsables de Combat sans y avoir été convié[12]. Hardy fut-il alors filé ou donna-t-il le rendez-vous, comme le suggère Edmée Delettraz, une agent double qui travaillait à la fois pour le colonel Groussard, vichyste passé dans la résistance, et pour la Gestapo[13] ? René Hardy a toujours nié avoir trahi, soulignant qu'aucun responsable de Combat n'avait par la suite été arrêté – ce qui est exact, mais ne constitue pas la preuve absolue de son innocence : « Les exemples ne manquent pas de résistants "contrôlés" par les services allemands et auxquels aucune arrestation n'est imputable, simplement parce que la Gestapo ou l'Abwehr attendaient d'eux autre chose[14]. »

Le résultat, quoi qu'il en soit, fut le même. Vers 15 heures, deux tractions avant Citroën déposèrent 7 ou 8 hommes du SD devant la maison du docteur Dugoujon. Les Allemands arrêtèrent aussitôt toutes les personnes qui leur paraissaient suspectes, patients comme résistants, non sans se livrer à des brutalités qui visèrent principalement Henri Aubry, Bruno Larat, chef du Centre des opérations de parachutages et atterrissages (COPA), et André Lassagne, membre de Libération-sud. En revanche, René Hardy parvint à s'enfuir en bousculant le garde qui le tenait à l'aide d'un cabriolet – une chaîne tordue autour du poignet dont le policier tenait l'extrémité. Le traitement de faveur dont il avait bénéficié – il n'avait pas été menotté – comme la relative facilité de son évasion ne firent qu'accroître les soupçons qui pesaient sur lui. Blessé, il fut transporté à l'hôpital de l'Antiquaille, puis transféré au quartier cellulaire de l'hôpital allemand de la Croix-Rousse. Il s'en évada le 3 août, ici encore sans difficultés majeures[15].

Le SD lyonnais avait au total réussi un beau coup de filet en s'emparant de responsables éminents de la résistance : Raymond Aubrac et André Lassagne de Libération-sud, Henri Aubry de Combat, le colonel Schwarzfeld de France d'abord, Bruno Larat du COPA et surtout Jean Moulin. Ce dernier ne fut pas aussitôt reconnu, bien que le SD ait su le jour même qu'il tenait *Max*. Barbie s'acharna donc sur les prisonniers dont il connaissait l'activité résistante et tortura longuement Larat, Lassagne et Aubry. Ce dernier fut particulièrement malmené. « A midi, on m'a de nouveau conduit à [la prison de] Montluc, où on m'a amené devant un mur où après m'avoir attaché à des anneaux, quatre soldats sont arrivés, se sont mis face à moi et sur l'ordre de celui qui m'interrogeait, après m'avoir spécifié que puisque je ne voulais pas donner la boîte du Comité directeur, j'allais mourir, il a commandé à ses quatre hommes, en allemand, "En joue", puis "Feu". Après cette première salve qui m'a encadré, devant mon étonnement de me trouver vivant, celui qui m'interrogeait me dit : "La première fois, c'était pour rire, maintenant c'est pour de bon : veux-tu dire où est la boîte du Comité directeur ?" Répondant toujours que je l'ignorais, ils ont recommencé à quatre reprises cette horrible comédie. Après la quatrième salve, j'ai reçu un coup de crosse sur la tête extrêmement violent et je suis tombé évanoui[16]. » Ce fut vraisemblablement le 23 juin que Barbie perça l'identité de *Rex*-Moulin[17]. Il le tortura alors abominablement et le fit transporter, sans doute le 28 juin, dans un état critique sur Paris avant de le transférer, probablement le 8 juillet, sur Berlin. Les sévices infligés par le gestapiste expliquent-ils la mort de Moulin ? Ou ce dernier préféra-t-il se suicider plutôt que de parler sous les coups, hypothèse qu'accrédite sa première tentative de suicide à Chartres en 1940 ? Peu importe. « Une certitude demeure, la seule qui importe pour l'histoire : Jean Moulin fut l'un des très rares résistants à ne pas céder sous la torture, s'incline Daniel Cordier. Il est possible même que, muré dans son silence, il n'ait ni avoué son véritable nom ni reconnu son rôle dans la Résistance. La survie de ses collaborateurs, dont aucun ne fut inquiété, et le témoignage de son bourreau en sont garants : "Il n'a rien avoué", dira Klaus Barbie. Pour une fois, il dit certainement la vérité[18]. »

L'affaire de Caluire n'a pas, loin s'en faut, livré tous ses mystères. L'historien peine à définir les responsabilités exactes de René Hardy, d'autant que ce dernier, poursuivi en 1947 puis en 1950 devant les tribunaux, a par deux fois été acquitté. Quelle que soit la vérité, un fait s'impose : « Arrêté, interrogé, relâché par la Gestapo lyonnaise, il a délibérément caché la vérité à tous les responsables de la Résistance et a repris ses activités clandestines », tranche l'historien Henri Noguères[19]. Qu'il ait été piégé ou ait donné la réunion n'exonère cependant pas Aubry et Bénouville de leurs responsabilités. Rien n'obligeait à convoquer René Hardy, dont la présence ne s'imposait pas, d'autant que sa disparition puis sa résurrection inopinée invitaient à la prudence. Dans ce cas, répétons-le, « les consignes voulaient que Hardy '"soit mis au vert" et ne participe à quelque réunion que ce soit[20] ». Les deux membres de Combat prirent donc un risque d'autant plus inconsidéré que Bénouville, de son propre aveu, n'ignorait pas que son ancien camarade de détention avait été arrêté par les Allemands. La hauteur de l'enjeu – le commandement de l'Armée secrète – explique sans doute que ce risque eût été couru, d'autant que les deux hommes, c'est là un euphémisme, éprouvaient peu de sympathie pour le représentant du général de Gaulle.

La tragique disparition de Moulin priva la France libre d'un grand serviteur. « Pour l'histoire de la Résistance en France, avec l'arrestation de Jean Moulin ce n'est pas seulement une page qui est tournée : c'est le deuxième acte du drame qui s'achève. Sans doute la Résistance intérieure française à qui la personnalité de Jean Moulin a su imprimer, en dix-huit mois, une marque indélébile, ne sera plus jamais ce qu'elle eût été sans Jean Moulin. Mais, celui-ci disparu, elle ne sera plus jamais, non plus, ce qu'elle eût été avec lui[21]. » Sa mort ouvrit une ère de tourmentes et de turbulences. Mais il fallut d'abord parer au plus pressé : remplacer *Rex*.

*Un legs impossible*

Jean Moulin, on s'en souvient, cumulait trois fonctions : commissaire national, il présidait par ailleurs le Conseil de la Résistance et le Comité directeur des MUR. Il jouait donc un rôle éminent dans les instances de la résistance intérieure comme dans l'organigramme de la France combattante, assumant le lien entre ces deux rives dont il garantissait *in fine* la cohésion. Son remplacement s'annonçait donc pour le moins complexe. Son successeur devrait en effet être adoubé tant par les mouvements que par les autorités gaullistes, ce qui, compte tenu des tensions qui les opposaient, n'allait pas de soi. Aucun candidat ne s'imposait, personne n'ayant ni le charisme ni les états de service de *Rex* à faire valoir. De surcroît, des tâches titanesques l'attendaient : nommer le successeur du général Delestraint, enraciner l'Armée secrète et préciser la stratégie qu'elle appliquerait pour aider à la libération du pays, garantir enfin le pouvoir du général de Gaulle sans susciter l'hostilité des organisations clandestines. A l'heure où l'hypothèse d'un débarquement allié se précisait, l'action devait désormais combiner le civil et le militaire : cette mise en relation, on le devine, compliquait singulièrement la donne.

Une solution provisoire s'imposa cependant aussitôt. Sous-lieutenant de cavalerie en 1934, attaché commercial à Berlin avant 1939, Claude Bouchinet-*Serreulles (Sophie, Scapin, Clovis, Sauvier)* avait à 28 ans rallié la France libre dès juillet 1940 et servi au cabinet du général de Gaulle plus de deux années durant[22]. Brûlant d'agir, il avait demandé à être envoyé en métropole. De guerre lasse, le Général finit par céder. Acheminé par un bimoteur Hudson le 16 juin 1943, Claude Bouchinet-Serreulles fut donc dépêché afin d'assister Jean Moulin qui songeait à lui confier les affaires militaires de la Délégation. Le drame de Caluire brisa net ce schéma. Sitôt l'arrestation de Moulin connue, Bouchinet-Serreulles proposa d'assurer l'intérim, non sans demander de façon pressante « l'envoi immédiat d'un responsable de haut rang pour reprendre la situation en main[23] ». Appuyé par le colonel Passy, Pierre Brossolette se mit aussitôt sur les rangs, rêvant de succéder à son rival que le sort avait providentiellement écarté.

L'homme avait, il est vrai, de solides titres à faire valoir. D'une grande intelligence, bon connaisseur des arcanes de la résistance intérieure, il disposait en outre de l'entière confiance du colonel Passy, le patron du BCRA. Il avait cependant suscité de fortes inimitiés au sein des mouvements, qui ne lui avaient pas pardonné le traitement de faveur dont avait bénéficié l'Organisation civile et militaire. Sa plume mordante, par ailleurs, avait grossi les rangs de ses ennemis ulcérés par les piques que décochait cet esprit caustique. De Gaulle, surtout, n'imaginait pas de confier les clés de la Délégation à un homme qui n'avait cessé de lui désobéir. Comment aurait-il fait de lui son représentant et le président du Conseil national de la Résistance alors qu'il avait « critiqué ses directives, combattu publiquement le projet du CNR que Moulin était chargé d'appliquer, enfin torpillé la création de la Commission permanente, l'instrument par excellence pour de Gaulle du contrôle de la Résistance ? Par cette nomination, de Gaulle pouvait-il, en désavouant publiquement Moulin, désavouer sa propre politique[24] ? ».

La perspective de cette nomination provoqua donc une levée de boucliers. Au sein de la France combattante, le commissaire à l'Intérieur, André Philip, la récusait, fort du soutien que lui apportaient son bras droit, Georges Boris, et l'adjoint du colonel Passy, André Manuel. Dans les mouvements, François de Menthon, fondateur de Liberté et membre du Comité général d'études (CGE), comme Gilbert Védy *(Jacques Médéric)*, dirigeant de Ceux de la Libération, la rejetaient tout autant. Le BCRA parvint alors à un compromis laborieux. Il confirma la séparation entre les deux zones, le Comité directeur du nord revenant à Claude Bouchinet-Serreulles, son pendant sudiste à Jacques Bingen. Pierre Brossolette serait envoyé en septembre. A charge pour lui de régler la question pendante de la présidence du CNR, de présenter Pierre Marchal, délégué militaire pour la zone nord, aux mouvements, et de guider les premiers pas d'Emile Bollaert, nommé « représentant du Comité français de Libération nationale auprès du Conseil de la Résistance française » le 2 septembre 1943[25]. Loin de recueillir l'héritage de Jean Moulin, Pierre Brossolette se voyait donc investi d'une « mission simple et limitée ». Mais il « espérait profiter de sa connaissance du combat de l'ombre, et de sa liaison privilégiée avec le BCRA, pour se poser en "mentor" du nouveau délégué général et contrôler les commandes. Il retrouvait d'ailleurs là un emploi qu'il affectionnait, celui d'éminence grise[26] ».

L'inexpérience de Bollaert servait ce dessein. Ancien préfet révoqué par Vichy, ce haut fonctionnaire patriote et républicain n'avait en effet aucune expérience ni de la clandestinité ni de la résistance, ce qui plaçait ce novice sous la coupe de son conseiller. Après un détour par Alger où il s'entretint avec Charles de Gaulle, Pierre Brossolette, flanqué de Yeo-Thomas, atterrit dans la nuit du 18 au 19 septembre 1943 sur un terrain situé aux abords d'Angoulême. Les deux hommes gagnèrent aussitôt Paris.

### *Le nerf de la guerre*

Si la disparition de Moulin permettait à Brossolette – du moins l'espérait-il – de se remettre en selle, elle ouvrait également des perspectives inespérées aux mouvements. Ces derniers, on le sait, avaient mal accepté la tutelle de Londres en général et le pouvoir grandissant du délégué en particulier. Or, ce dernier disposait des moyens de se faire respecter, puisque le financement des mouvements lui était subordonné.

Pour assurer leur fonctionnement, les formations clandestines s'étaient, jusqu'en 1942, appuyées sur la générosité de leurs membres ou les largesses de leurs mécènes. Au fil du temps, toutefois, ces sommes se révélaient insuffisantes. La croissance des organisations obligeait en effet à appointer des permanents qui, abandonnant bien souvent leur métier, devaient être rémunérés, quand ils ne disposaient pas d'une fortune personnelle. Le mouvement Vengeance rémunéra par exemple Victor Dupont, son responsable national, 7 000 francs par mois (soit environ 1 400 euros d'aujourd'hui). En juillet 1942, un décret fixa le statut des résistants. Les permanents – P2 – pouvaient prétendre à une solde ; les agents qui conservaient leur activité professionnelle – P1 – percevaient une indemnité ; les occasionnels enfin – PO – recevaient le cas échéant une indemnité. Dans le réseau Cohors, le barème oscillait ainsi entre 3 000 et 5 500 francs par mois[27], une somme non négligeable puisque les salaires mensuels moyens minimaux oscillaient alors entre 1 050 et 1 700 francs[28]. Aux charges salariales incombant aux formations clandestines s'ajoutaient par ailleurs les investissements dévolus à leur fonctionnement : acquisition ou location des locaux, des imprimeries, des bicyclettes, des camions... sans parler des coûts d'impression. De 25 000 francs, le prix de la tonne de papier passa à 60 000 francs entre 1942 et 1944[29] ; un journal comme *Libération*-sud revenait de 100 000 à 130 000 francs en 1943 pour 130 000 exemplaires, compte non tenu du salaire des résistants[30]. Les services sociaux, enfin, réclamaient des sommes croissantes afin de secourir les familles que l'arrestation d'un des leurs précipitait dans la détresse. Ainsi, Combat dépensait mensuellement de 20 000 à 30 000 francs en 1941, 200 000 francs en 1942, de 5 à 7 millions en 1943 ; le service propagande-diffusion de Libération-sud absorbait 300 000 francs par mois au début de 1943, mais 900 000 francs en 1944[31]. Sur leurs 673 000 francs de budget civil, Ceux de la Résistance, en octobre 1943, attribuaient 300 000 francs à la lutte contre le Service du travail obligatoire (STO), 87 000 au Noyautage des administrations publiques (NAP), 60 000 au secrétariat, 50 000 au service social, 25 000 à l'action ouvrière, 20 000 aux faux papiers, le reste étant versé aux groupes locaux[32].

Ainsi, des charges croissantes obligeaient les formations clandestines à renoncer à l'improvisation des débuts pour s'assurer un financement régulier. L'aide que la France libre offrit dès 1942 fut donc la bienvenue. Parachuté en 1942, Jean Moulin apporta dès sa première mission des sommes importantes et, au total, 12 millions de francs transitèrent par son intermédiaire entre janvier et octobre de la même année[33]. Entre janvier et mai 1943, Libération-sud perçut 1,5 million de francs, Franc-Tireur 600 000 francs, Combat 2,5 millions. Les partis politiques touchaient également des subsides – le Comité d'action socialiste (CAS) zone sud perçut ainsi 200 000 francs – tout comme les syndicats : la CGT obtint 300 000 francs en mars 1943, puis 2 millions en avril suivant[34].

Déterminant, le soutien de Londres n'en présentait pas moins trois failles. Les versements, en premier lieu, étaient parfois interrompus pour des raisons matérielles. Les désastreuses conditions climatiques de l'hiver 1943-1944 limitèrent le nombre des liaisons aériennes entre l'Angleterre et la France, à telle enseigne qu'en janvier, 77 millions de francs restaient bloqués sur les bases britanniques[35]. Des containers chargés de billets tombaient au mauvais endroit ; et des agents indélicats prélevaient parfois leur dîme. Entre mars et septembre 1943, André Boyer, chef du réseau Brutus, découvrit ainsi que 600 000 francs avaient disparu[36] ; et en décembre de la même année, sur 1 million de francs destinés à la délégation zone sud, 230 000 manquaient à l'appel[37]. Or, l'interruption inopinée des versements menaçait la survie même des organisations clandestines, ce qui les alarmait. La distribution des fonds, par ailleurs, offrait un moyen de pression dont Jean Moulin ne se priva pas. En avril 1943, il ordonna à son secrétaire, Daniel Cordier, de suspendre les versements destinés aux Francs-Tireurs et Partisans communistes. La répartition de la dotation globale, troisième et dernier point, suscitait d'âpres récriminations, chacun s'estimant lésé par rapport à son voisin. De fait, Moulin « répartissait l'argent reçu sinon selon son bon plaisir, comme le dénonçaient des responsables des MUR, du moins – et c'est certain – comme il l'entendait[38] ».

Les subventions de la France combattante jouaient donc de façon ambivalente. Elles favorisaient le développement de la résistance intérieure dont la croissance eût, sinon, été impossible. Dans le même temps, elles la plaçaient sous la coupe de Londres, ce qui menaçait son indépendance, voire sa survie quand les liaisons étaient interrompues. En février 1943, l'instauration du Service du travail obligatoire confirma ce paradoxe : il renforça les mouvements de zone sud qui s'émancipèrent de la tutelle gaulliste en créant ou en soutenant des maquis, malgré les réticences de Jean Moulin ; mais « ceux-ci étaient incapables de gérer de telles masses de combattants sans l'appui de Londres, sans son financement, sans les opérations incessantes de parachutage d'équipement et d'armement. De fait, la nouvelle Armée secrète dépendait totalement de la France libre[39] », ce qui aboutissait à resserrer le contrôle que la seconde exerçait sur la première.

Certaines formations s'efforcèrent donc de desserrer cet étau.

Plusieurs organisations se passaient tout bonnement du concours gaulliste parce qu'elles dépendaient des services britanniques, le SOE notamment. La richesse du *Special Operations Executive* faisait rêver : les agents de la seule section F, qui travaillait en totale indépendance à l'égard du BCRA, bénéficiaient en 1942 d'un budget global de 34 millions de francs. Cette même section injecta dans ses réseaux quelque 400 millions de francs entre 1941 et 1944, une somme de toute évidence considérable[40]. De même, les Américains disposaient en 1944 d'un trésor de guerre de 37 millions de dollars qu'ils destinaient à la résistance française[41]. Ces moyens élevés facilitaient le débauchage d'agents qui, confrontés à la misère de la France libre, préféraient travailler sous la bannière alliée plutôt que sous l'étendard tricolore. Patron de Franc-Tireur, Jean-Pierre Levy se garda bien de céder à ces sirènes, mais il connut quelques difficultés pour convaincre ses hommes : « Les militants auxquels je disais de ne pas fréquenter les restaurants de marché noir, où les agents de l'[*Intellligence Service*] les invitaient facilement, et de ne pas fumer les cigarettes anglaises qu'ils leur offraient, se rebiffaient. Je me suis employé à les calmer en leur expliquant les risques qu'ils prenaient en fréquentant les restaurants de marché noir – ce qu'on pouvait bien sûr pardonner à des jeunes gens courageux qui avaient faim et qui ne pouvaient pas se contenter des rations que leur offraient leurs cartes de ravitaillement. J'ai eu parfois du mal, notamment face à [André Girard du réseau Carte], qui, largement approvisionné par le SOE, ne se gênait pas pour nous faire miroiter monts et merveilles et pour dénigrer les services de la France libre[42]. » Mais si Jean-Pierre Levy rompit assez vite les liens ténus qu'il avait noués avec les services britanniques, Henri Frenay, à l'inverse, sollicita le soutien américain, faisant ainsi éclater « l'affaire suisse[43] ».

*L'affaire suisse*

En novembre 1942, le chef de Combat pour les Alpes-Maritimes, Philippe Monod, rencontra par hasard à Cannes Max Shoop, l'ancien patron du cabinet d'avocats Sullivan and Cromwell où il avait travaillé avant guerre. Par son truchement, Allen Dulles, responsable pour l'Europe des Services secrets américains, l'*Office of Strategic Services* (OSS), lui suggéra de coopérer et proposa un marché en apparence avantageux : Combat fournirait des renseignements militaires aux Américains qui en retour offriraient argent, transmissions et moyens de diffusion. La somme – considérable – de 10 millions de francs fut alors évoquée. En avril 1943, l'accord, négocié par Pierre Bénouville, fut conclu. Une délégation que menait le général Davet, assisté par Philippe Monod, représenta en Suisse les Mouvements unis de Résistance (mais dans les faits surtout Combat). Les grands dirigeants des MUR furent informés de cette initiative dont, en revanche, Jean Moulin ne fut pas avisé. Lorsqu'il l'apprit fin avril, il la désapprouva en termes véhéments : « C'est un véritable coup de poignard dans le dos que vous donnez à de Gaulle », s'écria-t-il[44]. Moulin s'employa alors à isoler Frenay. Il convoqua les comités directeurs des trois grands mouvements de zone sud pour leur exposer la situation et obtint qu'ils se désolidarisent de Frenay – ce qu'ils firent, non sans prudence. Second de Libération-sud, Pascal Copeau adopta une position nuancée : il ne faut pas « nécessairement abandonner la liaison avec Berne, soulignait-il, mais j'estime que nous avons sur cette affaire un contrôle insuffisant et que nous risquons, comme à son origine, d'être toujours placés devant des faits accomplis extrêmement dangereux[45] ». A Londres, le colonel Passy somma ses pairs britanniques et américains de renoncer à ces pourparlers parallèles. L'*Intelligence Service* comme le SOE l'appuyèrent, craignant que l'OSS n'en vînt à contrôler la résistance française[46]. Passy suggéra alors que les sommes promises aux MUR soient confiées à un représentant que Moulin dépêcherait en Suisse[47]. Cette solution ne pouvait bien entendu pas satisfaire Frenay, qui envisagea même un temps de faire sécession, avant de revenir à des sentiments plus amènes.

Henri Frenay avait-il entendu doubler Charles de Gaulle ? Cette interprétation semble assurément excessive : loyal à l'égard de l'homme du 18 Juin, le chef de Combat avait écarté la tentation giraudiste. En revanche, il entendait clairement rééquilibrer un rapport de forces qui le desservait, jugeant que les mouvements devaient être traités par Londres en égaux et non en subordonnés. La filière suisse lui permettait surtout de contourner *Rex* dont il rejetait l'autorité, et d'obtenir les fonds que ce dernier lui marchandait. « A tort ou à raison, il s'était persuadé que Moulin exerçait une forme de chantage sur les mouvements en les maintenant dans une situation de précarité chronique[48]. » La manœuvre visait directement ce dernier : en le confinant « au rôle d'observateur ou d'ambassadeur, [les hommes de Combat] s'emparaient de sa fonction de financier, de fournisseur d'armes et d'agents de liaison avec les Alliés. Ce seraient dorénavant [eux] qui assureraient les liaisons extérieures de la Résistance et qui alimenteraient les mouvements en armes et en argent[49] ». Tardivement avisé, Moulin réagit avec violence, au point de noircir de façon outrancière une manœuvre qui risquait de le déposséder de son autorité. Dans une lettre envoyée au général de Gaulle, il alla jusqu'à affirmer que Frenay « négocie avec les Américains et, par la force des choses, avec Giraud[50] », ce qui constituait un raccourci aussi rapide que fallacieux : à l'heure où de Gaulle croisait le fer contre son rival, cette remarque fielleuse ne pouvait qu'indisposer le chef de la France combattante. Frenay entendait-il, par ailleurs, se placer aux ordres de Roosevelt ? En aucun cas ; mais il péchait par naïveté en ne comprenant pas les calculs de ses interlocuteurs. En obtenant des renseignements militaires par un autre canal que le BCRA, les Alliés pourraient ignorer la France combattante et affaiblir la position du général de Gaulle dont le crédit reposait pour beaucoup sur les informations qu'obtenaient les services du colonel Passy. Faut-il en conclure que les Américains, ici comme ailleurs, cherchaient à affaiblir le chef de la France libre ? Daniel Cordier le pense : « Il est instructif d'observer que, sitôt obtenu l'accord de De Gaulle sur la voie américaine en Suisse, aux seules conditions que l'argent serait remis à son représentant et que les Américains n'auraient pas directement accès aux renseignements, la générosité de ces derniers se tarit subitement. Ils ne proposèrent ni ne distribuèrent plus un sou à la Résistance. C'était bien la preuve (s'il en fallait une) que leur offre n'était pas aussi désintéressée que Bénouville et Frenay le prétendaient[51]. » Pour l'historien Robert Belot, cette interruption, à l'inverse, prouvait « l'honnêteté des Américains » qui refusaient de s'ingérer « dans les affaires franco-françaises et de mécontenter de Gaulle[52] ». Cette analyse peut toutefois être contestée quand on sait l'hostilité que Roosevelt vouait au général de Gaulle et les obstacles qu'il ne cessa de placer sur sa route. Bref, l'affaire suisse se résume sans doute comme suit : aux prises avec de graves difficultés financières provoquées par l'afflux de jeunes dans les maquis, Frenay crut pouvoir financer son mouvement en s'appuyant sur les Américains. Il n'estimait pas trahir de Gaulle, qu'il soutenait publiquement, mais entendait rééquilibrer un rapport de forces que le pouvoir acquis par Moulin déséquilibrait ; il fut sans doute heureux de contourner l'autorité d'un délégué détesté, au point de s'aveugler sur les mobiles qui sous-tendaient la générosité de l'oncle Sam. Quoi qu'il en soit, « l'affaire suisse » aggrava le contentieux qui opposait Combat, et plus généralement les mouvements, au délégué du général de Gaulle.

*Le fossé se creuse*

Les différends, rappelons-le, pesaient lourd. Les mouvements, Frenay en tête, reprochaient à Moulin d'avoir mollement soutenu les maquis qui accueillaient les réfractaires au STO. Ils s'étaient opposés à la création du Conseil national de la Résistance qui favorisait, selon eux, la résurrection des partis politiques. Frenay, enfin, avait revendiqué le commandement de l'Armée secrète que de Gaulle avait préféré confier à Delestraint. Ces divergences renvoyaient à un problème de fond : à qui le commandement de la résistance devait-il revenir ? Aux yeux du général de Gaulle, la question ne se posait pas. Sur le plan militaire, la conduite de la guerre, comme la nécessaire coordination avec la stratégie alliée, imposait de concentrer le pouvoir entre ses mains ; faute de chef, l'armée des ombres disperserait ses efforts et mènerait des actions incohérentes et désordonnées, ce qui nuirait à son efficacité. Sur le plan politique, il estimait que lui seul était à même, Appel du 18 juin oblige, d'incarner la vraie France. Que le pays fût occupé ne comptait guère. Plus qu'à un sol, la France s'identifiait avant tout à un Etat, ce qui était historiquement exact. Si, en Allemagne comme en Italie, la nation avait précédé l'Etat, la France s'était à l'inverse formée par et grâce à l'Etat construit par la monarchie capétienne. Bien que battue en 1940, elle ne pourrait se maintenir que si un Etat incarné perdurait, fût-ce hors de l'hexagone. Encore fallait-il que sa souveraineté ne soit ni discutée ni contestée, ce qui obligeait à faire taire les voix discordantes qui disputeraient son autorité.

Nombre de résistants réfutaient cette vision. Tout en admettant que le commandement de l'armée des ombres revînt au général de Gaulle, ils estimaient que la conduite des opérations devait leur incomber : vivant en métropole, ils seraient mieux à même de juger de l'opportunité des actions à mener. Du point de vue politique, ils récusaient toute soumission à la France combattante. Emanation de la société civile, dirions-nous aujourd'hui, la résistance était composée de citoyens qui avaient librement décidé de s'engager au péril de leur vie. L'obéissance devait donc être consentie, en aucun cas imposée. Loin d'accepter une quelconque subordination à l'égard du général de Gaulle, une partie de la résistance intérieure entendait au contraire être placée sur un pied d'égalité avec lui, ce que ne cessait de souligner Frenay. « En réalité, ce que de Gaulle et ses services *ne pouvaient absolument pas admettre,* c'était la consolidation de la thèse que plusieurs chefs de la Résistance, et Frenay en particulier, avaient défendue à Londres, à savoir que la Résistance, née sans de Gaulle, librement attachée à lui, le soutenait comme des citoyens soutiennent leur gouvernement choisi, et non comme des soldats obéissent au commandant de leur unité », résume Claude Bourdet[53].

Engendré par des conceptions divergentes, le conflit emprunta une tournure passionnelle en se cristallisant sur la personne de Jean Moulin qui incarnait et appliquait la politique du premier des Français libres. Enclin à l'« autoritarisme[54] », l'homme n'était pas toujours facile et il usait volontiers d'un ton cassant. Mais les tensions découlaient surtout de l'ambivalence de ses fonctions. Président du Comité directeur des MUR, il pouvait être considéré par les mouvements comme un allié ; représentant du général de Gaulle, il incarnait aussi l'autorité de Londres. Or, Moulin ne chercha jamais à équilibrer les deux plateaux de la balance. « Dans sa position d'arbitre et de président du Comité directeur, [il] se trouvait en porte-à-faux, porteur en lui-même de thèses contradictoires, doué d'une autorité anormale tirée de ses fonctions d'arbitre, et donc nécessairement amené à *imposer* des points de vue qu'il n'aurait dû pouvoir que *proposer*[55] », souligne Claude Bourdet. En cas de divergence, se plaignait Frenay, « il défend toujours le point de vue du Comité national français ou ce qu'il croit être son point de vue, et jamais celui de la Résistance. On ne saurait lui en faire grief, car en cela il reste fidèle à sa mission essentielle : mais cela fait sauter aux yeux l'antagonisme qui existe entre les deux fonctions qu'il cumule[56] ». En 1942, Moulin, cherchant ses marques, faisait encore preuve d'une certaine souplesse, d'autant que le rapport de forces jouait en faveur des mouvements ; en 1943, il se montra plus raide : la lutte opposant de Gaulle à Giraud obligeait à serrer les rangs, et les fonds dont il disposait lui permettaient d'imposer ses vues.

Les grands dirigeants des mouvements profitèrent alors de leur séjour à Londres pour saper l'autorité du délégué. Le 13 avril 1943, Jean-Pierre Levy, patron de Franc-Tireur, et Emmanuel d'Astier de La Vigerie, chef de Libération-sud, arrivèrent dans la capitale britannique, où Henri Frenay les rejoignit le 17 juin. Dans un mémorandum rédigé en avril, d'Astier récapitula sèchement les exigences des MUR :

> 1° Les Mouvements unis et, en général, la résistance organisée désirent s'affirmer, s'organiser, se diriger eux-mêmes.
>
> 2° Les Mouvements unis souhaitent recevoir des directives du général de Gaulle, leur chef, mais leurs troupes et leurs activités ne peuvent être remises en aucun cas entre les mains de fonctionnaires n'ayant connaissance qu'épisodique *(missi dominici)* ou abstraite des possibilités de la masse résistante ; de fonctionnaires qui décideraient sa structure et l'amputeraient d'éléments essentiels et qui feraient, sous prétexte qu'ils représentent le Comité national, une politique autoritaire et personnelle.
>
> 3° [...] Les Mouvements unis désirent connaître toutes les activités de Rex [Moulin] concernant la France métropolitaine, comme ils lui indiquent les leurs, pour les confronter et les coordonner.
>
> Les Mouvements unis désirent connaître ses moyens comme ils lui indiquent les leurs, pour les confronter et les coordonner.
>
> Les Mouvements unis ne peuvent se remettre entre ses mains.
>
> 4° Les Mouvements unis demandent que l'Armée secrète – commandée par un officier général désigné par le général de Gaulle – soit contrôlée par le Comité de coordination, qui aura toujours et sous toutes les formes, certaines directives à donner en ce qui concerne sa structure, son organisation et son emploi, dans la mesure où cet emploi se rapporte à la résistance et intéresse la politique [...].
>
> 7° Les Mouvements unis [...] demandent qu'un accord de principe intervienne pour la nomination d'un représentant de la résistance à Londres.
>
> Ce représentant, désigné par les Mouvements, et agréé par les FFC, serait en permanence à Londres, serait entendu au Comité national pour les questions concernant la résistance ; il aurait à collaborer avec les différents services à tous travaux concernant la résistance.
>
> 8° Nous ne nous considérons pas, selon l'expression de Rex, comme des « rois nègres ». Nous ne considérons pas le général de Gaulle, selon

> l'expression de Rex, comme une « vache à lait », mais, faisant le sacrifice de notre vie, nous ne considérons pas l'aide matérielle et, plus particulièrement, l'aide pécuniaire apportée comme une contrepartie [57].

Ces critiques portèrent en partie. Car Emmanuel d'Astier avait l'oreille d'André Philip, qui, pour l'heure commissaire à l'Intérieur, avait jadis siégé au Comité directeur de Libération-sud. Tout en confirmant Moulin dans ses attributions, le ministre lui demanda donc de freiner la centralisation, ce qui pouvait sonner comme un désaveu relatif. De même, les instructions que de Gaulle adressa le 21 mai 1943 au général Delestraint intégraient les vœux qu'avaient formulés les mouvements. Admettant « le principe des actions immédiates », elles précisaient que « le général Delestraint n'intervient dans ce domaine que par des directives très larges établies d'accord avec le Comité de coordination ». Ses pouvoirs se voyaient singulièrement limités. « Dans la période actuelle où l'armée de l'intérieur n'a pas encore atteint sa structure définitive, le général Delestraint a, vis-à-vis de tous les éléments la composant, les attributions du général inspecteur désigné pour en prendre le commandement au moment du débarquement[58]. » Les demandes émanant des mouvements avaient donc été partiellement entendues : à l'heure où de Gaulle négociait âprement avec Giraud, il évitait de braquer la résistance intérieure dont il tirait une part de sa légitimité.

Ces concessions restaient cependant insuffisantes aux yeux de Frenay, qui, gagnant Londres à la mi-juin, entendit obtenir les têtes de Moulin et de Delestraint. Ses pairs, pourtant, refusèrent de le suivre dans une croisade d'autant plus vaine que l'arrestation des deux hommes la rendit sans objet. La crainte de voir Frenay dominer l'organigramme des MUR, voire diriger l'Armée secrète, était vive, et fortes les réserves qu'inspiraient ses positions politiques. L'homme, par surcroît, avait un caractère entier ; ses réelles capacités visionnaires – il avait été l'un des rares à concevoir, dès 1940, ce que pourrait être une résistance en devenir – ne l'incitaient guère à cultiver le doute cartésien, ce qui irritait ses rivaux. Bref, beaucoup espéraient que le général de Gaulle, d'une façon ou d'une autre, le retiendrait à Londres. « De la façon un peu outrancière que vous connaissez, Raymond [Aubrac] est même allé jusqu'à déclarer que le plus grand service qu'on pouvait à l'heure actuelle rendre à la Résistance était l'élimination, par n'importe quel moyen, d'un certain nombre d'éléments, à commencer par Gervais [Frenay] lui-même. C'est ainsi que nous avons été d'accord, à la suite de votre télégramme appelant Gervais à Londres, pour vous demander de vous arranger pour que l'absence du chef de Combat soit aussi prolongée que possible, et même définitive », écrivit Pascal Copeau, numéro 2 de Libération-sud, à Emmanuel d'Astier[59]. En fin politique, de Gaulle trouva la solution idoine : à Alger, il nomma Henri Frenay commissaire aux Prisonniers, Déportés et Réfugiés, ce qui empêcha son retour et le priva de son autorité sur une frange de la résistance intérieure.

L'arrestation de Jean Moulin et de Charles Delestraint, cependant, permit aux mouvements d'enclencher la vitesse supérieure et de revenir sur les concessions que Moulin leur avait imposées.

### *Le Comité central des mouvements*

Le commandement de l'Armée secrète constituait, on le sait, une pomme récurrente de discorde. Début juillet, Pierre Bénouville profita d'une réunion du Comité directeur des MUR pour nommer le colonel Dejussieu *(Pontcarral)* chef d'état-major de l'Armée secrète zone sud. De même, le colonel Touny, l'un des dirigeants de l'Organisation civile et militaire, présida le Comité militaire des mouvements zone nord. Du coup, « et jusqu'à la Libération, de Gaulle, en dépit de ses tentatives, ne put jamais reprendre le commandement direct des forces militaires de la Résistance[60] ».

Certains mouvements, par ailleurs, n'avaient jamais véritablement accepté le Conseil de la Résistance. Profitant du flottement qui régnait à Londres, CDLR, l'OCM et Combat agirent prestement. Malgré le drame de Caluire et sans prévenir le délégué par intérim, Claude Bouchinet-Serreulles, ils maintinrent la réunion qui, le 25 juin, devait former le Comité interzones. Dans l'esprit de Moulin, cette instance devait diriger l'action de la résistance en métropole et à terme s'incorporer au Conseil national de la Résistance. Les chefs des mouvements s'émancipèrent de ce cadre et créèrent un Comité central des mouvements (CCDM) aux larges compétences. Ce Comité exécutif « représentera la Résistance française et dirigera son action à tous les points de vue. Il reconnaîtra le CFLN comme organe destiné à diriger la guerre, administrer l'Empire et représenter les intérêts de la France auprès des Alliés. De son côté, le Comité exécutif sera reconnu par le Comité de la Libération comme exerçant le pouvoir en France en attendant la création du gouvernement provisoire. A ce titre, il aura autorité sur les fonctionnaires de l'Etat et des administrations publiques[61] ».

Ce projet était bien entendu inacceptable aux yeux de la France combattante. Outre qu'il la privait de toute autorité sur la résistance intérieure, il confiait au Comité central le pouvoir politique en attendant l'installation d'un gouvernement provisoire. Placé devant le fait accompli, Claude Bouchinet-Serreulles manœuvra habilement. Tout en admettant le principe du Comité, il s'en arrogea la présidence le 23 juillet 1943 et obtint d'en limiter les pouvoirs. « Je fais réaffirmer par l'assemblée du "comité central" l'existence du CNR comme organe consultatif suprême de la Résistance et limite clairement [ses] prérogatives [...] : il a pour tâche de coordonner l'action jusque-là sans liens entre le Sud et le Nord. Il est entendu, au cours de cette réunion, qu'il ne prendra pas le titre d'"exécutif", puisque l'exécutif n'appartient qu'au CFLN, et, en France, à sa délégation[62] », raconte-t-il.

Le Comité central des mouvements fit long feu et ne parvint pas véritablement à s'imposer. Composé des huit mouvements admis à siéger au Conseil national de la Résistance, il excluait les partis – dont le puissant PCF – et n'accordait qu'une représentation, jugée mineure, au Front national. « Le pourcentage de 1 à 7 pour la Résistance communiste était absolument dérisoire et ne représentait pas son poids réel dans le pays[63]. » La démarche suscita naturellement l'hostilité immédiate des fidèles de Maurice Thorez dont le délégué, Pierre Villon, pratiqua la politique de la chaise vide. Le Comité, par ailleurs, ne pouvait rivaliser avec le Conseil national de la Résistance, dont le prestige et la légitimité s'affirmaient. Enfin, les mouvements qui avaient été écartés du CNR ne furent pas invités à rejoindre le Comité central, ce qui éroda sa légitimité à parler au nom de la résistance tout entière. « Nous commîmes plusieurs erreurs, reconnaît d'ailleurs Claude Bourdet, la première étant de ne pas admettre de représentants de "Défense de la France" et de "Résistance" dont l'importance dépassait, déjà à cette époque, celle de certains mouvements "officiels". Mais ceux-ci ne voulaient à aucun prix de cette présence[64] », préférant écarter des formations qui risquaient de leur faire de l'ombre. Le Comité central s'étiola donc rapidement et ne joua quasiment aucun rôle – à une réserve près. Il créa ou coiffa six commissions qui jouèrent, à terme, un rôle important. Quatre commissions se penchèrent sur les actions à mener sur le court terme. Confié à Jean de Vogüé, le Noyautage des administrations publiques (NAP) visait à s'assurer la complicité des fonctionnaires. Dirigé par Yves Farge, le Comité d'action contre la déportation (CAD) entendait lutter contre le STO. La Commission des services de santé, menée par Louis Pasteur Vallery-Radot, organisa la couverture sanitaire des résistants – les maquisards au premier chef. La Commission de l'action immédiate (Comidac), enfin, fusionna les Comités militaires des deux zones et prétendit diriger la lutte armée en métropole. Deux commissions, par ailleurs, préparaient la libération. Tenue par Michel Debré, la Commission des désignations administratives devait désigner les hauts fonctionnaires qui, la libération venue, dirigeraient l'appareil d'Etat – à commencer par les préfets et les commissaires de la République. Enfin, la Commission du ravitaillement, confiée à Pierre Miné, aurait à anticiper l'épineuse question de l'approvisionnement des populations civiles dont tout suggérait qu'elle constituerait un enjeu crucial à la libération[65]. Sans réussir à saper le pouvoir du Conseil national de la Résistance, les mouvements s'imposaient donc dans le commandement de l'action clandestine et participaient pleinement à la préparation de la libération.

Les mouvements marquaient également des points en s'emparant de la présidence du CNR et en élargissant ses prérogatives. Le 14 juillet 1943, le Front national fit adopter un Appel à la nation, pourtant rejeté lors de la séance du 27 mai précédent. « Expression complète et unique de la Résistance, le Conseil de la Résistance revendique sur tout le territoire les droits et les responsabilités de gérant et d'organe provisoire de la souveraineté nationale. Contre l'ennemi et contre la trahison, le Conseil de la Résistance assume, en communauté étroite avec la France combattante, en convergence nécessaire avec le Comité national de la Libération, la mission d'inspirer, de coordonner et de diriger la lutte du peuple français sur son propre sol[66]. » Le CNR prétendait donc, au mépris de la *doxa* gaullienne, diriger la résistance et incarner une part de la légitimité nationale.

Ces ambitions étaient d'autant plus libres de s'exprimer que Londres tarda à proposer un nom pour présider le CNR. Pressé par les mouvements, Claude Bouchinet-Serreulles, faute d'instructions, s'arrangea pour orienter le vote des membres du Conseil qui se porta, le 30 août 1943, sur Georges Bidault. Ce choix était adroit : alors âgé de 44 ans, membre des Comités directeurs de Combat et du Front national, ce brillant démocrate-chrétien maîtrisait les arcanes de la résistance intérieure ; proche de Jean Moulin, il comprenait les exigences de Londres et ne se situait pas dans une opposition résolue à de Gaulle, bien au contraire. Ce scénario, pourtant, contrariait la *doxa* gaulliste sur bien des points. Il confiait tout d'abord l'élection du président aux partis et aux mouvements alors que Londres avait eu jusqu'alors la main sur sa désignation. Moulin présidait les Comités directeurs des MUR et du CNR, tout en dirigeant la Délégation générale. Cette triple casquette résorbait la fracture qui pouvait opposer Londres à la résistance intérieure. Georges Bidault, à l'inverse, risquait de l'élargir puisque, en dépit de sa loyauté à l'égard du général de Gaulle, il était avant tout l'homme des mouvements. La présence de Moulin conjurait le risque d'un double pouvoir opposant à la légitimité gaulliste la légitimité de l'armée des ombres ; l'élection de Bidault le rendait soudainement possible, d'autant qu'il constituait au sein du CNR, le 26 novembre 1943, un Bureau permanent de cinq membres (Front national, CGT, Organisation civile et militaire, Libération-sud et lui-même) qui prendrait les décisions importantes, le Conseil ne pouvant se réunir en assemblée plénière. Bien qu'exigée par André Philip en septembre 1943, cette mesure présentait un risque politique qui deviendrait bien réel en 1944. Après le drame de Caluire, la Délégation avait perdu un terrain qu'elle ne put regagner.

### *Echec à Pierre Brossolette*

Emile Bollaert, on s'en souvient, avait été nommé représentant du CFLN auprès du Conseil de la Résistance française le 2 septembre 1943. Mais le tandem Brossolette-Bollaert ne parvint pas à s'imposer en raison notamment de l'opposition de Serreulles, délégué par intérim, et de Bingen, délégué pour la zone sud, déposé par Lysander en métropole dans la nuit du 15 au 16 août. Par-delà les questions de personnes et les enjeux de pouvoir, deux logiques s'affrontaient. Bingen et Serreulles s'employaient à miner l'autorité du Comité central pour conforter l'autorité du Conseil national de la Résistance, ce qui correspondait à la stratégie gaullienne. Brossolette, en revanche, entendait favoriser le Comité central des mouvements. « Toujours prioritairement favorable aux mouvements de Résistance, il tenait pour l'organisme qui en était, à ses yeux, l'émanation la plus directe, résume son biographe. Il prenait ses distances avec Georges Bidault, dont l'action ne le convainquait pas. Il pensait également favoriser l'action d'un organisme dont les commissions travaillaient depuis trois mois avec une efficacité qu'il se plaisait à souligner. Enfin, il faisait probablement le calcul qu'en plaçant Emile Bollaert à la tête du Comité central, il pourrait exercer sur celui-ci une tutelle indirecte, faire pièce au CNR, et asseoir sa position[67]. » Ce faisant, il contrevenait explicitement aux instructions reçues dont il s'émancipait une fois encore. Serreulles, cependant, se dressait sur son chemin ; l'affaire de la rue de la Pompe offrit un prétexte idoine pour l'écarter.

A Paris, la Délégation dut, à l'été 1943, accueillir de nouveaux venus qu'il fallait héberger. Une secrétaire, Jacqueline d'Alincourt *(Violaine)*, débordée par ces demandes, sous-loua une chambre pour accueillir le colonel Marchal, délégué militaire pour la zone nord, en laissant son adresse et sa véritable identité. Or, la logeuse, Mme Sorlin, entretenait des liens avec la police allemande. Marchal ayant déposé ses valises sans séjourner dans cet appartement, Mme Sorlin fouilla ses bagages, trouva des documents compromettants et alerta ses amis. Pierre Marchal puis Jacqueline d'Alincourt furent alors arrêtés. Au domicile de *Violaine*, les Allemands trouvèrent des quittances de loyer, dont celle qui se rapportait à l'appartement qui abritait, rue de la Pompe, le secrétariat de la Délégation. Le 25 septembre, ils s'y précipitèrent. S'ils arrêtèrent neuf agents de liaison, les dégâts furent limités : seules « deux légères serviettes[68] » furent saisies et les résistants interpellés se turent.

Cette affaire, estime Henri Noguères, n'était « ni plus ni moins grave qu'un certain nombre d'autres ayant abouti, de la même façon, à Lyon, à Marseille ou à Paris, à une série d'arrestations et à la saisie d'importants dossiers de la Résistance[69] ». Serreulles commit cependant la maladresse d'exposer, dans son rapport du

7 octobre 1943, les tenants et les aboutissants de ce drame. Son honnêteté causa sa perte. « Jamais, dans l'histoire de la Résistance, où de telles "affaires" étaient hélas fréquentes, pour ne pas dire quotidiennes, personne n'avait établi un compte rendu comprenant un tel luxe de détails. A Londres, qui recevait en général des informations succinctes sur les plus gros coups, la lecture de ce rapport, comparé aux autres, donnait une impression de catastrophe majeure, d'autant que Serreulles couvrit ses subordonnés[70]. »

Pierre Brossolette et le colonel Passy profitèrent de ce drame pour noircir la réputation du délégué par intérim. « Je ne veux pas avoir d'opinion sur Sophie [Serreulles], sur l'espèce de combinardisme perpétuel auquel il réduit son action et celle des innombrables comités qu'il préside, sur la nullité de son action paramilitaire et sur sa tentative [aisément déjouée] de faire de Baudoin [Bollaert] un fantoche, attaquait Brossolette. Le secrétariat de Sophie est une pétaudière sans nom, qui donne des rendez-vous et ne les tient pas, qui commet des erreurs journalières, qui met tout le monde à cran, par qui on ne peut rien obtenir (à la fois impuissance ou vachardage) et qui met tout en péril par des méthodes incroyables de légèreté (le fait que les archives aient été fauchées en même temps que le secrétariat est tout un programme à cet égard)[71]. »

Du coup, Pierre Brossolette, qu'accompagnait une fois encore Yeo-Thomas, saisit l'occasion pour exiger début novembre le rappel de Serreulles. Le BCRA lui emboîta le pas pour demander à ses agents de couper tous les contacts avec lui. Le camp adverse ne tarda pas à réagir. Tout en acceptant que Serreulles et Bingen se mettent au vert, Georges Boris recommanda de rapatrier en Angleterre Bollaert et Brossolette. Le 7 novembre, les autorités gaullistes ordonnèrent le retour des quatre hommes[72]. Brossolette fit mine de résister, mais l'heure n'était plus à l'insubordination. Le 9 novembre, d'Astier avait en effet remplacé Philip au commissariat à l'Intérieur : Brossolette perdait un allié de poids. De plus, de Gaulle s'en mêla et exigea le rappel immédiat de Serreulles et Brossolette. Si Passy accepta que Bingen assure l'intérim de la Délégation générale, il ordonna avec la plus extrême fermeté que Brossolette revienne avec Bollaert que de Gaulle souhaitait voir à Alger. Il fit par la même occasion comprendre à son ami qu'il ne pourrait plus, désormais, couvrir sa désobéissance.

Jugeant que les départs par voie aérienne étaient aléatoires, Pierre Brossolette décida de regagner l'Angleterre par la mer. Les services spéciaux du colonel Paillole montèrent alors l'opération Jouet des flots qui devait convoyer, outre Brossolette et Bollaert, deux envoyés de Londres et plusieurs officiers. Le 2 février 1944, les hommes embarquèrent, mais une voie d'eau noya le moteur ; la grand-voile fut arrachée par la tempête et le bateau, après avoir dérivé, s'échoua près d'Audierne. Bollaert et Brossolette se cachèrent chez un résistant, mais le 3 février, ils furent arrêtés lors d'un contrôle de routine alors qu'ils circulaient en voiture. Incarcérés à la prison de Rennes, ils ne furent pas aussitôt identifiés ; mais à la mi-mars, ils furent transférés dans les locaux de la Gestapo de l'avenue Foch – bien que seul Pierre Brossolette eût été entre-temps reconnu. Interrogé à de multiples reprises, Brossolette, conduit après interrogatoire dans une chambre de bonne, trompa le 22 mars la surveillance de ses gardiens et se défenestra, plutôt que de parler sous la torture. Il décéda le soir même à 22 heures[73]. Il rejoignait dans les ténèbres Jean Moulin, qui, comme lui, avait préféré mourir plutôt que de risquer de parler sous les coups.

L'édifice savamment édifié par Jean Moulin ne survécut donc pas à son créateur. Une partie de la résistance intérieure profita du drame de Caluire pour recouvrer son indépendance ; et le camp gaulliste se déchira pour recueillir l'héritage, privant en partie la Délégation d'une autorité déjà bien entamée. Comme le relèvera Pascal Copeau, une page se tournait. « L'autorité de la Délégation se négociera et tous les délégués, même militaires, ne conserveront d'autorité qu'en se faisant, pour une part essentielle de leur activité, les interprètes des problèmes réels de l'action clandestine[74]. » Dans sa masse, la résistance appuyait bien le général de Gaulle et entendait favoriser militairement la libération du pays. Elle n'entendait cependant pas obéir aveuglément à l'homme du 18 Juin et voulait, politiquement et militairement, peser. Les relations entre les deux camps furent donc plus que jamais placées sous le signe de la complexité, voire du conflit.

# 12

## Les jeux d'Alger et leurs conséquences

Si le Reich apparaissait invincible en 1940, sa défaite sembla assurée en 1943. Après avoir débarqué en Afrique du Nord le 8 novembre 1942, les Anglo-Américains s'emparèrent en effet de la Tunisie en mai 1943. Ils débarquèrent en Sicile le 10 juillet suivant avant de prendre pied sur la péninsule italienne et d'entamer une lente et pénible remontée vers le nord – Rome ne tomba que le 5 juin 1944. A l'est, le 2 février 1943, les Soviétiques écrasaient à Stalingrad la VI$^{e}$ armée du maréchal Paulus, puis infligeaient un revers stratégique aux forces allemandes durant la bataille de Koursk en juillet de la même année. Bref, l'Allemagne, placée sur la défensive, vacillait. Encore fallait-il pour l'abattre que les Alliés débarquent en Europe du Nord-Ouest, ce que Staline réclamait avec véhémence.

L'opportunité d'un tel débarquement partagea profondément les états-majors. Fidèles à leur héritage stratégique, les Britanniques préféraient frapper l'ennemi sur son point faible et préconisaient par conséquent une stratégie d'attrition privilégiant le théâtre d'opérations méditerranéen. Les Américains, en revanche, suggéraient d'attaquer le Reich sur ses bastions, ce qui permettrait d'emporter la décision une fois pour toutes. Ils plébiscitaient par conséquent le théâtre nord-occidental qui soutiendrait de façon décisive l'offensive que les Soviétiques déclencheraient à l'est. Ces longs débats eurent pour conséquence d'ajourner le débarquement à l'ouest. Il fallut attendre novembre 1943 pour que la décision soit prise à la conférence de Téhéran, sous la pression conjuguée des Américains et des Soviétiques : les Alliés interviendraient donc en France au printemps 1944[1].

Cette décision assignait à la France un rôle déterminant, puisque le sort de la guerre à l'ouest se jouerait désormais dans l'hexagone. La question de l'usage de la résistance revêtit dès lors une brûlante actualité : quelle place fallait-il assigner à l'armée des ombres dans la stratégie alliée ?

Charles de Gaulle partageait cette interrogation stratégique que redoublait une perplexité politique. Certes, tout suggérait désormais qu'il exercerait le pouvoir à la libération. Cette perspective l'obligeait à proposer un rassemblement qui intégrerait tant les nostalgiques de la Francisque que les partisans du drapeau rouge. A défaut, le pays risquait de sombrer dans la guerre civile ou d'offrir l'étincelle à un nouvel Octobre. En 1943, cet horizon restait cependant théorique. Pour l'heure, de Gaulle poursuivait un objectif plus prosaïque : s'imposer dans un premier temps auprès de Giraud pour, dans un second temps, l'évincer.

### *De la dyarchie à l'exercice solitaire du pouvoir*

Soutenu par les Américains, Giraud avait tenté de se maintenir au pouvoir à partir de l'assassinat de Darlan en décembre 1942. Sa totale absence de sens politique, comme la politique néovichyste qu'il menait en Afrique du Nord, lui avait cependant aliéné ses soutiens. Ses mentors anglo-américains reconnurent l'évidence : de Gaulle devait être associé au pouvoir. Le 30 mai, le Rebelle atterrit à l'aéroport de Maison-Blanche à Alger et, le 3 juin, les deux hommes formèrent le Comité français de la Libération nationale (CFLN). La répartition des fonctions fut laborieuse : les deux coprésidents jouissaient des mêmes droits et l'entente, au sein de ce gouvernement provisoire, était loin de régner entre commissaires giraudistes et gaullistes. Mais de Gaulle sut profiter des maladresses de son rival pour progressivement le marginaliser. A l'été 1943, un système de présidence spécialisé se mit en place ; et le 2 octobre, à la suite de la libération de la Corse dont nous reparlerons, Giraud se vit sommé de choisir entre le commandement des forces françaises et les responsabilités politiques. Le 9 novembre, il opta pour le premier terme et quitta le Comité. De Gaulle l'avait emporté. Il restait seul aux commandes[2].

La lutte pour le pouvoir au sommet n'épuisait pas, tant s'en faut, l'ensemble des problèmes. De larges pans de la société française avaient en effet accordé leur confiance au maréchal Pétain, sinon souscrit à ses réformes. Cette réalité s'imposait avec plus de force encore en Afrique du Nord, où l'administration et l'armée coloniales regardaient le régime vichyste avec les yeux de Chimène. De Gaulle n'avait jamais transigé sur le plan des principes et avait rejeté, non sans panache, tout accommodement avec l'Etat français coupable d'avoir conclu avec le Reich le honteux armistice de juin 1940. Mais le pragmatisme commandait. Pour s'assurer le concours de l'appareil d'Etat et de ses forces armées, le président du Comité français de la Libération nationale devrait éviter de se montrer sectaire s'il voulait s'adjoindre les brebis égarées par de mauvais bergers. Les impératifs de l'unité nationale comme la conduite de la guerre incitaient à jeter le manteau de Noé sur le passé, à condition toutefois que les hommes qui avaient cédé au mirage pétainiste puissent se réclamer d'un patriotisme irréprochable et n'aient pas de sang sur les mains. Se gardant à droite, de Gaulle devait également se garder à gauche, et éviter que sa politique ne soit contestée par des forces qui, persécutées par le régime vichyste, criaient justice.

Pour répondre à ces exigences contradictoires, de Gaulle créa des structures visant à intégrer l'ensemble des forces politiques. Dans l'hexagone, le Conseil national de la Résistance avait partiellement répondu à cette attente que la convocation d'une Assemblée consultative combla. L'idée avait été avancée par le juriste René Cassin dès 1941 ; le général Giraud en admit le principe ; l'ordonnance du 17 septembre 1943 la réalisa. Composée de 103 membres, l'Assemblée consultative d'Alger (ACA) amalgamait les ci-devant parlementaires (20 représentants), les délégués des conseils généraux (12) ainsi que des envoyés des deux résistances, extérieure (12) ou intérieure (49). La gauche dominait largement l'Assemblée, d'autant qu'elle refusa d'intégrer les parlementaires ayant voté le 10 juillet 1940 les pleins pouvoirs au maréchal Pétain, à la notable exception du modéré Paul Antier. Charles Vallin, François de Clermont-Tonnerre et Roger Farjon en furent donc écartés[3]. La droite, malgré tout, affichait sa présence, d'autant que plusieurs parlementaires, conservateurs ou modérés, avaient, à l'instar des mêmes Paul Antier, Charles Vallin ou Roger Farjon..., rejoint au fil du temps la France libre.

Ajoutons enfin que de Gaulle se garda bien de déclencher une épuration radicale en Afrique du Nord. Bien entendu, il poursuivit collaborationnistes et tortionnaires et embastilla des symboles de l'ordre ancien – le gouverneur de l'Afrique-Occidentale française Boisson, les anciens ministres de l'Etat français Flandin et Peyrouton. Quelques officiers généraux, de même, furent emprisonnés (les amiraux Michelier et Derrien par exemple) ou chassés de l'armée (le général Barré). Enfin, l'ancien ministre de l'Intérieur, Pierre Pucheu, fut à l'issue d'un procès expéditif passé par les armes le 22 mars 1944. Dans l'ensemble toutefois, l'épuration fut loin d'être un bain de sang. « Dans la mesure où elle dépend de De Gaulle, [elle] combine la mansuétude et les grands exemples[4]. » Quoique mesurée, elle se heurta pourtant à l'hostilité déclarée de bien des tenants du régime ancien. « Le fait d'avoir adhéré à la personne et aux idées de Pétain, d'avoir obéi aux ordres de ses gouvernements, d'avoir appliqué sa politique n'était tout simplement pas envisagé comme une erreur, et encore moins une faute. Il était normal, et même juste, d'avoir été pétainiste – et de l'être encore... L'idée se répandit que l'épuration n'était qu'une manifestation, parmi d'autres, de la volonté de faire place nette à leur profit que déployaient, depuis qu'ils avaient pris pied en Afrique du Nord, les gaullistes, véritable clan lancé à la conquête du pouvoir[5]. » On comprend dès lors que de Gaulle ait procédé avec mesure afin de favoriser le rassemblement qu'il appelait de ses vœux. Encore fallait-il que l'unité nationale prônée sur le plan politique se transcrivît en pratique. Eu égard aux fractures à surmonter, ce vœu n'avait rien d'évident.

### *Les choix de la Grande Muette*

De ce point de vue, la question des forces armées revêtait une brûlante acuité. Les quelque 80 000 hommes cantonnés en Afrique permettaient en effet à la France de jouer un rôle, même modeste, sur ce théâtre d'opérations que la prévisible réintroduction de la conscription amplifierait.

Dans la France captive, de nombreux officiers avaient douloureusement subi l'invasion de la zone libre et rêvaient de reprendre les armes le moment venu. L'Organisation de résistance de l'armée (ORA) prétendit encadrer ces bonnes volontés. Après l'arrestation par les Allemands de son premier chef, le général Aubert Frère, le 13 juin 1943, le général Jean-Edouard Verneau lui succéda, mais fut à son tour arrêté le 23 octobre suivant. Le général Georges Revers reprit alors les rênes d'une organisation qui était cependant loin d'attirer l'ensemble des cadres de la Grande Muette. Sur 11 000 officiers de l'armée de terre présents en métropole en novembre 1942 (4 200 dans l'armée d'armistice, 2 000 dans les corps passés sous un régime civil, 4 800 dégagés des cadres), 1 500 gagnèrent l'Afrique du Nord. Si 4 000 autres entrèrent dans la résistance, 1 500 seulement s'engagèrent dans l'ORA, 1 400 préférant rejoindre les réseaux, 1 000 épaulant d'autres organisations – l'Armée secrète et les Francs-Tireurs et Partisans avant tout[6].

Bien qu'elle n'ait pas rassemblé l'ensemble des officiers, l'ORA souhaitait soutenir la lutte des résistants et contribuer à la renaissance des forces françaises[7]. Elle se proposait de « réaliser la liaison avec les organisations civiles » et de « les pénétrer en vue d'améliorer le rendement militaire », pour reprendre la suggestion du général Verneau[8]. Ses moyens, cependant, restaient limités : au début de la même année, un quart de ses effectifs seulement étaient armés, reconnaissait Revers, et l'organisation ne disposait que d'une petite vingtaine de postes radio pour tout le territoire[9]. Elle rassemblait tout au plus quelques milliers d'hommes en juin 1943[10], ce qui était assurément fort peu pour une force qui prétendait offrir une contribution significative à la libération du territoire. Brûlant d'agir, certains préféraient même rallier l'Armée secrète qui se tourna parfois vers ces professionnels de la guerre malgré leur passé discuté. En août 1943, Raymond du Jonchay, ardent maréchaliste pourtant, devint par exemple le chef départemental de l'Armée secrète pour la Vienne[11]. Dans le Jura, 6 chefs de districts FFI sur 8 étaient des militaires d'active, de même que l'ensemble de l'état-major départemental (à l'exception de son chef, Romuald Vandelle)[12].

Les relations entre résistants civils et militaires restaient donc empreintes de méfiance. Les suspicions politiques n'avaient naturellement pas disparu. Les membres de l'ORA étaient soupçonnés de vichysme ; ces derniers en retour craignaient une mainmise communiste sur la résistance intérieure. Des querelles stratégiques exacerbaient ces soupçons. Alors que l'Armée secrète plaidait pour l'action immédiate, l'Organisation de résistance de l'armée se montrait réticente. « La campagne terroriste, déraillements, attaques de magasins et de mairies, dessert la Résistance, surtout chez les paysans et dans la classe moyenne », observa Revers en novembre 1943[13]. L'ORA finit cependant par se rallier à cette stratégie, bien que la guérilla n'appartînt pas à ses traditions de combat.

Chaque camp, par ailleurs, accusait l'autre de débaucher ses troupes, l'ORA ayant la réputation – quelque peu usurpée – d'être richement dotée en armes. Ces considérations expliquent que son insertion dans l'organigramme de la résistance intérieure soit de bout en bout demeurée problématique. Si, à l'automne 1943, un accord conclu avec les MUR prévit que les officiers de l'ORA, sans exercer le commandement, deviendraient chefs d'état-major dans les régions, il fut très inégalement appliqué. L'Organisation de résistance de l'armée, il est vrai, pâtissait de son statut ambigu : représentait-elle l'armée – elle pourrait alors assister l'AS de ses conseils – ou formait-elle un mouvement de résistance distinct ? Le général Revers opta pour le second terme de l'alternative afin de briser l'isolement d'une armée déconsidérée par son tropisme vichyste[14]. Mais, ce faisant, il entrait en concurrence avec les autres formations clandestines que l'émergence d'une nouvelle rivale inquiétait. Le fait que Revers ait tenté de négocier avec les communistes en décembre 1943 ne fit que renforcer les craintes. Au total, le rôle que l'ORA devait jouer dans l'ordre de bataille de l'armée des ombres ne fut pas tranché, ce qui, ajouté à la faiblesse de ses troupes, eut pour conséquence de priver Giraud d'un atout décisif.

La question des services secrets se présentait en revanche sous un angle différent. Les renseignements collectés en métropole représentaient, on le sait, un enjeu majeur, puisqu'ils constituaient une monnaie d'échange hautement appréciée des Alliés. Ils pesaient donc lourd dans les négociations que le pouvoir français menait avec les Anglo-Américains. Les services secrets, sur un tout autre plan, contrôlaient en partie la résistance métropolitaine. En mars 1942, la création de la section Etudes et coordination (A/EC) avait de fait mué le BCRA gaulliste en « un véritable état-major de l'action clandestine en France[15] ». La tutelle des services secrets apportait donc la maîtrise de tout ou partie des forces clandestines, ce qui offrait, dans la perspective de la libération, un atout décisif. On comprend dès lors que les giraudistes et les gaullistes se soient affrontés pour que la fusion prévisible de ces services s'opère à leurs avantages respectifs.

*La délicate fusion des services secrets*

Giraud disposait dans ce domaine de quelques ressources. De fait, une partie des services de renseignements vichystes s'étaient, dès novembre 1942, placés sous son aile. Giraud en remodela les organigrammes. Il créa une Direction des Services spéciaux qu'il confia à l'ancien patron du SR Air, Ronin. Une Direction des Services de renseignements et de sécurité militaire (DSR-SM) fut placée sous la houlette du colonel Rivet, qui, depuis 1936, avait dirigé les Services spéciaux. Dans ce cadre, la Direction de la sécurité militaire, aux ordres du lieutenant-colonel Chrétien puis du commandant Paillole, jouissait d'une relative autonomie[16]. L'apolitisme proclamé de Giraud rassurait ces officiers. « Les Services spéciaux dépendaient dorénavant de lui dans la mesure où il était la plus haute autorité militaire. On revenait ainsi à un système classique dans lequel les services militaires de renseignements étaient rattachés au commandant en chef[17]. » Evitant de s'engager sur le plan politique, les services de renseignements giraudistes travaillèrent en bonne intelligence avec les Britanniques comme avec les Américains, d'autant que, désormais, ils se côtoyaient quotidiennement en Afrique du Nord, ce qui simplifiait leurs liaisons.

La question de la fusion des services secrets gaullistes et giraudistes n'en restait pas moins posée. La coordination des efforts s'imposait de toute évidence, pour éviter que leur dispersion ne nuise à la future libération du territoire. Comme on s'en doute, elle se heurtait à l'hostilité réciproque que se vouaient les deux camps. Les contentieux politiques passés n'étaient pas apurés : les services vichystes avaient pourchassé les résistants gaullistes ; lors de l'invasion de la zone libre, ils s'étaient bien gardés de les relâcher des geôles où ils croupissaient. Du coup, « aux yeux du général de Gaulle, les services de Rivet s'étaient irrémédiablement compromis avec Vichy[18] ». Des divergences stratégiques redoublaient ces querelles idéologiques. Pour le colonel Rivet, « les services de renseignements militaires devaient demeurer sous commandement militaire [...] bien que le renseignement recueilli ne soit pas seulement militaire, mais aussi politique et économique ». De Gaulle en revanche estimait que les organes de renseignements devaient « désormais être rattachés à l'autorité politique, quelle que soit la nature du renseignement recueilli et la diversité des acteurs le collectant[19] ». Dissocier le politique du militaire constituait un non-sens, d'autant « que le renseignement et l'action militaire permettaient de camoufler des activités politiques pour lesquelles les Britanniques rechignaient à fournir des moyens spécifiques », comme Passy le rappela à de Gaulle le 16 août 1943[20]. Les professionnels giraudistes, enfin, toisaient le BCRA dont ils méprisaient l'amateurisme.

L'union fut donc un combat. Chaque camp, au départ, dépêcha des représentants en territoire adverse. Rallié à la France combattante en septembre 1942, André Pélabon avait, en raison de sa bonne connaissance de l'Afrique du Nord, géré le Bureau AFN du BCRA. Il fut tout naturellement dirigé sur Alger où il créa, en juillet 1943, l'antenne algéroise des services secrets gaullistes[21]. En retour, le général Giraud dépêcha à Londres le général Mathenet qu'il plaça à la tête d'une mission militaire. Mais la question de la fusion piétinait, d'autant que personne au fond ne la souhaitait, sinon bien entendu pour absorber le service concurrent !

De Gaulle imagina alors de confier la direction des services au général Cochet, un choix qui ne manquait pas d'habileté. Tout en approuvant initialement l'action du maréchal Pétain, Cochet avait d'emblée appelé à résister, ce qui lui avait valu deux arrestations. Après de longues semaines de captivité en Espagne, il avait gagné l'Angleterre en mars 1943[22]. Son pedigree le rendant acceptable aux deux camps, de Gaulle le plaça le 4 octobre 1943 à la tête des services de renseignements et d'action qui associaient le BCRA à la Direction des services de renseignements-Sécurité militaire (DSR-SM). Cette structure dépendait elle-même du Comité d'action en France (Comidac), instance que présidait de Gaulle et où siégeaient le général Giraud et André Philip. Le Comidac devait gérer l'ensemble des relations avec la résistance française.

Cette avancée ne satisfit aucun des deux camps, qui résistèrent à l'autorité de Cochet. Ce dernier exigea que Ronin lui soumît les instructions qu'il envoyait à Londres ; il refusa et fut alors démis de ses fonctions le 14 octobre 1943. Avec le colonel Passy, la partie s'annonçait plus compliquée. Cochet exigeait le commandement effectif du BCRA, ce à quoi Passy s'opposa. Le conflit fut rapidement clos. En effet, le 19 novembre 1943, Cochet, mis sur la touche depuis de longues semaines, présenta sa démission ; le lendemain, de Gaulle créa une Direction générale des services spéciaux (DGSS) qu'il confia à Jacques Soustelle en qui il avait toute confiance. Non sans raison. Alors au Mexique, le jeune ethnologue avait rallié le Rebelle dès juin 1940 et aussitôt organisé des Comités de la France libre en Amérique centrale. En juin 1942, il avait gagné Londres et travaillé dans les services d'information aux côtés de Maurice Schumann. Ce gaulliste historique disposait donc d'un parfait pedigree. Il fut flanqué d'un autre homme de confiance, Passy, nommé directeur technique. La DGSS disposait de deux bases d'exécution : le BCRAL à Londres et le BCRAA à Alger, respectivement dirigés par André Manuel et André Pélabon[23].

Cette fusion menaçait les services giraudistes qui refusèrent d'être placés sous l'autorité de leurs frères ennemis. Soustelle releva alors Rivet de ses fonctions le 16 décembre et, usant d'une méthode éprouvée, refusa début janvier de verser leur budget à ses rivaux. Les opposants au général de Gaulle n'en persistèrent pas moins. Sans prévenir le président du CFLN, Giraud envoya des représentants en France ou en Espagne afin d'organiser des réseaux qui lui soient dévoués. Ces manœuvres ne pouvaient qu'irriter de Gaulle. En mars 1944, il suspendit le financement des services giraudistes et plaça le 15 avril Rivet à la retraite d'office. La fusion des services spéciaux devint donc, au printemps 1944, effective[24] – sans que l'on puisse pour autant parler d'une victoire du BCRA. Car le nouveau commissaire à l'Intérieur, Emmanuel d'Astier de La Vigerie, nommé en novembre 1943, entendait bien exercer un droit de regard sur les opérations que déclencherait la résistance à la libération. Il revendiqua donc en bonne logique le contrôle des services spéciaux, exigence que Passy comme Soustelle voyaient d'un mauvais œil. L'ancien patron de Libération-sud réussit pourtant à imposer ses vues. En mars 1944, un décret précisa que le Comidac, en l'absence de De Gaulle, serait présidé par d'Astier, qui, en outre, reçut la haute main à la fois sur les fonds que le Comidac attribuait à l'action et sur l'envoi des missions civiles dépêchées vers la France captive[25]. Passy, du coup, abandonna la Direction technique des services spéciaux pour devenir chef d'état-major du général Koenig, patron des Forces françaises de l'intérieur. « Cette pirouette permit à de Gaulle d'accéder à la requête de d'Astier sans se priver de l'expertise de Passy en matière d'action clandestine[26]. » Passy avait malgré tout perdu dans la bataille une grande part de son pouvoir. L'action clandestine qui serait entreprise pour la libération du pays obéirait à d'autres règles que celles que le fondateur du BCRA avait rêvé d'imposer. Elle suivait, il est vrai, une pente qui, loin d'être dictée par Londres ou Alger, lui était propre.

### *Agir*

Peu touchée par la disparition de *Rex*, la résistance intérieure monta en effet en puissance, développant sa presse et ses ateliers de faux papiers et militarisant son action.

Les réseaux, ainsi, connurent une réelle extension. Multipliant les engagements et disposant de meilleures liaisons, ils étaient désormais en mesure de fournir de précieux renseignements à leurs mandants, BCRA ou *Intelligence Service*. A l'automne 1943, Georges Gorse, du réseau Gallia, recruta ainsi le colonel Louis Gentil, directeur du matériel à Chamalières. Grâce aux contacts noués au Service central des marchés et de surveillance des approvisionnements, il put fournir à son organisation des armes et des véhicules qu'il soustrayait à l'armée. De même, il recruta des officiers d'active qui lui fournirent des informations militaires. Dans la même veine, le réseau Dupleix, qu'avait fondé Jacques Hirsch-Girin, se rattacha à Gallia. S'orientant vers la prévention de la répression, il prévint quelque 200 personnes des menaces qui les visaient. En février 1944, Gallia comptait sept régions opérationnelles et deux sous-réseaux ; il était alors spécialisé dans la recherche de renseignements militaires en Bretagne et en région parisienne[27].

Dans la même veine, Jean Pelletier, membre du sous-réseau Max qui dépendait de Manipule, profita de la position de ses parents, concierges rue de Presbourg dans l'immeuble qui hébergeait la direction ouest de l'organisation Todt, chargée des grands travaux du Reich, pour informer les Alliés sur le matériel et la main-d'œuvre qu'exploitait l'occupant à l'ouest en février 1943. Tous les huit jours, il remettait une pleine valise de documents au chef du réseau, Pierre Arrighi[28].

Signe de cette croissance, le BCRA reçut de ses réseaux sans doute plus de 3 000 télégrammes en 1943 et plus de 8 000 dans les huit premiers mois de 1944. Le volume des courriers s'accrut tout autant, passant de 42 en 1942 à plus de 160 les deux années suivantes[29]. Aux renseignements militaires s'ajoutaient des informations économiques, politiques et sociales qui permettaient au Comité français de la Libération nationale de se forger une juste idée de l'état d'esprit qui régnait en métropole.

Les services secrets gaullistes et leurs réseaux s'engagèrent par ailleurs dans l'action immédiate. En frappant des objectifs précis, ils espéraient éviter que les Alliés ne recourent à des bombardements dont l'imprécision provoquait de lourdes pertes civiles sans nécessairement obtenir de bons résultats. Dans la nuit du 26 au 27 juillet 1943, un saboteur, Jean-Marie Pellay, détruisit ainsi le barrage de Gigny, sur la Saône, afin d'empêcher que des bâtiments de guerre allemands ne soient acheminés par voie fluviale sur la Méditerranée. Cette mission (Paquebot) remplit pleinement ses objectifs, puisque le trafic fut paralysé trois mois durant[30]. Parachutés en août, Raymond Basset et André Jarrot détruisirent dans la nuit du 1er au 2 septembre plusieurs pylônes ou transformateurs électriques qui alimentaient en électricité les usines du Creusot. Le succès de cette opération, baptisée Armada, incita le BCRA à récidiver. De nouveau parachuté en novembre, le tandem s'en prit derechef au barrage de Gigny, puis entreprit, avant de revenir à Londres en avril 1944, de détruire pylônes (187), canaux, écluses et locomotives[31].

Les réseaux montés par le SOE se lancèrent également dans la lutte. Dirigé par un journaliste, Philippe Liewer, le réseau Salesman sabota, le 31 octobre 1943, la sous-station électrique de Dieppe-valle, dans la banlieue de Rouen, paralysée pendant six mois « au prix d'à peine six ou sept kilos de plastic judicieusement placés[32] ». Il coula également un dragueur de mines que des chantiers navals réparaient près de la capitale normande en faisant poser une charge de plastic dans la coque[33]. Le réseau Farmer de Michael Trotobas multiplia pour sa part les déraillements ferroviaires dans le Nord. Avec une vingtaine d'hommes, il sabota l'atelier d'entretien de locomotives de Fives, près de Lille, dans la nuit du 27 au 28 juin

1943, détruisant quatre millions de litres d'huile et endommageant 22 transformateurs[34]. Le réseau Parson, enfin, transmit le plan des défenses côtières implantées en Bretagne[35].

## LES RÉSEAUX DE LA SECTION F DU SOE

De leur côté, les mouvements ne restaient pas inactifs. Le groupe d'Epernay de Ceux de la Résistance fit ainsi dérailler un train de permissionnaires allemands dans la nuit du 21 au 22 septembre 1943[36]. En Ille-et-Vilaine, les Francs-Tireurs et Partisans menèrent 28 actions entre février et décembre 1943 et revendiquèrent, entre janvier 1944 et le déclenchement du débarquement, 18 sabotages de voies ferrées, 20 attaques contre les lignes à haute tension et 9 attentats contre les collaborateurs[37]. Le 11 novembre 1943, une manifestation eut lieu à Grenoble autour du monument des chasseurs alpins – les Diables bleus – afin de commémorer la victoire de 1918. Les Allemands bouclèrent le périmètre et déportèrent 450 Grenoblois. En réplique, dans la nuit du 13 au 14 du même mois, le chef adjoint des groupes francs, Aimé Requet, fit sauter le Polygone où étaient stockées artillerie et munitions. Fin novembre, les Allemands et leurs complices français, en représailles, arrêtèrent ou assassinèrent les principaux responsables de la résistance en Isère, dont le docteur Valois, patron départemental des MUR. La résistance rétorqua alors en faisant sauter le matériel entreposé dans la caserne de Bonne, en Haute-Savoie, dans la nuit du 1er au 2 décembre de la même année[38].

L'espoir d'un proche débarquement stimulait les enthousiasmes. Le 25 février 1944, Léo Hamon s'introduisit dans les locaux du commissariat général au STO et incendia 200 000 fiches du recensement. Le 16 mai 1944, les FTP s'en prirent aux quatre garages Opel de Fougères, en Ille-et-Vilaine, et détruisirent 34 camions et 11 moteurs d'avion, tandis que plusieurs milliers de litres d'huile et d'essence s'envolaient en fumée[39]. Les attentats se multiplièrent. Le 6 octobre 1943, le directeur de l'Office de placement allemand d'Annemasse, Calvet, fut abattu à son domicile par deux faux GMR ; son homologue de Saint-Brieuc subit le même sort en 1944[40]. Cristina Boïco fila de longues semaines le général SS Julius Ritter, représentant en France de Fritz Sauckel. Au matin du 28 septembre 1943, il fut exécuté par un commando composé de Marcel Rayman et Leo Kneller que couvrait Celestino Alfonso. Le 10 octobre de la même année, l'avocat général Lespinasse fut exécuté alors qu'il se rendait à la messe à Toulouse. Ce procureur avait requis la peine capitale contre le FTP Marcel Langer. Le 23 octobre, l'intendant de police Barthelet fut, dans la même ville, également assassiné[41].

Les maquis, pour leur part, développaient une action de guérilla. Etablis dans la forêt de Châteauneuf, les hommes de Guingouin détruisirent ainsi la motrice du tramway Limoges/Peyrat-le-Château en juillet 1943 et, le 12 du même mois, sectionnèrent le câble souterrain Limoges-Ussel-Clermont. « Dès ce moment fut appliquée cette forme supérieure de la guerre des partisans : à partir d'une base fixe, raids accomplis par des "volantes" à effectifs variables selon l'objectif à réaliser, allant du simple détachement au bataillon "Ranger" en passant par la compagnie de choc », rappelle Georges Guingouin[42]. Les maquis de l'Ain, quant à eux, détruisirent 11 locomotives dans la nuit du 15 au 16 janvier 1944[43]. Ces formations ne dédaignaient pas les coups d'éclat. Le 11 novembre 1943, les hommes du capitaine Romans-Petit défilèrent en ordre impeccable pour déposer une gerbe au monument aux morts d'Oyonnax, adressant le salut des « vainqueurs de demain à ceux de 14-18 ». Par cette démonstration de force, Romans-Petit entendait réduire au silence les mauvaises langues qui émettaient des « doutes sur la moralité de ceux que l'on appelle maintenant des maquisards et que la radio de Vichy présente chaque jour comme des terroristes commandés par des chefs de bande sans foi ni loi. Cette propagande a des effets même sur ceux qui nous sont favorables, mais qui, éloignés de notre zone d'action, n'ont aucun contact direct avec nous[44] ». La manifestation fut largement médiatisée et les photographies prises pour l'occasion firent le tour du monde.

Les actions du maquis, cependant, étaient loin d'être toutes aussi symboliques. Beaucoup de formations s'en prenaient d'abord aux dépôts des Chantiers de la jeunesse où ils prélevaient uniformes, chaussures et ravitaillement. Le 10 septembre 1943, les hommes de Romans-Petit attaquèrent les entrepôts d'Artemare, dans l'Ain, et, le 28 du même mois, dévalisèrent le dépôt de l'intendance de Bourg-en-Bresse. De même, le maquis de l'Estibi lança dans la nuit du 15 au 16 janvier 1944 un raid contre les usines Paulhan de Saint-Jean-du-Gard. Il s'empara alors de 1 980 shorts et 1 455 vestes kaki, ainsi que de 1 640 toiles de tente auxquels s'ajoutèrent bleus de travail et vestes de forestiers[45]. Les maquis visaient souvent les collaborateurs – ou présumés tels – et vivaient sur le pays. Dans le Gard, 80 attentats importants – hors sabotages ferroviaires – intervinrent entre novembre 1942 et décembre 1943. Si 15 affectèrent directement les troupes allemandes, 43 opérations avaient pour principal mobile le vol d'argent ou de tickets de rationnement, 22 visant des personnes ou des bâtiments associés à la collaboration[46]. Délégué en zone sud, Jacques Bingen s'alarmait de ces attaques. « Le nombre des agressions à main armée se multiplie tragiquement sur tout le territoire. Il suffit d'ouvrir les oreilles dans n'importe quel lieu public [...] pour se convaincre du grand émoi qui s'est emparé du Français moyen – c'est-à-dire un Français qui hait les Allemands et qui attend à son balcon ou dans sa cave la Libération ; les récits les plus abracadabrants se colportent de bouche en bouche ; on parle partout d'agressions, d'attentats sur des personnes isolées, de vols à main armée... Bref, l'impression générale est que le pays est tout entier rançonné par des bandes dont on commence à oublier que certaines sont composées de la lie de la population, d'autres de miliciens provocateurs et dont on oublie que la grande majorité, composée des patriotes, ne se livre qu'à des opérations bien concertées dirigées contre l'ennemi et ses complices[47]. »

Le plus souvent, toutefois, l'inaction dominait et les maquisards, livrés à l'ennui, vivaient dans des conditions difficiles. Au petit maquis de Saint-Adjutory, en Corrèze, « une quinzaine de maquisards dans un petit bois près d'un ruisseau [...] couchaient dans de petites huttes en paille [...]. Beaucoup de gars étaient malades, atteints de furoncles et de gale. Je me souviens surtout d'un prisonnier de guerre évadé couvert de boutons suppurants », rapporte un résistant chargé d'inspecter en juillet 1943 cette modeste formation[48]. A Glières, en Haute-Savoie, « les journées de complet désœuvrement parurent parfois bien longues, si loin de tout et de tous. Les mots croisés ou les cartes, selon les affinités de chacun, les chants, les discussions interminables, nous aidaient à meubler des heures et des heures », rappelle un ancien[49]. Mieux organisés, d'autres maquis luttaient plus efficacement contre l'oisiveté, comme le prouve le témoignage d'André Jacquelin, l'un des responsables du maquis Bir-Hakeim situé dans le sud du Massif central :

> Les journées commencent à 7 heures, et à 8 heures, après les soins de toilette, ce sont les exercices d'assouplissement [...]. Les corvées diverses se succèdent jusqu'à 10 heures, puis instruction théorique des nouvelles armes de tout genre et récemment parachutées. Midi, la soupe, et nous partageons le menu du jour : soupe très chaude, bifteck,

purée de pommes de terre, fromage et fruits avec café bouillant pour terminer et le litre de gros rouge pour quatre, c'était un jour de gala ! Jusqu'à 14 heures, l'on dispose d'un moment de liberté et chacun en profite pour écrire aux siens et faire différents petits travaux personnels. A 14 heures, l'instruction en campagne commence : exercices de combat, coups de main, etc. jusqu'à 17 heures. A ce moment sont descendues les couleurs. Puis c'est la soupe et la veillée. Par équipe, dans chaque cabane, le chef présente une idée, un sujet, aiguille et dirige la discussion. Et les voix jeunes s'animent. Parfois c'est très grave, d'autres fois très gai. Ou bien on se réunit à plusieurs équipes pour préparer un jeu théâtral, des divertissements ou une randonnée. On improvise, on combine. Avec rien, on fait tout. L'esprit d'initiative, l'adresse intellectuelle et manuelle, le goût même, le simple bon goût se développent. Et la cabane aussi s'embellit au long des soirs où, enfermés autour du petit poêle qui fume, tandis que le vent d'automne passe par les interstices du boisage, on travaille pour la demeure de l'équipe et en vue de s'abriter des prochains froids, mais aussi avec la perspective de la quitter bientôt, dans quelques mois, pour participer au combat de la Libération[50].

Ces actions, même modestes, permettaient de rompre avec l'ennui. Les embuscades que multiplia Romans-Petit afin de surveiller les routes et de désorienter l'ennemi étaient « d'abord une sorte de récompense », note-t-il, même si elles constituaient « une épreuve d'endurance au froid, à la marche » et une « opération militaire qui consiste à déclencher un feu nourri et soudain sur les voitures allemandes[51] ». N'imaginons cependant pas la France à feu et à sang en 1944. L'attentisme régnait parfois, les maquisards préférant à l'action immédiate la préparation du débarquement. Ainsi, en Ille-et-Vilaine, les groupes de l'Armée secrète ne commirent ni attentats ni sabotages avant la fin mai 1944[52]. Et le maquis connut, à l'hiver 1943-1944, une crise profonde dont s'émut Robert Soulage *(Sarrazac)*, patron du service national des maquis école, dans un rapport qu'il adressa le 27 janvier 1944 à Pierre Dejussieu, chef de l'Armée secrète pour la zone sud :

Cette crise se manifeste par un courant général de scepticisme quant aux possibilités d'action et à l'utilité du maquis, par une lassitude qui se constate aussi bien chez les chefs régionaux que chez les hommes de troupe, par un relâchement de la discipline, l'accroissement des coups de mains inutiles, la dislocation de nombreux camps. Le manque actuel de crédits, même temporaire, risque d'amplifier cette crise et de la porter jusqu'au point où les chefs auront à se demander s'il n'est pas de leur devoir de reconsidérer leur position et de donner l'ordre général de dispersion.

Si l'on s'en tient à l'essentiel dans la vue de rechercher des remèdes décisifs, on voit qu'il y a trois causes profondes à ce mal :

– le manque de chefs, conséquence de la trahison des officiers ;

– le manque d'armes ;

– l'inexistence d'une formule d'organisation adaptée aux conditions présentes[53].

La lutte armée se doubla parfois d'actions revendicatives, avant tout conduites par les communistes, qui espéraient ainsi retremper leur identité ouvrière et conforter le rôle que jouerait le prolétariat dans l'insurrection nationale. « La première condition pour rendre possible la grève générale insurrectionnelle, c'est de développer l'action quotidienne dans les entreprises », rappelait *L'Humanité* du 1er septembre 1943[54]. Elle lui offrait également, du moins l'espérait-il, la possibilité de « promouvoir la CGT comme seule organisation de la classe ouvrière » et de pouvoir prétendre s'en assurer le contrôle au sortir de la guerre[55]. Plusieurs mouvements sociaux scandèrent donc le second semestre de 1943. A Montceau-les-Mines, 8 000 mineurs débrayèrent entre le 25 et le 29 octobre 1943 afin d'appuyer leurs revendications. A Saint-Etienne, 10 000 gueules noires profitèrent du 11 novembre 1943 pour se mettre en grève dix jours durant. Enfin, 5 000 métallos cessèrent le travail le 20 septembre 1943[56] – signes, parmi tant d'autres, que la colère grondait et que le parti communiste restait fort écouté dans les rangs du prolétariat.

La résistance gagnait donc en assurance et en maturité. Mais les modalités de son engagement dans les combats de la libération restaient indéfinies, et ce, au plus haut niveau. A la mi-1943, ni Londres ni les Alliés n'avaient encore élaboré de doctrine d'action. Un événement les incita, il est vrai, à la prudence : la libération de la Corse.

*L'affaire corse*

Jusqu'en novembre 1942, la Corse avait somme toute été épargnée par le conflit. Deux grandes formations résistantes s'étaient néanmoins progressivement enracinées. Un Français libre rallié dès juin 1940, Fred Scamaroni, membre à l'origine de l'administration préfectorale et alors âgé de 28 ans, avait jeté les bases d'un réseau, R2 Corse, rattaché au BCRA ; et le Front national s'était développé sous la houlette d'un enseignant communiste, Arthur Giovoni, tout en s'ouvrant à des personnalités qui ne partageaient pas ses rouges options, à l'instar du sénateur radical-socialiste Paul Giaccobi et de son fils François.

Le débarquement anglo-américain en Afrique du Nord amenant les Allemands à envahir la zone libre, le Reich offrit la dépouille corse à son allié italien qui en rêvait depuis longtemps. Plus de 80 000 soldats italiens occupèrent alors l'île de Beauté, attisant la colère de la population et stimulant l'action de la résistance. En janvier 1943, un sous-marin déposa Scamaroni et ses deux radios près d'Ajaccio, mais le 17 mars, des agents de l'OVRA, la police secrète mussolinienne, arrêtèrent Rossi, l'un de ses deux agents, qui donna le réseau : 19 membres de R2 furent interpellés, dont Fred Scamaroni. Le Français libre préféra se suicider plutôt que de craquer sous la torture. « Je n'ai pas parlé. Vive de Gaulle ! Vive la France ! », écrivit-il de son sang sur les murs de sa prison[57].

La brutale disparition de Fred Scamaroni laissait le champ libre au camp giraudiste, qui décida d'appuyer la seule formation résistante qui pesait : le Front national. Le 2 avril 1943, Giraud dépêcha donc le capitaine Colonna d'Istria, chef de la mission Pearl-Harbor, à charge pour lui de fédérer les troupes et de préparer un débarquement. Dans le même temps, le sous-marin *Casabianca,* l'un des rares bâtiments à s'être échappés de la base de Toulon lors du sabordage de la flotte, multiplia les rotations pour acheminer armes et munitions. La signature de l'armistice italien, conclu le 3 septembre, mais révélée le 8, précipita les événements. Le jour même, le Comité départemental de libération lança l'ordre de s'insurger.

« Il faut intensifier la propagande parmi les troupes italiennes contre les Allemands et essayer par tous les moyens de se faire donner leurs armes. Il faut partout et sans délai engager le combat contre les Allemands, dresser des obstacles et des embuscades contre eux, ouvrir le feu sur leurs véhicules, empêcher leurs déplacements, les exterminer par tous les moyens. Cet aspect militaire ne doit pas nous faire oublier son aspect politique. Les directives reçues en ce qui concerne le remplacement des conseils municipaux antipatriotes, l'épuration sommaire, l'élection de deux délégués par village pour l'assemblée départementale doivent être appliquées sans délai. Chaque village doit diriger au plus vite sur Ajaccio non seulement ces deux délégués armés, mais tous les combattants armés dont la présence ne serait pas indispensable sur place », proclama Maurice Choury, membre dirigeant du Front national et du Comité départemental de libération[58]. La lutte se construisait donc sur le plan politique, mais s'inscrivait aussi dans un cadre militaire. Car si une partie des troupes italiennes fraternisait avec la population, les Allemands déployaient prestement quelque 12 000 hommes dans la région de Bastia.

Cet enchaînement plongea le général Giraud dans la perplexité. L'aventure, tout d'abord, risquait de déboucher sur un bain de sang, d'autant que si les Allemands voulaient se battre, les Alliés, jugeant l'opération précipitée, refusèrent de soutenir les insurgés. De Gaulle, par ailleurs, n'avait pas été mis dans la confidence ; il ne dissimula pas son courroux. Outre que Giraud avait conservé le secret, il avait offert le monopole de l'insurrection au Front national, donc aux communistes ; il avait surtout privé de Gaulle de la gloire d'avoir procédé à la libération du premier département français[59]. Giraud dut donc agir seul. Il expédia 109 hommes de la 3$^{e}$ compagnie de choc qui débarquèrent du *Casabianca* à Ajaccio dans la nuit du 12 au 13 septembre, bientôt rejoints par 500 hommes convoyés sur les contre-torpilleurs *Fantasque* et *Terrible*. Tardivement informé de l'opération, le commissaire à l'Intérieur, André Philip, réussit cependant à placer son préfet, Charles Luizet[60], aux côtés d'Amédée Mollard, le gouverneur militaire. Aux deux hommes de prendre en main les administrations civiles et militaires[61]. Début octobre, insurgés et soldats réguliers s'emparaient de Bastia : les forces allemandes évacuèrent alors non seulement la Corse, mais également la Sardaigne.

Cette libération épique se soldait donc par un succès. Elle sonna pourtant le glas du général Giraud. La Corse s'était libérée seule…

mais un peu trop seule et un peu trop tôt au goût de De Gaulle[62] : il ne pardonna jamais à Giraud de l'avoir placé devant le fait accompli. Ce dernier dut donc, on l'a vu, accepter la diminution de ses pouvoirs en octobre avant d'être exclu du Comité français de la Libération nationale le 9 novembre. Il se contenta alors, jusqu'en avril 1944, d'exercer des fonctions de commandant en chef, des fonctions au périmètre bien limité[63].

Mais la libération de la Corse avait surtout conduit les communistes à contrôler le processus insurrectionnel sans respecter les règles canoniques de la démocratie. Dans les communes libérées, des élections à main levée avaient confié le pouvoir municipal à des conseils que dominait le Front national, ce dont se réjouissait son chef, Arthur Giovoni. « Dans les villages, le plan prévu est appliqué. Les groupes du Front national rassemblent la population sur la place du village, déclarent déchues les municipalités indignes et proclament leur remplacement par des patriotes dont il faut applaudir les noms », expliqua-t-il dans un rapport envoyé… à Moscou[64]. Deux mois durant, Luizet dut user de « palabres et de fermeté[65] » pour revenir à des formes plus respectueuses de la démocratie représentative, bien que le préfet eût renoncé à organiser des élections municipales. Avec « les traditions assez impulsives de ce pays, ce serait une grosse imprudence de faire une campagne électorale municipale alors que 10 000 hommes possèdent des mitraillettes », avança son ministre, André Philip, en octobre 1943[66].

Malgré ce *happy end*, ce scénario amenait à s'interroger sur les intentions du Parti communiste français. La crainte de le voir s'emparer du pouvoir à la libération taraudait les responsables du CFLN comme les chefs de la résistance intérieure : de ce point de vue, l'affaire corse était-elle un accident ou un précédent ?

### *Les communistes à l'assaut du pouvoir ?*

La stratégie du Parti communiste français suscitait la perplexité, voire l'anxiété. Non sans raison. Car « à partir de juin 1943, et jusqu'à la Libération, le PCF mène deux stratégies. La première est officielle et correspond à la dimension nationale traditionnelle du Parti : c'est une stratégie "d'union sacrée" pour la libération nationale. La seconde s'avance masquée et "en pointillé" : c'est une stratégie de rupture et de prise du pouvoir qui répond à la dimension communiste du Parti », relève Stéphane Courtois[67].

Pour aboutir, cette stratégie duale postulait deux conditions : « D'une part, le parti doit diriger la Résistance intérieure ; celle-ci, d'autre part, doit être indépendante du gouvernement du général de Gaulle[68]. » Le Parti communiste français s'efforça donc de placer l'ensemble des formations clandestines sous la tutelle du Front national, mais cette ambition se heurta, nous l'avons vu, à l'opposition décidée du Connétable, de Jean Moulin et des autres mouvements de la résistance métropolitaine.

Le PCF changea alors son fusil d'épaule. Il prétendit tout d'abord tenir la balance égale entre les deux généraux afin de miner l'hégémonie gaulliste. Il chercha surtout « à monopoliser les organes de pouvoir de la résistance en métropole[69] ». Pour ce faire, il tenta de transformer le Conseil national de la Résistance en organe directeur de la résistance intérieure – processus que facilitait la dissociation des fonctions qu'exerçait Jean Moulin, président du CNR et patron de la Délégation. Il tenta également de freiner la constitution des Comités départementaux de libération (CDL), que Londres forma à partir de septembre 1943, pour leur préférer les Comités de la France combattante, dont Jacques Duclos avait, à partir de mai 1943, plébiscité la création[70]. Il encouragea enfin la formation de Milices patriotiques – pour la première fois mentionnées dans *L'Humanité* du 15 août 1943 – destinées, selon les mots du même Jacques Duclos, à former « les réserves populaires de l'armée nationale dont les FTP constituaient l'avant-garde[71] ». Elles pourraient également maintenir l'ordre pour le compte des Comités départementaux de libération et dessiner le cadre de la levée en masse à venir[72]. Le PCF procéda cependant avec prudence puisqu'il devait simultanément « s'assurer une position dominante et avancer le plus loin possible dans la voie de sa politique spécifique, sans risquer toutefois de remettre en cause le principe de l'alliance » avec le camp gaulliste[73].

Car ses prétentions hégémoniques butaient sur de sérieux obstacles. Charles de Gaulle, tout d'abord, veillait au grain et manœuvra avec un sens politique aiguisé. Soucieux de réaliser l'unité nationale, il envisagea en octobre 1943 d'ouvrir son gouvernement à des représentants du Parti, sans pour autant passer sous ses fourches Caudines. Il se réservait le choix de ses ministres. « Or, pour le Parti communiste, c'était une question de principe que de désigner lui-même les militants qui en feraient partie », rappelle Duclos[74]. De Gaulle refusait également d'accorder aux commissaires les pleins pouvoirs dans leur département ministériel et de déclencher l'épuration massive que le PCF réclamait[75]. Les négociations furent rompues en novembre 1943 puisque de Gaulle refusa ces exigences ; mais le 4 avril 1944, le Parti s'inclina et deux communistes entrèrent au CFLN. Fernand Grenier obtint l'Air, François Billoux un commissariat sans attributions.

L'entrée au gouvernement présentait, il est vrai, de solides avantages. Elle permettait au Parti de « réintégrer la communauté nationale » et de bénéficier de la légitimité gaulliste tout en offrant à ses ministres le moyen de démontrer leurs capacités gouvernementales[76]. De Gaulle sut jouer de cet attrait pour imposer ses vues. De même, il limita les prérogatives des Comités départementaux de libération, qui, le jour venu, devaient remplacer les anciens conseils généraux et assister préfets et commissaires de la République de leurs lumières. Une commission présidée par un envoyé de Londres, Francis-Louis Closon, nomma ses membres et veilla à ce que toutes les grandes tendances politiques et morales fussent équitablement représentées. A défaut, un double pouvoir, opposant aux représentants de l'Etat central la légitimité du peuple résistant que les CDL incarnaient, risquait d'émerger la libération venue. Closon soupesait le danger. Il recommanda donc « de diriger et de contrôler leur activité, c'est-à-dire d'exercer une politique de présence, si l'on veut éviter qu'au jour de la Libération, les comités se transforment en autant de soviets locaux, discutant les ordres du pouvoir central à un moment où il s'agira d'obéir[77] ». Les ordonnances du 14 mars et du 21 avril 1944 limitèrent par conséquent leurs attributions. Les Comités départementaux resteraient des assemblées consultatives provisoires ; ils n'auraient pas vocation à essaimer au niveau des communes ou des cantons.

Malgré ces entraves, le PCF marqua quelques points. Il réussit à dominer quelques Comités départementaux de libération en exigeant que ses multiples organisations satellites – FN, CGT, Union des femmes françaises... – y siègent. Non sans succès : dans l'Indre comme dans les Alpes-Maritimes, les communistes disposaient de 3 voix sur 5. Tout en multipliant les appels à l'union, le Parti prit soin, par ailleurs, de maintenir l'autonomie de ses formations combattantes. Le 23 décembre 1943, l'Armée secrète et les FTP fusionnèrent pour donner naissance aux Forces françaises de l'Intérieur (FFI), portées officiellement sur les fonts baptismaux le 1er février 1944. Mais cette union demeura théorique puisque les FTP conservaient leur autonomie de commandement et d'organisation[78]. Le Comité central des mouvements de résistance, enfin, avait formé en février 1944 une Commission d'action (Comidac) chargée de cornaquer les FFI. Initialement composée de Chevance, Vogüé et Villon, la commission passa bientôt sous le contrôle des communistes, puisque sur « les trois V » qui la composaient en mai 1944, seul Jean de Vogüé *(Vaillant)* n'appartenait pas au PCF. Tel n'était pas le cas, en revanche, de Pierre Villon, représentant du FN, et de Maurice Kriegel-Valrimont, ancien du syndicat communiste CGTU et du mouvement Libération-sud qui avait succédé à Maurice Chevance-Bertin, parti à Alger rejoindre Henri Frenay en avril. Rattaché le 24 mai 1944 au Conseil national de la Résistance et alors rebaptisée Comac, la commission fut donc dominée par les éléments rouges, ce qui leur offrit un atout de poids dès lors qu'elle ambitionna de diriger l'action de la résistance en métropole. De fait, le CNR lui accorda, le 13 mai 1944, « le commandement suprême des FFI » jusqu'au débarquement, au mépris des attributions conférées par de Gaulle au général Koenig, patron théorique des FFI[79]. De nombreuses régions, enfin, se voyaient coiffées par un responsable communiste, qu'il s'agisse de la région Rhône-Alpes (Henri Provisor), de la Provence-Côte d'Azur (Robert Rossi) ou de l'Ile-de-France (Henri Rol-Tanguy). « Au total, relève l'historien Philippe Buton, sur les 38 postes les plus élevés de la Résistance intérieure, les communistes en ont occupé 20, ou 22, si l'on retient la proximité politique des responsables de la R3 [Languedoc-Roussillon] et de la R4 [Midi-Pyrénées][80]. » « Il ne faut cependant pas exagérer la dimension conspiratrice de ces événements, poursuit l'historien ; pour l'essentiel, tous ces événements s'expliquent assez naturellement. Les aléas de la reconstruction du PCF avaient provoqué l'entrée d'anciens membres coupés du parti dans les mouvements non communistes – surtout de la zone sud[81]. » Préméditée ou accidentelle, cette présence au sommet de la hiérarchie résistante n'en était pas moins réelle. Elle alarma autant le pouvoir gaulliste que bien des dirigeants des formations clandestines.

De Gaulle, on l'a dit, sut limiter l'hégémonie rouge en bornant les prérogatives de la résistance intérieure et en intégrant les communistes au cœur de l'appareil d'Etat, ce qui les contraignit à respecter une solidarité gouvernementale minimale. Dans son combat, il s'appuya également sur les autres partis et sur certains mouvements – avec, il est vrai, des résultats contrastés.

Le parti socialiste mesurait mieux que quiconque le péril que représentait la stratégie dynamique du Parti communiste français. Il milita donc, à l'automne 1943, en faveur de l'unité d'action, ce qui lui permettait, du moins l'espérait-il, de conserver son identité et ses bastions tout en s'associant, sur le plan de la lutte, à son frère ennemi. Mais les ouvertures de Daniel Mayer se heurtèrent au refus d'Auguste Gillot. « Nous rejetons, expliqua au dirigeant socialiste le représentant communiste au CNR, tout ce qui pourrait donner une allure de classe à notre lutte actuelle, pour ne pas donner un motif de division entre Français. Entendez-moi bien, il ne s'agit pas de nuire à notre but commun qui est la lutte contre l'envahisseur. Tout ce qui semblerait être une action spécifiquement ouvrière serait un prétexte à une propagande anticommuniste qui nuirait à l'action commune[82]. » En position de force, le PCF déclina donc les avances d'une SFIO dépourvue de moyens de pression car privée d'un mouvement de résistance comparable au Front national, ce qui amena les socialistes à se tourner vers les MUR.

Les Mouvements unis de Résistance considéraient avec défiance les manœuvres communistes qui risquaient à terme de les éliminer. En novembre 1943, ils proposèrent d'entamer des négociations pour jouer auprès du parti socialiste le rôle que le Front national assumait auprès du parti communiste. Daniel Mayer déclina cette offre. « Ce n'est que publiquement, dans la légalité retrouvée, que les mises au point et les conversations utiles entre les délégués mandatés d'organisations pourront être de quelque consistance. Pour aujourd'hui, on peut seulement, nous semble-t-il, préserver l'avenir et préparer l'acheminement des esprits à de tels resserrements en créant le climat nécessaire à un rapprochement », déclara-t-il[83]. De fait, Mayer craignait qu'une alliance avec la résistance n'altère l'identité socialiste et ouvrière de la SFIO et ne l'amène à être tournée sur sa gauche par le PCF. Condamné à l'intransigeance, son parti n'avait à ses yeux d'autre choix qu'une stratégie unitaire « par laquelle il recherche à la fois la place dans la Résistance qui lui est refusée et la caution révolutionnaire dont il a besoin[84] ».

Pour compenser ce refus, certains mouvements décidèrent alors de se fédérer. Ils reprirent le schéma qui avait présidé à la création des Mouvements unis de Résistance et l'étendirent à la zone nord, sans quêter pour autant l'approbation gaullienne.

### *Le Mouvement de Libération nationale*

Fondé à la fin de 1943, le Mouvement de Libération nationale (MLN) avait deux objectifs principaux. Associant aux MUR deux mouvements de zone nord, Résistance et Défense de la France, il entendait en premier lieu enclencher une dynamique unitaire. Le pari fut en partie remporté puisque de petits groupes – Lorraine, Libre-Patrie, les Amis de la Liberté… – le rejoignirent. En revanche, Ceux de la Libération, Ceux de la Résistance, l'Organisation civile et militaire ainsi que Libération-nord refusèrent de se joindre à cette fédération, ce qui d'emblée sapa son ambition unitaire. Se plaçant sous l'autorité du Comité central des Mouvements de Résistance, le MLN se situait surtout dans la perspective de l'après-guerre. Il prétendait, c'était là son second objectif, « organiser dès à présent les forces de la Résistance en vue de l'établissement de la IVe République[85] ». En bref, il prétendait créer un parti à la libération.

Cet objectif voilait cependant des stratégies divergentes. Les amis de Frenay, Bourdet en tête, souhaitaient endiguer l'hégémonie du Front national. Dans cette optique, l'incorporation des mouvements plutôt droitiers – Ceux de la Libération, Ceux de la Résistance et Organisation civile et militaire – représentait un atout pour conforter le camp anticommuniste : il fit cependant défaut, ce qui empêcha de « rééquilibrer les MUR (où l'influence de Libération, de tendance communisante, était devenue envahissante)[86] ». Le MLN pourrait malgré tout devenir la matrice du grand parti de la résistance que Frenay appelait de ses vœux, surtout si le général de Gaulle, à la libération, en prenait la tête.

Dominant la direction de Libération-sud, les compagnons de route considéraient en revanche avec scepticisme le MLN. La création d'un parti de la résistance les rebutait. « Ce serait un groupement de l'ensemble de la Résistance qui irait de l'OCM aux éléments les plus "révolutionnaires" des MUR. Ce groupement serait destiné à prendre la place de tous les anciens partis qui ont fait faillite. En conséquence, ce parti nouveau aurait pour le moins l'ambition d'être le parti unique de la bourgeoisie, avec une aile "révolutionnaire" démagogique. Fort évidemment, comme en Allemagne, il entrerait en lutte avec les anciens partis dits républicains », expliqua Pierre Hervé à la fin de 1943[87]. Tout en ne s'opposant pas à la formation du Mouvement de Libération nationale, l'aile philo-communiste projetait plutôt d'y intégrer le Front national. Envisagé en 1943, ce projet fut relancé en mai 1944 sans pour autant aboutir. Les socialistes firent en effet pression pour que Libération-nord, proche de la SFIO, ne rejoigne pas le Mouvement de Libération nationale. « Tant que je serai là, il n'y aura aucune entente entre le MLN et Libération-Nord », déclara ainsi l'un de ses dirigeants », Jacques Brunschwig-*Bordier*, à Yvon Morandat[88].

Les compagnons de route, pourtant, ne songeaient pas nécessairement à assujettir le MLN au FN. Bien entendu, Copeau et d'Astier refusaient de déclarer la guerre au parti communiste – une différence de taille par rapport à Frenay. Persuadés qu'il représentait la classe ouvrière et incarnait une forme de messianisme révolutionnaire, ils ne souhaitaient pas se couper de cette aile marchante. « Le FN n'existe que parce que le PC en est la colonne vertébrale et en tire les ficelles, mais c'est précisément la raison pour laquelle il ne pourrait y avoir de base politique pour l'avenir que dans une union dans laquelle serait aussi le FN. [...] Si vous n'avez pas une union totale, vous aurez d'une part le FN [...], d'autre part, vous aurez une autre union qui, qu'on le veuille ou non, par la force des choses, n'aurait pas d'autre originalité que l'absence de collaboration avec le communisme », expliquait Copeau à Frenay[89]. Dans le même temps, ces fortes personnalités se défiaient sans doute d'un parti en proie à ses démons staliniens. Grâce au sang neuf de la résistance, le MLN permettrait donc de régénérer un parti qui, à leurs yeux, restait celui de la classe ouvrière. A défaut d'intégrer le Front national, ils se prononçaient donc en faveur d'une nouvelle formation issue de l'armée des ombres qui travaillerait en bonne intelligence avec les communistes. Ce grand parti « qui devrait être à côté du PC et collaborer loyalement avec lui se situe dans la zone où évoluent actuellement le PS, la tendance confédérée de la CGT et la grande majorité des militants de toute la Résistance. Amener le PC à s'intéresser par l'intermédiaire du FN à la formation de ce regroupement des forces démocratiques françaises, c'est là tout le problème de l'avenir politique de la France », précisa Copeau[90]. Au total, ces hommes plaidaient pour une alliance, non pour une subordination ; ils plébiscitaient l'entente, non le combat. Ce faisant, ils mécontentaient et les amis de Frenay – partisans de l'affrontement –, et les communistes orthodoxes – tenants de la sujétion.

Car la création du MLN et son éventuelle fusion avec le FN posaient un problème au PCF. « Les camarades communistes qui militaient parmi nous, et que nous avions tendance à considérer, fin 1943, comme des "agents" du parti, étaient pour la plupart déjà fortement contaminés par l'état d'esprit "œcuménique" dont je parle, constata après la guerre Claude Bourdet. Le PC était ainsi entraîné dans une voie qu'il ne voulait pas suivre et, fait encore plus sérieux, perdait son autonomie au profit d'une véritable unité de la Résistance[91]. » Constatant ce péril, les orthodoxes plaidèrent avec ferveur pour l'unité… tout en la torpillant en sous-main. Sans surprise, le Front national refusa la fusion avec le Mouvement de Libération nationale. « Il disait qu'il la voulait, mais il ne la voulait pas. Comment aurait-il voulu confier ses finances, en somme, à un mouvement uni ? Le mouvement uni était notre mystique à nous. C'était un idéal sans espoir », reconnut Pierre Hervé après la guerre[92]. Pascal Copeau ne s'avoua pas battu pour autant. Il sollicita l'intervention du commissaire à l'Intérieur, Emmanuel d'Astier, et lui demanda de :

> – faire donner par Gouin-Le Trocquer instructions à socialistes afin que ceux-ci ne prennent pas responsabilité division Résistance […] ;
> – faire pression sur FN par Grenier et autres ;
> – faire donner ordres à FTPF collaborer effectivement avec FFI[93].

Cette requête resta évidemment lettre morte. Le Parti communiste français n'imaginait pas à l'époque de fusionner le FN avec le MLN, ce qui l'aurait privé d'un levier de commande essentiel. Copeau comme d'Astier se berçaient donc d'illusions. Ils se méprenaient sur l'essence d'un parti qui entendait conserver la pleine maîtrise de son appareil et témoignait de son inébranlable fidélité à Moscou. Malgré son charisme et sa bonne volonté, le commissaire à l'Intérieur ne disposait en rien des moyens pour infléchir la stratégie qu'impulsaient Jacques Duclos, André Marty et Maurice Thorez. L'union des mouvements clandestins resta donc un vœu pieux. Et les buts que poursuivait le PCF demeurèrent un mystère – et ce, jusqu'à la libération de 1944.

Ainsi, les mutations politiques qui marquèrent l'Afrique du Nord modifièrent en profondeur la donne. L'élimination du général Giraud conforta le pouvoir du général de Gaulle, accéléra la fusion des services secrets et aboutit à préciser le rôle que l'ORA jouerait dans la libération militaire du pays. Elle bouscula également la stratégie des mouvements, contraints de repenser leurs rapports au parti communiste et au pouvoir gaulliste. Mais d'autres enjeux se précisaient. La proximité du débarquement obligeait aussi la résistance intérieure et le pouvoir gaulliste à préparer, sur le plan militaire comme sur le plan politique, une échéance cruciale : la libération de la France captive.

# 13

## En ordre de bataille

Lors de la conférence de Téhéran, tenue du 28 novembre au 1er décembre 1943 dans la capitale iranienne, les Alliés décidèrent d'accorder une priorité absolue à l'opération Overlord : au printemps 1944, les troupes anglo-américaines débarqueraient sur les côtes françaises. Cette échéance ouvrait des perspectives exaltantes, puisqu'elle annonçait le départ d'un occupant honni ; mais elle suggérait aussi que de rudes combats se préparaient. De ce point de vue, le drame des Glières, à l'hiver 1943-1944, résonna comme un sinistre présage. En effet, il relança les interrogations relatives à la pertinence de la lutte armée en général et des maquis en particulier.

### *Le drame des Glières*

En mars 1943, plusieurs dizaines de réfractaires au STO, on l'a vu, s'étaient réfugiés en Haute-Savoie. Pour partie spontané, pour partie encouragé par le Parti communiste français[1], ce mouvement amplement relaté par la presse suisse fut aussitôt médiatisé par la BBC comme par les journaux clandestins. « Savoie, Alpes françaises, Légion des montagnes... Voici combien de jours que les journaux et les ondes, amis aussi bien qu'ennemis, se renvoient ces mots, ces formules, ces images ? Si durci soit-il par tant d'années d'horreur et d'héroïsme, le monde tressaille pourtant parce que des Français, des jeunes Français retranchés dans nos montagnes, font trembler Laval et font rager l'Allemand », s'écria Maurice Schumann, le porte-parole de la France combattante, le 18 mars 1943[2]. Mais malgré les demandes formulées par les mouvements de résistance, ni les Alliés ni les gaullistes ne soutinrent les maquisards. En revanche, « la publicité faite par la presse helvétique relayée par les émissions en français de la radio anglaise, puis par les journaux de la Résistance donna l'impression que la Haute-Savoie pouvait être un lieu de refuge pour ceux que le STO menaçait[3] ». Entre l'été 1943 et la Libération, estime l'historien Claude Barbier, de 6 000 à 10 000 réfractaires se trouvaient en Haute-Savoie, bien qu'une minorité seulement eût rejoint les maquis – de 1 600 à 2 000, sans doute, pour le second semestre 1943[4].

Quel que fût leur nombre, ce soudain afflux plaçait les mouvements de résistance en porte-à-faux : ils ne disposaient ni des moyens ni de la logistique pour héberger, nourrir, vêtir et *a fortiori* armer les dizaines de volontaires qui se présentaient. Les Britanniques, rappelons-le, refusaient de soutenir les maquis, d'autant que la décision de débarquer en France n'avait toujours pas été arrêtée en septembre 1943. Ils décidèrent cependant de dépêcher une mission interalliée pour recenser les effectifs et les possibilités qu'ils offraient. Acheminée dans la nuit du 21 au 22 septembre 1943, la mission Cantinier-Xavier prescrivait donc à Jean Rosenthal et Richard Heslop d'évaluer le potentiel maquisard dans les deux Savoie et en Isère[5]. Après avoir visité plusieurs camps, les deux émissaires regagnèrent l'Angleterre dans la nuit du 16 au 17 octobre puis, après avoir rendu compte, repartirent derechef en métropole.

A l'hiver 1943-1944, la situation se détériora en Haute-Savoie. Alarmé par l'afflux de réfractaires, le régime vichyste resserra son étau répressif dans le département qu'il plaça le 24 janvier en état de siège. Il achemina en outre des renforts policiers, puis miliciens. Ce durcissement rendait la vie impossible aux proscrits, ce qui conduisit la résistance à ordonner la montée de plusieurs camps sur le plateau des Glières afin d'abord « de se réfugier[6] ». L'afflux de volontaires comme les atouts géographiques que présentait le site poussèrent alors Londres à profiter de cette double aubaine pour planifier une série de parachutages destinés à armer la résistance alpine. Entre janvier et mars 1944, 400 à 500 hommes rejoignirent donc le plateau[7] afin de se cacher et de réceptionner les armes promises. Les officiers ne mesurèrent pas que ces deux logiques se contredisaient : car si le refuge postulait la discrétion, le largage de dizaines de containers, en revanche, ne pouvait qu'attirer l'attention des forces répressives. Dès lors, « la dispersion, l'affrontement ou la reddition seront les seuls moyens de résoudre le dilemme[8] ».

A partir de la fin janvier, le maquis des Glières s'organisa sur un mode militaire sous la direction de Théodose Morel *(Tom)*. Saint-cyrien, cet officier de chasseurs alpins avait courageusement combattu contre les Italiens en juin 1940, puis exercé un commandement au 27e bataillon de chasseurs alpins cantonné à Annecy. Muté comme instructeur à l'école militaire d'Aix-en-Provence, il était revenu après la dissolution de l'armée d'armistice dans la préfecture de la Haute-Savoie où il avait noué des contacts avec la résistance tout en acceptant de devenir commissaire départemental à la propagande de la Légion. Profondément croyant, il avait sans doute quelques affinités idéologiques avec le régime vichyste, mais ne transigeait pas avec le patriotisme. Grâce à son charisme et à sa fougue, il put prendre la tête d'un maquis où se mêlaient communistes et conservateurs sans craindre de se voir contesté[9].

En janvier et en février, le maquis se structura et évita, tout en entraînant ses hommes, de se livrer à une guérilla jugée prématurée. Les résistants et les forces répressives observèrent donc une forme de trêve armée. Les premiers s'abstinrent de mener des actions d'éclat ; et les secondes fermèrent les yeux sur les agissements du maquis plutôt que de s'engager dans une répression impopulaire où ils risquaient, en outre, de perdre la vie. Ainsi, pendant trois semaines, les deux camps « vécurent une sorte de cohabitation profitable aux deux parties : les maquisards bénéficiaient d'une relative liberté de circulation, les gardes [qui appartenaient surtout aux groupes mobiles de réserve, forces de police en charge du maintien de l'ordre] de l'assurance de ne plus servir de cible aux maquisards[10] ».

Cet équilibre précaire ne tarda cependant pas à être rompu. D'une part, les trois parachutages du 14 février, du 5 et du 11 mars incitèrent les autorités vichystes à en finir, d'autant que les Allemands s'inquiétaient pour la sécurité des troupes qu'ils plaçaient au repos, dans les hôtels ou dans les hôpitaux d'une région jusqu'alors jugée sûre. Vichy voulut donc prouver à son maître qu'il avait la situation en main. Il dépêcha sur les lieux la Milice en lui demandant d'en finir. Les maquisards perçurent la gravité de la menace. Mais plutôt que de redescendre, ils préférèrent rester sur place. Car ils voulaient réceptionner les armes qu'ils attendaient depuis bien longtemps. A cette aune, le premier parachutage piégea les résistants « en les rendant gardiens d'un stock d'armes dont ils ne pouvaient user. Les maquisards n'avaient en effet reçu que des armes légères, des fusils-mitrailleurs, des explosifs, mais pas de mitrailleuses, de mortiers, d'armes antiaériennes, rien de ce qui aurait pu leur permettre de tenir sur le plateau contre un assaut bien organisé[11] ». Les ondes gaulliennes, par ailleurs, avaient métamorphosé Glières en enjeu symbolique, ce qui obligeait les hommes à tenir, sinon à engager le combat. Le 3 février, Maurice Schumann avait lancé un appel aux armes qu'il réédita le 6 :

> Savoyardes, Savoyards, le maquis de Haute-Savoie, le front français dont les soldats sans uniforme sont prêts à combattre pour vous et à mourir au milieu de vous, vous lancent un appel à l'aide et à la solidarité qui peut et doit faire reculer l'agresseur.
>
> C'est du maquis lui-même que viennent de nous arriver ces adjurations.
>
> 1/ Sédentaires armés, rejoignez d'urgence les maquis de Haute-Savoie. Sédentaires armés, joignez-vous d'urgence aux maquis.
>
> 2/ Ouvriers de Haute-Savoie, chaque fois que votre activité peut, directement ou indirectement, seconder les opérations qui sont ou qui seront engagées contre le maquis, cessez le travail, déclenchez dans ce cas la grève de solidarité avec vos frères assaillis.
>
> 3/ Patriotes savoyards, n'hésitez pas à procéder, chaque fois que vous le pouvez et sans vous exposer à des risques inutiles, au sabotage des voies ferrées, des routes et des usines dont le fonctionnement favoriserait le travail des agresseurs[12].

Le 9 mars, le porte-parole de la France combattante recommanda toutefois la prudence, mais le mal était fait. La situation reflétait le dilemme stratégique du BCRA. « Dès lors que les Français avaient enfin obtenu l'envoi massif d'armes dans les Alpes, il fallait à toute force maintenir sur place des équipes capables de les réceptionner ; pourtant, et même s'il était conscient que les "guérillas nationales" avaient commencé entre les maquis et les troupes d'occupation, il refusait d'encourager une action prématurée[13]. » Mais l'envoyé du

BCRA, Jean Rosenthal, franchit une étape supplémentaire : il poussa les maquisards à se battre en leur promettant inconsidérément le renfort de parachutistes[14].

L'affaire s'engagea mal. Le 1er mars 1944, Michel Fournier, un étudiant médecin auxiliaire du maquis, fut arrêté par les groupes mobiles de réserve (GMR), une force répressive dépendant de la police, au mépris de la trêve armée qui régnait. Les résistants, furieux, décidèrent en représailles d'attaquer les GMR qui cantonnaient dans la ville d'Entremont. Dans la nuit du 9 au 10 mars, ils assaillirent l'hôtel de France, le lieutenant Morel en tête. Maurice Marlin, un GMR, raconta après guerre :

> J'ai alors vu arriver le lieutenant Tom Morel. Il s'est positionné face au commandant [Lefèbvre, chef du groupe], et l'a invectivé en ces termes : « Vous avez manqué à votre parole, vous êtes un traître. » Dans le même temps, deux maquisards le saisissaient par-derrière et immobilisaient ses bras, pendant qu'un troisième lui enlevait son pistolet placé en étui, à la ceinture. Le commandant Lefèbvre se débattait sans succès, et Tom Morel ajouta : « Désormais, vous êtes mon prisonnier. »
>
> Le commandant Lefèbvre était rouge de colère et se mit à hurler : « Moi, commandant Lefèbvre, capitaine de l'armée française, prisonnier ?... Jamais. »
>
> C'est alors qu'il parvint à libérer son bras droit et à se saisir d'un petit pistolet de calibre 6,35 mm camouflé dans ses leggins droites.
>
> La figure écarlate, il tirait à bout portant sur le lieutenant Tom Morel qui n'était guère à plus d'un mètre de lui.
>
> Touché à mort, Tom s'effondrait[15].

Durant cette nuit tragique, Glières perdit trois hommes, dont son chef charismatique que le capitaine Maurice Anjot remplaça le 18 mars. Ce fossé de sang contribua à radicaliser les positions. Dès le 2 mars, Jean Rosenthal, dans un message adressé au BCRA, avait affirmé : « Resterons sur plateau imprenable avec devise : vivre libre ou mourir. Jetons un défi aux Darnand, Lelong, Calvey, Racouillard [Calvayrac, Couillard], Battestini. Attendons de pied ferme ces mercenaires de l'ennemi, les miliciens et policiers recrutés dans les prisons[16]. » Le chef de la Milice, Joseph Darnand, brûlait pour sa part d'en découdre pour prouver aux Allemands la valeur de ses hommes. L'occupant, cependant, restait sceptique sur la valeur militaire de cette garde prétorienne. Il confia donc à des troupes régulières, la 157e division de réserve du général Pflaum, le soin d'éliminer le maquis. Le 26 mars, Pflaum lança une reconnaissance offensive dans le secteur de Monthiévret. Ce modeste accrochage montra au capitaine Anjot l'inanité de résister à ces soldats expérimentés. Lucide et prudent, il ordonna le soir même la dispersion. Ses hommes redescendirent donc du plateau sans engager le combat dans des conditions éprouvantes. Sous-alimentés et mal équipés, des centaines d'hommes bravèrent la neige et le froid pour sauver leur vie, le plateau ayant été encerclé par les forces françaises et allemandes. En vain, bien souvent : 169 hommes furent arrêtés au terme de leur terrible odyssée[17].

Le bilan de Glières fut donc particulièrement élevé, puisque le maquis perdit au total 210 hommes, alors que les Allemands subirent tout au plus quatre pertes. « Près d'un homme sur deux présent sur le plateau entre la fin janvier et la fin mars 1944 fut tué, déporté, emprisonné ou envoyé en camp de travail », précise Claude Barbier[18]. Ces sacrifices furent d'autant plus lourds qu'ils furent vains. Le maquis avait été formé pour réceptionner les armes que les résistants réclamaient à cor et à cri. De fait, les Britanniques en parachutèrent 5 tonnes le 14 février[19] et 90 tonnes dans la nuit du 10 au 11 mars[20]. Les résistants n'ayant eu le temps ni de les stocker ni de les redescendre dans la vallée, les Allemands s'emparèrent de 122 fusils-mitrailleurs, 3 000 chargeurs, 1 011 pistolets-mitrailleurs, 722 fusils, 160 revolvers, 2 fusils antichars, 2 lance-flammes, 300 grenades à main, un fusil-mitrailleur lourd, sans parler des munitions et autres explosifs[21]. Glières ne fut pas une « bataille », puisque le capitaine Anjot avait ordonné, dès le 26 mars au soir, la dispersion. Mais ce drame aiguisa la réflexion des états-majors.

### *Le grand fossé ?*

Jusqu'en 1943, Britanniques et Américains s'étaient montrés sceptiques à l'égard des possibilités militaires qu'offrait la résistance française, bien qu'ils aient apprécié la valeur des renseignements qu'elle transmettait, *via* ses réseaux ou ses mouvements. Entre juillet 1943 et juillet 1944, le BCRA fut à l'origine de 23 à 45 % des rapports reçus par les services secrets américains basés à Londres, soit de 1,5 à 4,4 fois plus que la matière transmise par l'*Intelligence Service*. « On estime que le BCRA a fourni aux armées britanniques et américaines, par le biais de l'OSS et de canaux britanniques, 80 % des renseignements sur lesquels le débarquement en Normandie fut basé », reconnut ainsi le patron des services secrets américains, Donovan, dans une lettre adressée au président Roosevelt en 1945[22]. Les Alliés, en revanche, doutaient de la valeur opérationnelle de la résistance. A de très rares exceptions près, ils préféraient bombarder les objectifs jugés cruciaux plutôt que de compter sur des équipes de sabotage opérant au sol – au risque de multiplier les victimes civiles. Par ailleurs, ils n'envisagèrent pas de s'appuyer sur l'armée des ombres pour conduire la bataille de la libération. Pendant comme après la guerre, des clandestins ont dénoncé cette politique assurément coûteuse en vies humaines en affirmant qu'elle illustrait l'aveuglement d'états-majors routiniers incapables de saisir les possibilités qu'ouvrait la guerre subversive. Encore convient-il de mesurer les contraintes qui pesaient sur les Alliés pour mieux saisir leur attitude.

La Seconde Guerre mondiale, tout d'abord, menaçait chaque Etat dans son existence même – la Grande-Bretagne avait frôlé la défaite en 1940. Défendant leur intérêt national, les dirigeants britanniques et américains ne pouvaient par principe déléguer tout ou partie des opérations militaires à des forces qu'ils ne contrôlaient pas, la résistance notamment. Ils refusèrent par conséquent de subordonner le succès de leurs interventions aux forces clandestines, quelle que fût leur nationalité.

Par-delà cette question de principe, les chefs s'interrogeaient aussi sur la fiabilité de la résistance française. Rien, par exemple, ne garantissait que les parachutages arrivassent à bon port. De fait, les missions ordonnées pour le compte du SOE échouèrent pour une proportion variant de la moitié aux deux tiers, en raison de l'absence de comité de réception au sol, du quart au tiers des échecs résultant des conditions climatiques[23]. Même quand elles étaient parachutées au bon endroit, les armes tombaient trop souvent entre les mains allemandes. En règle générale, les services britanniques tablaient sur 20 % de pertes, un pourcentage qui intégrait tant les dommages subis par les containers durant leur chute que les saisies opérées par l'ennemi[24]. Ainsi de la région bordelaise. Le responsable régional de l'Organisation civile et militaire, André Grandclément, qui travaillait en liaison avec un réseau britannique du SOE, fut convaincu par le gestapiste Dohse de travailler par anticommunisme pour le Reich. Moyennant la libération de ses camarades arrêtés, il indiqua les caches où les armes étaient dissimulées et permit aux Allemands de s'emparer d'un tiers du stock que le réseau avait reçu[25]. Le SD réussit également à retourner des agents français ou britanniques travaillant pour le *Special Operations Executive* et à émettre de fausses informations *via* leurs postes radio. Sans parler des armes, les Allemands firent au total main basse sur 8 572 000 francs[26] qui avaient été parachutés, une somme d'autant plus considérable que les Britanniques, pour les missions d'assistance à la résistance, n'avaient que des moyens comptés. Pour les opérations en Europe du Nord-Ouest, le SOE ne disposait en effet que de 27 avions en novembre 1942 et d'une petite quarantaine au printemps de 1944[27] ; à la fin janvier 1944, les services alliés et le BCRA de Londres ne s'appuyaient que sur 33 appareils (dont 9 américains) pour les opérations de parachutages au départ de l'Angleterre – une flotte assurément réduite[28].

Les Alliés, par ailleurs, n'entendaient pas encourager une guérilla prématurée, qui, en fixant des unités allemandes dans l'hexagone, risquait de compromettre les chances du débarquement à venir. Leurs parachutages privilégièrent par conséquent les explosifs sur les armes, notamment quand les containers étaient destinés aux réseaux français du BCRA et non aux organisations que contrôlait le SOE. En septembre 1943, les premiers reçurent ainsi plus de 6 000 kilos d'explosifs, alors que les seconds n'en touchaient que 3 000. Au total, la résistance n'était « pas équipée pour combattre, mais pour perturber l'ennemi en multipliant les actions de sabotage[29] ».

Des préoccupations plus politiques redoublaient ces interrogations stratégiques. Les Britanniques, tout d'abord, se défiaient du gaullisme que professait le BCRA et reprochaient au colonel Passy de mener une action partisane[30]. Si la nomination de Delestraint à la tête de l'Armée secrète les avait rassurés, dans la mesure où le général présentait toutes les garanties de sérieux et d'apolitisme, son arrestation les alarma et renforça leurs « doutes les plus vifs sur les possibilités militaires de la Résistance[31] ». L'hypothèque communiste, enfin, pesait lourd. Churchill s'en défiait, *a fortiori* quand Grenier et Billoux entrèrent au CFLN. « N'oublions pas que nous purgeons tous nos organes secrets de leurs communistes parce que nous savons que ce n'est pas à nous ni à notre cause que va leur allégeance, et qu'ils trahiront toujours nos secrets aux Soviétiques, même en période de coopération. La présence de deux communistes au Comité français exige un traitement extrêmement attentif de la question des communications d'informations secrètes à ce comité », recommanda le Premier ministre à son sous-secrétaire d'Etat aux Affaires étrangères, Alexander Cadogan, le 13 avril 1944[32].

Au total, rien ne suggérait que les Alliés appuieraient la résistance française, d'autant que leurs stratèges nourrissaient peu d'illusions sur l'intérêt de ce qu'apporterait l'armée des ombres lors du débarquement. Leurs chefs « ne pourront pas être prévenus à l'avance du jour et de l'heure de l'opération. Par conséquent, aucune aide de la part des groupes de résistance ne doit être attendue durant l'assaut initial. Après l'assaut, toutefois, des arrangements préétablis pourront entrer en action pour la destruction de voies ferrées dans certaines zones et pour des activités de guérilla sur les lignes de communication allemandes [...]. L'aide de ces groupes devrait par conséquent être traitée comme un bonus plutôt que comme une partie essentielle du plan », proposa le général britannique Morgan, chargé en 1943 de réfléchir aux modalités du débarquement[33].

La situation, pourtant, évolua au début de 1944. La préparation active de l'opération Overlord incita en effet les Alliés à reconsidérer leur position. En janvier, Emmanuel d'Astier de La Vigerie, le nouveau commissaire à l'Intérieur, réussit à convaincre Winston Churchill d'accroître les livraisons d'armes aux forces clandestines. Le Premier ministre britannique fut d'autant plus convaincu que le chef du Service national maquis, Michel Brault *(Jérôme)*, présent à Londres, avait su vanter l'action de ses formations et que ses dires recoupaient les appréciations positives que Yeo-Thomas avait rapportées de la tournée accomplie en métropole aux côtés de Brossolette[34]. « Messieurs, j'ai décidé de procéder à l'armement des patriotes français..., avait conclu l'hôte du 10, Downing Street. Monsieur d'Astier, pouvez-vous répondre qu'ils ne tourneront pas leurs armes contre eux-mêmes et qu'ils obéiront aux ordres du général Eisenhower ? », avait-il ajouté[35]. Cette décision de principe ne réglait cependant pas la question du commandement, pas plus qu'elle ne définissait la doctrine d'emploi des forces clandestines – deux points qui taraudaient les responsables britanniques.

Ces derniers avaient en effet toujours dénoncé la centralisation, à leurs yeux excessive, que le BCRA et Jean Moulin avaient opérée. Si les Allemands arrêtaient une poignée de grands chefs, affirmaient-ils, l'organigramme clandestin s'effondrerait, ce qui menacerait l'exécution des plans prévus pour épauler les Alliés, avant comme après le débarquement. Le SOE s'empara donc de l'affaire de la rue de la Pompe qui confirmait ses alarmes. « La seule solution d'avenir est d'établir le contact directement avec l'échelon le plus bas possible, sans passer par les anciennes structures. Les instructions, les armes et le matériel ne doivent plus être acheminés *via* un organisme central. En d'autres termes, les activités militaires des résistants doivent être décentralisées au maximum, maintenues en cellules séparées et entièrement contrôlées par le quartier général à Londres, si nous voulons demander aux chefs d'état-major d'avoir confiance dans l'exécution au jour J des plans qui sont ou ont été préparés », recommanda le SOE dans un mémorandum du 23 octobre 1943[36].

Le dispositif avancé par le *Special Operations Executive* recoupait les réflexions amères du BCRA. L'arrestation de Moulin comme les difficultés à nommer son successeur avaient, on l'a dit, privé la Délégation de l'essentiel de son prestige et de son efficacité. Bon gré mal gré, les services du colonel Passy durent se résoudre à renoncer à l'idée d'un commandement centralisé. « Pour nous, il ne pouvait plus être question de nous accrocher à la conception centralisée, calquée sur le développement organique de la Résistance autour de deux pôles, Paris et Lyon, qui avait été à l'honneur six mois auparavant. Il nous apparut d'évidence que l'indispensable coordination des efforts paramilitaires ne pouvait être effectuée que de Londres. Nous nous fîmes donc les apôtres d'une large décentralisation qui devait être réalisée d'abord à l'échelon de la région, puis, lorsque cela serait possible, du département. Il s'agissait, en organisant dans chacune des douze régions des transmissions et des opérations directes avec le BCRA, d'en faire de véritables secteurs autonomes, capables de préparer eux-mêmes leur action militaire en vue du débarquement, mais capables surtout, au moment du débarquement, de se suffire à eux-mêmes – même si, comme on le prévoyait, les communications intérieures en France étaient coupées –, d'exécuter le programme militaire établi en accord avec nos alliés, en recevant directement de nous les instructions, les armes et le personnel dont ils auraient besoin », expliqua le colonel Passy après la guerre[37].

*Les délégués militaires régionaux*

L'institution des délégués militaires régionaux (DMR) constitua la pièce maîtresse d'une décentralisation sous contrôle dont l'instruction du 25 août 1943 précisa les termes. Les DMR devaient « d'une part organiser et coordonner la résistance paramilitaire des mouvements à cette nouvelle échelle, d'autre part mettre en place des plans de sabotages, conçus par le BCRA et approuvés par les Alliés, en vue de faciliter un hypothétique débarquement sur les côtes françaises. Leur directive les définissait donc à la fois comme des ambassadeurs et des techniciens[38] », affirme leur historien, Philippe André. Source de conflits ultérieurs, ce texte vague ne précisait pas les attributions respectives des autres envoyés de Londres, les officiers d'opérations chargés de la réception des parachutages par exemple. Il pouvait par ailleurs inquiéter la résistance intérieure, prompte à soupçonner Londres de vouloir la placer sous tutelle. Les instructions visaient donc à la rassurer, en rappelant que la compétence du délégué militaire régional était « strictement limitée aux questions militaires[39] ». Mais les chefs de l'armée des ombres n'étaient pas dupes. Maurice Chevance-Bertin, ancien du mouvement Combat, alors membre du Comidac d'Alger, constata avec amertume :

> Les DMR ont en fait les transmissions, les finances, les armes. Ils ont joué souvent le rôle d'arbitre entre les organisations. Ils sont pour cette raison devenus souvent les chefs de région. Les pouvoirs qui leur sont donnés dans ces plans tendent à les renforcer dans leur action de commandement.
>
> *C'est une erreur.*

La sensibilité de la Résistance en souffre. *Par le poste qu'il détient, un DMR même très quelconque a plus de poids qu'un chef de région de plus grande envergure*[40].

Au départ, les services secrets gaullistes n'eurent pas les moyens de leur politique. Puisant dans un vivier restreint, ils préférèrent, plutôt que d'envoyer des agents inexpérimentés, dépêcher une poignée d'hommes triés sur le volet – une dizaine à la mi-septembre[41]. Ces officiers vécurent bien souvent des moments difficiles, d'autant que les missions souffraient d'une réelle impréparation. « Nous ne disposons pas de l'argent, les armes ne semblent pas venir sur nos injonctions, notre câble avec vous est un fil bien incertain qui transporte des questions et des réponses ne semblant jamais s'adapter ; nous en serions donc réduits à faire appel à la discipline, mais notre position est bien mal définie. Il ne nous reste plus, faisant abstraction de l'auréole bien décriée de celui qui arrive de l'extérieur, qu'à faire œuvre de diplomatie, pour ne pas dire de charme », rapporta Maurice Bourgès-Maunoury, DMR de la région lyonnaise[42]. En butte à l'hostilité de la résistance intérieure et de bien des officiers d'opérations, les DMR de la première vague furent par surcroît emportés dans les tourmentes de la répression. Au début de 1944, sur les sept délégués opérant en zone nord, quatre avaient été arrêtés[43].

La situation, toutefois, s'améliora au fil du temps. Londres parvint à doter chaque région de son délégué, soit en envoyant d'Angleterre des renforts, soit en nommant sur place des hommes sûrs. Le BCRA achemina au total une cinquantaine d'officiers, une centaine exerçant, sur l'ensemble de la période, les fonctions de DMR ou de DMR adjoint[44]. De même, les services du colonel Passy tranchèrent au fil du temps les conflits d'attribution. « Tout le personnel envoyé de Londres ou d'Alger est mis aux ordres du délégué militaire régional qui a la possibilité ainsi d'organiser sa région sans concurrence entre les différents éléments quelle qu'en soit l'origine », décidèrent-ils en avril 1944[45], principe que le général Koenig, patron des Forces françaises de l'Intérieur, ratifia en mai. L'organigramme, de même, se précisa. Deux délégués militaires de zone (DMZ), placés auprès des Comités de coordination de la résistance intérieure, exerçaient des fonctions d'inspection, et un délégué militaire national (DMN), Jacques Chaban-Delmas, coiffa en mars 1944 le sommet de cette pyramide. Enfin, et peut-être surtout, les heurts entre les envoyés de Londres et les chefs de la résistance intérieure s'atténuèrent. Si les qualités personnelles de la majeure partie des délégués jouèrent un rôle dans cet apaisement, les moyens considérables dont ils étaient pourvus les aidèrent à faire entendre leur voix.

Les délégués bénéficiaient en effet de deux atouts. D'une part, ils disposèrent de fonds croissants. En septembre 1943, les deux délégués militaires de zone – Louis-Eugène Mangin pour le Sud, Pierre Marchal pour le Nord – avaient emporté 5 millions de francs chacun. En novembre, les sept délégués militaires régionaux reçurent 500 000 francs par personne – hormis Valentin Abeille, DMR en Bretagne, doté de 2 millions de francs[46]. En apparence importantes, ces sommes suffisaient tout juste à couvrir leurs frais d'installation. Bourgès-Maunoury, en Rhône-Alpes, leur dédia 62 % de ses premiers budgets. Il versa par exemple 26 000 francs pour acquérir 4 vélos et 18 000 francs pour acheter 200 litres d'essence[47]. Mais progressivement, la situation s'améliora. En juin 1944, les DMR s'appuyaient sur un budget global de 140 millions de francs (39 millions pour Rhône-Alpes, 10,5 pour le Limousin, 12,5 pour l'Ile-de-France...)[48] et ils allouaient, dans le cadre régional, les sommes destinées aux formations clandestines. Certes, Jacques Bingen, lointain successeur de Jean Moulin, s'efforça de défendre les prérogatives de sa Délégation en exigeant que son service procède au versement des fonds. En pure perte. Dès mars 1944, les délégués militaires régionaux furent associés à l'élaboration des budgets et reçurent en avril la charge de les affecter aux régions[49].

D'autre part, les DMR disposaient de bonnes liaisons avec Londres grâce à des postes miniaturisés, les Midgets. Au 30 mars 1944, R1 (Rhône-Alpes) et R2 (Provence-Côte d'Azur) avaient reçu 106 Midgets, mais les régions P (Ile-de-France) et B (Aquitaine) étaient moins bien loties, avec respectivement 12 et 20 postes[50]. L'amélioration des communications garantissait que les directives du BCRA ou de l'état-major allié seraient reçues sans délai ; mais elle favorisait surtout le parachutage d'armes. Sur ce plan, les Alliés se montrèrent moins chiches. A la lune de mars, les sections F et RF du SOE bénéficièrent de 268 opérations réussies, un chiffre qui ne cessa de croître, puisqu'il passa à 613 en avril, à 1 010 en mai, et atteint 1 263 en juin[51]. Le *Special Operations Executive* bénéficiait, il est vrai, de moyens accrus. En février 1944, 74 appareils le servaient et il reçut en mars une dotation supplémentaire de 45 avions opérant à partir de l'Angleterre[52]. Ces efforts permirent de renforcer l'armement de la résistance française. De janvier à la fin mai 1944, plus de 3 500 tonnes de matériels furent parachutées d'Angleterre ou d'Afrique du Nord – de quoi armer quelque 125 000 hommes[53].

*Exécution des plans ou insurrection nationale ?*

L'usage de ces armes, toutefois, suscitait un vif débat entre les partisans de l'insurrection nationale et les tenants d'une action strictement militaire.

« Le devoir de chaque Français, le devoir de chaque Française, est de lutter activement par tous moyens en son pouvoir à la fois contre l'ennemi lui-même et contre les gens de Vichy qui sont les complices de l'ennemi. A ces gens-là, comme à l'ennemi, les Français ne doivent rien, excepté de les chasser et, en attendant, de saboter leurs ordres et de haïr leurs figures. La libération nationale ne peut être séparée de l'insurrection nationale », avait lancé Charles de Gaulle le 18 avril 1942[54]. Claire en apparence, cette formule se prêtait pourtant à bien des interprétations. Si de Gaulle souhaitait que les Français participent activement à leur libération pour laver l'insulte de la défaite de 1940 et offrir aux armées alliées un signalé concours, il craignait dans le même temps qu'une insurrection déchaîne de sanglantes représailles, voire déclenche un processus révolutionnaire opposant à la légitimité acquise par l'Appel une souveraineté forgée dans la lutte. Il recommandait, par conséquent, qu'elle « soit de courte durée. Elle ne doit pas excéder trois ou quatre jours, 48 heures si c'est possible », ordonna le commissaire à l'Intérieur, Emmanuel d'Astier, au nouveau délégué général, Alexandre Parodi[55].

Les communistes ne l'entendaient pas de cette oreille. Reprenant la formule gaullienne, ils plaidaient pour une insurrection de vaste ampleur, précédée par des grèves et s'étendant dans le pays entier. Ce scénario permettrait d'accélérer la libération, de garantir l'indépendance nationale et d'exalter le rôle joué par les formations clandestines – FFI, FTP et Milices patriotiques au premier chef. Les modalités de l'insurrection nationale opposaient donc deux conceptions antagonistes. « Pour de Gaulle, note Philippe Buton, l'insurrection relève du symbolique ; pour le PCF, elle appartient au domaine stratégique[56]. » Les mouvements de la résistance non communiste, enfin, adhéraient plutôt à la conception gaullienne et insistaient sur la nécessité d'agir en fonction d'un plan préétabli en liaison avec les Alliés[57]. Dans ce contexte, parachuter en masse des armes risquait de favoriser une insurrection, hypothèse qui n'entrait certes pas dans les cadres stratégiques anglo-américains ! Leurs stratèges préféraient, et de loin, que la résistance se borne à exécuter les plans qu'elle avait préparés.

En avril 1943, un *Planning Committee* associant le BCRA et le SOE avait été créé à cette fin. Ignorant le lieu et la date du débarquement – deux données classées top secret –, les experts français s'étaient mis à l'ouvrage et, en fonction de divers scénarios, avaient conçu plusieurs plans. Le plan Vert détaillait les coupures de voies ferrées que les clandestins auraient à réaliser. Le plan Violet visait les communications téléphoniques et télégraphiques de l'ennemi. Le plan Tortue prévoyait d'empêcher l'acheminement des divisions blindées allemandes vers le théâtre d'opérations. En juin 1943, Serreulles emporta les microphotos de ces trois plans qu'il devait remettre au général Delestraint[58]. Les DMR furent ensuite chargés de procéder à leur mise en place – bien qu'ils n'eussent pris connaissance du plan Violet que dans les derniers jours de mai 1944[59].

Dans l'ensemble, les délégués militaires s'acquittèrent brillamment de leur mission. A la fin du mois de mai 1944, toutes les régions étaient pourvues d'un ou plusieurs DMR, l'Aquitaine exceptée[60]. Ces officiers s'attachèrent prioritairement à préparer les plans – non sans succès. En R5 (Limousin), le plan Vert était prêt à fonctionner dès le 10 mai[61] ; il en allait de même en R2 (Provence-Côte d'Azur), hormis dans les Bouches-du-Rhône[62]. Sur 30 coupures prévues en R4 (Midi-Pyrénées), 29 étaient en place dès le 7 avril[63]. Chemin faisant, les DMR succombaient aux charmes de l'action immédiate. En R3 (Languedoc), le délégué Paul Leistenschneider coupa 12 lignes électriques entre le 23 avril et le 1er mai et contribua à détruire, entre le 15 et le 30 avril, 11 locomotives[64].

La décentralisation opérée à l'automne 1943 garantissait donc aux Alliés que les plans préparés par le BCRA et validés par le

SOE seraient exécutés, sauf catastrophe majeure. Quelques ombres, pourtant, obscurcissaient le tableau. D'abord, les pertes avaient été lourdes. Sur près d'une année d'existence, 21 membres de la Délégation furent arrêtés et beaucoup payèrent leur engagement de leur vie, à l'image de Pierre Marchal qui, arrêté, préféra se suicider le 23 septembre 1943 en avalant sa capsule de cyanure dans l'escalier de son immeuble. Ensuite, des heurts opposèrent parfois des chefs de la résistance intérieure à leur délégué. Les relations furent tendues entre Ravanel et Schlumberger en R4 (Midi-Pyrénées), entre Guingouin et Déchelette en R5 (Limousin), entre Courson de Villeneuve et le colonel Gaspard en R6 (Auvergne). Ces conflits inévitables ne doivent cependant pas être surestimés. L'entente fut en règle générale de mise, d'autant qu'au niveau régional, Londres cherchait à assurer la bonne exécution des plans plutôt qu'à coiffer la résistance intérieure. Nombre de délégués étaient d'ailleurs issus de ses rangs. Louis-Eugène Mangin avait combattu dans les rangs du réseau Ali-Tir, André Boulloche dans le réseau Centurie et Valentin Abeille avait dirigé Combat puis l'Armée secrète dans le Jura. Le chef militaire de Ceux de la Résistance, Gilbert Grandval, cumula même la direction régionale des FFI et la responsabilité de DMR dans la région Champagne-Alsace-Lorraine (C) ! Tous ces hommes ne pouvaient être, par conséquent, considérés comme les apôtres aveugles d'une mise sous tutelle d'une résistance intérieure dont ils étaient issus. Ainsi, le succès des DMR tint plus à leur capacité à exécuter les plans conçus par le BCRA qu'à placer la résistance intérieure sous la coupe gaullienne, d'autant que l'éclipse de la Délégation générale favorisa l'indépendance que revendiquait l'armée des ombres.

### *Mort de la Délégation ?*

La disparition de Jean Moulin avait suscité, on l'a vu, une violente bataille pour désigner son héritier. Si Emile Bollaert *(Baudoin)*, cornaqué par Pierre Brossolette, avait été appelé à lui succéder, ce choix ne suscitait pas l'enthousiasme. « Tout à fait entre nous, le successeur de Max [Moulin] a vraiment été mal choisi. C'est peut-être un très bon fonctionnaire pour période normale, mais d'une part il ignore tout de la Résistance, et d'autre part ne semble pas du tout mesurer les énormes responsabilités qui pèseront sur lui le jour de la Libération. Il paraît, par ailleurs, manquer de sens politique », estimait le démocrate-chrétien Pierre-Henri Teitgen, membre du Comité général d'études, en novembre 1943[65]. « A mon avis, Baudoin [Bollaert] n'a pas les qualifications voulues pour remplir le rôle primordial qui devrait être le sien. Ses conceptions et ses méthodes politiques risquent de compromettre le général de Gaulle », confirmait Pascal Copeau, dirigeant de Libération-sud, dans une lettre qu'il adressa le 24 janvier 1944 à son ancien patron devenu ministre, Emmanuel d'Astier de La Vigerie[66]. La charge de la Délégation retomba donc sur les épaules de Claude Bouchinet-Serreulles, adjoint de Bollaert pour la zone nord, que Jacques Bingen, déposé par Lysander dans la nuit du 15 au 16 août 1943, épaula pour la zone sud.

Patron du BCRA, le colonel Passy ne cessa pourtant de saper l'autorité de ces deux émissaires qui bornaient le pouvoir du tandem Bollaert-Brossolette. Passy ne put s'opposer au retour de ses deux affidés qui s'acheva, on l'a vu, tragiquement ; mais il obtint le rappel de Claude Bouchinet-Serreulles, discrédité par l'affaire de la rue de la Pompe. Quittant la France dans la nuit du 3 au 4 mars 1944, Serreulles fut sommé de se justifier et fut même accusé d'avoir provoqué l'arrestation de Bollaert et de Brossolette, ce qui le brisa moralement. La Délégation fut alors confiée par intérim à Jacques Bingen, sans que ni le BCRA ni le CFLN ne lui adressent des consignes d'action.

Ces dissensions avaient grandement affaibli la Délégation, ce que relevait le nouveau président du Conseil national de la Résistance, Georges Bidault, dans un télégramme adressé le 4 avril 1944 à Alger. « Non seulement la Délégation générale du CFLN souffre depuis neuf mois d'une situation anormale, mais elle a les plus grandes peines à accomplir sa mission, car, pour prendre position en son nom, il lui manque l'investiture suffisante, et pour prendre position en votre nom, il lui manque les liaisons nécessaires. On a très violemment reproché à notre délégation d'être aujourd'hui simplement chargée de liaisons aériennes et maritimes[67]. » Francis-Louis Closon faisait la part des choses. « Sans doute n'était-il pas facile de désigner depuis Alger un délégué général ayant à la fois la confiance de De Gaulle, celle des mouvements, cependant tout s'est passé comme si, après la disparition de l'homme fort qu'était

Jean Moulin, un concours de circonstances et de volontés avait joué pour affaiblir la Délégation. De cette situation grave je n'ai pas d'explication satisfaisante », résume-t-il[68].

Pour sortir de l'impasse, Charles de Gaulle décida alors de nommer Alexandre Parodi à la tête de la Délégation. Conseiller d'Etat, membre de Libération-sud, l'homme siégeait depuis 1942 au Comité général d'études en charge, on s'en souvient, de préparer les grandes réformes de la libération[69]. La nomination de ce gaulliste fidèle semblait pourtant sonner le désaveu de Jacques Bingen à qui aurait dû revenir cette lourde charge. Dans une lettre du 14 avril, ce dernier s'épancha avec franchise :

> D'octobre à avril, ni le Comité [français de la Libération nationale], ni ses services spécialisés, ni les services « amis » n'ont rempli le minimum de leur devoir. En six mois, il n'y a pas eu un seul départ de France par les moyens qu'ils avaient seuls la charge et le devoir de faire fonctionner.
>
> [...] Jamais je n'ai reçu un mot de réconfort, jamais une lettre (ou un câble) d'encouragement officielle ou officieuse.
>
> [...] Enfin, je déclare le rappel de Sophie [Serreulles] scandaleux, et scandaleuse aussi la nomination de 4tus [*Quartus*, Alexandre Parodi] non pas en soi, mais Sophie non entendu alors que seul il connaissait quelque chose de quelque chose[70].

Cette lettre devait être son testament. Nommé délégué pour la zone sud, Jacques Bingen quitta Paris dans l'après-midi du 10 mai où un agent du MLN l'attendait à Clermont-Ferrand. Malheureusement, ce dernier avait choisi pour adjoint Alfred Dormal, qui travaillait en fait pour la Gestapo. Interpellé à l'aube du 11 mai, Bingen parvint à assommer l'un de ses gardes et à entrer sous le porche d'une maison. Mais une passante indiqua son refuge à un camion allemand qui passait. Bingen avala alors sa capsule de cyanure et mourut pendant son transfert au siège de la Gestapo[71]. Ce fut Jacques Maillet qui le remplaça en zone sud, Roland Pré exerçant, pour la zone nord, les fonctions de délégué adjoint.

La Délégation avait donc, au fil du temps, perdu l'essentiel de ses pouvoirs, voire de ses attributions, en partie récupérés par les délégués militaires régionaux. Ce déclin privait le général de Gaulle d'un puissant instrument, d'autant qu'il était toujours loin de contrôler l'Armée secrète. En juillet 1943, Pierre Dejussieu avait été nommé chef d'état-major de l'AS zone sud, ce qui revenait à transférer la direction des forces clandestines de Londres à la métropole. Le 23 décembre 1943, un accord conclu entre le chef des FTP, Georges Beaufils *(Latour)*, le délégué militaire national par intérim Mangin *(Marbot)* et Dejussieu *(Pontcarral)* prévit de fusionner les commandements de l'AS et des FTP pour former un organisme unique, les Forces françaises de l'Intérieur (FFI). Le 1er février 1944, le Comité central des mouvements de Résistance avait créé, on s'en souvient, une Commission d'action (Comidac) qui prétendait diriger l'action des FFI, le général Revers, représentant de l'ORA, siégeant à titre de « conseiller technique » sans voix délibérative[72] : les FFI échappaient à la tutelle gaulliste.

De Gaulle avait pourtant cru parer ce risque en créant à Alger « son » Comidac et en précisant, par son instruction du 10 mars 1944, que le Comidac rival, qu'il appelait le Comité militaire national (CMN), « ne constitue pas un organisme de commandement, mais répartit entre ses membres des fonctions d'inspection et de contrôle[73] ». De même, le vainqueur de Bir-Hakeim, Pierre Koenig, délégué du CFLN auprès du général Eisenhower, reçut en mars 1944 le commandement officiel des Forces françaises de l'Intérieur. Mais le 13 mai 1944, le Comidac métropolitain, rebaptisé Comac, passa sous l'autorité du Conseil national de la Résistance et s'autoproclama « organisme de direction et de commandement des FFI[74] ». Deux pouvoirs concurrents, en d'autres termes, prétendaient mener les Forces françaises de l'Intérieur à la bataille, ce qui laissait présager de rudes conflits.

Ils éclatèrent à la Libération.

Faut-il, cela posé, surestimer l'importance du contrôle militaire de la résistance ? De Gaulle mesurait pertinemment la faiblesse des forces clandestines, qui ne pourraient, tout au plus, qu'épauler les troupes alliées. Dans la bataille qui s'annonçait, leur rôle serait au mieux secondaire, au pis mineur, et la conduite des opérations, par nature imprévisible, ménagerait des surprises qu'il était vain d'anticiper. Au total, le contrôle militaire était second ; mais le contrôle politique ne l'était pas. Et sur ce point, le président du CFLN n'abaissa pas la garde.

Sur le plan politique, la Libération présentait en effet trois risques majeurs. La vacance du pouvoir consécutive au prévisible effondrement du régime vichyste risquait de conduire au chaos si un Etat clandestin ne prenait pas aussitôt la relève. Les Alliés, par ailleurs, pouvaient régenter la France, soit en ressuscitant le personnel politique de la IIIe République, soit en s'appuyant sur l'appareil vichyste, soit en instaurant un gouvernement militaire (*Allied Military Government of Occupied Territory*, AMGOT). Cette dernière hypothèse relevait du fantasme dans la mesure où ni Roosevelt ni Churchill n'imaginaient recourir à cette extrémité[75] ; mais l'exemple de l'Italie, placée en 1943 sous ce joug humiliant, résonnait comme un funeste précédent. La crainte d'une insurrection communiste, enfin, ne pouvait être totalement écartée, bien que Charles de Gaulle demeurât sceptique sur les chances d'un Octobre accommodé à la sauce française. « Nous redoutions autant le sang de la guerre civile, les "liquidations" sommaires, que l'intervention de l'AMGOT, nous surveillions le romantisme de certains résistants, et la volonté dominatrice de nos camarades communistes », résume Francis-Louis Closon[76]. « Alors que certains résistants avaient eu tendance à fixer leur attitude en prenant le contre-pied de celle du Parti communiste, celui-ci n'eut qu'un désir, qu'une volonté : forger dans le combat l'unité nationale, entraîner toujours avec plus de forces dans la bataille de libération nationale qui était en même temps la bataille de la liberté contre l'esclavage et la barbarie fascistes », rétorque Jacques Duclos[77]. Réels ou imaginaires, ces périls poussèrent de Gaulle à édifier dans la nuit clandestine un contre-Etat afin d'assurer son pouvoir ultérieur.

### *Les commissaires de la République*

Ses envoyés se préoccupèrent, tout d'abord, de nommer les préfets et les commissaires de la République qui, la libération venue, remplaceraient dans les départements et les régions les hauts fonctionnaires vichystes. Le Comité général d'études (CGE) défricha le terrain, aidé par Francis-Louis Closon, qui, envoyé de Londres, devait selon son ordre de mission du 20 juillet 1943 « accélérer la préparation de la liste des futurs préfets » en assurant la liaison avec le CGE[78]. En juillet 1943, Claude Bouchinet-Serreulles créa par ailleurs la Commission des désignations administratives. Placée sous la tutelle du Comité central des mouvements de Résistance, présidée par Michel Debré, elle dépendait théoriquement de l'avocat Emile Laffon, « délégué pour l'organisation », missionné par Londres : mais dans les faits, « les deux hommes semblent avoir travaillé en parfaite harmonie[79] ». En liaison avec Closon, elle établit donc une liste de préfets et de commissaires qui recevrait l'assentiment des formations clandestines avant d'être expédiée à Alger.

Une première liste comprit ainsi 41 membres de la préfectorale, 12 parlementaires, 6 responsables de la résistance, 16 hauts fonctionnaires, 10 membres des professions libérales, 7 syndicalistes, 6 ingénieurs et 2 industriels[80]. Le Comidac (Alger) entérina le 3 octobre la nomination de 20 commissaires et de 50 préfets tout en adoubant la Commission des désignations, désormais officiellement confiée à Laffon et Debré. Les arrestations et les équilibres politiques obligèrent cependant à reprendre l'ouvrage en 1943 comme en 1944. Mais les patients efforts des deux hommes finirent par être récompensés. Au 9 mars 1944, 40 préfets désignés avaient rejoint leur affectation, 18 connaissaient leur nomination, 15 allaient être avertis et seuls 15 postes restaient vacants[81]. A la veille du débarquement, il ne manquait que 5 commissaires de la République (qui opéraient au niveau régional) et 8 préfets (dans les départements de l'Est avant tout)[82]. Dès mai, les fonctionnaires désignés s'installèrent discrètement dans leur circonscription. Emile Laffon les convoquait ou leur rendait visite. « Il leur fournissait un dossier que nous préparions, qui comprenait les textes [importants], certains renseignements sur les contacts éventuels avec la Résistance locale et une certaine somme d'argent », rapporte son adjoint, Jean Morin[83].

Ce tableau idyllique appelle comme toujours la nuance. La nomination des heureux élus, tout d'abord, provoqua sans surprise quelques tensions entre les délégués gaullistes et les représentants de la résistance intérieure. « La plupart des commissaires et préfets sont [...] sinon des amis, du moins des hommes que Laffon et Debré surtout, mais aussi Closon, Parodi, Mons, Leenhardt ou Bidault ont eu l'occasion d'apprécier », précise l'historien Charles-Louis Foulon[84]. Les hauts fonctionnaires étaient donc avantagés, aux dépens de profils plus atypiques. Les mouvements, par ailleurs, ne plaidèrent pas pour une épuration énergique du corps préfectoral, ce qui surprit tant Emile Laffon que Michel Debré. « Le personnel en fonction le 20 juin 1940, révoqué depuis par Vichy, ne sera pas nécessairement réintégré. A plusieurs reprises les mouvements nous ont demandé de conserver les préfets encore aujourd'hui en place en insistant sur les services qu'ils rendaient à la Résistance. Nous nous sommes montrés plus intransigeants que les mouvements. Les fonctionnaires de la carrière préfectorale ont une mentalité particulière ; leur tendance traditionnelle est de trahir le gouvernement qu'ils doivent servir pour donner des gages au parti politique dont ils devinent la victoire... Le retour pur et simple au personnel de 1940 soulève des objections irréfutables. Il s'agit là, dans l'ensemble, d'un personnel discrédité, usé par des années de bassesse, incapable de saisir la portée et la grandeur de la rénovation qu'exige la libération du territoire », écrivit Laffon dans un rapport sévère du 19 septembre 1943[85]. Quelques ratés, enfin, se produisirent çà et là. Dans la région toulousaine, le commissaire désigné, Jean Cassou, blessé en passant un barrage allemand, dut être remplacé au pied levé par Pierre Bertaux. En Bourgogne, Jean Mairey prit la place de Jean Bouhey, également blessé avant la Libération.

Quoi qu'il en soit, une administration se préparait soudainement à sortir de l'ombre. Loyale au général de Gaulle, elle accordait malgré tout une place réelle à la résistance intérieure et extérieure, puisque ses hommes – Francis-Louis Closon, Michel Debré, Yves Farge, Henri Ingrand, Alain Savary... – recevaient des commissariats régionaux. Bien que sous-représentés, les communistes et les compagnons de route n'étaient pas oubliés : Lucien Montjauvis s'installait à Saint-Etienne, Jean Chaintron à Limoges, Jacques Bounin à Montpellier et Raymond Aubrac à Marseille.

L'ordonnance du 10 janvier 1944 accordait aux commissaires de larges prérogatives puisqu'ils devaient « prendre toutes mesures propres à assurer la sécurité des armées françaises et alliées, à pourvoir à l'administration du territoire, à rétablir la légalité républicaine, et à satisfaire aux besoins de la population ». Ils disposaient en outre de pouvoirs exceptionnels au cas où les communications avec Paris seraient rompues, notamment le droit de :

> 1° Suspendre l'application de tous textes législatifs ou réglementaires qui se trouveront en fait en vigueur, à charge d'en référer au commissaire à l'Intérieur dès que possible.

> 2° Ordonner toutes mesures et prendre toutes décisions nécessaires pour assurer le maintien de l'ordre, le fonctionnement des administrations et services publics, des entreprises privées, ainsi que la sécurité des armées françaises et alliées.
>
> 3° Suspendre de leurs fonctions tous élus et tous fonctionnaires ou agents des administrations, collectivités, régies, services publics ou d'intérêt public, contrôlés ou subventionnés, et leur désigner des intérimaires.
>
> [...]
>
> 5° Procéder ou faire procéder à toutes opérations de police judiciaire.
>
> [...]
>
> 7° Employer toutes personnes ou ressources[86].

En résumé, leur mandat rappelait les exigences du Salut public que les représentants en mission de la Convention avaient mis en œuvre plus qu'il n'évoquait la gestion plus routinière des préfets de la IIIe République, bien que leur appellation se soit explicitement référée à la révolution de 1848.

### *Les Comités départementaux de libération*

La démocratie ne perdait cependant pas ses droits. Dans chaque département, un Comité départemental de libération (CDL), jaillissant de la nuit clandestine, se substituerait « pour partie au Conseil général dépassé » et rassemblerait « des résistants authentiques engagés dans le combat[87] ». A charge, dans un premier temps, de préparer et de contrôler l'insurrection, puis, après l'installation des nouveaux pouvoirs, d'« assister le préfet[88] », pour reprendre les termes de l'ordonnance qui, le 21 avril 1944, organisait les pouvoirs publics après la Libération.

La constitution de ces comités fut laborieuse. L'idée émanait de la résistance intérieure, mais il revint, dans un premier temps, à Francis-Louis Closon de choisir les *happy few*. Le Conseil national de la Résistance constitua cependant fin janvier 1944 une commission destinée à procéder à ces nominations. Closon en arracha de justesse la présidence[89] et procéda aux arbitrages nécessaires. Vaste programme... Par la voix de Claude Bourdet, les MUR refusaient l'échelon départemental, lui préférant la région ; ils récusaient la présence des partis politiques, se réservant le droit de nommer leurs représentants. La stratégie du parti communiste, on l'a vu, inquiétait. Lui-même et le Front national « provoquaient des incidents, à l'occasion de la formation des comités nouveaux, exigeaient sous des noms divers, une représentation plus large de leurs partisans[90] ». Closon trancha : il décida d'amalgamer forces résistantes et partis politiques pour métamorphoser les CDL en « instruments à la fois révélateurs et régulateurs des tensions », capables d'assumer la transition de Vichy à la France libérée[91] ; il opposa de même son veto à la création de cours martiales qui, dans les départements, « eussent été chargées d'expédier rapidement les affaires d'épuration, de juger les coupables, ou présumés coupables, de les faire exécuter, d'assainir la situation dans le feu de l'action pour hâter le retour au calme[92] ».

La constitution des Comités départementaux fut donc longue et laborieuse, bien que Closon pût s'appuyer sur deux adjoints – Jean Mons pour la zone nord, Francis Leenhardt pour la zone sud – et travaillât en bonne intelligence avec la Commission du CNR. La répression, par ailleurs, compliquait sa tâche. En Bourgogne, trois membres du CDL furent arrêtés avant la Libération[93]. A Limoges, « quelques mois après ma venue, les meilleurs de l'équipe tombaient, les uns après les autres, vendus par un homme arrêté par les Allemands et passé au service de la Gestapo, finalement abattu, mais trop tard[94] ». Au total, « les Comités, montés avec peine, se reconstituaient avec de plus en plus de difficultés. Après un coup dur, nous devions attendre que la région fût assainie, retrouver les hommes demeurés valables dispersés dans la nature, raccommoder peu à peu le tissu déchiré. Les nouveaux venus, aussi courageux qu'ils fussent, ne pouvaient s'empêcher de regarder derrière eux, les couleurs claires du matin n'effaçaient pas les lourds crépuscules de la veille. Il leur manquait l'expérience et l'autorité de leurs prédécesseurs, la crainte engendrait l'absentéisme », rapporte Closon[95]. A la veille du débarquement cependant, la grande majorité des CDL étaient constitués. Ils faciliteraient, le jour venu, la transition entre le pouvoir vichyste et les autorités du gouvernement provisoire de la République française.

Enfin, la crainte de voir se rompre les communications entre Paris et Alger amena le CFLN à nommer des ministres provisoires, sous l'appellation de secrétaires généraux. Ils assureraient l'intérim en attendant l'arrivée dans la capitale du gouvernement. Le choix de ces personnalités suscita toutefois un violent conflit. Chargé de proposer des noms, le CGE expédia en effet une liste à Alger sans consulter le CNR. Le Conseil de la Résistance s'en émut et obtint d'imposer son aval pour les futures nominations, une exigence inacceptable aux yeux du général de Gaulle. L'éviction du général Giraud permit de clarifier la situation. L'ordonnance du 21 janvier 1944 stipula en effet que le mandat de ces 19 ministres « ne peut et ne doit leur être conféré que par le CFLN[96] ». N'exagérons cependant pas leur mission : elle se bornait à prendre en main les ministères et à gérer les administrations centrales dans la période charnière séparant le départ de l'ennemi de l'installation du gouvernement provisoire[97]. L'enjeu restait donc limité, ce qui n'empêcha pas un nouveau conflit d'éclater. Les communistes revendiquaient des ministères régaliens. Ils durent se contenter de la Justice, confiée à Marcel Willard, et de l'Education, qui revint, comme lot de consolation, à Henri Wallon. Les autres postes furent attribués à de grands résistants souvent issus du CGE. René Courtin reçut l'Economie nationale, Emmanuel Mönick les Finances, Robert Lacoste la Production industrielle... François Mitterrand, enfin, en charge des Prisonniers et Déportés, entamait à 27 ans une belle carrière oublieuse d'une « jeunesse française[98] » plutôt vichyste.

Cette infrastructure clandestine devait éviter à la France de sombrer dans le chaos ou de tomber sous la coupe des Alliés en opposant à la vacance du pouvoir la résurrection de l'Etat, pari hasardeux que de Gaulle remporta. Il avait su allier, il est vrai, aux dures réalités de la raison d'Etat les rêves chatoyants d'un *New Deal* à la française, conjuguant l'enracinement dans l'histoire au besoin profond d'un renouveau que la résistance incarnait.

### *Rénover ?*

Pour la résistance intérieure comme pour le CFLN, la Libération, loin de se borner au départ d'un occupant détesté, devait au contraire sonner l'heure du changement. Le 14 juillet 1943, à Alger, Charles de Gaulle s'était exclamé :

> Les bonnes gens qui se figurent qu'après tant de sang répandu, de larmes versées, d'humiliations subies, notre pays acceptera, au moment de la victoire, soit d'en revenir simplement au régime qui abdiqua en même temps que capitulaient ses armées, soit de conserver le système d'oppression et de délation qui fut bâti sur le désastre, ces bonnes gens, dis-je, feront bien de dépouiller leurs illusions [...]. La France, délivrée, ne voudra ni reprendre la route de l'abîme, ni demeurer sur celle de l'esclavage. La France a d'avance choisi un chemin nouveau.
>
> [...] Oui, après la chute du système d'autrefois et devant l'indignation de celui qui s'écroule, après tant de souffrances, de colères, de dégoûts, éprouvés par un nombre immense d'hommes et de femmes de chez nous, la nation saura vouloir que tous, je dis tous ses enfants puissent désormais vivre et travailler dans la dignité et la sécurité sociales. Sans briser les leviers d'activité que constituent l'initiative et le légitime bénéfice, la nation saura vouloir que les richesses naturelles, le travail et la technique, qui sont les trois éléments de la prospérité de tous, ne soient point exploités au profit de quelques-uns. La nation saura faire en sorte que toutes les ressources économiques de son sol et de son Empire soient mises en œuvre, non pas d'après le bon plaisir des individus, mais pour l'avantage général. S'il existe encore des bastilles, qu'elles s'apprêtent de bon gré à ouvrir leurs portes ! Car, quand la lutte s'engage entre le peuple et la Bastille, c'est toujours la Bastille qui finit par avoir tort[99] !

Afin de préparer les réformes qui s'imposeraient à la libération, Jean Moulin avait donné son aval pour que se forme un Comité général des Experts le 1er juillet 1942. Bientôt rebaptisé Comité général d'études – un terme plus modeste –, le CGE, composé du député Paul Bastid, du syndicaliste Robert Lacoste, du professeur d'économie François de Menthon et d'Alexandre Parodi, membre du Conseil d'Etat, s'était progressivement élargi en intégrant Pierre-Henri Teitgen, René Courtin, Jacques Charpentier, Michel Debré et Pierre Lefaucheux. Ces « neuf sages de la Résistance », pour reprendre la formule de l'historienne Diane de Bellescize, avaient dans la nuit clandestine produit une série de rapports portant notamment sur l'économie, l'épuration, l'organisation de la presse et les institutions. Ils détaillaient les réformes qui devraient s'imposer à la libération[100].

La résistance intérieure, comme de larges pans de la population française, partageait ces préoccupations. Par-delà la défaite des armes, le désastre de 1940 avait en effet été interprété comme le signe d'un déclin national que la crise de l'entre-deux-guerres avait révélé. Durant les années 1930, le dérèglement de l'économie consécutif au Jeudi noir avait semblé sonner le glas du libéralisme économique. La dureté des temps avait également accru une soif de justice sociale que le Front populaire, par ses réformes, s'était efforcé d'étancher[101]. Experts et politiques avaient plaidé pour un renouveau, proposant peu ou prou les mêmes solutions. Sur le plan institutionnel, plusieurs voix réclamaient qu'une IVe République réduisît l'omnipotence du pouvoir législatif et restaurât les prérogatives de l'exécutif. Qu'elle agisse par un plan ou *via* des nationalisations, la puissance publique interviendrait désormais dans une sphère économique débarrassée de l'influence nocive des trusts. Une presse nouvelle s'émanciperait des puissances d'argent. Un système de sécurité sociale protégerait les Français de la maladie et assurerait leurs vieux jours. Enfin, l'Etat procéderait à une démocratisation de l'enseignement et offrirait à tous les jeunes des chances égales dans la vie. Ces pistes avaient nourri le débat politique de l'entre-deux-guerres, mais avaient rarement été reprises par les partis, à gauche comme à droite. Car loin de créer un consensus, elles amplifiaient plutôt les divisions.

En revanche, la guerre et l'occupation exacerbèrent cette volonté de renouveau qui s'appuyait sur les deux piliers de la modernisation économique et de la justice sociale. La résistance eut alors à cœur de présenter, dans sa presse ou dans ses cahiers, les solutions qu'elle prônait. Le programme du Conseil national de la Résistance, adopté le 15 mars 1944, résuma ses aspirations.

Délégué du CFLN, Emile Laffon avait soumis, en juillet 1943, un programme politique aux membres du CNR qui prévoyait notamment le renforcement de l'exécutif, la socialisation de certaines entreprises ainsi que l'extension des droits des salariés[102]. Mais ce projet s'était heurté à l'opposition décidée des communistes qui refusaient pêle-mêle l'abaissement du législatif, la restauration d'une Société des Nations ainsi que les nationalisations. La droite, pour sa part, restait fidèle au libéralisme économique. Ces oppositions conjuguées aboutirent à enterrer le rapport Laffon. En octobre 1943, le commissariat à l'Intérieur décida cependant de sonder l'ensemble des formations clandestines pour leur demander de préciser les orientations qu'elles souhaitaient à la libération. Le patron du Front national, Pierre Villon, rétorqua en avançant un « projet de charte de la Résistance[103] ». Les communistes ne pouvaient en effet « perpétuellement éluder la rédaction d'un programme d'avenir quelconque, sous peine de laisser planer un doute quant à leurs intentions profondes[104] ». Signe de l'importance attachée à ce texte, Pierre Villon rencontra, pour la seule et unique fois de l'occupation, Jacques Duclos et Benoît Frachon, afin qu'ils adoptent une position commune. Le texte fut déposé devant le Conseil national de la Résistance. Son Bureau, composé de 5 membres – Georges Bidault, Pierre Villon, Louis Saillant, Pascal Copeau et Maxime Blocq-Mascart – le discuta, l'amenda puis le transmit en janvier 1944 aux autres membres du Conseil. Après être passé entre les mains du Mouvement de Libération nationale et du parti socialiste, puis avoir été une nouvelle fois amendé par le Bureau du CNR, le texte, intitulé « Programme d'action de la Résistance[105] », fut adopté à l'unanimité le 15 mars 1944.

Il comprenait deux volets. Définissant un « plan d'action immédiate », le premier pan prônait la formation de « Comités de lutte » dans les villes, les villages et les entreprises. Ces Comités devaient notamment aider les réfractaires au STO, traquer et punir les collaborateurs, lutter contre les réquisitions et organiser des milices patriotiques sur l'ensemble du territoire. L'état-major des Forces françaises de l'Intérieur devait ordonner à ses formations « de combattre dès maintenant l'ennemi » et « faire distribuer les dépôts d'armes inutilisés aux formations jugées par l'EM des FFI les plus aptes à se battre utilement dès à présent et dans l'avenir immédiat[106] ». Ainsi, bien que Londres ait accepté le principe de l'action immédiate, le texte marquait un alignement sur les positions défendues par les communistes, prompts à dénoncer la « peur du peuple[107] » que recouvrait la stratégie attentiste. Les socialistes s'opposèrent alors à cette intensification de l'action immédiate, sans être pour autant suivis par les autres formations clandestines[108].

Mais la postérité a surtout retenu de ce programme les « mesures à appliquer dès la libération du territoire ». Outre le rétablissement de la démocratie, elles prévoyaient sur le plan économique « l'intensification de la production nationale [...] selon les lignes d'un plan arrêté par l'Etat », « le retour à la Nation des grands moyens de production monopolisés, fruit du travail commun, des sources d'énergie, des richesses du sous-sol, des compagnies d'assurance et des grandes banques ». Le social n'était pas oublié. Le Conseil national de la Résistance réclamait le droit au travail, au repos et à la retraite, la sécurité de l'emploi, « un ajustement important des salaires » et, de façon moins classique, « un plan complet de sécurité sociale visant à assurer tous les citoyens contre tous les risques sociaux[109] ».

Ces propositions s'imposèrent – non sans débats. Le parti communiste se montra, dans un premier temps, réticent à l'égard des nationalisations. Non qu'il y fût hostile par principe – il en avait admis l'éventualité dès 1937. En revanche, le terme restait à ses yeux problématique. « Son défaut majeur est de rendre l'idée de nationalisation, appropriation par le haut, substitutive au développement de la mobilisation populaire, confiscation par le bas[110]. » Jacques Duclos suggéra donc d'employer l'expression « retour à la Nation », qui fut en définitive retenue[111].

Il convient surtout, par-delà ces controverses, de pointer un paradoxe mémoriel. Le programme du CNR a été, voire demeure, sacralisé par une partie de la gauche volontiers encline à le considérer comme un monument progressiste – le mouvement des Indignés lancé notamment par le résistant Stéphane Hessel le suggère. Une lecture attentive révèle pourtant ses limites. Ainsi, le droit de vote des femmes ne figurait pas dans les priorités retenues – les radicaux menaçant de rompre si cette mesure était adoptée[112]. Dans l'Empire, le CNR se contentait de suggérer « une extension des droits politiques, sociaux et économiques des populations indigènes et coloniales ». A l'heure où l'orage grondait – les manifestations du 8 mai 1945 dans les villes algériennes de Sétif et de Guelma le prouvèrent –, ces propositions apparurent pour le moins timorées. Sur le plan économique enfin, le programme ne traduisait en rien une percée théorique puisqu'il se bornait à reprendre des mesures que la SFIO, le PCF, voire les cercles avant-gardistes de l'entre-deux-guerres avaient prônées : une intervention de l'Etat fondée sur le diptyque nationalisations/planification. Signe que cette charte apparaissait fort peu révolutionnaire aux yeux des contemporains, sa diffusion, dans la presse clandestine, fut « inégale, et dans l'ensemble limitée[113] ».

Le programme marquait pourtant une double avancée. Il associait, tout d'abord, l'économique et le social. Ce couplage n'avait guère hanté les néolibéraux et les technocrates de l'entre-deux-guerres ou du régime vichyste, qui, prompts à réfléchir sur les mérites respectifs de la planification et des nationalisations, s'étaient assez peu préoccupés des questions sociales. Il réalisait, ensuite, un consensus qui s'étendait du parti communiste à la droite classique. Alors que l'intervention de l'Etat avait été, avant 1939, facteur de division, elle soudait désormais, dans la nuit de l'occupation, l'intégralité du spectre politique. Au total, le programme du CNR dut sans doute sa postérité non à la hardiesse de ses vues, mais à sa capacité à rassembler, une réalité qui explique qu'il fut dans ses grandes lignes appliqué.

A la veille du débarquement allié en Normandie, la résistance pouvait donc envisager l'avenir avec un relatif optimisme. Charles de Gaulle avait réussi, en éliminant Henri Giraud, à unifier l'ensemble des forces clandestines, services secrets inclus, même si des sursauts irrédentistes se manifestaient çà et là. L'armée des ombres disposait désormais d'une doctrine d'emploi. Pourvue des plans qui devaient faciliter l'avance des libérateurs, elle bénéficiait – enfin – d'un armement que les Alliés parachutaient moins chichement. Le CFLN avait par ailleurs réussi à bâtir un contre-Etat qui, la Libération venue, garantirait une transition pacifique du pouvoir. La résistance avait également réussi à définir un programme politique qui, sans être d'une modernité époustouflante, fixait un consensus qui en garantissait l'application.

La marche du temps n'apaisait cependant pas toutes les craintes. L'insurrection corse avait inauguré l'ère du soupçon en faisant craindre une révolution communiste. Le drame des Glières avait révélé les limites militaires des maquis. La stratégie alliée alarmait dans la mesure où elle contournait le pouvoir gaulliste qu'elle ignorait avec superbe. Et si les délégués militaires régionaux, en province, assuraient que les ordres donnés seraient exécutés, la Délégation, sur le plan national, avait perdu une grande partie de son pouvoir, privant Charles de Gaulle d'un levier essentiel.

Rien, en d'autres termes, ne garantissait que la libération se déroulerait sans heurts et bien des inconnues demeuraient.

L'avenir se chargerait de les lever.

# 14

## Formez vos bataillons !

La Bataille suprême est engagée !

Après tant de combats, de fureurs, de douleurs, voici venu le choc décisif, le choc tant espéré. Bien entendu, c'est la bataille de France et c'est la bataille de la France !

D'immenses moyens d'attaque, c'est-à-dire, pour nous, de secours, ont commencé à déferler à partir des rivages de la vieille Angleterre. Devant ce dernier bastion de l'Europe à l'ouest fut arrêtée naguère la marée de l'oppression allemande. Voici qu'il est aujourd'hui la base de départ de l'offensive de la liberté. La France, submergée depuis quatre ans, mais non point réduite ni vaincue, la France est debout pour y prendre part.

Pour les fils de France, où qu'ils soient, quels qu'ils soient, le devoir simple et sacré est de combattre par tous les moyens dont ils disposent. Il s'agit de détruire l'ennemi, l'ennemi qui écrase et souille la patrie, l'ennemi détesté, l'ennemi déshonoré[1].

Par ces paroles martiales prononcées le 6 juin 1944, le jour même où les Alliés s'élançaient sur les plages normandes, Charles de Gaulle assignait aux Français un rôle essentiel dans la libération de leur pays. Il s'abstenait cependant d'en fixer concrètement les contours. Trois logiques distinctes mais complémentaires se conjuguaient. Les Alliés espéraient que la résistance appliquerait les plans préparés par les services secrets gaullistes ; ils tablaient par ailleurs sur une guérilla généralisée que devaient notamment impulser les maquis ; enfin, de Gaulle et les communistes escomptaient une insurrection nationale dont les conceptions se révélaient d'emblée divergentes, pour ne pas dire antagonistes.

*Ajuster les organigrammes*

Le BCRA, on s'en souvient, avait élaboré plusieurs plans en liaison avec le SOE britannique. Mais les chaînes de commandement restaient floues, chaque puissance entendant conserver la haute main sur ses services secrets. Cet éclatement menaçait par contrecoup l'efficacité du dispositif militaire. Il ne garantissait en rien que les scénarios conçus dans les bureaux londoniens entreraient véritablement en action, ce qui obligea les Alliés à remanier leurs organigrammes.

Côté français, le Comité français de la Libération nationale (CFLN) avait créé en mars 1944 l'Etat-Major des Forces françaises de l'Intérieur (EMFFI) qu'il plaça sous le commandement du général Koenig. Ancien combattant de la Grande Guerre, cet officier encore jeune – il était né en 1898 – avait rejoint dès juillet 1940 les Forces françaises libres et s'était en 1942 couvert de gloire dans les sables du désert. Si sa loyauté inspirait une totale confiance au général de Gaulle, son professionnalisme rassurait les Alliés, toujours enclins à suspecter l'amateurisme de l'armée des ombres. La direction militaire de la résistance intérieure revint donc au vainqueur de Bir-Hakeim qui s'installa à Londres en avril 1944. Son pouvoir se vit renforcé par la tutelle qu'il exerçait sur les services secrets. Un état-major coiffé par Henri Ziegler *(Vernon)* avait été fondé au sein du BCRA le même mois ; il fut placé le 6 mai aux ordres de Koenig[2].

Les Alliés modifièrent aussi leurs chaînes de commandement. Afin de coordonner l'action de leurs réseaux, Américains et Britanniques formèrent en mars 1944 un *Special Forces Headquarters* (SFHQ) qui coiffait leurs services spéciaux – hormis ceux qui dépendaient de l'*Intelligence Service*. Cet état-major était directement intégré au SHAEF *(Supreme Headquarters, Allied Expeditionnary Forces)*, la structure qui, sous la houlette d'Eisenhower, supervisait les préparatifs du débarquement avant d'en assumer la charge. Il dépendait de sa branche G3, en charge des opérations[3].

Cette situation aboutissait pourtant à un dangereux dualisme puisque la coordination entre formations françaises d'une part et anglo-américaines de l'autre n'était pas assurée. Le 24 mai, Koenig suggéra de prendre la tête d'un état-major trinational qui dirigerait l'ensemble des forces clandestines, proposition que le SHAEF entérina le 30. Au jour J, Koenig recevrait ses directives du haut commandement allié par l'entremise du SFHQ et commanderait l'ensemble des forces spéciales. Signe de la confiance que les Alliés lui accordaient, il bénéficia à partir du 17 juin du statut dont jouissaient les commandants servant sous l'autorité d'Eisenhower[4]. Ses pouvoirs étaient en théorie étendus : outre le BCRA, les sections « action » F et RF du *Special Operations Executive* lui étaient subordonnées. Des représentants alliés garantissaient enfin que les ordres seraient bien exécutés. Ainsi, Koenig fut flanqué du major général Redman côté britannique et du colonel Haskell côté américain, tandis que le colonel Buckmaster (pour le SOE) et le colonel Van der Stricht (pour l'OSS) épaulaient son chef d'état-major, le colonel Ziegler[5].

Les organigrammes étant définis, restait à fixer l'ordre des priorités. En la matière, de Gaulle avait annoncé la couleur. En mars 1944, le Comité de Défense nationale d'Alger avait défini « l'emploi de la Résistance sur le plan militaire au cours des opérations de libération de la métropole ». Le 5 avril, ce document avait reçu l'*imprimatur* gaullienne[6]. Privilégiant le sabotage, de préférence à l'arrière des zones de bataille, l'armée des ombres devait éviter la guérilla, sinon sur ordre, et « toujours refuser le combat contre un ennemi offensif et par trop supérieur ». L'action insurrectionnelle serait menée – mais dans les zones les plus éloignées du front. Elle s'appuierait surtout sur les maquis[7]. Pour les Alliés en revanche, seule comptait la réalisation des plans dont l'angoisse d'Eisenhower précipita l'exécution. Le 3 juin 1944, le patron de la direction Europe du Nord du SOE, Eric Edward Mockler-Ferryman, demanda ses instructions à Walter Bedell-Smith, le chef d'état-major d'Eisenhower. La réponse ne tarda pas : « Il était jugé indispensable de faire donner l'effort maximal en France dans la nuit précédant le jour J afin d'assurer les meilleures chances à Neptune », le débarquement[8]. Or, cette instruction contrevenait au schéma préparé par les services secrets gaullistes qui prévoyait que les plans seraient déclenchés région par région au fur et à mesure de l'avance alliée, afin de ne pas découvrir précocement les forces clandestines. En ordonnant de multiplier les sabotages sur l'ensemble du territoire, le SHAEF espérait égarer les Allemands en les plongeant dans l'incertitude : le débarquement en Normandie annonçait-il l'invasion

## LES STRUCTURES DE LA RÉSISTANCE
## PRINTEMPS 1944

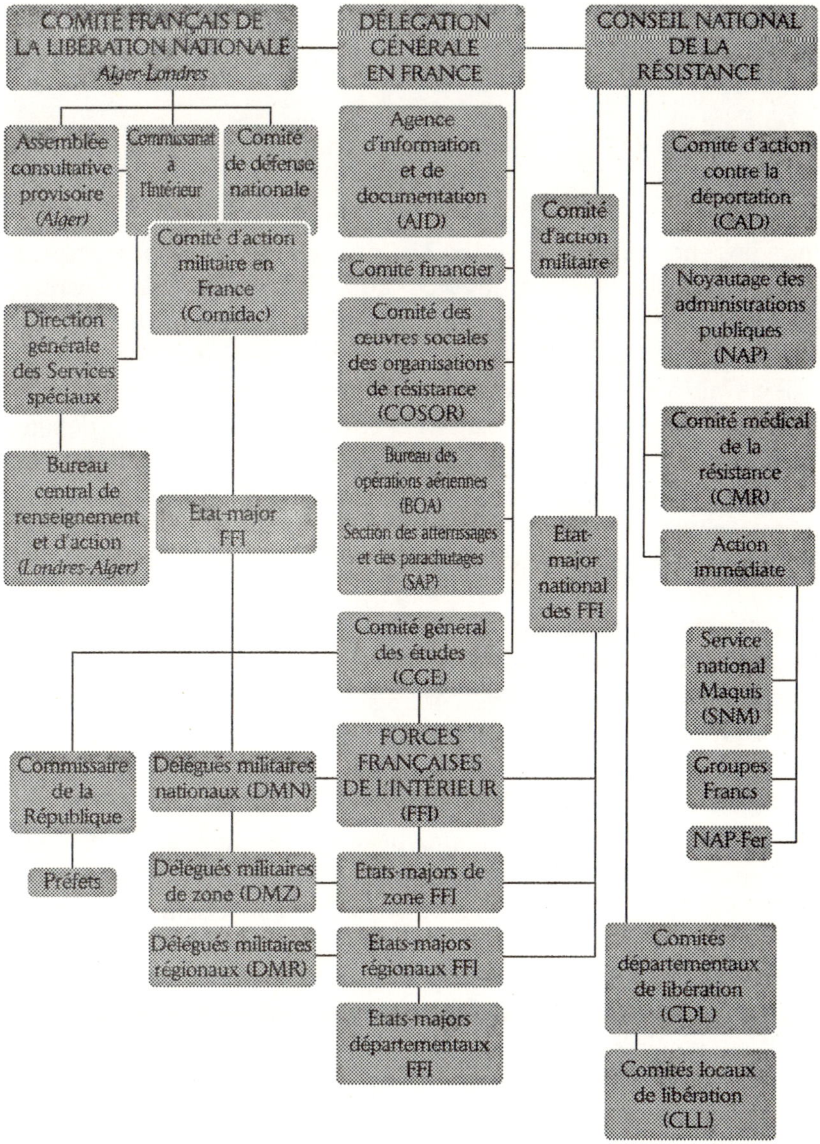

ou ne constituait-il qu'une manœuvre de diversion ? Quoi qu'il en soit, cet ordre provoqua, au sein de la France libre, « la stupeur et l'incompréhension », pour reprendre les termes de Jean-Louis Crémieux-Brilhac. Koenig et de Gaulle se turent ; mais ce silence d'Antigone ne valait en rien assentiment pour une initiative qui suscitait les craintes les plus vives[9].

*Exécuter les plans*

Le 5 juin, à partir de 21 h 15, les résistants, rivés à leurs postes de radio, entendirent défiler les 210 messages qui leur ordonnaient de passer à l'action. Parmi eux, quelques vers de la *Chanson d'automne* de Verlaine (« Blessent mon cœur/d'une langueur/Monotone ») diffusés en deux temps, prévinrent le réseau Ventriloque qu'il devait agir le soir même[10]. Plus généralement, les 12 régions militaires relevant de l'état-major FFI comme les 51 réseaux dépendant du Royaume-Uni devaient appliquer immédiatement les plans dont les délégués militaires régionaux avaient, les semaines précédentes, assuré la mise en place[11]. Mais l'armée des ombres avait-elle les moyens d'agir ?

Dans la perspective de la libération, la résistance bénéficia de sommes substantielles. Pour le seul mois de juin 1944, les délégués militaires régionaux reçurent 140 millions de francs[12]. Pour entretenir « un effectif mobilisé de 280 000 hommes à 1 500 francs par mois », la résistance perçut en août de la même année 420 millions de francs[13], auxquels s'ajoutèrent 67 millions de frais généraux, 13 millions pour les missions prévues pour le mois et 75 millions pour les réseaux britanniques intégrés dans les FFI[14]. L'argent ne coulait pas pour autant à flots. Les charges incombant aux formations clandestines croissaient, en raison notamment de l'afflux de volontaires qu'il fallait nourrir, vêtir et parfois rémunérer ; de plus, les difficultés de communication compliquaient les transferts monétaires et exposaient certaines zones à une disette de fonds. Ces obstacles conduisirent Georges Bidault et Jacques Bingen à créer, au début de 1944, le Comité de financement de la résistance (COFI). Présidé par André Debray, l'un des directeurs de la Banque de Paris et des Pays-Bas, le COFI empruntait en France au nom du CFLN sous la forme de bons du Trésor ou de chèques tirés sur la Banque d'Algérie. Le Comité parvint ainsi à lever 614 millions de francs – tout en s'efforçant d'éviter que des personnalités compromises ne se rachètent à bon compte du soutien apporté à Vichy, voire à l'Allemagne nazie[15]. Quoi qu'il en soit, l'aisance avait succédé à la gêne, d'autant que les Forces françaises de l'Intérieur comme les Francs-Tireurs et Partisans attaquaient banques et bureaux de poste pour se financer. Dans le Cher, 107 recettes postales furent rançonnées entre juin et septembre 1944 et le ministère des PTT recensa, à la Libération, 4 145 hold-up, soit une perte sèche de 166,7 millions[16]. Quelques beaux coups furent par ailleurs montés. Craignant que ses réserves en liquide ne fussent saisies par la résistance intérieure, le directeur de la Banque de France de Périgueux essaya d'en transférer une partie sur Bordeaux ; mais le 26 juillet, le maquis intercepta le convoi en gare de Neuvic, en Corrèze, et s'empara de 2,28 milliards de francs – un record absolu[17].

La résistance intérieure, par ailleurs, profita d'abondants parachutages. Si elle avait reçu 3 000 containers en 1943, elle en réceptionna plus de 50 000 entre juillet et fin septembre 1944[18], encore que ce total voile de sérieuses disparités. Bien lotie, la région M (Bretagne) bénéficia à l'été de 29 029 armes ; mais la région C (Ardennes-Alsace-Moselle), avec ses 2 025 armes, faisait figure de Cendrillon[19]. L'une, il est vrai, était proche du front, l'autre en était éloignée, ce qui explique que les Alliés aient préféré servir la première plutôt que la seconde. Un rééquilibrage se produisit cependant entre les formations qui servaient sous pavillon britannique (la section F du SOE), longtemps avantagées, et les unités qui dépendaient de l'état-major (approvisionnées par le truchement de la section RF du même SOE), lésées de longs mois durant. Entre juin et septembre 1944, les premières obtinrent 39 116 mitraillettes Sten, 12 101 pistolets, 417 bazookas ou piat (une arme antitank). Les secondes réceptionnèrent 38 549 Sten, 6 505 pistolets et 744 armes antichar[20]. Les Alliés acceptaient – enfin ! – de mieux doter la résistance intérieure en matériel de guerre. Après le 6 juin 1944, ils se montrèrent moins sectaires et répartirent plus équitablement leur manne. Surtout, les Français accédaient à un armement plus sophistiqué que la rustique Sten. Si cette mitraillette légère, facile à démonter en trois parties d'environ 30 centimètres, se cachait et se transportait facilement[21], elle avait une fâcheuse tendance à s'enrayer et son tir manquait de précision. En revanche, l'allocation de bazookas, de mines et de fusils-mitrailleurs Bren (6 443) montrait que le SHAEF jugeait désormais l'armée des ombres capable de mener la « petite guerre » chère à Clausewitz.

Encore fallait-il que les FFI fussent capables de se servir de ces armes. Les services secrets envoyèrent à cette fin des formateurs chargés de leur enseigner les rudiments de la guérilla. Le BCRA dépêcha ainsi plusieurs instructeurs, des femmes parfois, révéler aux résistants l'art de la gâchette et les mystères du plastic. Du 1er au 17 avril 1944, Jeanne Bohec *(Rateau)* initia par exemple les FFI des Côtes-du-Nord à la « fabrication d'explosifs "en chambre", c'est-à-dire en partant d'explosifs que l'on peut se procurer dans le commerce et préparer soi-même[22] ». Mais le rôle essentiel fut assumé par les équipes Jedburgh.

Inventées en 1942 par le chef du SOE, Gubbins, et baptisées du nom d'un village écossais, ces équipes devaient assurer la coordination tactique entre les résistants français et les forces alliées. « Une équipe de trois hommes, dont un opérateur radio, serait parachutée, établirait le contact avec le maquis local, organiserait des zones de largage, le ravitaillement et la formation et après cela, agirait en liaison avec les armées régulières[23]. » Chaque équipe – ou *team* – comprenait trois officiers – français, britannique ou américain –, mais d'autres nationalités pouvaient être cooptées, à l'instar des Néerlandais[24]. « Dans des zones faiblement organisées par la Résistance locale, les Jedburgh devaient constituer des maquis, recruter des troupes. A l'opposé, dans des zones bien organisées, les teams apportaient bien souvent un appui logistique et tactique. Ils pouvaient également être envoyés pour préparer l'accueil de commandos parachutistes », résume l'historien Philippe André[25]. Au mois de juin 1944, 93 *teams*, soit quelque 280 hommes, furent au total envoyés en France, dont 6 équipes en Bretagne et 7 dans les autres régions. Avant août, 25 trinômes avaient été parachutés, surtout à l'ouest, soit un quart de l'effectif total, ce qui était fort peu[26]. Le blocage stratégique qui enfermait les Alliés dans leur étroite tête de pont normande, et ce, avant que Bradley ne lance son offensive vers Avranches à la fin du mois de juillet 1944, explique

que le SHAEF se soit montré réticent à déployer ses Jeds, ne sachant dans quelle zone ils seraient le plus utiles.

Quoi qu'il en soit, les Jedburgh s'efforcèrent d'abord d'entraîner les FFI, puis d'appliquer les plans prévus, en privilégiant la coupure des axes ferroviaires. Hamish, un officier du *team*, se félicita des résultats obtenus.

> A notre arrivée [13 juin 1944], nous trouvâmes entre 200 et 300 hommes, dont 150 environ étaient armés. Lorsque nous quittâmes le terrain [24 septembre], il y avait 3 000 hommes combattant dans notre secteur et 1 000 de plus attendant des armes… […] La principale activité de sabotage dans notre secteur consistait à couper continuellement la ligne de chemin de fer Paris-Limoges. Nous avions la grande chance d'avoir beaucoup d'excellents officiers français qui nous firent un travail magnifique. C'est à eux que nous attribuons le succès de notre mission plutôt qu'à toute activité remarquable de notre part[27].

Cette vision pèche sans doute par optimisme. Les *teams* souffraient de liaisons radio déficientes, car bien souvent les postes n'avaient pas survécu à leur parachutage ; leurs moyens financiers restaient limités, surtout en comparaison des fonds dont jouissaient les délégués militaires régionaux ; tous, enfin, ne recevaient pas des armes *ad libitum*[28]. En revanche, la coopération que nouèrent parfois les délégués militaires régionaux et les commandos Jedburgh permit souvent d'obtenir de bons résultats, en Bretagne par exemple.

L'exécution des plans ne dépendit donc pas d'un unique paramètre, mais résulta d'une pluralité de facteurs. L'armement des FFI, leur capacité à être entraînés par des guerriers professionnels ou d'occasion, leur ardeur au combat… expliquent les succès inégaux remportés par la résistance intérieure. Dans l'ensemble cependant, les stratèges du SHAEF furent impressionnés par les résultats obtenus en juin 1944. Ainsi, 950 coupures ferroviaires furent réalisées sur un total planifié de 1 050[29]. Les formations britanniques furent particulièrement actives, si l'on en croit M.R.D. Foot, leur historien. Dans les heures qui suivirent le débarquement, le réseau Farmer coupa les lignes de la conurbation Lille-Roubaix-Tourcoing et cette interruption se prolongea tout le mois de juin[30]. En moyenne, le trafic sur le réseau ferré français chuta de 50 % entre le 19 mai et le 9 juin. Plusieurs lignes étaient quasiment paralysées. Après le

6 juin, tous les trains quittant Marseille à destination de Lyon subirent au moins un déraillement[31].

Les résistants avaient acquis un certain savoir-faire. Parfois coupées à l'explosif, les voies ferrées étaient le plus souvent « détirefonnées », le rail étant ensuite écarté de façon à provoquer une coupure qui provoquait le déraillement. Le beau sabotage – qui obstruait la voie et paralysait le trafic – s'effectuait idéalement dans un secteur en remblais où le matériel venait s'accumuler ; il pouvait tout aussi bien s'opérer dans une courbe – le train se couchait alors sur les voies. Les saboteurs déclenchaient également le télescopage de convois en envoyant un train sans conducteur (« convoi fantôme ») ou s'arrangeaient pour que le déraillement se produise dans un tunnel, où les grues ne pouvaient intervenir[32].

Quelles que fussent les méthodes employées, les Alliés se réjouirent. « Les rapports complets n'ont pas été reçus, mais les preuves rassemblées jusqu'ici montrent que le réseau ferré français a été si disloqué que le mouvement des troupes et des ravitaillements a été rendu sinon impossible, du moins soumis à des retards d'une longueur imprévisible. Ce sabotage ferré a été particulièrement réussi dans le sud-est de la France et dans la vallée du Rhône où, à part un ou deux trains locaux, le mouvement est au point mort depuis plusieurs jours », estimait un rapport des services secrets américains[33]. Note discordante : les Britanniques jugeaient « que la désorganisation complète du trafic ferroviaire résultait avant tout des bombardements aériens[34] ».

Les autres plans connurent en revanche un succès moins éclatant. Si le plan Violet, qui visait les télécommunications allemandes, gêna l'ennemi, il fut trop tardivement engagé – le 12 juin en l'occurrence – pour produire ses pleins effets[35]. De même, l'application du plan Tortue permit de retarder l'acheminement des renforts ennemis vers le front de Normandie. Parties de Pologne le 12 juin, la 9e et la 10e Panzer SS rejoignirent la Lorraine le 16, mais n'arrivèrent à Alençon que le 25[36]. La 27e division d'infanterie allemande mit dix-sept jours pour se rendre de Redon à Avranches, soit une moyenne de 11 kilomètres... par jour[37] ! Comment toutefois estimer ce qui revient à la résistance et ce qui découle de l'action de l'aviation alliée ? Faute de disposer de la maîtrise aérienne, les convois ennemis roulaient de nuit, ce qui limitait leur progression, d'autant que les journées d'été étaient longues ; ils devaient également bien souvent emprunter des itinéraires de délestage, ce qui les ralentissait. Ajoutons que la 12e division SS comme la Panzer Lehr ne furent pour leur part retardées que de vingt-quatre heures[38].

Si le plan Vert dédié au réseau ferré fut un succès, le bilan des autres plans fut donc moins flatteur. Mais la réalisation des scénarios mitonnés par le BCRA ne constituait pas l'unique *modus operandi* de la résistance française, qui intensifia également la guérilla.

## *Mobilisation générale ?*

Sonnant comme une forme de mobilisation générale, l'annonce du débarquement fut accueillie avec ferveur. Jeanne Bohec, une agente du BCRA, apprit la nouvelle dans le train qui la conduisait à Questembert. « Dans le compartiment, je ne pus rien manifester, mais mon cœur battait d'allégresse[39]. » Claire Chevrillon, qui codait alors des messages pour la Délégation, partagea cette euphorie. « Première rumeur… Fausse rumeur ? Non, même Radio-Paris en parle, bien entendu comme d'une tentative vouée à l'échec. Dans la rue, les gens se croisent, alertes et communicatifs. On n'a pas de précision, mais une certitude et un espoir : le Débarquement. Toute la France se tourne vers la Normandie[40]. » L'information toucha même les camps de concentration. « Quel bonheur dans notre misère, pensa Claude Bourdet, alors interné à Neuengamme. Le roi n'était pas notre cousin. Nous nous sommes dit que nous pouvions supporter n'importe quoi maintenant, et que d'ailleurs nous serions rapidement libérés[41]. » Parfois, pourtant, l'espérance se teintait d'inquiétude. « Il ne nous souvient pas que ce jour nous parût porteur de joie, tant nous étions courbés sur notre ouvrage, relate Alban Vistel. Peut-être pressentions-nous qu'il venait en annonciateur de nouveaux drames. Juin s'annonçait beau. Il prendrait plus tard le nom de "mois des fusillés"[42]. »

De fait, le débarquement provoqua un afflux de volontaires qui se pressèrent pour rejoindre l'armée des ombres. Cette levée en masse correspondait en partie au schéma esquissé dans la nuit clandestine : un flot de volontaires surgirait du néant pour se battre contre un occupant honni. Des hommes jusqu'alors en sommeil brûlaient d'en découdre et des milliers de bonnes volontés répondirent présents aux consignes, implicites ou explicites, qui leur enjoignaient de se battre. Aux exhortations du général de Gaulle s'ajoutèrent en effet les appels du général Koenig ; les mots d'ordre communistes les redoublèrent. Le 8 juin, le Comité parisien de la libération, présidé par le communiste André Tollet, enjoignit :

> Mort aux envahisseurs allemands.
>
> Groupez-vous dans les Francs-Tireurs et Partisans et dans les groupes francs, au sein des Forces françaises de l'intérieur. Que de chaque rue, que de chaque maison, que de chaque usine sortent des milliers de combattants, qui arroseront du sang impur de l'ennemi le pavé parisien. Qu'ils frappent toujours plus fort et qu'ils se dérobent toujours plus aux coups de l'ennemi. Parisiens et Parisiennes : chacun son Boche, son milicien ou son traître !

Dès le 6 juin 1944, une fiévreuse exaltation patriotique s'empara du pays ; sa ferveur frappa le colonel Zeller, responsable de l'Organisation de résistance de l'armée (ORA), en mission d'inspection dans le Sud-Est. « Se basant sur les directives données par le général Koenig, les FFI se lançaient à plein dans l'action sans aucune restriction d'emploi, poussés d'ailleurs par un magnifique soulèvement national de toute la population des campagnes et des petites villes. Mais dans l'esprit de la plupart de ses exécutants, cette action devait être de courte durée, l'espérance d'un débarquement prochain dans le Sud-Est animant tous les cœurs », nota-t-il en août[43]. De fait, si les FFI étaient, semble-t-il, 50 000 en janvier 1944, leurs effectifs bondirent en juin à 100 000 avant de culminer à 500 000 à la Libération[44]. « Malheureusement, relève Philippe Buton, certains résistants confondent débarquement et Libération[45]. » De fait, le déclenchement prématuré d'une double stratégie, militaire et politique, provoqua bien des drames.

### *Les maquis entrent en scène*

Sur le plan militaire, les stratèges d'Alger avaient imaginé de créer trois réduits où les FFI tiendraient tête aux occupants.

En Bretagne, le SHAEF avait confié à deux unités de commandos placées sous le commandement du commandant Bourgoin des missions aussi ambitieuses que multiples. Ces forces devaient s'efforcer « de couper si possible l'ensemble des communications entre la Bretagne et le reste de la France[46] », ce qui retarderait, voire immobiliserait les quelque 150 000 Allemands qui cantonnaient en Bretagne. Elles devaient également provoquer « une révolte de grande envergure » dans la région[47]. Dans la nuit du 5 au 6 juin 1944, quatre sticks précurseurs de neuf hommes commandés par un officier furent parachutés dans les Côtes-du-Nord sur la base dite Samwest, près de Duault, deux autres sur la base dite Dingson, près de Malestroit dans le Morbihan[48]. Accrochés dès le 9 juin, les hommes de Samwest décidèrent de rompre le combat et de se replier sur Dingson où le chef départemental FFI, Paul Chenailler *(Morice)*, avait entrepris de rassembler ses troupes à la ferme de la Nouette. Le flux des combattants grossit rapidement. D'une part, *Morice* avait lancé le 6 juin un ordre de mobilisation invitant les unités qui se formaient à se rendre dans les bois de Saint-Marcel, afin de recevoir armes et équipement. Le succès dépassa les attentes. « Le 6 juin, ce fut dans le Morbihan la levée en masse. Il n'y avait plus de communistes, d'ouvriers, plus de situations libérales, plus de pêcheurs, tout le monde se réunit pour prendre le maquis et nous voyions dans les camps voisiner l'Etoile rouge avec le Sacré Cœur, les fils des Chouans faire la paix avec les descendants des Bleus », raconte le docteur Mahéo, médecin-chef du maquis[49] ; de fait, de 3 000 à 4 000 hommes furent armés[50]. Les Alliés décidèrent d'autre part d'abandonner les Côtes-du-Nord et d'utiliser Saint-Marcel comme point d'accueil pour les parachutistes du 4e bataillon SAS du commandant Bourgoin, parachuté dans la nuit du 9 au 10 juin ; 150 hommes rejoignirent le camp en plusieurs vagues, ce qui accrut d'autant les effectifs… et les risques. Car les allers et venues des maquisards comme la multiplication des parachutages attirèrent l'attention de l'occupant. « Tous les jours, c'était un défilé d'unités FFI venant au camp se faire armer ; elles arrivaient en groupes parfois très nombreux (jusqu'à plusieurs centaines d'hommes), entraient en rang et marchaient au pas dans la cour de la ferme, puis allaient passer une visite d'incorporation sommaire, recevaient leurs armes et un brassard FFI. On les dirigeait ensuite sur la limite du camp, des parachutistes se mêlaient à eux pour leur montrer où il fallait placer les armes automatiques et leur apprendre rapidement le maniement des armes nouvelles, puis ils repartaient vers leur maquis d'origine au cours de l'une des nuits suivantes[51]. »

Les Allemands décidèrent d'en finir. Dans la matinée du 18 juin, une de leurs unités attaqua le maquis que défendaient quelque 2 400 hommes. Par un heureux hasard de transmission, les Alliés purent dépêcher 40 chasseurs P47, ce qui permit à Bourgoin, « trop vieux renard pour se laisser encercler méthodiquement sur son bout de lande », d'ordonner la dispersion[52]. Trente Français moururent au combat et les Allemands perdirent, selon les estimations disponibles, peut-être surestimées, de 300 à 560 hommes, en raison du soutien aérien apporté par les Alliés et de l'aide fournie par les militaires professionnels[53]. Mais les jours suivants, les troupes d'occupation revinrent sur les lieux, achevèrent les blessés après les avoir torturés et tuèrent des civils dans les villages et les bois alentours. « La doyenne, âgée de 83 ans, impotente, fut assassinée dans son lit. Ces massacres furent commis par le 261e escadron de cavalerie ukrainien et le 708e bataillon d'infanterie géorgien ; quant aux soldats de la Wehrmacht, ils brûlèrent les châteaux de Sainte-Geneviève et des Hardys-Béhélec, puis les fermes et les bourgs de Saint-Marcel le 27 juin 1944[54]. » Malgré ce lourd tribut, le retentissement de cette opération fut énorme : pour la première fois, la résistance avait tenu en échec les forces ennemies[55]. « Désormais, tout Breton favorable aux Alliés voulait s'enrôler d'une manière ou d'une autre derrière Bourgoin et son armée de libération qui comptait déjà 400 Français[56]. » Saint-Marcel confirmait cependant « que la lutte armée ne pouvait être organisée à partir d'une base permanente. La notion même de maquis mobilisateur procédait d'une méconnaissance grave des conditions dans lesquelles se trouvait la Résistance[57] ». Ce drame se répéta, sous des modalités différentes, au Mont-Mouchet.

En avril 1944, plusieurs centaines de maquisards se concentrèrent en Auvergne sur le Mont-Mouchet, au cœur du massif de la Margeride. L'origine de ce rassemblement, aujourd'hui encore, prête à débat. Les uns affirment que cette initiative ne faisait que transcrire les directives de Londres qui, *via* le plan Caïman conçu en mars 1944, avait cherché à former au centre de la France une Force C que soutiendraient les Alliés par l'envoi d'armes et de troupes aéroportées. Dans ce schéma, les forces résistantes devaient libérer une partie du territoire ; dans la perspective d'un débarquement allié en Méditerranée, elles devaient également empêcher une contre-offensive ennemie et couper la retraite des unités allemandes se repliant du littoral atlantique[58]. D'autres rétorquent que la décision fut prise à l'échelon régional par le chef FFI, Emile Coulaudon *(Gaspard)*, après qu'il eut rencontré des agents alliés. Quoi qu'il en soit, un rassemblement s'amorça au printemps et s'accéléra. Avant même le 6 juin, quelque 2 500 maquisards, exclusivement issus de l'Armée secrète et des Mouvements unis de Résistance, s'étaient rassemblés autour de la maison forestière[59]. Cette concentration valut au maquis une première attaque des forces répressives françaises – Milice et légionnaires – repoussée dans la soirée du 2 juin.

Avec le débarquement, le flux des volontaires grossit. Le général Kurt von Jesser décida alors d'anéantir le maquis. Menée par 1 800 puis 2 700 hommes, l'attaque se déclencha dans l'après-midi du 10 juin ; elle dura jusqu'au 12 juin à l'aube. Beaucoup d'hommes parvinrent à fuir et à se regrouper dans le réduit de la Truyère-Chaudes-Aigues qui servait, depuis le 6 juin, de second centre de regroupement. Mais cette base fut également assaillie par les troupes allemandes le 20, ce qui amena Coulaudon à renoncer à toute idée de réduit. Le bilan, au vrai, était lourd : 125 maquisards et plus de 50 civils avaient perdu la vie dans le seul premier assaut[60]. Les Allemands, en revanche, n'avaient essuyé que des pertes relativement légères, au rebours d'une légende prompte à affirmer qu'ils avaient subi « depuis le début des combats, 1 400 morts, 2 000 blessés » selon les mots que prononça, lors de l'hommage rendu en 1964, le colonel *Gaspard*[61]. « Dans les jours et les mois qui suivirent, le nombre d'un millier fut avancé ; nombre ramené ensuite à deux cents tués, et enfin à cent. Les différentes archives allemandes (Fribourg, Berlin) permettent de fixer le total des pertes des assaillants à une trentaine », conclut l'historien Eugène Martres[62]. Ce triste épilogue montrait que des forces composées de volontaires, aussi valeureux fussent-ils, ne pouvaient affronter lors d'une bataille rangée des troupes expérimentées.

Le sort tragique du Vercors confirme ce constat. Dès 1942-1943, plusieurs camps avaient été organisés sur ce plateau montagneux autour de l'ancien député socialiste Léon Martin et du mouvement Franc-Tireur, afin d'abriter les jeunes qui fuyaient la réquisition de main-d'œuvre imposée par la loi de septembre 1942. En décembre 1942, un architecte, Pierre Dalloz, avait rédigé une « note sur les possibilités militaires du Vercors ». Il affirmait que dans l'hypothèse d'un débarquement en Méditerranée, le site pourrait se transformer en base offensive « en cas de situation critique de l'ennemi[63] ». Transmis à Jean Moulin, ce schéma, baptisé « plan Montagnards », fut soutenu et financé par Londres. Un comité que pilotaient le capitaine Alain Le Ray (comme chef militaire) et Eugène Chavant (comme responsable civil) s'employa alors au premier semestre 1944 à organiser le plateau et à métamorphoser les réfractaires en combattants[64]. Mais le « plan Montagnards » était-il toujours d'actualité ? Pour en avoir le cœur net, Eugène Chavant se rendit à Alger où le patron des Services spéciaux, Jacques Soustelle, lui en offrit l'assurance. « Pour la première fois, rappelle le chef d'état-major de la région Rhône-Alpes (R1), le colonel Marcel Descour, je recevais un ordre écrit, émanant du chef du BCRA [*sic*] en prise directe avec le général de Gaulle[65]. » Dans la nuit du 8 au 9 juin, Descour ordonna alors de verrouiller les accès du massif et de mobiliser les effectifs prévus[66]. Les volontaires se pressèrent et les effectifs globaux atteignirent assez vite les 4 000 hommes[67]. « L'électrochoc du 6 juin est la base de la mobilisation du Vercors le 9 et la décision de Descour, si lourde de conséquence, ne sera aussi facilement acceptée par les autres responsables que parce qu'elle semble aller de soi et répondre à une demande ouvertement exprimée. Il s'agit bien d'un soulèvement, ou, plutôt, d'une dynamique de soulèvement inachevé, non contrôlée et imprévue dans son ampleur, qui bouscule l'ensemble des structures existantes », résume l'historien Gilles Vergnon[68].

Constatant que ses ordres avaient parfois, dans la France entière, dangereusement découvert les forces résistantes, le général Koenig ordonna le 10 juin de freiner la guérilla. « Impossible actuellement vous ravitailler en armes et en munitions en quantité suffisante. Stop. Rompre partout contact dans mesure du possible pour permettre phase réorganisation stop. Evitez gros rassemblements. Formez petits groupes isolés », concluait ce message[69] qui sema le trouble. Beaucoup crurent qu'il s'agissait d'un faux. Certains, à l'exemple de Charles Tillon, jugèrent qu'il était inapproprié. Le chef des FTP considéra que ces ordres ne s'appliquaient pas à son organisation qui n'avait ni à « se réorganiser ni à cesser la guérilla[70] » ;

d'autres enfin l'avaient déjà anticipé. Le colonel Descour, pourtant, refusa de modifier son dispositif. Tablant à tort sur les renforts promis par Alger, il suivait une stratégie dangereuse puisqu'il métamorphosait une base destinée à la guérilla en camp retranché ; sortant de la clandestinité pour combattre au grand jour, il lançait par surcroît un défi à l'occupant que ce dernier ne pouvait que relever. « Il s'agissait d'obliger les groupes de partisans opérant dans la plaine à se replier dans le Vercors pour y constituer la plus grosse concentration d'hommes armés jamais réalisée en France occupée, relève Henri Romans-Petit, patron des maquis de l'Ain. Cette prétention, qui se heurta au refus des éléments extérieurs au Vercors, procédait d'une pensée politique. Les militaires du Vercors croyaient naïvement pouvoir forcer les Alliés à incorporer le dispositif Vercors dans leurs plans en devenant une force numériquement importante[71]. »

Alger dépêcha quelques secours. Plusieurs missions (Eucalyptus, Justine...) furent envoyées afin d'assister et d'entraîner les maquisards, voire – car tel était l'objectif de la mission Paquebot – de réaliser une piste d'atterrissage sur le plateau. Le 25 juin puis le 14 juillet, les résistants reçurent des parachutages d'armes[72]. Mais les Allemands n'entendaient pas tolérer cet abcès de fixation. Après avoir lancé une première attaque entre le 13 et le 15 juin, ils passèrent à l'offensive le 21 juillet, alignant de gros moyens – 10 000 hommes – ainsi que des troupes aéroportées[73]. En trois jours, le maquis fut anéanti au prix de lourdes pertes : 326 résistants et 130 civils furent littéralement massacrés par les troupes allemandes[74] ; 35 blessés soignés dans la grotte de la Luire furent sauvagement achevés ; civils et maquisards de Vassieux comme de La Chapelle-en-Vercors furent également victimes de sévices avant d'être brutalement abattus.

Dès l'assaut donné au plateau, les hommes du Vercors multiplièrent les appels au secours. « La Chapelle, Vassieux, Saint-Martin, bombardés par l'ennemi. Troupes ennemies parachutées sur Vassieux. Demandons bombardement immédiat. Avions promis de tenir trois semaines ; temps écoulé depuis la mise en place de notre organisation : six semaines. Demandons ravitaillement en hommes, vivres et matériel. Moral de la population excellent. Mais se retournera rapidement contre vous si vous ne prenez pas dispositions immédiates, et nous serons d'accord avec eux pour dire que ceux qui sont à Londres et à Alger n'ont rien compris à la situation dans laquelle nous nous trouvons et sont considérés comme des criminels et des lâches. Nous disons bien : criminels et lâches », avait télégraphié Eugène Chavant dans la nuit du 21 au 22 juillet[75]. En vain.

Aucune cause n'explique à elle seule le drame du Vercors. Certes, les chefs militaires, en privilégiant le combat en ligne sur la guérilla, opérèrent un choix sans doute malheureux. Mais « la dispersion volontaire du maquis par ses chefs, alors que ses forces organisaient plusieurs milliers d'hommes, avec des degrés d'entraînement et de cohésion variables, aurait été une opération à haut risque, avec des résultats aléatoires[76] ». Les responsables crurent sans doute de bonne foi que les Alliés les épauleraient ; mais le Vercors n'entrait ni dans la grande stratégie du SHAEF ni dans les objectifs du gouvernement provisoire de la République française d'Alger, ce qui explique que le pouvoir gaulliste se soit peu mobilisé pour secourir le maquis. Le commissaire à l'Air, Fernand Grenier, le déplora. Dénonçant, lors d'une conférence de presse donnée le 26 juillet, « l'attentisme, crime contre la patrie », le ministre communiste reprit cette critique le lendemain dans une lettre qu'il adressa au général de Gaulle. Lors du Conseil des ministres suivant, le chef du gouvernement provisoire la lut et prit son auteur « violemment à partie » :

> – Vous désavouerez la lettre écrite par vous, sinon vous sortirez d'ici n'étant plus commissaire.
>
> Il est des moments, dans la vie, où l'on parle pour des milliers de camarades. Une force intérieure vous dicte les mots qu'il faut. C'est une de ces minutes-là. Très pâle, je raconte la naissance des premiers FTP, leur héroïsme, leur valeur militaire, la lutte menée à Londres pour leur faire obtenir des armes, la souffrance qui est la mienne depuis janvier 1943 de les avoir vus toujours sous-estimés, en fait abandonnés par la France combattante… Quand j'ai voulu, ici, aider les FFI, je me suis heurté à un mur ; et quand j'ai appris l'écrasement du Vercors, mon indignation a éclaté.
>
> Alors de Gaulle, au comble de la fureur :
>
> – Vous savez exploiter les cadavres[77] !

Le chef du gouvernement provisoire exigea une rétractation – qu'il obtint. « L'intérêt national – maintenir l'union des combattants – seul nous a guidés en cette heure pathétique », conclut Fernand Grenier[78]. L'affaire n'était pas close pour autant. Bien des anciens du Vercors jugèrent, et considérèrent longtemps, qu'ils avaient été trahis : alors que le pouvoir gaulliste les avait mobilisés dans le cadre du « plan Montagnards », il les avait, selon eux, abandonnés à l'heure de l'assaut.

Les maquis avaient brillé d'un éclat singulier à l'aube de la Libération, dans la mesure où ils semblaient annoncer une levée en masse capable, par sa fougue, d'abattre l'occupant. Les résultats, on l'aura compris, furent loin de réaliser cette promesse. Les trois maquis emblématiques conçus par les services gaullistes ne jouèrent qu'un rôle militaire limité ; mais cette règle d'airain vaut aussi pour les formations plus modestes qui fleurirent avant comme après le jour J.

Tel fut le cas de Défense de la France. Alors que le mouvement avait jusqu'alors suivi une stratégie civile, il décida à Pâques 1944 de basculer dans la lutte armée et de créer un maquis en Seine-et-Oise Nord. En août 1944, Philippe Viannay rappelle :

> Mon but en prenant ce commandement était double.
>
> – J'ai pensé d'abord qu'il était souhaitable que l'un des dirigeants du MLN prît part, de façon active, au combat des militants. Il est bon que les soldats aient parmi eux de façon très proche ceux qui les commandent.
>
> – J'ai pensé ensuite qu'une telle expérience me permettrait de rendre compte très exactement des difficultés rencontrées par le commandement FFI[79].

Cette décision fut loin de faire l'unanimité. Au sein du Comité directeur, deux dirigeants, Robert Salmon et Jean-Daniel Jurgensen, jugeaient la démarche puérile. Rappelant que Viannay n'avait aucune expérience militaire, ils craignaient surtout qu'en s'éloignant de Paris avec ses troupes, le patron de Défense de la France ne compromît la publication du journal au grand jour, parution qui reposait sur la prise *manu militari* des imprimeries parisiennes. Viannay persista. Disposant du nécessaire pour armer une centaine d'hommes, nommé en février 1944 chef départemental FFI pour la Seine-et-Oise Nord, il organisa sa sous-région en faisant venir des militants éprouvés et en s'appuyant sur des groupes qui préexistaient à sa venue – les FTP d'Elie Quideau et de Kléber Dauchel ou les gendarmes des brigades de Marines, L'Isle-Adam, Conflans-Sainte-Honorine et Neuilly-en-Thelle, soit un effectif d'environ 300 hommes[80]. Dès le 19 juin, toutefois, un groupe caché dans les bois de Ronquerolles (Seine-et-Oise) fut attaqué. Les Allemands arrêtèrent 19 maquisards, en fusillèrent 11 et en déportèrent 2[81]. Ce drame amena Viannay à modifier sa stratégie. Plutôt que de concentrer ses troupes, il les dissémina afin qu'elles mènent la guérilla que le commandement escomptait. Au total, ses forces perpétrèrent, entre le 9 juin et le 20 août 1944, 7 attentats ferroviaires, 11 coupures de routes, 5 ruptures de câbles de communication, 15 attaques contre les troupes d'occupation et quelques destructions – une passerelle à Conflans-Sainte-Honorine par exemple[82]. Sur le plan militaire, le bilan fut donc modeste, surtout si on le rapporte aux pertes endurées.

Cet exemple – parmi tant d'autres – invite à s'interroger sur la pertinence de la stratégie appliquée en juin 1944. Autant l'application des plans fut globalement un succès, autant la floraison des maquis donna des résultats limités ponctués de tragédies amères.

Les maquis, tout d'abord, pâtirent d'une articulation inexistante avec la grande stratégie alliée. Les Français n'avaient pas été associés à la préparation du débarquement et demeurèrent, jusqu'au 6 juin, dans une totale ignorance à son sujet. Les autorités gaullistes furent donc dans l'impossibilité d'adresser des consignes claires à leurs troupes, exception faite des plans. Les commandements locaux, par ailleurs, étaient en règle générale inexpérimentés. Ils disposaient rarement d'une formation militaire et les conditions de la clandestinité ne leur permirent pas d'entraîner leurs hommes au combat – à supposer qu'ils aient disposé de l'armement et des munitions suffisants. Au vue de ce constat, il serait aisé d'ironiser sur ces soldats d'occasion et leurs officiers d'opérette. C'est oublier qu'une masse de Français désirait désormais en découdre. Ulcérés par l'occupation, estimant que la victoire était à portée des fusils, ils s'engagèrent au mépris de leur vie. Les commandements régionaux durent, en d'autres termes, gérer sur tout le territoire cette impatience fiévreuse qui s'accommodait mal des consignes de prudence et du sang-froid que la guerre exige. Elle explique en partie le lourd tribut que les maquis acquittèrent.

*Prendre le pouvoir ?*

Dans le sillage d'un débarquement annonciateur de la victoire, de nombreux Français crurent possible de renverser les relais du pouvoir vichyste. Dès le 6 juin 1944, des maquisards s'emparèrent de Saint-Amand-Montrond, une sous-préfecture du Cher. Le lendemain, des Francs-Tireurs et Partisans occupèrent Tulle dont ils se rendirent maîtres le 8. Le 9, des éléments de la division SS Das Reich reprirent le chef-lieu de la Corrèze. « Rendus fous de rage par la vue de 44 cadavres de soldats allemands des 8$^{e}$ et 13$^{e}$ compagnies du 95$^{e}$ régiment alignés à l'hôpital », ils pendirent 99 habitants aux réverbères de la ville et en déportèrent 149[83]. Guéret, en revanche, échappa à ce sort tragique. Le 7 juin, des FFI s'étaient saisis de la préfecture de la Creuse, mais les occupants avaient contre-attaqué, mobilisant quatre compagnies et bénéficiant d'un soutien aérien[84]. Ils s'abstinrent en revanche d'exercer des représailles. Les honneurs militaires avaient été rendus à leurs soldats et les blessés, convenablement traités, avaient été conduits à l'hôpital[85].

La libération prématurée des villes, grandes ou petites, ne constitua pas l'apanage des communistes, puisque d'autres sensibilités cédèrent à cette tentation. Mais le PCF fut assurément en pointe dans ce mouvement. Sans programmer la prise du palais d'Hiver, il entendait créer un rapport de forces qui lui serait favorable, afin de laisser largement ouvert l'éventail des possibles. Le 6 juin, la direction des FTP zone sud ordonna donc de libérer immédiatement la Savoie, les Alpes, le Massif central et le Limousin et de s'emparer de Guéret, Tulle et Limoges – ce que Georges Guingouin refusa[86]. Le « Tito limousin » attendit le 12 août pour encercler la préfecture de la Haute-Vienne et n'y entra que le 21 pour éviter que cette libération si attendue ne se solde par un bain de sang. Communistes ou non, de nombreux chefs se montrèrent tout aussi prudents, tant sur le plan militaire que sur le plan politique. Dans l'Ain, Romans-Petit se garda d'engager ses troupes dans des batailles frontales et opta pour une guérilla mobile qui harcelait l'ennemi le long des routes ou des chemins de fer[87]. De même, le libérateur d'Oyonnax dissuada les partisans de l'occupation de Bourg-en-Bresse d'exécuter ce projet. « Certes, nous pouvons assiéger la ville, y pénétrer, y faire de nombreux prisonniers. Mais nous aurons de grosses pertes et nous serons, probablement, incapables de nous y maintenir, car que peuvent faire quelques armes lourdes contre des blindés ? La ville sera probablement reprise, connaîtra des mesures de représailles terribles. Cette opération, très spectaculaire certes, est lourde de trop de risques pour être tentée. J'en démontre l'impossibilité aux avocats, parfois inattendus, de cette opération à grand spectacle et pas du tout capitale sur le plan militaire », conclut-il après coup[88].

Ainsi, la résistance eut une pleine efficacité quand elle fut dirigée par des chefs décidés, mais prudents, et qu'elle articula son action à la stratégie des Alliés. Mais ce couplage se révéla ardu à opérer. Car si les décisions stratégiques se prenaient au sommet, la tactique s'opérait sur le plan régional, sinon local. Le commandement supérieur des FFI ne joua par conséquent qu'un rôle mineur, d'autant que de violents conflits opposèrent le Comac à l'état-major FFI.

### *Conflits*

La question de savoir à qui devait revenir le commandement opérationnel de l'armée des ombres n'avait cessé d'empoisonner les relations entre le pouvoir gaulliste et une frange de la résistance intérieure qui revendiquait la direction des opérations. Tantôt masquée, tantôt ouverte, cette querelle s'envenima à l'été 1944 et opposa le Comac – que présidait le communiste Pierre Villon – aux autorités du Gouvernement provisoire d'Alger – Délégations civile et militaire et Etat-major FFI avant tout.

Lors d'une séance clandestine tenue le 1er mai 1944, le Comité d'action (Comidac, bientôt rebaptisé Comac) avait clairement posé le problème. Chargé de mission des généraux Koenig et de Gaulle, le colonel Ely avait rappelé que « le commandement des FFI doit dépendre de Londres et d'Alger, que les questions militaires doivent passer au premier plan et qu'il faut créer un état d'esprit unissant le peuple français en armes contre l'envahisseur[89] ». Les membres du Comidac avaient rétorqué que « les FFI doivent exécuter les plans prescrits et les missions confiées par les Alliés, mais l'essentiel pour la résistance reste la possibilité d'engager et de réaliser des opérations conçues par elle-même, destinées à libérer tout ce qui sera possible du territoire national par sa propre action. Pour cela, les FFI doivent être commandés d'ici, de Paris et non de Londres[90] ». Trois divergences nourrissaient donc le contentieux : le Comac revendiquait la direction de l'action clandestine que les gaullistes lui disputaient ; il préconisait l'« action immédiate », alors que le gouvernement provisoire recommandait d'agir en corrélation avec les Alliés ; enfin, il souhaitait que les masses interviennent dans le processus de libération. « Nous respections le cadre défini par les Alliés sans nous interdire de faire intervenir nos forces militaires et de recourir à l'action populaire généralisée, à la grève par exemple », rappela Maurice Kriegel-Valrimont[91]. Autant le dire, ce scénario inquiétait tant les Alliés que le pouvoir gaulliste, hantés par la question des représailles et l'éventualité d'un putsch communiste.

En juin comme en juillet, le Comac s'efforça de faire prévaloir ses vues. Ainsi, il rejeta l'ordre donné par le général Koenig le 10 juin 1944. Au contraire, il prescrivit le 14 juin :

> Les FFI doivent se préparer à tous les échelons à cette collaboration avec les masses populaires en vue de l'insurrection nationale : le renforcement de *l'action de guérilla* contre l'ennemi est un des éléments préparant l'insurrection nationale, elle galvanise la volonté de lutte populaire. [...] Partout où le rapport des forces le permet, le but de l'insurrection doit être de débarrasser le pays de l'envahisseur, de destituer les représentants de Vichy et de les remplacer par des pouvoirs provisoires instaurés et contrôlés par les comités de la libération et, là où elles existent, les autorités désignées par le gouvernement provisoire de la République française, de mobiliser toutes les forces de la région libérée pour chasser l'ennemi du reste du territoire[92].

Ces débats ne cessèrent de rebondir tout au long de l'été. Lors des réunions tenues en juin, en juillet, puis en août, le Comac revint à la charge ; mais le délégué militaire national (DMN), Jacques Chaban-Delmas, pratiqua l'esquive avec un art consommé.

Né en 1915, le jeune inspecteur des Finances était entré dans le réseau Hector à la fin du mois de décembre 1940 avant de devenir en octobre 1943 adjoint officieux d'André Boulloche, délégué militaire régional pour la région parisienne (P). Au printemps 1944, le BCRA refusa d'entériner la nomination de Bourgès-Maunoury pour exercer la fonction de délégué militaire national en raison de son jeune âge. Malicieusement, Bourgès proposa alors pour le poste Chaban, son cadet d'une année, inconnu à Londres. Début mai, ce dernier fut officiellement adoubé comme DMN intérimaire par le BCRA[93]. Le choix se révéla judicieux : tout en refusant les exigences du Comac, le nouveau délégué militaire national évita de rompre avec ses interlocuteurs, ce qui prolongea les pourparlers : le 7 août, le Comac explorait encore les voies d'un accord avec le général Koenig ! Il proposa :

> 1° Le commandement suprême des FFI sur le territoire métropolitain est exercé par le Comac par délégation du général Koenig.
>
> 2° Les ordres du général Koenig pour l'application des plans stratégiques alliés seront exécutés par priorité par les FFI [...][94].

A l'heure où les blindés américains filaient sur Paris, ces négociations paraissaient pourtant bien vaines...

Le Comac finit par recevoir « le commandement suprême des FFI sur le territoire métropolitain [...] par délégation du général Koenig » le 14 août 1944[95]. Mais ce compromis était sans conséquences. D'une part, le Comac ne disposait pas d'une liaison directe avec l'état-major allié, ce qui limitait les synergies entre la progression des troupes anglo-américaines et l'action de la résistance intérieure. D'autre part, le commandement était de fait décentralisé, tendance que les pouvoirs des délégués militaires régionaux, dispensateurs des armes, de l'argent et des liaisons, amplifiaient comme on l'a dit. Les communistes, enfin, disposaient de bien pauvres leviers. « La réalité est qu'ils n'ont pas les moyens de déclencher et encore moins de diriger une insurrection à l'échelle de la nation ; dépourvus des moyens de transmission qui sont aux mains de la délégation générale et des délégués militaires régionaux, enfermés dans l'atmosphère factice de Paris, devenus suspects aux socialistes et aux mouvements de zone nord, ils n'ont pas d'autres forces sûres que celles du Parti et des Francs-Tireurs et Partisans et leur capacité de mobilisation populaire est limitée à la région parisienne », résume Jean-Louis Crémieux-Brilhac[96]. Dans cette querelle de pouvoir, les gaullistes se contentèrent donc, non sans habileté, de jouer la montre. Le temps, il est vrai, travaillait pour eux.

*Percées*

Si le débarquement en Normandie s'était somme toute bien déroulé, les Alliés, durant près de deux mois, restèrent cantonnés dans une étroite tête de pont sans parvenir à percer les défenses allemandes. Le général Bradley réussit pourtant à sortir de cette impasse stratégique. Alors que l'offensive aurait dû intervenir dans le secteur britannique, dans la région de Caen, il suggéra, au vu des échecs répétés du général Montgomery, que l'offensive s'opère à l'ouest, dans le Cotentin. Fort de l'accord d'Eisenhower, Bradley déclencha le 25 juillet l'opération Cobra. Après quelques jours de rudes combats, les Américains ouvrirent une brèche dans les défenses ennemies sur la ligne Saint-Lô-Périers-Lessay dans laquelle ils s'engouffrèrent pour percer vers Avranches. Au vu de leur avance rapide, le commandement américain décida de scinder ses troupes. Une partie opéra un mouvement tournant et fonça sur la Bretagne, libérant Rennes (4 août), Nantes (11 août) et Quimperlé (13 août) ; l'autre, après avoir enfermé une partie des forces ennemies dans la poche de Falaise, piqua plein ouest et s'apprêta à libérer Paris. Les Britanniques, pour leur part, montaient au nord et chassaient les Allemands de la quasi-totalité du Nord-Pas-de-Calais entre le 1er et le 5 septembre. Le 15 août enfin, un corps expéditionnaire franco-américain débarqua en Provence (opération Dragoon), libéra Marseille et entama une rapide remontée du couloir rhodanien, ce qui lui permit, avec l'aide des FFI, de s'emparer de la capitale des Gaules le 3 septembre.

Le passage d'une guerre de positions à une guerre de mouvement, voire de poursuite, conféra tout son sens à l'action de la résistance : l'armée des ombres pouvait désormais donner sa pleine mesure en articulant ses opérations à la progression des forces alliées. Cette règle se vérifia à l'été en Bretagne. La bataille rangée de Saint-Marcel avait abouti à un demi-échec ; mais dès que l'ordre d'insurrection généralisée leur fut donné, le 3 août à 18 heures, les quelque 30 000 résistants bretons[97] participèrent activement aux combats. Décemment armés, ils bénéficiaient, il est vrai, du soutien des équipes Jedburgh et autres *Operational Groups*, ainsi que de l'aide de 150 parachutistes menés par le colonel Eon assisté du colonel Passy. Ces forces purent tout d'abord libérer certaines localités (Loudéac, Saint-Brieuc, Lannion...)[98], nettoyer les villes traversées par les avant-gardes et renseigner les Alliés. Ils assumèrent ensuite la garde d'ouvrages d'art – les viaducs de Morlaix et de Plougastel par exemple –, ce qui déchargea les forces américaines et leur permit de se concentrer sur les opérations militaires au sens strict.

Ce *modus operandi* se reproduisit peu ou prou sur l'ensemble du territoire, d'autant que le 16 août, Adolf Hitler lança un ordre de repli général. La retraite de la Wehrmacht décupla l'ardeur de la résistance. Début août, le colonel Zeller, responsable des FFI pour le Sud-Est, recommanda aux généraux alliés d'avancer à marche forcée dans le sillon rhodanien afin de se saisir au plus vite du massif alpin, mal défendu[99]. Il fut en partie entendu. Tandis qu'une modeste brigade motorisée filait sur les Alpes, les maquisards passèrent à l'action. Ils obligèrent la garnison d'Annecy à capituler et capturèrent 3 500 prisonniers en Haute-Savoie[100]. Grenoble, qui devait tomber le 15 novembre, fêta dès le 22 août sa libération. De même, les résistants, dans le Massif central, entravèrent les mouvements ennemis et obligèrent les Allemands pris dans la nasse à se rendre, à Brive comme à Limoges. Dans le Sud-Est enfin, les FFI dirigés par Serge Ravanel passèrent à l'attaque le 16 août et obtinrent la reddition des troupes ennemies. Au 24 août, date à laquelle la région Midi-Pyrénées (R4) fut dans l'ensemble libérée, l'armée des ombres avait capturé 13 000 prisonniers. Enfin, plusieurs milliers de soldats cantonnés sur le littoral atlantique firent retraite vers le Nord-Est, en espérant atteindre Dijon. Le gros des troupes parvint à passer la Loire, mais quelque 20 000 traînards, commandés par le général Elster, lambinaient. Harcelée par la résistance, la colonne Elster capitula le 10 septembre dans la ville d'Issoudun. Elle préféra cependant se rendre aux officiers de l'armée régulière américaine plutôt qu'aux FFI[101].

La résistance participa ainsi pleinement aux combats de l'été 1944 et hâta sans conteste la libération du pays. Comme toujours, il faut savoir raison garder. Certes, « le repli allemand s'opéra dans les conditions les plus défavorables, harcelé non seulement par les dangers inhérents à toute entreprise de ce genre, mais par une série d'autres problèmes parmi lesquels la politique tenait une bonne place. Il ne s'agissait pas seulement d'évacuer un immense territoire ennemi et de plus infesté de bandes en révolte, mais aussi de liquider au moins provisoirement la politique française de l'Allemagne », relève Eberhard Jäckel[102]. La retraite s'accomplit malgré tout en bon ordre. Quittant le Sud-Est, le groupe d'armées G du général von Blaskowitz, à son arrivée à Dijon, avait ainsi sauvé 130 000 hommes sur 209 000[103]. De même, au moins 300 000 hommes en provenance de l'Ouest réussirent à franchir la Seine en août 1944[104]. Pour le Reich, la seconde bataille de France ne fut donc ni un Verdun ni une Berezina. Car si la Wehrmacht perdit le gros de son matériel, elle parvint à rapatrier l'essentiel de ses forces, ce qui explique qu'elle ait pu résister ensuite, près d'une année durant, aux forces alliées qui la combattaient sur deux fronts. La France fut par ailleurs loin de s'embraser et l'insurrection nationale resta un phénomène numériquement et spatialement limité.

*Insurrection ?*

Si toutes les forces résistantes plaidaient pour l'insurrection nationale, leurs conceptions quant à sa réalisation divergeaient. Alors que les gaullistes et les principaux mouvements observaient une prudente retenue, les communistes multiplièrent dès juin les appels au soulèvement. A la volonté d'accélérer le départ de l'occupant et d'éviter que la population n'assiste passivement à sa libération s'ajoutait un objectif politique : « Influer sur la réalité politique locale et nationale[105]. » L'insurrection permettrait, espéraient-ils, de renverser le rapport de forces et d'imposer localement des Comités départementaux de libération (CDL) « choisis par les masses » aux dépens des membres désignés par le gouvernement provisoire – à l'image du CDL d'Agen[106]. Or, ce schéma fut loin de se réaliser. Sur 212 villes recensées par Philippe Buton, 179 (soit 84 %) durent leur libération soit aux Alliés, soit au retrait des Allemands, les résistants ne jouant alors qu'un rôle modeste[107]. Les villes insurgées – Paris, Lille, Marseille, Limoges et Thiers – ne représentent donc qu'une exception, mais, dans le cas de la ville lumière, une exception particulièrement brillante.

Après la percée vers Avranches, les Alliés entamèrent une rapide progression vers l'ouest qui leur permit, après qu'ils eurent pris Mantes le 19 août, de franchir la Seine le lendemain. Les Américains, pourtant, ne tenaient guère à s'emparer de la capitale. « Nous voulions éviter de faire de Paris un champ de bataille, et nous projetions des opérations destinées à couper et encercler la banlieue pour forcer la garnison à capituler », rapporte le commandant en chef, Eisenhower. Mais les résistants, à l'intérieur de la ville, lui « forcèrent la main[108] ».

Dès le 14 juillet, en effet, les formations communistes avaient lancé des mots d'ordre appelant à manifester qui avaient été, semble-t-il, massivement suivis. Mais le mouvement insurrectionnel au sens strict s'enclencha début août. A l'appel de la CGT, les cheminots lancèrent le 10 août un mot d'ordre de grève que reprirent aussitôt les PTT, puis, le 15, les policiers parisiens. Le 18 août, le chef des FFI de la région parisienne, Henri Rol-Tanguy, rédigea un ordre de mobilisation qui fut placardé dans la nuit. Le lendemain, le principe de l'insurrection reçut l'aval du délégué général, Alexandre Parodi ; elle éclata aussitôt.

Le rapport de forces desservait plutôt la résistance, encore que les chiffres, selon les sources, varient. Le 3 juillet 1944, le Comac recensait 1 750 hommes armés et 60 000 mobilisables pour la région parisienne (P)[109]. En août, la délégation dénombra un noyau de 30 000 à 35 000 hommes armés[110]. Après guerre enfin, les autorités militaires reconnurent 28 757 FFI pour le département de la Seine. L'estimation la plus plausible se situe donc dans une fourchette comprise entre 20 000 et 25 000 FFI. Encore faut-il préciser que tous n'étaient pas, loin de là, armés, puisque Henri Rol-Tanguy estimait à 600 les armes disponibles[111]. Les insurgés pouvaient en revanche tabler sur la neutralité, voire le soutien des forces de l'ordre – police, gendarmerie, garde républicaine – qui disposaient de 20 000 armes environ[112].

Les Allemands, pour leur part, alignaient environ 20 000 soldats et une cinquantaine de chars[113]. Mais entendaient-ils se battre jusqu'à la dernière cartouche ? Prenant son poste le 9 août 1944, le nouveau commandant du Gross Paris, le général Dietrich von Choltitz, mesurait l'inanité de défendre la capitale. De fait, « les alliés avaient déjà établi de part et d'autre de la ville des têtes de pont sur la rive nord de la Seine et, par suite, rendu déjà extrêmement difficile la défense du fleuve par les Allemands [...]. Les unités allemandes sur l'ensemble du front étaient trop inférieures en nombre, trop faibles en personnel et matériel[114] ». Le commandement allemand préféra donc éluder les ordres de Hitler, qui exigeait que Paris fût « tenue à tout prix » ou « réduite en un tas de décombres[115] ». En lançant ces ordres, le dictateur espérait avant tout faciliter le repli de ses troupes et gagner du temps, afin d'établir des positions défensives à l'arrière. Choltitz engagea alors une partie compliquée avec le quartier général du Führer et l'état-major du groupe d'armées B, puisqu'il chercha à respecter formellement les ordres pour mieux s'en émanciper.

Dans le même temps, la tension montait dans la capitale. Le 19 août, un petit comité, composé notamment de Léo Hamon (CPL), Roland Pré (Délégation) et Henri Ribière (CNR), entreprit de négocier une trêve par l'entremise du consul de Suède, Raoul Nordling. Cette initiative fut vivement contestée par les partisans de l'insurrection. Elle « venait à point pour ceux qui craignaient toujours, comme ils l'avaient toujours craint, que l'insurrection soit incapable de tenir tête aux forces ennemies, que les armées alliées n'arrivent pas à temps, que Paris ne soit réduit en cendres, et que l'ordre social ne soit troublé », résument Henri Rol-Tanguy et Roger Bourderon[116]. Rol ordonna donc de poursuivre les combats, non sans s'alarmer de la situation qui régnait dans la ville. « La paralysie de l'ennemi, son regroupement forcé dans quelques points d'appui où il serait bloqué étaient des objectifs réalisables par les FFI, non la réduction de ces points d'appui, faute d'armement semi-lourd et lourd[117]. » Bref, le secours des Alliés, tous les acteurs en convenaient, s'imposait.

Le 20 août, Rol dépêcha son chef d'état-major, le commandant Gallois, pour demander l'aide des troupes régulières ; dans une lettre rédigée le 21 et transmise le lendemain par Juin et Koenig, de Gaulle conjura Eisenhower de presser le mouvement. Ike s'exécuta. Le 23 août, la 2e DB du général Leclerc s'ébranla ; ses premiers éléments prirent position sur le parvis de l'Hôtel de Ville le lendemain. Le 25 août enfin, la ville tombait. Le général Leclerc et le colonel Rol-Tanguy recueillirent alors la reddition de Choltitz à la gare Montparnasse, tandis que de Gaulle préparait minutieusement son retour. Après être passé à la gare Montparnasse, il se rendit au ministère de la Guerre qu'il avait quitté le 10 juin 1940, avec Paul Reynaud. Après avoir salué les policiers de la préfecture de police, il finit, après ces longs détours, par gagner l'Hôtel de Ville pour rencontrer les membres de la résistance. Exaltant, dans un discours mémorable, « Paris ! Paris outragé ! Paris brisé ! Paris martyrisé ! mais Paris libéré[118] ! », il déclina en revanche l'invite du président du Conseil national de la Résistance, Georges Bidault, qui suggérait de proclamer la république. « La République n'a jamais cessé d'être. La France libre, la France combattante, le Comité français de la Libération nationale l'ont, tour à tour, incorporée. Vichy fut toujours et demeure nul et non avenu. Moi-même suis-je le président du gouvernement de la République. Pourquoi irais-je la proclamer ? », répondit-il[119]. L'apothéose, enfin, sonna le lendemain, lorsque Charles de Gaulle descendit les Champs-Elysées fêté par des centaines de milliers de Français heureux de célébrer les noces de la libération et de leurs libérateurs. « Je vais donc, ému et tranquille, au milieu de l'exultation indicible de la foule, sous la tempête des voix qui font retentir mon nom, tâchant, à mesure, de poser mes regards sur chaque flot de cette marée afin que la vue de tous ait pu entrer dans mes yeux, élevant et abaissant les bras pour répondre aux acclamations. Il se passe, en ce moment, un de ces miracles de la conscience nationale, un de ces gestes de la France, qui parfois, au long des siècles, viennent illuminer notre histoire. Dans cette communauté, qui n'est qu'une seule pensée, un seul élan, un seul cri, les différences s'effacent, les individus disparaissent[120]. »

L'insurrection de Paris, à la différence de celle de Varsovie qui fut sa contemporaine, se conclut donc par un éclatant succès : la ville lumière recouvra intacte la liberté, tandis que la capitale polonaise était réduite en cendres par les Allemands. Cette victoire fut assurément partagée. Elle marquait le triomphe de la résistance intérieure qui avait réussi à mobiliser la population pour l'engager dans le combat. Menés à l'assaut par Henri Rol-Tanguy, les communistes avaient joué un rôle moteur sans pourtant parvenir à leurs fins : accueillir Charles de Gaulle dans une ville libérée par elle-même.

Les fidèles de Maurice Thorez avaient échoué, tout d'abord, à confisquer le commandement de la résistance. La Commission militaire du CNR (le Comac), noyautée par les éléments rouges, avait sans doute vu son autorité formellement reconnue le 14 août par les autorités gaullistes – Alexandre Parodi et Jacques Chaban-Delmas. Mais cette reconnaissance restait formelle, d'autant que le général Koenig devint le 21 août gouverneur militaire de la place de Paris. Sur le plan local, le PCF disposait en théorie de puissants atouts, puisque les FFI, à l'échelle régionale, dépendaient d'Henri Rol-Tanguy et que le Comité parisien de Libération était présidé par André Tollet, deux personnages dont la fidélité au Parti ne pouvait être suspectée. Mais il ne parvint pas à intégrer les volontaires parisiens à ses organisations.

Or, la captation du bénéfice moral et politique de l'insurrection reposait sur la capacité à canaliser les masses dans un ensemble d'organisations contrôlées, fût-ce en sous-main, par le Parti – Milices patriotiques, Francs-Tireurs et Partisans français et autres Forces unies de la Jeunesse patriotique. Ici encore, la réalité ne répondit pas aux attentes. Sur les quelque 20 000 combattants parisiens, les forces rouges ne contrôlaient au plus que 4 000 hommes – un modeste cinquième des effectifs[121]. Conscient de cette lacune, Rol poussa les volontaires à s'enrégimenter. « Tous les Français et Françaises valides doivent se considérer comme mobilisés. Ils doivent rejoindre immédiatement les formations FFI ou les milices patriotiques de leur quartier ou de leur usine », prescrivait l'ordre du 18 août 1944[122]. Il récidiva le 24. « Les commandants de département doivent organiser immédiatement les bureaux d'engagement pour recueillir tous les volontaires décidés à participer à la lutte contre le boche », ordonna-t-il alors[123]. Mais ces directives – par surcroît peu suivies – arrivaient trop tard pour inverser la tendance. Les dirigeants gaullistes prirent très tôt la mesure de cette impuissance. Dès le 11 août, le délégué militaire national, Jacques Chaban-Delmas, expliqua à Londres qu'il « ne croit pas à un danger FTP. Ceux-ci savent qu'ils ne constituent pas toutes les forces des FFI ou de la Résistance[124] ».

Mais le pouvoir gaulliste peina tout autant à contrôler le cours des événements. Loin d'embrayer sur l'événement, la BBC, à partir du 18 août, se mura dans une prudente expectative, évitant de donner aux Parisiens des consignes d'action. Ce hiatus opposant le tumulte parisien à l'aphasie des ondes britanniques résultait de deux facteurs. D'une part, les communications défaillantes entre Londres et Paris empêchèrent les dirigeants de se forger une idée claire de la situation. Les télégrammes envoyés par Jacques Chaban-Delmas furent ainsi décodés avec trois, quatre, voire six jours de retard[125]. Mais le mouvement de grèves, surtout, semble avoir plongé le général de Gaulle dans la perplexité. En soutenant cette dynamique, le pouvoir craignait de paralyser des productions vitales pour la capitale (dans le secteur énergétique notamment). Il redoutait surtout de devoir endosser la responsabilité d'une possible répression. Le précédent de 1871 hantait les esprits, à telle enseigne que de Gaulle lança à Leclerc le 23 août 1944 : « Allez vite. Nous ne pouvons pas nous payer le luxe d'avoir une nouvelle Commune[126]. » Le chef du gouvernement provisoire, au vrai, se voyait mal endosser les habits d'Adolphe Thiers en obligeant la 2e DB à réprimer dans le sang un mouvement insurrectionnel. Dans le même temps, il ne pouvait pas se couper d'un processus de toute évidence populaire et massif. Le silence de la radio refléta cet embarras dont les Londoniens étaient parfaitement conscients. « L'absence d'instructions pour Paris constitue une grave lacune, vu que ce sont les plus urgentes et les seules qui présentent des difficultés réelles », observait Georges Boris le 11 août[127]. « Il est à craindre que si le GPRF ne donne pas des indications et des consignes à Paris, le mouvement se déclenche sans l'autorisation du GPRF », précisait un rapport anonyme (mais émanant sans doute du commissariat à l'Intérieur) daté du 14 août 1944[128]. Deux facteurs, pourtant, permirent au général de Gaulle de conserver la main : l'envoi de la 2e DB et l'annonce – sciemment anticipée – de la libération de Paris que la BBC diffusa le 23 août 1944.

Malgré ces impairs, l'insurrection de la capitale reste l'une des plus belles pages de l'été 1944. Elle le doit, tout d'abord, à des pertes humaines limitées. La 2e DB perdit, selon les estimations, de 76 à 130 hommes ; dans les rangs des FFI, il y eut de 900 à 1 000 morts ; la population parisienne pour sa part déplora 582 victimes et 2 000 blessés[129]. Elle permit également de célébrer l'action conjuguée des deux résistances, en associant dans un combat fraternel des FFI de Rol et les soldats de Leclerc. Malgré les drames et les souffrances endurés par les civils, elle fut aussi une fête pour ses acteurs. Les barricades affichèrent ainsi « les retrouvailles avec le passé sacralisé des insurrections populaires, elles présentèrent un miracle, celui du peuple retrouvé, peuple fraternel, égalitaire, héroïque et combattant[130] ». Femmes et hommes ont également célébré, dans la joie de la libération, les noces de la chair. « Dans l'ombre, blancheur d'un bras nu sur une gorge à demi découverte, une cuisse s'enfuit comme truite à minuit, et Paris fait l'amour sur toutes les pelouses, avec toutes les nations, et quand je dis Paris, est-ce Paris ? », relevait Claude Roy[131]. Enfin, le départ d'un occupant honni s'accompagna souvent de force libations. A cette aune, l'insurrection de Paris fut bien, au sens plein du terme, une libération – du langage, de l'esprit et des corps. C'est dire que ces souvenirs communs ne coïncident qu'imparfaitement avec les représentations que prétendirent imposer gaullistes et communistes. L'ordre – fût-il républicain – que rétablissait le chef du GPRF et son souci de poursuivre la guerre s'accommodaient difficilement de l'euphorie libertaire qui s'empara des Parisiens ; le caractère hédoniste d'un peuple vivant sa joie ne correspondit pas davantage à l'image que le PCF suggérait : celle d'un peuple insurgé luttant fraternellement pour briser ses chaînes, mais conservant esprit de sérieux, sens du sacrifice et du don de soi.

La libération de Paris ne déboucha donc ni sur un carnage ni sur un bain de sang. Elle ne marqua pas, par ailleurs, la fin des combats que menèrent les résistants, à l'Est du pays notamment. Mais cette lutte s'inscrivait désormais dans un contexte totalement différent, puisqu'elle était régie par la progression des troupes alliées. Menant une action de guérilla, la résistance changeait de nature et ouvrait une nouvelle page de son histoire qu'un autre historien se plaira à écrire. A cette aune, l'insurrection parisienne de la fin 1944 doit bien être considérée comme un apogée. La capitale fut en effet à l'unisson d'un pays qui évita les affres de la guerre civile.

### *La guerre civile n'aura pas lieu*

L'idée que la France soit entrée en 1944 dans une guerre civile est une thèse communément admise. Avec la Libération, l'heure de la revanche aurait sonné : les résistants se seraient empressés d'apurer les comptes de la guerre, de l'occupation et du vichysme en déchaînant les foudres d'une épuration aussi sanguinaire qu'aveugle – thèse qu'illustrent par exemple le roman de Marcel

Aymé, *Uranus*, publié en 1948, et le film qu'en tira Claude Berri en 1990.

De 8 000 à 9 000 Français furent exécutés hors de tout processus judiciaire par des groupes se réclamant bien souvent de la résistance[132]. Mais 80 % de ces exécutions intervinrent soit en pleine occupation, soit dans les combats de la Libération. Elles ne constituent donc pas l'application d'une vengeance doublant une épuration légale qui aurait été jugée trop clémente[133]. Elles s'apparentent plutôt à des actes de guerre visant à éliminer des personnalités jugées dangereuses. C'est ainsi que Philippe Henriot, dont les harangues de Radio-Paris étaient fort écoutées, fut abattu par un commando du Mouvement de Libération nationale dans son appartement de fonction parisien le 28 juin 1944. Sur un tout autre plan, des résistants – ou présumés tels – tondirent environ 20 000 femmes accusées (mais ce chef d'accusation n'en concernait que la moitié) d'avoir pratiqué la « collaboration horizontale » avec l'occupant[134]. La France de la Libération, il serait vain de le nier, se caractérisa donc par une grande violence.

Celle-ci ne fut pas pour autant synonyme de guerre civile. D'une part, en effet, le régime de Vichy n'appela pas les Français à se battre à l'été 1944[135]. Loin de la pousser à s'engager, Philippe Pétain invita la population à ne pas « commettre d'actes qui pourraient entraîner de tragiques représailles[136] ». Il réédita cette consigne aux hommes de la Légion française des combattants, pourtant piliers du régime. « Nous ne sommes pas dans la guerre. Votre devoir est de garder une stricte neutralité. Je ne veux pas de guerre fratricide. Les Français ne doivent pas se battre les uns contre les autres, leur sang est trop précieux pour l'avenir de la France et la haine ne peut que compromettre l'unité de notre pays qui est le gage de sa résurrection[137]. » On sait, dans la même veine, que le Maréchal délégua des émissaires auprès des représentants du général de Gaulle, espérant – bien en vain – lui transmettre pacifiquement ses pouvoirs. Ces manœuvres pathétiques lui auraient permis de légitimer *a posteriori* son pouvoir ; l'homme du 18 Juin, naturellement, les déclina[138]. Ces intrigues confirment toutefois que Pétain, en 1944, préférait un accord à une montée aux extrêmes de la guerre civile. Il est vrai, en revanche, qu'une minorité entendait en découdre, à l'image des miliciens et de leur chef, Joseph Darnand – prêts à imposer leurs vues par le fer et le sang. Mais ils étaient précisément minoritaires, donc sans capacité d'entraînement sur les masses.

Les fonctionnaires vichystes cédèrent donc la place sans livrer de baroud d'honneur. L'Etat français disparut « comme le chat d'Alice au pays des merveilles », pour reprendre la formule d'un officier américain[139]. Maires et préfets remirent les clés à leurs successeurs, sans jamais contester à ces nouvelles élites le droit de les remplacer. A Paris, le préfet Bussières s'effaça devant Charles Luizet ; à Rennes, un petit commando conduit par Pierre Herbart arrêta le 3 août le préfet régional, Robert Martin, ainsi que le préfet d'Ille-et-Vilaine, Emile Bouché-Leclercq, sans que ces derniers n'opposent la moindre résistance. Le même jour, Hubert de Solminihac, membre de Défense de la France, exigea du maire de la ville, le docteur René Patay, sa démission. Ce dernier s'exécuta et remit ses pouvoirs à son premier adjoint[140]. Ces scènes se reproduisirent peu ou prou dans la France entière et la dévolution du pouvoir s'accomplit sans heurts – à la surprise de certains acteurs. « Les troubles graves que certains redoutaient, au lieu d'être la règle, ont été l'exception. Très rares ont été les effusions de sang, releva Claude Bouchinet-Serreulles dans un rapport du 6 septembre 1944. A l'exception de la région de Limoges, où le processus fut plus lent, les commissaires de la République ont rapidement imposé leur autorité ; partout ils s'emploient à assurer la prééminence du pouvoir civil sur le commandement militaire[141]. » Ce constat ne signifie pas que la Libération fut un long fleuve tranquille ; mais il confirme que les heurts, les conflits et les tensions restèrent limités. La légitimité de la résistance ne fut donc pas disputée à la Libération, signe que les Français admettaient, après quatre longues années de lutte, son pouvoir. Les résistants avaient, il est vrai, acquis cette reconnaissance au prix fort, d'autant qu'ils ne représentaient, par rapport à la population, qu'une minorité.

# 15

# Sociologies

La France tout entière s'est-elle engagée dans la résistance ? Aux lendemains de la guerre, gaullistes et communistes l'affirmèrent, déclarant que le peuple dans sa masse avait contribué au combat clandestin. Ce constat pèche pourtant par excès d'optimisme. La résistance organisée demeura de bout en bout minoritaire, bien que des milliers de Français l'eussent ponctuellement épaulée. De fait, les groupes qui composaient la société française des années sombres abordèrent la lutte clandestine en ordre dispersé. Leurs options idéologiques, leurs intérêts et leur répertoire d'action les plaçaient dans des situations contrastées pour affronter les exigences du combat. Encore convient-il ici de distinguer les paramètres qui relèvent des déterminants sociaux de ceux qui découlent des logiques culturelles.

## *Une question de classes ?*

Envisager la résistance en termes de classes sociales revient à considérer d'une part que leurs répertoires d'action, historiquement différents, favorisaient inégalement leur engagement, de l'autre que leurs intérêts, par essence divergents, ne pouvaient que susciter des mobilisations hétérogènes.

Les statistiques suggèrent que les milieux sociaux s'impliquèrent de façon dissemblable dans la lutte. Globalement parlant, les éléments ouvriers ainsi que les classes moyennes furent plutôt surreprésentés – à l'inverse du monde paysan. Ainsi, dans la Manche, un département pourtant faiblement industrialisé, le prolétariat qui ne formait avant guerre que 8,5 % de la population active composa 16 % des effectifs clandestins[1]. Le même constat vaut pour l'Ille-et-Vilaine (où les chiffres sont respectivement de 9,5 % et de 13,5 %)[2] comme pour le Calvados (13,5 % contre 18 %)[3].

Cet engagement proportionnellement plus marqué traduisait au premier chef une opposition à l'égard des politiques menées par le régime vichyste et l'occupant allemand. L'Etat français se défiait du monde ouvrier, incarnation d'une civilisation urbaine et industrielle qu'il honnissait. Il le jugeait en outre gangrené par la lutte des classes et blâmait sa propension à déclencher des grèves dont le Front populaire avait dévoilé la nocivité. En outre, les Allemands dégradèrent les conditions de travail en se livrant à une exploitation intensive de l'industrie française. Visant principalement les salariés de l'industrie, le Service du travail obligatoire, enfin, fut considéré par eux comme une injuste sujétion. Non sans raison puisque les ouvriers composèrent, selon les estimations, de 54 à 63,5 % des requis, alors qu'ils ne pesaient que pour 31 % dans la population active[4].

La surreprésentation des éléments ouvriers, par ailleurs, reflétait le poids des communistes dans la résistance. Pour mener leur combat, le PCF et ses organisations satellites mobilisèrent leurs réseaux militants. Or, ces filières étaient principalement prolétariennes, puisque le parti communiste avait surtout recruté dans ces rangs avant guerre, le Front populaire marquant de ce point de vue une « réussite décisive[5] ». Les cellules ouvrières représentaient ainsi 30 % des cellules du Parti en octobre 1938[6]. Dans le pays de Montbéliard, des ouvriers de Peugeot, conduits par le communiste Charles Joly, formèrent donc les premiers groupes résistants[7]. Les FTP varois s'appuyèrent surtout sur les éléments prolétariens qui composaient 43 % de leurs effectifs et 36 % de leurs cadres[8]. Ce primat restait cependant relatif. En Ille-et-Vilaine, les ouvriers ne formaient que 22 % des forces communistes (OS-FN et FTP) – même si 78 % des résistants ouvriers militaient dans des formations relevant de cette galaxie[9].

Enfin, le prolétariat pouvait placer au service de la cause un large répertoire d'action. Il maîtrisait la technique de la manifestation et la grève, depuis la fin du XIXe siècle, était entrée dans son horizon quotidien[10]. De plus, la violence le heurtait moins que

« les classes moyennes ou supérieures, plus porteuses des valeurs du consensus social[11] ». Car l'avant-guerre avait accoutumé le monde des usines à une forme de brutalité que confirmèrent la rudesse de quelques conflits – la grève des cheminots de 1920 par exemple – et la violence de certaines manifestations, dans les années 1920 notamment. « Depuis la grève générale du 12 octobre 1925 contre la guerre au Maroc – un communiste et un policier tués –, les deux camps comptent leurs morts et leurs blessés qui viennent gonfler un contentieux que chaque camp espère vider à son profit quand l'occasion s'en présentera[12]. » Dans les banlieues rouges, une guérilla incessante opposait depuis les années 1920 les policiers aux militants communistes et cégétistes. « Tout y est prétexte à affrontement : la moindre manifestation, le dépôt d'une gerbe au monument aux morts, une distribution de tracts, un débrayage dans une usine, une prise de parole à la sortie de l'île Séguin[13]. » Par ailleurs, des stratégies de freinage visant à ralentir les cadences avaient été progressivement élaborées pour protester contre la rationalisation induite par la généralisation de l'Organisation scientifique du travail ; elles purent se convertir en sabotage invisible.

Les freins à l'engagement pesèrent moins, en somme, pour le monde ouvrier que pour d'autres milieux sans qu'il faille pour autant idéaliser son attitude. Les grèves, on l'a dit, restèrent l'exception plutôt que la règle. Même la « perruque », tradition qui permettait aux ouvriers de détourner des matériaux pour les transformer en objets bien éloignés de leur destination première, se métamorphosa rarement en pratique militante. Aux ateliers ferroviaires d'Oullins, hormis quelques « clous à quatre pointes fabriqués pour immobiliser des véhicules de la police ou de la Wehrmacht, la plupart [des objets fabriqués] n'étaient que l'émanation des préoccupations constantes et prosaïques[14] ». Enfin, le choc provoqué par le Service du travail obligatoire fut loin de déboucher sur un engagement résistant. Aux usines Peugeot, « les commandes allemandes, seules, assurent l'emploi. Le travail pour l'Allemagne est accepté par les ouvriers comme une contrainte nécessaire[15] ». Par conséquent, « ce que l'on refuse avant tout, c'est le départ, que ce soit en Allemagne ou ailleurs en France. Le fait de travailler pour les Allemands, même aussi directement que dans le cadre de la Todt, est admis dans la mesure où il apparaît vite inévitable pour échapper à ce qui est considéré pour longtemps comme la déportation », souligne Jean-Marie Guillon en évoquant le Var. Et de conclure : « Les réfractaires au STO ne sont pas forcément des réfractaires au travail pour l'occupant[16]. »

De même, les classes moyennes répondirent à l'appel, ce qui dément l'image négative que l'on accole parfois aux « couches nouvelles » jadis célébrées par Léon Gambetta. La résistance est en effet fréquemment présentée comme l'apanage du peuple ou de ses fidèles interprètes. Antifasciste, antivichyste, anticonformiste, révolutionnaire, elle ne pouvait être que l'antithèse, pense-t-on souvent, de la petite bourgeoisie[17]. Tout indique pourtant que ce milieu, certes difficile à définir, marqua de son empreinte le combat clandestin. Dans le mouvement Franc-Tireur, les patrons (commerçants ou petits industriels) représentent 20,5 % des effectifs, les cadres moyens 19,5 %, les employés 19 % – les ouvriers restant ultra-minoritaires (6 %)[18]. De même, Libération-nord rassemble apparemment 50 % d'enseignants, 14 % d'employés et de fonctionnaires, 9 % d'artisans et de commerçants, contre un modeste 16 % d'ouvriers[19]. En Ille-et-Vilaine, commerçants et artisans comptent pour un peu plus de 13 % des effectifs, alors qu'ils ne pèsent que pour environ 8 % dans la population active[20]. Les classes dites supérieures marquèrent également la résistance de leur empreinte. « Pour quiconque a bien connu la résistance ou les résistants, ce qui pouvait surprendre, ce n'était pas qu'il n'y eût ni ministre plénipotentiaire, ni colonel, ni chef d'entreprise, mais bien qu'il y en ait eu autant… », résume Henri Noguères, résistant puis historien[21]. Ces milieux, en outre, s'emparèrent du commandement des formations clandestines. Le plus souvent, « la hiérarchie résistante a tendance à se calquer sur la hiérarchie sociale, selon le modèle politique ou associatif classique des temps moins troublés[22] ».

Cette surreprésentation s'explique d'abord par l'idéologie qui animait ce milieu. La politique antirépublicaine et réactionnaire du régime vichyste ne pouvait que lui aliéner la frange des classes moyennes qui communiait dans les valeurs libérales, progressistes et patriotiques de la République. Si l'on admet, par ailleurs, que l'aspiration à la promotion sociale forme « le noyau dur » de son identité[23], force est de constater que l'Etat français brisait cette ambition en s'appuyant sur les notables de tradition et en poursuivant de sa vindicte les cadres, subalternes ou supérieurs, de l'ordre ancien – les instituteurs par exemple. Si une partie des classes moyennes soutint Philippe Pétain, une autre s'y opposa donc résolument.

Les classes moyennes pouvaient de surcroît offrir d'utiles concours à la résistance. Familières de l'écrit, elles savaient tenir la plume ; sans surprise, elles favorisèrent le développement de la presse clandestine. Quand elles appartenaient à l'appareil d'Etat, elles connaissaient les rouages administratifs et leur complicité facilita l'obtention de faux papiers. Bien placées sur l'échelle sociale, elles accédaient à des renseignements qu'elles communiquaient aux Alliés. Enfin et peut-être surtout, leur capacité d'initiative comme leurs compétences intellectuelles leur assignèrent un rôle moteur dans la naissance puis l'épanouissement de la résistance. Elles disposaient en effet des capacités à « concevoir des structures, à formuler des analyses, à gérer des budgets, à administrer les choses et à diriger les hommes[24] », et en ce sens se conformaient à leur rôle historique. Aux avant-postes de la modernisation économique et de l'enracinement du régime républicain dans le second XIX^e siècle, elles furent dans les années sombres à la pointe du combat dont elles fournirent les troupes et les cadres[25], d'autant que leurs talents, comme leur place dans la société française, les désignaient à l'attention des formations clandestines. Le Noyautage des administrations publiques (NAP) encouragea ainsi le recrutement de fonctionnaires invités à jouer un double jeu : « On se réjouissait d'avoir "napé" tout un service dans une préfecture et, le moment venu, un certain nombre de fonctionnaires de tout rang ont été heureux de pouvoir dire qu'ils avaient été "napés"... même si c'était très douteux... », rappelle Henri Noguères[26]. Le Parti communiste français, soucieux d'élargir son assise, s'efforça pour sa part, *via* le Front national, de briser son tropisme prolétarien en s'élargissant à des éléments bourgeois (mais patriotes). Non sans effet : en Ille-et-Vilaine, les ouvriers ne représentaient que 19 % des effectifs du FN, alors que les employés du public et les commerçants ou artisans en formaient un tiers[27].

Ces facteurs expliquent que les classes moyennes aient « formé l'ossature de la Résistance. Elles l'ont créée, modelée à presque toutes ses étapes, dirigée, en particulier aux échelons de base. Par sa diversité même, à travers la plupart de ses ramifications, la Résistance est à leur image[28] ». Ce constat vaut également pour les couches dites supérieures. La bourgeoisie et ses enfants répondirent présents, comme tant d'exemples le suggèrent. Jacques Bingen, Marc Bloch, Maxime Blocq-Mascart, Emile Bollaert, le professeur Robert Debré et son fils Michel étaient issus de ses rangs. « Certes, je n'écrirai plus aujourd'hui que seule la classe ouvrière dans sa masse a été fidèle à la France profanée. Quelle injustice à l'égard de l'immense foule des garçons de la bourgeoisie qui se sont sacrifiés et se sacrifient encore », reconnut François Mauriac en décembre 1944 au vu de ces exemples[29]. Ce constat ne signifie pas pour autant que les classes moyennes ou supérieures aient toutes rejoint l'armée des ombres. Une partie soutint le régime vichyste. « Le principe de l'obéissance au gouvernement légal de la France ne posa longtemps aucun problème de principe : les raisons ne manquaient pas pour rester à son poste, et le régime ne se privait pas de le faire savoir, observe l'historien Marc Olivier Baruch. A la première salve d'arguments découlant du choix initial fait par le maréchal Pétain – ne pas abandonner des populations en difficulté, ne pas laisser l'anarchie s'installer – vinrent s'ajouter les rationalisations ultérieures construites sur la notion de double jeu : s'opposer de l'intérieur aux pressions allemandes, faire moins de mal en restant qu'en partant[30]. » On sait, par ailleurs, que les couches moyennes et supérieures fournirent « les gros bataillons » des mouvements collaborationnistes – 71 % de leurs membres, si l'on suit l'historien Philippe Burrin[31].

### *Du côté du monde paysan*

Le monde paysan se caractérisa en revanche par un plus faible engagement dans la lutte clandestine. Il n'apporta dans l'Aveyron que 8 % des effectifs à la résistance, alors qu'il composait 57 % de sa population active. Les pourcentages sont du même ordre en Ille-et-Vilaine (8 % pour 52,5 % des actifs) comme dans le Calvados (11,5 % pour 42 %)[32]. Sa participation fut tout aussi minime dans les réseaux (2 % pour Manipule[33]) et dans les mouvements (4 % pour Libération-nord[34], 5 % pour Défense de la France[35]).

Les agriculteurs avaient, il est vrai, peu de motifs de s'opposer au régime vichyste qui célébrait leurs louanges et chantait les vertus d'une terre qui, elle, ne mentait pas. Dans les campagnes, l'occupation allemande s'avérait par ailleurs moins sensible que dans les villes, ce qui limitait les réactions épidermiques de rejet que pouvait déclencher l'intolérable et quotidien spectacle du vainqueur. Par ailleurs, le Service du travail obligatoire ne les visa qu'à la marge : s'ils représentaient un gros tiers des effectifs recensés (42,24 %), ils fournirent 72,25 % des exemptés[36]. Enfin, au fil des siècles, le monde paysan avait choisi de s'opposer par des jacqueries ou par des manifestations, autant de procédés qui présentaient une mince utilité pour la lutte clandestine.

La situation évolua cependant au fil du temps. Le monde rural, tout d'abord, aida à dissimuler les proscrits, qu'ils fussent juifs ou réfractaires au STO. Le développement des maquis, ensuite, ruralisa l'armée des ombres. Si « la Résistance ne s'adresse jamais aux paysans en 1940 et 1941, elle le fait dans 4 % des tracts de 1942, 30 % de ceux de 1943 et 22 % de ceux de 1944 », note François Marcot pour la Franche-Comté[37]. Avec la lutte contre le Service du travail obligatoire et le développement corrélatif des maquis, le ralliement des paysans devint donc un enjeu essentiel pour la résistance, qui leur assigna cependant un rôle passif, puisqu'elle les cantonnait *de facto* à une fonction de soutien.

Au total, tous les milieux participèrent au combat, ce qui construit la résistance comme un phénomène interclassiste échappant à tout déterminisme social. Dans le même temps, cette participation demeura inégale. Elle reflétait la diversité des attentes, des traditions, des savoir-faire, voire des intérêts qui animaient les classes sociales tout en traduisant le positionnement idéologique politique auquel l'Etat français et l'occupant allemand les assignaient. Chaque formation, par ailleurs, tendit à recruter dans sa sphère en exploitant les filières politiques, amicales ou professionnelles des pionniers, ce qui dota les organisations d'une identité propre. Dans le Var, « au pôle communiste aux racines ouvrières et jeunes s'oppose [ainsi] un ensemble MUR, gaulliste, à forte influence socialiste, dirigé par des hommes issus des classes moyennes et supérieures[38] ». Interclassiste dans sa masse, l'armée des ombres fut donc socialement polarisée dans ses organisations.

*Cultures politiques*

Les traditions, les modes de militance comme les représentations que les partis avaient forgés au fil du temps modelèrent également les engagements résistants.

De ce point de vue, la culture politique communiste offrait quelques atouts pour affronter les épreuves des années sombres. Loin de l'émouvoir, la clandestinité lui était familière. Outre que les 21 conditions posées par le Komintern en 1919 avaient prescrit la création d'un appareil clandestin qui pouvait conforter une culture révolutionnaire prédisposant au complot ou au secret, le PCF avait été interdit le 26 septembre 1939, ce qui avait obligé une partie des cadres à entrer dans l'illégalité. De même, la transgression que postulait l'engagement résistant ne constituait pas une rupture : les communistes n'éprouvaient que mépris pour un ordre bourgeois qu'ils honnissaient. Enfin, le patriotisme qui enflamma les colonnes de *L'Humanité* correspondait sans doute au sentiment d'une majorité d'adhérents qui, pour rêver d'Octobre, n'en restaient pas moins attachés à leur pays. L'*habitus* communiste dut cependant négocier quelques ajustements. A l'heure de l'union sacrée, la lutte des classes fut mise en sourdine. Aux usines Peugeot, aucun tract, par exemple, ne visa la direction ni ne réclama de hausses salariales[39]. Et dans le bassin houiller du Gard, les protestations dénonçant la détérioration des conditions de travail s'adressèrent à l'Etat, jugé responsable de cette dégradation, mais non au patronat[40]. Ces exemples ne doivent certes pas amener à idéaliser un patronat qui conclut parfois de juteuses affaires sous l'occupation. Mais sur la question du STO, les intérêts de classe convergeaient : les ouvriers refusaient l'exil et les employeurs tenaient à conserver leur main-d'œuvre pour maintenir la bonne marche de leurs entreprises. Cette convergence créa par conséquent une solidarité de fait. Quoi qu'il en soit, le militantisme communiste offrait à ses militants des ressources dont le rival socialiste se trouvait dépourvu.

Car tout en se proclamant marxiste, la SFIO s'était au fil du temps accoutumée à la République dont elle acceptait les règles tout en rêvant de les changer. Respectueuse des lois et de la légalité, elle voulait conquérir le pouvoir par les urnes plus que par la rue et refusait d'user de la violence politique. Dans les villes et les villages, ses cadres s'étaient lancés à la conquête des mairies, entamant un processus de notabilisation qui se développa durant l'entre-deux-guerres. Ce processus préparait mal ses membres à la résistance. « La culture politique du militant SFIO l'enferme dans les frontières du combat électoral et parlementaire », résume Marc Sadoun[41]. Ce constat valait *a fortiori* pour les partis modérés du centre gauche comme de la droite classique, dont la culture d'avant guerre ne prédisposait guère à embrasser la vie aventureuse que promettait l'armée des ombres.

Les militants nationalistes, en revanche, étaient mieux armés pour affronter la nuit clandestine. Habitués à faire le coup de poing, souvent entraînés au maniement des armes, ils professaient parfois un goût prononcé pour la conspiration que la Cagoule avait, non sans bruit, révélé en 1937. Souvent, ils maintinrent le cap. Responsable de l'arrestation de Pierre Laval, le 13 décembre 1940, le colonel Groussard tenta ainsi de noyauter l'Etat vichyste, tant pour poursuivre les croisés de l'anti-France que pour le faire basculer du côté allié. Bref, qu'ils aient créé des officines, ourdi des complots plus ou moins fantaisistes ou conduit des négociations parallèles, ces hommes de l'ombre s'épanouirent durant les années sombres en plaçant leurs talents de conjurés au service de la cause. Anciens de l'Action française, Maurice Duclos, Gilbert Renault ou Pierre Bénouville avaient « acquis des réflexes de protestation radicale, voire de conjuration dans l'illégalité[42] » qui facilitèrent leur passage à la dissidence.

Les étrangers, enfin, participèrent massivement à la résistance. L'antifascisme leur offrait, il est vrai, de sûrs repères pour l'action. Plus de 120 000 Espagnols ayant fui le régime franquiste lors de la guerre civile vivaient encore en France en 1940. Beaucoup rejoignirent l'armée des ombres, dans le Sud-Ouest notamment. L'anarchiste Francisco Ponzan Vidal prit ainsi la tête d'un réseau qui se spécialisa dans la collecte de renseignements (transmis aux Britanniques) ainsi que dans le passage de clandestins (*via* les Pyrénées). Marquée par son engagement communiste, une majorité s'intégra à l'Union de tous les Espagnols (UNE), formée en novembre 1942, que dominaient les éléments rouges. En mai 1944, l'UNE constitua l'*Agrupacion de guerilleros españoles* (AGE) afin de rassembler l'ensemble des combattants dont beaucoup rejoignirent alors les maquis. Tout en espérant reconquérir l'Espagne après guerre, ces hommes voulaient aussi combattre les armes à la main les forces nazies qui avaient défait leur République en 1939[43].

Obéissant à une tout autre logique, les Polonais entendirent contribuer à la défaite du Reich, un Reich qui avait, avec la complicité de l'Union soviétique, une nouvelle fois dépecé leur pays. En 1940, des troupes polonaises avaient combattu aux côtés des Alliés en Norvège, puis dans l'Est de la France. Une partie de leurs officiers restèrent en métropole et fondèrent dans le Midi un réseau de résistance, F2, qui travailla pour le compte de la Grande-Bretagne et lui transmit notamment des renseignements sur le dispositif militaire allemand. De même, Alexandre Kawalkowski, ancien consul général de Pologne à Lille, créa en 1940 une Organisation polonaise de lutte pour l'indépendance (POWN) qui recruta massivement auprès de la communauté polonaise, dans le Sud d'abord, dans les houillères du Nord-Pas-de-Calais ensuite. « La solidarité ouvrière, un patriotisme puissant inséparable d'une foi catholique fervente[44] » expliquent le succès d'un mouvement qui groupait, à la veille du débarquement, quelque 8 000 membres. Tout en transmettant des renseignements et en multipliant les sabotages, le POWN escomptait bien participer, le temps venu, à la libération de la Pologne, dès que son gouvernement exilé à Londres lui en donnerait l'ordre. Cela dit, tous les Polonais ne rejoignirent pas cette formation. D'autres optèrent pour le communisme et s'enrôlèrent à partir de 1944 sous la bannière du Comité polonais de Libération nationale (PKWN) qui traita le POWN en frère ennemi[45].

Des étrangers, enfin, rejoignirent à titre individuel les rangs de la résistance, à l'instar de Boris Vildé, l'un des principaux animateurs, nous l'avons vu, du « réseau » du Musée de l'Homme. Ce bref panorama suffit à confirmer le rôle éminent que tinrent des émigrés de plus ou moins fraîche date dans l'armée des ombres, qu'ils aient combattu au nom de l'antifascisme, par amour de la France des droits de l'homme ou par haine de l'Allemagne nazie.

### *Catholiques et protestants*

Sur un tout autre plan, la culture chrétienne des Français les préparait inégalement à porter le fer contre l'occupant ou le régime vichyste.

Les catholiques se montraient partagés. Une frange se désintéressait du monde temporel, pratiquant « une religion intérieure du perfectionnement et de la générosité individuels, sans intérêt pour les affaires publiques ou sans prise sur leur déroulement ». D'autres mesuraient leurs responsabilités vis-à-vis de la Cité, mais ressentaient « à l'égard de la politique une méfiance teintée de mépris, de ressentiment ou de moralisme[46] ». Ces réticences n'incitaient guère à se lancer dans l'arène. Par ailleurs, la hiérarchie catholique soutenait le régime vichyste, soucieuse de « saisir une chance de rechristianisation et de moralisation de la société sous un bon gouvernement, légal et ami de l'Eglise », ce qui ne la préparait guère à brandir l'étendard de la révolte ni à comprendre les enjeux politiques et moraux de la guerre en général et du nazisme en particulier[47]. Aucun évêque ne condamna dans son principe la loi sur le STO, sinon pour la présenter comme une épreuve, un silence qui tranche avec la position adoptée par le clergé belge. Ainsi, dès le 8 mars 1942, le cardinal Van Roey, primat du royaume, adressa une lettre au gouverneur militaire, Falkenhausen, où il dénonçait l'obligation faite aux mineurs de travailler les dimanches ainsi que l'ordonnance promulguée le 6 mars précédent qui annonçait la « déportation » des travailleurs belges[48]. Le haut clergé français ne s'engagea pas dans cette voie. La doctrine, il est vrai, commandait d'obéir au pouvoir légal et tous les catholiques n'étaient pas « assez subtils pour distinguer entre pouvoir établi et pouvoir légitime[49] ».

La *doxa* ouvrait pourtant la possibilité de désobéir quand le pouvoir était insurrectionnel ou illégitime. Les catholiques de l'Action française se situaient dans cette logique et avaient refusé de se plier aux lois de la III$^{e}$ République – un régime jugé inique. Certains, comme Rémy, plaçaient l'honneur et la fierté avant l'obéissance, et la légitimité morale au-dessus d'une légalité qu'ils méprisaient. Le pouvoir politique pesait peu au regard des intérêts supérieurs de la patrie, de la morale et de la religion. Du coup, « leurs convictions catholiques, sans être à l'origine de leur choix, n'y sont pas étrangères. Etroitement liées dans leur milieu à l'ensemble des valeurs que transmet l'éducation, elles donnent une puissante légitimation à la morale de l'honneur, du devoir et du sacrifice, du refus de la médiocrité et de la résignation[50] ».

Obéissant à une logique différente, les démocrates-chrétiens avaient également cultivé les vertus de l'indiscipline. En ses débuts, l'Action catholique avait durement bataillé contre la hiérarchie catholique. Ces heurts avaient « façonné un comportement ; ce n'était pas la première fois [que ces hommes] ne prenaient pas pour parole d'Evangile les sermons de leur curé ou les consignes de leur évêque[51] ». Rome avait interdit le Sillon[52] en 1910 et suspendu le périodique progressiste *Sept* en novembre 1937. Eprise de progrès social et soucieuse de réconcilier l'Eglise avec la République, la mouvance démocrate-chrétienne était donc accoutumée à contourner des autorités dont elle n'entendait pas suivre aveuglément les mandements. Enfin, les syndicalistes chrétiens demeuraient viscéralement attachés à la démocratie comme à la liberté syndicale. En attentant à ce double principe, Vichy s'attira assez vite leur hostilité, non sans déchirements puisque les militants, à la base, se montraient partagés « entre les positions de la hiérarchie catholique et l'opposition à une "légalité" qui viole l'un des principaux acquis sociaux et républicains, le droit d'exercice syndical[53] ».

La culture catholique de l'entre-deux-guerres joua également, mais sur un tout autre plan, un rôle important. Ainsi, l'éducation des jeunes les prédisposait aux engagements chevaleresques. « Les modèles que fournit la littérature édifiante y contribuent, ainsi que la sublimation qui aide à respecter les disciplines prescrites, en matière de pureté sexuelle notamment[54]. » De même, une partie du clergé avait diffusé, durant l'entre-deux-guerres, une théologie doloriste qui exaltait le sacrifice. « Qui trouve sa vie la perdra. Et qui perd sa vie à cause de moi la trouvera[55] », affirmait l'Evangile selon Matthieu. La Jeunesse étudiante catholique relaya ce message dans sa presse. « Donnez-nous l'intelligence du sacrifice de notre Christ afin que nous soyons prêts à tous les sacrifices que vous nous demanderez », proclama son organe, *Messages*, en mai 1939[56]. Ce sens de l'abnégation préparait les jeunes catholiques à accepter de perdre leur vie. Loin de les rebuter, la marginalité de la lutte, enfin, rappelait à bien des résistants le temps héroïque des catacombes. « Minoritaires, comme l'ont été partout les premiers résistants, ils se sont soudain retrouvés spontanément dans une ambiance d'Eglise primitive, participant à une même espérance messianique », relève l'historienne Renée Bédarida en évoquant les premiers pas de Témoignage chrétien[57].

Les militants pouvaient, en outre, placer au service de la résistance un répertoire d'action étendu. Ils croyaient à la puissance du verbe et offrirent leur capacité de raisonnement et leurs talents d'écriture au service de la presse clandestine. Professeur de lettres au lycée Buffon, Raymond Burgard, profondément catholique, fut ainsi à l'origine de *Valmy*, qu'une équipe de la Jeune République fabriqua et diffusa dès janvier 1941. Par ailleurs, les traditions caritatives du catholicisme l'armaient intellectuellement et matériellement pour secourir les proscrits. L'Eglise disposait de solides infrastructures : elle pouvait facilement – mais non sans risques – dissimuler des armes ou héberger des fugitifs dans ses cryptes, ses couvents ou ses écoles. Le couvent des sœurs de la Sainte-Agonie accueillit régulièrement le colonel Arnould, chef du réseau Jade-Amilcol. Les franciscaines de la Croix-Saint-Simon entreposèrent dans leurs locaux le matériel sanitaire du Comité médical national. Dans le petit collège Sainte-Thérèse de l'Enfant-Jésus situé à Avon, le père Jacques, immortalisé par le film *Au revoir les enfants* de Louis Malle, cacha des réfractaires au STO ainsi que trois enfants juifs, tout en s'impliquant dans le réseau Vélites-Thermopyles.

Cet engagement ne doit pas être toujours considéré comme un acte de résistance en tant que tel. L'exemple des communautés religieuses féminines lyonnaises révèle « des motivations parfois moins nettes : simple devoir de charité envers l'exclu quel qu'il soit, qui pourra être le suspect de collaboration en 1944 », note l'historien Etienne Fouilloux[58]. Certaines organisations, par ailleurs, entendaient convertir les juifs qu'elles devaient protéger. Confiés à Antoinette Brun par le couvent Notre-Dame-de-Sion, les enfants Finaly furent ainsi baptisés par cette catholique fervente qui, après la guerre, refusa de les rendre à leur famille. Durant de longues années, elle les cacha, aidée par la congrégation Notre-Dame-de-Sion qui avait été fondée, rappelons-le, « pour témoigner, dans l'Eglise et dans le monde, de la fidélité de Dieu à son amour pour le peuple juif et pour travailler à l'accomplissement des promesses bibliques » – en bref, pour convertir le peuple du Livre.

Sur un tout autre registre, les valeurs catholiques pouvaient à l'inverse contrarier le passage à la lutte armée. Outre que celle-ci contrevenait au « Tu ne tueras point » biblique, elle risquait d'aboutir à s'insurger « contre le gouvernement qui représente encore l'ordre et l'autorité », tout en nourrissant « une guerre civile dont on ne sait quelle nouvelle légalité elle prépare, peut-être imposée par l'étranger ou par les communistes[59] ». Tous les clercs ne partagèrent donc pas les choix d'un Yves de Montcheuil qui, en mai 1944, appela les jeunes à participer au soulèvement national. Même l'assistance religieuse aux combattants de la liberté se révélait problématique, puisque les prêtres devaient, pour exercer leur ministère, demander l'autorisation des évêques du lieu. Ces derniers ne l'accordèrent pas, arguant qu'ils l'avaient refusée à la Milice. Pie XII accepta cependant *in extremis* en juin 1944 que l'épiscopat pourvût au secours spirituel des maquisards[60]. Les exigences de la lutte clandestine provoquaient enfin de graves débats de conscience, comme le suggère le dialogue qui s'engagea entre Gilles de Souza *(Chambrey)*, en charge des liaisons avec la délégation du gouvernement d'Alger, et Alban Vistel, responsable des MUR : « "Alban, je vous ai attendu pour vous confier que je suis aux prises avec un terrible problème." Puis, sans allonger le préambule, car le temps était compté : "Si je suis arrêté, je crains de faiblir, j'ai peur de parler sous la torture. Le courage, ce doit être difficile. Alors j'ai ma pastille de cyanure, mais je suis croyant[61]." Le seul fait que vous envisagiez le problème avec cette lucidité et ce courage prouve que vous avez en vous toutes les ressources pour sortir vainqueur du conflit, répondit Vistel. Quelques jours plus tard, la Gestapo l'arrêtait à Chambéry, lors d'une mission. Il mourut sous le feu du peloton d'exécution, sans avoir livré le moindre des lourds secrets qu'il détenait[62]. »

Les protestants, pour leur part, affrontaient peu ou prou les mêmes dilemmes. Ils acceptaient les logiques du pouvoir temporel et se conformaient en ce sens au principe énoncé par Paul : « Que toute âme se soumette aux pouvoirs établis, car il n'est de pouvoir que de Dieu et ceux qui existent sont imposés par Dieu[63]. » Mais ils pouvaient tout aussi bien estimer qu'il était préférable d'obéir à Dieu plutôt qu'aux hommes, chemin que la religion réformée avait suivie aux temps héroïques des dragonnades. En 1943, le pasteur Daniel Curtet rappela ainsi dans le temple de Fay que la résistance s'imposait dans trois cas : lorsque l'Etat ne respectait pas les droits de la personne, qu'il ne laissait pas l'Eglise prêcher librement et qu'il entendait être le maître absolu[64]. Certaines régions – ce fut le cas du plateau Vivarais-Lignon – s'étaient également montrées sensibles à la souffrance d'autrui, entretenant une tradition d'accueil aux réprouvés qui remontait au XVII^e siècle et que l'entre-deux-guerres réactiva. Le plateau hébergea ainsi tant des républicains espagnols que des apatrides fuyant le nazisme[65]. « C'est au Chambon-sur-Lignon, étonnante terre d'asile aux confins du Velay et du Vivarais, que la solidarité huguenote envers les victimes des persécutions racistes et xénophobes s'est manifestée de la façon la plus massive », confirme Henri Noguères[66]. N'idéalisons cependant pas la conduite des héritiers de Calvin. Bien des protestants, dans le même temps, subissaient l'attrait de la Révolution nationale dont la lutte contre l'alcoolisme, le moralisme et l'appel au retour à la terre croisaient des préoccupations qui s'étaient exprimées entre 1918 et 1939. Membre du Conseil national, le pasteur Marc Boegner assura ainsi à de multiples reprises le maréchal Pétain de « sa déférente admiration et sa reconnaissance[67] ».

*Les juifs*

La culture juive, pour sa part, constitua plutôt un obstacle qu'un encouragement à l'engagement résistant. La communauté, si l'on peut employer ce terme à bon escient, était en réalité profondément divisée. De longue date enracinés en France, pays pour lequel nombre de ses fils avaient combattu durant la Grande Guerre, les israélites français méprisaient les immigrés qui s'étaient installés durant l'entre-deux-guerres dans l'hexagone pour fuir la misère et les persécutions dont ils étaient victimes, en Pologne notamment. « Les Français regardent les nouveaux venus avec condescendance, un sentiment de supériorité culturelle renforcé par la différence de classes[68]. » Qu'ils fussent ou non installés depuis longtemps, beaucoup souhaitaient s'assimiler, ce qui les amenait à taire plutôt qu'à exalter leur identité. « On sert la France en étant un bon juif et l'on sert le judaïsme en étant fidèle à la patrie[69]. » En ce sens, ils répondaient au vœu du comte de Clermont-Tonnerre qui, en décembre 1789, avait déclaré : « Il faut tout refuser aux juifs comme nation et tout accorder aux juifs comme individus. » Ce principe avait d'autant plus été suivi que la France, aux yeux de nombreux juifs, restait la nation des droits de l'homme et du citoyen. Ils se pliaient donc à ses lois et n'imaginaient pas transgresser un ordre normatif qui garantissait leur liberté. Ainsi, Pierre Mendès France, après s'être embarqué sur le *Massilia*, aurait pu quitter Rabat pour rejoindre l'Angleterre *via* Gibraltar plutôt que d'affronter le risque d'être embastillé pour la prétendue désertion dont l'accusait le pouvoir vichyste. Il n'en fit rien, préférant « faire face, dédaignant une issue qui, provisoirement, ferait croire à un aveu. Comme il est imbu de juridisme, M^e^ Mendès France ! Comme il est confiant dans les procédures légales, dans la justice de son pays, lui qui connaît pourtant tous les mécanismes de l'affaire Dreyfus[70] ! ». Mendès affronta donc un procès biaisé parce qu'il refusait de se dérober à la justice de son pays et espérait « dénoncer la forfaiture du tribunal militaire[71] ». Ce qu'il fit. Transféré à Clermont-Ferrand, condamné à six années de prison le 9 mai 1941, il s'évada dans la nuit du 21 au 22 juin suivant et rejoignit les Forces françaises libres, où il servit comme navigateur dans le groupe Lorraine avant de devenir, à Alger, ministre du général de Gaulle.

Vichy eut de ce point de vue des conséquences désastreuses. Loin de constater que l'Etat français menait une politique antisémite autonome, beaucoup de juifs crurent au départ qu'il subissait la pression de l'occupant allemand. « Le seul espoir réside dans la présence à la tête de l'Etat de Monsieur le maréchal Pétain avec qui j'ai pris de nombreux contacts et qui me donne l'espoir, un jour, de réparations contre l'injustice imposée », déclara par exemple Jacques Heilbronner, président du Consistoire central, à ses membres en mars 1941[72]. Ces derniers présumèrent que les lois résultaient de « la pression des occupants[73] ». Beaucoup de juifs adoptèrent alors une posture légaliste qui les conduisit, par exemple, à se conformer aux ordonnances qu'édictait l'Etat français, tout en acceptant de se sacrifier pour le bien commun[74]. « Légalisme et adaptation aux nouvelles réalités dictaient donc la conduite d'une partie non négligeable des juifs, et non seulement de leurs dirigeants[75]. »

Les juifs immigrés de fraîche date ne partageaient pas toujours cette culture. Les hommes et les femmes enrôlés dans la Main-d'Œuvre immigrée (MOI), structure créée par le Parti communiste français en 1924 pour accueillir les étrangers vivant dans l'hexagone, se sentaient avant tout communistes, et les mots d'ordre que leur presse diffusait en yiddish ou en français restèrent calqués sur les consignes du Parti[76]. Ces hommes et ces femmes « sont allés au communisme parce que celui-ci, dans l'immédiat, était sinon l'intégration dans la totalité nationale, du moins l'intégration dans un ensemble non racial sur le sol national », relève Annie Kriegel[77]. « Minorité pour minorité, ghetto pour ghetto, danger pour danger, mort pour mort, ces juifs-là éprouvèrent comme une libération et retrouvèrent comme un nécessaire surcroît de dignité à *choisir* d'entrer dans une condition qui n'était pas initialement la leur plutôt qu'à être condamnés comme de naissance et par un décret obscurantiste de l'ennemi à une condition dont le sens n'était plus fixé par les intéressés, mais par leurs bourreaux[78]. » Certes, les combattants de la MOI ne renièrent pas cette identité. Sur les quatre unités militaires FTP de la région parisienne dépendant de la MOI en 1942-1943, la seconde se baptisa « 2e Détachement des Francs-Tireurs et Partisans juifs[79] ». Mais cette identité restait seconde et les ressorts de l'engagement n'obéirent pas aux logiques qui animaient les « fous de la République » chers à Pierre Birnbaum. Quoi qu'il en soit, les juifs, qu'ils aient appartenu au Yiddishland ou se soient reconnus dans la France des droits de l'homme, tendirent à euphémiser leur identité plutôt qu'à la mettre en avant durant les années sombres.

Cependant, la persécution dont ils étaient victimes put inciter certains juifs à participer au combat pour venger leurs proches ou lutter contre leurs bourreaux. « Nombreux furent ceux qui, de l'action sociale en milieu juif, passèrent alors à l'action militaire, de la semi-clandestinité à la clandestinité totale, ou qui, ayant vu déporter les membres de leur famille, n'hésitaient plus lorsqu'ils étaient contactés[80]. » Fondateur des Eclaireurs israélites de France (EIF), Robert Gamzon incarne cette radicalisation. Il opta d'abord pour la légalité et ouvrit en zone sud des maisons d'enfants et des centres ruraux. Mais ensuite, il se prépara à basculer dans la clandestinité. Lui-même prit la tête d'un maquis dans le Tarn en 1944. Il lui paraissait alors essentiel que les juifs se battent afin qu'ils ne soient plus « des esclaves pourchassés, mais des hommes pouvant relever la tête et prêts au combat[81] ». De même, beaucoup d'organisations, à l'instar du comité Amelot, mêlèrent activités légales et illégales. Beaucoup de juifs, enfin, entrèrent à titre individuel dans la résistance, qu'elle fût intérieure ou extérieure, présence que les noms de Raymond Aron, Raymond Aubrac, Jacques Bingen, Daniel Mayer ou Jean-Pierre Levy suffisent à rappeler. Dans l'ensemble cependant, *l'habitus* légaliste de la communauté juive de France constitua, communistes et sionistes exceptés, plutôt un frein qu'une prédisposition à l'engagement résistant – au départ tout du moins.

*Une question de génération ?*

La résistance fut-elle, par ailleurs, une affaire de jeunes ? Les statistiques le suggèrent. Ainsi, 75 % des membres de Franc-Tireur avaient moins de 40 ans[82]. A Défense de la France, les moins de 30 ans représentent 62 % des effectifs[83]. Dans les réseaux en revanche, la proportion semble moins élevée que dans les mouvements, mais reste significative. Dans le réseau Manipule, 40 % des agents étaient âgés de moins de 25 ans et la moyenne d'âge s'élevait à 32 ans et demi[84] – des chiffres somme toute comparables à ceux que l'on observe en Ille-et-Vilaine : les moins de 30 ans composaient ici 45 % des effectifs résistants alors qu'ils ne pesaient que pour un tiers dans la population du département[85].

Plusieurs éléments expliquent ce surengagement. Les qualités que l'on attribue d'ordinaire à cette tranche d'âge – la fougue, le désintéressement, le don de soi – pesèrent naturellement. De même, les jeunes mesuraient peut-être moins les dangers qu'ils encouraient que leurs aînés, d'autant que leur condition physique était mieux adaptée aux exigences du combat clandestin. La résistance permettait enfin de s'affirmer par rapport à la génération précédente. Les fils pensaient parfois qu'ils prenaient le relais de leurs pères, que ces derniers aient été les glorieux héros de la Grande Guerre ou les malheureux artisans de l'étrange défaite. « Est-ce notre faute si nous ne recrutons que des amateurs ?, expliqua Claude Bourdet à son père en 1942. C'est la faute de tous les autres, celles des cadres de notre société qui ont laissé la tâche à des hommes comme nous qui n'y étions nullement préparés[86]. » Beaucoup, enfin, n'imaginaient pas vivre dans une France dominée par les Allemands, soumise au STO, en butte à la persécution politique et antisémite. Beaucoup ne goûtaient guère l'avenir que leur promettait un octogénaire, le maréchal Pétain, et son régime féru d'ascèse, d'expiation et d'exercices sportifs dont les Chantiers de la jeunesse offraient un triste avant-goût.

Cela posé, les organisations de résistance lancèrent rarement des appels spécifiques à la jeunesse. Lorsqu'elles s'adressent à des milieux précis, elles se fondent surtout sur les segmentations professionnelles et non sur les distinctions générationnelles. Pour lutter contre le STO, la résistance interpella surtout les ouvriers et les patrons, parfois les fonctionnaires, mais plus rarement les jeunes, ce qui suggère que les cadets ne représentaient pas, pour l'armée des ombres, un enjeu majeur. Les formations clandestines jugeaient sans doute inutile d'engager une bataille qu'elles estimaient remportée, d'autant plus que Vichy, des Chantiers de la jeunesse au STO, visait plus à brimer la jeunesse qu'à l'épanouir.

L'entrée des jeunes dans la résistance, en revanche, ne signait pas toujours une révolte. Elle parachevait parfois un « comportement de sécession » entamé avant guerre[87]. Sans s'opposer frontalement à leurs géniteurs, bien des adolescents ou des jeunes adultes avaient souhaité prendre leur destin en main, qu'ils aient revendiqué le droit de choisir leurs études (dont les parents d'ordinaire décidaient) ou de vivre dans l'entre-soi leur temps libre – ce qui explique le succès que les mouvements de jeunesse avaient rencontré avant guerre, dans les milieux bourgeois notamment. Sans qu'il soit possible de proposer une estimation statistique, beaucoup de résistants étaient passé avant 1940 par ces organisations – scouts, éclaireurs, JEC – qui fonctionnèrent alors comme une propédeutique à l'engagement résistant.

Encore faut-il préciser que les sujétions qui pesaient sur cette classe d'âge jouèrent parfois en sens inverse. Commençant leur existence, beaucoup de jeunes durent procéder à un arbitrage douloureux entre le maintien à leur travail ou la poursuite de leurs études et l'entrée en résistance. De même, leur brève expérience de la vie bornait leur répertoire d'action, ce qui limitait leur emploi dans l'armée des ombres. En revanche, l'absence d'obligations familiales, parfois invoquée pour expliquer la surreprésentation des cadets, n'a pas joué le rôle décisif qu'on lui prête parfois. Car bien des résistants, au rebours d'une idée reçue, avaient charge de famille. A Défense de la France, un tiers des résistants étaient mariés et plus d'un quart élevaient un ou plusieurs enfants[88]. Dans le réseau Manipule, 54 % des agents avaient convolé et 46 % avaient charge d'âmes[89]. Plusieurs exemples célèbres confirment ce constat. Claude Bourdet, Marie-Madeleine Fourcade, Lucie et Raymond Aubrac, Philippe et Hélène Viannay s'engagèrent alors qu'ils avaient, ou allaient fonder, une famille. Et c'est en prison que Lise London donna naissance à son second enfant.

*L'engagement féminin*

Le « deuxième sexe » n'a pas contribué au combat clandestin à la hauteur de son poids dans la société française. Toutes les statistiques confirment au contraire la sous-représentation féminine rapportée à la population dans son ensemble. Elle marque Franc-Tireur (moins de 10 % des effectifs)[90] comme Défense de la France (16 %)[91], l'Ille-et-Vilaine (13 %)[92] comme le Calvados (12 %)[93], le réseau Jade-Fitzroy (14 %) comme le réseau Zéro-France (14 %)[94].

Cette faible implication a souvent été attribuée à un biais statistique. Le plus souvent en effet, les estimations reposent sur l'analyse des dossiers présentés pour l'attribution de la carte de Combattant volontaire de la Résistance (CVR). Les femmes se seraient refusées à la demander parce qu'elles ne se seraient pas vécues comme résistantes au lendemain de la guerre[95], exerçant ainsi une forme d'autocensure, ou parce que, « inactives », elles jugeaient cette procédure inutile puisqu'elle valide les services rendus au titre de la retraite. Enfin, la résistance civile, dans laquelle les femmes ont été plus fortement impliquées que dans la lutte armée, a été systématiquement minorée jusqu'aux années 1980[96]. Les femmes auraient ainsi pâti des représentations guerrières qui, trois décennies durant, modelèrent la vision du combat clandestin.

Cette approche ne convainc guère. D'une part, en effet, les demandes rejetées par les commissions *ad hoc* ne sont pas marquées par une surreprésentation féminine. Les refus opposés aux femmes représentent par exemple 12 % des vetos dans le Calvados, ce qui infirme la thèse d'une administration misogyne refusant de reconnaître leur dû aux femmes. Surtout, la part des femmes dans la population réprimée ne contredit en rien les statistiques d'ensemble. Elles représentent de 14 à 15 % des déportés pour fait de résistance[97] et, pour Défense de la France, composent 16 % des effectifs arrêtés par les services vichystes ou allemands[98]. Si la participation des deux sexes avait été équivalente, la répression les aurait également frappées – à l'exception des exécutions capitales réservées, en règle générale, aux éléments masculins. Or, tel ne fut pas le cas. Faut-il alors affirmer que l'Etat français ou l'occupant nazi se soient montrés indulgents à l'égard de la gent féminine ? Cette mansuétude surprendrait, d'autant que le Reich décapita parfois des femmes dans ses geôles.

Tout suggère donc que les chiffres, loin de la trahir, traduisent une réalité, ce qui invite à inverser la proposition. La sous-représentation statistique, loin de signer un sous-engagement, traduirait au contraire une entrée significative des filles de Marianne dans l'arène civique. Les femmes, rappelons-le, ne disposaient pas dans la France de l'avant-guerre du droit de vote. Elles ne militaient guère dans les partis politiques – elles ne représentent avant guerre que 3 % des effectifs de la SFIO. Traitées légalement en mineures, elles devaient pour travailler demander l'autorisation de leur conjoint et ne disposaient pas du droit d'ouvrir librement un compte en banque. Pour s'engager, elles durent donc triompher de bien des obstacles, matériels et culturels. Ce qu'elles firent : les entrées dans la résistance dépassèrent largement, en proportion, les engagements politiques souscrits durant l'entre-deux-guerres. Par ailleurs, « le recrutement se faisait – clandestinité oblige – par cooptation. Et là jouait, indiscutablement, la discrimination fondée – le plus souvent inconsciemment – sur une notion d'inégalité entre les sexes aussi ancienne que notre civilisation et aussi solidement implantée dans la Résistance que partout ailleurs en France », relève Henri Noguères[99]. Dès lors, la résistance marque bien « l'entrée des femmes dans un monde jusque-là réservé aux hommes, celui du combat pour la Cité[100] ».

Surmonter les épreuves qui culturellement prévenaient l'engagement supposait des personnalités bien trempées. De ce point de vue, l'exercice d'une profession put armer les futures résistantes, encore qu'il faille ici se montrer nuancé.

Tout au long de la IIIe République, la transition démographique comme l'attachement des Français à la terre aboutit à priver de main-d'œuvre l'industrie et le secteur tertiaire. Pour pallier ce manque, les employeurs se tournèrent vers les femmes. En 1936, 6,5 millions d'entre elles étaient employées, soit un taux d'activité de 30,06 % – 46,7 % si on le rapporte à la population en âge de travailler des 15-64 ans[101]. Parfois subie, cette entrée dans la vie active s'expliquait souvent par la nécessité de gagner sa vie, dans les milieux populaires notamment. Mais elle était parfois choisie, les femmes visant alors leur épanouissement personnel qui passait aussi par le souci d'assurer leur indépendance.

Bien que les études fassent défaut, bien des indices suggèrent que les femmes issues des classes moyennes ou supérieures qui entrèrent dans la résistance avaient dès l'avant-guerre entamé une stratégie d'émancipation. Elles avaient choisi d'étudier – ce qui n'était pas toujours vu d'un œil favorable par les parents. Elles avaient parfois embrassé des professions valorisantes plutôt réservées aux hommes (médecin, enseignant, juriste...) ou investi des filières que la bonne bourgeoisie ne jugeait pas déplacées pour ses filles (infirmières, assistantes sociales...). Avant 1932, les filles d'ingénieur ou dont les pères appartiennent aux grands corps de l'Etat et de l'administration composent ainsi les trois quarts des effectifs des écoles d'assistantes sociales sur Paris ; en province, les groupes de patrons, exploitants propriétaires et artisans en représentent les trois quarts. Ce monde fut fortement représenté au sein de certaines formations. A Défense de la France, 56 % des femmes appartiennent à ces catégories émancipatrices[102]. Le monde des surintendantes d'usines – nos assistantes sociales d'aujourd'hui : Berty Albrecht, Jeanne Sivadon... comme celui des enseignantes – Lucie Aubrac, Claire Chevrillon... – affirmèrent ainsi leur présence dans les formations clandestines.

Mais les femmes issues des milieux populaires participèrent également au combat clandestin. Elles jouèrent un rôle essentiel dans les manifestations de ménagères et dans certaines grèves. Dans le conflit très dur qui embrasa le Nord-Pas-de-Calais en mai-juin 1941, rappelle Lise London, « elles prenaient la tête des cortèges, participaient aux piquets de grève, tiraient et diffusaient les tracts, collaient les affichettes appelant à la solidarité de la population pour les "gueules noires" ; elles sillonnaient les campagnes en collectant des vivres pour la soupe des grévistes[103]... ». Elles s'engagèrent également dans l'assistance aux proscrits, dans le cadre de la Cimade par exemple. Elles assurèrent enfin bien souvent des tâches d'agent de liaison ou de secrétariat. Si les professions de ces femmes étaient avant guerre plus souvent subies que choisies, l'engagement dans le militantisme syndical ou politique leur ouvrit les voies d'une première émancipation. Après son certificat d'études, Lise London, « la mégère de la rue Daguerre », avait étudié la sténodactylographie, ce qui lui avait permis de devenir secrétaire au siège lyonnais du Parti communiste français, puis de travailler, après juillet 1938, à *La Voz de Madrid*, le journal des républicains espagnols réfugiés en France[104]. De même, son diplôme d'aide-comptable aida Catherine Roux à échapper à l'usine que lui promettait son milieu familial. Elle fut ainsi embauchée chez un fabricant de réchauds à gaz. « J'avais ma place toute tiède, tout heureuse, dans ce bureau où on ne surchargeait pas de travail, raconte la future membre du mouvement Combat. Mais les ouvrières de l'usine, elles, travaillaient dans des conditions dignes, disons, de 1850. En hiver, le magasin de pièces détachées était aussi froid que la Sibérie. Pour tout chauffage, un brasero. Je m'y rendais souvent, et je remplaçais, pour quelques minutes, une ouvrière qui en profitait pour se rapprocher du foyer. Lorsque je comparais mon sort au leur, j'étais mécontente, et j'ai pensé que mon devoir était de les aider à se syndiquer. A l'époque, il n'y avait pas de syndicat dans l'usine. Je suis allée directement à la Bourse du Travail et, malgré mon jeune âge, j'ai pu obtenir une carte. Ensuite est venu 1936, une époque étonnante. Nous avons dû apprendre à négocier avec la direction. Enfin, tout est allé de travers, il a fallu faire la grève. J'y ai participé au côté des ouvriers[105]. »

Sur un autre plan, le célibat marqua plus fortement les femmes que les hommes. Dans le réseau Manipule, les hommes avaient convolé pour 57 % d'entre eux, cas qui ne concernait que 38 % des femmes[106]. Le même constat vaut pour Défense de la France : si les hommes âgés de plus de 28,5 ans (âge moyen au mariage en 1939) sont mariés pour 80 % d'entre eux, les femmes dépassant les 25,5 années (âge moyen au mariage en 1939) ne sont que 45 % dans ce cas[107]. Ce hiatus traduit sans doute le déséquilibre du sex-ratio consécutif à la Première Guerre mondiale. Mais il découle peut-être aussi d'un choix librement assumé. Pleinement investies dans la vie active, certaines femmes auraient rejeté les liens matrimoniaux conçus, à tort ou à raison, comme une entrave à leur indépendance. Bref, un constat s'impose : l'entrée en résistance des femmes n'amorce pas une stratégie d'émancipation dont elle marquerait le prodrome ; elle la parachève, couronnant un processus d'autonomisation entamé avant guerre, que ce processus soit passé par le choix d'une profession, l'engagement dans un parti ou un syndicat, voire par le refus de convoler.

L'entrée des femmes dans le combat clandestin ne bouleversa guère les frontières de genre. Les femmes, à quelques exceptions près, n'exercèrent pour ainsi dire jamais de fonctions dirigeantes. De ce point de vue, Lucie Aubrac, figure clé de Libération-sud, comme Marie-Madeleine Fourcade, chef du réseau Alliance, furent des cas isolés. « De même que l'on ne recrutait, dans une entreprise ou une administration, du personnel féminin que pour occuper des emplois de secrétaire, standardiste, réceptionniste ou, à la rigueur, employée aux écritures, on ne faisait entrer des femmes et des jeunes filles dans la Résistance que pour y être secrétaires ou agents de liaison », rappelle Henri Noguères[108]. Les Allemands, communistes pour la plupart, qui luttaient en France dans le cadre du « Travail allemand » demandèrent également aux jeunes femmes d'user de leurs charmes pour lier contact avec des soldats dans les lieux publics, comprendre leur état d'esprit, et, le cas échéant, les enrôler[109]. Dans la clandestinité, des femmes purent donc jouer de leur féminité. Recrutée par Pierre de Lescure, Célia Bertin fit « ce que faisaient toutes les filles de mon âge qui étaient contactées dans ces conditions, c'est-à-dire que j'ai porté des paquets, des documents, quelquefois des postes émetteurs de radio. Un jour, à la sortie du métro, je suis tombée sur un contrôle. Justement, je transportais un émetteur dans un sac de voyage. Les types de la Gestapo fouillaient tout le monde et obligeaient les hommes à tenir les mains en l'air. Intérieurement terrifiée, j'ai adressé un sourire au soldat – ç'a été la première et dernière fois que j'ai souri à un nazi – et, en même temps, je me débattais avec mon sac, comme si j'avais des problèmes avec la fermeture Eclair. Le soldat m'a rendu mon sourire et m'a laissée partir », raconte-t-elle[110].

Les formations clandestines exploitèrent donc « les rôles différenciés attribués aux hommes et aux femmes, en particulier les ressources offertes par le landau, le panier de la ménagère, ou le sourire charmeur d'une jeune fille à bicyclette, ruses devenues clichés dans la mémoire collective[111] ». Les propos d'Alban Vistel ne démentent pas ce constat. « Dès l'origine, la femme entend assumer sa part et il ne cessera d'être dans sa vocation profonde de donner aux persécutés un peu de cette douceur que le plus orgueilleux ou le plus résolu des hommes sait ne trouver qu'auprès d'elle. Le service social de la Résistance ne peut donc qu'être féminin, créé, organisé, accompli par des femmes », affirme-t-il dans ses souvenirs[112]. Dans la presse clandestine, elles tinrent rarement la plume. « Les hommes discutaient entre eux et demander l'avis d'une femme qui est là, qui vient de vous faire un sandwich, même si on compte sur elle pour le reste du travail clandestin, ça ne leur venait pas à l'idée », rapporte Génia Gemähling, secrétaire générale de Défense de la France[113]. « Comme toutes ses camarades femmes elle avait le sale boulot, taper les lettres, porter, rapporter le courrier, joindre les uns et les autres, aller prendre les rendez-vous, relever nos boîtes à lettres, clandestines et surveillées, chercher des lieux de réunion, et quand cela devenait indispensable, faire le marché avec de vrais ou faux tickets », confirme Francis-Louis Closon, évoquant la figure d'une agente de liaison, Jean-Marie[114].

Faut-il le préciser ? Les femmes combattirent rarement Sten au poing. Bien que la BBC ou les mouvements les aient conviées à la lutte, « l'appel aux armes destiné aux femmes était symbolique, les organisations partisanes orientant principalement ces volontaires vers les formations sanitaires et les services sociaux du maquis[115] ». Et si Madeleine Riffaud, membre des FTP, abattit un officier allemand en 1944, elle reste une exception. Au total, « les hommes et les femmes ont essentiellement été pensés et mobilisés comme des acteurs complémentaires[116] ». La « petite guerre » resta donc réservée aux mâles, ce qui explique également la sous-représentation dont pâtirent les Françaises de l'ombre, compte tenu de la place éminente que les maquis occupèrent dans les statistiques. A cette aune, les différences que l'on observe dans l'engagement des genres « ne sont que le reflet de celles existant dans la société de l'époque : un niveau d'instruction légèrement inférieur pour les femmes, mais surtout, une moindre insertion dans le monde du travail et les réseaux professionnels et syndicaux[117] ». Insistons : plus qu'un sous-engagement, il faut au contraire évoquer un surengagement féminin. Le contexte social, politique et culturel rendait de toute évidence leur engagement plus ardu, ce qui ne signifie pas pour autant qu'il fût mineur, compte tenu des obstacles qui se dressaient pour qu'elles rejoignent l'armée des ombres.

« Au fond, nous étions des ratés », confia Emmanuel d'Astier de La Vigerie dans l'entretien réalisé pour le film *Le Chagrin et la Pitié*. Volontiers provocateur, le propos sous-entend que les résistants, mal insérés dans la société française, auraient été des marginaux. Tous les indices attestent pourtant du contraire. Parfois mariés, souvent bien installés dans leur vie professionnelle, dotés de sûrs repères idéologiques, fréquemment rompus par les apprentissages de l'avant-guerre à des formes de militantisme, les combattants de l'ombre ne campaient pas aux marges de la cité. Ils en formaient au contraire le cœur, sinon la *sanior pars*, un constat que corrobore la sociologie de la France libre analysée par l'historien Jean-François Muracciole[118] et qu'illustre le film de René Clément, *Le Père tranquille* (1946). « Etre doué d'une personnalité combative, indépendante et capable de se déterminer par elle-même n'est pas nécessairement synonyme d'inadaptation personnelle ou sociale », ajoute Rod Kedward[119].

Ces hommes et ces femmes, on l'a dit, provenaient de tous les milieux, ce qui confirme la résistance comme phénomène interclassiste. Ne forçons cependant pas le trait. Les formations clandestines restèrent marquées par une polarisation sociale qu'expliquent plusieurs facteurs. Les organisations enrôlèrent leurs premiers membres en exploitant les filières professionnelles, familiales ou amicales de leurs fondateurs, ce qui bornait l'aire de leur recrutement. Des individus s'engagèrent non seulement parce qu'ils avaient trouvé un contact, mais également parce qu'ils s'accordaient peu ou prou avec la ligne que défendait le réseau ou le mouvement. C'est dire que la résistance produisit un décloisonnement social plus limité que celui qu'avait opéré, dans les tranchées, la Première Guerre mondiale.

L'engagement marqua la rencontre entre des individus et des organisations clandestines. Certes, les motivations, fondamentalement personnelles, n'obéissaient pas à des déterminismes sociaux. Elles intégraient pourtant une dimension collective que les statistiques reflètent. Car l'identité sociale des individus, multiple, se décline. L'être humain appartient à un genre, une classe sociale, un milieu politique... qui, quelle que soit la part du libre arbitre, le façonnent. Ces pesanteurs expliquent que peu d'ouvriers communistes se soient retrouvés à Témoignage chrétien et que rares furent les militaires venus de l'extrême droite à s'être enrôlés dans les FTP. Les choix, au total, s'inscrivirent dans une marge que bornèrent décisions individuelles et structurations collectives. Si les motivations restent irréductibles à un schéma unique, elles n'en répondent pas moins à des logiques d'ensemble.

*Querelles de chiffres*

Ces constats sociologiques invitent *in fine* à proposer une estimation chiffrée des effectifs résistants. Deux thèses, on l'a dit, s'affrontent. Pour les uns, les statistiques couramment avancées minimisent l'engagement des Français dans l'armée des ombres. L'historien Jean-Marie Guillon récuse ainsi les analyses fondées sur les cartes de Combattant volontaire de la Résistance. « De larges pans de la Résistance sont exclus, notamment ceux qui, de nature purement politiques, ne sont ni les moins précoces ni les moins importants, pour ne rien dire de la Résistance modeste dont on ne prend en considération que les éléments qui sont tombés, les victimes de la répression qui sans ce malheur auraient été négligées. » Aussi, conclut-il, « n'accordons-nous aucune valeur au prétendu pourcentage de résistants rapporté à la population totale d'un département que certaines études fournissent à partir des dossiers CVR », conclut-il[120]. Ce refus a conduit François Marcot, on l'a vu, à distinguer une « Résistance-organisation qui ne comprend de toute évidence qu'une toute petite minorité, et une Résistance-mouvement, phénomène social beaucoup plus vaste[121] ».

Respectable dans son principe, cette approche propose cependant une conception trop extensive de la résistance. Car la résistance, tout d'abord, suppose une continuité dans l'action qui ne saurait amener à confondre acte ponctuel et engagement durable. Héberger un réfractaire pour une nuit et monter une filière d'évasion ressortissent de logiques différentes qui informent des engagements sans commune mesure dans leurs mobiles comme dans leur intensité. Par ailleurs, les risques encourus ne sont assurément pas les mêmes. Cette vision occulte les choix, médités et pesés, qui conduisirent les individus à opter pour la lutte en y engageant l'essentiel de leur énergie, au prix parfois même de leur vie. Elle minimise enfin l'importance du prosélytisme, une dimension capitale dans le combat des mouvements.

Ces constats expliquent que la résistance soit de bout en bout demeurée minoritaire. Les statistiques élaborées pendant comme après la guerre fournissent quelques ordres de grandeur. On peut ainsi estimer que les formations clandestines rassemblent « quelques milliers » d'hommes à la fin de 1940 et quelques « petites dizaines de milliers » à la fin de 1942[122]. Au début de 1944, 200 000 personnes, sans doute, seraient plus ou moins directement engagées dans l'armée des ombres[123]. Ce chiffre est loin d'être négligeable quand on le rapporte à la poignée des pionniers de l'an 1940 et quand on sait les obstacles qui se dressaient devant les volontaires. L'administration française reconnut pour sa part avoir attribué, au 31 décembre 1975, 227 531 cartes CVR, un chiffre qui crût légèrement par la suite pour s'établir, fin 2008, à 262 730[124]. Compte tenu des refus opposés pour de bonnes ou de mauvaises raisons à des résistants[125] et de la sous-estimation de la résistance civile, on peut considérer que l'armée des ombres a au total rassemblé de 300 000 à 500 000 hommes et femmes[126]. Faut-il cependant admettre que cette estimation trahit la réalité en mésestimant l'importance de la « Résistance-mouvement », pour reprendre la notion forgée par François Marcot ?

Pour se développer, la résistance s'enracina dans un terreau favorable. Des milliers de Français l'aidèrent, ponctuellement ou de façon plus assidue. Les Français, on le sait, supportèrent mal l'occupation, et la collaboration ne fut jamais populaire. De même, le régime de Vichy, après avoir séduit une part de la population, lui devint progressivement intolérable. La guerre civile larvée qu'il entretenait, la coopération servile qu'il noua avec le Reich, les persécutions qu'il déclencha contre les républicains, les communistes, les juifs, les francs-maçons, les étrangers… lui aliénèrent progressivement une part de ses soutiens, d'autant que Pétain fut dans l'incapacité de protéger les civils, livrés par leur propre Etat au Service du travail obligatoire et plongés à leur corps défendant dans une guerre qui, *via* les bombardements alliés, frappait de nouveau l'hexagone. Ces éléments créèrent donc un contexte favorable à la résistance, qui put au fil du temps compter sur le concours occasionnel que lui prêtèrent des bonnes volontés.

De fait, parents, amis ou anonymes aidaient à mener à bien les actions clandestines. « Chez mes parents, mon père était résistant, communiste officiel, alors il recevait un tas d'hommes et de femmes qui venaient à la maison. On peut dire que ma mère n'a pas résisté, mais qui se levait le matin pour s'occuper du résistant qui devait partir le matin avant le lever du jour ? Qui raccommodait les chaussettes et lavait le linge du résistant qui dormait ? Qui préparait la nourriture qu'il allait emporter ? Qui recevait la police quand il y avait une alerte ? », demande Mme Dou[127]. De même, les résistants profitèrent bien souvent de l'hospitalité que réservaient, pour une nuit ou parfois plus, des inconnus, heureux de soutenir l'armée des ombres. Des ruraux aidèrent les réfractaires en les cachant dans les fermes, en les employant dans leurs exploitations, en les ravitaillant également. Dans le Jura, le maquis de Lamoura fut ainsi épaulé par la famille Grosfilley, des fromagers en gros à Saint-Claude, qui montèrent régulièrement au maquis pour y apporter renseignements ou ravitaillement, voire pour y conduire de nouvelles recrues. « La Fraternelle », la coopérative de Saint-Claude, fournit aussi du ravitaillement prélevé dans ses succursales et remis gratuitement aux maquisards camouflés dans le Haut-Jura[128]. « Dans l'ensemble, on peut considérer qu'avec plus ou moins d'enthousiasme, les paysans du Jura n'ont pas jugé anormal de nourrir ceux qui combattaient pour une cause qui leur paraissait juste, en tout cas justifiée par les exigences puis les exactions de l'occupant », conclut François Marcot[129]. Quand le Hudson chargé d'enlever le couple Aubrac s'embourba sur le terrain Orion, le 8 février 1944, ce furent les paysans du village voisin de Cosges, dans le Jura, qui vinrent le dégager. « Par le hublot, je vois une foule s'affairer en silence. Les hommes se placent sous les ailes, chevaux et bœufs sont attelés à l'avant. Au signal "hop", les animaux tirent, les hommes soulèvent de leurs épaules les ailes de l'appareil. Quel cortège dans la nuit ! Les Allemands sont à moins de 10 kilomètres », raconte Lucie Aubrac[130]. Sans cette couronne protectrice, la résistance n'aurait jamais pu ni se développer ni s'enraciner. Il y eut donc bien, aux côtés d'une résistance-organisation, une résistance-mouvement, la seconde se posant comme le corollaire de la première.

Il faut cependant nuancer le propos. Car la vision réconfortante d'une force clandestine évoluant au milieu de la population comme un poisson dans l'eau, pour reprendre la formule consacrée, ne saurait occulter le fait que bien des combattants furent dénoncés par des Français, arrêtés par la police vichyste et envoyés dans les camps de la mort aux soins d'une SNCF qui n'était pas exclusivement peuplée des héros de *La Bataille du rail.* De même, les requis du Service du travail obligatoire durent souvent prendre le chemin du Reich jusqu'à l'été 1943, faute de trouver auprès de la population ou de la résistance organisée les soutiens nécessaires. « Si le climat avait été à la résistance, si toutes les administrations avaient été complices pour saboter les ordres, il eût fallu aux Allemands des armées de policiers pour rassembler les convois de forçats. Mais dans la situation actuelle, il ne reste plus aux courageux à peu près aucun moyen de s'échapper, sans papiers, sans cartes d'alimentation. L'ensemble de ce pays n'est plus qu'un protoplasme peureux. Aucune pensée n'intervient plus nulle part. Comment remonterons-nous la pente de cette honte et de cet avilissement ? », s'interrogeait l'écrivain et professeur de khâgne Jean Guéhenno en février 1943[131]. La résistance, enfin, suscita souvent la peur et l'inquiétude. « Les réactions à l'égard des maquis sont en majorité défavorables », relève Pierre Laborie. « Les approbations, jamais supérieures à 20 %, ne dépassent 30 % qu'après le 5 août [1944]. En revanche, les attitudes de réprobation et d'hostilité cumulées sont majoritaires et restent importantes jusqu'au début du mois de juillet, un peu plus tard dans le Midi toulousain », poursuit-il[132]. « Si l'on espère la libération, on a parfois peur des combats et de leurs conséquences, peur des représailles allemandes, et peut-être aussi peur des sanctions prises par les maquisards contre ceux qui cèdent à la tentation de se protéger des risques d'une guerre trop proche en pactisant temporairement avec l'ennemi », confirme François Marcot en évoquant le Jura[133].

On ne saurait par conséquent confondre le registre de la complicité et le registre de l'action, l'apport limité d'une aide ponctuelle et le déploiement dans la durée de l'engagement, la volonté de minimiser les risques et l'acceptation des sacrifices les plus hauts. Résistance-mouvement et résistance-organisation puisèrent dans un même terreau : le refus d'une occupation exécrée auquel s'ajouta progressivement le rejet du régime vichyste. Mais les logiques de ces engagements différenciés ne furent assurément pas les mêmes. Le ravitaillement offert au maquis par un paysan des Glières ne s'inscrit pas dans les mêmes cadres que l'action impulsée par Tom Morel. Les faux papiers délivrés à une ou deux reprises par un fonctionnaire compatissant ne se situent pas au même niveau que le sabotage entrepris par un André Jarrot. Dans un cas, l'engagement ponctuel et discontinu, moins transgressif, fut évidemment moins dangereux ; dans l'autre, l'engagement entier et répété comportait des risques sérieux dont le résistant mesurait pleinement la hauteur.

# 16

# La répression

La question de la répression que le régime vichyste et l'occupant allemand menèrent contre l'armée des ombres représente un enjeu central. Elle conduit avant tout à évoquer les souffrances qu'endurèrent les résistants arrêtés. Ces derniers mesuraient les périls auxquels ils s'exposaient en s'engageant. Mais s'ils savaient risquer la mort, la torture ou l'internement, ils n'imaginaient pas les atroces réalités de l'enfer concentrationnaire dans lequel furent plongés la grande majorité des résistants capturés. Sur un tout autre plan, la traque menée par les polices de l'Etat français et de l'Allemagne nazie conduit à s'interroger sur la menace que la résistance présentait aux yeux de ces deux pouvoirs aux intérêts tout à la fois solidaires et divergents.

## *Une menace pour le Reich ?*

Loin de la mésestimer, les nazis prirent d'emblée la résistance au sérieux, encore que leur perception du danger ait évolué au fil du temps. Chargé jusqu'en mai 1942 de la répression pour la zone occupée, le commandant militaire en France (*Militärbefehlshaber in Frankreich*, MbF), installé à l'hôtel Majestic, pensait en 1940 que la sécurité des troupes cantonnées dans l'hexagone n'était pas menacée. De même, il saluait l'attitude globale de la population et notait – non sans satisfaction – que l'administration dans son ensemble collaborait correctement avec ses services. Tout en relevant qu'après le choc de la défaite se développaient un sentiment antiallemand et un vif mécontentement à l'égard du régime vichyste, il jugeait que les Français restaient dans leur ensemble attentistes[1]. « En l'absence d'une direction et d'une organisation cohérentes des forces antiallemandes, la sécurité du pays n'est pas en danger », estimait-il en juillet 1941[2]. Ce constat ne l'empêchait cependant pas de se montrer vigilant aux signes d'opposition les plus ténus. Dans les cinémas par exemple, la diffusion des actualités exaltant les prouesses de la Wehrmacht ne déclenchaient pas l'enthousiasme des spectateurs qui protestaient, se raclaient la gorge ou se mouchaient bruyamment. Les autorités d'occupation exigèrent alors que les actualités soient projetées dans une demi-pénombre afin de repérer les fauteurs de troubles. De même, les manifestations patriotiques – dont la démonstration parisienne du 11 novembre 1940 marqua un premier apogée – mobilisèrent l'attention des autorités d'occupation qui exigèrent du gouvernement français la plus grande fermeté. Compte tenu de la faiblesse de ses effectifs, le MbF se reposait en effet largement sur les autorités vichystes pour maintenir l'ordre. Ainsi, la répression des actions attribuées au mouvement gaulliste, et en particulier de la campagne de graffitis ou *V-Aktion* qui toucha la France dès les premiers mois de l'année 1941, provoqua « des interventions répétées auprès des préfets[3] ».

Le commandement militaire ne resta pas pour autant inactif. Tout en maniant avec prudence l'arme des sanctions afin de ne pas s'aliéner la population, ses services procédèrent à des arrestations qui allèrent *crescendo* – 1 838 en octobre 1940, 2 787 en novembre, 5 005 entre le 15 avril et le 15 mai 1941[4] –, auxquelles s'ajoutaient les détentions administratives. Dans cette lignée, des communes subirent des sanctions collectives. Après le sabotage de plusieurs lignes téléphoniques, les villes de Saint-Lô et d'Evreux durent en octobre 1940 surveiller ces mêmes installations. Elles subirent l'allongement du couvre-feu, le paiement d'une amende, l'encasernement nocturne de 500 de leurs habitants et furent menacées de prise d'otages en cas de récidive, relève l'historienne Gaël Eismann[5]. Enfin, les tribunaux militaires allemands qui dépendaient du MbF prononcèrent, entre juin 1940 et la fin du mois de juillet 1941, 162 condamnations à mort contre des civils résidant en France, dont 42 furent exécutées[6]. Un lourd bilan qui n'intègre pas les jugements des cours du Nord-Pas-de-Calais ou de la Marine et de l'Air, deux armes qui disposaient de leurs propres tribunaux.

A partir de l'été 1941, l'opération Barbarossa et le passage à la lutte armée du Parti communiste français, dont le coup d'envoi fut donné par l'attentat contre Alfons Moser, eurent pour conséquence d'intensifier la répression. Les Allemands exigèrent aussitôt que l'Etat français prenne des mesures drastiques. Ce dernier s'exécuta. Par la loi du 14 août 1941 – un texte rédigé le 22 août, mais antidaté pour préserver les apparences[7] –, il créa des tribunaux d'exception, les Sections spéciales, chargés de réprimer les menées communistes et anarchistes, qui fonctionnèrent au mépris des exigences juridiques les plus élémentaires. Outre que leurs décisions, définitives, n'étaient pas susceptibles de recours, elles brisaient le principe de non-rétroactivité. Ainsi, Emile Bastard, André Bréchet et Abraham Trzebucki, les trois premiers militants communistes guillotinés le 28 août 1941, avaient-ils déjà été condamnés pour des faits qui n'avaient strictement aucun rapport avec l'attentat perpétré contre Alfons Moser[8]. Au total, ces Sections spéciales prononcèrent, entre août 1941 et août 1944 pour la zone nord, de décembre 1942 à août 1944 pour la zone sud, 45 condamnations à mort, dont 12 furent exécutées[9].

Aiguillonnée tant par Vichy que par le MbF, la police française traqua donc les militants communistes, soupçonnés, non sans raison, d'être les auteurs des attentats qui visaient les troupes d'occupation. De fait, ce fut la police française, et non les services allemands, qui arrêta le commando de Nantes qui avait abattu le lieutenant-colonel Hotz ainsi que les groupes armés communistes de la région parisienne. Mais tout en multipliant les interventions auprès de la police et des tribunaux français, volontiers soupçonnés de laxisme, les occupants prirent de plus en plus directement en charge la traque des résistants. Ainsi, les tribunaux allemands qui dépendaient du MbF ordonnèrent 493 condamnations à mort entre août 1941 et la fin mai 1942, dont 377 furent effectives[10]. Deux procès à grand spectacle, à la Chambre des députés (5-6 mars 1942) puis à la Maison de la chimie (7-14 avril 1942), entendirent prouver la détermination des autorités d'occupation à éradiquer le fléau rouge. Tout en exploitant à des fins propagandistes les informations qu'ils avaient obtenues sur la lutte armée des commandos communistes, les Allemands voulaient aussi montrer « l'isolement assez large de la Résistance au sein de la population française[11] ». Cette escalade ne signifiait pas pour autant que les nazis redoutaient la capacité de nuisance de la résistance française. « On n'a pas encore constaté une organisation ennemie unifiée. Des investigations sur un mouvement de résistance concerté, mais limité sont en cours », notait le MbF dans un rapport de l'été 1941[12]. Ses responsables estimaient que le danger était moins militaire que politique. Si la recrudescence des agressions antiallemandes les inquiétait, c'est en raison du fossé irréductible que des représailles inadaptées pourraient creuser entre la population et la puissance occupante[13].

Cette préoccupation provoqua un conflit entre le MbF parisien et les autorités du Reich. Face à la multiplication des attentats visant les troupes d'occupation, Berlin exigea en effet qu'un nombre substantiel d'otages – juifs et communistes avant tout – fussent exécutés. Les deux commandants militaires, Otto von Stülpnagel d'abord, son cousin Carl-Heinrich ensuite, regimbèrent, le premier demandant même le 11 septembre 1941 à être relevé de ses fonctions, ce qu'il obtint le 17 février 1942.

Ce dissensus a, pendant comme après la guerre, nourri l'image pieuse d'une Wehrmacht chevaleresque, qui, outrée par les méthodes brutales imposées par des nazis fanatiques, se serait – autant que faire se pouvait – opposée à ces procédés condamnables. Cette légende, pourtant, ne résiste pas à l'analyse, bien qu'elle ait permis aux responsables du *Militärbefehlshaber in Frankreich* d'échapper à leurs juges, la capitulation du Reich venue. Car ses chefs partageaient dans une large mesure l'idéologie nazie et ne craignaient pas d'imposer une répression d'airain. Les motivations humanistes ne jouèrent donc que faiblement. « Ce qui préoccupait visiblement le MbF et ses services était donc moins le souci d'épargner la population civile de France occupée que celui d'adopter des mesures moins impopulaires, d'une part en imprimant d'abord à sa politique répressive les apparences de la légalité judiciaire, d'autre part [...] en procédant à son externalisation », commente Gaël Eismann[14]. Cela posé, le Majestic ne surestimait guère le danger que représentaient ces attentats. « J'ai dit qu'à mon avis la grande masse de la population française ne participait pas à ces attentats qui sont bien plutôt exécutés par de petits groupes terroristes, à la solde de l'Angleterre surtout, qui apparaissent dans le pays un jour ici, le lendemain ailleurs [...]. J'ai clairement exprimé que, étant donné la situation particulière de la France, j'étais personnellement opposé à des exécutions massives d'otages qui susciteraient nécessairement une rancœur sans cesse croissante de la population et qui rendraient extrêmement difficile, si elles ne l'empêchaient pas entièrement, toute politique ultérieure de rapprochement », martela Otto von Stülpnagel à l'automne 1941[15]. Le commandant du MbF rejeta donc les représailles massives qu'exigeait Berlin, non en raison de considérations humanitaires, mais parce qu'il les jugeait contre-productives. En creusant un fossé de sang entre occupants et occupés, elles risquaient en effet d'attiser la haine des populations civiles et de compromettre la collaboration entre vainqueur et vaincu. Plutôt que de procéder à des exécutions d'otages, le MbF suggéra donc, au début du mois de décembre 1941, de déporter vers l'Est « un grand nombre d'éléments criminels judéo-bolcheviks[16] » à titre de représailles, une mesure qui avait sans doute, affirmait Otto von Stülpnagel, « un impact beaucoup plus effrayant sur la population française que ces exécutions massives » qu'elle ne comprenait pas[17].

Faut-il dès lors admettre que le passage à la lutte armée impulsée par le PCF marqua un tournant dans la politique répressive allemande ? Il est permis d'en douter. Avant même l'attentat du 21 août 1941, le MbF s'était distingué par sa sévérité, multipliant les condamnations à mort et recourant à titre de représailles à des sanctions collectives, donc aveugles puisqu'elles frappaient des innocents. En ce sens, l'été 1941 radicalisa des tendances qui étaient en germe dès 1940. Avancée avant comme après la guerre, la thèse d'un « cycle attentats-répression » mérite tout autant d'être nuancée. L'idée que les communistes auraient, par leurs méthodes, enclenché une escalade réciproque de la terreur appelle en effet quelques correctifs. Marginales, les exécutions de militaires allemands ne menacèrent jamais la sécurité des troupes d'occupation. Le Majestic n'entendait pas pour autant tolérer ces atteintes, même mineures, à l'ordre qu'il prétendait imposer. Il opta donc pour une stratégie de représailles qui relevait plus de la « "terreur préventive" que de la "terreur réciproque", ce dont ne rend pas compte la notion de "cycle attentats-répression"[18] ». Les juifs et les communistes en furent les premières victimes sans que l'on puisse pour autant affirmer que cette politique servait, en le masquant sous le prétexte des représailles, le dessein exterminateur du Reich. De fait, les premiers convois de déportés s'ébranlèrent avant qu'Auschwitz n'entre en service ; rien n'indique par ailleurs que les responsables du Majestic aient été informés en 1941 du déclenchement de la Solution finale, bien qu'ils aient pu soupçonner que la déportation des otages qu'ils prônaient se solderait vraisemblablement par leur mort. Au total, conclut Gaël Eismann, « rien ne permet à ce jour d'appuyer l'hypothèse selon laquelle les convois-représailles annoncés par le MbF n'auraient servi qu'à "camoufler" la mise en route de l'extermination des Juifs, ou encore à "lier le combat contre la Résistance en France à la pratique de l'extermination à l'est"[19] ».

*Vichy face à la résistance*

Le régime de Vichy considéra d'emblée la résistance comme une ennemie et la traita comme telle. En traquant les juifs comme les communistes, l'Etat français entendait avant tout combattre des groupes que son idéologie promettait à l'exclusion. Dans ce programme, la croisade contre le bolchevisme constituait une priorité. L'Etat français poursuivit donc avec la plus grande fermeté les partisans de Maurice Thorez. Tout en la durcissant, il s'appuya sur la législation que le gouvernement Daladier avait adoptée après la signature du pacte germano-soviétique. Le 3 septembre 1940, il prorogea un décret qui permettait d'interner « tous les individus dangereux pour la défense nationale ou pour la sécurité publique » dans des centres de séjour surveillés[20]. Avant même le déclenchement de l'opération Barbarossa, de 4 000 à 5 000 communistes furent ainsi arrêtés et internés[21]. Avec l'offensive allemande contre l'Union soviétique et les premiers attentats commis contre les troupes d'occupation, Philippe Pétain radicalisa cette politique répressive.

La lutte contre les gaullistes se situait en revanche sur un plan différent. Le contentieux ne se fondait pas sur un antagonisme idéologique, mais sur une approche divergente de la guerre que Charles de Gaulle prétendait poursuivre et à laquelle Philippe Pétain entendait renoncer. Pour le Maréchal, le Général représentait donc un réel danger. Issu de l'armée, le Rebelle pouvait rassurer les milieux conservateurs attachés aux formes traditionnelles de la notabilité, d'autant qu'il refusait, au départ tout au moins, de préciser ses orientations politiques. A ce titre, il menaçait directement la légitimité du vainqueur de Verdun, d'autant qu'en appelant à un rassemblement s'opérant sur la base du patriotisme, il pouvait fédérer des milieux variés et incarner une alternative nationale à l'expiation morose que promettaient les tenants de la Révolution nationale. Les autorités vichystes ordonnèrent donc de traquer les gaullistes avec la même sévérité que les communistes, même si leurs subordonnés, à la base, montrèrent moins de flamme à pourchasser les tenants de la croix de Lorraine que les fidèles du drapeau rouge. Le MbF s'en émut. « L'évaluation des forces de l'ordre françaises reste fondamentalement contrastée, selon qu'elle porte sur la conduite de la répression anticommuniste ou antigaulliste[22]. » Les chiffres confirment ce constat. Paris excepté, la police de sûreté aurait procédé, entre le 1er mai 1942 et le 1er mai 1943, à l'arrestation de quelque 12 000 personnes dont, disproportion notable, 8 481 communistes et 2 137 gaullistes – ou présumés tels[23].

La résistance faisait peser sur l'Etat français une triple menace. Mineures ou sanglantes, ses actions troublaient l'ordre public que le régime autoritaire de Vichy se targuait de garantir. Elles entravaient également la Révolution nationale chère à Philippe Pétain. Les protestations contre les mesures d'exclusion frappant les juifs, le refus syndical de soutenir la Charte du travail, les appels à la restauration de la démocratie contrariaient le dessein politique du vainqueur de Verdun. En appelant à saboter la production industrielle et à s'opposer aux réquisitions agricoles, en invitant les travailleurs français à refuser le Service du travail obligatoire, en s'attaquant au dispositif militaire ennemi, l'armée des ombres, enfin, hypothéquait la collaboration dont dépendait la survie du régime vichyste. Car si les autorités françaises se révélaient incapables de garantir le ravitaillement du Reich ainsi que la sécurité de ses troupes, Berlin risquait de limiter les marges de manœuvre d'un vassal qui assurait imparfaitement les fonctions dont son suzerain l'avait implicitement chargé.

L'Etat français épousait donc des logiques contradictoires. D'une part, des solidarités objectives l'amenaient à soutenir la politique répressive de l'occupant. Outre que les deux partenaires avaient des ennemis communs – juifs, communistes, résistants… –, la pérennisation du régime découlait du bon vouloir des Allemands qui dépendaient, pour la sécurité de ses troupes, de la capacité de l'Etat français à maintenir l'ordre. Cet impératif conduisit les dirigeants vichystes à se montrer zélés. « Pour mériter la confiance de l'occupant et mettre sous l'éteignoir les officines parapolicières, il fallait donner des gages, prouver la compétence, l'efficacité et la bonne volonté des administrations et services officiels : une logique qui impliquait de les charger des tâches répressives spécifiques accomplies jusqu'alors par les polices supplétives et les services allemands », constate l'historien Jean-Marc Berlière[24]. Mais Vichy entendait par ailleurs défendre bec et ongles sa souveraineté, ce qui pouvait le conduire à refuser les empiètements que le Reich multipliait en exerçant des pressions sur des tribunaux jugés trop laxistes ou en ordonnant à la police française de procéder pour son compte à des arrestations. Pétain, de plus, affirmait protéger les civils des rigueurs de l'occupation. Les exécutions d'otages démontrèrent la vanité de cette promesse en confirmant que les Allemands ne s'embarrassaient guère de scrupules humanitaires pour protéger ce qu'ils considéraient être leurs intérêts fondamentaux. On comprend dès lors que l'hôtel Majestic ait préféré substituer à une politique aveugle d'exécutions d'otages des déportations massives de juifs et de communistes. « Le MbF savait en effet pouvoir compter sur le soutien de Vichy si la répression s'orientait en priorité contre les communistes et les juifs, en épargnant le reste de la population, y compris les notables, que la politique de collaboration ne permettait plus de désigner comme otages. » La politique répressive de l'appareil militaire allemand emprunta donc une « orientation idéologiquement plus marquée[25] » que dans d'autres pays d'Europe occidentale, en raison précisément des convergences qui l'unissaient au régime vichyste.

L'Etat français menait ainsi une politique répressive qui recoupait largement les objectifs du Reich. Avant même l'occupation, les Renseignements généraux (RG) étaient passés de la quête de renseignements à la traque des ennemis du régime. En mars 1940, ils créèrent une Brigade spéciale (BS) chargée de réprimer les menées communistes à laquelle s'adjoignit en janvier 1942 une seconde Brigade spéciale (BS2) chargée de la lutte antiterroriste qui visait tous les résistants. Entre août 1941 et août 1944, ces deux services arrêtèrent 3 200 individus, ce qui revenait, dans bien des cas, à les condamner à un sinistre destin. De fait, sur les 1 599 personnes interpellées, la BS2 en remit 655 aux Allemands et 216 furent fusillées[26]. En mai 1941, le régime créa par ailleurs des polices spécialisées dédiées aux francs-maçons, aux juifs et aux communistes. En juillet 1942, il opéra un premier remaniement. Le Service des sociétés secrètes disparut, la police aux Questions juives devint la Section d'enquêtes et de contrôle (SEC), tandis que le Service de police anticommuniste (SPAC) se métamorphosait en Service de répression des menées antinationales (SRMAN)[27]. Des Brigades mobiles régionales de la police judiciaire, transformées à l'automne 1942 en Brigades régionales de police de sûreté, l'assistaient ; elles provoquèrent, estiment Jean-Marc Berlière et Laurent Chabrun, plus de 5 000 arrestations[28]. Patron de la police municipale de Paris, Emile Hennequin, enfin, réactiva des Brigades spéciales (à ne pas confondre avec les précédentes). Composées de 5 ou 6 gardiens de la paix opérant en civil, elles devaient, dans chaque arrondissement de Paris ou dans les circonscriptions de banlieue, réprimer les auteurs de la propagande subversive. « Des primes récompensèrent les meilleurs, des sanctions frappèrent les paresseux, les hésitants, les incapables[29]. »

Tout en formant des unités spéciales, Vichy s'efforça de rationaliser ses forces répressives. La loi du 23 avril 1941 procéda à une étatisation des polices et étendit le régime qui valait pour Lyon, Marseille et d'autres grandes villes aux communes de plus de 10 000 habitants. Le régime espérait ainsi professionnaliser ces hommes, tout en renforçant son emprise puisque l'ensemble, dépendant désormais des préfets de région, était soumis à un intendant de police. Pour conduire la répression, l'Etat français disposait enfin des forces classiques. En 1943, il alignait 113 000 hommes, dont 11 000 dans les groupes mobiles de réserve (GMR), ancêtres des CRS, de 44 000 gendarmes, de 17 000 policiers parisiens et de 30 000 hommes relevant des corps urbains de police[30]... Des effectifs assurément considérables.

### *1942, un tournant ?*

A partir de 1942, la répression connut un tournant dont il convient cependant de ne pas exagérer l'importance. Sur le plan administratif, les hommes du MbF furent en partie dessaisis des pouvoirs de police qu'ils exerçaient au profit de la Sipo-SD. Depuis 1939, cette structure associait deux branches : la première, la police de sûreté *(Sicherheitspolizei)*, regroupait tant la police politique *(Gestapo)* que la police criminelle *(Kriminalpolizei)* ; la seconde rassemblait les services de sécurité du Reich, le *Sicherheitsdienst* (SD). Ce fut donc la SS de Himmler, représentée à partir du 1er juin 1942 par un chef supérieur de la SS et de la police (*Höherer SS und Polizeiführer*, HSSPF), qui assuma désormais les pouvoirs de police pour la France occupée en lieu et place du commandant militaire. Les militaires du Majestic se virent alors confinés à la seule protection des troupes d'occupation tandis que l'essentiel de la lutte contre la résistance, les représailles et la persécution antisémite passaient entre les mains du général SS Karl Oberg. Entré au parti nazi dès 1931, engagé dans la SS en 1932, ce dernier avait occupé divers postes dans l'ordre noir avant de devenir responsable pour la SS et la police du district de Radom, en Pologne. D'emblée, Oberg renégocia la collaboration entre ses services et la police française. Les Allemands s'engagèrent à ne plus adresser d'ordres directement aux fonctionnaires subalternes de l'administration vichyste. La justice conservait le droit exclusif de juger, selon ses lois, les Français coupables de délits politiques ou de droit commun, mais non les actes qui visaient directement l'armée ou les autorités d'occupation[31]. Par ces accords conclus entre Karl Oberg et René Bousquet, chef de la police française, en juillet-août 1942 et renouvelés le 13 avril 1943, Vichy espérait maintenir sa souveraineté ; en retour, l'occupant obtenait l'assurance que les résistants seraient poursuivis, tout en se réservant le droit de réprimer les hommes qui s'en prenaient directement à ses troupes ou à ses installations. Nommé par un décret du 9 mars 1942, Oberg fut installé par Reinhard Heydrich en personne le 5 mai. Il entra officiellement en fonction le 1er juin 1942[32].

Ce passage de relais ne marqua cependant pas une rupture essentielle. Sipo-SD et MbF travaillèrent en bonne intelligence, d'autant que les personnels, en France, restèrent d'abord les mêmes, les hommes se contentant de passer, sur la base du volontariat semble-t-il, d'une tutelle à l'autre. Oberg maintint également dans ses grandes lignes les orientations de ses prédécesseurs et préféra déporter juifs, communistes et résistants plutôt que de multiplier les exécutions. Dès le 7 décembre 1941, par ailleurs, le décret Nuit et Brouillard *(Nacht und Nebel)* signé par le maréchal Keitel stipulait que les personnes présentant un danger pour la sécurité de l'armée allemande seraient déportées en Allemagne. Seuls seraient jugés sur place les résistants dont la condamnation à mort paraissait assurée et susceptible d'être prononcée dans les plus brefs délais. Le 4 août 1942, Adolf Hitler ordonna que les parachutistes et autres saboteurs arrêtés soient remis à la Sipo-SD. Le 10 octobre suivant, cette police reçut en outre le droit, semble-t-il, de recourir à sa guise à l'internement administratif[33]. Progressivement, l'occupant privilégia donc une répression extrajudiciaire qui le dispensait de déférer les résistants devant les tribunaux. Cette radicalisation accélérait l'élimination des ennemis du Reich et évitait qu'on leur fasse une trop grande publicité. La résistance, pourtant, n'était toujours pas considérée comme une menace de premier ordre. La sécurité intérieure n'était « nulle part sérieusement compromise », affirmaient les services allemands en mars 1942[34]. L'armée des ombres restait traitée non comme un problème militaire, mais comme une question de police qui relevait en principe, côté allemand, de la seule compétence de la Sipo-SD[35].

La situation, pourtant, évolua à partir de 1943. La perspective d'un débarquement allié, tout d'abord, amena les Allemands à durcir le ton. Ils craignaient notamment que l'armée des ombres, dont les actions se multipliaient, perturbe les communications entre l'Atlantique et la Méditerranée. Désireux d'éliminer le danger qu'incarnaient les « bandes armées » avant que les Anglo-Américains ne s'élancent sur les plages françaises, l'occupant était bien décidé à utiliser les méthodes les plus brutales, par exemple en déportant à titre préventif ses adversaires présumés. En 1944, il lança plusieurs opérations punitives, attaquant les formations de Romans-Petit dans l'Ain (opération Caporal, 5-13 février), brisant le maquis des Glières (opération Haute-Savoie, dernière semaine de mars), sillonnant la Corrèze et la Dordogne (opération Brehmer, 25 mars-15 avril), revenant enfin dans l'Ain et dans le Jura pour de sanglantes Pâques rouges (opération Printemps, 7-18 avril)[36]. Visant à décapiter les maquis, ces offensives cherchaient tout autant à terroriser les civils[37].

Ce durcissement traduisait en partie les orientations de plus en plus répressives des dirigeants nazis. Le 3 février 1944, le maréchal Hugo Sperrle, en poste à l'état-major de la région B, avait promulgué un décret d'une extrême brutalité valable pour la France et pour la Belgique. En cas d'agression, les troupes allemandes devaient répliquer aussitôt, sans nécessairement attendre l'aval de leurs supérieurs. La zone de combat devait être bouclée, les civils arrêtés, les maisons d'où provenaient les tirs incendiées[38]. Le 4 mars 1944, le maréchal Keitel redoubla de sévérité. Toutes les agressions contre des membres de la Wehrmacht étant considérées comme des actes de francs-tireurs, leurs auteurs devaient être abattus sur-le-champ. « En clair, les unités allemandes étaient sommées de ne plus faire de prisonniers pendant les combats[39]. » Certes, ces consignes ne furent pas nécessairement appliquées à la lettre et l'occupant ne se livra pas toujours à des actes barbares. Le 1er mars 1944, le commandement à l'ouest fit d'ailleurs remarquer au haut commandement de la Wehrmacht qu'une sévérité redoublée lui paraissait superflue. « Les terroristes, les saboteurs, ceux qui leur viennent en aide, leurs complices et tous les sujets suspects sont déjà traités avec une dureté qu'il est impossible d'intensifier. Le commandant en chef à l'ouest n'hésiterait pas à étendre ces mesures draconiennes à d'autres cercles, si elles avaient la moindre chance de succès. Après une expérience longue et approfondie à l'ouest, cela n'est pas le cas », observa-t-il[40].

L'année 1944 n'en fut pas moins marquée par une radicalisation de la répression qui toucha tant les formations de la SS que les unités de la Wehrmacht. Car si ce fut bien une unité de l'ordre noir qui incendia Oradour-sur-Glane le 10 juin 1944, provoquant la mort de 642 civils, hommes, femmes et enfants, dont une partie furent brûlés vifs dans l'église du village, ce fut une division de l'armée régulière qui, à la fin du mois de juillet 1944, procéda à la sanglante répression du maquis du Vercors. Commandant de la 157e division de réserve, le général Pflaum avait, il est vrai, clairement annoncé la couleur dans son instruction du 27 juillet : « Il s'agit maintenant de ratisser le Vercors avec méthode, de trouver les bandes de terroristes dispersées dans leurs refuges et de les exterminer complètement, ainsi que de découvrir les munitions accumulées, les provisions de l'ennemi, et de détruire leurs repaires et leurs dépôts, afin de rendre impossible, à l'avenir, une réinstallation de l'ennemi dans le Vercors[41]. » La Wehrmacht, en d'autres termes, suivait désormais les méthodes de la SS, en visant les civils tout autant que les FFI pour éviter que les maquis ne se reforment[42].

Plusieurs paramètres expliquent cette radicalisation. En premier lieu, la dégradation du contexte militaire amena les autorités allemandes à se montrer féroces. A l'heure où le Reich, menacé à l'est comme à l'ouest, jouait sa survie, il entendait appliquer sans états d'âme sa loi la plus barbare. « Les forces de la Résistance doivent être détruites par des actions rapides et de grande envergure. Pour rétablir le calme et la sécurité, les mesures les plus rigoureuses s'imposent. Elles sont destinées à intimider les habitants de ces régions perpétuellement infestées, à leur faire passer l'envie d'accueillir les groupes de résistants et de se laisser mener par eux, enfin, à lancer un avertissement à l'ensemble de la population. En ces moments critiques, il est indispensable de faire preuve d'une dureté sans égards, afin de supprimer tout danger à l'arrière des troupes combattantes et d'éviter aux troupes et à la population civile des pertes sanglantes encore plus lourdes à l'avenir », exigea l'état-major Ouest (ObW) le 8 juin 1944, pour lutter contre les bandes dans le Sud[43]. En second lieu, la résistance, désormais, menaçait par son action la sécurité des troupes. Multipliant les embuscades, elle représentait un danger militaire que la Wehrmacht comme la SS entendaient éradiquer sans états d'âme. Or, les Allemands ne parvenaient pas à maîtriser la guérilla avec des moyens conventionnels. Incapables de forcer la résistance à un combat ouvert, ils développèrent donc des tactiques destinées à rendre des régions entières inutilisables[44]. Cette brutalisation, enfin, signa parfois, mais non toujours, l'application à l'ouest des méthodes barbares employées à l'est. Les hommes comme les unités transférés du front russe au théâtre d'opérations occidental utilisèrent les procédés dont ils avaient usé contre les partisans et les populations soviétiques. Tel fut le cas de la division SS *Das Reich.* Créée en octobre 1939 sous le nom de *SS-Verfügungs-Division,* engagée à l'ouest en mai-juin 1940, dans les Balkans au printemps 1941, puis en URSS à l'été, elle viola d'emblée les lois de la guerre en raison de sa vision idéologique de l'ennemi et de la nécessité d'asseoir sa réputation professionnelle. La campagne à l'est, cela posé, modifia ses perspectives, en l'incitant à s'attaquer aux populations qui, jugeait-elle, soutenait les partisans[45]. « Les civils en Russie sont à traiter en premier lieu en tant qu'ennemis déclarés et non comme une innocente population civile », résuma l'un de ses commandants de bataillon[46]. Les hommes du général Lammerding assassinèrent à eux seuls près de la moitié des individus considérés comme francs-tireurs lors des opérations menées sous l'égide du commandement militaire en France du 6 juin au 4 juillet 1944, soit 4 000 sur 7 900. Ils ne capturèrent que 400 personnes alors que, dans le même temps, les forces allemandes s'emparaient de 4 800 prisonniers[47]. En revanche, les opérations menées au printemps 1944 contre les maquis ne firent intervenir aucune unité venant du front de l'Est. Elles ne mobilisèrent, souligne Ahlrich Meyer, que les troupes de sécurité et/ou de réserve placées sous les ordres du commandement militaire[48].

Loin d'être le fruit exclusif de l'idéologie nazie, cette sauvagerie plongeait ses racines dans un imaginaire solidement ancré au sein de l'armée, sinon de la population du Reich. D'une part, les juristes et les militaires perpétuaient une tradition typiquement allemande, celle de la *Kriegsnotwedigkeit* qui établissait la priorité des impératifs militaires sur les considérations humanitaires et impliquait une lecture pour le moins minimaliste des droits des civils[49]. D'autre part, depuis la guerre de 1870, le franc-tireur était assimilé à un criminel d'autant plus lâche que, loin de mener le combat à visage découvert, il frappait sans uniforme dans le dos des combattants. En Belgique, durant la Première Guerre mondiale, « les exécutions massives de civils et de prisonniers de guerre apparurent, avec l'incendie de localités, comme un moyen légitime de se protéger aux yeux des soldats allemands au cours de leur progression. Comme on considérait que les femmes et les enfants participaient au combat, ils furent aussi souvent victimes de ces mesures de représailles[50] ». Loin de s'éteindre avec le traité de Versailles, ces stéréotypes restèrent bien vivants durant l'entre-deux-guerres, se perpétuant « dans une abondante littérature à sensation et dans de nombreux mémoires[51] ». Ces écrits contribuèrent à ancrer un imaginaire qui nourrit la sauvagerie dont les troupes à croix gammée furent, à l'ouest comme à l'est, les auteurs.

Vichy ne demeura pas en reste. Constatant en 1943 que les polices françaises montraient un zèle moins affirmé, Philippe Pétain créa en janvier une Milice et confia à son chef, Joseph Darnand, le secrétariat au Maintien de l'ordre, le 30 décembre de la même année. Contrôlant quelque 150 000 hommes, Darnand ne fit pas de quartiers. Doté par le décret du 10 janvier 1944 des pleins pouvoirs pour réprimer la résistance[52], il contrôla progressivement l'ensemble du dispositif répressif, des forces du maintien de l'ordre aux prisons en passant par l'appareil judiciaire. Le 20 janvier 1944, le régime créa notamment des cours martiales. Ces juridictions étaient chargées de mettre à mort les résistants de façon pour le moins expéditive : les accusés ne disposaient pas d'avocat et n'avaient pas le droit de faire appel ; les juges ne pouvaient appliquer qu'une peine : la mort par fusillade[53]. Quelque 200 exécutions intervinrent dans ce cadre entre février et août 1944[54], les cours martiales de Paris, Lyon, Annecy et Limoges s'illustrant par leur brutalité.

Ces éléments expliquent que les pertes de la résistance furent, et de loin, plus lourdes en 1944 que durant les trois années précédentes.

*Bilan de la répression*

La répression de la résistance tendit donc à s'accentuer au fil du temps, ce qui explique l'importance de ses pertes. Sous l'occupation, les Allemands fusillèrent au total un peu moins de 4 000 personnes, qu'elles aient été jugées par un tribunal militaire ou assassinées en tant qu'otages[55] ; 15 000 civils furent par ailleurs tués lors de la lutte que les troupes menèrent contre les partisans[56] ; 88 000 personnes, enfin, furent déportées pour des motifs autres que raciaux ; sur ce total, 35 000 ne revinrent pas des camps de la mort[57].

Présenté à gros traits, ce bilan ne doit cependant masquer ni les évolutions temporelles ni la pluralité des motifs qui présidaient à la répression.

Globalement parlant, on l'a dit, la répression tendit à s'intensifier et à se complexifier, puisque l'occupant étoffa son arsenal en juxtaposant de nouveaux instruments répressifs aux anciens. Le 7 janvier 1944, l'ambassadeur Otto Abetz mentionna que 34 977 personnes avaient été « appréhendées pour activités gaullistes, marxistes ou autrement hostiles au Reich » par la police allemande, 9 117 par la police française[58]. Mais la cadence s'accéléra. Ainsi, 21 600 personnes furent déportées vers les camps de concentration entre le 6 juin 1944 et la fin du mois de novembre de la même année : près de 1 départ pour l'Allemagne sur 3 intervint donc après l'opération Overlord[59]. De même, les fusillades d'otages, de condamnés à mort, voire les exécutions sommaires qui avaient été plus ou moins abandonnées, reprirent à partir de juillet 1943 et se multiplièrent en 1944 – 42 % des exécutions intervinrent cette seule année[60]. Pour des raisons évidentes enfin, les résistants tombés au combat moururent surtout en 1944 dans un contexte que dominait alors la guérilla. Le MbF revendiqua ainsi la mort de 7 900 maquisards pour la période courant du 6 juin au 4 juillet 1944[61]. Ces données le confirment, les Allemands radicalisèrent progressivement la lutte contre l'armée des ombres, 1944 marquant ici un sinistre apogée.

Mais les motifs de la répression évoluèrent tout autant. Au départ, en raison des attentats commis contre les troupes d'occupation, les Allemands sanctionnèrent lourdement la détention d'armes qui, entre septembre 1941 et septembre 1942, représenta plus de 31 % des condamnations à mort[62]. Ils maintinrent ce cap et réprimèrent toujours sans ménagements les résistants qui menaient une action militaire, qu'ils aient transmis des renseignements aux Alliés ou lutté les armes à la main. Ainsi, maquisards, « pianistes » ou agents de renseignements risquaient proportionnellement plus leur vie que les clandestins engagés dans une stratégie civile. Sur quelque 2 000 agents du réseau Confrérie Notre-Dame, 30 furent ainsi passés par les armes[63]. Mais les 87 fusillés de Défense de la France (12,5 % des pertes subies par le mouvement) furent exécutés – et bien souvent torturés – parce qu'ils combattaient en soldats et non parce qu'ils diffusaient un journal clandestin[64]. De même, les maquisards arrêtés furent le plus souvent exécutés sur-le-champ, en particulier dans le Sud de la France où se concentraient les grands maquis en 1944[65].

L'intransigeance des Allemands se mua bien souvent en vindicte. Au soir de leur défaite, les nazis prirent soin d'assassiner dans leurs bagnes certains responsables de la lutte armée à qui ils attribuaient, non sans raison, une part de leur échec. Chef de l'Armée secrète, Charles Delestraint fut abattu d'une balle dans la nuque le 19 avril 1945, quelques jours à peine avant la libération du camp de Dachau. De même, les agents déportés du *Special Operations Executive* furent exécutés en deux vagues : la première intervint en septembre 1944, la seconde le 29 mars 1945. « Sur une directive venue directement de Hitler, ils furent presque tous pendus [...] avec des cordes de piano, dans l'intention de rendre leur mort aussi lente et dégradante que possible[66]. » Cette brutalité ne signifie pas pour autant que les Allemands se soient montrés indulgents à l'égard des résistants engagés dans une stratégie civile. S'il n'était pas exécuté, le clandestin capturé était le plus souvent déporté, sort qui frappa par exemple la moitié (47 %) des membres de Défense de la France qui avaient été arrêtés[67].

La radicalisation de la répression se doubla par ailleurs d'un élargissement de ses cibles. Certes, les résistants composèrent le gros des convois qui roulèrent vers les prisons ou les camps de concentration (à ne pas confondre ici avec les centres de mise à mort où les juifs étaient exterminés). En se fondant sur un échantillon, Jean Quellien estime que 44 % des déportés envoyés dans les camps ou les geôles allemandes relevaient de la résistance organisée[68]. Dans ce premier ensemble, 37 % appartenaient à une organisation communiste, 28 % à des mouvements, 35 % à des réseaux[69]. Sans dépendre d'une formation clandestine, 29 % s'inscrivaient par ailleurs dans le cadre de la résistance civile. Les gestes les plus mineurs pouvaient alors conduire au bagne. Une femme fut déportée pour avoir tiré la langue à un officier allemand, un professeur de gymnastique pour avoir appris des chants patriotiques à ses élèves, des Alsaciens-Mosellans pour avoir porté un béret basque ou entonné *la Marseillaise*[70]. Naturellement, les Allemands sanctionnaient des actes plus sérieux, que des Français aient assisté des aviateurs alliés, ravitaillé les maquis ou hébergé un réfractaire au STO – encore qu'il ne faille pas grossir le trait. Car les personnes déportées sous ce dernier chef « forment une infime minorité des victimes de la répression : ceux qui ne font rien de plus que se soustraire au travail pour l'Allemagne ne sont pour l'occupant qu'un souci secondaire. Dans un département aussi réfractaire que les Basses-Pyrénées, seules 28 arrestations allemandes sont liées au STO – réfractariat ou hébergement de réfractaires. Dans le Vaucluse, seuls 24 réfractaires au travail outre-Rhin sont déportés », note Raphaël Spina[71]. Enfin, plus de 1 déporté sur 4 – soit 27 % – n'avait entretenu strictement aucun rapport avec l'armée des ombres. Furent par exemple expédiés dans les camps ou dans les prisons des prisonniers de guerre espagnols enrôlés dans l'armée française en 1939 (28 %), des victimes prises au hasard dans les rafles (25 %), des droit commun (17 %), des otages (9 %), des communistes qui n'avaient pas résisté (9 %)[72]...

La répression étendit donc son spectre au fil du temps. Tout en visant prioritairement la résistance, elle frappa progressivement les civils qui la soutenaient ou pouvaient la soutenir. Les autorités d'occupation procédèrent ainsi à des rafles aveugles en représailles aux manifestations ou aux attentats commis. Les 22 et 23 janvier 1943, la Wehrmacht proclama l'état d'urgence à Marseille et des forces françaises procédèrent à des arrestations massives sous prétexte de lutter contre la résistance. Près de 6 000 personnes furent interpellées, 1 642 furent livrées aux Allemands, 782 juifs furent envoyés vers les centres de mise à mort[73]. A la suite de la manifestation du 11 novembre 1943 à Grenoble, les Allemands arrêtèrent également un millier de personnes et déportèrent les hommes valides[74]. Ce *modus operandi* caractérisa les expéditions punitives organisées contre les maquis. Durant l'opération Caporal, la 157e division de réserve tua ainsi 20 résistants et 39 civils[75]. Si la même unité fusilla, lors des Pâques rouges de Saint-Claude, 56 maquisards, elle déporta 486 personnes dont la moitié n'avaient aucun lien avec la résistance[76]. Sur les quelque 15 000 victimes de la lutte contre les partisans recensées en 1944, un tiers n'appartenaient pas à l'armée des ombres[77]. A cette terreur de masse s'ajoutèrent des opérations plus ciblées. A partir de 1943, les Allemands, alarmés par la déposition de Mussolini, s'emparèrent de personnalités dont ils craignaient la dissidence. Des parlementaires – Henri Maupoil, Alphonse Warusfel, Georges Maurice... –, des hiérarques vichystes – le général La Porte du Theil – ou des personnalités jugées dangereuses – comme l'ambassadeur André François-Poncet – rejoignirent alors outre-Rhin des otages que le Reich avait déjà transférés, à l'instar du général Maxime Weygand et des présidents Léon Blum, Edouard Daladier et Paul Reynaud.

La volonté de couper la résistance d'une population jugée, à tort ou à raison, complice des partisans n'explique pas à elle seule cette escalade. Car à partir de 1943, la déportation fut aussi considérée comme le moyen idoine de recruter une main-d'œuvre servile. Confronté à un manque croissant d'actifs, le Reich remplaça les soldats enrôlés dans la Wehrmacht par des requis, mais également par des forçats. Jusqu'alors, la déportation découlait de l'arrestation. « Ne peut-on penser que, désormais, c'est la déportation (c'est-à-dire la nécessité de trouver de la main-d'œuvre pour les camps) qui guide – au moins pour partie – la politique répressive et les arrestations ? », s'interroge Jean Quellien[78]. Cette logique expliquerait qu'outre les résistants, des milliers de personnes aient été envoyées dans les bagnes nazis sous les motifs les plus futiles. Décrivant les détenus qui peuplaient son wagon, Claude Bourdet confirme empiriquement cette hypothèse : « Ce n'étaient pas des résistants pour la plupart ; plutôt des gens arrêtés n'importe comment, raflés, ou bien des habitants de villages que l'on déportait simplement parce qu'il y avait un maquis dans le voisinage. Il y avait là aussi beaucoup d'individus arrêtés au Vieux-Port de Marseille, au moment où on l'avait démoli. Arrêtés, c'est beaucoup dire : on les emmenait, voilà tout ; parmi eux, des marlous, des trafiquants divers, des bonhommes aux professions louches ; et puis des gens ordinaires, des Marseillais qui s'étaient trouvés là[79]. » A l'heure où Joseph Goebbels proclamait la « guerre totale », la déportation permettait de substituer aux millions d'hommes partis au front les esclaves trimant dans les camps. A partir du printemps 1944, en revanche, les départs s'inscrivirent dans une logique répressive qui se situait dans la perspective redoutée du débarquement. Quoi qu'il en soit, les résistants, insistons bien, composèrent les trois quarts des convois. Car qu'ils aient été fusillés, déportés ou soient tombés les armes à la main, ils payèrent bien souvent leur engagement au prix fort.

### *Destinées tragiques*

De fait, le résistant arrêté subissait un long calvaire. En règle générale, il était interpellé non lors d'un banal contrôle d'identité, mais à la suite de l'infiltration de son organisation par les services répressifs. D'Estienne d'Orves fut ainsi trahi par son radio, *Marty*, qui s'était mis au service de l'Abwehr. Après avoir proposé ses services aux Allemands, Emile Marongin *(Elio)* s'engagea à Défense de la France début 1943 et provoqua la chute de 48 de ses membres[80]. Parfois, un résistant arrêté donnait son organisation parce qu'il avait craqué sous la torture, qui, soulignons-le, ne fut pas systématique. Ainsi, Claude Bourdet, arrêté le 25 mars 1944, subit une pluie de « horions », mais ne fut pas soumis à d'éprouvants sévices[81]. De même, les résistants de Défense de la France arrêtés à cause de la trahison d'*Elio* ne furent pas placés à la question. D'autres, en revanche, n'eurent pas cette chance, surtout quand ils étaient communistes ou qu'ils appartenaient à des réseaux et autres organismes paramilitaires. Français ou Allemands, les bourreaux espéraient alors, dans les plus brefs délais, obtenir des informations. Appréhendé le 10 juillet 1944, Stéphane Hessel, agent du BCRA, subit ainsi le supplice de la baignoire. Au quatrième plongeon, il se décida à parler, tout en espérant bien égarer ses bourreaux en brodant « sur tous les thèmes de la clandestinité[82] ».

Qu'ils aient ou non usé de la torture, les Allemands parvinrent par ailleurs à retourner certains résistants. Certains faisaient mine de se placer à leur service. Chef du réseau Orchestre rouge qui travaillait pour les Soviétiques, Léopold Trepper, arrêté en novembre 1942, simula son retournement pour que ses geôliers montent un *Funkspiel* destiné à intoxiquer Staline en prétendant que Londres et Washington négociaient derrière son dos une paix séparée. Ayant gagné la confiance de ses gardiens, il réussit à leur fausser compagnie en septembre 1943, en demandant à se rendre à la pharmacie Bailly dont il sortit par la porte de derrière[83]. D'autres acceptèrent par pur esprit de lucre de travailler pour l'occupant. D'autres encore agirent pour des raisons politiques ou par esprit de calcul. Par passion anticommuniste, André Grandclément dévoila, contre la libération de ses hommes, les caches d'armes de l'OCM dans le Sud-Ouest et accepta de transformer ses formations en maquis blancs que les Allemands espéraient voir lutter contre le communisme après leur départ. Il fut exécuté par des hommes de la résistance le 28 juillet 1944.

Souvent marqués par des violences, les interrogatoires représentaient une rude épreuve. En règle générale, les formations clandestines demandaient à leurs membres de tenir vingt-quatre ou quarante-huit heures, le temps de prendre des mesures de sécurité. Les résistants jouaient alors au chat et à la souris, essayant de lâcher des informations qui, espéraient-ils, seraient sans conséquences. « On m'avait identifié, mais je savais par l'organigramme [que j'avais pu consulter en profitant de l'absence de mes gardiens] que mes fonctions n'étaient pas claires dans l'esprit de la Gestapo. Et je savais aussi qu'il y avait dans leur schéma d'énormes lacunes qu'il fallait à tout prix éviter de combler. Au fur et à mesure de l'interrogatoire, répondant avec beaucoup de détails, mais évitant soigneusement chaque fois d'aborder un nouveau sujet, je réussis peu à peu à dessiner mes fonctions comme entièrement orientées vers les problèmes politiques de l'après-guerre et la désignation d'une nouvelle administration – ce qui était partiellement vrai, mais ne représentait qu'une partie seulement, et pas la plus importante, de mes activités », raconte Claude Bourdet[84]. De même, Pierre Georges *(Fabien)*, appréhendé le 30 novembre 1942 par une brigade de la 4ᵉ division, fut abominablement torturé, mais s'efforça, malgré les coups, d'en dire le moins possible. « Des noms, des faits que les policiers connaissent depuis longtemps, des précisions sans conséquence sur les attentats commis à Paris à l'automne précédent, puis à l'été en Franche-Comté, des noms de militants fusillés depuis des mois[85]... » Cette stratégie provoquait cependant des drames de conscience, comme le reconnaît Stéphane Hessel. « Si, la guerre terminée, j'avais obtenu de consulter mon dossier avec les comptes rendus de mes interrogatoires à la Gestapo, aurais-je été atterré par des révélations qui auraient pu mettre en danger des camarades ? Aurais-je été soulagé par l'innocuité de mes dépositions ou la subtilité de mes ruses[86] ? » D'autres tentaient de garder le silence sous les coups. Au rebours de la légende, beaucoup – « ce qui est peut-être plus atroce », dira André Malraux lors de la panthéonisation de Jean Moulin – parlèrent. Quelques-uns choisirent, tels Jacques Bingen ou Pierre Brossolette, de se suicider.

A l'issue de ses interrogatoires, le résistant rejoignait sa cellule, à Fresnes, à la Santé, au Cherche-Midi pour Paris ; à Montluc ou à Saint-Paul pour Lyon... Promis à l'exécution, il était fusillé au Mont-Valérien, au camp de Souges, à Châteaubriant (Loire-Atlantique), au fort de la Duchère à Lyon, ou dans les fossés de la citadelle d'Arras. Voué à la déportation, il rejoignait un camp de transit – Compiègne-Royallieu ou le fort de Romainville (surtout pour les femmes à partir de 1943) pour la région parisienne. Débutait alors un long calvaire. Le voyage en wagon à bestiaux durait plusieurs jours – quarante-huit heures dans le cas de Christian Pineau, soixante-douze heures pour Claude Bourdet. A leur arrivée à Buchenwald, Mauthausen ou Dachau (pour les hommes), à Ravensbrück (pour les femmes), les résistants, dépouillés de leurs effets civils, parfois battus, découvraient les sinistres réalités de l'univers concentrationnaire qui, pour 40 % d'entre eux, deviendrait leur tombeau.

*La résistance décapitée ?*

La répression conduite par les polices françaises et allemandes a-t-elle été efficace ? La réponse à cette interrogation cruciale dépend, bien entendu, du point de vue que l'on adopte.

Dans la lutte qu'ils conduisaient contre la résistance française, les services policiers enregistrèrent quelques succès. Ils parvinrent, tout d'abord, à démanteler la délégation du général de Gaulle, en neutralisant Jean Moulin puis Pierre Brossolette et en saisissant les archives de la rue de la Pompe, coups durs dont elle ne se remit jamais véritablement. Leur action s'avéra tout aussi efficace dans certaines régions. Le retournement d'André Grandclément provoqua la paralysie de la région bordelaise, qui, malgré les efforts du délégué militaire régional, Claude Bonnier, ne se remit jamais de cette trahison. De même, plusieurs Comités départementaux de libération furent anéantis avant l'été 1944, qu'il s'agît de la Haute-Garonne, de la Haute-Vienne, de la Seine-Inférieure, du Calvados – encore cette liste est-elle loin d'être exhaustive[87]. Quelques mouvements furent littéralement décapités – à l'instar de Ceux de la Libération, dont tous les chefs moururent entre 1940 et 1944. Enfin, et peut-être surtout, les grands maquis, des Glières au Mont-Mouchet en passant par le Vercors, furent décimés sans avoir pu agir, hormis peut-être Saint-Marcel, épaulé, il est vrai, par des soldats réguliers. « De fait, nulle part, ni la Résistance ni les maquis n'ont eu d'action décisive sur l'issue de la guerre et les soucis qu'ils ont causés aux dirigeants du Reich devaient leur sembler bien secondaires, comparés à la situation sur le front du débarquement », conclut l'historien allemand Eberhard Jäckel[88] – sans même parler, bien entendu, du front russe.

Sur un plan plus général, la résistance ne fut pas en mesure de déclencher l'insurrection nationale que prônait Charles de Gaulle et dont rêvait le parti communiste. Et si Paris offre un éclatant contre-exemple à cette règle, la mobilisation des Parisiens ne saurait se comparer à celle des Varsoviens qui, par dizaines de milliers, s'engagèrent. La terreur qu'inspiraient les procédés barbares des nazis, qu'il s'agisse de la torture ou de l'envoi dans les camps, n'explique pas à elle seule la prudence de la société française qui, tout en détestant l'occupant, hésita souvent à le combattre.

L'efficacité des services répressifs allemands fut assurément servie par l'aide que lui apporta le régime de Vichy. Ni la Sipo-SD ni le MbF ne disposaient en effet des effectifs suffisants pour surveiller l'ensemble de la population. Après l'arrivée de Karl Oberg début juin 1942, la Sipo-SD ne s'appuyait que sur 2 400 hommes[89], 3 000 après l'invasion de la zone libre[90]. Ce contingent était trop faible pour contrôler les faits et gestes de 40 millions de Français. L'aide de l'Etat français, par conséquent, s'imposait. Vichy ne déçut pas l'attente de ses maîtres. Il se montra particulièrement sévère à l'égard des communistes, qui, en règle générale, furent arrêtés par ses soins. Il fut également inflexible à l'égard des gaullistes, jusqu'en 1942 tout du moins. A partir de Stalingrad, en revanche, le zèle des policiers et des juges fléchit. Le vent tournant en faveur des Alliés, les hommes en charge de la répression affrontaient la perspective de rendre des comptes, ce qui modéra leur ardeur. « L'inertie, la passivité se développèrent au cours de 1943 dans les rangs de policiers qui n'étaient pas tous enthousiasmés par la nature particulière de leurs nouvelles missions et surtout pas insensibles à l'évolution de la guerre et de l'opinion », confirment Jean-Marc Berlière et Laurent Chabrun[91].

La résistance, il est vrai, n'hésita pas à les menacer. « Vous êtes individuellement et pleinement responsables devant les tribunaux du peuple de la France libérée. Nous tenons un registre minutieux de l'activité de chaque policier, gendarme ou autre agent de la force publique. Ne dites pas plus tard, quand il sera trop tard : "Que pouvions-nous faire ? Nous avions des ordres et il fallait les exécuter" », prévenait un tract que les Mouvements unis de Résistance diffusèrent au printemps 1944[92]. De même, l'armée des ombres expédia des petits cercueils pour intimider certains collaborateurs que la BBC, de son côté, menaçait nommément. La résistance passait parfois à l'action. A Nice, le corps franc de l'Armée juive exécuta l'un des Russes blancs qui opéraient dans l'équipe de physionomistes chargés de dénoncer au SS Aloïs Brunner les juifs qui se cachaient[93]. Des résistants juifs menacèrent et parfois attaquèrent des responsables du commissariat général aux Questions juives à Marseille et surtout à Toulouse, ce qui n'est peut-être pas « sans rapport avec le ralentissement des opérations de spoliations constaté dans la région à partir de 1943[94] ». Des policiers furent également fichés par les communistes. Lors de l'arrestation de Roger Linet *(Rivière)*, responsable des FTP pour la région parisienne, les policiers tombèrent ainsi sur une série de fiches qui les recensaient, ce qui les troubla : non seulement des « "traîtres" avaient livré noms et adresses des collègues aux FTP – mais leurs noms venaient d'être jetés en pâture sur les ondes de la BBC afin que tous comprennent qu'un jour l'addition serait lourde à payer. Les "cogneurs" en furent un temps refroidis[95] ». La résistance s'en prit d'ailleurs directement à des dénonciateurs, des policiers ou des magistrats jugés trop zélés. Le 31 mai 1942, deux policiers municipaux furent abattus par le groupe qui protégeait les militantes communistes qui distribuaient les conserves saisies dans un magasin Eco[96]. Le 10 avril 1943, Georges Vallette avait, par ses cris, aiguillé des gardiens de la paix sur les pas des agresseurs de Marcel Capron, un député communiste passé à la collaboration que le Parti venait d'exécuter. Il fut en représailles assassiné trois semaines plus tard[97]. En décembre 1943, des commissariats, dont celui de Quimper, furent pris pour cible par la résistance, ce qui amena par la suite les policiers de la préfecture du Finistère à se montrer « discrets[98] ». A Lyon, Jacques Faure-Tinguély, juge à la Section spéciale, fut abattu à son domicile par un commando FTP-MOI, événement qui contribua « à accentuer le climat de peur régnant au sein de la magistrature[99] ». La résistance, communistes en tête, s'efforça donc d'organiser une contre-terreur qui put refroidir l'enthousiasme des forces en charge du maintien de l'ordre.

Encore convient-il de distinguer la base du sommet. Car si les exécutants se montraient moins enclins à traquer les combattants de l'ombre, leurs chefs témoignaient d'une détermination sans faille qui s'exprima, on l'a dit, par la création de la Milice. Joseph Darnand ne s'embarrassait d'ailleurs pas de distinguos, comme il le rappela le 10 février 1944 devant la presse parisienne : « Je ne fais aucune différence devant les hors-la-loi ; nous ne ferons pas de différence entre les assassins et les égarés dès l'instant où ils sont décidés à résister[100]. » Son directeur de cabinet, Raymond Clemoz, nota : « Moral du personnel : celui-ci est manifestement impressionné par la distinction faite quelquefois entre les "bons terroristes" et les "mauvais terroristes". Il faut à tout prix lui faire comprendre que l'exécutant est absolument incapable de faire cette distinction subtile et quelque peu spécieuse. Tout individu n'obtempérant pas aux sommations des forces de police ou du maintien de l'ordre doit être considéré comme un ennemi public et traité comme tel[101]. » De fait, les hommes au gamma se distinguèrent par leur barbarie. Ils recoururent largement à la torture, pratiquée à Vichy au Petit-Casino, à l'hôtel du Parc Lardy et au château des Brosses, à Lyon dans l'enceinte de la prison Montluc ou dans la caserne de l'Alcazar, à Grenoble dans une villa située rue Henri-Ding, à Paris au siège même de la Milice, 44, rue Le Peletier[102]. La Milice se livra également à de terribles massacres, après le débarquement notamment. Sous les ordres de Joseph Lécussan, elle arrêta dans la nuit du 21 au 22 juillet 1944 les juifs de Saint-Amand-Montrond, dans le Cher, et assassina au total 36 personnes[103]. De même, le Groupe des forces de Limoges, commandé par le colonel Mahuet, multiplia les exécutions dans le Limousin, à Magnac-Laval notamment. Et les quelque 250 francs-gardes du chef di Constanzo firent régner la terreur en Bretagne[104].

Les Allemands, enfin, recrutèrent dans les eaux de la collaboration ou les bas-fonds de la pègre des auxiliaires dévoués qui, pour des motifs où s'entremêlaient considérations idéologiques et appât du gain, causèrent des ravages dans les rangs de la résistance. « Employés par l'Abwehr ou les SS de la Sipo-SD qui se livrent à une curieuse surenchère dans ce domaine, Pierre Loutrel, dit "Pierrot la valise", Abel Danos, dit "le Mammouth", Jean-Michel Chaves, dit "Nez de braise", René Launay, "Feu-feu le Riton", "François le Mauvais", "Fredo la Terreur du gnouff"..., échangent dix, quinze, vingt ans de réclusion contre la liberté, des voitures, de l'essence à profusion, des armes, le "carton" – une carte de police allemande – et l'impunité[105]. » La Gestapo française de la rue Lauriston dirigée par Henri Chamberlain, dit Lafont, et Pierre Bonny, un inspecteur de police révoqué en 1935 pour concussion, se distingua par l'ampleur de ses crimes. Mais d'autres officines prospéraient : bande des Corses boulevard Flandrin, bande de Masuy avenue Henri-Martin, bande de Frédéric Martin, dit Rudi von Mérode. Ces services enrôlèrent « des trafiquants de marché noir, des commerçants et des artisans ruinés par l'occupation, des hommes de la pègre, des détenus de droit commun libérés par les Allemands et aussitôt engagés à leur service, des chômeurs, des exaltés, des drogués, des prostituées, des médecins marron, des avocats véreux, des mouchards par vice ou par vocation, des maquereaux, des experts en objets d'art, des banquiers, des ouvriers et des patrons[106] ». A la différence de l'occupant, ils maîtrisaient, outre la langue, les us et coutumes de leur pays et pouvaient plus aisément infiltrer les organisations clandestines. Ces auxiliaires zélés se signalèrent par la brutalité de leurs interrogatoires – Masuy passe pour avoir inventé le supplice de la baignoire – et l'âpreté de leurs rapines.

Ni l'Etat français ni l'occupant allemand ne parvinrent cependant à leurs fins. Une évidence s'impose : la résistance était plus forte en 1944 qu'en 1940, signe qu'elle sut, malgré les coups portés, croître et se renforcer. De même, elle apparaissait pleinement légitime aux yeux de la population. A la Libération, la substitution du pouvoir gaulliste aux autorités vichystes se déroula sans heurts, alors que les nazis et les séides du Maréchal avaient tenté de la criminaliser en la présentant comme une pègre dominée par les juifs, les métèques et les communistes. De ce point de vue, l'affiche rouge chantée par Aragon dans un poème de 1955 constitue un puissant symbole. Apposée sur les murs en février 1944, alors que se déroulait le procès des 23 communistes immigrés, dont Missak Manouchian et Joseph Boczor, cette affiche dénonçait « la libération par l'armée du crime ». Elle tentait d'exploiter les peurs de la population française en présentant les résistants comme des apatrides issus de la pègre usant d'une violence aveugle. Elle ne contribua cependant pas à délégitimer l'armée des ombres, une force qui avait gagné en maturité.

La résistance avait su, il est vrai, s'adapter. La décapitation de la Délégation conduisit à adopter la décentralisation que le pouvoir gaulliste avait longtemps refusée, mais qui prouva son efficacité lors des combats de 1944. De même, les informations fournies aux Alliés par les réseaux ou les mouvements augmentèrent, comme le confirme l'explosion des télégrammes et des courriers reçus par le BCRA. Enfin, la protection apportée aux populations permit d'interrompre à l'été 1943 les départs pour le STO et de sauver 75 % des juifs de la mort – même si ce bilan positif ne saurait être placé au seul crédit de la résistance organisée.

Ces succès, pourtant, laissèrent bien souvent un goût amer. Les résistants espéraient que de leurs sacrifices jaillirait une France nouvelle. Sur ce plan, bien des attentes furent déçues et la libération fut vite considérée comme une victoire inachevée.

# 17

# La victoire inachevée

Au sortir de la guerre, les résistants rêvaient d'une France rénovée dont ils avaient dessiné les contours dans la nuit clandestine. De fait, le gouvernement provisoire de la République s'engagea dès 1944 sur de nouveaux chemins. Les lois constitutionnelles de 1875 furent remplacées en 1946 par une nouvelle Constitution et à la IIIe République succéda la IVe. Sur la vie politique française sembla également souffler le vent du renouveau que symbolisèrent les victoires de la gauche et le recul des partis de droite. Enfin, si la déflation, la crise et le souci de préserver les structures économiques et sociales avaient marqué l'entre-deux-guerres, la croissance, la modernisation et la justice sociale l'emportèrent à la Libération. Que la France ait, en 1945, adopté des formules inédites pour renaître relève de l'évidence. Ce constat ne signe pas pour autant une victoire de la résistance.

## *Rénovation politique ?*

La résistance, on le sait, ambitionnait de jouer un rôle politique dans la France de l'après-guerre, une ambition que partageaient tant de Gaulle que les principaux mouvements clandestins. « Pour animer et conduire demain cette nation renouvelée, il faudra des cadres nouveaux. La faillite des corps qui se disaient dirigeants ne fut que trop claire et ruineuse. Tout ce qu'elle aura subi, la France ne l'aura pas subi pour reblanchir des sépulcres », avait lancé de Gaulle à la BBC le 20 avril 1943[1]. Cette ambition recoupait les rêves de la résistance intérieure. « Nous pensons qu'il est sage de préparer dès maintenant la reconstruction de la société française, si nous ne voulons pas que d'autres, plus habiles, qui, jusqu'à présent, se sont tenus à l'écart de la Résistance, ne viennent s'imposer à notre place. Nous pensons qu'il est souhaitable que la Résistance domine et dirige la Révolution qui s'annonce. Nous voulons que la Résistance se prolonge par la Révolution », exposait *Défense de la France* en 1944[2]. Encore fallait-il que l'intendance suive. Pour passer de l'ombre à la lumière, la résistance devrait d'abord se structurer en parti(s) capable(s) d'animer la vie politique et de participer à la compétition électorale. Ses hommes devraient ensuite capter la confiance des électeurs.

Pour briguer les suffrages, les résistants bénéficièrent d'un atout de taille. En effet, le pouvoir gaulliste enclencha, avant même la libération du territoire, une épuration politique. L'ordonnance du 21 avril 1944 excluait ainsi des Assemblées et des conseils généraux ou municipaux les personnalités compromises par la collaboration ou le soutien apporté au régime vichyste, à moins qu'ils n'apportent la preuve de leur action résistante. Moins restrictive, l'ordonnance du 6 avril 1945 assouplit ces critères dirimants en interdisant de siéger à l'Assemblée ou dans les conseils locaux aux membres des gouvernements formés après le 16 juin 1940, aux profiteurs de guerre, aux personnes révoquées de la fonction publique ou privées pour deux ans au moins du droit d'exercer leur profession, enfin, aux conseillers nationaux ou départementaux – si ces derniers n'avaient pas été élus avant guerre. Les parlementaires ayant accepté une fonction offerte par l'Etat français se voyaient également écartés. Le pouvoir suivit donc, en matière d'épuration, une ligne mesurée : la compétition électorale bénéficiait d'une grande liberté au niveau des communes et des départements ; elle restait placée sous haute surveillance pour les législatives.

D'abord confiée aux préfets puis, à partir du 6 avril 1945, à un jury d'honneur, l'épuration exclut au total 321 parlementaires – soit un bon tiers des membres siégeant dans les Chambres en 1939. En ajoutant les 173 élus disparus, pour des raisons diverses, sous l'occupation, plus de 50 % des ci-devant furent donc dans l'incapacité de briguer, en 1945, le suffrage de leurs concitoyens. En outre, les partis politiques éliminèrent leurs brebis galeuses. La

SFIO exclut ainsi 84 parlementaires, le parti radical-socialiste une trentaine, et la droitière Fédération républicaine une quinzaine. Au total, ces exclusions permirent de renouveler en profondeur le corps politique en favorisant l'entrée des hommes issus de l'armée des ombres.

Elue le 21 octobre 1945, l'Assemblée constituante confirma la mue du personnel politique. Sur 586 députés, 121 seulement avaient siégé avant guerre[3]. Ainsi, les quatre cinquièmes des constituants franchissaient pour la première fois le seuil d'une Assemblée. Le changement des hommes se doublait par ailleurs d'une nette évolution politique. La gauche dominait, obtenant à elle seule une confortable majorité. Le PCF raflait 5 millions de voix et 148 sièges, la SFIO 4,7 millions et 135. Si le Mouvement républicain populaire (MRP), représentant la famille démocrate-chrétienne, faisait bonne figure (4,9 millions des suffrages, 143 sièges), les forces traditionnelles s'effondraient. Les modérés n'attiraient que 2,8 millions d'électeurs (65 sièges) et les radicaux jadis dominants – 111 d'entre eux siégeaient en 1939 sur les bancs du Palais-Bourbon – n'obtinrent que 1,7 million de voix et 31 places. Les flots de la Libération semblaient ainsi engloutir la droite classique et les disciples d'Edouard Herriot, tendances que les scrutins locaux avaient déjà anticipées. En avril et en mai 1945, les partis modérés n'avaient emporté que 15 655 communes sur 35 307, alors qu'ils en dirigeaient 22 685 en 1935 ; les radicaux-socialistes subirent une érosion comparable (6 436 contre 9 162). En revanche, les partis marxistes tiraient leur épingle du jeu. Les socialistes dirigeaient 4 115 conseils contre 1 376 avant guerre, les communistes progressant encore plus nettement : 1 413 mairies hissaient le drapeau rouge contre 310 en 1939[4].

L'année 1945 se plaça donc, du point de vue politique, sous le signe des ruptures. Usées par la crise de l'entre-deux-guerres et les compromissions de l'ère vichyste, les formations anciennes disparurent. Un personnel politique nouveau s'empara du pouvoir, à l'échelon local comme sur le plan national ; la droite enfin céda le pouvoir à la gauche – un phénomène inédit sous la IIIe République, parenthèse du Front populaire exceptée. De ce point de vue, la Libération s'apparenta tant à un renouvellement – marqué par l'émergence d'un nouveau personnel politique – qu'à un renouveau – la victoire de la gauche. Mais ces évolutions signaient-elles pour autant le triomphe de la résistance ? Il est permis d'en douter.

*L'impuissance de la résistance*

De fait, la résistance ne parvint pas à recomposer le champ politique. Sur le plan des formations politiques, une seule parvint à se structurer : l'Union démocratique et socialiste de la Résistance (UDSR). Certes, le Mouvement républicain populaire (MRP) affichait fièrement ses origines résistantes que corroborait l'indiscutable pedigree de ses dirigeants – Pierre-Henri Teitgen, François de Menthon ou Maurice Schumann. Mais il se posait plus comme le légataire du Sillon et du défunt Parti démocrate-populaire (PDP) que comme l'héritier de Jean Moulin ou d'Henri Frenay. Visant avant tout à réconcilier l'Eglise et la République sur fond de réforme sociale, il s'inscrivait dans le sillage du catholicisme plus qu'il ne marchait sur les brisées de l'armée des ombres.

En créant un mouvement portant ses couleurs, le général de Gaulle aurait pu, il est vrai, offrir un débouché politique au gaullisme de guerre. Mais le chef du gouvernement provisoire refusa d'emprunter ce chemin, bien que Frenay l'eût adjuré de prendre la tête d'un mouvement travailliste. « Non, Frenay, je ne le ferai pas. Ce n'est pas là mon rôle. Je comprends vos appréhensions, et le spectacle du grenouillage actuel, à l'Assemblée et ailleurs, n'est pas fait pour le dissiper. Mais, croyez-moi, il n'y a qu'une solution pour les hommes comme vous, c'est de rentrer dans les partis et, de l'intérieur, les animer, les transformer… Tout le reste n'est qu'illusion[5]. » Ce conseil fut donné à d'autres fidèles, Jacques Chaban-Delmas ou Michel Debré, qui s'engagèrent alors au parti radical.

Ce refus s'explique aisément. En effet, prendre la tête d'une formation aurait contredit tous les postulats gaullistes. Cette démarche conduisait le Connétable à prendre parti, alors qu'il entendait rassembler les Français. Elle l'obligeait à plonger dans des querelles subalternes, alors qu'il souhaitait se placer au-dessus de la mêlée. Enfin, elle l'amenait à se placer à la tête d'une formation revendiquant son passé résistant, ce qui aurait exclu les Français qui ne s'étaient pas engagés dans ce glorieux combat. Mais des mobiles moins altiers le guidaient. Croyant en son destin, l'homme du 18 Juin doutait de la mission politique de la résistance, et donc de sa capacité à recueillir les suffrages de ses concitoyens ; il se jugeait surtout suffisamment fort pour dicter sa loi aux partis et à l'Assemblée. Les faits dissipèrent prestement cette illusion : le 20 janvier 1946, de Gaulle dut quitter le gouvernement provisoire quelques mois après son rival et compagnon de gloire, Churchill.

Seule, donc, l'UDSR pouvait prétendre prolonger « l'esprit de la Résistance ». En janvier 1944, le Mouvement de Libération nationale (MLN) avait, on l'a vu, posé quelques jalons en regroupant Franc-Tireur, Combat, Libération-sud, Résistance et Défense de la France. Après avoir refusé de s'allier avec les communistes du Front national en janvier 1945, la fédération fusionna avec l'Union travailliste qui coiffait l'Organisation civile et militaire (OCM) ainsi que Libération-nord. De cet ensemble naquit le 25 juin 1945 l'Union démocratique et socialiste de la Résistance. Affichant sa fidélité aux idéaux clandestins, cette formation nouvelle refusait de s'inféoder tant à la SFIO qu'au Parti communiste français. Elle se trouva néanmoins placée en porte-à-faux. La rupture avec le Front national rompait l'unité de la résistance que l'UDSR prétendait incarner. La captation d'héritage réalisée par le Mouvement républicain populaire qui s'autoproclamait « mouvement de la fidélité » au général de Gaulle la privait de son illustre patronage. La formation surtout affrontait un cruel dilemme. Pour rester un authentique mouvement issu de la clandestinité, elle devait se fermer aux Français qui n'avaient pas participé à la lutte ; ce faisant, elle se condamnait à la marginalité. Si elle ouvrait en revanche largement ses portes, elle aliénait son identité. Pour vaincre dans les urnes, la résistance devait donc souscrire des alliances, au risque de se perdre dans de douteux compromis.

En mars 1945, le MLN envisagea l'unité d'action avec la SFIO, principe qu'entérina l'UDSR en juin. Ce schéma aurait pu, dans l'idéal, apporter d'heureux fruits, en opérant une symbiose entre l'ancien et le nouveau. Sur un plan plus général, les partis traditionnels auraient pu se renouveler en s'ouvrant aux forces vives de la résistance, les résistants bénéficiant en retour d'une tradition et d'une expérience politiques dont ils étaient le plus souvent dépourvus. Tel était, d'ailleurs, le scénario du général de Gaulle. Il échoua.

*Sclérose des partis traditionnels*

Les partis traditionnels manifestèrent en effet une relative méfiance à l'égard des éléments résistants. Ils craignaient naturellement d'être dépossédés de leur pouvoir et se montraient parfois méprisants envers des amateurs souvent considérés comme de doux utopistes. Le Parti communiste français, dont l'engagement clandestin n'est pas à rappeler, procéda avec prudence. Il écarta ou exclut au fil du temps des résistants incontestables – Charles Tillon en 1952, Georges Guingouin la même année ou Maurice Kriegel-Valrimont en 1961 – dont l'indépendance d'esprit et la légitimité acquise durant les années sombres ou des prises de position postérieures à la libération étaient perçues comme autant de menace pour la direction. Dans le même temps, toutefois, une partie des anciens clandestins bénéficiaient d'une promotion qui se ralentissait au fur et à mesure que l'on progressait dans la hiérarchie[6]. Quoi qu'il en soit, ce processus permit au couple Thorez-Duclos de se maintenir à la tête du « Parti des 75 000 fusillés », sans craindre la concurrence d'une élite dégagée dans la clandestinité.

Sur le plan doctrinal, la résistance ne joua en revanche aucun rôle. Aux yeux de l'appareil, la défaite de 1940, événement logique et prévisible, confirmait la justesse des analyses de l'avant-guerre et les origines profondes d'une catastrophe relevant au premier chef de la sphère économique. A cette aune, la résistance, du point de vue théorique, ne pouvait rien apporter. Tout juste servait-elle à nourrir les feux de la propagande[7].

De même, la SFIO, partisane de l'alliance avec le MLN et désireuse de se transformer sur le plan idéologique, revint assez vite à ses anciennes amours. Quelques hommes passés par les rangs de la résistance s'imposèrent toutefois. Président de la délégation municipale, Gaston Defferre s'empara de la mairie de Marseille en 1945[8] et Jean Badiou conserva au parti les clés de Toulouse[9]. De même, la proportion de résistants resta fort élevée chez les parlementaires, au Conseil de la République comme à l'Assemblée nationale. Faut-il pour autant y voir la marque d'un renouveau ? Dans les faits, « la Résistance ne fut pas un facteur de promotion, et donc de rajeunissement, aussi puissant que l'avaient été, en leur temps, les élections du Front populaire [...]. Le scrutin de liste, en privilégiant le choix des militants au détriment de celui des électeurs, autorisa un renouvellement endogène. Celui-ci, conjugué avec une prime à l'ancienneté, freina tout rajeunissement par la promotion de jeunes résistants socialisants », relève l'historienne Noëlline Castagnez[10]. En outre, les promus étaient fréquemment encartés avant guerre, à l'instar de Gaston Defferre – adhérent dès 1933. Rares, donc, furent les élus dont la politisation remontait à l'expérience clandestine ; de ce point de vue, Jean-Daniel Jurgensen ou Robert Salmon – issus de Défense de la France et députés à la première constituante sous la bannière SFIO – firent figure d'exception. Sur l'ensemble des parlementaires socialistes de la IVe République, 86 % étaient bien des nouveaux venus. Mais 12 % seulement avaient adhéré au parti après 1939[11]. De même, la féminisation des parlementaires socialistes, inférieure à 3 %, resta anecdotique. Dans cette mesure, « la guerre constitua bien une rupture, puisqu'elle entraîna une épuration sans précédent des cadres de la SFIO et tout particulièrement de ses parlementaires, mais elle ne fut ni la cure de jouvence espérée ni l'occasion d'un salutaire métissage[12] ». Quant aux tentatives de rénovation doctrinale formulées par Léon Blum dans *A l'échelle humaine*, elles restèrent lettre morte. Echaudée par les résultats électoraux, concurrencée par un parti communiste en pleine progression, la SFIO adopta une attitude de crispation « entérinée par l'avènement de l'équipe Guy Mollet en août 1946, convaincue qu'une radicalisation de sa doctrine serait un gage de redressement[13] ». Dès juin 1946, le parti de Léon Blum renonça à s'unir aux forces résistantes pour les législatives et se battit sous son seul drapeau.

Au rebours d'une idée reçue, les renouveaux promis furent donc limités : la résistance échoua à recomposer le champ politique de la Libération. Ses formations s'effacèrent au profit des anciens partis que le système servait. Le scrutin de liste leur donnait en effet un avantage décisif, puisque seules des formations organisées bénéficiaient des moyens et de l'expérience nécessaires pour constituer des listes complètes à l'échelle nationale. Les organisations de résistance débutant dans la carrière éprouvaient en revanche les plus grandes difficultés à investir des centaines de candidats, *a fortiori* si leurs hommes étaient inconnus des populations. Convoquées à la hâte en avril-mai 1945, les élections municipales les desservirent, en leur laissant peu de temps pour s'organiser. Et les scrutins locaux furent à double tranchant. Car s'ils permirent la promotion individuelle d'éléments résistants, ils précipitèrent la chute des structures issues de la clandestinité, en détruisant par exemple l'armature des Comités départementaux de libération et en favorisant la reconstitution des partis[14].

Les élites de la nuit clandestine furent donc loin de connaître une belle ascension. Car si des résistants parvinrent à s'imposer, il s'agissait rarement de nouveaux venus en politique. Teitgen, Menthon ou Schumann avaient avant la guerre milité dans les rangs de la démocratie chrétienne ; Tillon, outre son passé militant, était député en 1939. Même l'UDSR n'échappa pas à cette règle puisque Antoine Avinin, Pierre Bourdan ou Eugène Claudius-Petit venaient des rangs de la Jeune République. La résistance a donc, sous bénéfice d'inventaire, plutôt facilité la promotion d'individus dont une génération d'aînés barrait l'accès au pouvoir que véritablement révélé des hommes nés à la politique dans les convulsions des années sombres.

Le triomphe de la gauche en 1945 appelle tout autant de nuances, car il repose sur des postulats contestables. L'ampleur de cette rupture mérite de prime abord un correctif puisque les positions des conservateurs n'avaient depuis 1932 cessé de s'éroder. De ce point de vue, l'année 1945 ne fit que prolonger une tendance amorcée en 1932, développée aux municipales de 1935, amplifiée aux législatives de 1936. En outre, le MRP, parfois classé à gauche, semble plutôt appartenir au camp droitier, comme le suggèrent ses bastions électoraux et la stratégie qu'il adopta – il écarta d'emblée la formule de Front populaire[15]. La droite classique, enfin, n'avait pas totalement disparu. Outre qu'elle contrôlait une part non négligeable des pouvoirs locaux, elle rassemblait, en 1945, 62 députés, une force rétrécie, mais loin d'être négligeable. Ajoutons que des hommes ayant soutenu le régime vichyste n'étaient pas tous disqualifiés par leur ancien compagnonnage. Elu en octobre 1945, Camille Laurens avait dirigé la Corporation paysanne entre 1942 et 1944 ; Jean Boivin-Champeaux – président du groupe des Républicains indépendants au Conseil de la République – avait rapporté favorablement sur le projet accordant en 1940 à Pétain le pouvoir constituant[16] ; et Raymond Marcellin, pourtant numéro 2 de l'Institut d'études corporatives et sociales sous l'Occupation, fut élu en novembre 1946 dans le Morbihan. Ces éléments suggèrent que la gauche bénéficia, en 1945, d'une hégémonie moins totale vis-à-vis de la droite que ce que l'on croit d'ordinaire. En incorporant le MRP, les modérés rassemblaient en 1945 plus de 40 % des voix, 49 % si l'on y adjoint les radicaux.

Les Français n'ont donc pas systématiquement rejeté les élites de la IIIe République ni les soutiens du régime vichyste pour leur préférer les hommes de la résistance. Ce constat se vérifie sur le plan local : 228 candidats, pourtant déclarés inéligibles, furent élus aux municipales, 77 étant battus, 23 choisissant de se désister[17]. La population maintint parfois sa confiance à des administrateurs qui l'avaient, pensait-elle, protégée des rigueurs de l'occupation. Tout en rejetant la collaboration, de nombreux Français avaient en outre conservé un certain attachement pour le Maréchal, sinon approuvé certains pans de sa politique. Pourquoi dès lors sanctionner des élites qui, au fond, avaient exprimé les sentiments que la masse partageait ? Les électeurs, enfin, préféraient peut-être conserver des élus qu'ils connaissaient et qui avaient acquis leur confiance plutôt que de confier les clés à des inconnus, fussent-ils nimbés de la gloire des héros.

Ce tour d'horizon souligne bien les ambivalences de l'année 1945, qui allia ruptures et continuités. Les donnes de la Libération provoquèrent à bien des égards un séisme qui fut vécu comme tel : majoritaire dans le pays, la gauche l'emportait et la droite traditionnelle se releva difficilement de son conservatisme social et du soutien majoritaire apporté à l'Etat français. Les deux grands partis conservateurs, l'Alliance démocratique et la Fédération républicaine, sombrèrent, et le radicalisme se trouva plutôt mal en point. En partie épuré, le personnel politique subit un substantiel renouvellement, ouvrant ses portes à des hommes et de rares femmes qui, souvent issus de la résistance, occupaient jusqu'alors les seconds rangs. A bien des égards, l'heure des relèves avait sonné.

Quelques pesanteurs, pourtant, inscrivaient la libération dans la continuité de l'histoire nationale. A y regarder de plus près, la droite résistait et s'adaptait aux malheurs des temps. Le MRP comme d'autres formations – le Parti républicain de la Liberté (PRL) par exemple – illustrent cette capacité d'adaptation. Plutôt que de décomposition, il serait alors plus juste de parler de recomposition, une recomposition suffisamment efficace pour permettre au parti de l'ordre de retrouver le pouvoir dès 1952. En revanche, les formations issues de la Résistance ne parvinrent jamais à remanier le champ politique. Jusqu'au lancement du Rassemblement du peuple français, en 1947, le gaullisme fut privé de débouchés politiques. Et l'UDSR demeura quantité négligeable, même si elle joua le rôle de parti charnière capable de faire et de défaire les majorités.

En outre, le personnel politique, prisonnier de sa culture, refusa de modifier des règles du jeu qui le servaient, d'autant qu'après quatre années d'autoritarisme vichyste, la IIIe République, si décriée dans les années 1930, avait redoré son blason. A l'inverse, l'Etat français avait pointé les risques d'un exécutif renforcé, surtout quand il se mâtinait de pouvoir personnel. Sur ce point, Philippe Pétain s'inscrivait dans la lignée liberticide des Louis-Napoléon Bonaparte et des Boulanger que les républicains honnissaient. Pourquoi dès lors renoncer à un mode de gouvernance éprouvé, d'autant que les Français, sans le plébisciter, ne le rejetaient pas ? La Constitution de 1946 reproduisit donc à grands traits les lois constitutionnelles de 1875 et leur tropisme parlementaire. Il fallut attendre 1958 pour qu'émergent de nouvelles règles régissant l'exercice du pouvoir au profit, désormais, de l'exécutif. Sur le plan institutionnel, la résistance n'entraîna donc guère plus de changement que sur le plan politique. En alla-t-il de même sur le plan économique et social ?

## New Deal

Dès 1945, le pouvoir provisoire entendit rebâtir le pays sur de nouvelles bases. Il engagea une vigoureuse politique de nationalisations qui concerna principalement le secteur bancaire, l'énergie (gaz, électricité, charbon), puis les assurances. Quelques nationalisations sanctionnèrent en outre les entreprises qui avaient collaboré, le constructeur automobile Renault ainsi que le fabricant de moteurs d'avion Gnome-et-Rhône principalement. Par ailleurs, un Commissariat général au Plan, créé le 3 janvier 1946, élabora un schéma directeur qui poursuivait 5 objectifs : « Accroître la production, développer le commerce extérieur, élever la productivité au niveau de celle des pays les plus avancés, assurer le plein emploi et améliorer le niveau de vie[18]. » Le 4 et le 19 octobre 1945, enfin, deux ordonnances définirent un système de Sécurité sociale. Financé non par l'impôt, mais par des cotisations acquittées par les employeurs comme par les salariés, le dispositif couvrait désormais les risques liés aux accidents du travail et à la maladie. Il garantissait en outre une retraite aux vieux travailleurs et des allocations aux familles afin de relever une natalité chancelante.

Ces mesures constituaient à bien des égards une révolution. Elles plaçaient tout d'abord le double impératif de la modernisation et de la croissance au faîte des priorités alors que le personnel politique avait, sous la III^e^ République, plutôt privilégié l'équilibre et le maintien des structures économiques et sociales existantes. Les gouvernants avaient ainsi soutenu avec constance une agriculture de petits exploitants engoncée dans la routine ; ils se plaisaient à exalter l'équilibre français, un équilibre pernicieux puisque, si de grandes firmes modernes entraînaient l'industrie française, un artisanat archaïque la lestait. Rompant avec la logique libérale, l'Etat acceptait donc d'intervenir dans la vie économique de la nation et la dotait d'une identité qui rompait avec l'image d'un pays composé de paysans et de boutiquiers[19]. Non sans moyens : le contrôle de secteurs clés – le crédit et l'énergie – lui offrait les leviers nécessaires pour réaliser les objectifs que son plan traçait. La puissance publique n'oubliait pas de se pencher sur le sort des humbles : la Sécurité sociale garantissait à tous les salariés une protection minimale dont les Français avaient été longtemps sevrés, à la différence des Allemands ou des Britanniques.

Cette révolution, pourtant, ne saurait être imputée au seul crédit de la résistance. Certes, le programme du Conseil national de la Résistance, entériné le 15 mars 1944, avait dans une large mesure exigé l'adoption de ces mesures. Mais il ne prévoyait en rien les moyens de les appliquer[20]. De fait, les nationalisations furent portées à l'Assemblée par les partis politiques, des formations qui appliquaient leur programme sans chercher à exécuter les projets que la résistance avait conçus. Tous les architectes de la réforme, par ailleurs, n'étaient pas issus de l'armée des ombres. Le Commissariat général au Plan (CGP) fut par exemple pensé et dirigé par Jean Monnet. L'ancien négociant de cognac avait été, à Alger, le mentor politique du général Giraud. Tout en manifestant un patriotisme indiscutable, il n'avait entretenu aucun lien avec la résistance. Assuré par une pléiade de commissions où siégeaient représentants du patronat, des salariés et de l'administration, le Commissariat général au Plan fonctionnait d'ailleurs dans une optique corporatiste. Bien entendu, Monnet n'était ni nostalgique du Maréchal ni partisan des régimes autoritaires. Mais il reprenait au fond des formules qui devaient plus aux débats de l'entre-deux-guerres qu'aux réflexions poursuivies dans la clandestinité[21].

Le père de la Sécurité sociale, Pierre Laroque, avait pour sa part appartenu au cabinet de René Belin, ministre du Travail sous Vichy jusqu'au retour de Laval. Il en avait été exclu en décembre 1940 en raison de ses origines juives[22]. Passant alors en zone libre, il avait participé aux travaux du Comité général d'études avant que Moulin ne l'envoie, au printemps 1943, assurer à Londres la liaison entre cet organisme et la France combattante[23]. Laroque, en d'autres termes, avait un temps partagé l'ambition réformatrice qui animait quelques cercles du premier Vichy. Alimentée par les débats de l'entre-deux-guerres, sa réflexion puisa tout autant dans cette première expérience que dans les projets formulés dans la clandestinité.

Les réformes structurelles de la Libération s'inspirèrent donc pour beaucoup des solutions esquissées dans les années 1930 ainsi que des projets conçus par les hommes passés, pour un temps, par Vichy. Sur 26 responsables dirigeant les 7 plus importantes commissions de modernisation du Commissariat général au Plan, 10 avaient travaillé pour les Comités d'organisation, l'Office central de la répartition des produits industriels ou le ministère de la Production industrielle de l'Etat français[24]. La résistance et ses projets ne tinrent par conséquent qu'une place marginale dans ce grand dessein qui reçut, par surcroît, l'assentiment de tous. Car si le champ des entreprises à nationaliser provoqua de violentes controverses, leur principe ne fut pas récusé.

Trois facteurs expliquent la puissance de ce consensus. La crise des années 1930, on l'a dit, avait ébranlé bien des certitudes et amené les élites politiques, économiques et syndicales à s'interroger sur la pérennité d'un ordre libéral malmené par les conséquences du Jeudi noir. Bien des Français avaient par ailleurs considéré que la défaite de 1940 avait non seulement sanctionné l'infortune des armes, mais aussi la faillite d'un système économique et social dépassé. La dureté de l'occupation, enfin, avait attisé l'espérance en des jours meilleurs. En réfléchissant aux formes que devrait emprunter ce *New Deal* économique et social, la résistance contribua à populariser certaines formules – le triptyque nationalisations/planification/Sécurité sociale avant tout. En l'imposant, *via* le Conseil national de la Résistance, sur l'agenda politique, elle renforça ce consensus. Elle ne peut pour autant être considérée comme l'inspiratrice exclusive des réformes impulsées à la Libération qui durent beaucoup à l'esprit des années 1930, un esprit revisité par les épreuves de la guerre et de l'occupation[25].

Ces réformes structurelles déçurent d'ailleurs bien des attentes. « L'organisation du secteur nationalisé était un compromis qui restait bien en deçà des grands espoirs de ses partisans, Philip et Moch par exemple, relève l'historien américain Richard Kuisel. Ni uniforme ni unifié, le secteur public n'émergeait pas comme force capable d'orienter l'économie entière. La vision d'un groupement d'industries nationalisées liées entre elles, dirigées par des conseils de type représentatif, coordonnées par un superministère et par un plan national, le tout frayant la voie au socialisme, s'était évanouie au fil du processus législatif[26]. » La gauche fut assez vite défaite, de Gaulle et le MRP s'opposant aux options qu'elle s'efforçait de défendre. Les membres appelés à participer aux travaux du Commissariat au Plan furent cooptés et non élus ; la Sécurité sociale reposa sur un paritarisme obligeant, dans un esprit bien éloigné de la lutte des classes, patrons et salariés à coopérer ; elle fut loin d'être universelle, puisque certaines professions, les cadres notamment, conservèrent un régime spécifique. Du coup, les frustrations nourrirent assez vite le topos de « la libération trahie », pour reprendre le titre que le communiste Pierre Hervé publia dès 1945. Même la réforme de la presse que la résistance porta sur les fonts baptismaux n'échappa pas à ce désenchantement.

*Une presse nouvelle ?*

La presse de l'entre-deux-guerres s'était caractérisée par sa vénalité. De longues années durant, elle s'était accommodée des subsides gouvernementaux et avait accepté plus récemment les fonds que dispensaient le III$^{e}$ Reich et l'Italie mussolinienne dans l'espoir de conquérir l'opinion publique française. Les années sombres ne redorèrent guère ce blason bien terni. La grande majorité des journaux suivirent les consignes qu'imposait le régime vichyste, quand ils ne basculaient pas dans la défense de la collaboration. Rares furent par conséquent les titres à se saborder en 1940 ou après l'invasion de la zone libre en novembre 1942. La libération venue, la résistance exigea donc l'épuration de cette presse servile afin de la moraliser. Cette croisade voilait des intérêts plus prosaïques. L'armée des ombres entendait aussi publier au grand jour la presse qu'elle avait diffusée sous la botte.

Dès l'été 1943, une Commission de la presse avait formulé un projet, tandis qu'une Fédération nationale de la presse clandestine, fondée le 23 septembre de la même année, élaborait le sien. En avril 1944, ces propositions furent envoyées pour approbation à Alger, puis retournées en métropole. Le 30 septembre 1944, enfin, une ordonnance fixa les règles du jeu. Elle interdisait la publication des journaux créés après le 25 juin 1940 – date d'entrée en vigueur de l'armistice. Les titres de l'avant-guerre qui avaient continué de paraître plus de quinze jours après cette date en zone nord, plus de quinze jours après le 11 novembre 1942 en zone sud, étaient frappés du même sort. Les entreprises de presse furent alors placées sous séquestre ; leurs locaux comme leurs imprimeries pouvaient être utilisés par les journaux issus de la clandestinité, d'autant que le ministre de l'Information disposait sur ces biens d'un droit de réquisition[27].

L'épuration fut par ailleurs rondement menée. Les journalistes de la collaboration furent lourdement sanctionnés, à l'exemple de Robert Brasillach, rédacteur en chef de *Je suis partout*, ou de Jean Luchaire, patron des *Nouveaux Temps*, condamnés à mort et exécutés. De même, nombre de titres nationaux ou régionaux furent interdits. En 1948, 64 journaux avaient été victimes d'une confiscation totale, 51 d'une confiscation partielle[28]. La presse connut donc un profond renouvellement. Car si les lecteurs pouvaient rester fidèles aux titres d'avant guerre qui avaient échappé aux foudres de la répression – *Le Figaro, La Croix, Le Populaire, L'Humanité...* –, ils découvrirent pléthore de nouveaux journaux – *Combat, Franc-Tireur, Le Parisien libéré, L'Aurore, Le Monde* ou *Défense de la France* (bientôt métamorphosé en *France-Soir*).

Cette dévolution créa-t-elle la presse nouvelle dont rêvaient les résistants ? Il est permis d'en douter. D'une part, la loi fut partielle et partiale. L'étonnant délai de quinze jours courant du 11 au 26 novembre 1942 permit de sauver *Le Figaro,* mais interdit *Le Temps* qui avait attendu le 29 novembre pour se saborder. De même, des quotidiens publiés sous l'occupation reçurent le droit de reparaître, qu'ils aient ou non été acquittés – ce fut le cas de *La Croix.* Une grave crise survenue en 1947 ruina en outre la plupart des entreprises, confrontées à des hausses salariales et à une substantielle augmentation du prix du papier[29]. Bien souvent enfin, les équipes issues de la clandestinité se déchirèrent. Elles s'opposaient tant sur la ligne politique de leurs journaux (ce fut le cas à *Combat*) que sur les alliances économiques qu'elles devaient nouer pour assurer leur survie. Décidés à faire de *France-Soir* un quotidien de grande information, une partie des membres de Défense de la France acceptèrent par exemple de vendre leurs actions à la maison Hachette, qui souhaitait, *via* le contrôle de ce titre, peser au sein des Nouvelles Messageries de la Presse parisienne, chargées de la lucrative distribution des journaux. Une minorité conduite par Philippe Viannay refusa cet accord.

La presse issue de la résistance ne parvint donc pas à réaliser ses objectifs, dans la mesure où elle butait sur une contradiction majeure : elle balançait entre la volonté de créer une presse nouvelle et les dures exigences de la rentabilité que rappela la disparition rapide de nombreux titres : 26 quotidiens parurent à Paris en 1945 ; ils n'étaient plus que 19 en 1947 et 14 en 1952[30]. Du coup, beaucoup optèrent pour la profitabilité. *Défense de la France-France-Soir* embaucha dès son retour d'Amérique Pierre Lazareff pour qu'il réédite le succès de *Paris-Soir.* Et Emilien Amaury transforma *Le Parisien libéré,* dont il assumait la direction, en une entreprise prospère. « J'imaginais mal que mon interlocuteur d'alors était au seuil de la Terre promise, raconte Charles d'Aragon, évoquant une rencontre avec Amaury qui intervint à la Libération. Il en devait, pendant trente ans, fouler le sable. S'il a duré jusqu'à nos temps difficiles, c'est qu'il avait avant tout compris une vérité : un journal issu de la Résistance devait, pour réussir, ressembler à s'y méprendre à ce qu'il remplaçait[31]. »

Dans le domaine de la presse, l'œuvre de la résistance fut donc singulièrement limitée et ses espoirs ternirent. Sous la IVe République, les journaux ne brillèrent pas d'un éclat singulier, à une exception près : *Le Monde* devint, au fil du temps, un titre de référence. Mais les esprits chagrins auront beau jeu de souligner que le quotidien de la rue des Italiens, créé le 19 décembre 1944 à la demande des pouvoirs publics, n'était en rien issu de la nuit clandestine...

L'influence que la résistance a exercée sur la sphère politique, économique ou sociale apparaît donc au final beaucoup plus mesurée que ce que l'on croit communément. Plus largement, la résistance incarnait un espoir rebelle, humaniste et chevaleresque, et s'assignait une mission : défaire l'envahisseur nazi et son complice vichyste. Cette mission trouva son aboutissement le 8 mai 1945. Dès lors, le retour à la normalité ne pouvait que lui être fatal, sur le plan collectif comme sur le plan individuel. Au demeurant, les personnalités bien trempées de l'armée des ombres jouèrent rarement un grand rôle politique dans la France de l'après-guerre. Les qualités requises dans le combat clandestin – courage, désintéressement, refus du compromis... – ne prédestinaient guère aux joutes politiques, ce qui explique les mécomptes que subirent bien des héros clandestins. Leur insertion se révéla donc problématique, d'autant que la société française, désireuse de tourner la page, se montra souvent oublieuse de son passé immédiat.

# 18

# Une mémoire divisée

La mémoire de la résistance brille, dans la France contemporaine, d'un éclat singulier. Les partis politiques se réfèrent volontiers à cette page glorieuse de l'histoire nationale ; depuis la Libération, l'Etat veille pour sa part à entretenir la flamme ; films, plaques commémoratives et musées en entretiennent le souvenir. Le statut mémoriel de la résistance reste cependant brouillé, ce que révèlent les embarras du législateur qui, dès 1945, entreprit de définir sur le plan normatif le statut des anciens clandestins.

## *Querelle de statut*

Dès les lendemains de l'occupation, les parlementaires s'attelèrent à la tâche afin de garantir aux anciens un certain nombre de droits. Or, les critères posés à la Libération ne cessèrent d'évoluer, à telle enseigne que 5 lois définissant le statut de résistant se succédèrent entre 1945 et 1992[1]. Les clandestins qui, durant les années sombres, avaient saboté les voies ferrées, distribué la presse clandestine, ou préparé le rétablissement de la légalité républicaine n'avaient cependant pas, et pour cause, infléchi leurs pratiques depuis la capitulation du Reich. C'est dire que la profusion législative se borna à refléter dans ses normes l'évolution des représentations postérieures à la Libération. Qu'on en juge : considéré comme un soldat par défaut en 1945, le résistant se métamorphosa à la fin du XX$^{e}$ siècle en pionnier des droits de l'homme.

Le 3 mars 1945, une ordonnance signée Charles de Gaulle assimila le partisan à un militaire qui avait, « *bien que* n'appartenant pas aux armées de terre, de mer et de l'air [...] contribué à assurer le salut de la patrie[2] ». Exaltant la geste militaire, cette conception minorait l'action politique et civile, qu'elle se fût centrée sur les grèves, les manifestations, la diffusion de tracts ou de journaux, voire l'aide apportée aux proscrits, les juifs par exemple. Cette vision présentait, il est vrai, trois avantages. Elle évitait tout d'abord d'accroître la faille qui séparait les combattants de 1939-1945 de leurs glorieux devanciers de la Grande Guerre, à telle enseigne que les parlementaires refusèrent d'admettre la spécificité du calvaire enduré dans les camps de concentration au nom de ce principe. Car les poilus eux aussi avaient souffert, passant « des années très pénibles dans les tranchées et sous la mitraille. Ils ont fait Verdun, la Somme, le Chemin des Dames ; ils ont été quelquefois plusieurs jours sans nourriture », rappela un conseiller de la République chargé de rapporter en 1948 le projet définissant le statut de déporté résistant[3]. Par ailleurs, cette conception confortait la vision gaullienne, essentiellement militaire, d'une « guerre de Trente Ans », ce qui contribuait à « désidéologiser » le conflit ramené au sempiternel affrontement franco-allemand. Outre qu'elle confortait la cohésion nationale en resserrant les rangs autour du drapeau, la définition exclusivement guerrière du phénomène résistant marginalisait enfin le Parti communiste français, qui soulignait à l'envi le caractère populaire, civil et politique du combat clandestin.

Née dès la Libération, cette conception s'enracina dans les décennies qui suivirent, le contexte de guerre froide et la seconde glaciation stalinienne du PCF n'aidant guère à faire reconnaître les mérites de la résistance civile. Chargé de défendre un nouveau texte, le ministre en charge des Anciens Combattants opposait ainsi le politique (entendons le civil) au militaire :

> « Ceux qui ont participé à ces deux formes de résistance ont couru des risques, et on peut dire des risques égaux, mais tous ne sont pas au même titre des combattants. Par conséquent, la définition du risque ne peut pas être retenue. La seule [...] qui puisse être retenue, c'est la définition de participation à l'action combattante de la Résistance [...]. Tous ceux qui ont participé à la partie militaire de l'action de la Résistance pendant la période requise doivent être considérés comme

combattants volontaires de la Résistance, mais [...] par contre, ceux qui ont participé à l'action politique du mouvement de la Résistance n'ont pas droit à cette définition[4].

Cette conception restrictive correspondait, soulignons-le, à la sensibilité des parlementaires et à l'approche que défendaient les représentants qualifiés du monde clandestin. Chargée de décerner le titre de déporté-résistant, la Commission nationale estimait ainsi que, dans bien des cas, « les faits allégués comme étant à la base de l'arrestation : aide à des israélites ou à des réfractaires du STO, outrages au chef de l'Etat, appartenance à une société secrète, réfractaires du STO, manifestations et propos antiallemands, insultes aux autorités allemandes, détention d'un fusil de chasse ou d'un revolver, etc., ne peuvent être assimilés à des actes qualifiés de résistance à l'ennemi[5] ». Mais cette définition visait aussi, dans une configuration de guerre froide, à marginaliser la résistance communiste. Ainsi, les hommes et les femmes qui, après la grève de mai-juin 1941 dans le Nord-Pas-de-Calais, avaient été transférés en Allemagne durent attendre 1962 pour être reconnus comme déportés-résistants. Jusqu'alors, le pouvoir considérait que « la grève en cause avait été motivée par des motifs professionnels[6] ». Le secrétaire général de la Fédération nationale des déportés et internés de la Résistance (FNDIR), Jean Debeaumarchais, ne se vantait-il pas publiquement « d'avoir personnellement obtenu le rejet de 75 % des demandes » de cartes de déportés-internés de la résistance formulées par les membres du Front national[7] ? Raisons éthiques et motifs bassement politiciens se conjuguaient donc pour dévaloriser la résistance civile.

La situation, pourtant, évolua à partir des années 1970. En 1975, Valéry Giscard d'Estaing décida, afin de resserrer l'amitié franco-allemande, de supprimer la fête nationale qui, le 8 mai, commémorait la capitulation du III^e^ Reich. Affrontant le tollé du monde combattant que cette suppression indignait, il s'empressa de satisfaire l'une de ses revendications en levant le 6 août 1975 la forclusion qui, depuis Charles de Gaulle (1959), interdisait aux résistants de présenter un dossier pour obtenir la carte de Combattant volontaire de la Résistance. Le président, toutefois, confondit vitesse et précipitation. En modifiant par décret ce qui relevait de la loi, il s'exposa à la censure du Conseil d'Etat qui obligea le pouvoir à emprunter la voie législative. De nouveaux textes furent donc présentés aux parlementaires dans les années 1980, remaniant singulièrement la conception de la résistance que proposaient les représentants de la nation. Si les combattants de l'ombre, pour de Gaulle, s'étaient au fond bornés à accomplir leur devoir, la notion de volontariat désormais primait. Ces hommes « étaient véritablement seuls avec leur conscience et l'on ne peut que saluer aujourd'hui leur courage », rappela ainsi le secrétaire d'Etat, le socialiste André Méric[8]. Le résistant était considéré comme un soldat par défaut ? Il fut dorénavant considéré comme un militant des droits de l'homme, se battant non contre l'Allemagne hitlérienne, mais contre le totalitarisme. « Par rapport à la démocratie, par rapport aux droits de l'homme, l'action des résistants a constitué une sorte d'anticipation à ce qui a surgi sous l'impulsion notamment de la France et qu'on appelle le devoir humanitaire d'ingérence ou d'intervention. Il a fallu soixante ans pour que les esprits cheminent et que ce devoir soit reconnu. Eh bien, n'oublions pas ces lointains pionniers », précisa le ministre socialiste Louis Mexandeau en 1992[9]. Les textes sacralisaient la geste militaire ? Ils revalorisèrent les actions civiles les plus humbles, qu'il s'agît de la diffusion de la presse clandestine ou du sauvetage des juifs.

Les normes édictées dans le second XXe siècle n'ont ainsi guère contribué à préciser les contours de la résistance. Loin de fixer un cadre intangible, elles ont au contraire fluctué au fil du temps, présentant deux modèles interprétatifs successifs. Elles ont tout d'abord privilégié une conception militaire assimilant le clandestin à un soldat luttant les armes à la main contre l'Allemagne hitlérienne ; elles l'ont ensuite assimilé à un militant se dressant contre le totalitarisme. Ces visions antagonistes surprennent, la sphère juridique se caractérisant *a priori* par sa stabilité ; elles ne font pourtant que refléter les atermoiements mémoriels qui ont frappé la France du second XXe siècle.

### *Confusion mémorielle ?*

Jusqu'à l'orée des années 1970, la France vivait sur de consolantes certitudes que résumaient trois postulats : tous les Français avaient, fût-ce inégalement, participé à la lutte clandestine ; résistants de métropole et combattants des Forces françaises libres s'étaient fraternellement unis sous la figure tutélaire de Charles de Gaulle ; le régime vichyste, enfin, n'avait bénéficié d'aucun soutien populaire, la population dans sa masse ayant refusé de soutenir l'Etat français. Ce discours irénique inspirait tant le pouvoir que les principales forces politiques[10]. Dès 1943, l'homme du 18 Juin affirmait ainsi que « la résistance, sous ses multiples formes, est devenue la réaction fondamentale des Français [...]. Elle est partout, acharnée et efficace. Elle est dans l'organisation réalisée en France même et que synthétise notre Conseil national de la Résistance, auquel nous adressons notre salut fraternel. Elle est dans les usines et dans les champs, dans les bureaux et les écoles, dans les rues et dans les maisons, dans les cœurs et dans les pensées[11] ». Les communistes partageaient cette conception et présentaient la résistance comme « le sursaut d'un peuple trahi, livré à l'ennemi par ses propres élites. Ce peuple des usines et des champs qui avait tant de fois dans sa longue histoire sauvé la France[12] ». Quelques variations rompaient parfois la monotonie de cette antienne. Fidèle à son tropisme prolétarien, le PCF considérait que « la classe ouvrière [...] fournissait l'avant-garde de l'opposition aux occupants et à leurs valets[13] », alors que les gaullistes considéraient le peuple français comme un tout. En 1943, « la France réelle, je pourrais presque écrire la France entière, se retrouve dans la guerre, contre les puissances de l'Axe, et le gouvernement de Vichy ne représenta plus rien », avança par exemple le colonel Passy dans ses Mémoires[14]. De même, les communistes présentaient le Parti comme l'aile marchante de l'armée des ombres, alors que les gaullistes soulignaient au contraire le rôle éminent joué par leur grand homme. Mais les convergences, somme toute, l'emportaient et recevaient l'assentiment tacite de la société française.

Le discours récurrent tenu sur la résistance évitait en effet aux Français de se pencher sur les heures honteuses d'une histoire marquée par l'épouvantable défaite de 1940 et les compromissions d'un Etat qui avait renié l'héritage humaniste et républicain pour mener une politique autoritaire, antisémite et xénophobe. A l'heure où la France détruite entamait sa reconstruction et songeait à sa modernisation, il renforçait la cohésion nationale, en s'abstenant d'élargir la faille séparant les traîtres présumés des héros proclamés. L'héroïsme des partisans, enfin, permettait au « Parti des

75 000 fusillés » d'occulter la ligne suivie entre 1939 et 1941, en jetant le manteau de Noé sur le pacte germano-soviétique, la désertion de son secrétaire général Maurice Thorez, les appels à la fraternisation lancés par *L'Humanité* en juillet 1940 ou la condamnation des attentats individuels prononcée par Marcel Cachin dans le très collaborationniste *Cri du Peuple* du 11 juin 1942.

Formations politiques et appareil d'Etat s'employèrent donc à diffuser la bonne parole par une pluralité de moyens. Stations de métro et noms de rue rendirent hommage aux résistants, à commencer par Charles de Gaulle : dans l'Empire comme dans la métropole, 418 communes baptisèrent une voie de son patronyme entre 1940 et le 20 janvier 1946[15]. De même, manifestations et parades associant bien souvent les hommes des mouvements aux soldats des Forces françaises libres se multiplièrent, lors, par exemple, des célébrations de l'Appel qui se déroulèrent les 17 et 18 juin 1945 à Paris. Tout en s'abstenant de construire des monuments en raison de la pénurie de matériaux qui sévissait, le pouvoir édifia quelques lieux de mémoire. Rassemblant quinze cercueils symbolisant les « morts pour la France » de la Seconde Guerre mondiale, le Mont-Valérien acquit, dès la cérémonie du 11 novembre 1945, un statut éminent que conforta, en 1960, le réaménagement du site.

Les films, surtout, contribuèrent à forger la légende. Sorti en 1946, *La Bataille du rail,* œuvre de René Clément, symbolisa le compromis noué entre la mouvance gaulliste – qu'incarnaient le mouvement Résistance-Fer et la direction de la SNCF – et le camp communiste – représenté par le Comité de libération du cinéma français et la Coopérative générale du cinéma français. Le projet devait initialement « s'inscrire dans une logique de classe et rendre gloire aux exploits de la Résistance intérieure ». Mais l'élargissement du groupe de production à la société nationale et à Résistance-Fer imposa une « vision unanimiste » de la communauté cheminote. « L'apport de nouveaux personnages tels que l'ingénieur ou les deux retraités contribue en effet à imposer l'image idyllique d'une famille du rail solidaire de la base au sommet, à laquelle les cheminots de tous âges et de tous rangs se trouvent attachés par d'indéfectibles liens », observe l'historienne Sylvie Lindeperg[16]. Palme d'or au festival de Cannes, *La Bataille du rail* connut une fortune singulière. Outre qu'elle fut, à maintes reprises, considérée comme un ensemble d'archives, au point d'être exploitée comme tel dans de nombreux documentaires, elle forma la matrice d'une pléthore de films se déroulant durant les années sombres. Rares sont les fictions qui ne commencent pas par une scène de sabotage ferroviaire, qu'il s'agisse de *Lucie Aubrac* (1997) ou des *Femmes de l'ombre* (2008), alors même que le couple Aubrac – pour ne citer que ce seul exemple – ne fut jamais associé à une attaque contre les voies ferrées. *Paris brûle-t-il ?*, réalisé par le même René Clément (1966), afficha les mêmes partis pris, en prétendant que les gaullistes et les communistes avaient seuls et avec une belle unanimité libéré la ville lumière en août 1944. « Réduction des forces de la Résistance aux seuls acteurs gaullo-communistes, irénisme affiché cachant mal le déséquilibre entre les deux camps » en formaient les principales composantes[17]. Le réalisateur avait poussé la complaisance assez loin, éliminant de l'écran Georges Bidault – coupable d'avoir embrassé la cause de l'Algérie française – et Maurice Kriegel-Valrimont – victime de la purge déclenchée par l'appareil du Parti en 1960 afin de satisfaire les exigences des frères ennemis gaullistes et communistes.

Cette vision héroïque du peuple français présentait un double travers. Elle travestissait, tout d'abord, la réalité historique. En effet, elle réduisait la résistance à ses seules composantes gaullistes et communistes, en excluant les sensibilités hétérodoxes que représentaient les mouvements, les réseaux sous obédience anglaise, voire les vichysto-résistants. En outre, elle occultait l'impact du pétainisme, délibérément oublié. Le primat accordé aux héros, ensuite, ignorait les victimes – juifs, requis du Service du travail obligatoire ou prisonniers de guerre. Si ces catégories reçurent, au fil du temps, droits et réparations, leur destinée inégalement tragique ne fut pas incorporée au roman national que domina, non sans ambiguïtés, la haute figure du combattant de l'ombre. Car si la collectivité nationale s'inclinait devant ces hommes d'exception, elle diluait dans le même temps leurs mérites : la France dans son ensemble avait, disait-on, participé au combat.

La légende, toutefois, se brisa à l'orée des années 1970. La démission puis la disparition de Charles de Gaulle (1970), tout d'abord, fragilisa l'évangile, puisque disparaissait son principal apôtre. Son successeur, Georges Pompidou, mena alors une politique de « réconciliation nationale » d'autant plus contestable qu'elle aboutit à dissoudre le Commissariat général aux monuments commémoratifs des guerres mondiales (1969), à gracier le milicien Paul Touvier (23 novembre 1971) et à interdire la diffusion du documentaire *Le Chagrin et la Pitié* que la télévision française avait pourtant commandé. En 1971, le président de l'ORTF, Jean-Jacques de Bresson, bien qu'ancien résistant, justifia sa décision en affirmant que l'œuvre détruisait « des mythes dont les Français ont encore besoin[18] ». Avec la répression du Printemps de Prague (1968) et la publication en France de *L'Archipel du Goulag* (1974), les communistes, pour leur part, peinaient à se présenter comme les hérauts d'une liberté que leur geste résistante aurait vaillamment incarnée. Tous ces éléments ne pouvaient qu'aiguillonner la curiosité d'une société française devenue soupçonneuse. Si le pouvoir pompidolien censurait *Le Chagrin et la Pitié*, c'est qu'il portait, se disaient-ils, des vérités dérangeantes. Ils se ruèrent par conséquent dans les deux salles du Quartier latin qui projetaient cet opus sulfureux. L'œuvre de Marcel Ophüls, il est vrai, rompait avec la vulgate. Se focalisant sur la ville de Clermont-Ferrand, elle montrait que ses habitants, loin d'avoir tous résisté, avaient pu traverser les années sombres dans l'indifférence, soutenant parfois Philippe Pétain et s'engageant même, dans un cas, dans le camp collaborationniste. Le réveil d'une mémoire juive, frappée par la guerre des Six-Jours et ébranlée par les déclarations maladroites de De Gaulle dénonçant le 27 novembre 1967 « un peuple d'élite, sûr de lui et dominateur », contribua également à ébranler les colonnes du temple, en rappelant le sort quelque peu oublié qu'avaient enduré les juifs de France avant que les complicités vichystes dans leur déportation ne soient pointées.

Ainsi, le pays changeait progressivement de paradigme mémoriel. Alors que les Français avaient été tenus pour résistants dans leur ensemble, ils devenaient non moins uniment vichystes ou collaborateurs. La figure du héros dominait la conscience nationale ; l'image de la victime, essentiellement juive, l'emporta désormais. Buchenwald symbolisait l'enfer concentrationnaire ? Auschwitz l'incarna.

Ces mutations affectèrent le statut dont la résistance jouissait dans la conscience nationale. Des voix discordantes, tout d'abord, s'élevèrent pour rappeler que ni les gaullistes ni les communistes n'avaient eu le monopole de l'action clandestine. En publiant leurs Mémoires, les grands chefs des mouvements, Henri Frenay et Claude Bourdet pour ne citer qu'eux[19], soulignaient qu'ils avaient refusé l'inféodation tant à Londres qu'à Moscou. Leur voix rompait avec deux images convenues, à défaut d'être conformes. En évoquant les conflits qui les avaient opposés à de Gaulle ou à Jean Moulin, son représentant, ils rompaient avec le mythe d'une armée des ombres déférant sans broncher aux ordres de la France libre. En rappelant le caractère ultra-minoritaire de leur combat, ils écornaient la légende d'une France massivement engagée. En prenant la parole, ces hommes, par conséquent, troublaient la lecture simpliste des années sombres et y réintroduisaient de la complexité. Jadis présenté comme un devoir ou comme une évidence, l'engagement résistant, par ailleurs, n'allait plus de soi. Loin de découler d'un choix idéologique clairement assumé, il pouvait résulter du hasard, comme le suggérait *a contrario Lacombe Lucien* (1974). En présentant un jeune qui, éconduit par un responsable de la résistance, rejoignait la Milice, Louis Malle cassait le code dominant, ce qui suscita de vives réactions.

Quelques affaires, enfin, ternirent l'aura de l'armée des ombres. Dès 1950, Henri Frenay avait accusé Jean Moulin d'avoir été « l'homme du parti communiste[20] », thèse passée relativement inaperçue à l'époque, mais que le patron du mouvement Combat développa plus avant dans un volume publié en 1977[21]. En 1993, un journaliste, Thierry Wolton, affirma pour sa part que Moulin avait été un agent soviétique[22], insinuant qu'il avait trahi non seulement de Gaulle, mais également son pays. Amplement médiatisées par certains organes de presse, ces attaques recouvraient en vérité des objectifs différents. Une frange de la résistance intérieure réglait quelques arriérés de comptes. N'étant pas parvenue à surmonter l'échec politique de la Libération, elle préférait accuser le délégué de la France combattante plutôt que de procéder à un examen raisonné de son impuissance. Une partie de la droite, par ailleurs, n'avait pardonné à de Gaulle ni son intransigeance à l'égard de Vichy ni l'indépendance de l'Algérie, d'autant que les partisans de l'Algérie française avaient, le 13 mai 1958, largement contribué à placer l'homme du 18 Juin sur orbite. En attaquant Moulin, elle visait donc le premier des Français : en accordant sa confiance à un agent des services secrets soviétiques, de Gaulle n'avait-il pas témoigné d'un aveuglement indigne de l'homme d'Etat qu'il prétendait être ?

Sur un tout autre plan, un ouvrage publié en 1994 éclaira d'un jour cru la « jeunesse française » de François Mitterrand[23]. Révélant que le président de la République avait, après s'être évadé d'un stalag, œuvré au très vichyste Commissariat au reclassement des prisonniers (juin 1942) et entretenu de fortes affinités avec l'idéologie pétainiste, il détruisait l'image que François Mitterrand avait patiemment édifiée depuis la Libération. L'homme s'était en effet constamment présenté comme le héraut d'une résistance intérieure que de Gaulle se serait employé à dompter. Il avait présenté son passage à Vichy et l'octroi de la Francisque comme une ruse qui lui avait permis, disait-il, de mener dans l'ombre son combat résistant. Le journaliste Pierre Péan rétablissait la crudité des faits, montrant notamment que l'épisode vichyste et l'engagement dans la résistance, loin d'avoir été synchrones, s'étaient au contraire succédé dans le temps. Soigneusement tus par François Mitterrand, ces épisodes affaiblirent le statut légendaire de la résistance intérieure, en montrant tout d'abord que des hommes avaient pu collaborer avec Vichy avant de rejoindre l'armée des ombres, en démontrant ensuite que des hauts faits mythiques complaisamment diffusés par leurs auteurs n'entretenaient qu'un rapport distant avec la réalité historique.

Une ultime affaire, enfin, contribua à obscurcir la donne. En 1997, un livre accusa à demi-mot Lucie et Raymond Aubrac d'avoir joué un rôle dans le guet-apens de Caluire où le destin du délégué de la France combattante avait croisé le chemin du gestapiste Klaus Barbie[24]. Sans conforter cette thèse, l'ouvrage pouvait « donner l'impression de jouer sur le registre du soupçon, voire de l'insinuation[25] », ce qui valut à son auteur d'être condamné pour diffamation. Sans pour autant dissiper le malaise. Les détracteurs de la résistance s'engouffrèrent dans la brèche, espérant que le discrédit frappant le couple légendaire porterait un coup à la légende. Dans le même temps, Gérard Chauvy démontrait, au travers des multiples contradictions scandant les témoignages des Aubrac, que ces derniers n'avaient sans doute pas dit toute la vérité. Sans pouvoir être tenus pour responsables de l'arrestation de Moulin, le couple avait lui aussi construit une légende prenant quelques libertés avec la réalité historique.

Jadis vénérée, la résistance entra donc dans l'ère du soupçon, ce que reflète la production cinématographique. Car si les films, jusqu'aux années 1970, exaltaient l'héroïsme des anciens clandestins, ils portèrent à partir de *Lacombe Lucien* un regard plus critique.

*Papy fait de la résistance*, de Jean-Marie Poiré (1982), tourna en ridicule la mythologie gaulliste ; *Uranus* (1990), tourné par Claude Berri, décrivit de façon particulièrement sévère une petite ville de province en proie à de sordides règlements de compte orchestrés par des résistants communistes. *Un héros très discret* (1996), de Jacques Audiard, en racontant l'itinéraire d'un imposteur, suggéra que la postérité avait peut-être consacré de fausses gloires. Reflets ou vecteurs de la mémoire collective, ces productions témoignaient que les temps avaient changé. La résistance, attaquée, devait dorénavant se placer sur la défensive.

La résistance reste pourtant, aujourd'hui encore, une référence obligée. La gauche, communistes en tête, se plaît à évoquer les riches heures du programme du CNR, la droite préférant invoquer le général de Gaulle. On sait également que Nicolas Sarkozy, candidat à la présidence de la République puis hôte de l'Elysée, promit de se rendre chaque année en pèlerinage aux Glières, plateau où un maquis avait cantonné en février 1944. Tout en accordant, dans sa politique mémorielle, une place importante au souvenir de la Shoah – au point de suggérer, le 13 février 2008, que chaque élève de CM2 conserve la mémoire d'un enfant victime de l'holocauste –, Nicolas Sarkozy entendit valoriser l'armée des ombres, pour rompre avec la vision d'une France globalement pétainiste et donc avec « la repentance qui veut nous interdire d'être fiers de notre pays[26] ». De ce point de vue, l'héroïsme des anciens clandestins ne pouvait qu'inspirer un homme qui, refusant les apparences de la fatalité, prétendait placer le volontarisme au cœur de son action politique.

Ces éléments ne doivent cependant pas dissimuler l'essentiel : la résistance ne joue aujourd'hui qu'un rôle mineur dans l'espace public, d'autant qu'elle n'a, on l'a vu, que fort modestement contribué à restructurer le champ politique. Cet isolement aurait pu lui devenir profitable si elle était demeurée sur l'Aventin, devenant une référence morale se situant au-dessus des partis à l'instar des anciens combattants décrits par le dissident tchèque Jan Patocka. « La solitude des ébranlés [...] n'établira pas de programme positif, écrivait le philosophe ; son langage sera celui du démon de Socrate : tout en avertissements et interdits. Elle doit et peut créer une autorité spirituelle, devenir une autorité spirituelle capable de pousser le monde en guerre à accepter certaines restrictions, capable de rendre impossibles certains actes et certaines mesures[27]. » Mais les anciens n'empruntèrent pas ce chemin, adoptant, par exemple, des positions divergentes sur la question de la torture en Algérie.

Beaucoup de résistants s'étaient, soulignons-le, engagés dans la résistance pour des raisons politiques ; ils n'entendaient pas, la libération venue, renoncer au droit de prendre parti. La grande hétérogénéité idéologique de l'armée des ombres, par ailleurs, condamnait l'adoption de positions communes sur des enjeux discutés, qu'il s'agisse de l'Union soviétique, de la décolonisation ou du retour au pouvoir du général de Gaulle en 1958. Du coup, « l'instrumentalisation politique de la mémoire de la Résistance, au service de buts partisans et contraires, non réductibles à la seule confrontation entre gaullistes et communistes, installe la confusion et complique les processus d'appropriation de la mémoire collective[28] ».

Ces données ont de toute évidence brouillé le statut de la résistance dans une mémoire retenant « généralement du résistant une image confuse où s'entremêlent l'agent secret, le justicier ou le hors-la-loi qui tiennent de l'acteur de western, du chevalier sans peur et sans reproche faisant sauter, mitraillette au poing, un nombre incalculable d'usines et de trains[29] ». Faute de disposer d'un parti relayant ses idées, subissant les attaques d'une certaine droite mal remise de son compagnonnage vichyste et de la perte de l'Algérie française, elle peine à pérenniser son souvenir, d'autant qu'une myriade d'associations prétendent le conserver. Cette atomisation associative empêche l'émergence d'un discours et de pratiques commémoratives communs qui avaient au contraire modelé le souvenir de la Grande Guerre. La disparition des derniers témoins prive également la résistance de voix susceptibles de l'incarner. Dûment médiatisées, certaines affaires ont, par surcroît, nourri les attentes inquisitoriales d'une opinion publique peut-être plus encline à s'émouvoir du scandale qu'à communier sur l'autel de l'héroïsme. Chacun lui rend aujourd'hui hommage ; mais qui oserait affirmer qu'elle influence le cours de la vie politique, impose ses valeurs, structure en profondeur la mémoire nationale ? La résistance, au total, pâtit de la succession confuse des normes juridiques qui l'ont définie et d'une image mémorielle troublée. Mais sa valeur inaltérable échappe à ces contingences.

# Conclusion

« Quoi qu'il arrive, la flamme de la résistance française ne doit pas s'éteindre et ne s'éteindra pas », avait déclaré Charles de Gaulle au terme de son célébrissime appel[1]. De fait, la lueur vacillante de 1940 se transforma au fil des jours en une lumière plus vive qui éclaira les ténèbres de la France captive. Ainsi, faible aux jours sombres de la défaite, la résistance française réussit, à la veille de la Libération, à devenir une force avec laquelle l'occupant allemand comme le régime vichyste devaient compter. Faut-il pour autant affirmer, comme les gaullistes le clamèrent dès la fin de la guerre, que la résistance intérieure ne se développa que grâce à l'impulsion que la France libre lui avait donnée ?

Cette vision partisane mérite, on le devine, quelques correctifs. Car si le BCRA et le SOE jouèrent un rôle décisif dans la naissance et l'enracinement des réseaux, les mouvements naquirent spontanément sans bénéficier – jusqu'en 1942 tout du moins – de l'appui londonien. Ce constat vaut *a fortiori* pour les partis et les syndicats qui trouvèrent seuls les chemins de la dissidence, quand ils se montraient prêts à les emprunter. A cette aune, la résistance constitue bel et bien un phénomène issu de la société civile qui ne répondit que partiellement à une impulsion extérieure.

Emanant de la population, la résistance dut donc inventer seule les termes de son combat. Aucune institution, en 1940, n'appela à la lutte, qu'il s'agisse des partis politiques, des syndicats, des Eglises ou de l'armée ; l'armée des ombres, par surcroît, ne pouvait s'inspirer de précédents historiques, la défaite de 1940, le régime de

Vichy comme l'occupation constituant, dans la longue histoire de France, des phénomènes sans précédents. Dès lors, les pionniers tâtonnèrent, les uns plaçant la lutte contre le Reich au faîte de leurs priorités, les autres préférant protéger les civils des attraits fallacieux du pétainisme, sinon du nazisme, tout en espérant les convaincre avant de les mobiliser. Chemin faisant, ils inventèrent un type original d'organisation, le mouvement de résistance, qui permit à la fois d'encadrer les volontaires et d'impulser des formes polymorphes de combat – presse clandestine, manifestations, action ouvrière, corps francs, grèves, maquis…

Les savoir-faire que requéraient les formations clandestines n'étaient cependant pas à la portée de tous. Si certains, à l'instar des communistes ou des membres de l'ORA, connaissaient le métier des armes ou disposaient de répertoires d'actions étendus, la majorité des volontaires aborda la clandestinité sans réelle expérience et fit son apprentissage sur le tas. Les uns se formèrent auprès des typographes pour apprendre à imprimer, d'autres s'initièrent au maniement des armes dans les maquis, certains entreprirent seuls d'exécuter les Allemands. Ces freins comme l'importance des risques encourus limitèrent l'engagement dans la résistance, d'autant que les mouvements, voire les réseaux, peinaient à adresser de claires consignes d'action à la population. Durant les premiers mois, la société française ne voyait guère comment lutter efficacement contre ses oppresseurs, d'autant qu'elle pouvait légitimement douter de la victoire des Alliés.

De ce point de vue, 1942 marqua un tournant. Avec l'opération Torch et la victoire de Stalingrad, la défaite du Reich devint possible, pour ne pas dire plausible. Le retour de Pierre Laval puis l'invasion de la zone libre révélèrent, à ceux qui en doutaient encore, l'orientation collaboratrice et autoritaire du régime vichyste. Enfin, la loi sur la réquisition de la main-d'œuvre du 4 septembre 1942 précipita des milliers de jeunes hommes sur le chemin de la dissidence, offrant à la résistance à la fois un afflux de volontaires et les moyens d'impliquer la société dans son ensemble pour lutter contre le Service du travail obligatoire.

Faut-il pour autant affirmer que toute la société française entra alors en insurrection ? Ce serait aller bien vite en besogne. Plus de 600 000 Français rejoignirent les usines allemandes. Et les trois quarts des réfractaires au STO, loin de basculer dans la lutte, se contentèrent de se cacher. Des milliers, en revanche, rejoignirent les maquis où les mouvements s'efforcèrent, dans la mesure de leurs faibles moyens, de les cacher d'abord, de les métamorphoser en combattants ensuite. Cela dit, l'afflux de ces volontaires amena une partie de la population à soutenir toujours plus avant la résistance en la ravitaillant, en l'informant, en la protégeant également des services répressifs. Ce furent également des anonymes qui contribuèrent à sauver 75 % des juifs de France – un pourcentage inégalé dans l'Europe occupée. Mais cette résistance-mouvement, dans sa logique même, ne s'engagea pas avec la même intensité que les hommes et les femmes qui entraient dans les rangs de la résistance-organisation, ce qui explique que cette dernière soit de bout en bout demeurée minoritaire dans le pays.

Elle fut tout autant incomparablement diverse. Les mouvements comme les réseaux privilégièrent d'abord une forme spécifique de lutte. Ils affichaient des couleurs politiques variées, allant par exemple de la gauche, qu'incarnaient les deux Libération, à la droite, que symbolisa l'OCM. En affichant ses préférences idéologiques, la résistance intérieure contribua à restaurer le débat démocratique que l'Etat français avait étouffé. Cette vitalité fut favorisée par l'apport des partis qui, progressivement, sortirent de l'atonie, voire des ambiguïtés où les avait plongés la défaite. Mais si ce pluralisme nourrit tensions et conflits, il ne déboucha pas pour autant sur la division.

La France libre parvint en effet à unir la résistance française, ce qui constitue, dans l'Europe occupée, un phénomène exceptionnel.L'unification avait déjà été entreprise par les mouvements qui, en amalgamant de petites formations ou en cherchant à s'allier, amorcèrent le processus. Mais en offrant à l'armée des ombres de l'argent, des liaisons et des armes, Charles de Gaulle l'amplifia. Son patriotisme, son charisme et la clarté de ses positions le métamorphosèrent également en symbole dans lequel tous les résistants pouvaient se reconnaître, même si les chefs manifestèrent souvent un enthousiasme plus modéré à son égard que les membres de la base. Pour renforcer l'efficacité de la lutte clandestine, l'associer aux plans alliés et gagner la bataille d'une légitimité que lui disputaient Londres et Washington, de Gaulle poursuivit cette unification que ses délégués, Jean Moulin avant tout, s'employèrent à réaliser. Au prix de grandes difficultés et de conflits parfois aigus, ce pari fut cependant remporté. De Gaulle avait su, il est vrai, procéder aux concessions nécessaires – en précisant dans le *Manifeste* remis à Christian Pineau ses options politiques, en promettant un *New Deal* et en associant la résistance aux réformes et aux choix des administrateurs qui régiraient la France libérée. En revanche, il heurta les mouvements en introduisant les partis politiques au sein du Conseil national de la Résistance, en dépêchant des délégués militaires régionaux soupçonnés de placer la résistance intérieure sous sa coupe, en refusant de soutenir les maquis, en récusant l'action immédiate que préconisaient les formations communistes, en prétendant, enfin, commander de Londres l'action menée en métropole. Ces conflits, parfois vifs, ne dégénérèrent toutefois jamais : ce fut bien une résistance unifiée qui aborda sous son égide les rives de la Libération.

Si la résistance contribua à influencer, puis à mobiliser la société française, voire à la protéger, son succès militaire apparaît en revanche moins éclatant. Non qu'il ait été négligeable. Mouvements et réseaux alimentèrent les Alliés en renseignements. Ils exfiltrèrent les aviateurs tombés dans l'hexagone. Ils se livrèrent à des sabotages bienvenus. Surtout, l'aide apportée après le débarquement se révéla infiniment précieuse. L'armée des ombres justifia alors pleinement son nom, en sabotant le réseau ferré, en multipliant les actes de guérilla et en guidant les troupes anglo-américaines. Cet apport ne doit cependant pas être surestimé. Les Allemands, tout d'abord, ne considérèrent jamais la résistance intérieure comme un danger militaire comparable à la situation qu'ils affrontaient, du fait des partisans, en Union soviétique ou en Yougoslavie. Cette appréciation réaliste ne les empêcha cependant pas de mener une répression sanguinaire. Par ailleurs, ni les Anglais ni les Américains ne tablèrent véritablement sur l'armée des ombres, avant le 6 juin tout du moins, la considérant tout au plus comme un bonus. Cette logique ne les incita guère à l'armer, ce qui explique le dénuement en moyens militaires dont la résistance pâtit jusqu'à l'embellie de l'été 1944. Avec ou sans la résistance, les Alliés auraient donc débarqué et remporté la victoire.

Ce constat ne doit pourtant pas occulter une donnée tout aussi essentielle : sans la résistance, la libération eût emprunté un cours bien différent. En Bretagne, la levée en masse des partisans favorisa la progression des troupes américaines qui avancèrent à un rythme étonnamment rapide, abrégeant d'autant les souffrances d'une population civile en butte à la sauvagerie de l'occupant. Il en alla de même dans le Sud-Ouest ou dans les Alpes. L'insurrection parisienne, enfin, obligea Eisenhower à modifier ses plans et à s'emparer au plus vite de la ville lumière, lui épargnant peut-être le cortège de destructions qui endeuilla Varsovie.

La légitimité acquise par le général de Gaulle comme par la résistance intérieure facilita également la dévolution du pouvoir entre un régime vichyste démonétisé et des administrateurs issus de la clandestinité dont nul ne contesta le pouvoir. Le jour venu, maires et préfets de l'Etat français cédèrent la place sans même livrer un baroud d'honneur, tandis que la population acceptait, sur le plan local comme sur le plan national, ses nouveaux dirigeants. L'intransigeance patriotique du général de Gaulle comme les sacrifices consentis dans la clandestinité garantirent ainsi une transition pacifique que ne connurent ni la Grèce ni l'Italie – sans parler des drames qui se préparaient dans les pays libérés par l'Armée rouge, rapidement soumis au joug de fer de pouvoirs staliniens.

Certes, la résistance dans son ensemble ne parvint pas à transformer l'essai. Ni de Gaulle ni les mouvements ne réussirent à recomposer le champ politique à la Libération, et la IVe République ressembla comme une sœur jumelle à la IIIe. Si la France entama sa reconstruction en se fondant sur des bases radicalement nouvelles, les réformes emblématiques furent largement inspirées par les solutions ébauchées durant les années 1930, et le programme du CNR ne joua qu'un rôle modeste dans le *New Deal* qui structura les Trente Glorieuses. Sur le plan mémoriel, enfin, la résistance ne parvint pas à exercer une magistrature d'influence en imposant son éthique. Les anciens adoptèrent des positions antagonistes sur des questions aussi essentielles que la torture en Algérie ou le goulag soviétique. Ces divergences peuvent surprendre ; elles confirment surtout que la résistance fut aussi une entreprise politique qui associait tous les points de vue, de la droite nationaliste à la gauche communiste. Après avoir contribué à restaurer la démocratie, les résistants n'entendaient pas déserter l'arène publique et taire leurs divergences au nom d'un improbable « esprit de la résistance ». Cette liberté était un droit ; ils en usèrent.

Doit-on cependant réduire la résistance à ses œuvres ? Tout suggère qu'elle dépasse son action et son bilan. Alors que la France, plongée dans la plus épouvantable défaite de son histoire, s'abandonnait au culte du Maréchal et s'accommodait de la férule nazie, des hommes et des femmes, refusant la fausse évidence de la défaite, entreprirent de résister, comme ils le pouvaient. Ils empruntèrent le chemin de l'honneur et démontrèrent qu'une France – la vraie France ? – entendait maintenir haut le drapeau en préservant ses idéaux contre vents et marées. Pour les défendre, beaucoup moururent dans les aubes du Mont-Valérien, dans les bises de Buchenwald, dans le froid des geôles nazies. Plus que par son programme, la résistance survit par ces lumineux exemples, qu'ils s'appellent Claude Bourdet, Jean Moulin ou Pierre Brossolette… Sans même parler des figures anonymes qui composent ce vaste Panthéon. Des musées, quelques plaques parfois, des tombes souvent rappellent leur souvenir. Mais ces hommes et ces femmes vivent surtout par la trace qu'ils nous ont léguée, dans nos cœurs comme dans nos consciences, parce qu'ils enseignent, par la vertu de l'exemple, les hautes mais douloureuses exigences de la citoyenneté.

# Notes

## Ouverture

1. François Bédarida, « L'histoire de la Résistance. Lecture d'hier, chantiers de demain », *Vingtième siècle. Revue d'histoire*, n° 11, juillet-septembre 1986, p. 80.

2. Pierre Laborie, *Les Français des années troubles. De la guerre d'Espagne à la Libération*, Seuil, 2003 (1re éd. 2001), p. 75-76.

3. Jean-Marie Guillon, « La Résistance, 50 ans et 2 000 titres après », *in* Jean-Marie Guillon et Pierre Laborie (dir.), *Mémoire et histoire : la Résistance*, Toulouse, Privat, 1995, p. 42.

4. P. Laborie, *Les Français des années troubles...*, *op. cit.*, p. 86.

5. François Marcot, « Pour une sociologie de la Résistance : intentionnalité et fonctionnalité », *in* Antoine Prost (dir.), *La Résistance, une histoire sociale*, Editions de l'Atelier, 1997, p. 23.

6. Jean-Marie Guillon et Pierre Laborie, « Pour une histoire de la Résistance », *in* J.-M. Guillon et P. Laborie (dir.), *Mémoire et histoire...*, *op. cit.*, p. 16.

7. Henri Noguères, Marcel Degliame-Fouché, Jean-Louis Vigier, *Histoire de la Résistance en France*, tome 1 : *Juin 1940-juin 1941*, Robert Laffont, 1967, p. 15. Les termes soulignés le sont par nous.

8. Lucien Febvre, « Avant-propos », *in* Henri Michel et Boris Mirkine-Guetzevitch, *Les Idées politiques et sociales de la Résistance*, Paris, PUF, 1954, p. XI.

9. Pierre Laborie, « Qu'est-ce que la Résistance ? », *in* François Marcot (dir.), *Dictionnaire historique de la Résistance*, Robert Laffont, 2006, p. 34.

10. François Bédarida, « Sur le concept de Résistance », *in* J.-M. Guillon et P. Laborie, *Mémoire et histoire...*, *op. cit.*, p. 45.

## 1. L'Appel

1. Jean-Louis Crémieux-Brilhac, « Du 18 juin aux 18 juin », *Espoir*, n° 123, 2000, repris sur le site de la Fondation Charles-de-Gaulle.

2. Colonel Passy, *Souvenirs. 10, Duke Street Londres (le BCRA)*, Monte-Carlo, Solar, 1948, p. 104-105.

3. Jean-François Murraciole, *Les Français libres. L'autre Résistance*, Tallandier, 2009, p. 135.

4. Aurélie Luneau, *Radio-Londres. 1940-1944. Les voix de la liberté*, Perrin, 2005, p. 17-18.

5. *Ibid.*, p. 21 et p. 23.

6. Communiqué passé à la BBC le 28 juin 1940, cité *in* Jean-Louis Crémieux-Brilhac, *La France libre. De l'appel du 18 juin à la Libération*, Gallimard, 1996, p. 63.

7. A. Luneau, *Radio-Londres...*, *op. cit.*, p. 48-49.

8. J.-L. Crémieux-Brilhac, *La France libre...*, *op. cit.*, p. 225.

9. *Ibid.*, p. 229.

10. A. Luneau, *Radio-Londres...*, *op. cit.*, p. 78.

11. *Ibid.*, p. 37.

12. *Ibid.*, p. 113-114.

13. Renée Poznanski, *Propagandes et persécutions. La Résistance et le « problème juif » (1940-1944)*, Fayard, 2008, p. 103.

14. Cité par A. Luneau, *Radio-Londres...*, *op. cit.*, p. 109.

15. J.-L. Crémieux-Brilhac, *La France libre...*, *op. cit.*, p. 215.

16. A. Luneau, *Radio-Londres...*, *op. cit.*, p. 69.

17. *Ibid.*, p. 101 *sq.*

18. Dominique Veillon, « La ville comme creuset de la Résistance », *in* Laurent Douzou, Robert Frank, Denis Peschanski et Dominique Veillon (dir.), *La Résistance et les Français : villes, centres et logiques de décision*, Cachan, ENS, 1995, p. 145.

19. Christine Levisse-Touzé, « Le rôle particulier de Paris pendant la Seconde Guerre mondiale », *in* L. Douzou *et alii* (dir.), *La Résistance et les Français...*, *op. cit.*, p. 187.

20. Michel Boivin et Jean Quellien, « La Résistance en Basse-Normandie. Définition et sociologie », *in* Jacqueline Sainclivier et Christian Bougeard (dir.), *La Résistance et les Français. Enjeux stratégiques et environnement social*, Rennes, PUR, 1995, p. 169.

21. A. Luneau, *Radio-Londres...*, *op. cit.*, p. 105.

22. Danielle Tartakowsky, « Géographie des manifestations de rue », *in* L. Douzou *et alii* (dir.), *La Résistance et les Français...*, *op. cit.*, p. 119.

23. A. Luneau, *Radio-Londres...*, *op. cit.*, p. 121.

24. M. Boivin et J. Quellien, « La Résistance en Basse-Normandie... », art. cit., p. 169.

25. Colonel Passy, *Souvenirs. 2^e^ Bureau, Londres*, Monte-Carlo, Solar, 1947, p. 54.

26. Paul Paillole, *Services spéciaux (1935-1945)*, Robert Laffont, 1975, p. 432.

27. Colonel Passy, *Souvenirs. 2^e^ Bureau, Londres*, *op. cit.*, p. 53.

28. Sébastien Albertelli, *Les Services secrets du général de Gaulle. Le BCRA (1940-1944)*, Perrin, 2009, p. 42.

29. *Ibid.*, p. 43.

30. Colonel Passy, *Souvenirs. 2^e^ Bureau, Londres*, *op. cit.*, p. 54-55.

31. Yves Le Maner, « La propagande britannique par tracts aériens en France (1940-1944) », *in* coll., *La Résistance et les Européens du Nord*, Bruxelles, 1994, dactyl., p. 118.

32. David Reynolds, *From World War to Cold War*, Oxford, Oxford University Press, 2006, p. 114-115.

33. Michael R.D. Foot, *Des Anglais dans la Résistance. Le service secret britannique d'action (SOE) en France*, Tallandier, 2008 (éd. angl. 1966), p. 236-237.

34. *Ibid.*, p. 243.

35. Alya Aglan, *Mémoires résistantes. Histoire du réseau Jade-Fitzroy, 1940-1944*, Cerf, 1994, p. 20 *sq.*

36. M.R.D. Foot, *Des Anglais dans la Résistance...*, *op. cit.*, p. 118 *sq.*

37. Charles Portal à Gladwyn Jebb, 1^er^ février 1941, cité par Mark Seaman, « RAF Air Support to Resistance Groups in Western Europe », *in* coll., *La Résistance et les Européens du Nord...*, *op. cit.*, p. 136.

38. Charles Portal à H.N. Sporborg, cité in *ibid.*

39. S. Albertelli, *Les Services secrets...*, *op. cit.*, p. 41.

40. Cité in *ibid.*, p. 71.

41. M.R.D. Foot, *Des Anglais dans la Résistance...*, *op. cit.*, p. 246.

42. S. Albertelli, *Les Services secrets...*, *op. cit.*, p. 88.

43. *Ibid.*, p. 68.

44. Cité par A. Luneau, *Radio-Londres...*, *op. cit.*, p. 118.

45. H. Noguères *et alii*, *Histoire de la Résistance en France*, t. 1, *op. cit.*, p. 135.

46. Cité par S. Albertelli, *Les Services secrets...*, *op. cit.*, p. 100.

47. Cité in *ibid.*, p. 105.

48. *Ibid.*, p. 108.

49. *Ibid.*, p. 110.

50. Daniel Cordier, *Alias Caracalla*, Gallimard, 2009, p. 223.

51. Jean-Marie Guillon, *La Résistance dans le Var. Essai d'histoire politique*, thèse dirigée par Emile Temime, Aix-en-Provence, 1989, t. I, p. 64.

52. Claude Bourdet, *L'Aventure incertaine. De la Résistance à la Restauration*, Stock, 1975, p. 95.

53. S. Albertelli, *Les Services secrets…*, *op. cit.*, p. 120.

54. *Ibid.*, p. 121.

## 2. Partis et syndicats : une avant-garde de la Résistance ?

1. Philippe Pétain, message du 30 octobre 1940, cité *in* Maréchal Pétain, *La France nouvelle. Principes de la communauté, suivis des appels et messages, 17 juin 1940-17 juin 1941*, Fasquelle, 1941, p. 88.

2. Cité *in* Olivier Wieviorka, *Les Orphelins de la République. Destinées des députés et sénateurs français. 1940-1945*, Seuil, 2001, p. 63.

3. *Ibid.*, p. 63-64.

4. Stéphane Courtois et Marc Lazar, *Histoire du Parti communiste français*, PUF, 2000 (1^re^ éd. 1995), p. 176.

5. Annette Wieviorka, *Maurice et Jeannette. Biographie du couple Thorez*, Fayard, 2010, p. 268.

6. Stéphane Courtois et Denis Peschanski, « La dominante de l'Internationale et les tournants du PCF », *in* Jean-Pierre Azéma, Antoine Prost et Jean-Pierre Rioux (dir.), *Le Parti communiste français des années sombres. 1938-1941*, Seuil, 1986, p. 263.

7. Jean-Marie Guillon, *La Résistance dans le Var*, thèse cit., p. 87.

8. Cité par Stéphane Courtois, *Le PCF dans la guerre. De Gaulle, la Résistance, Staline…*, Ramsay, 1980, p. 139.

9. Maurice Thorez, « Les vrais traîtres », cité in *ibid.*, p. 146.

10. *Ibid.*, p. 162.

11. Daniel Virieux, *Le Front national de lutte pour la liberté et l'indépendance de la France. Un mouvement de Résistance. Période clandestine (mai 1941-août 1944)*, thèse dirigée par Claude Willard, Paris-VIII, 1995, p. 18.

12. Benoît Frachon, in *Cahiers du bolchevisme*, 1^er^ trimestre 1941, cité *in* S. Courtois, *Le PCF dans la guerre…*, *op. cit.*, p. 169.

13. *Ibid.*, p. 175.

14. Danielle Tartakowsky, *Les Manifestations de rue en France. 1918-1968*, Publications de la Sorbonne, 1997, p. 461.

15. Danielle Tartakowsky, « Géographie des manifestations de rue », *in* L. Douzou *et alii* (dir.), *La Résistance et les Français…*, *op. cit.*, p. 124.

16. Jean-Louis Cuvelliez, « Les débuts de la Résistance à Toulouse et dans la région », *in* J.-M. Guillon et P. Laborie, *Mémoire et histoire…*, *op. cit.*, p. 122.

17. Alain Monchablon, « La manifestation à l'Etoile du 11 novembre 1940. Histoire et mémoires », *Vingtième siècle. Revue d'histoire*, n° 110, avril-juin 2011, p. 71.

18. *Ibid.*, p. 72.

19. Cité in *ibid.*, p. 77.

20. Cité *in* Charles Tillon, *On chantait rouge. Mémoires pour l'Histoire d'un ouvrier breton devenu révolutionnaire professionnel, chef de guerre et ministre*, Robert Laffont, 1977, p. 301-302.

21. Jean-Marc Berlière et Franck Liaigre, *L'Affaire Guy Môquet. Enquête sur une mystification officielle*, Larousse, 2009, p. 76.

22. Cité in *ibid.*, p. 77.

23. Daniel Borzeix, « Les débuts de Guingouin », *in* Pascal Plas (dir.), *Genèse et développement de la Résistance en R5. 1940-1943*, Brive-la-Gaillarde, Editions Les Monédières, p. 127 *sq.*

24. Georges Guingouin, *4 ans de lutte sur le sol limousin*, Limoges, Lucien Souny, 1991, p. 26.

25. Cité *in* J.-M. Berlière et F. Liaigre, *L'Affaire…*, *op. cit.*, p. 80.

26. S. Courtois et D. Peschanski, « La dominante de l'Internationale et les tournants du PCF », art. cit., p. 263.

27. Sur ce point, cf. Gabriel Gorodetsky, *Le Grand Jeu de dupes. Staline et l'invasion allemande,* Les Belles Lettres, 2000 (éd. am. 1999), rééd. « Tempus », 2011.

28. S. Courtois, *Le PCF dans la guerre...*, *op. cit.*, p. 162.

29. Cité *in* S. Courtois et M. Lazar, *Histoire...*, *op. cit.*, p. 183.

30. D. Virieux, *Le Front national...*, thèse cit., p. 19.

31. Cité *in* S. Courtois, *Le PCF dans la guerre...*, *op. cit.*, p. 191-192.

32. Etienne Dejonghe et Yves Le Maner, *Le Nord-Pas-de-Calais dans la main allemande,* Lille, La Voix du Nord, 1999, p. 194.

33. *Ibid.*, p. 195.

34. Olivier Wieviorka, *La Mémoire désunie. Le souvenir politique des années sombres, de la Libération à nos jours,* Seuil, 2010, p. 105.

35. Cité *in* O. Wieviorka, *Les Orphelins...*, *op. cit.*, p. 167.

36. Paul Rives, Charles Spinasse, Eugène Gaillard, « Lettre à Maxence Roldes », 3 août 1940, citée in *ibid.*, p. 187.

37. Marc Sadoun, *Les Socialistes sous l'Occupation. Résistance et collaboration,* Presses de Sciences-Po, 1982, p. 110.

38. Pour un historique détaillé, se reporter à *ibid.*, p. 114 *sq.*

39. *Ibid.*, p. 116.

40. *Le Populaire,* zone sud, 15 juin 1942, cité in *ibid.*, p. 117.

41. Cité in *ibid.*, p. 159.

42. Cité in *ibid.*, p. 128.

43. Cité *in* Olivier Wieviorka, *Nous entrerons dans la carrière. De la Résistance à l'exercice du pouvoir,* Seuil, 1994, p. 48.

44. Jean-Marie Guillon, « Les socialistes en résistance. Un comportement politique », *in* L. Douzou *et alii* (dir.), *La Résistance et les Français...*, *op. cit.*, p. 382.

45. Cité *in* Jean Texcier, *Un homme libre,* Albin Michel, 1960, p. 101-102.

46. « Manifeste du syndicalisme français », 15 novembre 1940, cité *in* Christian Pineau, *La Simple Vérité. 1940-1945,* Phalanx, 1983 (1re éd. 1960), p. 594 *sq.*

47. Oreste Capocci, François (dit Léon) Chevalme, Albert Gazier, Eugène Jaccoud, Robert Lacoste, Pierre Neumeyer, Christian Pineau, Louis Saillant, Victor Vandeputte.

48. Maurice Bouladoux, Gaston Tessier, Jules Zirnheld.

49. Jacques Julliard, « La Charte du travail », *in* FNSP, *Le Gouvernement de Vichy. 1940-1942,* Presses de Sciences-Po, 1972, p. 164.

50. Alya Aglan, *La Résistance sacrifiée. Histoire du mouvement Libération-nord,* Champs-Flammarion, 2005 (1re éd. 1999), p. 40.

51. *Ibid.*, p. 46-47.

52. Cité in *ibid.*, p. 51.

53. *Ibid.*, p. 59.

54. Diana Cooper-Richet, « Les ouvriers, l'Eglise et la Résistance », *in* J. Sainclivier et C. Bougeard (dir.), *La Résistance et les Français...*, *op. cit.*, p. 133.

55. *Ibid.*

56. Eugen Weber, *L'Action française,* Hachette, 1990 (éd. am. 1962), p. 479.

57. Bruno Goyet, *Charles Maurras,* Presses de Sciences-Po, 2000, p. 84.

58. *Ibid.*, p. 85.

59. E. Weber, *L'Action française...*, *op. cit.*, p. 491.

60. Jacques Nobécourt, *Le Colonel de la Rocque, 1885-1946, ou les pièges du nationalisme chrétien,* Fayard, 1996, p. 707.

61. Cité in *ibid.*, p. 725.

## 3. La naissance des mouvements

1. Julien Blanc, *Au commencement de la Résistance. Du côté du musée de l'Homme. 1940-1941,* Seuil, 2010, p. 66.

2. Cité *in* A. Aglan, *La Résistance...*, *op. cit.*, p. 66.

3. Cité *in* Alya Aglan, *Le Temps de la Résistance,* Arles, Actes Sud, 2008, p. 55.

4. Jacques Sémelin, « Jalons pour une histoire de la France résistante », *in* L. Douzou *et alii* (dir.), *La Résistance...*, *op. cit.*, p. 463.

5. J. Blanc, *Au commencement de la Résistance....*, *op. cit.*, p. 67.

6. Cité *in* O. Wieviorka, *Nous entrerons...*, *op. cit.*, p. 73-74.

7. C. Bourdet, *L'Aventure incertaine…, op. cit.*, p. 89.

8. Henri Michel, *Histoire de la Résistance*, PUF, 1984 (1re éd. 1950), p. 61.

9. Olivier Wieviorka, *Une certaine idée de la Résistance. Défense de la France. 1940-1949*, Seuil, 1995, p. 21 *sq.*

10. Jacques Lusseyran, *Et la lumière fut*, Chatou, Les Trois Arches, 1987, p. 285-286.

11. Dominique Veillon, *Le* Franc-Tireur. *Un journal clandestin. Un mouvement de résistance. 1940-1944*, Flammarion, 1977, p. 48.

12. Jacques Baumel, *Résister. Histoire secrète des années d'occupation*, Albin Michel, 1999, p. 71.

13. D. Veillon, *Le* Franc-Tireur*…, op. cit.*, p. 52.

14. Laurent Douzou, *La Désobéissance. Histoire du mouvement Libération-sud*, Odile Jacob, 1995, p. 31 *sq.*

15. J. Baumel, *Résister…, op. cit.*, p. 70.

16. *Ibid.*

17. Marcel Prélôt et Paul Vignaux. Cité *in* Renée Bédarida, *Les Armes de l'esprit. Témoignage chrétien (1941-1944)*, Editions ouvrières, 1977, p. 31.

18. *Ibid.*, p. 41.

19. *Ibid.*, p. 43.

20. Suivant la formule de Chaillet en 1946, cité in *ibid.*, p. 54-55.

21. Cités in *ibid.*, p. 58 *sq.*

22. Harry R. Kedward, *Naissance de la Résistance dans la France de Vichy. Idées et motivations. 1940-1942*, Seyssel, Champvallon, 1989 (éd. angl. 1978), p. 141-142.

23. C. Bourdet, *L'Aventure incertaine…, op. cit.*, p. 99-100.

24. A. Aglan, *La Résistance…, op. cit.*, p. 74.

25. Jean-Pierre Levy, intervention citée *in* coll., *La Presse clandestine. 1940-1944*, Avignon, Conseil général du Vaucluse, 1985, p. 94-95.

26. Philippe Viannay, *Du bon usage de la France. Résistance. Journalisme. Glénans*, Ramsay, 1988, p. 34.

27. Henri Frenay, *La nuit finira. Mémoires de Résistance*, t. 1, *1940-1943*, Livre de poche, 1974 (1re éd. 1973), p. 110.

28. C. Bourdet, *L'Aventure incertaine…, op. cit.*, p. 72.

29. D. Veillon, *Le* Franc-Tireur*…, op. cit.*, p. 70.

30. Christian Bougeard, « Le poids de la ville dans la Résistance en Bretagne et dans la France de l'Ouest », *in* L. Douzou *et alii* (dir.), *La Résistance et les Français…, op. cit.*, p. 249.

31. Cécile Vast, « Pantagruel », *in* F. Marcot (dir.), *Dictionnaire…, op. cit.*, p. 741.

32. Marie Ducoudray, *Ceux de « Manipule ». Un réseau de renseignement dans la Résistance en France*, Tirésias, 2001, p. 30.

33. J. Blanc, *Au commencement de la Résistance…, op. cit.*, p. 202-203.

34. *Ibid.*, p. 238.

35. J. Blanc, « Musée de l'Homme », *in* F. Marcot (dir.), *Dictionnaire…, op. cit.*, p. 134-135.

36. Arthur Calmette, *L'« OCM ». Histoire d'un mouvement de résistance de 1940 à 1946*, PUF, 1961, p. 12.

37. Sur la genèse de l'OCM et ses premiers développements, *ibid.*, p. 11 *sq.*

38. H. Noguères *et alii*, *Histoire de la Résistance en France*, t. 1, *op. cit.*, p. 95.

39. J. Baumel, *Résister…, op. cit.*, p. 63.

40. *Ibid.*, p. 75.

41. H. Frenay, *La nuit finira*, t. 1, *op. cit.*, p. 44.

42. Laurent Douzou et Dominique Veillon, « Comment les mouvements de la Résistance non communiste de zone sud ont-ils intégré la lutte armée dans leur stratégie ? », *in* François Marcot (dir.), *La Résistance et les Français. Lutte armée et maquis*, Besançon, Annales littéraires de l'université de Franche-Comté, 1996, p. 85.

43. H. Frenay, *La nuit finira*, t. 1, *op. cit.*, p. 121-122.

44. *Ibid.*, p. 159.

45. Jean Gemähling, *Souvenirs*, t. 1, sans date (1999 ?), à compte d'auteur, p. 18 *sq.*

46. P. Viannay, *Du bon usage…, op. cit.*, p. 99.

47. Sur les débuts de Combat, cf. Henri Frenay, *La nuit finira*, t. 1, *op. cit.*, et Robert Belot, *Henri Frenay. De la Résistance à l'Europe*, Seuil, 2003.

48. Laurent Douzou et Dominique Veillon, « Liberté », *in* F. Marcot (dir.), *Dictionnaire…, op. cit.*, p. 129.

49. H. Frenay, *La nuit finira*, t. 1, *op. cit.*, p. 199.

50. C. Bourdet, *L'Aventure incertaine*..., *op. cit.*, p. 70.

51. Cité par H. Noguères *et alii*, *Histoire de la Résistance en France*, t. 1, *op. cit.*, p. 125.

52. Alban Vistel, *La Nuit sans ombre. Histoire des mouvements unis de résistance, leur rôle dans la libération du Sud-Est*, Fayard, 1970, p. 47.

53. Cité *in* Henri Michel, *Les Courants de pensée de la Résistance*, PUF, 1962, p. 135.

54. *Les Petites Ailes de France*, n° 5, cité in *ibid.*, p. 136.

55. *Indomitus* (P. Viannay), « L'Allemand », *Défense de la France* n° 12, 20 mars 1942, reproduit *in* Marie Granet, *Le Journal* Défense de la France, PUF, 1961, p. 66.

56. Jean Texcier, *Lettres à François*, cité *in* H. Michel, *Les Courants de pensée*..., *op. cit.*, p. 139.

57. A. Vistel, *La Nuit sans ombre*..., *op. cit.*, p. 81.

58. Cité *in* Jean-Louis Cuvelliez, « Les débuts de la Résistance à Toulouse et dans la région », *in* J.-M. Guillon et P. Laborie (dir.), *Mémoire et histoire*..., *op. cit.*, p. 131-132.

59. D. Veillon, *Le* Franc-Tireur..., *op. cit.*, p. 74-75.

60. Cette affirmation a été réitérée à maintes reprises par de nombreux témoins au séminaire qu'animaient Jean-Pierre Azéma, Claude Lévy et Dominique Veillon à l'IHTP.

61. Jean-Louis Cuvelliez, « Les débuts de la Résistance à Toulouse et dans la région », art. cit., p. 134.

62. Surnom de De Gaulle.

63. H. Michel, *Les Courants de pensée*..., *op. cit.*, p. 223.

64. Cité *in* A. Vistel, *La Nuit sans ombre*, *op. cit.*, p. 43.

65. Pierre Laborie, « La Résistance et le sort des juifs : 1940-1942 », *in* J.-M. Guillon et P. Laborie (dir.), *Mémoire et histoire*..., *op. cit.*, p. 252.

66. *Ibid.*

67. *Ibid.*, p. 249.

68. *Ibid.*, p. 251.

69. Maurice Ripoche, manifeste, octobre 1940, cité *in* François Marcot, « Réflexions sur les valeurs de la Résistance », *in* J.-M. Guillon et P. Laborie (dir.), *Mémoire et histoire*..., *op. cit.*, p. 83.

70. *Les Petites Ailes de France* n° 6, février 1941, cité *in* Bénédicte Vergez-Chaignon, *Les Vichysto-résistants de 1940 à nos jours*, Perrin, 2008, p. 64.

71. A. Calmette, *L'« OCM »*..., *op. cit.*, p. 28.

72. *Indomitus* (P. Viannay), *Défense de la France*, n° 9, 25 janvier 1942, cité *in* M. Granet, *Le Journal*..., *op. cit.*, p. 45.

73. P. Laborie, « La Résistance et le sort des juifs : 1940-1942 », art. cit., p. 250.

74. Agnès Humbert, *Notre guerre. Souvenirs de résistance*, Tallandier, 2004 (1re éd. 1946), p. 110.

75. *Indomitus* (P. Viannay), « Les derniers actes du maréchal », *Défense de la France*, n° 8, 13 janvier 1942, cité *in* M. Granet, *Le Journal*..., *op. cit.*, p. 41.

76. Manifeste de novembre 1940 cité *in* Daniel Cordier, *Jean Moulin. L'Inconnu du Panthéon*, t. 1, *Une ambition pour la République. Juin 1899-Juin 1936*, JC Lattès, 1989, p. 25.

77. *Ibid.*

78. Johanna Barasz, *De Vichy à la Résistance. Les vichysto-résistants. 1940-1944*, 3 t., thèse de l'IEP-Paris dirigée par Jean-Pierre Azéma, 2010, p. 12.

79. *Ibid.*, p. 194-195.

80. Claude d'Abzac-Epezy, *L'Armée de l'air des années noires. Vichy 1940-1944*, Economica, 1998, p. 220 *sq.*

81. Olivier Forcade, « Services spéciaux militaires », *in* F. Marcot (dir.), *Dictionnaire*..., *op. cit.*, p. 211-212.

82. *Ibid.*, p. 213.

83. H. Noguères *et alii*, *Histoire de la Résistance en France*, t. 1, *op. cit.*, p. 70 *sq.*

84. Simon Kitson, *Vichy et la chasse aux espions nazis. Complexités de la politique de collaboration*, Autrement, 2005, p. 100.

85. C. d'Abzac-Epezy, *L'Armée de l'Air*..., *op. cit.*, p. 363-364.

86. Jean Delmas, « Camouflage du matériel », *in* F. Marcot (dir.), *Dictionnaire*..., *op. cit.*, p. 169.

87. J. Barasz, *De Vichy à la Résistance*..., thèse cit., p. 356.

88. H. Noguères *et alii*, *Histoire de la Résistance en France*, t. 1, *op. cit.*, p. 236.
89. J. Barasz, *De Vichy à la Résistance...*, thèse cit., p. 359.
90. B. Vergez-Chaignon, *Les Vichysto-résistants...*, *op. cit.*, p. 31.
91. *Ibid.*, p. 112.
92. J. Barasz, *De Vichy à la Résistance...*, thèse cit., p. 60.
93. B. Vergez-Chaignon, *Les Vichysto-résistants...*, *op. cit.*, p. 140.
94. Johanna Barasz, « Un vichyste en Résistance, le général de La Laurencie », *Vingtième siècle. Revue d'histoire*, n° 94, avril-juin 2007, p. 173.
95. H. Frenay, *La nuit finira*, t. 1, *op. cit.*, p. 194.
96. Johanna Barasz, « Un vichyste... », art. cit., p. 180.
97. C. d'Abzac-Epezy, *L'Armée de l'air...*, *op. cit.*, p. 232.
98. B. Vergez-Chaignon, *Les Vichysto-résistants...*, *op. cit.*, p. 56.
99. *Ibid.*, p. 36.
100. H. Frenay, *La nuit finira*, t. 1, *op. cit.*, p. 86.
101. H. Noguères *et alii*, *Histoire de la Résistance en France*, t. 1, *op. cit.*, p. 239.
102. C. d'Abzac-Epezy, *L'Armée de l'air...*, *op. cit.*, p. 223.
103. L. Douzou, *La Désobéissance...*, *op. cit.*, p. 88.
104. *Ibid.*, p. 86 *sq.*

## 4. S'ENGAGER

1. Pierre Laborie, *Le Chagrin et le Venin. La France sous l'Occupation, mémoire et idées reçues*, Bayard, 2011, p. 61.
2. Pierre Laborie, « Qu'est-ce que la Résistance ? », *in* F. Marcot (dir.), *Dictionnaire...*, *op. cit.*, p. 33.
3. F. Bédarida, « L'histoire de la Résistance. Lecture d'hier, chantiers de demain », art. cit., p. 80.
4. P. Laborie, « Qu'est-ce que la Résistance ? », art. cit., p. 34.
5. « Avant-propos », *in* F. Marcot (dir.), *Dictionnaire...*, *op. cit.*, p. VII.
6. Bernard Comte, *L'Honneur et la Conscience. Catholiques français en Résistance (1940-1944)*, éditions de l'Atelier, 1998, p. 9.
7. François Marcot, « Combien étaient-ils ? », *in* F. Marcot (dir.), *Dictionnaire...*, *op. cit.*, p. 339.
8. François Marcot, « Pour une sociologie de la Résistance : intentionnalité et fonctionnalité », *in* A. Prost (dir.), *La Résistance, une histoire sociale...*, *op. cit.*, p. 26.
9. F. Marcot, « Combien étaient-ils ? », art. cit., p. 342.
10. Jean Anouilh, *L'Orchestre*, Gallimard, « Folio », 1982 (1re éd. 1962), p. 110.
11. Raul Hilberg, *La Politique de la mémoire*, Gallimard, 1996 (éd. am. 1994), p. 129.
12. C. Bourdet, *L'Aventure incertaine...*, *op. cit.*, p. 321.
13. André Malraux, discours du 10 mai 1975, cité *in* André Malraux, *La Politique, la culture. Discours, articles, entretiens (1925-1975)* [désormais *DAE*], présentés par Janine Mossuz-Lavau, Gallimard, 1996, p. 373.
14. André Malraux, discours du 23 novembre 1975, *in* A. Malraux, *DAE...*, *op. cit.*, p. 391.
15. Charles d'Aragon, *La Résistance sans héroïsme*, Seuil, 1977, p. 8.
16. *Ibid.*, p. 215.
17. La formule est de Philippe Burrin, *La France à l'heure allemande*, Seuil, 1995.
18. F. Marcot, « Pour une sociologie de la Résistance : intentionnalité et fonctionnalité », art. cit., p. 23.
19. François Marcot, *La Résistance dans le Jura*, Besançon, Cêtre, 1985, p. 72.
20. Henri Michel, « Rapport général », dactyl., Première conférence sur l'histoire de la Résistance, 1958.
21. M. Sadoun, *Les Socialistes...*, *op. cit.*, p. 110.
22. Entretien cité *in* O. Wieviorka, *Une certaine idée de la Résistance...*, *op. cit.*, p. 146.
23. Entretien cité in *ibid.*, p. 144.

24. Alain-René Michel, *La JEC face au nazisme et à Vichy*, Lille, Presses universitaires de Lille, p. 32 *sq*.

25. Fabienne Federini, *Ecrire ou combattre. Des intellectuels prennent les armes (1942-1944)*, La Découverte, 2006, p. 112-113.

26. R. Bédarida, *Les Armes de l'esprit…*, *op. cit.*, p. 40.

27. C. Bourdet, *L'Aventure incertaine…*, *op. cit.*, p. 28-29.

28. Renaud-Jean, « Carnets », *Communisme*, n° 55-56, 1998, p. 126.

29. Benjamin Jung, « Marcel Gitton et le Parti ouvrier et paysan français (1939-1941) : la voie d'un national-communisme de collaboration », mémoire de l'IEP-Paris dirigé par O. Wieviorka, 2000.

30. C. Bourdet, *L'Aventure incertaine…*, *op. cit.*, p. 43.

31. *Ibid.*, p. 56.

32. *Ibid.*, p. 89.

33. F. Federini, *Ecrire ou combattre…*, *op. cit.*, p. 259.

34. Henri Becquart, lettre au maréchal Pétain, 1er octobre 1940, cité *in* O. Wieviorka, *Les Orphelins…*, *op. cit.*, p. 219.

35. Henri Becquart, télégramme au maréchal Pétain, 24 octobre 1940, cité in *ibid.*, p. 208.

36. A. Vistel, *La Nuit sans ombre*, *op. cit.*, p. 28.

37. Yves de Montcheuil, « Vers le soulèvement de la nation », *Cahiers du Témoignage chrétien*, mai 1944, cité *in* R. Bédarida, *Les Armes de l'esprit…*, *op. cit.*, p. 352.

38. Entretien cité *in* O. Wieviorka, *Une certaine idée de la Résistance…*, *op. cit.*, p. 184.

39. Claude Lanzmann, *Le Lièvre de Patagonie. Mémoires*, Gallimard, 2009, p. 40.

40. C. Bourdet, *L'Aventure incertaine…*, *op. cit.*, p. 71.

41. Olivier Todd, *André Malraux. Une vie*, Gallimard, 2001, p. 313.

42. Jean Lacouture, *André Malraux. Une vie dans le siècle*, Seuil, 1973, p. 278.

43. André Malraux, *La Condition humaine*, Gallimard, 1976 (1re éd. 1933), p. 54-55.

44. André Malraux, *L'Espoir*, Gallimard, 1996 (1re éd. 1937), p. 128.

45. C. Bourdet, *L'Aventure incertaine…*, *op. cit.*, p. 72-73.

46. Thomas Pouty, « Les fusillés en France. 1940-1944. Etude d'un panel de 1 000 victimes », *in* Bernard Garnier, Jean-Luc Leleu, Jean Quellien (dir.), *La Répression en France. 1940-1945*, Caen, CRHQ, 2007, p. 208.

47. Delphine Kazandjian, « La déportation de répression organisée après le Débarquement au départ de la "zone occupée" », *in* B. Garnier *et alii*, *La Répression en France…*, *op. cit.*, p. 239-240 et p. 247.

48. C. d'Aragon, *La Résistance sans héroïsme…*, *op. cit.*, p. 56.

49. *Ibid.*, p. 75.

50. Raphaël Spina, *La France et les Français devant le Service du travail obligatoire*, thèse de l'Ecole normale supérieure de Cachan dirigée par Olivier Wieviorka, 2012, p. 23.

51. *Ibid.*, p. 806.

52. *Ibid.*, p. 808.

53. Nicolas Mariot et Claire Zalc, *Face à la persécution. 991 juifs dans la guerre*, Odile Jacob, 2010, p. 181.

54. *Ibid.*, p. 91.

55. *Ibid.*

56. *Ibid.*, p. 114-115.

57. P. Burrin, *La France à l'heure allemande…*, *op. cit.*, p. 322-328.

58. Alice Kaplan, *Intelligence avec l'ennemi. Le procès Brasillach*, Gallimard, 2001 (éd. am. 2000), p. 49.

59. F. Federini, *Ecrire ou combattre…*, *op. cit.*, p. 215.

60. Ingrid Galster, *Sartre, Vichy et les intellectuels*, L'Harmattan, 2001, p. 12.

61. *Ibid.*, chapitre « Historiographie ou hagiographie » pour un récit détaillé de l'événement. La citation est mentionnée p. 105.

62. Jacques Ion, « Interventions sociales, engagements bénévoles et mobilisation des expériences personnelles », *in* Jacques Ion et Michel Peroni (dir.), *Engagement public et exposition de la personne*, Edition de l'Aube, 1997, p. 81.

63. Olivier Wieviorka, « A la recherche de l'engagement (1940-1944) », *Vingtième siècle. Revue d'histoire*, n° 60, 1998, p. 62 *sq*.

64. C. Bourdet, *L'Aventure incertaine…*, *op. cit.*, p. 70.

65. A. Vistel, *La Nuit sans ombre*, *op. cit.*, p. 17.

66. *Ibid.*

67. Cité *in* Olivier Wieviorka, *Une certaine idée de la Résistance…*, *op. cit.*, p. 173-174.

68. Charles Tilly, *La France conteste, de 1600 à nos jours*, Fayard, 1986, p. 542.

69. *Ibid.*, p. 15.

70. Colonel Rémy, *Mémoires d'un agent secret de la France libre. Juin 1940-juin 1942*, Aux trois couleurs et Raoul Solar, 1946, p. 107.

71. Colonel Rémy, *Les Soldats du silence. Mémoires d'un agent secret de la France libre*, t. 2, France-Empire, 1998, p. 68.

72. Jean-Marie Guillon, « Le maquis, une résurgence du banditisme social ? », *Provence historique*, n° 147, 1986, p. 57-67.

73. Jean-Marie Guillon, *La Résistance dans le Var*, thèse cit., p. 57.

74. Gérard Bollon, « La tradition d'accueil avant la guerre », *in* Pierre Bolle (dir.), *Le Plateau Vivarais-Lignon. Accueil et Résistance 1939-1944*, Le Chambon-sur-Lignon, Société d'histoire de la Montagne, 1992, p. 151.

75. Michel Fabreguet, « Réfractaires, maquisards et communautés protestantes des Cévennes et du Vivarais », cité *in* R. Spina, *La France et les Français devant le Service du travail obligatoire…*, thèse cit., p. 674.

76. M.R.D. Foot, *Des Anglais dans la Résistance…*, *op. cit.*, p. 172.

77. F. Marcot, *La Résistance dans le Jura…*, *op. cit.*, p. 27.

78. Pierre Guillain de Bénouville, *Le Sacrifice du matin*, Robert Laffont, 1946, p. 515.

79. A. Aglan, *La Résistance sacrifiée…*, *op. cit.*, p. 152.

80. *Indomitus* (P. Viannay), « Le devoir de tuer », *Défense de la France*, n° 44, 15 mars 1944, reproduit *in* M. Granet, *Le Journal* Défense de la France, *op. cit.*, p. 246-247.

81. Olivier Wieviorka, *Une certaine idée de la Résistance…*, *op. cit.*, p. 182.

82. Henri Noguères, *La Vie quotidienne des résistants de l'armistice à la libération (1940-1945)*, Hachette, 1984, p. 43.

83. *Ibid.*, p. 13.

84. Rémy, *Les Soldats du silence…*, *op. cit.*, t. 2, p. 189.

85. Circulaire mentionnée par F. Marcot, *La Résistance dans le Jura…*, *op. cit.*, p. 78.

86. Suivant le célèbre modèle établi par Albert Hirschman, *Défection et prise de parole*, Fayard, 1995 (éd. am. 1970).

87. Robert Belot, *Aux frontières de la liberté. Vichy-Madrid-Alger-Londres. S'évader de France sous l'Occupation*, Fayard, 1998, p. 679.

88. *Ibid.*, p. 661-662.

89. Olivier Wieviorka, *Une certaine idée de la Résistance…*, *op. cit.*, p. 187.

90. *Ibid.*, p. 160.

91. Boris Vildé, *Journal et lettres de prison. 1941-1942*, Allia, 1997, p. 62-63.

92. Colonel Rémy, *Les Soldats du silence…*, *op. cit.*, p. 239.

93. Fernand Grenier, *C'était ainsi… La résistance, Châteaubriant, Londres, Alger, le Vercors, Dachau*, Editions sociales, 1970, p. 172-173.

94. C. Bourdet, *L'Aventure incertaine…*, *op. cit.*, p. 27.

95. Pierre Péan, *Vies et morts de Jean Moulin*, Fayard, 1998, p. 357 *sq.*

96. M.R.D. Foot, *Des Anglais dans la Résistance…*, *op. cit.*, p. 246.

97. Colonel Rémy, *Mémoires…*, *op. cit.*, p. 459.

98. *Ibid.*, p. 465 et p. 476.

99. *Ibid.*, p. 485.

100. F. Grenier, *C'était ainsi…*, *op. cit.*, p. 172.

101. Citée *in* H. Noguères, *La Vie quotidienne des résistants…*, *op. cit.*, p. 61-62.

102. H. Noguères, *La Vie quotidienne des résistants…*, *op. cit.*, p. 190.

103. Francis-Louis Closon, *Le Temps des passions. De Jean Moulin à la Libération. 1943-1945*, Genève, Famot, 1976 (1re éd. 1974), p. 212.

104. Daniel Cordier, *Alias Caracalla…*, *op. cit.*, p. 533.

105. Jean Cassou, *La Mémoire courte*, Mille et Une Nuits, 2001 (1re éd. 1953), p. 41-42.

106. F.-L. Closon, *Le Temps des passions…*, *op. cit.*, p. 213-214.

107. H. Noguères, *La Vie quotidienne des résistants…, op. cit.*, p. 210.

108. *Ibid.*, p. 58.

109. Colonel Rémy, *Mémoires…, op. cit.*, p. 483.

110. C. Bourdet, *L'Aventure incertaine…, op. cit.*, p. 238.

111. C. d'Aragon, *La Résistance sans héroïsme…, op. cit.*, p. 59.

112. C. Bourdet, *L'Aventure incertaine…, op. cit.*, p. 118.

113. Jacques Bingen, lettre du 14 avril 1944, citée *in* Henri Noguères et Marcel Degliame-Fouché, *Histoire de la Résistance en France*, t. 4 : *Formez vos bataillons ! Octobre 1943-mai 1944*, Robert Laffont, 1976, p. 632.

114. Milan Kundera, *Les Testaments trahis*, Gallimard, 1993, p. 26. Je remercie ma fille Sophie pour cette indication.

115. H.R. Kedward, *Naissance de la Résistance…, op. cit.*, p. 95-96.

## 5. Nouvelles donnes

1. Colonel Passy, *Mémoires du chef des services secrets de la France libre*, Odile Jacob, 2000 (1re éd. 1947), p. 196.

2. Daniel Virieux, *Le Front national…*, thèse cit., p. 76.

3. Vladislav Smirnov, « L'Union soviétique, le Komintern et la Résistance française en 1940-1941 », *in* L. Douzou *et alii* (dir.), *La Résistance et les Français…, op. cit.*, p. 510.

4. G. Dimitrov, télégramme à Clément, 1er juillet 1941, cité *in* Mikhaïl Narinski, « L'URSS, le Komintern et la lutte armée en France », *in* F. Marcot (dir.), *La Résistance et les Français…, op. cit.*, p. 361.

5. M. Thorez, A. Marty et G. Dimitrov, télégramme à Clément pour J. Duclos, 8 août 1941, cité in *ibid.*, p. 362.

6. Franck Liaigre, « Bataillons de la jeunesse », *in* F. Marcot (dir.), *Dictionnaire…, op. cit.*, p. 167.

7. Roger Bourderon, « Francs-tireurs et partisans français », *in* F. Marcot (dir.), *Dictionnaire…, op. cit.*, p. 189.

8. Jacqueline Sainclivier, *La Résistance en Ille-et-Vilaine. 1940-1944*, Rennes, PUR, 1993, p. 58.

9. D. Virieux, *Le Front national…*, thèse cit., p. 163.

10. Cité *in* S. Courtois, *Le PCF…, op. cit.*, p. 209.

11. Cité in *ibid.*, p. 210.

12. Jean-Pierre Le Crom, « Syndicalisme et résistance », *in* L. Douzou *et alii* (dir.), *La Résistance et les Français…, op. cit.*, p. 406.

13. Cité *in* S. Courtois, *Le PCF…, op. cit.*, p. 212.

14. D. Tartakowsky, *Les Manifestations…, op. cit.*, p. 461.

15. Lise London, *La Mégère de la rue Daguerre. Souvenirs de résistance*, Seuil, 1995, p. 152.

16. *Ibid.*, p. 161.

17. D. Tartakowsky, *Les Manifestations…, op. cit.*, p. 463.

18. *Ibid.*, p. 467.

19. Jean-Marc Berlière et Franck Liaigre, *Liquider les traîtres. La face cachée du PCF. 1941-1943*, Robert Laffont, 2007, p. 142.

20. Rapport d'Otto von Stülpnagel, cité *in* Ahlrich Meyer, *L'Occupation allemande en France. 1940-1944*, Toulouse, Privat, 2002, p. 41.

21. Denis Peschanski, « 21 août 1941 : attentat du métro Barbès », *in* F. Marcot (dir.), *Dictionnaire…, op. cit.*, p. 607-608.

22. Cité *in* Henri Noguères, Marcel Degliame-Fouché, Jean-Louis Vigier, *Histoire de la Résistance en France de 1940 à 1945*, t. 2, *L'armée de l'ombre. Juillet 1941-octobre 1942*, Robert Laffont, 1969, p. 161.

23. Christian Pineau, *Une simple…, op. cit.*, p. 180.

24. Denis Peschanski, « Attentats individuels contre les Allemands », *in* F. Marcot (dir.), *Dictionnaire…, op. cit.*, p. 703.

25. Charles de Gaulle, discours du 23 octobre 1941, *Discours et messages* (désormais DM). *Pendant la guerre. 1940-1946*, Plon, 1970, p. 122-123.

26. H. Frenay, *La nuit finira*, t. 1, *op. cit.*, p. 278.

27. Cité *in* H. Noguères *et alii, Histoire de la Résistance en France,* t. 2, *op. cit.,* p. 73.
28. J.-M. Berlière et F. Liaigre, *Liquider les traîtres..., op. cit.,* p. 104 et p. 149.
29. *Ibid.,* p. 171.
30. *Ibid.,* p. 172.
31. Cité *in* H. Noguères *et alii, Histoire de la Résistance en France,* t. 2, *op. cit.,* p. 159.
32. S. Albertelli, *Les Services secrets..., op. cit.,* p. 120.
33. *Ibid.,* p. 146.
34. M.R.D. Foot, *Des Anglais dans la Résistance..., op. cit.,* p. 282.
35. D. Cordier, *Alias Caracalla..., op. cit.,* p. 238-239.
36. *Ibid.,* p. 239.
37. S. Albertelli, *Les Services secrets..., op. cit.,* p. 154.
38. Cité *in* H. Noguères *et alii, Histoire de la Résistance en France,* t. 2, *op. cit.,* p. 318.
39. *Ibid.,* p. 224-225.
40. S. Albertelli, *Les Services secrets..., op. cit.,* p. 158.
41. M.R.D. Foot, *Des Anglais dans la Résistance..., op. cit.,* p. 335.
42. Pour une vision d'ensemble, cf. François Kersaudy, *De Gaulle et Churchill. La mésentente cordiale,* Perrin, 2001 (1re éd. 1982).
43. J.-F. Muracciole, *Les Français libres, op. cit.,* p. 136.
44. *Ibid.,* p. 143.
45. *Ibid.*
46. M.R.D. Foot, *Des Anglais dans la Résistance..., op. cit.,* p. 294.
47. *Ibid.*
48. *Ibid.,* p. 302.
49. *Ibid.,* p. 314.
50. Pour une vue d'ensemble, cf. Thomas Rabino, *Le Réseau Carte. Histoire d'un réseau de la Résistance antiallemand, antigaulliste, anticommuniste et anticollaborationniste,* Perrin, 2008.
51. *Ibid.,* p. 151.
52. *Ibid.,* p. 195.
53. *Ibid.,* p. 197.
54. M.R.D. Foot, *Des Anglais dans la Résistance..., op. cit.,* p. 305.
55. T. Rabino, *Le Réseau Carte..., op. cit.,* p. 301.
56. *Ibid.,* p. 207.
57. J. Baumel, *Résister..., op. cit.,* p. 58.
58. T. Rabino, *Le Réseau Carte..., op. cit.,* p. 217.
59. *Ibid.,* p. 236.
60. *Ibid.,* p. 247.
61. S. Albertelli, *Les Services secrets..., op. cit.,* p. 88.
62. *Ibid.,* p. 227.
63. *Ibid.,* p. 161-162.
64. Daniel Cordier, *Jean Moulin, La République des Catacombes,* Gallimard, 1999, p. 51.
65. *Ibid.,* p. 88.
66. Pour une vue d'ensemble, cf. A. Aglan, *La Résistance..., op. cit.*
67. *Ibid.,* p. 155.
68. *Ibid.,* p. 156.
69. *Ibid.,* p. 175.
70. O. Wieviorka, *Une certaine idée..., op. cit.,* p. 34 *sq.*
71. Défense de la France, « Les derniers actes du maréchal », *Défense de la France,* n° 8, 13 janvier 1942.
72. *Indomitus* (P. Viannay), « La France commande », *Défense de la France,* n° 4, décembre 1941 (?).
73. P. Viannay, *Du bon usage..., op. cit.,* p. 51.
74. O. Wieviorka, *Une certaine idée..., op. cit.,* p. 79.
75. *R. Tenaille* (R. Salmon), « Résistance », *Défense de la France,* n° 2, 10 septembre 1941.
76. *Indomitus* (P. Viannay), « Vérités rudes », *Défense de la France,* n° 11, 15 février 1942.
77. *Indomitus* (P. Viannay), « Lettres à la jeunesse », *Défense de la France,* n° 18, 17 juin 1942.
78. E. Dejonghe et Y. Le Maner, *Le Nord..., op. cit.,* p. 186-187.
79. Claire Andrieu, « Ceux de la Libération », *in* F. Marcot (dir.), *Dictionnaire..., op. cit.,* p. 115.
80. A. Calmette, *L'« OCM »..., op. cit.,* p. 102 *sq.*
81. Cité in *ibid.,* p. 53-54.
82. OCM, « Du côté de chez Pétain », juin 1942, cité *in* A. Calmette, *L'« OCM »..., op. cit.,* p. 47.
83. *Ibid.,* p. 49.
84. *Ibid.,* p. 137.

85. Cité par L. Douzou, *La Désobéissance…*, *op. cit.*, p. 87.
86. J. Baumel, *Résister…*, *op. cit.*, p. 70.
87. Laurent Douzou, « Hervé Pierre », *in* F. Marcot (dir.), *Dictionnaire…*, *op. cit.*, p. 442-443.
88. Cité *in* L. Douzou, *La Désobéissance…*, *op. cit.*, p. 268.
89. Cité in *ibid.*, p. 293.
90. *Ibid.*, p. 165.
91. Cité in *ibid.*, p. 191.
92. Cité in *ibid.*, p. 195.
93. *Ibid.*, p. 212.
94. *Ibid.*, p. 197.
95. D. Veillon, *Le* Franc-Tireur…, *op. cit.*, p. 164.
96. *Ibid.*, p. 94.
97. *Ibid.*, p. 97.
98. *Ibid.*, p. 272.
99. *Franc-Tireur*, janvier 1942, cité in *ibid.*, p. 276.
100. *Franc-Tireur*, mars 1942, cité in *ibid.*, p. 299.
101. *Franc-Tireur*, avril 1942, cité in *ibid.*, p. 293.
102. *Franc-Tireur*, septembre 1942, cité in *ibid.*, p. 293.
103. *Franc-Tireur*, septembre 1942, cité in *ibid.*, p. 294.
104. *Ibid.*, p. 117.
105. *Ibid.*, p. 213.
106. C. Bourdet, *L'Aventure incertaine…*, *op. cit.*, p. 104.
107. H. Frenay, *La nuit…*, t. 1, *op. cit.*, p. 166.
108. *Ibid.*, p. 205-206.
109. R. Belot, *Henri Frenay…*, *op. cit.*, p. 256.
110. Cécile Vast, « Ceux de la Résistance », *in* François Marcot (dir.), *Dictionnaire…*, *op. cit.*, p. 116.
111. H. Frenay, *La nuit finira*, t. 1, *op. cit.*, p. 188.
112. *Ibid.*, p. 192.
113. *Ibid.*, p. 178.
114. J. Soustelle, *Envers et contre tout…*, *op. cit.*, t. 1, p. 309.
115. R. Belot, *Henri Frenay…*, *op. cit.*, p. 275.
116. *Ibid.*, p. 252.
117. *Ibid.*, p. 193.
118. *Ibid.*, p. 255 *sq.*
119. C. Bourdet, *L'Aventure incertaine…*, *op. cit.*, p. 120.
120. R. Belot, *Henri Frenay…*, *op. cit.*, p. 277.
121. Colonel Passy, *Souvenirs. 10 Duke Street*, *op. cit.*, p. 102.
122. L. Douzou, *La Désobéissance…*, *op. cit.*, p. 103.
123. Cité *in* H. Frenay, *La nuit finira* t. 1, *op. cit.*, p. 271.
124. *Les Petites Ailes de France*, mai 1941, cité *in* B. Vergez-Chaignon, *Les Vichysto-résistants…*, *op. cit.*, p. 68.
125. C. Bourdet, *L'Aventure incertaine…*, *op. cit.*, p. 63.

## 6. Synergies et ralliements

1. J.-L. Crémieux-Brilhac, *La France libre…*, *op. cit.*, p. 241.
2. S. Albertelli, *Le BCRA…*, *op. cit.*, p. 129.
3. *Ibid.*, p. 135.
4. *Ibid.*, p. 163.
5. *Ibid.*, p. 167.
6. *Ibid.*
7. *Ibid.*
8. Ordre de mission (politique et militaire) du 5 novembre 1941, cité *in* D. Cordier, *Jean Moulin. La République…*, *op. cit.*, p. 143.
9. D. Cordier, *Jean Moulin. La République…*, *op. cit.*, p. 144.
10. H. Frenay, *La nuit finira*, *op. cit.*, p. 217.
11. Jean-Marc Binot et Bernard Boyer, *L'Argent de la Résistance*, Larousse, 2010, p. 37.
12. S. Albertelli, *Le BCRA…*, *op. cit.*, p. 175-176.
13. H. Frenay, *La nuit finira*, *op. cit.*, p. 216.
14. Cité *in* D. Cordier, *Jean Moulin. La République…*, *op. cit.*, p. 166.
15. Bruno Leroux, « Bureau d'information et de presse », *in* F. Marcot (dir.), *Dictionnaire…*, *op. cit.*, p. 168.

16. Sur Pierre Brossolette, cf. Guillaume Piketty, *Pierre Brossolette. Un héros de la Résistance*, Odile Jacob, 1998.

17. Entretien avec O. Wieviorka, *in* O. Wieviorka, *Nous entrerons…*, *op. cit.*, p. 253-254.

18. C. Pineau, *La Simple Vérité…*, *op. cit.*, p. 158.

19. *Ibid.*, p. 159.

20. *Ibid.*, p. 184.

21. Cité *in* D. Cordier, *Jean Moulin. La République…*, *op. cit.*, p. 189.

22. H. Frenay, *La nuit finira*, *op. cit.*, t. 1, p. 223.

23. *Ibid.*, p. 357.

24. D. Cordier, *Jean Moulin. La République…*, *op. cit.*, p. 201.

25. De Gaulle, Instruction personnelle et secrète pour l'action en France, 29 octobre 1942, cité in *ibid.*, p. 200-201.

26. H. Frenay, *La nuit finira*, *op. cit.*, t. 1, p. 390.

27. J. Soustelle, *Envers et contre tout…*, *op. cit.*, t. 1, p. 312.

28. P. Brossolette, rapport du 28 avril 1942, cité *in* G. Piketty, *Pierre Brossolette…*, *op. cit.*, p. 187.

29. J. Soustelle, *Envers et contre tout…*, *op. cit.*, t. 1, p. 312.

30. G. Piketty, *Pierre Brossolette…*, *op. cit.*, p. 166.

31. Pierre Brossolette, rapport du 8 mai 1942, cité in *ibid.*, p. 189.

32. G. Piketty, *Pierre Brossolette…*, *op. cit.*, p. 194.

33. Groupe Jean-Jaurès, séance du 4 octobre 1941, cité *in* M. Sadoun, *Les Socialistes…*, *op. cit.*, p. 185.

34. Léon Blum, lettre aux Français de Londres, 5 mai 1942, *in* Léon Blum, *La Prison, le procès, la déportation. Mémoires et correspondance*, Albin Michel, 1955, p. 349.

35. M. Sadoun, *Les Socialistes…*, *op. cit.*, p. 143.

36. Léon Blum, note adressée au général de Gaulle pour le président Roosevelt et M. W. Churchill, *in* L. Blum, *La Prison…*, *op. cit.*, p. 383.

37. Pierre Brossolette, rapport politique du 28 avril 1942, cité *in* G. Piketty, *Pierre Brossolette…*, *op. cit.*, p. 182.

38. Charles Vallin, intervention à la BBC, 17 septembre 1942, cité *in* G. Piketty, *Pierre Brossolette…*, *op. cit.*, p. 206.

39. G. Piketty, *Pierre Brossolette…*, *op. cit.*, p. 210.

40. B. Vergez-Chaignon, *Les Vichysto-résistants…*, *op. cit.*, p. 231.

41. G. Piketty, *Pierre Brossolette…*, *op. cit.*, p. 207.

42. D'après Claude Bourdet, *L'Aventure…*, *op. cit.*, p. 152.

43. Pour un récit d'ensemble, cf. André Kaspi, « La "comédie" d'Alger », *L'Histoire*, n°88, avril 1986, p. 50-58.

44. *Ibid.*, p. 58.

45. B. Vergez-Chaignon, *Les Vichysto-résistants…*, *op. cit.*, p. 292.

46. Entretien cité *in* Henri Noguères et Marcel Degliame-Fouché, *Histoire de la Résistance en France*, t. 3, *Et du Nord au Midi, novembre 1942-septembre 1943*, Robert Laffont, 1972, p. 26.

47. B. Vergez-Chaignon, *Les Vichysto-résistants…*, *op. cit.*, p. 258.

48. J. Barasz, *De Vichy à la Résistance…*, thèse cit., p. 398.

49. Entretien cité *in* H. Noguères *et alii*, *Histoire de la Résistance en France*, t. 3, *op. cit.*, p. 38.

50. Raymond Aubrac, *Où la mémoire s'attarde*, Odile Jacob, 1996, p. 85.

51. *Ibid.*, p. 86.

52. Entretien cité *in* H. Noguères *et alii*, *Histoire de la Résistance en France*, t. 3, *op. cit.*, p. 40.

53. J. Barasz, *De Vichy à la Résistance …*, thèse cit., p. 411.

54. *Ibid.*, p. 470.

55. P. Paillole, *Services spéciaux…*, *op. cit.*, p. 399.

56. B. Vergez-Chaignon, *Les Vichysto-résistants…*, *op. cit.*, p. 282.

57. *Ibid.*, p. 275.

58. J. Barasz, *De Vichy à la Résistance…*, thèse cit., p. 475.

59. *Ibid.*, p. 480.

60. *Ibid.*, p. 487.

61. Cité *in* H. Noguères *et alii*, *Histoire de la Résistance en France*, t. 3, *op. cit.*, p. 51.

62. J. Barasz, *De Vichy à la Résistance...*, thèse cit., p. 537.

63. Jean Delmas, « Organisation de résistance de l'armée », *in* F. Marcot (dir.), *Dictionnaire...*, *op. cit.*, p. 201.

64. S. Kitson, *Vichy et la chasse...*, *op. cit.*, p. 93.

65. P. Paillole, *Services spéciaux...*, *op. cit.*, p. 421.

66. *Indomitus* (P. Viannay), « Un seul drapeau », *DF*, 1er janvier 1943, cité *in* O. Wieviorka, *Une certaine idée...*, *op. cit.*, p. 201.

67. *Défense de la France, Pantagruel, La France continue, Chantecler, Franc-Tireur, Libération, Combat, Résistance*, « Lettre ouverte aux généraux Giraud et de Gaulle », *Défense de la France*, 20 janvier 1943.

68. D. Cordier, *Jean Moulin. La République...*, *op. cit.*, p. 284.

69. *Ibid.*

70. *Ibid.*, p. 285.

71. Cité par S. Courtois, *Le PCF dans la guerre...*, *op. cit.*, p. 304.

72. D. Cordier, *Jean Moulin. La République...*, *op. cit.*, p. 292.

73. S. Courtois, *Le PCF dans la guerre...*, *op. cit.*, p. 305.

74. Jacques Duclos, *Mémoires*, t. 2, *Dans la bataille clandestine. Deuxième partie. 1943-1945. De la victoire de Stalingrad à la capitulation de Berlin*, Fayard, 1970, p. 83.

75. S. Courtois, *Le PCF dans la guerre...*, *op. cit.*, p. 324.

76. Cité *in* G. Piketty, *Pierre Brossolette...*, *op. cit.*, p. 212.

77. D. Cordier, *Jean Moulin. La République...*, *op. cit.*, p. 288.

## 7. Deux résistances pour un même combat ? De la mobilisation des Français au choc du STO

1. Cité *in* A. Luneau, *Radio-Londres...*, *op. cit.*, p. 154.

2. Charles de Gaulle, discours du 30 avril 1942, cité *in* Charles de Gaulle, *DM*, *op. cit.*, p. 184.

3. H. Frenay, *La nuit finira*, t. 1, *op. cit.*, p. 277.

4. Souvenirs inédits d'Yvon Morandat, cités *in* A. Luneau, *Radio-Londres...*, *op. cit.*, p. 153.

5. D'après le compte rendu du journal *Libération*, n° 12, 18 mai 1942, cité *in* A. Vistel, *La Nuit sans ombre...*, *op. cit.*, p. 113

6. A. Luneau, *Radio-Londres...*, *op. cit.*, p. 155.

7. D. Tartakowsky, *Les Manifestations...*, *op. cit.*, p. 472.

8. Allocution de Maurice Schumann, cité *in* A. Luneau, *Radio-Londres...*, *op. cit.*, p. 158.

9. Pierre Laborie, *L'Opinion française sous Vichy*, Seuil, 1990, p. 253.

10. *Ibid.*, p. 265.

11. D. Tartakowsky, *Les Manifestations...*, *op. cit.*, p. 473.

12. A. Luneau, *Radio-Londres...*, *op. cit.*, p. 160-161.

13. D. Tartakowsky, *Les Manifestations...*, *op. cit.*, p. 467.

14. Ian Kershaw, *La Fin. Allemagne 1944-1945*, Seuil, 2012 (éd. angl. 2011), p. 481.

15. Patrice Arnaud et Helga Bories-Sawala, « Les Français et Françaises volontaires pour le travail en Allemagne : recrutement et dimensions statistiques, images et représentations, mythes et réalités », *in* Bernard Garnier et Jean Quellien (dir.), *La Main-d'Œuvre française exploitée par le IIIe Reich*, Caen, CRHQ, 2003, p. 112.

16. Bernd Zielinski, « L'exploitation de la main-d'œuvre française par l'Allemagne et la politique de collaboration (1940-1944) », *in* B. Garnier et J. Quellien (dir.), *La Main-d'Œuvre...*, *op. cit.*, p. 55.

17. Jean Quellien, « Les travailleurs forcés en Allemagne : essai d'approche statistique », *in* B. Garnier et J. Quellien (dir.), *ibid.*, p. 75.

18. Antoine Prost, « Jeunesse et société dans la France de l'entre-deux-guerres », *Vingtième siècle. Revue d'histoire*, n° 13, 1987, p. 35 *sq.*

19. Pour une vision d'ensemble, cf. Xavier Vigna, *Histoire des ouvriers en France au XXe siècle*, Perrin, 2010, p. 143 *sq.*

20. Hubert Desvages, « Les ouvriers de l'Isère », *in* Denis Peschanski et Jean-Louis Robert (dir.), *Les Ouvriers en France pendant la Seconde Guerre mondiale,* Cahiers de l'IHTP, 1992, p. 203.

21. Fabrice Sugier, « La politique ouvrière des pouvoirs publics dans le bassin houiller du Gard », *in* D. Peschanski et J.-L. Robert (dir.), *Les Ouvriers en France..., op. cit.,* p. 289.

22. François Marcot, « Les ouvriers de Peugeot, le patronat et l'Etat », *in* D. Peschanski et J.-L. Robert (dir.), *Les Ouvriers en France..., op. cit.,* p. 248.

23. *Ibid.,* p. 252.

24. Christian Chevandier, « Clivages et continuités dans les perceptions et les comportements ouvriers : les ateliers d'Oullins de la SNCF », *in* D. Peschanski et J.-L. Robert (dir.), *Les Ouvriers en France..., op. cit.,* p. 433.

25. Olivier Kourchid, « Répressions et résistances : les ouvriers des mines du Nord-Pas-de-Calais », *in* D. Peschanski et J.-L. Robert (dir.), *Les Ouvriers en France..., op. cit.,* p. 215.

26. *Forez* (François Mauriac), *Cahier noir,* éditions de Minuit, 1943, cité par Xavier Vigna, *Histoire des ouvriers..., op. cit.,* p. 154.

27. Bernd Zielinski, « L'exploitation de la main-d'œuvre française par l'Allemagne et la politique de collaboration (1940-1944) », art. cit., p. 56-58.

28. R. Spina, *La France et les Français devant le Service du travail obligatoire...,* thèse cit., p. 500.

29. Jean Quellien, « Les travailleurs forcés en Allemagne : essai d'approche statistique », *in* B. Garnier et J. Quellien (dir.), *La Main-d'Œuvre..., op. cit.,* p. 71.

30. Hubert Desvages, « Les ouvriers de l'Isère »..., art. cit., p. 205.

31. R. Spina, *La France et les Français devant le Service du travail obligatoire...,* thèse cit., p. 253.

32. *Ibid.,* p. 263.

33. F. Marcot, « Les ouvriers de Peugeot, le patronat et l'Etat », art. cit., p. 250.

34. F. Sugier, « La politique ouvrière des pouvoirs publics dans le bassin houiller du Gard », art. cit., p. 289.

35. R. Spina, *La France et les Français devant le Service du travail obligatoire...,* thèse cit., p. 280-283.

36. *Ibid.,* p. 323.

37. *Ibid.,* p. 909.

38. Hubert Desvages, « Les ouvriers de l'Isère... », art. cit., p. 203.

39. Michel Hau, « Les entreprises alsaciennes », *in* Alain Beltran, Robert Frank, Henry Rousso (dir.), *La Vie des entreprises sous l'Occupation,* Belin, 1994, p. 244.

40. *Ibid.,* p. 245.

41. R. Spina, *La France et les Français devant le Service du travail obligatoire...,* thèse cit., p. 252-253.

42. Jean-Marie Guillon, « Y a-t-il un comportement ouvrier spécifique ? Les ouvriers varois », *in* D. Peschanski et J.-L. Robert (dir.), *Les Ouvriers en France..., op. cit.,* p. 471-471.

43. Arne Radtke-Delacor, « La place des commandes allemandes à l'industrie française dans les stratégies de guerre nazie de 1940 à 1944 », *in* Alain Beltran *et alii* (dir.), *op. cit.,* p. 23.

44. R. Spina, *La France et les Français devant le Service du travail obligatoire...,* thèse cit., p. 307-308.

45. *Ibid.,* p. 420.

46. *Ibid.,* p. 938.

47. *Ibid.,* p. 23.

48. Harry R. Kedward, *A la recherche du maquis. La Résistance dans la France du Sud,* éditions du Cerf, 1999, p. 56.

49. Jean-Pierre Azéma, *Jean Moulin. Le rebelle, le patriote, le résistant,* Perrin, 2003, p. 356.

50. Tract distribué le 16 octobre 1942 dans les usines de la région lyonnaise, cité *in* Colonel Passy, *Souvenirs. Missions secrètes en France,* Plon, 1951, p. 301.

51. « Français ! debout contre l'esclavage », *Franc-Tireur,* n° 16, 20 mars 1943, cité *in* D. Veillon, *Le* Franc-Tireur..., *op. cit.,* p. 295.

52. *Robert Tenaille* (R. Salmon), « Mots d'ordre », *Défense de la France,* n° 27, 5 février 1943, cité *in* M. Granet, *Le Journal..., op. cit.,* p. 131.

53. « Déclaration commune des groupements français de résistance », *Défense de la*

*France,* n° 28, 20 février 1943, cité *in* M. Granet, *Le Journal…, op. cit.,* p. 136.

54. G. Guingouin, *4 ans, op. cit.,* p. 75.

55. H. Frenay, *La nuit finira, op. cit.,* t. 1, p. 438-439.

56. François Marcot, « Maquis », *in* F. Marcot (dir.), *Dictionnaire…, op. cit.,* p. 675-676.

57. H. Frenay, *La nuit finira, op. cit.,* t. 1, p. 483.

58. R. Spina, *La France et les Français devant le Service du travail obligatoire…,* thèse cit., p. 874-876.

59. Télégramme des MUR au général de Gaulle, 3 mars 1943, reçu le 20 mars 1943, cité *in* D. Cordier, *Jean Moulin. La République…, op. cit.,* p. 322.

60. J.-P. Azéma, *Jean Moulin…, op. cit.,* p. 358.

61. D. Cordier, *Jean Moulin. La République…, op. cit.,* p. 323.

62. Citée in *ibid.,* p. 333.

63. *Ibid.,* p. 334.

64. Colonel Passy, *Souvenirs. Missions…, op. cit…,* p. 73.

65. D. Cordier, *Jean Moulin. La République…, op. cit.,* p. 352.

66. Jean Moulin, rapport du 4 juin 1943, cité *in* Colonel Passy, *Souvenirs. Missions…, op. cit…,* p. 196.

67. H. Frenay, *La nuit finira, op. cit.,* t. 1, p. 456.

68. R. Spina, *La France et les Français devant le Service du travail obligatoire…,* thèse cit., p. 881.

69. C. Bourdet, *L'Aventure incertaine…, op. cit.,* p. 192.

70. J.-P. Azéma, *Jean Moulin…, op. cit.,* p. 360.

71. Gilles Vergnon, *Le Vercors. Histoire et mémoire d'un maquis,* éditions de l'Atelier, 2002, p. 44-45.

72. H.R. Kedward, *A la recherche…, op. cit.,* p. 54.

73. C. Bourdet, *L'Aventure incertaine…, op. cit.,* p. 225.

74. R. Spina, *La France et les Français devant le Service du travail obligatoire…,* thèse cit., p. 937.

75. *Ibid.,* p. 939.

76. R. Spina, *La France et les Français devant le Service du travail obligatoire…,* thèse cit., p. 953.

77. G. Guingouin, *4 ans de lutte…, op. cit.,* p. 85.

78. François Marcot, *La Résistance dans le Jura, op. cit.,* p. 196.

79. *Ibid.,* p. 182.

80. H.R. Kedward, *A la recherche…, op. cit.,* p. 59.

81. Projet cité *in* G. Vergnon, *Le Vercors…, op. cit.,* p. 47.

82. G. Vergnon, *Le Vercors…, op. cit.,* p. 49.

83. *Ibid.,* p. 52.

## 8. Face à la persécution antisémite

1. Pour une vue d'ensemble, cf. André Kaspi, *Les Juifs pendant l'Occupation,* Seuil, 1991.

2. Renée Poznanski, *Etre juif en France pendant la Seconde Guerre mondiale,* Hachette, 1994, p. 265-268.

3. Serge Klarsfeld, *La Shoah en France,* t. 3, *Le calendrier de la persécution des juifs de France. Septembre 1942-août 1944,* Fayard, 2001, p. 1916-1918.

4. Serge Klarsfeld, *La Shoah en France,* t. 1, *Vichy-Auschwitz. La « solution finale » de la question juive en France,* Fayard, 2001 (1re éd. 1983), p. 370.

5. Cité in *ibid.,* p. 121.

6. Aux victimes de la déportation s'ajoutent en effet les morts dans les camps ou les prisons françaises, les otages fusillés, les hommes, les femmes et les enfants massacrés sur le territoire national, par la Milice par exemple.

7. S. Klarsfeld, *La Shoah en France,* t. 1, *Vichy-Auschwitz…, op. cit.,* p. 368.

8. R. Poznanski, *Propagandes et persécutions…, op. cit.,* p. 43.

9. Cité in *ibid.,* p. 135.

10. Cité in *ibid.,* p. 195-196.

11. Cité in *ibid.,* p. 164.

12. Cité in *ibid.,* p. 200.

13. *L'Humanité,* 10 septembre 1940, entrefilet cité in *ibid.*, p. 161.

14. R. Poznanski, *Propagandes et persécutions…*, *op. cit.*, p. 161 *sq.*

15. Annette Wieviorka, « Les années noires », *in* Jean-Jacques Becker et Annette Wieviorka (dir.), *Les Juifs de France, de la Révolution française à nos jours,* Liana Levi, 1998 p. 230.

16. Cité *in* R. Bédarida, *Les Armes de l'esprit…*, *op. cit.*, p. 30.

17. Cité in *ibid.*, p. 56-57.

18. « Le national-socialisme, mystique antichrétienne », 1^er^ Cahier du TC, novembre 1941, in *Cahiers clandestins du Témoignage chrétien,* éditions du Témoignage chrétien, 1946, p. 15.

19. « Application et résultats en France », I^er^ *Cahier du Témoignage chrétien,* novembre 1941, in *ibid.*, p. 35.

20. « Le Sens de notre témoignage », VI^e^ et VII^e^ *Cahiers,* avril-mai 1942, in *ibid.*, p. 194.

21. *Ibid.*

22. « Racistes français, valet d'Hitler », *Libération,* n° 6, 15 février 1942, cité *in* L. Douzou, *La Désobéissance…*, *op. cit.*, p. 270-271.

23. R. Poznanski, *Propagandes et persécutions…*, *op. cit.*, p. 194.

24. Asher Cohen, *Persécutions et sauvetages. Juifs et Français sous l'Occupation et sous Vichy,* éditions du Cerf, 1993, p. 206.

25. Renée Poznanski, « Comité Amelot », *in* F. Marcot (dir.), *Dictionnaire…*, *op. cit.*, p. 173-174.

26. A. Cohen, *Persécutions…*, *op. cit.*, p. 103.

27. *Ibid.*, p. 105.

28. *Ibid.*, p. 215.

29. Préfecture de police, rapport du 17 juillet 1942, cité *in* Serge Klarsfeld, *La Shoah en France,* t. 2, *Le Calendrier de la persécution des juifs de France. Juillet 1940-août 1942,* p. 523.

30. R. Poznanski, *Propagandes et persécutions…*, *op. cit.*, p. 286.

31. F.-L. Closon, *Le Temps des passions…*, *op. cit.*, p. 201.

32. Cité *in* A. Cohen, *Persécutions…*, *op. cit.*, p. 305.

33. A. Cohen, *Persécutions…*, *op. cit.*, p. 307.

34. *Ibid.*, p. 310.

35. *Ibid.*, p. 377.

36. Patrick Cabanel, « Trocmé, André », *in* F. Marcot (dir.), *Dictionnaire…*, *op. cit.*, p. 536-537.

37. Denis Peschanski, « Amitié chrétienne », in *ibid.*, p. 163-164.

38. Henri Moizet, « Juifs et Aveyronnais : des rapports ambigus », *in* J.-M. Guillon et R. Mencherini (dir.), *La Résistance et les Européens du Sud, op. cit.*, p. 133.

39. Martine Lemalet, « L'OSE, une œuvre dans le siècle », *in* J.-J. Becker et A. Wieviorka (dir.), *Les Juifs de France…*, *op. cit.*, p. 234 ; Notices « Bergon, sœur Denise » et « Roques, Marguerite », *in* Israel Gutman (dir.), *Dictionnaire des Justes de France,* Jérusalem/Paris, Yad Vashem/Fayard, 2003, p. 85 et p. 500.

40. Israel Gutman (dir.), *Dictionnaire des Justes de France,* Fayard, 2003, p. 28.

41. A. Wieviorka, « Les années noires », art. cit., p. 228.

42. R. Poznanski, *Propagandes et persécutions…*, *op. cit.*, p. 399.

43. A. Wieviorka, « Les années noires », art. cit., p. 236.

44. Cité *in* R. Poznanski, *Propagandes et persécutions…*, *op. cit.*, p. 386-387.

45. Cité in *ibid.*, p. 322.

46. R. Poznanski, *Propagandes et persécutions…*, *op. cit.*, p. 367-368.

47. Cité in *ibid.*, p. 459.

48. R. Poznanski, *Propagandes et persécutions…*, *op. cit.*, p. 460.

49. *Ibid.*, p. 459.

## 9. 1943 : LES DÉVELOPPEMENTS DE LA RÉSISTANCE INTÉRIEURE

1. L. Douzou, *La Désobéissance…*, *op. cit.*, p. 100.

2. Henri Michel, *Histoire de la résistance en France,* PUF, 1984 (1^re^ éd. 1950), p. 29.

3. M. Granet, *Ceux de la Résistance (1940-1944)*, éditions de Minuit, 1964, p. 38.

4. H. Frenay, *La nuit finira*, t. 1, *op. cit.*, p. 445.

5. *Ibid.*, p. 475.

6. Propos rapportés *in* O. Wieviorka, *Une certaine idée…*, *op. cit.*, p. 134.

7. C. d'Aragon, *La Résistance sans héroïsme…*, *op. cit.*, p. 38.

8. L. Douzou, *La Désobéissance…*, *op. cit.*, p. 136-137.

9. A. Aglan, *La Résistance sacrifiée…*, *op. cit.*, p. 191.

10. *Ibid.*, p. 488.

11. L. Douzou, *La Désobéissance…*, *op. cit.*, p. 133.

12. F. Bourrée, « Védy, Gilbert », *in* François Marcot (dir.), *Dictionnaire…*, *op. cit.*, p. 539.

13. H. Michel, *Histoire de la Résistance…*, *op. cit.*, p. 27.

14. O. Wieviorka, *Une certaine idée…*, *op. cit.*, p. 67.

15. *Ibid.*, p. 69.

16. A. Calmette, *L'« OCM »…*, *op. cit.*, p. 79.

17. *Ibid.*, p. 86.

18. M. Granet, *Ceux de la Résistance…*, *op. cit.*, p. 110.

19. A. Aglan, *La Résistance…*, *op. cit.*, p. 205-210.

20. Entretien avec Pierre Cochery, cité *in* O. Wieviorka, *Une certaine idée…*, *op. cit.*, p. 71.

21. D. Veillon, *Le* Franc-Tireur…, *op. cit.*, p. 329.

22. Cécile Vast, « *Le Coq enchaîné* (Lyon) », *in* F. Marcot (dir.), *Dictionnaire…*, *op. cit.*, p. 714.

23. M. Granet, *Ceux de la Résistance…*, *op. cit.*, p. 31.

24. L. Douzou, *La Désobéissance…*, *op. cit.*, p. 163 *sq.*

25. Laurent Douzou et Dominique Veillon, « Bollier, André », *in* F. Marcot (dir.), *Dictionnaire…*, *op. cit.*, p. 369-370.

26. O. Wieviorka, *Une certaine idée…*, *op. cit.*, p. 99-102.

27. D. Veillon, *Le* Franc-Tireur…, *op. cit.*, p. 156.

28. L. Douzou, *La Désobéissance…*, *op. cit.*, p. 182.

29. F.-L. Closon, *Le Temps des passions…*, *op. cit.*, p. 216-217.

30. O. Wieviorka, *Une certaine idée…*, *op. cit.*, p. 118-122.

31. J. Gemähling, *Souvenirs…*, *op. cit.*, p. 36.

32. Cité *in* A. Aglan, *La Résistance…*, *op. cit.*, p. 190.

33. D. Veillon, *Le* Franc-Tireur…, *op. cit.*, p. 145.

34. Laurent Douzou et Dominique Veillon, « Renouvin, Jacques », *in* F. Marcot (dir.), *Dictionnaire…*, *op. cit.*, p. 514-515.

35. J. Soustelle, *Envers et contre tout…*, *op. cit.*, t. 1, p. 313.

36. L. Douzou, *La Désobéissance…*, *op. cit.*, p. 189.

37. H. Frenay, *La nuit finira*, t. 1, *op. cit.*, p. 446.

38. D. Veillon, *Le* Franc-Tireur…, *op. cit.*, p. 154.

39. Jacques Debû-Bridel, *Les Editions de Minuit. Historique*, cité *in* Anne Simonin, *Les Editions de Minuit. 1942-1955. Le devoir d'insoumission*, IMEC éditions, 1994, p. 83.

40. A. Simonin, *Les Editions de Minuit…*, *op. cit.*, p. 87.

41. *Ibid.*, p. 88.

42. *Ibid.*, p. 89.

43. *Ibid.*, p. 95.

44. D. Veillon, *Le* Franc-Tireur…, *op. cit.*, p. 97.

45. L. Douzou, *La Désobéissance…*, *op. cit.*, p. 165.

46. Philippe Buton, « La France atomisée », *in* Jean-Pierre Azéma et François Bédarida (dir.), *La France des années noires*, t. 2, *De l'Occupation à la Libération*, Seuil, « Points-Histoire », 2000 (1re éd. 1993), p. 421.

47. O. Wieviorka, *Une certaine idée…*, *op. cit.*, p. 104.

48. Tel fut, par exemple, le constat que dressa très vite Philippe Viannay pour Défense de la France, entretien avec l'auteur.

49. O. Wieviorka, *Une certaine idée…*, *op. cit.*, p. 41.

50. Michèle et Jean-Paul Cointet, *La France à Londres*, Bruxelles, Complexe, 1990, p. 213.

51. Jean-Baptiste Duroselle, *L'Abîme. 1939-1945*, Imprimerie nationale, 1983, p. 438.

52. Dans *Franc-Tireur* du 30 septembre 1943 ou dans *Combat* du 1er août 1943 par exemple.

53. Le 11 septembre 1943, le Poste national français salue par exemple la diffusion ouverte de *Défense de la France* dans le métro parisien ; cf. Olivier Wieviorka, « La presse clandestine », in *Mélanges de l'Ecole française de Rome*, t. 108, 1996, p. 130.

54. *La France continue*, n° 8, 20 novembre 1941, cité *in* H. Michel, *Les Courants de pensée…*, *op. cit.*, p. 164.

55. *Franc-Tireur*, 1er juin 1943, cité in *ibid.*, p. 166.

56. *Cahiers* de l'OCM, n° 4, septembre 1943, cité in *ibid.*, p. 226.

57. *Combat*, n° 33, août 1942.

58. « La Résistance plus forte que jamais », *Franc-Tireur*, 6 mai 1944.

59. « A guerre totale, résistance totale », *Combat*, mars 1944.

60. Jean-Louis Crémieux-Brilhac, « Ici Londres. L'arme radiophonique », *in* Christine Levisse-Touzé (dir.), *Paris 1944. Les enjeux de la libération*, Albin Michel, 1994, p. 161 *sq.*

61. Marc Sadoun, « Le parti socialiste dans la Résistance », *in* Pierre Guidoni et Robert Verdier (dir.), *Les Socialistes en résistance. 1940-1944*, Seli Arslan, 1999, p. 27.

62. M. Sadoun, *Les Socialistes…*, *op. cit.*, p. 208.

63. *Ibid.*, p. 211-215.

64. *Ibid.*, p. 215.

65. *Ibid.*, p. 204.

66. Léon Blum, lettre au général de Gaulle, 15 mars 1943, cité *in* Léon Blum, *La Prison, le procès…*, *op. cit.*, p. 398.

67. *Cahiers politiques*, n° 3, août 1943, cité *in* H. Michel, *Les Courants de pensée…*, *op. cit.*, p. 368.

68. *Libérer-Fédérer*, n° 15-16, avril-mai 1944, cité in *ibid.*, p. 371.

69. M. Sadoun, *Les Socialistes…*, *op. cit.*, p. 216.

70. S. Courtois, *Le PCF…*, *op. cit.*, p. 358.

71. *Ibid.*

72. M. Sadoun, *Les Socialistes…*, *op. cit.*, p. 194.

73. Cité *in* H. Noguères *et alii*, *Histoire de la Résistance en France*, t. 3, *op. cit.*, p. 129.

74. D. Virieux, *Le Front national…*, thèse cit., p. 250.

75. Front national, *Manifeste*, avril 1943, cité in *ibid.*, p. 310.

76. J.-M. Guillon, *La Résistance dans le Var…*, thèse cit., p. 487.

77. S. Courtois, *Le PCF dans la guerre…*, *op. cit.*, p. 341-342.

78. *Ibid.*, p. 348.

79. J.-M. Guillon, *La Résistance dans le Var…*, thèse cit., p. 526-527.

80. *Ibid.*, p. 537.

81. Cécile Vast, « *L'Humanité* », *in* F. Marcot (dir.), *Dictionnaire…*, *op. cit.*, p. 729.

82. Cécile Vast, « *France d'abord* », *in* F. Marcot (dir.), *Dictionnaire…*, *op. cit.*, p. 721.

83. Cécile Vast, « *La Pensée libre* », *in* F. Marcot (dir.), *Dictionnaire…*, *op. cit.*, p. 743.

84. Cécile Vast, « *La Vie ouvrière* », *in* F. Marcot (dir.), *Dictionnaire…*, *op. cit.*, p. 768.

85. J. Sainclivier, *La Résistance en Ille-et-Vilaine…*, *op. cit.*, p. 210.

86. Cité *in* H. Noguères *et alii*, *Histoire de la Résistance en France*, t. 3, *op. cit.*, p. 95.

87. Note de Georges Marrane, juin 1943, citée *in* D. Virieux, *Le Front national…*, thèse cit., p. 334.

88. Georges Ternet, rapport du 20 juin 1944, cité in *ibid.*

89. Pierre Hervé, rapport du 9 mai 1943, cité in *ibid.*, p. 338-339.

90. Lettre de Jacques Duclos à Pierre Villon, 18 janvier 1944, cité in *ibid.*, p. 707.

91. Laurent Douzou, « Libération-sud », *in* F. Marcot (dir.), *Dictionnaire…*, *op. cit.*, p. 128.

92. *Franc-Tireur*, février 1942, cité *in* H. Michel, *Les Courants de pensée…*, *op. cit.*, p. 268.

93. *Libération-sud*, n° 30, 1er juillet 1943, cité in *ibid.*, p. 269.

94. H. Michel, *Les Courants de pensée…*, *op. cit.*, p. 272-273.

95. A. Calmette, *L'« OCM »..., op. cit.*, p. 109.

96. M. Granet, *Ceux de la Résistance..., op. cit.*, p. 42.

97. A. Calmette, *L'« OCM »..., op. cit.*, p. 96.

98. J. Sainclivier, *La Résistance en Ille-et-Vilaine..., op. cit.*, p. 217.

99. D. Veillon, *Le* Franc-Tireur..., *op. cit.*, p. 183.

100. Daniel Borzeix, « Les début de Guingouin », *in* P. Plas (dir.), *Genèse et développement..., op. cit.*, p. 135.

101. J.-M. Berlière et F. Liaigre, *Liquider les traîtres..., op. cit.*, p. 150.

102. *Ibid.*, p. 151-154.

103. Christian Bougeard, « Le poids de la ville dans la Résistance en Bretagne et dans la France de l'Ouest », *in* L. Douzou *et alii* (dir.), *La Résistance et les Français..., op. cit.*, p. 251.

104. Renée Poznanski, « Résistance juive, résistants juifs : retour à l'histoire », *in* J.-M. Guillon et P. Laborie (dir.), *Mémoire et histoire..., op. cit.*, p. 243.

105. J. Sainclivier, *La Résistance en Ille-et-Vilaine..., op. cit.*, p. 220.

106. Jean-Marie Guillon, « La lutte armée et ses interprétations », *in* F. Marcot (dir.), *La Résistance et les Français..., op. cit.*, p. 149-150.

107. J.-M. Guillon, *La Résistance dans le Var...*, thèse cit., p. 355-356.

108. *Ibid.*, p. 360-361.

109. J.-M. Berlière et F. Liaigre, *Liquider les traîtres..., op. cit.*, p. 171.

110. *Ibid.*, p. 150.

111. J.-M. Guillon, *La Résistance dans le Var...*, thèse cit., p. 361.

112. Jean-Claude Granhay, « Les maquis haut-saônois dans leur environnement social », *in* F. Marcot (dir.), *La Résistance et les Français..., op. cit.*, p. 282.

## 10. Les longs chemins de l'unité

1. S. Albertelli, *Les Services secrets..., op. cit.*, p. 158.

2. F. Marcot, *La Résistance dans le Jura, op. cit.*, p. 158.

3. S. Albertelli, *Les Services secrets..., op. cit.*, p. 264.

4. G. Piketty, *Pierre Brossolette..., op. cit.*, p. 243-245.

5. S. Albertelli, *Les Services secrets..., op. cit.*, p. 278.

6. Cité in *ibid.*, p. 276.

7. D. Cordier, *Jean Moulin. La République..., op. cit.*, p. 284.

8. Charles de Gaulle, ordre de mission, 24 janvier 1943, cité *in* G. Piketty, *Pierre Brossolette..., op. cit.*, p. 250.

9. Charles de Gaulle, ordre de mission, 9 février 1943, cité *in* Colonel Passy, *Souvenirs. Missions..., op. cit.*, p. 63.

10. Colonel Passy, *Souvenirs. Missions..., op. cit.*, p. 149.

11. D. Cordier, *Jean Moulin. La République..., op. cit.*, p. 301.

12. J.-P. Azéma, *Jean Moulin..., op. cit.*, p. 276.

13. Colonel Passy, *Souvenirs. Missions..., op. cit.*, p. 77.

14. *Ibid.*, p. 84.

15. Alya Aglan, « Cohors-Asturies », *in* F. Marcot (dir.), *Dictionnaire..., op. cit.*, p. 146.

16. Christian Bougeard, « Fana-Service B », *in* F. Marcot (dir.), *Dictionnaire..., op. cit.*, p. 150.

17. J.-P. Meyssonnier, *Le Réseau Gallia...*, mémoire cit., p. 24 *sq.*

18. Colonel Passy, *Souvenirs. Missions..., op. cit.*, p. 91.

19. *Ibid.*, p. 336.

20. M. Ducoudray, *Ceux de « Manipule »..., op. cit.*, p. 64-65.

21. *Ibid.*, p. 169-171.

22. Colonel Passy, *Souvenirs. Missions..., op. cit.*, p. 104.

23. Colonel Passy et Pierre Brossolette, rapport ARQ1-BRU 4, cité *in* G. Piketty, *Pierre Brossolette..., op. cit.*, p. 276.

24. D. Cordier, *Jean Moulin. La République..., op. cit.*, p. 367.

25. Colonel Passy et Pierre Brossolette, rapport ARQ2-BRU 5, cité *in* G. Piketty, *Pierre Brossolette..., op. cit.*, p. 287.

26. G. Piketty, *Pierre Brossolette..., op. cit.*, p. 287-288.

27. J.-P. Azéma, *Jean Moulin…*, *op. cit.*, p. 320.

28. *Ibid.*, p. 248.

29. *Ibid.*, p. 320.

30. *Ibid.*, p. 315.

31. Lettre du CAS au général de Gaulle, 13 janvier 1943, citée *in* G. Piketty, *Pierre Brossolette…*, *op. cit.*, p. 222.

32. Christian Pineau, rapport du 15 janvier 1943, cité in *ibid.*, p. 224.

33. J.-P. Azéma, *Jean Moulin…*, *op. cit.*, p. 321.

34. Instructions du 21 février 1943, citées in *ibid.*, p. 327.

35. D. Cordier, *Jean Moulin. La République…*, *op. cit.*, p. 313.

36. Emmanuel d'Astier de La Vigerie, mémorandum, avril 1943, cité *in* J.-P. Azéma, *Jean Moulin…*, *op. cit.*, p. 331.

37. G. Piketty, *Pierre Brossolette…*, *op. cit.*, p. 228.

38. *Ibid.*, p. 272.

39. Télégramme du 12 mars 1943, cité *in* J.-P. Azéma, *Jean Moulin…*, *op. cit.*, p. 256-257.

40. D. Cordier, *Jean Moulin. La République…*, *op. cit.*, p. 376.

41. G. Piketty, *Pierre Brossolette…*, *op. cit.*, p. 287.

42. D. Cordier, *Jean Moulin. La République…*, *op. cit.*, p. 366.

43. *Ibid.*, p. 378.

44. G. Piketty, *Pierre Brossolette…*, *op. cit.*, p. 284.

45. André Philip, note pour Jean Moulin, avril 1943, cité *in* J.-P. Azéma, *Jean Moulin…*, *op. cit.*, p. 326.

46. Colonel Passy, *Souvenirs. Missions…*, *op. cit.*, p. 180.

47. *Ibid.*, p. 183.

48. Jean Moulin, lettre à André Philip, 4 juin 1943, citée *in* D. Cordier, *Jean Moulin. La République…*, *op. cit.*, p. 388.

49. Motion proposée par Georges Bidault, 27 mai 1943, citée in *ibid.*, p. 389.

50. Cité in *ibid.*, p. 329.

51. D. Cordier, *Jean Moulin. La République…*, *op. cit.*, p. 314.

52. Jean Moulin, télégramme du 8 mai 1943, cité in *ibid.*, p. 392.

53. Jean Moulin, rapport à André Philip, 4 juin 1943, cité *in* J.-P. Azéma, *Jean Moulin…*, *op. cit.*, p. 348.

54. Charles de Gaulle, *Mémoires de guerre. L'unité…*, *op. cit.*, p. 122.

55. D. Cordier, *Jean Moulin. La République…*, *op. cit.*, p. 337.

56. *Ibid.*, p. 340.

57. Henri Frenay, lettre à Jean Moulin, 8 avril 1943, citée in *ibid.*, p. 343.

58. Jean Moulin, rapport au général de Gaulle, 7 mai 1943, cité in *ibid.*, p. 345.

59. Rapport ARQ2 BRU5, cité in *ibid.*, p. 335.

60. D. Cordier, *Jean Moulin. La République…*, *op. cit.*, p. 390.

61. Jean Moulin, rapport du 7 mai 1943, cité *in* O. Wieviorka, *Une certaine idée…*, *op. cit.*, p. 218.

## 11. Une succession sans héritage. Caluire et ses suites

1. H. Noguères *et alii*, *Histoire de la Résistance en France*, t. 3, *op. cit.*, p. 420.

2. *Ibid.*, p. 424.

3. Entretien cité in *ibid.*, p. 429.

4. D. Cordier, *Jean Moulin, la République…*, *op. cit.*, p. 441.

5. J.-P. Azéma, *Jean Moulin…*, *op. cit.*, p. 420.

6. Cité in *ibid.*, p. 419.

7. P. Péan, *Vies et morts de Jean Moulin*, *op. cit.*, p. 544-545.

8. Jean Moulin, lettre au général de Gaulle, 15 juin 1943, cité *in* D. Cordier, *Jean Moulin. La République…*, *op. cit.*, p. 443-446.

9. Combat, note sur la sécurité, 31 janvier 1943, citée in *ibid.*, p. 451-452.

10. J.-P. Azéma, *Jean Moulin…*, *op. cit.*, p. 413.

11. *Ibid.*, p. 415.

12. *Ibid.*

13. Témoignage cité *in* D. Cordier, *Jean Moulin. La République…*, *op. cit.*, p. 456-457.

14. H. Noguères *et alii*, *Histoire de la Résistance en France*, t. 3, *op. cit.*, p. 470.

15. P. Péan, *Vies et morts de Jean Moulin*, *op. cit.*, p. 553-555 et p. 562.

16. Témoignage cité *in* D. Cordier, *Jean Moulin. La République…*, *op. cit.*, p. 467.

17. D. Cordier, *Jean Moulin. La République…*, *op. cit.*, p. 470.

18. *Ibid.*, p. 474.

19. H. Noguères *et alii*, *Histoire de la Résistance en France*, t. 3, *op. cit.*, p. 469.

20. Dominique Veillon et Jean-Pierre Azéma, « Le point sur Caluire », *in* Jean-Pierre Azéma, François Bédarida et Robert Frank (dir.), *Jean Moulin et la Résistance en 1943*, Cahiers de l'IHTP, n° 27, juin 1994, p. 140.

21. H. Noguères *et alii*, *Histoire de la Résistance en France*, t. 3, *op. cit.*, p. 478.

22. Joseph Zimet, « Claude Bouchinet-Serreulles », *in* François Broche *et alii* (dir.), *Dictionnaire de la France libre*, Robert Laffont, 2010, p. 181.

23. Claude Bouchinet-Serreulles, *Nous étions faits pour être libres. La résistance avec de Gaulle et Jean Moulin*, Grasset, 2000, p. 304.

24. D. Cordier, *Jean Moulin. La République…*, *op. cit.*, p. 488.

25. G. Piketty, *Pierre Brossolette…*, *op. cit.*, p. 306-307.

26. *Ibid.*, p. 311.

27. J.-M. Binot et B. Boyer, *L'Argent de la Résistance*, *op. cit.*, p. 14.

28. Jean-Claude Daumas, « Le travail », *in* Jean-Luc Leleu, Françoise Passera, Jean Quellien et Michel Daeffler (dir.), *La France pendant la Seconde Guerre mondiale. Atlas historique*, Fayard/Ministère de la Défense, 2010, p. 104.

29. J.-M. Binot et B. Boyer, *L'Argent de la Résistance*, *op. cit.*, p. 22.

30. *Ibid.*, p. 23.

31. *Ibid.*, p. 62.

32. *Ibid.*, p. 55.

33. *Ibid.*, p. 38.

34. Colonel Passy, *Souvenirs. Missions…*, *op. cit.*, p. 380-384.

35. J.-M. Binot et B. Boyer, *L'Argent de la Résistance*, *op. cit.*, p. 50.

36. *Ibid.*, p. 58.

37. *Ibid.*, p. 59.

38. J.-P. Azéma, *Jean Moulin…*, *op. cit.*, p. 368.

39. J. Baumel, *Résister…*, *op. cit.*, p. 278.

40. J.-M. Binot et B. Boyer, *L'Argent de la Résistance*, *op. cit.*, p. 40-41.

41. *Ibid.*, p. 42.

42. Jean-Pierre Levy (avec la collaboration de Dominique Veillon), *Mémoires d'un franc-tireur. Itinéraire d'un résistant (1940-1944)*, Bruxelles, Complexe, 1998, p. 81.

43. Pour une vision synthétique, cf. R. Belot, *Henri Frenay…*, *op. cit.*, p. 355 *sq.* Pour une approche plus approfondie, mais favorable à Frenay, cf. Robert Belot et Gilbert Karpman, *L'Affaire suisse. La Résistance a-t-elle trahi de Gaulle ?*, Armand Colin, 2009. Pour le point de vue favorable à Moulin, cf. D. Cordier, *Jean Moulin. La République…*, *op. cit.*, p. 350 *sq.*

44. H. Frenay, *La nuit finira*, t. 1, *op. cit.*, p. 472.

45. Cité *in* D. Cordier, *Jean Moulin. La République…*, *op. cit.*, p. 357.

46. S. Albertelli, *Les Services secrets…*, *op. cit.*, p. 313.

47. D. Cordier, *Jean Moulin. La République…*, *op. cit.*, p. 358.

48. J. Baumel, *Résister…*, *op. cit.*, p. 240.

49. D. Cordier, *Jean Moulin. L'Inconnu…*, t. 1, *op. cit.*, p. 214.

50. Jean Moulin, lettre au général de Gaulle, 7 mai 1943, cité *in* R. Belot et G. Karpman, *L'Affaire suisse…*, *op. cit.*, p. 130.

51. D. Cordier, *Jean Moulin. La République*, *op. cit.*, p. 361.

52. R. Belot, *Henri Frenay…*, *op. cit.*, p. 393.

53. C. Bourdet, *L'Aventure incertaine…*, *op. cit.*, p. 200.

54. *Ibid.*, p. 206.

55. *Ibid.*, p. 209.

56. Henri Frenay, rapport du 10 mai 1943, cité *in* H. Noguères *et alii*, *Histoire de la Résistance en France*, t. 3, *op. cit.*, p. 377.

57. Emmanuel d'Astier, mémorandum, avril 1943, cité *in* D. Cordier, *Jean Moulin. L'Inconnu…*, t. 1, *op. cit.*, p. 225-226.

58. Charles de Gaulle, instructions du 21 mai 1943, citées *in* colonel Passy, *Souvenirs. Missions…*, *op. cit.*, p. 189-190.

59. Pascal Copeau, lettre à Emmanuel d'Astier, 4 juin 1943, citée *in* D. Cordier, *Jean Moulin. L'Inconnu…*, t. 1, *op. cit.*, p. 241.

60. D. Cordier, *Jean Moulin. L'Inconnu…*, t. 1, *op. cit.*, p. 264.

61. Jean de Vogüé, projet du 28 juin 1943, cité *in* O. Wieviorka, *Une certaine idée…*, *op. cit.*, p. 235-236.

62. C. Bouchinet-Serreulles, *Nous étions faits pour être libres…*, *op. cit.*, p. 312.

63. C. Bourdet, *L'Aventure incertaine…*, *op. cit.*, p. 222.

64. *Ibid.*

65. H. Noguères *et alii*, *Histoire de la Résistance en France*, t. 3, *op. cit.*, p. 503-504.

66. Appel à la Nation, 2 août 1943, cité *in* D. Cordier, *Jean Moulin. L'Inconnu…*, t. 1, *op. cit.*, p. 270.

67. G. Piketty, *Pierre Brossolette…*, *op. cit.*, p. 318.

68. C. Bouchinet-Serreulles, *Nous étions faits pour être libres…*, *op. cit.*, p. 336.

69. H. Noguères *et alii*, *Histoire de la Résistance en France*, t. 3, *op. cit.*, p. 613-614.

70. D. Cordier, *Jean Moulin. La République…*, *op. cit.*, p. 510.

71. Pierre Brossolette, lettre au colonel Passy, 5 novembre 1943, citée *in* H. Noguères *et alii*, *Histoire de la Résistance en France*, t. 3, *op. cit.*, p. 614.

72. G. Piketty, *Pierre Brossolette…*, *op. cit.*, p. 331-333.

73. *Ibid.*, p. 337-338.

74. Pascal Copeau, témoignage cité *in* H. Noguères *et alii*, *Histoire de la Résistance en France*, t. 3, *op. cit.*, p. 509.

## 12. Les jeux d'Alger et leurs conséquences

1. Olivier Wieviorka, *Histoire du Débarquement en Normandie. Des origines à la libération de Paris. 1941-1944*, Seuil, 2007.

2. J.-L. Crémieux-Brilhac, *La France libre…*, *op. cit.*, chapitre XVI.

3. O. Wieviorka, *Les Orphelins…*, *op. cit.*, p. 312.

4. J.-L. Crémieux-Brilhac, *La France libre…*, *op. cit.*, p. 603.

5. B. Vergez-Chaignon, *Les Vichysto-résistants…*, *op. cit.*, p. 326.

6. Christian Bachelier, « La nouvelle armée française », *in* J.-P. Azéma et F. Bédarida (dir.), *La France des années noires…*, t. 2, *op. cit.*, p. 256.

7. B. Vergez-Chaignon, *Les Vichysto-résistants…*, *op. cit.*, p. 472-473.

8. Général Verneau, Situation de l'ORA, août 1943, cité *in* Christian Bachelier, art. cit., p. 121.

9. B. Vergez-Chaignon, *Les Vichysto-résistants…*, *op. cit.*, p. 473.

10. *Ibid.*, p. 353.

11. *Ibid.*, p. 354.

12. F. Marcot, *La Résistance dans le Jura*, *op. cit.*, p. 87.

13. Général Revers, rapport, novembre 1943, cité *in* C. Bachelier, art. cit., p. 123.

14. B. Vergez-Chaignon, *Les Vichysto-résistants…*, *op. cit.*, p. 362.

15. S. Albertelli, *Les Services secrets…*, *op. cit.*, p. 317.

16. *Ibid.*, p. 254.

17. Sébastien Laurent, « La guerre des services spéciaux en Afrique du Nord », *in* Louis Rivet, *Carnets du chef des services secrets. 1936-1944*, Nouveau Monde Editions, 2010, p. 546.

18. *Ibid.*, p. 552.

19. *Ibid.*, p. 551.

20. Cité *in* S. Albertelli, *Les Services secrets…*, *op. cit.*, p. 344.

21. Sébastien Albertelli, « André Pélabon », *in* F. Broche *et alii* (dir.), *Dictionnaire de la France libre…*, *op. cit.*, p. 1146-1147.

22. Claude d'Abzac-Epezy, « Gabriel Cochet », *in* F. Marcot (dir.), *Dictionnaire…*, *op. cit.*, p. 391-392.

23. S. Albertelli, *Les Services secrets…*, *op. cit.*, p. 371.

24. *Ibid.*, p. 377-381.

25. *Ibid.*, p. 422.

26. *Ibid.*, p. 424.

27. J.-P. Meyssonnier, *Le Réseau Gallia...*, mémoire cit., p. 48-58.

28. M. Ducoudray, *Ceux de « Manipule »...*, *op. cit.*, p. 177-178.

29. S. Albertelli, *Les Services secrets...*, *op. cit.*, p. 158.

30. M.R.D. Foot, *Des Anglais dans la Résistance...*, *op. cit.*, p. 357.

31. H. Noguères et alii, *Histoire de la Résistance en France*, t. 4, *op. cit.*, p. 33-34.

32. M.R.D. Foot, *Des Anglais dans la Résistance...*, *op. cit.* p. 374.

33. *Ibid.*, p. 374-375.

34. *Ibid.*, p. 379.

35. J. Sainclivier, *La Résistance en Ille-et-Vilaine...*, *op. cit.*, p. 202.

36. M. Granet, *Ceux de la Résistance...*, *op. cit.*, p. 103.

37. J. Sainclivier, *La Résistance en Ille-et-Vilaine...*, *op. cit.*, p. 240.

38. H. Noguères *et alii*, *Histoire de la Résistance en France*, t. 4, *op. cit.*, p. 116-117.

39. J. Sainclivier, *La Résistance en Ille-et-Vilaine...*, *op. cit.*, p. 254.

40. R. Spina, *La France et les Français devant le Service du travail obligatoire...*, thèse cit., p. 919.

41. H. Noguères *et alii*, *Histoire de la Résistance en France*, t. 4, *op. cit.*, p. 23.

42. G. Guingouin, *4 ans de lutte...*, *op. cit.*, p. 89.

43. H. Romans-Petit, *Les Maquis de l'Ain*, Hachette, 1974, p. 89.

44. *Ibid.*, p. 33.

45. H.R. Kedward, *A la recherche...*, *op. cit.*, p. 129.

46. *Ibid.*, p. 101.

47. Jacques Bingen, rapport, janvier 1944, cité *in* D. Cordier, *Jean Moulin. La République...*, *op. cit.*, p. 600.

48. Témoignage de Paul Deserces, date non précisée, cité *in* Jacques Deserces, « Le maquis de Brigueil : formation, composition et développement d'un maquis », *in* P. Plas (dir.), *Genèse et développement...*, *op. cit.*, p. 174.

49. Roger Racloz, *Souvenirs de maquisards de la moyenne Vallée de l'Arve*, Les Marches, La Fontaine de Siloé, 1994, cité *in* Claude Barbier, *Des « événements de Haute-Savoie » à Glières. Mars 1943-mai 1944. Action et répression du maquis savoyard*, thèse dirigée par Olivier Wieviorka, Paris-I, 2011, p. 180.

50. André Jacquelin, *Lettres de mon maquis*, 1975, Roblot, 1975 (1re éd. 1947), p. 224-225.

51. H. Romans-Petit, *Les Maquis de l'Ain...*, *op. cit.*, p. 39-40.

52. J. Sainclivier, *La Résistance en Ille-et-Vilaine...*, *op. cit.*, p. 231-232.

53. H. Noguères *et alii*, *Histoire de la Résistance en France*, t. 4, *op. cit.*, p. 312.

54. Cité *in* S. Courtois, *Le PCF...*, *op. cit.*, p. 390.

55. S. Courtois, *Le PCF...*, *op. cit.*, p. 396.

56. *Ibid.*, p. 398.

57. Le récit de ces épisodes est retracé *in* H. Noguères *et alii*, *Histoire de la Résistance en France*, t. 3, *op. cit.*, ainsi que chez J.-L. Crémieux-Brilhac, *La France libre...*, *op. cit.*, p. 575 *sq.*

58. Cité *in* H. Noguères *et alii*, *Histoire de la Résistance en France*, t. 3, *op. cit.*, p. 601.

59. J.-L. Crémieux-Brilhac, *La France libre...*, *op. cit.*, p. 576.

60. Jean-Eric Callon, « La libération de la Corse : André Philip et le rétablissement de la légalité républicaine », *in* Fondation Charles-de-Gaulle (dir.), *Le Rétablissement de la légalité républicaine*, Bruxelles, Complexe, 1996, p. 57.

61. H. Noguères *et alii*, *Histoire de la Résistance en France*, t. 3, *op. cit.*, p. 603-605.

62. S. Courtois, *Le PCF...*, *op. cit.*, p. 376.

63. J.-L. Crémieux-Brilhac, *La France libre...*, *op. cit.*, p. 578-581.

64. Cité *in* Philippe Buton, *Les Lendemains qui déchantent. Le Parti communiste français à la Libération*, Presses de Sciences-Po, 1993, p. 28.

65. J.-L. Crémieux-Brilhac, *La France libre...*, *op. cit.*, p. 577.

66. André Philip, lettre à Baudouin, octobre 1943, cité *in* J.-E. Callon, « La libération de la Corse », art. cit., p. 60.

67. S. Courtois, *Le PCF...*, *op. cit.*, p. 388.

68. P. Buton, *Les Lendemains qui déchantent...*, *op. cit.*, p. 20.

69. S. Courtois, *Le PCF...*, *op. cit.*, p. 381.

70. P. Buton, *Les Lendemains qui déchantent...*, *op. cit.*, p. 26-30.
71. J. Duclos, *Mémoires...*, t. 2, *op. cit.*, p. 132.
72. S. Courtois, *Le PCF...*, *op. cit.*, p. 421.
73. *Ibid.*, p. 375.
74. J. Duclos, *Mémoires...*, t. 2, *op. cit.*, p. 103.
75. P. Buton, *Les Lendemains qui déchantent...*, *op. cit.*, p. 37.
76. S. Courtois, *Le PCF...*, *op. cit.*, p. 373.
77. Francis-Louis Closon, rapport du 1er avril 1944, cité *in* P. Buton, *Les Lendemains qui déchantent...*, *op. cit.*, p. 49.
78. P. Buton, *Les Lendemains qui déchantent...*, *op. cit.*, *p.* 59-60.
79. S. Courtois, *Le PCF...*, *op. cit.*, p. 437.
80. P. Buton, *Les Lendemains qui déchantent...*, *op. cit.*, p. 69.
81. *Ibid.*, p. 70.
82. Entretien Daniel Mayer-Auguste Gillot du 24 septembre 1943, cité *in* M. Sadoun, *Les Socialistes...*, *op. cit.*, p. 198.
83. Propos cités in *ibid.*, p. 222.
84. M. Sadoun, *Les Socialistes...*, *op. cit.*, p. 202.
85. Proclamation du 15 janvier 1944, citée *in* O. Wieviorka, *Une certaine idée de la Résistance...*, *op. cit.*, p. 241.
86. P. Viannay, *Du bon usage de la France...*, *op. cit.*, p. 100.
87. Pierre Hervé [*Chardon*], rapport, fin 1943, cité *in* O. Wieviorka, *Une certaine idée de la Résistance...*, *op. cit.*, p. 245.
88. Lettre d'Yvon Morandat à Emmanuel d'Astier, 30 mai 1944, cité in *ibid.*, p. 248.
89. Lettre de Copeau à Frenay, 19 avril 1944, citée in *ibid.*, p. 250.
90. *Ibid.*, p. 251-252.
91. C. Bourdet, *L'Aventure incertaine...*, *op. cit.*, p. 299-300.
92. Entretien de l'auteur avec Pierre Hervé, cité *in* O. Wieviorka, *Une certaine idée de la Résistance...*, *op. cit.*, p. 253.
93. Pascal Copeau, câble pour Emmanuel d'Astier, 31 mai 1944, cité in *ibid.*, p. 255

## 13. En ordre de bataille

1. C. Barbier, *Des « événements de Haute-Savoie » à Glières...*, thèse cit., p. 139.
2. Cité *in* Jean-Louis Crémieux-Brilhac, *Les Voix de la liberté*, t. 3, cité in *ibid.*, p. 145.
3. C. Barbier, *Des « événements de Haute-Savoie » à Glières...*, thèse cit., p. 153.
4. *Ibid.*, p. 167-171.
5. *Ibid.*, p. 226 *sq.*
6. *Ibid.*, p. 404.
7. *Ibid.*, p. 399.
8. *Ibid.*, p. 406.
9. *Ibid.*, p. 461-468.
10. *Ibid.*, p. 527.
11. *Ibid.*, p. 512.
12. Maurice Schumann, appel du 6 février 1944, cité in *ibid.*, p. 412.
13. S. Albertelli, *Les Services secrets...*, *op. cit.*, p. 449.
14. C. Barbier, *Des « événements de Haute-Savoie » à Glières...*, thèse cit., p. 552.
15. Témoignage cité in *ibid.*, p. 542.
16. Jean Rosenthal, télégramme au BCRA, 2 mars 1944, cité in *ibid.*, p. 552.
17. C. Barbier, *Des « événements de Haute-Savoie » à Glières...*, thèse cit., p. 590.
18. *Ibid.*, p. 751.
19. *Ibid.*, p. 507.
20. *Ibid.*, p. 512.
21. *Ibid.*, p. 634.
22. S. Albertelli, *Les Services secrets...*, *op. cit.*, p. 159-160.
23. M.R.D. Foot, *Des Anglais dans la Résistance...*, *op. cit.*, p. 159.
24. S. Albertelli, *Le BCRA...*, thèse cit., p. 1035.
25. M.R.D. Foot, *Des Anglais dans la Résistance...*, *op. cit.*, p. 397.
26. *Ibid.*, p. 470.
27. *Ibid.*, p. 145.
28. Philippe André, *Les Ambassadeurs de l'ombre. Les délégués militaires régionaux (DMR) du général de Gaulle. Septembre 1943-septembre 1944*, mémoire de M2, Paris-I, 2011, p. 120-121.
29. *Ibid.*, p. 121.
30. S. Albertelli, *Les Services secrets...*, *op. cit.*, p. 303.

31. D. Cordier, *Jean Moulin. La République…*, *op. cit.*, p. 580.

32. Cité *in* M.R.D. Foot, *Des Anglais dans la Résistance…*, *op. cit.*, p. 489.

33. Général Morgan, Opération Overlord. Rapport et appréciation, 15 juillet 1943, cité *in* O. Wieviorka, *Histoire du Débarquement…*, *op. cit.*, p. 357.

34. J.-L. Crémieux-Brilhac, *La France libre…*, *op. cit.*, p. 773-774.

35. Emmanuel d'Astier de La Vigerie, *Sept fois sept jours*, 10/18, 1963 (1re éd. 1961), p. 128.

36. SOE, mémorandum du 23 octobre 1943, cité *in* S. Albertelli, *Les Services secrets…*, *op. cit.*, p. 340.

37. Colonel Passy, *Mémoires*, t. IV, dactyl., cité *in* S. Albertelli, *Le BCRA…*, thèse cit., p. 792.

38. P. André, *Les Ambassadeurs de l'ombre…*, mémoire cit., p. 5.

39. *Ibid.*, p. 49.

40. Maurice Chevance-Bertin, Note relative au plan de mise en œuvre des FFI, Observations, 20 mai 1944, citée in *ibid.*, p. 259.

41. P. André, *Les Ambassadeurs de l'ombre…*, mémoire cit., p. 69.

42. Maurice Bourgès-Maunoury, courrier du 31 décembre 1943, cité in *ibid.*, p. 122.

43. P. André, *Les Ambassadeurs de l'ombre…*, mémoire cit., p. 179.

44. *Ibid.*, p. 6.

45. BCRA, compte rendu de la réunion du 5 avril 1944, cité in *ibid.*, p. 227.

46. P. André, *Les Ambassadeurs de l'ombre…*, mémoire cit., p. 104.

47. *Ibid.*, p. 106.

48. *Ibid.*, p. 332.

49. *Ibid.*, p. 236.

50. *Ibid.*, p. 249.

51. *Ibid.*, p. 243.

52. *Ibid.*, p. 238.

53. J.-L. Crémieux-Brilhac, *La France libre…*, *op. cit.*, p. 775.

54. Charles de Gaulle, discours du 18 avril 1942, *DM*, *op. cit.*, p. 182.

55. D'Astier, télégramme à Parodi, 29 mai 1944, cité *in* Olivier Wieviorka, « La résistance intérieure et la libération de Paris », *in* C. Levisse-Touzé (dir.), *Paris 1944*, *op. cit.*, p. 138.

56. P. Buton, *Les Lendemains qui déchantent…*, *op. cit.*, p. 99.

57. O. Wieviorka, « La résistance intérieure… », art. cit., p. 141.

58. S. Albertelli, *Les Services secrets…*, *op. cit.*, p. 329-330.

59. P. André, *Les Ambassadeurs de l'ombre…*, mémoire cit., p. 54.

60. *Ibid.*, p. 276.

61. *Ibid.*, p. 323.

62. *Ibid.*, p. 312.

63. *Ibid.*, p. 318.

64. *Ibid.*, p. 315.

65. Pierre-Henri Teitgen, lettre à François de Menthon, 3 novembre 1943, citée *in* D. Cordier, *Jean Moulin. La République…*, *op. cit.*, p. 550.

66. Pascal Copeau, lettre à Emmanuel d'Astier, 24 janvier 1944, citée in *ibid.*, p. 549.

67. Georges Bidault, télégramme à Alger, 4 avril 1944, cité in *ibid.*, p. 546.

68. F.-L. Closon, *Le Temps des passions…*, *op. cit.*, p. 175.

69. Jean-François Muracciole, « Parodi Alexandre », *in* F. Broche *et alii* (dir.), *Dictionnaire de la France libre*, *op. cit.*, p. 1122.

70. Jacques Bingen, lettre du 14 avril 1944, citée *in* D. Cordier, *Jean Moulin. La République…*, *op. cit.*, p. 569-570.

71. D. Cordier, *Jean Moulin. La République…*, *op. cit.*, p. 571.

72. François Marcot, « Comité d'action militaire », *in* F. Marcot (dir.), *Dictionnaire…*, *op. cit.*, p. 175.

73. *Ibid.*

74. *Ibid.*

75. O. Wieviorka, *Histoire du Débarquement…*, *op. cit.*, p. 362-363.

76. F.-L. Closon, *Le Temps des passions…*, *op. cit.*, p. 252.

77. J. Duclos, *Mémoires…*, *op. cit.*, t. 2, p. 235.

78. F.-L. Closon, *Le Temps des passions…*, *op. cit.*, p. 176.

79. Jérôme Perrier, *Entre administration et politique : Michel Debré (1912-1948)*, thèse

de l'IEP-Paris dirigée par Marc Lazar, 2012, 1 350 p., p. 486.

80. Charles-Louis Foulon, *Le Pouvoir en province à la Libération. Les commissaires de la République 1943-1946*, Presses de Sciences-Po, 1975, p. 68.

81. *Ibid.*, p. 76.

82. J. Perrier, *Entre administration et politique : Michel Debré...*, thèse cit., p. 526.

83. Jean Morin, « La préparation du Comité général d'études », *in* Fondation Charles-de-Gaulle, *Le Rétablissement...*, *op. cit.*, p. 221.

84. C.-L. Foulon, *Le Pouvoir en province à la Libération...*, *op. cit.*, p. 72.

85. Emile Laffon, rapport, 19 septembre 1943, cité in *ibid.*, p. 68.

86. Ordonnance portant division du territoire de la métropole en commissariats régionaux de la République et création de commissariats régionaux de la République, 10 janvier 1944, citée in *ibid.*, p. 591.

87. F.-L. Closon, *Le Temps des passions...*, *op. cit.*, p. 179.

88. Ordonnance du 21 avril 1944, citée in *ibid.*, p. 230.

89. F.-L. Closon, *Le Temps des passions...*, *op. cit.*, p. 225.

90. *Ibid.*, p. 226.

91. *Ibid.*, p. 183.

92. *Ibid.*, p. 228.

93. *Ibid.*, p. 194.

94. *Ibid.*, p. 202.

95. *Ibid.*, p. 243.

96. Diane de Bellescize, « L'intérim gouvernemental des secrétaires généraux », *in* Fondation Charles-de-Gaulle (dir.), *Le Rétablissement...*, *op. cit.*, p. 136.

97. *Ibid.*, p. 139.

98. Pierre Péan, *Une jeunesse française. François Mitterrand. 1934-1947*, Fayard, 1994.

99. Charles de Gaulle, discours du 14 juillet 1943, *in* Charles de Gaulle, *DM...*, *op. cit.*, p. 312.

100. Diane de Bellescize, « Comité général d'études », *in* F. Marcot (dir.), *Dictionnaire...*, *op. cit.*, p. 178-179.

101. Voir sur ce point Richard Kuisel, *Le Capitalisme et l'Etat en France. Modernisation et dirigisme au XX^e^ siècle*, Gallimard, 1984 (éd. am. 1981), p. 449-460.

102. C. Andrieu, *Le Programme commun de la résistance. Des idées dans la guerre*, Editions de l'Erudit, 1984, p. 37-38.

103. *Ibid.*, p. 53.

104. P. Buton, *Les Lendemains qui déchantent...*, *op. cit.*, p. 53.

105. C. Andrieu, *Le Programme commun de la résistance...*, *op. cit.*, p. 60-63.

106. Programme d'Action de la Résistance, 15 mars 1944, cité in *ibid.*, p. 162-165.

107. Jacques Duclos intitule ainsi son article : « La peur du peuple et la trahison de la patrie », dans *L'Humanité* du 15 mars 1944, cf. *ibid.*, p. 70.

108. C. Andrieu, *Le Programme commun de la résistance...*, *op. cit.*, p. 70-71.

109. Programme d'Action de la Résistance, 15 mars 1944, cité in *ibid.*, p. 165-166.

110. P. Buton, *Les Lendemains qui déchantent...*, *op. cit.*, p. 54.

111. C. Andrieu, *Le Programme commun de la résistance...*, *op. cit.*, p. 77.

112. *Ibid.*, p. 76.

113. *Ibid.*, p. 96.

## 14. Formez vos bataillons !

1. Charles de Gaulle, discours du 6 juin 1944, cité *in* C. de Gaulle, *DM...*, *op. cit.*, p. 407.

2. Christine Levisse-Touzé, « Etat-Major des Forces françaises de l'intérieur (Londres) », *in* F. Marcot (dir.), *Dictionnaire...*, *op. cit.*, p. 243-244.

3. Arthur L. Funk, « L'état-major interallié face à la lutte armée en France », *in* F. Marcot (dir.), *La Résistance et les Français...*, *op. cit.*, p. 373-376.

4. J.-L. Crémieux-Brilhac, *La France libre...*, *op. cit.*, p. 862-863.

5. *Ibid.*, p. 864.

6. S. Albertelli, *Les Services secrets...*, *op. cit.*, p. 472.

7. *Ibid.*, p. 473.

8. M.R.D. Foot, *Des Anglais dans la Résistance…, op. cit.*, p. 520.

9. J.-L. Crémieux-Brilhac, *La France libre…, op. cit.*, p. 856-857.

10. M.R.D. Foot, *Des Anglais dans la Résistance…, op. cit.*, p. 521.

11. J.-L. Crémieux-Brilhac, *La France libre…, op. cit.*, p. 856.

12. Soit 35 millions d'euros. P. André, *Les Ambassadeurs de l'ombre…*, mémoire cit., p. 332.

13. Soit 105 millions d'euros.

14. Koenig à d'Astier, sans date, cité *in* J.-M. Binot et B. Boyer, *L'Argent de la Résistance…, op. cit.*, p. 155-156. Soit, en s'appuyant sur les estimations de ces deux auteurs, respectivement 100 millions, 16 millions, 3 millions et 18 millions d'euros 2007.

15. J. Perrier, *Entre administration et politique : Michel Debré…*, thèse cit., p. 512-516.

16. J.-M. Binot et B. Boyer, *L'Argent de la Résistance…, op. cit.*, p. 94.

17. *Ibid.*, p. 99-101.

18. J.-L. Crémieux-Brilhac, *La France libre…, op. cit.*, p. 866.

19. P. André, *Les Ambassadeurs de l'ombre…*, mémoire cit., p. 338.

20. *Ibid.*, p. 342.

21. F. Marcot, *La Résistance dans le Jura, op. cit.*, p. 159.

22. BCRA à *Fantassin* (Valentin Abeille), 24 janvier 1944, cité *in* O. Wieviorka, *Une certaine idée…, op. cit.*, p. 314.

23. Arthur L. Funk, « L'état-major interallié face à la lutte armée en France », art. cit., p. 379.

24. Will Irwin, *Les Jedburghs. L'histoire secrète des Forces spéciales alliées en 1944*, Perrin, 2008 (éd. am. 2005), p. 26.

25. P. André, *Les Ambassadeurs de l'ombre…*, mémoire cit., p. 374.

26. A. L. Funk, « L'état-major interallié face à la lutte armée en France », art. cit., p. 382.

27. Rapport de Hamish, cité in *ibid.*, p. 385.

28. P. André, *Les Ambassadeurs de l'ombre…*, mémoire cit., p. 380-381.

29. M.R.D. Foot, *Des Anglais dans la Résistance…, op. cit.*, p. 522.

30. *Ibid.*, p. 522.

31. J.-L. Crémieux-Brilhac, *La France libre…, op. cit.*, p. 857.

32. F. Marcot, *La Résistance dans le Jura, op. cit.*, p. 153.

33. OSS, rapport sur la résistance française pendant les dix premiers jours des opérations en Normandie, cité *in* O. Wieviorka, *Histoire du Débarquement…, op. cit.*, p. 391.

34. S. Albertelli, *Les Services secrets…*, thèse cit., p. 497.

35. *Ibid.*, p. 498.

36. O. Wieviorka, *Histoire du Débarquement…, op. cit.*, p. 286.

37. Luc Capdevilla, *Les Bretons au lendemain de l'Occupation. Imaginaire et comportement d'une sortie de guerre 1944-1945*, Rennes, PUR, 1999, p. 31.

38. O. Wieviorka, *Histoire du Débarquement…, op. cit.*, p. 282.

39. Jeanne Bohec, *La Plastiqueuse à bicyclette*, édition du Félin, 1999 (1re éd. 1975), p. 135.

40. Claire Chevrillon, *Une résistance ordinaire. Septembre 1939-août 1944*, éditions du Félin, 1999 (éd. am. 1995), p. 205.

41. C. Bourdet, *L'Aventure incertaine…, op. cit.*, p. 339.

42. A. Vistel, *La Nuit sans ombre…, op. cit.*, p. 447.

43. Colonel Henri Zeller, rapport, août 1944, cité *in* Philippe Buton, *La Joie douloureuse. La Libération de la France*, Bruxelles, Complexe, 2004, p. 61.

44. Philippe Buton, « La France atomisée », *in* J.-P. Azéma et F. Bédarida (dir.), *La France des années noires…, op. cit.*, t. 2, p. 429.

45. P. Buton, *La Joie douloureuse…, op. cit.*, p. 62.

46. Ordre de mission de la brigade SAS, 21 mai 1944, cité *in* M.R.D. Foot, *Des Anglais dans la Résistance…, op. cit.*, p. 544.

47. Cité *in* J.-L. Crémieux-Brilhac, *La France libre…, op. cit.*, p. 868.

48. Roger Leroux, « Le combat de Saint-Marcel », *Revue d'histoire de la Deuxième Guerre mondiale*, n° 54, 1964, p. 11-12.

49. Cité *in* Henri Noguères et Marcel Degliame-Fouché, *Histoire de la Résistance en France*, t. 5, *Au grand soleil de la Libération*,

*1ᵉʳ juin 1944-15 mai 1945*, Robert Laffont, 1981, p. 76-77.

50. R. Leroux, « Le combat de Saint-Marcel », art. cit., p. 15.

51. *Ibid.*, p. 16.

52. M.R.D. Foot, *Des Anglais dans la Résistance…*, *op. cit.*, p. 545.

53. Jacqueline Sainclivier, « Saint-Marcel (maquis de) », *in* F. Marcot (dir.), *Dictionnaire…*, *op. cit.*, p. 762.

54. Luc Capdevila, *Les Bretons au lendemain de l'Occupation…*, *op. cit.*, p. 33.

55. J. Sainclivier, « Saint-Marcel (maquis de) », *in* F. Marcot (dir.), *Dictionnaire…*, *op. cit.*, p. 762.

56. M.R.D. Foot, *Des Anglais dans la Résistance…*, *op. cit.*, p. 546.

57. R. Leroux, « Le combat de Saint-Marcel », art. cit., p. 26.

58. H. Noguères *et alii*, *Histoire de la Résistance en France*, t. 4, *op. cit.*, p. 436-437.

59. Eugène Martres, « Mont-Mouchet (maquis du) », *in* F. Marcot (dir.), *Dictionnaire…*, *op. cit.*, p. 740.

60. *Ibid.*, p. 740.

61. Cité *in* H. Noguères *et alii*, *Histoire de la Résistance en France*, t. 5, *op. cit.*, p. 141.

62. E. Martres, « Mont-Mouchet » (maquis du), *in* F. Marcot (dir.), *Dictionnaire…*, *op. cit.*, p. 740.

63. Cité *in* Gilles Vergnon, « Vercors (maquis du) », *in* F. Marcot (dir.), *Dictionnaire…*, *op. cit.*, p. 767.

64. *Ibid.*, p. 767.

65. Cité *in* H. Noguères *et alii*, *Histoire de la Résistance en France*, t. 5, *op. cit.*, p. 101.

66. *Ibid.*, p. 103.

67. G. Vergnon, *Le Vercors…*, *op. cit.*, p. 90.

68. *Ibid.*, p. 86-87.

69. Cité *in* J.-L. Crémieux-Brilhac, *La France libre…*, *op. cit.*, p. 860.

70. C. Tillon, *On chantait rouge…*, *op. cit.*, p. 375.

71. Cité *in* H. Noguères *et alii*, *Histoire de la Résistance en France*, t. 5, *op. cit.*, p. 178.

72. G. Vergnon, *Le Vercors…*, *op. cit.*, p. 102.

73. *Ibid.*, p. 106.

74. G. Vergnon, « Vercors (maquis du) », *in* F. Marcot (dir.), *Dictionnaire…*, *op. cit.*, p. 767.

75. Cité *in* H. Noguères *et alii*, *Histoire de la Résistance en France*, t. 5, *op. cit.*, p. 380-381.

76. G. Vergnon, *Le Vercors…*, *op. cit.*, p. 108.

77. F. Grenier, *C'était ainsi…*, *op. cit.*, p. 252.

78. *Ibid.*, p. 253.

79. Philippe Viannay au CD du MLN, 10 août 1944, cité *in* O. Wieviorka, *Une certaine idée de la Résistance…*, *op. cit.*, p. 278.

80. O. Wieviorka, *Une certaine idée de la Résistance…*, *op. cit.*, p. 282-283.

81. *Ibid.*, p. 297-298.

82. *Ibid.*, p. 300-302.

83. H. Noguères *et alii*, *Histoire de la Résistance en France*, t. 5, *op. cit.*, p. 124-125.

84. Eberhard Jäckel, *La France dans l'Europe de Hitler*, Fayard, 1968 (éd. all. 1966), p. 459.

85. H. Noguères *et alii*, *Histoire de la Résistance*, t. 5, *op. cit.*, p. 129.

86. P. Buton, *Les Lendemains qui déchantent…*, *op. cit.*, p. 93.

87. H. Romans-Petit, *Les Maquis de l'Ain…*, *op. cit.*, p. 137.

88. *Ibid.*, p. 138.

89. Maurice Kriegel-Valrimont, *La Libération. Les archives du Comac (mai-août 1944)*, éditions de Minuit, 1964, p. 15.

90. *Ibid.*, p. 16.

91. Maurice Kriegel-Valrimont, *Mémoires rebelles*, Odile Jacob, 1999, p. 62-63.

92. Comac, ordre d'opération, [14] juin 1944, cité *in* M. Kriegel-Valrimont, *La Libération…*, *op. cit.*, p. 45-47.

93. Compte rendu des télégrammes reçus le 11 mai de la mission civile, Londres, cité *in* P. André, *Les Ambassadeurs de l'ombre…*, mémoire cit., p. 154.

94. Maurice Kriegel-Valrimont, Projet soumis au Comac, 7 août 1944, cité *in* M. Kriegel-Valrimont, *La Libération…*, *op. cit.*, p. 158.

95. Accord du 14 août 1944, cité in *ibid.*, p. 45-47.

96. J.-L. Crémieux-Brilhac, *La France libre…, op. cit.*, p. 873.

97. Robert Aron, *Histoire de la libération de la France. Juin 1944-mai 1945*, Bruxelles, Marabout, 1984, (1re éd. 1959), p. 180.

98. *Ibid.*, p. 207.

99. J.-L. Crémieux-Brilhac, *La France libre…, op. cit.*, p. 882-883.

100. *Ibid.*, p. 883.

101. R. Aron, *Histoire de la libération de la France…, op. cit.*, p. 544-545.

102. E. Jäckel, *La France dans l'Europe de Hitler, op. cit.*, p. 488.

103. *Ibid.*, p. 490.

104. John Keegan, *Six Armies in Normandy. From D-Day to the Liberation of Paris*, Londres, Penguin Books, 1994 (1re éd. 1982), p. 285.

105. P. Buton, *Les Lendemains qui déchantent…, op. cit.*, p. 99.

106. *Ibid.*, p. 100.

107. *Ibid.*, p. 104.

108. Dwight D. Eisenhower, *Croisade en Europe. Mémoires sur la Deuxième Guerre mondiale*, Robert Laffont, 1949 (éd. am. 1948), p. 346.

109. Comac, procès-verbal de la réunion du 3 juillet 1944, résumé *in* M. Kriegel-Valrimont, *La Libération…, op. cit.*, p. 71.

110. Manuel, télégramme à Soustelle, 24 août 1944, cité *in* Olivier Wieviorka, « La résistance intérieure et la libération de Paris », art. cit., p. 146.

111. Adrien Dansette, *Histoire de la libération de Paris*, Fayard, 1946, p. 164.

112. Colonel Rol-Tanguy et Roger Bourderon, *Libération de Paris. Les cent documents*, Hachette, « Pluriel », 1994, p. 189.

113. *Ibid.*, p. 186.

114. Klaus-Jurgen Müller, « Le développement des opérations du groupe d'armées B fin juillet-fin août 1944 », *in* C. Levisse-Touzé (dir.), *Paris 1944…, op. cit.*, p. 102.

115. Cité *in* Hans Umbreit, « La libération de Paris et la grande stratégie du IIIe Reich », *in* C. Levisse-Touzé (dir.), *Paris 1944…, op. cit.*, p. 102.

116. Colonel Rol-Tanguy et R. Bourderon, *Libération de Paris…, op. cit.*, p. 222.

117. *Ibid.*, p. 229.

118. Charles de Gaulle, discours du 25 août 1944, *DM…, op. cit.*, p. 440.

119. Charles de Gaulle, *Mémoires de guerre. L'Unité…, op. cit.*, p. 361.

120. *Ibid.*, p. 365.

121. Olivier Wieviorka, « La résistance intérieure et la libération de Paris », art. cit., p. 146.

122. Cité *in* colonel Rol-Tanguy et R. Bourderon, *Libération de Paris, op. cit.*, 1994, p. 158 bis.

123. Rol-Tanguy, directive du 24 août 1944, SHAT 13 P 42.

124. Résumé de l'entretien avec Chaban, télégramme du Commissariat à l'Intérieur (Londres) au Commissariat à l'Intérieur (Alger), arrivé le 11 août 1944, AN 72 AJ 1901.

125. Jean-Louis Crémieux-Brilhac, « Ici Londres, l'arme radiophonique », in *Paris 1944…, op. cit.*, p. 161.

126. Cité *in* J. Keegan, *Six Armies in Normandy…, op. cit.*, p. 306.

127. Georges Boris, télégramme à d'Astier, 11 août 1944, AN F1A 3717.

128. « Idées sur le soulèvement national à Paris », 14 août 1944, AN 72 AJ 1901.

129. Les bilans varient. André Martel, *in* « Le général de Gaulle et la libération de Paris », *in* coll., *Paris 1944…, op. cit.*, p. 171, avance 130 morts pour la 2e DB, 1 000 morts et fusillés pour les FFI, 582 morts pour les civils ; la Fondation Charles-de-Gaulle décompte 76 morts pour la 2e DB et 901 dans les rangs des FFI – chiffres comparables à ceux que propose la Fondation de la France libre.

130. Alain Brossat, *Libération, fête folle*, Autrement, 1994, p. 113.

131. Claude Roy, *Saison violente. Les yeux fermés dans Paris apaisé*, Julliard, 1945, cité *in* A. Brossat, *op. cit.*, p. 136.

132. Henry Rousso, « L'épuration, une histoire inachevée », in *Vichy, l'événement, la mémoire*, Gallimard, 2001, p. 501.

133. *Ibid.*, p. 500.

134. Fabrice Virgili, *La France « virile ». Des femmes tondues à la Libération*, Payot, 2000, p. 8.

135. Olivier Wieviorka, « Guerre civile à la française ? Le cas des années sombres

(1940-1945) », *Vingtième siècle. Revue d'histoire*, n° 85, janvier-mars 2005, p. 5-19.

136. Philippe Pétain, message du 6 juin 1944, cité *in* Marc Ferro, *Pétain*, Fayard, 1987, p. 562.

137. Philippe Pétain, message du 14 juin 1944, cité in *ibid.*, p. 562.

138. Jean-Paul et Michèle Cointet, « L'hypothèque de Vichy », *in* Fondation Charles-de-Gaulle, *Le Rétablissement*..., *op. cit.*, p. 287 *sq.*

139. Cité *in* Charles-Louis Foulon, « La Résistance et le pouvoir de l'Etat dans la France libérée », in *ibid.*, p. 189-190.

140. O. Wieviorka, *Une certaine idée de la Résistance*..., *op. cit.*, p. 317.

141. Claude Bouchinet-Serreulles, rapport du 6 septembre 1944, cité *in* Charles-Louis Foulon, « La Résistance et le pouvoir de l'Etat dans la France libérée », *in* Fondation Charles-de-Gaulle, *Le Rétablissement*..., *op. cit.*, p. 198.

## 15. Sociologies

1. Michel Boivin et Jean Quellien, « La Résistance en Basse-Normandie », *in* J. Sainclivier et C. Bougeard (dir.), *La Résistance et les Français*..., *op. cit.*, p. 172.

2. J. Sainclivier, *La Résistance en Ille-et-Vilaine*..., *op. cit.*, p. 96.

3. M. Boivin et J. Quellien, « La Résistance en Basse-Normandie », art. cit., p. 172.

4. R. Spina, *La France et les Français devant le Service du travail obligatoire*..., thèse cit., p. 506.

5. Philippe Buton, « Les ouvriers et le Parti communiste français (1936-1947) », *in* D. Peschanski et J.-L. Robert (dir.), *Les Ouvriers en France*..., *op. cit.*, p. 325.

6. *Ibid.*, p. 321.

7. F. Marcot, « Les ouvriers de Peugeot, le patronat et l'Etat », *in* D. Peschanski et J.-L. Robert (dir.), *Les Ouvriers en France*..., *op. cit.*, p. 251.

8. Jean-Marie Guillon, « Y a-t-il un comportement ouvrier spécifique ? Les ouvriers varois », in *ibid.*, p. 476.

9. J. Sainclivier, *La Résistance en Ille-et-Vilaine*..., *op. cit.*, p. 114.

10. Michelle Perrot, *Jeunesse de la grève : France. 1871-1890*, Seuil, 1984.

11. F. Marcot, « Pour une sociologie de la Résistance : intentionnalité et fonctionnalité », *in* A. Prost (dir.), *La Résistance, une histoire sociale*..., *op. cit.*, p. 29.

12. Jean-Marc Berlière et Laurent Chabrun, *Les Policiers français sous l'Occupation*, Perrin, 2001, p. 139.

13. *Ibid.*, p. 211-212.

14. Christian Chevandier, « Clivages et continuités dans les perceptions et les comportements ouvriers : les ateliers d'Oullins de la SNCF », *in* D. Peschanski et J.-L. Robert (dir.), *Les Ouvriers en France*..., *op. cit.*, p. 436.

15. F. Marcot, « Les ouvriers de Peugeot, le patronat et l'Etat », art. cit., p. 252.

16. J.-M. Guillon, « Y a-t-il un comportement ouvrier spécifique ? Les ouvriers varois », in *ibid.*, p. 471-472.

17. Jean-Marie Guillon, « Résistance et classe moyenne en zone sud », *in* A. Prost (dir.), *La Résistance, une histoire sociale*..., *op. cit.*, p. 98.

18. D. Veillon, *Le* Franc-Tireur..., *op. cit.*, p. 249.

19. A. Aglan, *La Résistance sacrifiée*..., *op. cit.*, p. 221.

20. J. Sainclivier, *La Résistance en Ille-et-Vilaine*..., *op. cit.*, p. 96.

21. H. Noguères, *La Vie quotidienne des résistants*..., *op. cit.*, p. 71.

22. J.-M. Guillon, « Résistance et classe moyenne en zone sud », *in* A. Prost (dir.), *La Résistance, une histoire sociale*..., *op. cit.*, p. 101.

23. Serge Berstein, « Les classes moyennes devant l'histoire », *Vingtième siècle. Revue d'histoire*, n° 37, 1993, p. 7.

24. F. Marcot, « Pour une sociologie de la Résistance : intentionnalité et fonctionnalité », art. cit., p. 27.

25. *Ibid.*

26. H. Noguères, *La Vie quotidienne des résistants*..., *op. cit.*, p. 29-30.

27. J. Sainclivier, *La Résistance en Ille-et-Vilaine…, op. cit.,* p. 119.

28. J.-M. Guillon, « Résistance et classe moyenne en zone sud », *in* A. Prost (dir.), *La Résistance, une histoire sociale…, op. cit.,* p. 110.

29. François Mauriac, lettre à Claude Morgan, 13 décembre 1944, citée *in* A. Simonin, *Les Editions de Minuit…, op. cit.,* p. 154.

30. Marc Olivier Baruch, *Servir l'Etat français. L'administration en France de 1940 à 1944,* Fayard, 1997, p. 454.

31. P. Burrin, *La France à l'heure allemande…, op. cit.,* p. 433.

32. Chiffres compilés par F. Marcot, « Pour une sociologie de la Résistance : intentionnalité et fonctionnalité », art. cit., p. 33.

33. M. Ducoudray, *Ceux de « Manipule »…, op. cit.,* p. 232.

34. A. Aglan, *La Résistance sacrifiée…, op. cit.,* p. 221.

35. O. Wieviorka, *Une certaine idée de la Résistance…, op. cit.,* p. 189.

36. R. Spina, *La France et les Français devant le Service du travail obligatoire…,* thèse cit., p. 308.

37. F. Marcot, « Pour une sociologie de la Résistance : intentionnalité et fonctionnalité », art. cit., p. 26.

38. J.-M. Guillon, *La Résistance dans le Var,* thèse cit., p. 353.

39. F. Marcot, « Les ouvriers de Peugeot, le patronat et l'Etat », *in* D. Peschanski et J.-L. Robert (dir.), *Les Ouvriers en France…, op. cit.,* p. 248.

40. Fabrice Sugier, « La politique ouvrière des pouvoirs publics dans le bassin houiller du Gard », in *ibid.,* p. 289.

41. M. Sadoun, *Les Socialistes…, op. cit.,* p. 176.

42. B. Comte, *L'Honneur et la Conscience…, op. cit.,* p. 92.

43. Denis Peschanski, « Espagnols », *in* F. Marcot, *Dictionnaire…, op. cit.,* p. 880.

44. Janine Ponty, « Polonais », *in* F. Marcot (dir.), *Dictionnaire…, op. cit.,* p. 905-906.

45. *Ibid.*

46. B. Comte, *L'Honneur et la Conscience…, op. cit.,* p. 46.

47. *Ibid.,* p. 88.

48. R. Spina, *La France et les Français devant le Service du travail obligatoire…,* thèse cit., p. 679.

49. René Rémond, « De la Résistance spirituelle à la lutte armée », *in* Xavier de Montclos *et alii* (dir.), *Eglises et chrétiens dans la Seconde Guerre mondiale,* Lyon, Presses universitaires de Lyon, 1982, p. 411.

50. B. Comte, *L'Honneur et la conscience…, op. cit.,* p. 88.

51. R. Rémond, « De la Résistance spirituelle à la lutte armée », *in* X. de Montclos *et alii* (dir.), *Eglises et chrétiens…, op. cit.,* p. 416.

52. Mouvement créé par Marc Sangnier afin de réconcilier l'Eglise et la République et de résorber le fossé entre les ouvriers et le christiannisme.

53. Diana Cooper-Richet et Guy Groux, « Les ouvriers, l'Eglise, la Résistance », *in* J. Sainclivier et C. Bougeard, *La Résistance et les Français…, op. cit.,* p. 133.

54. B. Comte, *L'Honneur et la Conscience…, op. cit.,* p. 107.

55. Evangile selon saint Matthieu 10, 39.

56. Cité par A R. Michel, *La JEC…, op. cit.,* p. 112.

57. R. Bédarida, *Les Armes de l'esprit…, op. cit.,* p. 109.

58. Etienne Fouilloux, « La Résistance spirituelle », *in* J. Sainclivier et C. Bourgeard, *La Résistance et les Français…, op. cit.,* p. 78.

59. B. Comte, *L'Honneur et la Conscience…, op. cit.,* p. 177.

60. *Ibid.*

61. A. Vistel, *La Nuit sans ombre…, op. cit.,* p. 541.

62. *Ibid.,* p. 541-542.

63. Paul, Epitre aux Romains 13, 1, Gallimard, 1971, p. 504.

64. Pierre Bolle, « Rapport général », *in* P. Bolle (dir.), *Le Plateau Vivarais-Lignon…, op. cit.,* p. 336.

65. Michel Fabreguet, « Les réfugiés et l'accueil », *in* P. Bolle (dir.), *Le Plateau Vivarais-Lignon…, op. cit.,* p. 135.

66. H. Noguères, *La Vie quotidienne des résistants…*, *op. cit.*, p. 83.

67. Marc Boegner, lettre au maréchal Pétain, 10 janvier 1941, citée *in* P. Bolle, « Rapport général », *in* P. Bolle (dir.), *Le Plateau Vivarais-Lignon…*, *op. cit.*, p. 331.

68. Patrick Weil, « De l'affaire Dreyfus à l'Occupation », *in* J.-J. Becker et A. Wieviorka (dir.), *Les Juifs de France…*, *op. cit.*, p. 134.

69. *Ibid.*, p. 118.

70. Jean Lacouture, *Pierre Mendès France*, Seuil, 1981, p. 117.

71. *Ibid.*, p. 128.

72. Cité *in* R. Poznanski, *Etre juif en France…*, *op. cit.*, p. 132.

73. Cité in *ibid.*, p. 143.

74. R. Poznanski, *Etre juif en France…*, *op. cit.*, p. 144-145.

75. *Ibid.*, p. 156.

76. Renée Poznanski, « Juifs dans la Résistance », *in* F. Marcot (dir.), *Dictionnaire…*, *op. cit.*, p. 897.

77. Annie Kriegel, *Communismes au miroir français. Temps, cultures et sociétés en France devant le communisme*, Gallimard, 1974, p. 180.

78. *Ibid.*, p. 183.

79. *Ibid.*, p. 188.

80. R. Poznanski, *Etre juif en France…*, *op. cit.*, p. 501.

81. Bruno Leroux, « Gamzon, Robert », *in* F. Marcot (dir.), *Dictionnaire…*, *op. cit.*, p. 422.

82. D. Veillon, *Le* Franc-Tireur…, *op. cit.*, p. 253.

83. O. Wieviorka, *Une certaine idée de la Résistance…*, *op. cit.*, p. 164.

84. M. Ducoudray, *Ceux de « Manipule »…*, *op. cit.*, p. 229.

85. J. Sainclivier, *La Résistance en Ille-et-Vilaine…*, *op. cit.*, p. 91.

86. C. Bourdet, *L'Aventure incertaine…*, *op. cit.*, p. 26.

87. Antoine Prost et Gérard Vincent, *Histoire de la vie privée*, Seuil, t. V, p. 79.

88. Cette analyse s'appuie sur les dossiers des résistants arrêtés – souvent plus précis que les dossiers que tenait l'association. Cf. O. Wieviorka, *Une certaine idée de la Résistance…*, *op. cit.*, p. 179.

89. M. Ducoudray, *Ceux de « Manipule »…*, *op. cit.*, p. 230-231.

90. D. Veillon, *Le* Franc-Tireur…, *op. cit.*, p. 256.

91. O. Wieviorka, *Une certaine idée de la Résistance…*, *op. cit.*, p. 164-165.

92. J. Sainclivier, *La Résistance en Ille-et-Vilaine…*, *op. cit.*, p. 89.

93. M. Boivin et J. Quellien, « La Résistance en Basse-Normandie », *in* J. Sainclivier et C. Bougeard, *La Résistance et les Français…*, *op. cit.*, p. 171.

94. Claire Andrieu, « Les Résistantes : perspectives de recherche », *in* A. Prost (dir.), *La Résistance, une histoire sociale…*, *op. cit.*, p. 74.

95. *Ibid.*, p. 73.

96. O. Wieviorka, *La Mémoire désunie…*, *op. cit.*, p. 248 *sq.*

97. Claire Andrieu, « Les résistantes : perspectives de recherche », *in* A. Prost (dir.), *La Résistance, une histoire sociale…*, *op. cit.*, p. 74.

98. O. Wieviorka, *Une certaine idée de la Résistance…*, *op. cit.*, p. 165.

99. H. Noguères, *La Vie quotidienne des résistants…*, *op. cit.*, p. 74.

100. C. Andrieu, « Les résistantes : perspectives de recherche », *in* A. Prost (dir.), *La Résistance, une histoire sociale…*, *op. cit.*, p. 74.

101. Christine Bard, *Les Femmes dans la société française au XX^e siècle*, Armand Colin, 2004 (1^re éd. 2001), p. 60-61.

102. O. Wieviorka, *Une certaine idée de la Résistance…*, *op. cit.*, p. 166-167.

103. L. London, *La Mégère de la rue Daguerre…*, *op. cit.*, p. 142.

104. *Ibid.*, p. 7-8.

105. Propos cités *in* Margaret Collins Weitz, *Les Combattantes de l'ombre. Histoire des femmes dans la Résistance*, Albin Michel, 1997 (éd. am. 1995), p. 169.

106. M. Ducoudray, *Ceux de « Manipule »…*, *op. cit.*, p. 231.

107. O. Wieviorka, *Une certaine idée de la Résistance…*, *op. cit.*, p. 179.

108. H. Noguères, *La Vie quotidienne des résistants…*, *op. cit.*, p. 74.

109. Alix Heiniger, *Engagement et identité : les militants antifascistes des organisations Freies Deutschland de l'exil à l'Ouest (Belgique, France, Suisse) à la RDA des années 1970 (1943-*

*1975)*, thèse dirigée par Sandrine Kot et Olivier Wieviorka, université de Genève/Ecole normale supérieure de Cachan, 2012, p. 54 et p. 96.

110. Propos cité *in* M. Collins Weitz, *Les Combattantes de l'ombre...*, *op. cit.*, p. 141-142.

111. C. Bard, *Les Femmes dans la société française...*, *op. cit.*, p. 140.

112. A. Vistel, *La Nuit sans ombre...*, *op. cit.*, p. 251.

113. O. Wieviorka, *Une certaine idée de la Résistance...*, *op. cit.*, p. 135.

114. F.-L. Closon, *Le Temps des passions...*, *op. cit.*, p. 213.

115. Luc Capdevila, François Rouquet, Fabrice Virgili, Danièle Voldman, *Hommes et femmes dans la France en guerre (1914-1945)*, Payot, 2003, p. 92.

116. *Ibid.*, p. 100.

117. C. Bard, *Les Femmes dans la société française...*, *op. cit.*, p. 144.

118. J.-F. Muracciole, *Les Français libres...*, *op. cit.*

119. H.R. Kedward, *Naissance de la Résistance...*, *op. cit.*, p. 94.

120. J.-M. Guillon, *La Résistance dans le Var...*, thèse cit., p. 335-336.

121. F. Marcot, « Pour une sociologie de la Résistance : intentionnalité et fonctionnalité », art. cit., p. 25.

122. François Marcot, « Combien étaient-ils ? », *in* F. Marcot (dir.), *Dictionnaire...*, *op. cit.*, p. 340.

123. *Ibid.*

124. Statistiques communiquées par le secrétariat d'Etat aux Anciens Combattants, antenne de Caen, reproduites *in* O. Wieviorka, *La Mémoire désunie...*, *op. cit.*, p. 193.

125. 185 000 demandes avaient été en revanche rejetées en 2008, cf. O. Wieviorka, *La Mémoire désunie...*, *op. cit.*, p. 193.

126. F. Marcot, « Combien étaient-ils ? », *in* F. Marcot (dir.), *Dictionnaire...*, *op. cit.*, p. 342.

127. Entretien cité et réalisé par Hanna Diamond, « L'expérience des femmes toulousaines », *Clio, histoire, femmes et sociétés*, n° 1, 1995, cité *in* C. Bard, *Les Femmes dans la société française...*, *op. cit.*, p. 140.

128. F. Marcot, *La Résistance dans le Jura*, *op. cit.*, p. 175.

129. *Ibid.*, p. 201.

130. Lucie Aubrac, *Ils partiront dans l'ivresse. Lyon : mai 1943. Londres : février 1944*, Seuil, 1984, p. 243.

131. Jean Guéhenno, entrée du 22 février 1943, *Journal des années noires*, 1947, cité *in* R. Spina, *La France et les Français devant le Service du travail obligatoire...*, thèse cit., p. 315.

132. P. Laborie, *L'Opinion française sous Vichy*, *op. cit.*, p. 313.

133. F. Marcot, *La Résistance dans le Jura*, *op. cit.*, p. 204.

## 16. La répression

1. Gaël Eismann, *Hôtel Majestic. Ordre et sécurité en France occupée*, Tallandier, 2010, p. 134.

2. Rapport du MbF pour juin-juillet 1941, cité *in* E. Jäckel, *La France dans l'Europe de Hitler*, *op. cit.*, p. 268.

3. G. Eismann, *Hôtel Majestic...*, *op. cit.*, p. 161-162.

4. *Ibid.*, p. 210.

5. *Ibid.*, p. 214.

6. *Ibid.*, p. 220.

7. Virgini Sansico, *La Justice du pire. Les cours martiales sous Vichy*, Payot, 2003, p. 31.

8. *Ibid.*, p. 31.

9. *Ibid.*, p. 86.

10. G. Eismann, *Hôtel Majestic...*, *op. cit.*, p. 263.

11. A. Meyer, *L'Occupation allemande en France...*, *op. cit.*, p. 109.

12. Cité par Ahlrich Meyer, « Les débuts du "cycle attentats-répression" en automne 1941 », *in* L. Douzou *et alii* (dir.), *La Résistance et les Français ...*, *op. cit.*, p. 491.

13. G. Eismann, *Hôtel Majestic...*, *op. cit.*, p. 355.

14. *Ibid.*, p. 290.

15. Otto von Stülpnagel, rapport cité par A. Meyer, « Les débuts du "cycle attentats-répression" en automne 1941 », *in* L. Douzou *et alii* (dir.), *La Résistance et les Français : villes, centres et logiques de décision…, op. cit.*, p. 491.

16. Pour reprendre les termes de l'avis du 14 décembre 1941, cité *in* A. Meyer, *L'Occupation allemande en France…, op. cit.*, p. 34.

17. Otto von Stülpnagel, lettre au maréchal Keitel, 15 février 1942, citée *in* Jean Solchany, « Le commandement militaire en France face au fait résistant », *in* Laurent Douzou *et alii* (dir.), *La Résistance et les Français…, op. cit.*, p. 527.

18. G. Eismann, *Hôtel Majestic…, op. cit.*, p. 354.

19. Ibid., p. 349.

20. Denis Peschanski, *Vichy 1940-1944. Contrôle et exclusion*, Bruxelles, Complexe, 1997, p. 61.

21. *Ibid.*, p. 63.

22. G. Eismann, *Hôtel Majestic…, op. cit.*, p. 232.

23. D. Peschanski, *Vichy 1940-1944…, op. cit.*, p. 76.

24. Jean-Marc Berlière, « Les "polices" de l'Etat français : genèse et construction d'un appareil répressif » *in* B. Garnier *et alii* (dir.), *La Répression en France…, op. cit.*, p. 122.

25. G. Eismann, *Hôtel Majestic…, op. cit.*, p. 361.

26. J.-M. Berlière et L. Chabrun, *Les Policiers français sous l'Occupation, op. cit.*, 2001, p. 148.

27. *Ibid.*, p. 181.

28. *Ibid.*, p. 95.

29. *Ibid.*, p. 206.

30. D. Peschanski, *Vichy 1940-1944…, op. cit.*, p. 76.

31. René Bousquet, lettre aux préfets régionaux, sans date, 1942, cité *in* J.-M. Berlière et L. Chabrun, *Les Policiers français sous l'Occupation…, op. cit.*, p. 33.

32. A. Meyer, *L'Occupation allemande en France…, op. cit.*, p. 37.

33. G. Eismann, *Hôtel Majestic…, op. cit.*, p. 399.

34. Rapport de l'administration militaire, 15 mars 1942, cité *in* E. Jäckel, *La France dans l'Europe de Hitler, op. cit.*, p. 284.

35. G. Eismann, *Hôtel Majestic…, op. cit.*, p. 389.

36. *Ibid.*, p. 431.

37. *Ibid.*, p. 430.

38. *Ibid.*, p. 437.

39. *Ibid.*

40. A. Meyer, *L'Occupation allemande en France…, op. cit.*, p. 161.

41. G. Eismann, *Hôtel Majestic…, op. cit.*, p. 445.

42. *Ibid.*

43. Cité in *ibid.*, p. 447-448.

44. Peter Lieb et Robert Paxton, « Maintenir l'ordre en France occupée. Combien de divisions ? », *Vingtième siècle. Revue d'histoire*, n° 112, octobre-décembre 2011, p. 121-122.

45. Jean-Luc Leleu, « D'une politique répressive à une politique terroriste : Oradour », *in* B. Garnier *et alii* (dir.), *La Répression en France…, op. cit.*, p. 305.

46. *Ibid.*

47. *Ibid.*

48. A. Meyer, *L'Occupation allemande en France…, op. cit.*, p. 179.

49. J. Solchany, « Le commandement militaire en France face au fait résistant », *in* L. Douzou *et alii* (dir.), *La Résistance et les Français…, op. cit.*, p. 518.

50. Jochen Böhler, « "Mythe du franc-tireur" et atrocités de guerre : une constante de la conduite allemande de la guerre lors des deux conflits mondiaux », *in* B. Garnier *et alii* (dir.), *La Répression en France…, op. cit.*, p. 33.

51. J. Solchany, « Le commandement militaire en France face au fait résistant », *in* L. Douzou *et alii* (dir.), *La Résistance et les Français…, op. cit.*, p. 518.

52. V. Sansico, *La Justice du pire…, op. cit.*, p. 43.

53. Virginie Sansico, « Les cours martiales de Vichy en 1944 : un cas extrême de justice d'exception », *in* B. Garnier *et alii* (dir.), *La Répression en France…, op. cit.*, p. 277.

54. *Ibid.*, p. 281.

55. Thomas Pouty, « Les fusillés en France occupée, 1940-1944 : étude d'un panel de 1 000 victimes », *in* B. Garnier *et alii* (dir.), *La Répression en France…, op. cit.*, p. 206.

56. Estimation de Peter Lieb citée par G. Eismann, *Hôtel Majestic…, op. cit.*, p. 442.

57. Yves Lescure, « L'enquête de la Fondation pour la Mémoire de la Déportation », *in* B. Garnier *et alii* (dir.), *La Répression en France…, op. cit.*, p. 162.

58. E. Jäckel, *La France dans l'Europe de Hitler, op. cit.*, p. 434.

59. Delphine Kazandjian, « La déportation de répression organisée après le débarquement au départ de "zone occupée" », *in* B. Garnier *et alii* (dir.), *La Répression en France…, op. cit.*, p. 239-240.

60. T. Pouty, « Les fusillés en France occupée, 1940-1944 : étude d'un panel de 1 000 victimes », *in* B. Garnier *et alii* (dir.), *La Répression en France…, op. cit.*, p. 210.

61. G. Eismann, *Hôtel Majestic…, op. cit.*, p. 442.

62. T. Pouty, « Les fusillés en France occupée, 1940-1944 : étude d'un panel de 1 000 victimes », *in* B. Garnier *et alii* (dir.), *La Répression en France…, op. cit.*, p. 208.

63. Alya Aglan, « Comment meurent les réseaux », *in* B. Garnier *et alii* (dir.), *La Répression en France…, op. cit.*, p. 228.

64. O. Wieviorka, *Une certaine idée de la Résistance…, op. cit.*, p. 341.

65. Hélène Guillon, « Approche de la répression extrajudiciaire à l'été 1944 », *in* B. Garnier *et alii* (dir.), *La Répression en France…, op. cit.*, p. 228.

66. M.R.D. Foot, *Des Anglais dans la Résistance…, op. cit.*, p. 568.

67. O. Wieviorka, *Une certaine idée de la Résistance…, op. cit.*, p. 341.

68. Jean Quellien, « Motifs d'arrestation et de déportation », *in* B. Garnier *et alii* (dir.), *La Répression en France…, op. cit.*, p. 164.

69. *Ibid.*, p. 165.

70. *Ibid.*, p. 165-166.

71. R. Spina, *La France et les Français devant le Service du travail obligatoire…*, thèse cit., p. 809.

72. J. Quellien, « Motifs d'arrestation et de déportation », art. cit., p. 167.

73. A. Meyer, *L'Occupation allemande en France…, op. cit.*, p. 143.

74. J. Quellien, « Motifs d'arrestation et de déportation », *in* B. Garnier *et alii* (dir.), *La Répression en France…, op. cit.*, p. 170.

75. Peter Lieb, « La 157e division de réserve et la lutte contre le maquis dans le Jura et les Alpes françaises », *in* B. Garnier *et alii* (dir.), *La Répression en France…, op. cit.*, p. 296.

76. Jean-Pierre Azéma, « Introduction », *in* B. Garnier *et alii* (dir.), *La Répression en France…, op. cit.*, p. 9.

77. Estimation de Peter Lieb citée par G. Eismann, *Hôtel Majestic…, op. cit.*, p. 442.

78. J. Quellien, « Motifs d'arrestation et de déportation », art. cit., p. 170.

79. C. Bourdet, *L'Aventure incertaine…, op. cit.*, p. 337-338.

80. O. Wieviorka, *Une certaine idée de la Résistance…, op. cit.*, p. 335-336.

81. C. Bourdet, *L'Aventure incertaine…, op. cit.*, p. 325 *sq.*

82. Stéphane Hessel, *Danse avec le siècle*, Seuil, 1997, p. 80.

83. Gilles Perrault, *L'Orchestre rouge*, Le Livre de poche, 1972.

84. C. Bourdet, *L'Aventure incertaine…, op. cit.*, p. 329.

85. J.-M. Berlière et F. Liaigre, *Liquider les traîtres…, op. cit.*, p. 246-247.

86. S. Hessel, *Danse avec le siècle…, op. cit.*, p. 81.

87. F.-L. Closon, *Le Temps des passions…, op. cit.*, p. 244.

88. E. Jäckel, *La France dans l'Europe de Hitler, op. cit.*, p. 466.

89. G. Eismann, *Hôtel Majestic…, op. cit.*, p. 375.

90. P. Lieb et R. Paxton, « Maintenir l'ordre en France occupée… », art. cit., p. 121.

91. J.-M. Berlière et L. Chabrun, *Les Policiers français sous l'Occupation…, op. cit.*, p. 35.

92. Tract cité in *ibid.*, p. 51.

93. R. Poznanski, *Etre juif en France…, op. cit.*, p. 665.

94. Laurent Joly, *L'Antisémitisme de bureau. Enquête au cœur de la préfecture de police de*

*Paris et du commissariat général aux Questions juives (1940-1944)*, Grasset, 2011, p. 241.

95. J.-M. Berlière et F. Liaigre, *Liquider les traîtres…, op. cit.*, p. 256.

96. *Ibid.*, p. 220.

97. *Ibid.*, p. 167.

98. J.-M. Berlière et L. Chabrun, *Les Policiers français sous l'Occupation…, op. cit.*, p. 190.

99. V. Sansico, *La Justice du pire…, op. cit.*, p. 52.

100. Joseph Darnand, discours du 10 février 1944, cité *in* Jean-Pierre Azéma, « La Milice », *Vingtième siècle. Revue d'histoire*, n° 28, 1990, p. 101.

101. Raymond Clemoz, note aux responsables du maintien de l'ordre, citée in *ibid.*, p. 101.

102. Pierre Giolitto, *Histoire de la Milice*, Perrin, 1997, p. 287-291.

103. Jacques Delperrie de Bayac, *Histoire de la Milice (1918-1945)*, Fayard, 1969, p. 411-414.

104. *Ibid.*, p. 435-442 et p. 450-458.

105. J.-M. Berlière et L. Chabrun, *Les Policiers français sous l'Occupation…, op. cit.*, p. 116.

106. Philippe Aziz, *Tu trahiras sans vergogne. Histoire de deux « collabos ». Bonny et Lafont*, Le Livre de poche, 1973 (1re éd. 1970), p. 15.

## 17. La victoire inachevée

1. Charles de Gaulle, discours du 20 avril 1943, *DM, op. cit.*, p. 280-281.

2. Défense de la France, « Le Mouvement de la libération nationale », *Défense de la France*, n° 43, 15 janvier 1944.

3. *Le Monde*, 1er novembre 1945.

4. Robert Mencherini, « Les changements des rapports de force politiques », *in* Denis Peschanski et Gilles Le Béguec (dir.), *Les Elites locales dans la tourmente. Du Front populaire aux années cinquante*, CNRS Editions, 2000, p. 40.

5. H. Frenay, *La nuit finira…, op. cit.*, t. 2, p. 277-278.

6. Philippe Buton, « Le PCF et la Résistance sous la IVe République », *in* Bernard Lachaise (dir.), *Résistance et politique sous la IVe République*, Bordeaux, Presses universitaires de Bordeaux, 2004, p. 97 *sq.*

7. *Ibid.*

8. Sur cet itinéraire politique, cf. Anne-Laure Ollivier, *Gaston Defferre, Un socialiste face au pouvoir, de Marseille à l'élection présidentielle de 1969*, thèse dirigée par Olivier Wieviorka, ENS Cachan, 2011, 2 t.

9. Noëlline Castagnez, *Socialistes en République. Les parlementaires SFIO de la IVe République*, Rennes, PUR, 2004, p. 97.

10. *Ibid.*, p. 104-105.

11. Noëlline Castagnez et Gilles Morin, « Résistance et socialisme. Brève rencontre », *in* B. Lachaise, *Résistance et politique…, op. cit.*, p. 116.

12. *Ibid.*, p. 121.

13. N. Castagnez, *Socialistes en République…, op. cit.*, p. 109.

14. Gilles Morin, « Les élections locales de 1945. La normalisation de la vie politique », *La IVe République. Histoire, recherches et archives*, n° 357-358, p. 231.

15. Gilles Richard, « Les droites et le Parlement. 1944-1948. Essai de mesure globale », *in* Gilles Richard et Jacqueline Sainclivier (dir.), *La Recomposition des droites en France à la Libération. 1944-1948*, Rennes, PUR, 2004, p. 56 *sq.*

16. *Ibid.*, p. 51.

17. Note du Jury d'honneur, 5 juin 1945, archives du Jury d'honneur.

18. R. Kuisel, *Le Capitalisme et l'Etat en France…, op. cit.*, p. 371.

19. Philip Nord, *France's New Deal, from the Thirties to the Postwar Era*, Princeton, Princeton University Press, 2011, p. 154.

20. *Ibid.*, p. 207.

21. *Ibid.*, p. 161.

22. *Ibid.*, p. 89.

23. *Ibid.*, p. 106.

24. *Ibid.*, p. 157-158.

25. *Ibid.*, p. 211.

26. R. Kuisel, *Le Capitalisme et l'Etat en France…, op. cit.*, p. 348.

27. Pour une présentation d'ensemble, cf. Olivier Wieviorka, « La presse » *in* Philippe Buton et Jean-Marie Guillon (dir.), *Les Pou-*

*voirs en France à la Libération*, Belin, 1994, p. 140-158.,

28. Jean Mottin, « Histoire politique de la presse (1944-1949) », *Bilans hebdomadaires*, 1949, p. 52.

29. Claude Bellanger *et alii, Histoire générale de la presse française*, PUF, 1975, p. 374.

30. *Ibid.*, p. 356.

31. C. d'Aragon, *La Résistance sans héroïsme…, op. cit.*, p. 160.

## 18. Une mémoire divisée

1. Olivier Wieviorka, « Les avatars du statut de résistant », *Vingtième siècle. Revue d'histoire*, n° 50, avril-juin 1996, p. 55-66.

2. Ordonnance du 3 mars 1945. C'est nous qui soulignons.

3. Emile Fournier, débat du 8 juin 1948, *Journal officiel* (désormais *JO*) *du Conseil de la République* (désormais *CDR*), 9 juin 1948, p. 1395.

4. Robert Bétolaud, intervention au Conseil de la République, débat du 1er février 1949, *JO CDR*, p. 92.

5. Procès-verbal de la commission nationale des déportés-internés résistants, 5 février 1954, ministère des Anciens Combattants (désormais MAC)/Caen, dossier 11.

6. Procès-verbal de la commission nationale des déportés-internés résistants, 31 janvier 1964, MAC/Caen, dossier 11.

7. Cité *in* Pieter Lagrou, *Mémoires patriotiques et occupation nazie*, Bruxelles, Complexe, 2003, p. 222.

8. André Méric, intervention à l'Assemblée nationale, débat du 2 mai 1989, *JO AN*, 1989, p. 587.

9. Louis Mexandeau, intervention à l'Assemblée nationale, débat du 9 décembre 1992, *JO AN*, 1992, p. 6830.

10. Pour une vue d'ensemble, cf. O. Wieviorka, *La Mémoire désunie…, op. cit.*

11. Charles de Gaulle, discours du 3 novembre 1943, *DM, op. cit.*, p. 337-338.

12. Fernand Grenier, *C'était ainsi…, op. cit.*, p. 268.

13. Jacques Duclos, *Mémoires…, op. cit.*, t. 1, p. 85.

14. Colonel Passy, *Souvenirs. Missions…, op. cit.*, p. 5.

15. Philippe Oulmont, « L'hommage municipal : continuité et fluctuations, 1940-2007 », *in* coll., *Les Voies « de Gaulle » en France. Le Général dans l'espace et la mémoire des communes*, Cahiers de la Fondation Charles-de- Gaulle, n° 17, 2009, p. 22.

16. Sylvie Lindeperg, *Les Ecrans de l'ombre. La Seconde Guerre mondiale dans le cinéma français. 1944-1969*, CNRS Editions, 1997, p. 79-83.

17. *Ibid.*, p. 350 *sq.*

18. Cité *in* Henry Rousso, *Le Syndrome de Vichy de 1944 à nos jours*, Seuil, 1990 (1re éd. 1987), p. 131.

19. H. Frenay, *La nuit finira…, op. cit.* ; C. Bourdet, *L'Aventure incertaine…, op. cit.*

20. Colonel Passy, *Souvenirs. Missions…, op. cit.*, p. 413.

21. Henri Frenay, *L'Enigme Jean Moulin*, Robert Laffont, 1977.

22. Thierry Wolton, *Le Grand Recrutement*, Grasset, 1993.

23. Pierre Péan, *Une jeunesse française. François Mitterrand, op. cit.*

24. Gérard Chauvy, *Aubrac. Lyon 1943*, Albin Michel, 1997.

25. Jean-Pierre Azéma, « Il n'y a pas d'affaire Aubrac », *L'Histoire*, n° 211, juin 1997, p. 82.

26. Nicolas Sarkozy, discours de Lyon, 5 avril 2007.

27. Jan Patocka, *Essais hérétiques*, Lagrasse, Verdier, 1981 (éd. tchèque 1975), p. 144.

28. Pierre Laborie, « Mémoire de la résistance », *in* F. Marcot (dir.), *Dictionnaire…, op. cit.*, p. 832.

29. Jean-Pierre Azéma, *De Munich à la Libération. 1938-1944*, Seuil, 1979, p. 169.

## Conclusion

1. Charles de Gaulle, « Appel du 18 juin », *DM*, p. 4.

# Chronologie

## 1940

17 juin — Edmond Michelet à Brive, Charles Tillon à Bordeaux distribuent leurs premiers tracts.

18 juin — Charles de Gaulle lance son Appel de Londres ; des émissaires du Parti communiste français commencent à négocier avec Otto Abetz la reparution de *L'Humanité.*

20 juin — Etienne Achavanne sabote des lignes téléphoniques.

22 juin — Signature de l'armistice avec l'Allemagne.

25 juin — Entrée en vigueur de l'armistice avec l'Allemagne et avec l'Italie.

Juillet — Winston Churchill crée le *Special Operations Executive* (SOE), qui vise à « embraser l'Europe ».

Juillet — Le socialiste Jean Texcier rédige ses *Conseils à l'Occupé.*

1er juillet — André Dewavrin, dit *Passy*, est nommé chef des 2e et 3e Bureaux.

10 juillet — Réuni à Vichy, le Parlement accorde les pleins pouvoirs au maréchal Pétain.

10 juillet — Appel (antidaté) lancé par le Parti communiste français.

14 juillet — Première à la BBC de l'émission « Les Français parlent aux Français ».

18 juillet — Début des émissions radiophoniques de la France libre diffusées à la BBC.

7 août — Accords Churchill-de Gaulle : la Grande-Bretagne reconnaît les Forces françaises libres.

6 septembre — Appel à préparer la revanche du général Cochet.

Octobre — Maurice Ripoche diffuse le *Manifeste* créant le mouvement Ceux de la Libération.

| | |
|---|---|
| Octobre | Diffusion dans le Nord de *L'Homme libre,* créé par Jean Lebas ; sortie du premier numéro de *Pantagruel.* |
| 3 octobre | Premier statut des juifs. |
| 27 octobre | Formation par de Gaulle à Brazzaville du Conseil de défense de l'Empire. |
| Novembre | Manifeste d'Henri Frenay annonçant la création du Mouvement de Libération nationale, création de France-Liberté – futur Franc-Tireur –, publication des *Petites Ailes* du Nord Pas-de-Calais, publication de *l'Université libre.* |
| 9 novembre | Dissolution des confédérations patronales et syndicales. |
| 11 novembre | Manifestation de lycéens et d'étudiants à l'Etoile et sur les Champs-Elysées. |
| 15 novembre | Manifeste du syndicalisme. |
| 25 novembre | Premier numéro de *Liberté.* |
| Décembre | Création de l'Organisation civile et militaire. |
| Décembre | Premier courrier envoyé par Rémy à Londres. |
| 1er décembre | Christian Pineau sort le premier numéro de *Libération*-nord. |
| 15 décembre | Premier numéro de *Résistance,* organe du réseau du Musée de l'Homme. |
| 19 décembre | Cinq parlementaires communistes demandent à témoigner à charge devant la cour de Riom. |
| 22 décembre | Honoré d'Estienne d'Orves débarque en Bretagne. |
| 23 décembre | De Gaulle appelle les Français à déserter les rues. |

## 1941

| | |
|---|---|
| Janvier | Création du Comité d'action socialiste pour la zone occupée. |
| Janvier | Premier numéro de *Valmy.* |
| 14 janvier | Début de la campagne des « V ». |
| 21 janvier | Arrestation d'Honoré d'Estienne d'Orves. |
| 24 janvier | Henri Frenay se place en congé d'armistice. |
| Février | Démantèlement du réseau du Musée de l'Homme. |
| 15 mars | Mission Savanna. |
| 30 mars | Formation du Comité d'action socialiste en zone sud. |
| 23 avril | Loi sur l'étatisation des polices. |
| Mai | Création du réseau Alliance de l'*Intelligence Service.* |
| 6 mai | Parachutage du premier agent de la section F du SOE. |
| 15 mai | Appel (antidaté) du PCF invitant à créer un Front national pour l'indépendance de la France. |

| | |
|---|---|
| 27 mai | Début de la grève des mineurs dans le Nord-Pas-de-Calais. |
| Juin | Publication du premier *Bulletin des Volontaires de la Liberté.* |
| 2 juin | Second statut des juifs. |
| 10 juin | Reprise totale du travail dans les mines du Nord-Pas-de-Calais. |
| 22 juin | Opération Barbarossa. |
| Juillet | Premier numéro de *Libération*-sud. |
| 14 juillet | Premier numéro de *Défense de la France.* |
| 12 août | Pétain prononce le discours dit « du vent mauvais ». |
| 14 août | Création (antidatée) des Sections spéciales. |
| 21 août | Attentat de *Fabien* à la station de métro Barbès-Rochechouart. |
| 27 août | La section spéciale de Paris condamne rétroactivement à mort trois communistes. |
| 24 septembre | De Gaulle forme le Comité national français. |
| 28 septembre | Code des otages. |
| 20 octobre | Jean Moulin arrive à Londres. |
| 21 octobre | Exécution de 48 otages à la suite d'attentats commis à Nantes et à Bordeaux. |
| 23 octobre | De Gaulle condamne à la radio la stratégie des attentats individuels. |
| 25 octobre | Première rencontre de Gaulle-Moulin. |
| Novembre | Fusion de Liberté et de Libération nationale qui forment un mouvement dont le titre du journal, *Combat,* donne le nom. |
| Novembre | Premier numéro des *Cahiers du Témoignage chrétien.* |
| 6-7 novembre | Parachutage d'Yvon Morandat. |
| Décembre | Premiers numéros de *Franc-Tireur* et de *Combat.* |
| 7 décembre | Entrée en guerre des Etats-Unis à la suite de l'attaque japonaise contre Pearl Harbor. |
| 7 et 12 décembre | Décret Nuit et Brouillard. |

## 1942

| | |
|---|---|
| 2 janvier | Jean Moulin parachuté en zone sud. |
| 29 janvier | Première rencontre Frenay-Pucheu. |
| Février | *L'Humanité* annonce la création des Francs-Tireurs et Partisans. |
| 19 février | Ouverture du procès de Riom destiné à juger les prétendus responsables de la défaite. |
| 20 février | Les Editions de Minuit publient *Le Silence de la mer* de Vercors. |

| | |
|---|---|
| 27-28 février | Destruction de la station-radar de Bruneval. |
| 28 février | Départ de Christian Pineau pour Londres. |
| 27 mars | Départ du premier convoi de déportés juifs vers Auschwitz. |
| 7 avril | Début du procès de la Maison de la chimie. |
| 14 avril | Suspension du procès de Riom. |
| 17 avril | Evasion du général Giraud. |
| 18 avril | Retour de Pierre Laval au pouvoir. |
| 28 avril | Retour de Christian Pineau, qui rapporte le manifeste politique du général de Gaulle. |
| Mai | Arrivée à Londres de Félix Gouin, représentant de la SFIO auprès de la France libre. |
| 1er mai | Manifestations en zone sud. |
| 5 mai | Arrivée à Paris de Karl Oberg. |
| 15 mai | Sortie en zone sud du premier numéro du *Populaire*. |
| Juin | Publication du premier *Cahier* de l'OCM. |
| 1er juin | Entrée en fonction officielle de Karl Oberg. |
| 22 juin | Pierre Laval annonce le système de la Relève et déclare souhaiter « la victoire de l'Allemagne ». |
| 14 juillet | Manifestations de la population en zone sud. |
| 14 juillet | La France libre se rebaptise « France combattante ». |
| 28 juillet | Le socialiste André Philip devient commissaire à l'Intérieur. |
| 29 juillet | Accord Oberg-Bousquet. |
| 1er août | Manifestation de ménagères rue Daguerre à Paris. |
| 23 août | Lettre pastorale de Mgr Saliège protestant contre les rafles de juifs. |
| Septembre | Création de Ceux de la Résistance. |
| 4 septembre | Première loi vichyste sur la réquisition de la main-d'œuvre. |
| 17 septembre | Arrivée à Londres du PSF Charles Vallin. |
| 26 septembre | Arrivée en Angleterre d'Henri Frenay et d'Emmanuel d'Astier. |
| Octobre | Accord à Londres entre la France libre et les mouvements sudistes pour former un comité de coordination et une Armée secrète (confiée au général Delestraint). |
| 13 octobre | Grèves protestant contre la « déportation » de travailleurs. |
| Novembre | Mise en place du Comité de coordination des mouvements de zone sud. |
| Novembre | Création du Service des opérations aériennes et maritimes (SOAM). |
| 5 novembre | Départ pour Alger du colonel Rivet. |
| 8 novembre | Débarquement anglo-américain en Afrique du Nord. |

| | |
|---|---|
| 11 novembre | Les Allemands envahissent la zone sud. |
| 27 novembre | La flotte se saborde à Toulon. |
| Décembre | Création de l'Organisation métropolitaine de l'armée (OMA), future ORA. |
| 24 décembre | Exécution de l'amiral Darlan. |
| 26 décembre | Giraud nommé haut-commissaire, commandant civil et militaire en Afrique du Nord. |

## 1943

| | |
|---|---|
| 1er janvier | Fermeture de l'Ecole des cadres d'Uriage. |
| 6 janvier | Incidents de Montluçon. |
| 11 janvier | Le représentant du PCF, Fernand Grenier, arrive à Londres. |
| 13 janvier | Début de la conférence d'Anfa. |
| 26 janvier | Les trois grands mouvements de zone sud se fédèrent et donnent naissance aux MUR. |
| 26-27 janvier | Pierre Brossolette arrive en métropole. |
| 30 janvier | Création de la Milice. |
| Février | Début de l'affaire suisse. |
| 2 février | Capitulation allemande à Stalingrad. |
| 16 février | Vichy mobilise trois classes d'âge pour le STO. |
| 21 février | Par ses nouvelles instructions, de Gaulle ordonne de créer un CNR. |
| 26-27 février | Arrivée en France du colonel Passy ; début de la mission *Brumaire-Arquebuse.* |
| 14 mars | Le général Giraud prononce le premier discours républicain de sa vie. |
| 26 mars | Pierre Brossolette crée un Comité de coordination pour la zone nord. |
| Avril | Création du Bureau des opérations aériennes (BOA). |
| 17 avril | Accords du Perreux scellant la réunification de la CGT. |
| 27 mai | Première réunion du CNR à Paris. |
| 30 mai | Arrivée du général de Gaulle à Alger. |
| 2 juin | Création de la Franc-Garde de la Milice. |
| 3 juin | Création du CFLN. |
| 9 juin | Arrestation du général Delestraint. |
| 21 juin | A Caluire, arrestation de Jean Moulin et de plusieurs hauts responsables de la Résistance. |
| 25 juin | Création du Comité central des mouvements de Résistance. |

| | |
|---|---|
| Août | Francis-Louis Closon, chargé de mettre en place les CDL, arrive en France. |
| 15-16 août | Arrivée en France de Jacques Bingen. |
| 25 août | Instruction sur les DMR. |
| 30 août | Georges Bidault élu président du CNR. |
| Septembre | Premiers envois de DMR. |
| 2 septembre | Premiers sabotages de la mission Armada. |
| 9 septembre | Soulèvement des partisans corses. |
| 17 septembre | Ordonnance convoquant une Assemblée consultative provisoire à Alger. |
| 25 septembre | Affaire de la rue de la Pompe. |
| 28 septembre | Exécution, par des FTP-MOI, de Julius Ritter. |
| 4 octobre | Libération de la Corse. |
| 3 novembre | Séance inaugurale de l'Assemblée consultative d'Alger. |
| 6-9 novembre | Giraud est évincé du CFLN ; Frenay, d'Astier, Menthon y entrent. |
| 11 novembre | Manifestations, à Oyonnax notamment. |
| 13 novembre | A Grenoble, destruction du polygone d'artillerie. |
| 20 novembre | Création à Alger de la DGSS destinée à fusionner services secrets gaullistes et giraudistes. |

## 1944

| | |
|---|---|
| Janvier | Plusieurs mouvements de résistance se fédèrent au sein du MLN. |
| 15 janvier | *Défense de la France* tire son numéro 43 à 450 000 exemplaires. |
| 20 janvier | Le régime vichyste crée des cours martiales destinées à juger les résistants. |
| Février | Montée de maquisards sur le plateau des Glières. |
| 1er février | Création des FFI. |
| 2 février | Bollaert et Brossolette tentent de rejoindre par mer l'Angleterre. |
| 3 février | Décret Sperrle. |
| 21 février | Exécution de 22 FTP-MOI dont Missak Manouchian. |
| 25 février | Destruction à Paris du fichier du STO. |
| 10 mars | Alexandre Parodi nommé délégué général du CFLN. |
| 15 mars | Le programme du CNR est adopté. |
| 22 mars | Suicide de Pierre Brossolette ; exécution de Pierre Pucheu. |
| 26 mars | Les Allemands procèdent à une reconnaissance offensive sur le plateau des Glières. |
| 2 avril | Massacre d'Ascq en représailles à un sabotage ferroviaire. |

| | |
|---|---|
| 4 avril | Fernand Grenier et François Billoux entrent au CFLN. |
| 21 avril | Ordonnance du CFLN définissant l'organisation des pouvoirs publics à la libération. |
| 13 mai | Rattachement du Comac au CNR. |
| 30 mai | Koenig reconnu par les alliés comme commandant en chef des FFI. |
| 3 juin | Le CFLN se mue en GPRF. |
| 6 juin | Débarquement allié en Normandie ; la résistance applique les plans prévus. |
| 8-9 juin | Verrouillage du maquis du Vercors. |
| 9 juin | Pendaisons de Tulle. |
| 10 juin | Le général Koenig ordonne de freiner la guérilla ; les Allemands attaquent le maquis du Mont-Mouchet ; la division Das Reich commet le massacre d'Oradour-sur-Glane. |
| 14 juin | De Gaulle visite la tête de pont en Normandie et se rend à Bayeux. |
| 18 juin | Attaque allemande contre le maquis de Saint-Marcel qui se disperse. |
| 28 juin | Un commando du MLN exécute Philippe Henriot. |
| 3 juillet | Proclamation de la république du Vercors. |
| 21 juillet | Début de l'assaut allemand contre le Vercors. |
| 25 juillet | Début de l'opération Cobra dans le Cotentin, suivie de la percée vers Avranches. |
| 4 août | Libération de Rennes. |
| 10 août | Début de la grève des cheminots à Paris. |
| 15 août | Débarquement franco-américain en Provence ; début de la grève de la police parisienne. |
| 16 août | Adolf Hitler ordonne la retraite. |
| 17 août | Départ du dernier convoi de juifs vers l'est. |
| 18 août | Les syndicats lancent à Paris l'ordre de grève générale. |
| 19 août | Début de l'insurrection parisienne. |
| 20 août | Libération de Toulouse. |
| 21 août | Insurrection à Marseille ; les forces de Guingouin libèrent Limoges. |
| 22 août | Libération de Grenoble. |
| 25 août | Les forces allemandes capitulent à Paris. |
| 26 août | A Paris, défilé de la Libération. |
| 3 septembre | Libération de Lyon ; libération de Lille. |
| 9 septembre | Formation du nouveau gouvernement de Gaulle. |

| | |
|---|---|
| 10 septembre | Reddition de la colonne Elster. |
| 12 septembre | Jonction des troupes venues de Normandie et de Provence en Bourgogne. |
| 30 septembre | Ordonnance sur la presse. |
| 23 octobre | Les Alliés reconnaissent *de jure* le GPRF. |
| 28 octobre | Dissolution des Milices patriotiques. |
| 23 novembre | Libération de Strasbourg. |
| 26 novembre | Congrès constitutif du MRP. |
| 16 décembre | Les Allemands lancent une grande offensive dans les Ardennes. |

## 1945

| | |
|---|---|
| 16 janvier | Nationalisation des usines Renault. |
| 23-28 janvier | Premier congrès national du MLN. |
| 6 février | Exécution de Robert Brasillach. |
| 6 avril | Ordonnance sur l'épuration du personnel politique. |
| 9 avril | Nationalisation d'Air France et de Gnome-et-Rhône. |
| 29 avril | Premier tour des élections municipales. |
| 8 mai | Capitulation allemande. |
| 13 mai | Deuxième tour des élections municipales. |
| 25 juin | Création de l'UDSR. |
| 4-19 octobre | Ordonnances créant la Sécurité sociale. |
| 21 octobre | Référendum et élections à l'Assemblée constituante. |
| 21 novembre | Formation du nouveau gouvernement de Gaulle. |
| 2 décembre | Nationalisation des banques de crédit et de la Banque de France. |

# Bibliographie sélective

(sauf mention contraire, Paris est le lieu d'édition)

## Témoignages

Aragon, Charles d', *La Résistance sans héroïsme*, Seuil, 1977, 220 p.
Astier de La Vigerie, Emmanuel d', *Sept fois sept jours*, 10/18, 1963, 188 p.
Aubrac, Raymond, *Où la mémoire s'attarde*, Odile Jacob, 1996, 378 p.
Baumel, Jacques, *Résister. Histoire secrète des années d'occupation*, Albin Michel, 1999, 460 p.
Bouchinet-Serreulles, Claude, *Nous étions faits pour être libres. La Résistance avec de Gaulle et Jean Moulin*, Grasset, 2000, 404 p.
Bourdet, Claude, *L'Aventure incertaine. De la Résistance à la Restauration*, Stock, 1975, 480 p.
Closon, Francis-Louis, *Le Temps des passions. De Jean Moulin à la Libération. 1943-1945*, Genève, Famot, 1976 [1re éd. 1974], 330 p.
Cordier, Daniel, *Alias Caracalla*, Gallimard, 2009, 932 p.
Duclos, Jacques, *Mémoires, Dans la bataille clandestine*
*Première partie : 1940-1942. De la drôle de guerre à la ruée vers Stalingrad*, Fayard, 1970, 316 p.
*Deuxième partie : 1943-1945. De la victoire de Stalingrad à la capitulation de Berlin*, Fayard, 1970, 336 p.
Frenay, Henri, *La nuit finira. Mémoires de Résistance*, t. 1, *1940-1943*, Livre de poche, 1974 (1re éd. 1973), 512 p. ; t. 2, *1943-1945*, 442 p.
Gaulle, Charles de, *Mémoires de guerre*
Tome 1, *L'Appel. 1940-1942*, Presses Pocket, 1980 (1re éd. 1954), 444 p.
Tome 2, *L'Unité. 1942-1944*, Presses Pocket, 1980, (1re éd. 1956), 512 p.
Tome 3, *Le Salut, 1944-1946*, Presses Pocket, 1980 (1re éd.1959), 541 p.
Gemähling, Jean, *Souvenirs*, texte dactyl., 2000, 2 t.
Guillain de Bénouville, Pierre, *Le Sacrifice du matin*, Robert Laffont, 1946, 608 p.
Guingouin, Georges, *4 ans de lutte sur le sol limousin*, Limoges, Lucien Souny, 1991, 290 p.
Humbert, Agnès, *Notre guerre. Souvenirs de Résistance*, Tallandier, 2004 (1re éd. 1946), 392 p.

Kriegel-Valrimont, *Mémoires rebelles,* Odile Jacob, 1999, 266 p.
Lanzmann, Claude, *Le Lièvre de Patagonie. Mémoires,* Gallimard, 2009, 558 p.
Levy, Jean-Pierre (avec la collab. de Dominique Veillon), *Mémoires d'un franc-tireur. Itinéraire d'un résistant (1940-1944),* Bruxelles, Complexe, 1998, 116 p.
London, Lise, *La Mégère de la rue Daguerre. Souvenirs de Résistance,* Seuil, 1995, 416 p.
Paillole, Paul, *Services spéciaux (1935-1945),* Robert Laffont, 1975, 582 p.
Passy, colonel, *Souvenirs*
Tome 1, *2e Bureau, Londres,* Monte-Carlo, Solar, 1947, 236 p.
Tome 2, *10 Duke Street,* Monte-Carlo, Solar, 1948, 387 p.
Tome 3, *Missions secrètes en France,* Plon, 1951, 440 p.
(Ces trois titres ont été repris sous le titre *Mémoires du chef des services secrets de la France libre,* Odile Jacob, 2000, 806 p.)
Pineau, Christian, *La Simple Vérité. 1940-1945,* Phalanx, 1983 (1re éd. 1960), 614 p.
Romans-Petit, Henri, *Les Maquis de l'Ain,* Hachette, 1974, 166 p.
Tillon, Charles, *On chantait rouge. Mémoires pour l'Histoire d'un ouvrier breton devenu révolutionnaire professionnel, chef de guerre et ministre,* Robert Laffont, 1977, 580 p.
Viannay, Philippe, *Du bon usage de la France. Résistance, journalisme, Glénans...,* Ramsay, 1988, 442 p.
Vistel, Alban, *La Nuit sans ombre. Histoire des mouvements unis de Résistance, leur rôle dans la libération du Sud-Est,* Fayard, 1970, 640 p.
Wieviorka Olivier, *Nous entrerons dans la carrière. De la Résistance à l'exercice du pouvoir,* Seuil, 1994

## GÉNÉRALITÉS

Aglan, Alya, *Le Temps de la Résistance,* Arles, Actes Sud, 2008, 380 p.
Association pour l'histoire des chemins de fer en France, *Une entreprise publique dans la guerre. La SNCF. 1939-1945,* PUF, 2001, 414 p.
Azéma, Jean-Pierre, *De Munich à la Libération,* Seuil, 1979, 416 p.
Bédarida, François, « L'histoire de la Résistance. Lecture d'hier, chantiers de demain », *Vingtième siècle. Revue d'histoire,* n° 11, juillet-septembre 1986, p. 75-89.
Binoit Jean-Marc et Boyer Bertrand, *L'Argent de la Résistance,* Larousse, 2010, 176 p.
Broche François, Caïtucoli Georges, Muracciole Jean-François (dir.), *Dictionnaire de la France libre,* Robert Laffont, 2010, 1 606 p.
Cohen, Asher, *Persécutions et sauvetages. Juifs et Français sous l'Occupation et sous Vichy,* Le Cerf, 1993, 524 p.
Coll., *La Résistance et les Européens du Nord,* actes du colloque de Bruxelles, 1994, 2 t., dactyl.
Douzou Laurent, Frank Robert, Peschanski Denis et Veillon Dominique (dir.), *La Résistance et les Français : villes, centres et logiques de décision,* Cachan, ENS, 1995, 547 p.
Federini, Fabienne, *Ecrire ou combattre. Des intellectuels prennent les armes (1942-1944),* La Découverte, 2006.

Guillon Jean-Marie et Laborie Pierre (dir.), *Mémoire et histoire : la Résistance*, Toulouse, Privat, 1995, 352 p.

Guillon Jean-Marie et Mencherini Robert (dir.), *La Résistance et les Européens du Sud*, L'Harmattan, 1999, 402 p.

Jackson Julian, *La France sous l'Occupation 1940-1944*, Flammarion, 2004 (éd. angl. 2001), 854 p.

Kedward, Harry Roderick, *Naissance de la Résistance dans la France de Vichy. Idées et motivations. 1940-1942*, Seyssel, Champvallon, 1989 (éd. angl. 1978), 352 p.

Kedward, Harry Roderick, *A la recherche du maquis. La Résistance dans la France du Sud*, Le Cerf, 1999 (éd. angl. 1993), 474 p.

Laborie, Pierre, *L'Opinion française sous Vichy*, Seuil, 1990, 410 p.

Laborie, Pierre, *Les Français des années troubles. De la guerre d'Espagne à la Libération*, Seuil, 2003 (1re éd. 2001), 288 p.

Leleu Jean-Luc, Passera Françoise, Quellien Jean et Daeffler Michel (dir.), *La France pendant la Seconde Guerre mondiale. Atlas historique*, Fayard/Ministère de la Défense, 2010, 334 p.

Marcot, François (s.d.), *La Résistance et les Français. Lutte armée et maquis*, Besançon, Annales littéraires de l'université de Franche-Comté, 1996, 549 p.

Marcot, François, (dir.) *Dictionnaire historique de la Résistance*, Robert Laffont, 2006, 1 188 p.

Michel, Henri, *Histoire de la Résistance*, PUF, 1984 (1re éd. 1950).

Michel, Henri, *Les Courants de pensée de la Résistance*, PUF, 1962.

Monchablon, Alain, « La manifestation à l'Etoile du 11 novembre 1940. Histoire et mémoires », *Vingtième siècle. Revue d'histoire*, n° 110, avril-juin 2011, p. 67-81.

Moore, Bob (dir.), *Resistance in Western Europe*, Oxford-New York, Berg Publishers, 2000, 298 p.

Noguères, Henri, *La Vie quotidienne des résistants de l'armistice à la libération (1940-1945)*, Hachette, 1984, 272 p.

Noguères Henri, Degliame-Fouché Marcel et Vigier Jean-Louis, *Histoire de la Résistance en France*, tome 1 : *Juin 1940-juin 1941*, Robert Laffont, 1967, 510 p.

Noguères Henri, Degliame-Fouché Marcel et Vigier Jean-Louis, *Histoire de la Résistance en France de 1940 à 1945*, tome 2 : *L'armée de l'ombre. Juillet 1941-octobre 1942*, Robert Laffont, 1969, 742 p.

Noguères Henri et Degliame-Fouché Marcel, *Histoire de la Résistance en France*, tome 3 : *Et du Nord au Midi. Novembre 1942-septembre 1943*, Robert Laffont, 1972, 728 p.

Noguères Henri et Degliame-Fouché Marcel, *Histoire de la Résistance en France*, tome 4 : *Formez vos bataillons ! Octobre 1943-mai 1944*, Robert Laffont, 1976, 710 p.

Noguères Henri et Degliame-Fouché Marcel, *Histoire de la Résistance en France*, tome 5 : *Au grand soleil de la Libération. 1er juin 1944-15 mai 1945*, Robert Laffont, 1981, 924 p.

Sainclivier Jacqueline et Bougeard Christian, *La Résistance et les Français. Enjeux stratégiques et environnement social*, Rennes, PUR, 1995, 372 p.

Sémelin, Jacques, *Sans armes face à Hitler. La Résistance civile en Europe. 1939-1943*, Payot, 1989, 270 p.
Tartakowsky, Danielle, *Les Manifestations de rue en France. 1918-1968*, Publications de la Sorbonne, 1997, 870 p.
Wieviorka, Olivier, « La presse clandestine », in *Mélanges de l'Ecole française de Rome*, tome 108, 1996, p. 125-136.
Wieviorka, Olivier, « A la recherche de l'engagement », *Vingtième siècle. Revue d'histoire*, n° 60, octobre-décembre 1998, p. 58-70.

## Sur les mouvements et les réseaux

Aglan, Alya, *La Résistance sacrifiée. Histoire du mouvement Libération-nord*, Champs-Flammarion, 2005 (1re éd. 1999), 456 p.
Aglan, Alya, *Mémoires résistantes. Histoire du réseau Jade-Fitzroy 1940-1944*, Cerf, 1994, 344 p.
Bédarida, Renée, *Les Armes de l'esprit. Témoignage chrétien (1941-1944)*, Editions ouvrières, 1977, 378 p.
Blanc, Julien, *Au commencement de la Résistance. Du côté du musée de l'Homme 1940-1941*, Seuil, 2010, 518 p.
Calmette, Arthur, *L'« OCM ». Histoire d'un mouvement de résistance de 1940 à 1946*, PUF, 1961, 228 p.
Ducoudray, Marie, *Ceux de « Manipule ». Un réseau de renseignement dans la Résistance en France*, Editions Tirésias, 2001, 278 p.
Douzou, Laurent, *La Désobéissance. Histoire du mouvement Libération-sud*, Odile Jacob, 1995, 480 p.
Foot, Michael R.D., *Des Anglais dans la Résistance. Le service secret britannique d'action (SOE) en France*, Tallandier, 2008 (éd. angl. 1966), 800 p.
Granet, Marie, *Ceux de la Résistance (1940-1944)*, Editions de Minuit, 1964, 375 p.
Meyssonnier, Jean-Philippe, *Le Réseau Gallia*, mémoire de DEA dirigé par Jean-Pierre Azéma, IEP-Paris, 1994, 207 p.
Rabino, Thomas, *Le Réseau Carte. Histoire d'un réseau de la Résistance antiallemand, antigaulliste, anticommuniste et anticollaborationniste*, Perrin, 2008, 398 p.
Simonin, Anne, *Les Editions de Minuit. 1942-1955. Le devoir d'insoumission*, IMEC Editions, 1994, 596 p.
Veillon, Dominique, *Le* Franc-Tireur. *Un journal clandestin, un mouvement de Résistance. 1940-1944*, Flammarion, 1977, 428 p.
Virieux, Daniel, *Le Front national de lutte pour la liberté et l'indépendance de la France. Un mouvement de Résistance. Période clandestine (mai 1941-août 1944)*, thèse dirigée par Claude Willard, Paris-VIII, 1995, 5 t.
Wieviorka, Olivier, *Une certaine idée de la Résistance. Défense de la France. 1940-1949*, Seuil, 1995, 498 p.

## Sur la France libre

Albertelli, Sébastien, *Les Services secrets du général de Gaulle. Le BCRA 1940-1944*, Perrin, 2009, 618 p.

André, Philippe, *Les Ambassadeurs de l'ombre. Les délégués militaires régionaux (DMR) du général de Gaulle. Septembre 1943-septembre 1944*, mémoire de M2 dirigé par O. Wieviorka, Paris-I, 2011, 681 p.

Crémieux-Brilhac, Jean-Louis, *La France libre. De l'appel du 18 juin à la Libération*, Gallimard, 1996, 970 p.

Fondation de la France libre/Fondation Charles-de-Gaulle, *La France libre. Actes du colloque international tenu à l'Assemblée nationale les 15 et 16 juin 2004*, Limoges, Lavauzelle, 2005, 372 p.

Luneau, Aurélie, *Radio Londres. 1940-1944. Les voix de la liberté*, Perrin, 2005, 352 p.

Murraciole, Jean-François, *Les Français libres. L'autre Résistance*, Tallandier, 2009, 426 p.

## Sur les forces et les sensibilités politiques

Azéma Jean-Pierre, Prost Antoine et Rioux Jean-Pierre (dir.), *Le Parti communiste français des années sombres. 1938-1941*, Seuil, 1986, 322 p.

Barasz, Johanna, *De Vichy à la Résistance. Les vichysto-résistants, 1940-1944*, thèse de l'IEP-Paris, dirigée par Jean-Pierre Azéma, 2010, 3 vol., 818 p.

Berlière Jean-Marc et Liaigre Franck, *Liquider les traîtres. La face cachée du PCF. 1941-1943*, Robert Laffont, 2007, 512 p.

Buton, Philippe, *Les lendemains qui déchantent. Le Parti communiste français à la Libération*, Presses de Sciences-Po, 1993, 352 p.

Castagnez, Noëlline, *Socialistes en République. Les parlementaires SFIO de la IV^e^ République*, Rennes, PUR, 2004, 414 p.

Courtois, Stéphane, *Le PCF dans la guerre. De Gaulle, la Résistance, Staline...*, Ramsay, 1980, 586 p.

Guidoni Pierre et Verdier Robert (dir.), *Les Socialistes en Résistance. 1940-1944*, Seli Arslan, 1999, 188 p.

Sadoun, Marc, *Les Socialistes sous l'Occupation. Résistance et collaboration*, Presses de Sciences-Po, 1982, 324 p.

Vergez-Chaignon, Bénédicte, *Les Vichysto-résistants de 1940 à nos jours*, Perrin, 2008, 776 p.

Wieviorka, Olivier, *Les Orphelins de la République. Destinées des députés et sénateurs français. 1940-1945*, Seuil, 2001, 464 p.

## Sur les institutions, les groupes et les classes sociales

Abzac-Epezy, Claude d', *L'Armée de l'air des années noires. Vichy 1940-1944*, Economica, 1998, 412 p.

Andrieu, Claire, *Le Programme commun de la Résistance. Des idées dans la guerre*, Editions de l'Erudit, 1984, 212 p.

Baruch, Marc Olivier, *Servir l'Etat français. L'administration en France de 1940 à 1944*, Fayard, 1997, 738 p.

Collins Weitz, Margaret, *Les Combattantes de l'ombre. Histoire des femmes dans la Résistance*, Albin Michel, 1997 (éd. am. 1995), 420 p.

Comte, Bernard, *L'Honneur et la Conscience. Catholiques français en Résistance (1940-1944)*, Editions de l'Atelier, 1998, 304 p.

Peschanski Denis et Robert Jean-Louis (dir.), *Les Ouvriers en France pendant la Seconde Guerre mondiale*, Cahiers de l'IHTP, 1992, 512 p.

Poznanski, Renée, *Etre juif en France pendant la Seconde Guerre mondiale*, Hachette, 1995, 860 p.

Poznanski, Renée, *Propagandes et persécutions. La Résistance et le « problème juif ». 1940-1944*, Fayard, 2008, 786 p.

Prost, Antoine (dir.), *La Résistance, une histoire sociale*, Editions de l'Atelier, 1997, 250 p.

Spina, Raphaël, *La France et les Français devant le Service du travail obligatoire (1942-1945)*, thèse de l'Ecole normale supérieure de Cachan, dirigée par Olivier Wieviorka, 2012, 1349 p.

## Occupation allemande et forces répressives

Berlière Jean-Marc et Chabrun Laurent, *Les Policiers français sous l'Occupation*, Perrin, 2001, 390 p.

Eismann, Gaël, *Hôtel Majestic. Ordre et sécurité en France occupée (1940-1944)*, Tallandier, 2010, 592 p.

Garnier Bernard, Leleu Jean-Luc et Quellien Jean (dir.), *La Répression en France. 1940-1945*, Caen, CRHQ, 2007, 384 p.

Jäckel, Eberhard, *La France dans l'Europe de Hitler*, Fayard, 1968 (éd. all. 1966), 554 p.

Kitson, Simon, *Vichy et la chasse aux espions nazis. Complexités de la politique de collaboration*, Autrement, 2005, 270 p.

Meyer, Ahlrich, *L'Occupation allemande en France. 1940-1944*, Toulouse, Privat, 2002, 238 p.

Peschanski, Denis, *Vichy 1940-1944. Contrôle et exclusion*, Bruxelles, Complexe, 1997, 210 p.

Sansico, Virginie, *La Justice du pire. Les cours martiales sous Vichy*, Payot, 2003, 258 p.

## Biographies

Azéma, Jean-Pierre, *Jean Moulin. Le rebelle, le patriote, le résistant*, Perrin, 2003, 510 p.

Belot, Robert, *Henri Frenay. De la Résistance à l'Europe*, Seuil, 2003, 752 p.

Cordier, Daniel, *Jean Moulin. La République des catacombes*, Gallimard, 1999, 1 002 p.

Nobécourt, Jacques, *Le Colonel de La Rocque, 1885-1946, ou les pièges du nationalisme chrétien*, Fayard, 1996, 1 194 p.

Piketty, Guillaume, *Pierre Brossolette. Un héros de la Résistance*, Odile Jacob, 1998, 416 p.

## Approches régionales

Barbier, Claude, *Des « événements de Haute-Savoie » à Glières. Mars 1943-mai 1944. Action et répression du maquis savoyard*, thèse dirigée par Olivier Wieviorka, Paris-I, 2011, 1 068 p.

Dejonghe Etienne et Le Maner Yves, *Le Nord-Pas-de-Calais dans la main allemande*, Lille, La Voix du Nord, 1999.

Guillon, Jean-Marie, *La Résistance dans le Var. Essai d'histoire politique*, thèse dirigée par Emile Temime, Aix-en-Provence, 1989, 3 t.

Marcot, François, *La Résistance dans le Jura*, Besançon, Cêtre, 1985, 332 p.

Plas, Pascal (dir.), *Genèse et développement de la Résistance en R5. 1940-1943*, Brive-la-Gaillarde, Editions Les Monédières, 340 p.

Sainclivier, Jacqueline, *La Résistance en Ille-et-Vilaine. 1940-1944*, Rennes, PUR, 1993, 322 p.

Vergnon, Gilles, *Le Vercors. Histoire et mémoire d'un maquis*, Editions de l'Atelier, 2002, 256 p.

## Sur la Libération

Aron, Robert, *Histoire de la libération de la France. Juin 1944-mai 1945*, Bruxelles, Marabout, 1984 (1re éd. 1959), 762 p.

Brossat, Alain, *Libération, fête folle. 6 juin 1944-8 mai 1945. Mythes et rites ou le grand théâtre des passions populaires*, Autrement, 1994, 238 p.

Buton, Philippe, *La Joie douloureuse. La Libération de la France*, Bruxelles, Complexe, 2004, 286 p.

Buton Philippe et Guillon Jean-Marie (dir.), *Les Pouvoirs en France à la Libération*, Belin, 1994, 592 p.

Capdevila, Luc, *Les Bretons au lendemain de l'Occupation. Imaginaire et comportement d'une sortie de guerre, 1944-1945*, Rennes, PUR, 1999, 450 p.

Fondation Charles-de-Gaulle (coll.), *Le Rétablissement de la légalité républicaine*, Bruxelles, Complexe, 1996, 906 p.

Foulon, Charles-Louis, *Le Pouvoir en province à la Libération. Les commissaires de la République. 1943-1946*, Presses de Sciences-Po, 1975, 302 p.

Irwin, Will, *Les Jedburghs. L'histoire secrète des Forces spéciales alliées en 1944*, Perrin, 2008 (éd. am. 2005), p. 436.

Kriegel-Valrimont, Maurice, *La Libération. Les archives du Comac (mai-août 1944)*, Editions de Minuit, 1964, 272 p.

Kuisel, Richard, *Le Capitalisme et l'Etat en France. Modernisation et dirigisme au XXe siècle*, Gallimard, 1984 (éd. am. 1981), 478 p.

Lachaise, Bernard (dir.), *Résistance et Politique sous la IVe République*, Bordeaux, Presses universitaires de Bordeaux, 2004, 174 p.

Levisse-Touzé, Christine (dir.), *Paris 1944. Les enjeux de la libération*, Albin Michel, 1994, 574 p.

Nord, Philip, *France's New Deal, from the Thirties to the Postwar Era*, Princeton, Princeton University Press, 2011, 458 p.

Peschanski Denis, Le Béguec Gilles (dir.), *Les Elites locales dans la tourmente. Du Front populaire aux années cinquante*, CNRS Editions, 2000, 460 p.

Richard Gilles et Sainclivier Jacqueline (dir.), *La Recomposition des droites en France à la Libération. 1944-1948*, Rennes, PUR, 2004, 394 p.

Wieviorka, Olivier, « Guerre civile à la française ? Le cas des années sombres (1940-1945) », *Vingtième siècle. Revue d'histoire*, n° 85, janvier-mars 2005, p. 5-19.

## SUR LA MÉMOIRE

Boursier, Jean-Yves (dir.), *Musées de guerre et mémoriaux*, Editions de la Maison des sciences de l'homme, 2005, 258 p.

Conan Eric et Rousso Henry, *Vichy, un passé qui ne passe pas*, Fayard, 1994, 328 p.

Courtois, Stéphane, « Luttes politiques et élaboration d'une histoire : le PCF historien du PCF dans la Deuxième Guerre mondiale », *Communisme*, n° 4, 1983, p. 5-26.

Douzou, Laurent, *La Résistance française : une histoire périlleuse. Essai d'historiographie*, Seuil, 2005, 370 p.

Gacon, Stéphane, *L'Amnistie. De la Commune à la guerre d'Algérie*, Seuil, 2002, 428 p.

Lagrou, Pieter, *Mémoires patriotiques et occupation nazie*, Bruxelles, Complexe, 2003, 360 p.

Lavabre, Marie-Claire, *Le Fil rouge. Sociologie de la mémoire communiste*, Presses de Sciences-Po, 1994, 320 p.

Lindeperg, *Les Ecrans de l'ombre. La Seconde Guerre mondiale dans le cinéma français. 1944-1969*, CNRS Editions, 1997, 444 p.

Namer, Gérard, *Batailles pour la mémoire. La commémoration en France de 1945 à nos jours*, Papyrus, 1983, 218 p.

Nora, Pierre, « Gaullistes et communistes », *in* Pierre Nora (dir.), *Les Lieux de mémoire*, t. 2, Gallimard, 1997, p. 2489-2532.

Rousso, Henry, *Le Syndrome de Vichy de 1944 à nos jours*, Seuil, 1990 (1re éd. 1987), 418 p.

Vergnon Gilles et Battesti Michèle (dir.), *Les Associations d'anciens résistants et la fabrique de la mémoire de la SGM*, Cahiers du CEHD, n° 28, 2006, 116 p.

Wieviorka, Olivier, *La Mémoire désunie. Le souvenir politique des années sombres, de la Libération à nos jours*, Seuil, 2010, 308 p.

Wieviorka, Olivier, « Les avatars du statut de résistant en France (1945-1992) », *Vingtième siècle. Revue d'histoire*, n° 50, avril-juin 1996, p. 55-66.

Wieviorka, Olivier, « Du bon usage du passé. Résistance, politique, mémoire », *Mots*, n° 32, septembre 1992, p. 67-79.

# Index

# Remerciements

Ce livre doit beaucoup à la relecture amicale et exigeante de parents, de collègues et d'amis. Que Sébastien Albertelli, Raphaëlle Branche, Philippe Buton, Gaël Eismann, Alain Geismar et Fabrice Virgili trouvent ici l'expression de ma profonde gratitude.

Aux éditions Perrin, Benoît Yvert et Nicolas Gras-Payen n'ont pas ménagé leur peine pour que cet ouvrage trouve son plein aboutissement.

Ma mère a accepté, avec sa gentillesse coutumière, de se charger de l'index.

La rédaction de cette histoire, enfin, aurait été retardée si je n'avais eu l'honneur d'intégrer l'Institut universitaire de France qui réserve à ses membres des conditions exceptionnelles pour poursuivre leurs recherches.

Que toutes et tous sachent à quel point je leur suis reconnaissant.

# Table

CARTES ET TABLEAU

*Achevé d'imprimer par N.I.I.A.G.*
*en janvier 2014*
*pour le compte de France Loisirs, Paris*

Numéro d'éditeur : 75741
Dépôt légal : janvier 2014
*Imprimé en Italie*